点校本

联灯会要

宋 悟明 集
朱俊红 点校

海南出版社

图书在版编目(CIP)数据
联灯会要(点校本)/(宋)悟明集;朱俊红点校.
—海口:海南出版社, 2010.10
ISBN 978-7-5443-3478-5
Ⅰ.①联… Ⅱ.①悟…②朱… Ⅲ.①临济宗-中国-北宋
Ⅳ.①B946.5
中国版本图书馆 CIP 数据核字(2010)第 187948 号

联灯会要(点校本)

作　　者:[宋]悟　明
点　　校:朱俊红
责任编辑:刘德军
装帧设计:第三工作室·嵇倩女
责任印制:杨　程
印刷装订:三河市祥达印装厂
读者服务:杨秀美
海南出版社　出版发行
地址:海口市金盘开发区建设三横路 2 号
邮编:570216
电话:0898-66812776
E-mail:hnbook@263.net
经销:全国新华书店经销
出版日期:2010 年 10 月第 1 版　2010 年 10 月第 1 次印刷
开　　本:880mm ×1230mm　1/32
印　　张:32
字　　数:996 千
书　　号:ISBN 978-7-5443-3478-5
定　　价:58.00 元(全二册)

目　录

联灯会要卷第二

东土祖师

四祖道信大师旁出法嗣

五祖旁出第三世

五祖旁出第四世

联灯会要卷第四

联灯会要卷第七

南岳下第四世

联灯会要卷第十一

南岳下第七世

联灯会要卷第十二

南岳下第十世

前汝州首山省念禅师法嗣

南岳下第十一世

汾阳善昭禅师法嗣

联灯会要卷第十三

南岳下第十一世

汾阳善昭禅师法嗣

汝州叶县归省禅师法嗣

襄州石门慈照聪禅师法嗣

联灯会要卷第十五

南岳下第十三世

南岳下第十四世

南岳下第十六世

联灯会要卷第十七

南岳下第十六世

联灯会要卷第二十

青原下第四世

青原下第五世

联灯会要卷第二十一

青原下第五世

联灯会要卷第二十四

青原下第七世

联灯会要卷第二十五

青原下第七世

青原下第八世

联灯会要卷第二十六

青原下第八世

青原下第九世

联灯会要卷第二十七

青原下第九世

青原下第十世

青原下第十二世

联灯会要卷第二十九

青原下第十三世

青原下第十四世

青原下第十五世

联灯会要卷第三十

《联灯会要》点校说明

一、《联灯会要》，凡三十卷，宋·晦翁悟明辑。又名《宗门联灯会要》、《禅宗联灯录》。收在《卍续藏》第一三六册；《禅宗全书》第五、六册。是书选录自《景德传灯录》、《天圣广灯录》等书。自卷一至卷二十九前半部分计收录过去七佛以迄天童正觉法嗣净慈慧晖等六百余人之示众法语与机缘问答。卷二十九后半部分为《应化贤圣》、《亡名尊者》，收录佛陀波利等二十一位应化贤圣，以及二十七位无名尊者。卷三十为傅大士《心王铭》等十四篇短文。卷首载有南宋·淳熙十六年（1189）淡齐李泳之序文、元·至元二十八年（1291）思忠重刊序，以及淳熙十年编者之自序。此书现存版本稀少，此次点校以上海涵芬楼影印之《续藏经》为底本，旁参《五灯会元》、《古尊宿语录》及诸家语录，以期将是书相对完整地呈献在读者面前。

一、原刻本校对不精，其间讹字、脱字较为严重，此次点校，对上述问题进行了修正，并出注说明，令读者不致更寻它书以核订之。

一、原刻异体较多，点校时一一注音并出注，使读者不致因翻查字典而令阅读索然。

一、原刻段落有冗长者，依文义分段；两个独立段落间加空行；旁注另行楷体，凡此，旨在令读者不致产生阅读疲劳。

一、是书虽部分收入《五灯会元》，然《五灯会元》对于灯录内容大批大削，致使各别语录面目全失，令读者无从体会古尊宿悟道之艰辛。是书较好地保留了历史原貌，读者一读便知。

一、是书原拟译成“白话”，但很快断了此念头。书中所用文体已是“白话”，只不过年代久远了些。读者若能耐心读过几则，则语言实非障碍。或有读灯录如阅天书者，亦不过未明“转语”妙处。一夕通透，公案了然。

一、自达摩东渡，一花五叶，最终融成我国特有之禅宗文化，其中理事二途尤为关键。宋后，禅宗式微，其原因便在于此二途之荒疏。理不通，事不修，一味棒来喝去，佛祖大义渐次不彰。观是书，古尊宿何曾肆意空谈，弃实就虚？宗纲不振，实应反思。

李 序

楚人鬻照乘之珠于郑。置之薰桂之椟,饰以翡翠,缀以玫瑰。郑人悦其外之泽也,不吝千金,争市其椟,珠则还之。呜呼!今之鹑[①]僧,承言滞句,其类是欤。

自七佛以还,初无一字示人。《传灯》《广灯》暨前修一时机缘,虽言满宇宙"圣谛第一义",盖未之见也,况有所谓第二句哉。年祀浸辽,乌焉成马。密室呫嗫,以打之绕为机辩,以风林楂为全提。末派渺弥,直指之宗胥而为名相之学。椟则为我有矣,摩尼宝珠其将安在?

真懒明老,入木庵之室而操戈逐之,深疾夫曲曲弯弯绵绵密密。乃罔罗衲僧巴鼻,下刃于顶顲[②]上,着着有出身之路者。目以《联灯会要》,锓板流通。将使鏖战沙场者,射人先射马,擒贼先擒王。然后櫜弓仆鼓,坐底太平。老负之心,盖亦切矣。

千里诒书,谒余以序。余闻东寺只索一颗明珠,仰山当下倾一栲栳[③]。今观此书,尽泄天地之宝,又何止倾一拷栳也。探骊颔者,其毋遭神龙之寤哉。虽然自颠迄末,有

---

① 鹑:同雏。
② 顲:音拧。头顶。
③ 栲栳:音考老。柳编斗状容器。

一转语未彻根源，毕竟誵[①]讹在底处，呈似大方之家，必能辩出。

淳熙己酉三月初吉　淡齐李泳　序。

① 誵：音淆。言语不恭。

比丘思忠序

《联灯录》乃晦翁和尚居江心潜光室时，全提机要，开凿人天，编集联类而成此书。始唱道于泉之崇福，耆衲檀信力请刊行。逮迁鄮[①]峰，遂以板置旃檀林。岁壬申，思忠在寂窗老叔侍下，多举录中机缘激励。乃曰：此录去取，简而不繁。未几，板为灰炉，深为叹惜。

仆仆旋闽越二十年，复来湖上，搜寻故本，就大报国锓梓，工费二千余缗，实文雅藏主相其成也。敬以此录，仍旧归育王寂窗塔下，基之无穷。俾灯联焰续，晦而复明，庶有补于宗教云耳。

时至元辛卯佛成道日松江淀山比丘思忠拜书。

① 鄮：音冒。地名，今浙江鄞县境。

原 序

达磨西来,不立文字,直指人心,见性成佛。只要当人具决定志,有大力量,不思前算后,直下一刀两段,到顶到底,无第二见,无第二人,便与从上佛祖无异无别。

自曹溪而下,得其传者千有余数。凡垂一言半句,如同电拂。眨得眼来,新罗国里,设有方便,如国家兵器,不得已而用之。道个抽钉拔楔,解粘去缚,早是项上着枷,脚下着桩了也,其余合作么生即得。

近年已来,据师位者,不本宗由,枝词蔓说,对句押韵,簇锦攒花,谩人自谩,不知其几。学者不辨邪正,递相沿袭,与之俱化。从上不传之旨,绝无闻矣。

余淳熙癸卯,坐夏永嘉之中川。因阅《传灯》《广灯》,前辈当代诸大老录,采摭其具彻向上巴鼻,可以关凿人天眼目者,六百余家。提唱机缘,问答语句,拈提古今,得其要妙者,各逐本人章次收录,离为三十卷,命曰《联灯会要》。唯临济、云门二宗,自汾阳、昭雪、窦显而下,罕得其录,今所编者,十之二三。《续灯》所载,似无取焉,当伺同志,集而补之。庶几后学,得见前辈典刑存焉尔。

然前所谓不立文字,直指人心,见性成佛。此一络索,得非文字语言乎?若作文字语言会,未具衲僧眼在;不作文字语言会,亦未具衲僧眼在。毕竟如何?英俊道流,试请从头定当看。

时淳熙十年,解制后五日。偃溪真懒子悔明,书于潜光室。

联灯会要卷第一

过去庄严劫第九百九十八尊毗婆尸佛

偈曰：

身从无相中受生，犹如幻出诸形像。

幻人心识本来无，罪福皆空无所住。

《长阿含经》云：人寿八万岁，佛刹利种，姓拘利若。父名槃头，母名槃头婆提。居槃头婆城。坐波波罗树下，成最正觉。说法三会，度人三十四万八千。上足二，一名骞茶，一名提舍。执事无忧。子方膺。

过去庄严劫第九百九十九尊尸弃佛

偈曰：

起诸善业本是幻，造诸恶业亦是幻。

身如聚沫心如风，幻出无根无实相。

《长阿含经》云：人寿七万岁，佛刹利种，姓拘利若。父名明相，母名光耀。居光相城。坐分陀利树下，成最正觉。说法三会，度人二十五万。上足二，一名阿毗净，一名三婆婆。执事忍行。子无量。

过去庄严劫第一千尊毗舍浮佛

偈曰：
假借四大以为身，心本无生因境有。
前境若无心亦无，罪福如幻起亦灭。

《长阿含经》云：人寿六万岁，佛刹利种，姓拘利若。父名善灯，母名称戒。居无逾城。坐婆娑树下，成最正觉。说法二会，度人一十三万。上足二，一名扶游，一名郁多罗。执事寂光。子妙觉。

见在贤劫第一尊拘留孙佛

偈曰：
见身无实是佛见，了心如幻是佛了。
了得身心本性空，斯人与佛何殊别。

《长阿含经》云：人寿四万岁，佛婆罗门种，姓迦叶。父名记得，母名善枝。居安和城。坐尸利沙树下，成最正觉。说法一会，度人四万。上足二，一名萨尼，一名毗楼。执事善觉。子上胜。

见在贤劫第二尊拘那含牟尼佛

偈曰：

佛不见身知是佛,若实有知别无佛。
智者能知罪性空,坦然不怖于生死。

《长阿含经》云:人寿三万岁,佛婆罗门种,姓迦叶。父名大德,母名善胜。居清净城。坐乌暂婆罗门树下,成最正觉。说法一会,度人三万。上足二,一名舒槃那,一名郁多楼。执事安和。子导师。

见在贤劫第三尊迦叶佛

偈曰:
一切众生性清净,从本无生无可灭。
即此身心是幻生,幻化之中无罪福。

《长阿含经》云:人寿二万岁,佛婆罗门种,姓迦叶。父名梵德,母名财主。居波罗奈城。坐尼拘律树下,成最正觉。说法一会,度人二万。上足二,一名提舍,一名婆罗婆。执事善友。子进军。

见在贤劫第四尊释迦牟尼佛

偈曰:
幻化无因亦无生,皆即自然见如是。
诸化无非自化生,幻化无生无所畏。

谨按:《佛本行经》云:姓刹帝利。父净饭王,母摩耶。

于无量劫，护持禁戒，梵行清净。命终之后，正念往生兜率陀天，应其补处，名曰护明。智慧满足，天寿四千岁，为诸天说法教化，显示法相。天寿既尽，遂即下生，托孕摩耶夫人。十月满足，当春之时，摩耶夫人游岚毗尼园，至波罗叉树下，即举右手攀其树枝，菩萨从母右胁而降。

又按：《普耀经》云：佛初生刹利王家，放大智光明，照十方法界，地涌金莲华，自然捧双足，东西及南北，各行于七步，分手指天地，作大师子吼："上下及四维，无能尊我者。"

即周昭王二十四年，甲寅岁，四月八日也。

至四十二年，二月八日，游四门，逾城出家。历试邪法，摧伏外道。至穆王三年癸未，二月八日，明星现时成道。为憍陈如五人转四谛法轮而证道果。住世说法，四十九年。后告上首迦叶云："吾以清净法眼，涅槃妙心，实相无相，微妙正法，分付于汝，汝当护持。并来阿难，副贰传化，无令断绝。"仍说偈云："法本法无法，无法法亦法。今付无法时，法法何曾法。"复告迦叶云："吾将金缕僧伽梨衣传付于汝，转授补处，至慈氏佛出世，勿令朽坏。"即于熙连河侧娑罗树间，右胁累足，泊然而寂。实穆王五十二年壬申，二月十五日也。后一千一十七年，教流东土。即从汉永平十年，戊辰岁也。

世尊初生下，一手指天，一手指地，周行七步，目顾四方云："天上天下，唯我独尊。"

云门云："我当时若见，一棒打杀，与狗子吃，贵图天下太平。”

琅玡觉云:“可谓将此深心奉尘刹,是则名为报佛恩。”

云峰悦云:“云门虽有定乱之谋,且无出身之路。”

妙喜颂云:“老汉才生便着忙,周行七步似颠狂。赚他无限痴男女,开眼堂堂入镬汤。”

世尊一日升座,大众才集定。文殊白槌云:“谛观法王法,法王法如是。”

雪窦颂云:“列圣丛中作者知,法王法令不如斯。会中若有仙陀客,何必文殊下一槌。”

世尊因文殊至诸佛集处,值诸佛各还本处,唯有一女人近彼佛座,入于三昧。文殊白佛:“何此女人得近佛座,而我不得?”佛告文殊:“汝但觉此女,令从三昧起,汝自问之。”文殊绕女人三匝,鸣指三下,乃托至梵天,尽其神力而不能出。世尊云:“假使百千文殊,亦出此女人定不得。下方过四十二恒河沙国土,有罔明菩萨,能出此女人定。”须臾罔明从地涌出,作礼世尊。世尊敕罔明出女人定。罔明于女人前,鸣指一下,女子从定而起。

五云云:“不唯文殊不能出此女子定,但恐世尊也出此定不得。只如教意,怎生体解?”

夹山龄云:“若具奔流度刃底眼,非但见这一队汉败阙,乃至河沙佛祖出来,也被他觑破。其或青黄不辨,邪正不分,只管觅女子出定,玄沙道底。”

世尊因自恣日,文殊三处度夏。迦叶欲白槌摈出,才举槌，乃见百千万亿文殊。迦叶尽其神力，槌不能举。世尊遂问迦叶："汝欲摈那个文殊？"叶无对。

世尊因灵山会上，有五百比丘，得四禅定，具五神通，未得法忍。以宿命智通，各各自见，过去杀父害母及诸重罪，心内怀疑，于甚深法，不能证入。于是文殊承佛神力，手握利剑，持逼如来。世尊谓文殊云："住，住。不应作逆，勿得害吾，吾必被害，为善被害。文殊，从本以来，无有我人，但以内心见有我人，内心起时，吾必被害，即名为害。"于是五百比丘，自悟本心，如梦如幻，于梦幻中，无有我人，乃至能生所生父母。于是五百比丘同声赞叹云："文殊大智士，深达法源底。自手握利剑，持逼如来身。如剑佛亦尔，一相无有二。无相无所为，是中云何杀。"

世尊因文殊忽起佛见法见，被世尊神力摄向二铁围山。

世尊一日见文殊在门外立，乃云："文殊，文殊，何不入门来。"文殊云："我不见一法在门外，何以教我入门来。"

玄觉征云："为复是门内语，门外语？"

大沩喆云："吾不如汝。"

世尊将诸圣众往第六天，说《大集经》。敕他方此土，人间天上，一切狞恶鬼神，悉皆集会，受佛付嘱，拥护正法。设有不赴者，四天门王飞热铁轮，追之令集。既集会已，无有不顺佛来者，各发弘誓拥护正法。唯有一魔王，谓世尊云:"瞿昙,我待一切众生成佛尽,众生界空,无有众生名字,我乃发菩提心。"

天衣怀云:"临危不变,真大丈夫。诸仁者,作么生着得一转语,与黄面瞿昙出气?寻常神通妙用,智慧辨才,总用不着。尽阎浮大地,无不爱佛。到这里,何者是佛,何者是魔,还有人辨得么?"良久云:"欲识魔么?开眼见明。欲识佛么?合眼见暗。魔之与佛,以柱杖子一时穿却鼻孔。"

妙喜代云:"几乎错唤你作魔王。"

世尊因普眼菩萨欲见普贤,不能得见,乃至三度入定,遍观三千大千世界,觅普贤,不能得见,却来白佛。佛云:"汝但于静三昧中,起一念便见普贤。"普眼于是才起一念,便见普贤向空中乘六牙白象。

云居舜云:"作么生会云居道'普眼推倒世尊,世尊推倒普眼'?你道,普贤在甚么处?"

世尊一日升座,大众集定。迦叶白槌云:"世尊说法竟。"世尊便下座。

世尊在灵山会上,拈花示众。众皆默然,唯迦叶破颜微笑。世尊云:"吾有正法眼藏,涅槃妙心,实相无相,微妙法门,不立文字,教外别传,付嘱摩诃迦叶。"

妙喜颂云:"拈起一枝花,风流出当家。若言付心法,天下事如麻。"

世尊昔至多子塔前,命摩诃迦叶分座,以僧伽梨围之。

乃告云:“吾有正法眼藏,密付于汝,汝当护持,传付将来,无令断绝。”

世尊一日升座,默然而坐。阿难白槌云:“请世尊说法。”世尊云:“会中有二比丘犯律行,我故不说法。”阿难以他心通观是比丘,遂乃遣出。世尊复默然,阿难白世尊:“是二比丘已遣出,何不说法?”世尊云:“吾誓不为声闻二乘人说法。”便下座。

世尊同阿难行次,见一古佛塔,世尊作礼,阿难云:“是甚么人塔?”世尊云:“是过去诸佛塔。”阿难云:“过去诸佛是甚么人弟子?”世尊云:“是吾弟子。”难云:“应当如是。”

世尊一日食时将至,敕阿难:“汝当入城持钵。”阿难应诺,世尊云:“汝既持钵,当依过去七佛仪式。”阿难遂问:“如何是过去七佛仪式。”世尊召阿难,阿难应诺。世尊云:“持钵去。”

世尊因地布发掩泥,献花于燃灯佛。燃灯见布发处,遂约退众,乃指地云:“此一方地,宜建一梵刹。”众中有一贤子长者,持标,于指处插云:“建梵刹已竟。”时诸天散花赞叹云:“庶子有大智矣。”

世尊九十日在忉利天宫为母说法。及辞天界而下,时四众八部俱往空界奉迎。有莲花色比丘尼作念云:“我是尼身,必居大僧后。不若用神力变作转轮圣王,千子围绕,最初见佛。”果满其愿。世尊才见,便呵云:“莲华色比丘尼,何得越大僧见吾?汝虽见吾色身,且不见吾法身。须菩提在岩中宴坐,却见吾法身。”

世尊因五通仙人问云:“世尊有六通,我有五通。如何是那一通?”世尊召云:“五通仙人。”通应诺。世尊云:“那一通,汝问我。”

雪窦云:“老胡元不知那一通,却因邪打正。”

云峰悦云:“大小瞿昙被外道勘破了也。有傍不肯底么,出来,我要问你,如何是那一通?”

保宁勇颂云:“无量劫来曾未遇,如何不动到其中。莫言佛法无多子,最苦瞿昙那一通。”

世尊因长爪梵志索论义,预约云:“我义若堕,我自斩首以谢。”世尊云:“汝义以何为宗?”志云:“我义以一切不受为宗。”世尊云:“是见受否?”志拂袖而去。行至中路,有省,乃谓弟子云:“吾当回去,斩首以谢世尊。”弟子云:“人天众前,幸当得胜,何以斩首?”志云:“我宁于有智人前斩首,不于无智人前得胜。”乃叹云:“我义两处负堕,是见若受,负门处粗;是见不受,负门处细。一切人天二乘,皆不知我义堕处。唯有世尊,诸大菩萨,知我义堕。”回至世尊前云:“我义两处负堕,故当斩首以谢。”世尊云:“我法中无如是事,汝当回心向道。”于是同五百徒众,一时投佛出家,证阿罗汉。

天衣怀颂云:“是见若受破家门,是见不受与谁论。匾担蓦折两头脱,一毫头上现乾坤。”

世尊因比丘问:“我于佛法中,见处即有,证处未是,世尊当何所示?”佛云:“比丘某甲,当何所示,是汝所问?”

世尊因耆婆善别音响,同至冢间,见五髑髅,世尊敲一髑髅,问云:“此生何道?”云:“生人道。”又敲一云:“此生何道?”云:“生天道。”又敲一云:“此生何道?”耆婆罔措。

世尊因黑齿梵志运神力,以左右手擎合欢、梧桐花两株,来供养佛。佛召仙人,志应诺,佛云:“放下着。”志放下左手花。佛又召仙人:“放下着。”志放下右[1]手花。佛又召仙人:“放下着。”志云:“我今空手而立,更放下个甚么?”佛云:“吾非教汝放舍其花,汝当放舍外六尘,内六识,中六根。一时放舍,至无可舍处,是汝免生死处。”志于言下,悟无生法忍。

世尊因调达谤佛,生身陷地狱。佛敕阿难传问云:“汝在地狱中安否?”达云:“我虽在地狱,如三禅天乐。”佛又敕问:“汝还求出否?”达云:“我待世尊来即出。”阿难云:“佛是三界大师,岂有入地狱分?”达云:“佛既无入地狱分,我岂有出地狱分?”

翠岩真云:“亲言出亲口。”

世尊因异学问:“诸法是常耶?”世尊不对。又问:“诸法是无常耶?”世尊亦不对。异学云:“世尊具一切智,何不

① 右:原刻作“左”,误。依文改。

对我?”世尊云:“汝之所问,皆为戏论。”

世尊一日以随色摩尼珠,问五方天王云:“此珠作何色?”天王互说异色。世尊藏其珠,却举手问:“此珠作何色?”天王云:“佛手中无珠,色从何有?”世尊叹云:“汝何迷倒之甚。吾将世珠示之,便强说有青黄赤白;吾将真珠示之,便总不知。”时五方天王闻语,悉悟道。

世尊因波斯匿王问:“圣义谛中,还有世俗谛否?若言其有,智不应一;若言其无,智不应二。一二之义,其义云何?”世尊云:“大王,汝于过去龙光佛法中,曾问此义。我今无说,汝亦无闻。无说无闻,是名一义二义。”

翠岩真云:“波斯匿王善问不善答,世尊善答不善问。一人理上偏枯,一人事上偏枯。翠岩当时若见,点一把火,照看黄面老子面皮厚多少。”

世尊坐次,见二人舁[①]猪子过。乃问:“这个是甚么?”其人云:“世尊具一切智,猪子也不识?”世尊云:“也要问过。”

大阳延云:“不因世尊问,洎乎忘却。”

世尊因乾闼婆王献乐,其时山河大地尽作琴声。迦叶起舜[②],王问:“迦叶,岂不是阿罗汉诸漏已尽,何更有余习?”佛云:“实无余习,莫谤法也。”王又抚琴三遍,迦叶亦

① 舁:音鱼。共同用手抬。

② 舜:原刻如此。《五灯会元》作“舞”。是。

三度作舞。王云："迦叶作舞，岂不是？"佛云："实不曾作舞。"王云："世尊何得妄语？"佛云："不妄语。汝抚琴，山河大地、草木尽作琴声，岂不是？"王云："是。"佛云："迦叶亦复如是，实不曾作舞。"王乃信受。

修山主问澄源禅师："乾闼婆王奏乐，直得须弥岌峇[1]，海水腾波，迦叶作舞，作么生会？"源云："迦叶过去世曾作乐人来，习气未除。"修云："须弥岌峇，海水腾波，又作么生？"源休去。

法眼代云："正是习气。"

世地[2]因外道问："昨日说何法？"云："说定法。"外道云："今日说何法？"云："说不定法。"外道云："昨日说定法，今日何故说不定法？"云："昨日定，今日不定。"

大沩喆云："非公境界。"

世尊因外道问云"不问有言，不问无言"，世尊据坐，外道赞叹云："世尊大慈大悲，开我迷云，令我得入。"作礼而去。阿难白佛云："外道有何所证，而言得入？"世尊云："如世良马，见鞭影而行。"

翠岩芝云："大小世尊被外道当面搽糊，只如外道云'令我得入'，要且不曾梦见，既不曾梦见，为甚么悟去？"

翠岩真云："六合九有，缁黄青紫，一一交参，咸言良久

---

① 岌峇：音及客。锤铁声。

② 地：原刻如此。《五灯会元》作"尊"。是。

据坐不对,要且不是。”又举诸方拈了,复云:“於戏,假如鹙[①]子满慈,运智摛词,驰神作用,何益之有?”

雪窦云:“邪正不分,过由鞭影。”

妙喜云:“邪正两分,正由鞭影。”

天衣怀颂云:“双锋覆护两俱摧,迷云从此豁然开。收得劫初铃子后,轻轻一振动云雷。”

世尊因七贤女游尸陀林,一女指尸云:“尸在这里,人在甚么处?”一女云:“作么?作么?”诸姊谛观,各各契悟,感帝释散花云:“惟愿圣姊有何所须,我当终身供给。”女云:“我家四事七珍[②],悉皆具足,唯要三般物,一要无根树子一株,二要无阴阳地一片,三要叫不响底山谷一所。”帝释云:“一切所须,我悉有之。若此三般物,我实无得。”女云:“汝若无此,争能济人?”帝释罔措,同往白佛。佛言:“憍尸迦,我诸弟子诸大阿罗汉悉皆不解此义,唯有诸大菩萨乃解此义。”

世尊成道后,在逝多林树下跏趺而坐。有二商人,以五百乘车经过林畔,有二车牛不行。商人怪讶,山神报云:“林中有圣人成道,逾四十九日未食,汝当供养。”商人入林,果见一人端坐不动。遂问云:“为是梵王耶?帝释耶?山神耶?河神耶?”世尊微笑,举袈裟示之。商人作礼,陈

① 鹙:音秋。一种水鸟。

② 四事七珍:四事指供给资养佛、僧等日常生活所需之四事,即衣服、饮食、卧具、汤药。七珍指世间七种珍贵的宝玉。诸经说法不一,《阿弥陀经》、《大智度论》谓七珍为金、银、琉璃、颇梨(意译为水精)、车渠、赤珠、玛瑙。《法华经》作金、银、琉璃、车渠、玛瑙、真珠、玫瑰。

供养。

世尊一日于涅槃会上，以手摩胸，告大众云：“汝等善观吾紫摩金色之身，瞻仰取足，勿令后悔。若谓吾灭度，非吾弟子。若谓吾不灭度，亦非吾弟子。”时百万亿众，悉皆悟道。

云峰悦云：“然则膏肓之门，不足以发药，云峰今日且作死马医，汝等诸人皮下还有血么？”

世尊临入涅槃，文殊请佛再转法轮。世尊咄云：“文殊，吾四十九年住世，未尝说一字。汝请吾再转法轮，是吾曾转法轮耶？”

世尊已入涅槃。迦叶后至，世尊乃于椁中露双趺示之。迦叶作礼，请如来以三昧火而自阇维[①]。即时金棺从七宝床升举，绕拘尸罗城七匝，却还本处，化火光三昧而自焚之。

竺乾诸大贤圣（凡二十五）

文殊大士一日令善财采药，云：“是药者采将来。”善财遍采，无不是药，却来白云：“无不是者。”文殊云：“是药者采将来。”善财拈一枝草度与文殊，文殊提起，示众云：“此药，能杀人，亦能活人。”

---

① 阇维：又作阇毗、耶维、耶旬。意译为烧燃、烧身，即火葬之意。

大沩喆云:“善财能采,文殊善用。非但寝疾毗耶,直饶尽大地人抱必死之疾到文殊所,教伊个个脱体而去。何故?解用不须霜刃剑,延龄何必九还丹。”

文殊大士谓善住意天子言:“汝今若能违背诸佛,毁谤法僧,吾即同汝如是梵行。”天子言:“大士今何故复如是语?”大士言:“天子,如汝意者,以何为佛?”天子言:“如如法界,我言是佛。”大士言:“汝意云何,如如法界可染着乎?”天子言:“弗也。”大士言:“以是义故,我如是说。汝今若能毁背佛法,吾将同汝如是梵行。”

文殊问庵提遮女云:“生以何为义?”女云:“生以不生生为生义。”文殊云:“如何是生以不生生为生义?”女云:“若能明知地水火风四缘,未尝自得有所和合,而能随其所宜,以为生义。”文殊又问:“死以何为义?”女云:“死以不死死为死义。”文殊云:“如何是死以不死死为死义?”女云:“若能明知地水火风四缘,未尝自得有所离散,而能随其所宜,以为死义。”

天亲菩萨从弥勒内宫下。无著问:“经云:人间四百年,彼天为一昼夜。弥勒于一时中,成就五百亿天子证无生法忍,未审说甚么法?”天亲云:“只说这个法。只是梵音清雅,令乐闻。”

天衣怀云:“弥勒已是错说,天亲已是错传。山僧今日将错就错,与你诸人注破。”良久云:“谛听谛听,向下文长,付在来日。”

利益菩萨白燃灯佛："我欲得阿耨菩提，唯愿世尊教示我，令速成菩提。"佛言利益："汝观此法，何者是法，是汝所问？"

天竺有一上首菩萨作一乞士，入城乞食次。时有比丘恒伽谓乞士言："汝从何来？"云："我从真实中来。"又问："何谓真实？"云："寂灭故名真实。"又问："寂灭相中有所求耶？无所求耶？"云："无所求。"又问："无所求者，何用求耶？"云："无所求中，吾欲求之。"又问："无所求中，何用求耶？"答："有所求者，一切皆空。得者亦空，著者亦空。实者亦空，求者亦空。语者亦空，问者亦空。寂灭涅槃，一切虚空界分亦复皆空。吾为如是空法而求真实。"

维摩会上，三十二菩萨各说不二法门。文殊云："我于一切法无言无说，无示无识，离诸问答，是为菩萨入不二法门。"文殊又问维摩，维摩默然。文殊叹云："乃至无有语言文字，是菩萨真入不二法门。"

保福展云："大小维摩被文殊一坐，直至如今起不得。"雪窦云："维摩道甚么？"又云："勘破了也。"

琅玡觉云："文殊赞善，也是杓卜听虚声。维摩默然，汝等诸人不得钻龟打瓦。"

维摩因须菩提持钵到门，取钵满盛香饭，谓尊者云："若能于法等者，于食亦等。乃至入诸邪见，不到彼岸。住于八难[1],不得无难。同于烦恼,离清净法。汝得无诤三昧,一切众生亦得是定。其施汝者,不名福田。供养汝者,堕三恶道。为与众魔同一手,作诸劳侣。汝与众魔及诸尘劳,等无有异。于一切众生而有怨心,谤于佛,毁于法,不入众数,终不得灭度。汝若如是,乃可取食。”须菩提闻此语,忙然不知以何答,置钵欲去。

须菩提说法,帝释雨花。须菩提乃问:“此花从天得耶?从地得耶?从人得耶?”帝释皆云:“弗也。”须菩提云:“从何而得?”帝释举起手,菩提云:“如是如是。”

须菩提在岩间宴坐,诸天雨花赞叹。尊者云:“空中赞叹者,复是何人?”天云:“我是梵天,敬重尊者善说般若。”尊者云:“我于般若未尝说一字,汝云何赞叹?”天云:“如是,尊者无说,我乃无闻。无说无闻,是真说般若。”

雪窦云:“避喧求静处,世未有其方。在岩间宴坐也被这一队汉搽糊,更有这老汉把不定,问‘空中雨花赞叹,复是何人’,早败阙了也。‘我重尊者善说般若’,恶水蓦头泼。又云‘我于般若未尝说一字’,草里汉。‘尊者无说,我乃无闻’,识甚好恶。总似这般汉,何处有今日?”复召大众云:“雪窦幸是无事人,你来这里觅甚么?”以拄杖一时趁下。

---

① 八难:又作八难处、八无暇、八不闲、八非时、八恶、八不闻时节。指不得遇佛、不闻正法之八种障碍。据《长阿含经》卷九,八难指:1,在地狱难;2,在饿鬼难;3,在畜生难;4,在长寿天难;5,在边地之郁单越难;6,盲聋喑哑难;7,世智辩聪难;8,生在佛前佛后难。

舍利弗问天女:“汝何不转却女身?”云:“我从十二年求女人相,了不可得,当何所转?”

即时,天女以神通力,变舍利弗作天女,乃化身如舍利弗,却问舍利弗:“汝何不转却女身?”舍利弗言:“我今不知何转而变为女身。”

舍利弗因入城,遥见月上女出城。舍利弗心口思惟,此姊见佛,不知得忍否,我试问之。才近前便问:“甚么处去?”女云:“如舍利弗与么去。”弗云:“我方入城,汝当出城,云何言如舍利弗与么去?”女云:“诸佛弟子当依何住?”舍利弗云:“诸佛弟子当依大涅槃而住。”女云:“诸佛弟子既依大涅槃而住,我如舍利弗与么去。”

舍利弗问须菩提:“梦中说六波罗密与觉时同异?”须菩提言:“此义深远,吾不能说,会中有弥勒大士,汝往彼问。”

雪窦云:“当时若不放过,随后与一札‘谁名弥勒,谁是弥勒’者,便见冰消瓦解。”

富楼那问佛:“清净本然,云何忽生山河大地?”

琅玡觉云:“山僧即不然,清净本然,云何忽生山河大地?”

荐福信云:“先行不到,末后太过。”

首楞严云:“吾不见时,何不见吾不见之处?若见不见,自然非彼不见之相。若不见吾不见之地,自然非物,云何非汝?"

雪窦颂云:"全象全牛翳不殊,从来作者共名摸。如今要见黄头老,刹刹尘尘在半途。"

宾头卢尊者因阿育王问:"承闻尊者亲见佛来,是否?"尊者以手策起眉云:"会么?"云:"不会。"者云:"阿耨达池龙王曾请佛斋,吾是时预其数。"

翠岩真云:"且道甚么处见?直饶雪天漂渺,湖光淡荡,且莫说梦。"

大沩喆云:"无忧王虽饭三万大阿罗汉,要且不识宾头卢。当时待他策起眉毛云'会么',便与作礼。非唯识宾头卢,亦乃同参古佛。"

善财因毗目仙人执其手,善财自见其身,往十方佛刹微尘数诸佛所,乃至经不可说不可说微尘数劫时,仙人放手,善财即见自身还在本处。

善财参五十三员善知识,末后到弥勒阁前,见楼阁门闭,瞻仰赞叹。见弥勒从别处来,善财作礼云:"愿楼阁门开,令我得入。"寻时弥勒至善财前,弹指一声,楼阁门开,善财入已,阁门即闭。见百千万亿楼阁,一一楼阁内有一弥勒,领诸眷属并一善财而立其前。

善财因无著问:"我欲见文殊,何者即是?"财云:"汝发一念心清净即是。"无著云:"我发一念心清净,为甚么不见?"财云:"是真见文殊。"

善住天子白文殊云:“可共往如来所咨决未受,亦同此时如法问难。”文殊云:“你莫分别取着如来。”天子云:“如来今在何所,令我莫着?”文殊云:“只在目前。”天子云:“若如是者,我何不见?”文殊云:“汝若一切不见,是名真见如来。”天子云:“若见在前,云何戒我莫取着如来?”文殊云:“汝今见前何有?”天子云:“有虚空界。”文殊云:“如来者,虚空界是,虚空界即是如来,此中无有一物可分别者。”

殃崛摩罗因持钵至一长者家,值妇人产难,子母未分。者云:“瞿昙弟子,汝为至圣,当有何法能免产难?”殃崛语长者云:“我乍入道,未知此法。待我回问世尊,却来相报。”及返白佛,佛告殃崛:“汝速去报言,我自从贤圣法来,未曾杀生。”殃崛往告,妇人闻之,当下分免。

妙喜颂云:“华阴山前百尺井,中有寒泉彻骨冷。谁家女子来照影,不照其余照斜领。”

月氏国王闻罽宾国有一尊者,曰祇夜多,有大名称,即与群臣往彼国礼见问法。修敬毕,请尊者为开演。尊者云:“大王时来,好道今去亦如来时。”

紧那罗王奏无生乐供养,佛乃敕:“有情无情俱随王去,若有一物不随王去,即去佛处不得。”

无厌足王入大寂定,乃敕:“有情无情皆顺于王,若有一物不顺于王,即入大寂定不得。”

障蔽魔王领诸眷属,一千年随金刚齐菩萨觅起处不得。忽一日得见,乃问云:“汝当依何而住,我一千年觅汝起处不得?”齐云:“我不依有住而住,不依无住而住,如是而住。”

法眼云:“障蔽魔王不见金刚齐即且从,只如金刚齐,还见障蔽魔王么?”

城东有一老母,与佛同生而不欲见佛。每见佛来,即便回避。虽然如此,回顾东西,总皆是佛。遂以手掩其面,十指掌中亦总是佛。

庵婆提遮女问文殊云:“明知生是不生之义,为甚么被生死之所流转?”文殊云:“其力未充。”

有一聚落,毒龙所居,时五百尊者往彼降之不得。有一异方尊者,弹指一声,其龙即降。

琅玡觉云:“若据教乘,自有科判。山僧即不然,只这弹指也不消得。虽然如是,且莫困鱼止箔,钝鸟栖芦。”

西天祖师

初祖摩诃大迦叶(凡三)

分座,传衣。世尊示灭,结集法藏,斥出阿难,未尽诸漏。阿难遂于毕钵岩前,磐陀石上,坐至中夜,得证道果,即现神通,透石而入。迦叶后付法眼,而说偈云:“法法本来法,无法无非法。何于一法中,有法有不法。”

有外道问:“如何是我我?”祖云:“觅我者是汝我。”外道云:“这个是我我,师我何在?”祖云:“汝问我觅。”

祖踏泥次,有沙弥问:“尊者何得自为?”祖云:“我若不为,谁为我为?”

法眼云:“我当时若见,拽来踏泥。”

二祖阿难尊者(凡三)

祖一日白佛云:“今日入城,见一奇特事。”佛云:“见何奇特事?”祖云:“入城时,见一攒乐人作舞,出城总见无常。”佛云:“我昨日入城,亦见一奇特事。”祖云:“未审见何奇特事?”佛云:“我入城时,见一攒乐人作舞,出城时,亦见一攒乐人作舞。”

祖问迦叶云:“师兄,世尊传金襕袈裟外,别传个甚么?”迦叶召阿难,祖应诺。迦叶云:“倒却门前刹竿着。”

汾阳昭云:“不问那知。”

翠岩芝云:“千年无影树,今时没底靴。”

祖大事既办,诣常水河化为金地,集诸圣众,顾得道弟子商那和修,付正法眼,说偈云:“本来付有法,付了言无法。各各须自悟,悟了无无法。”

三祖商那和修尊者(凡一)

问优婆鞠多云:“汝年几耶?”云:“我年十七。”祖云:“汝身十七耶?性十七耶?”云:“师发已白,为发白耶?心白耶?”祖云:“但发白,非心白尔。”云:“我身十七,非性十七。”祖知是法器。后付法眼,而说偈云:“非法亦非心,无心亦无法。说是心法时,是法非心法。”

四祖优婆鞠多尊者(凡二)

祖访一比丘尼,才入门,便触撒钵盂。尼云:“佛在日,六群比丘甚是粗行,数来我舍,尚不如此。尊者绍继祖位人,得与么粗行?”

汾阳昭代云:“已知错误。”

祖说法度人,筹盈石室。有长者子曰众香,投祖出家。祖问:“汝心出家耶?身出家耶?”云:“我自出家,非为身心。”祖云:“不为身心,复谁出家?”云:“夫出家者,无我我故,心不生灭。心不生灭,即是常道。故诸佛亦常心无形相,其体亦然。”祖云:“汝当大悟,心自通达。”即为剃度,易名提多迦,遂付法眼,而说偈云:“心自本来心,本心非有法。有法有本心,非心非本法。”

五祖提多迦尊者(凡一)

有弥遮迦者,见师慈相,即悟宿因,乃弃仙术而求圣果。请问祖云:"我于仙道更无进趣,唯守虚静,不达至理。"祖云:"佛言,修仙敬学小道似绳牵,汝可自知之。若弃小流,顿归大海,当证无生。"弥遮迦闻语,豁然契悟。后付法眼,而说偈云:"通达本法心,无法无非法。悟了同未悟,无悟亦无法。"

六祖弥遮迦尊者(凡一)

道化北天,有婆须蜜者,手提酒器,逆问祖云:"师何方来?欲往何所?"祖云:"从自心来,欲往无所。"云:"师识我手中物否?"祖云:"此是触器而负净者。"云:"还识我否?"祖云:"我即不识,识即非我。汝当称名,吾后示汝本因。"云:"我姓波罗堕,名婆须密。"祖云:"佛记汝,当绍祖位。"即与剃度,顿悟宿因。后付法眼,而说偈云:"无心无可说,说得不名法。若了心非心,始解心心法。"

七祖婆须蜜尊者(凡一)

游行诸国,说法度人。有一智者,自称佛陀难提,谓祖云:"我欲与师论义。"祖云:"义即不论,论即不义。若拟论义,终非义论。"难提即悟本心,投祖出家。后付法眼,而说偈云:“心同虚空界,示等虚空法。证得虚空时,无是无非法。”

八祖佛陀难提尊者(凡一)

智慧滔渊,捷辩无碍。有伏驮密多者,作礼问云:“父母非我亲,谁是最亲者? 诸佛非我道,谁是最道者?”祖云:“汝言与心亲,父母非可比。汝行与道合,诸佛心即是。外求有相佛,与汝不相似。欲识汝本心,非合亦非离。”伏驮闻是偈,顿悟佛理。祖与剃度。后付法眼,而说偈云:“虚空无内外,心法亦如是。若了虚空故,是达真如理。”

九祖伏驮密多尊者(凡一)

生来五十年,唯坐一床,口不曾言,足不曾履。闻偈悟道,传法度生。有难生者,投师出家。长坐不卧,通达法性。祖付法眼,而说偈云:“真理本无名,因名显真理。受得真真法,非真亦非伪。”

十祖胁尊者(凡一)

处胎六十年,神珠梦应。诞生之日,满室光明。出家得道。至一林中,有富那夜奢者,恭敬合掌而立祖前。祖问:“汝从何来?”云:“我心非往。”祖云:“汝住何处?”云:“我心非止。”祖云:“汝不定耶?”云:“诸佛亦然。”祖云:

"汝非诸佛。"云:"诸佛亦非。"祖知是法器,即与剃度。付法说偈云:"真体自然真,因真说有理。领得真真法,无行亦无止。"

联灯会要卷第二

十一祖富那夜奢尊者(凡一)

诣波罗奈国,有马鸣大士迎祖作礼。问云:“我欲识佛,何者即是?”祖云:“汝欲识佛,不识者是。”云:“佛既不识,焉知是乎?”祖云:“既不识佛,焉知不是?”云:“此是锯义。”祖云:“彼是木义。”祖复问:“锯义者何?”云:“与师平出。”马鸣却问:“木义者何?”祖云:“汝被我解。”马鸣豁然大悟。后付法眼,而说偈云:“迷悟如隐显,明暗不相离。今付隐显法,非一亦非二。”

十二祖马鸣尊者(凡一)

得法之后,于华氏国,有迦毗摩罗者,三千眷属,有大神力。祖问云:“汝尽神力,变化若为?”云:“我化巨海极为小事。”祖云:“汝化性海得否?”云:“何谓性海,我未尝知。”祖云:“性海者,山河大地,皆依建立;三昧六通,由兹发现。”迦毗摩罗闻是语已,契自本心,与三千徒投祖出家。后付法眼,而说偈云:“隐显即本法,明暗元不二。今付了悟法,非取亦非离。”

十三祖迦毗摩罗尊者(凡一)

本习外道,归心佛乘。游西印度,至一深山,有龙树尊者出迎,问祖云:“深山孤寂,蛇蟒所居。大德至尊,何枉神足?”祖云:“吾非至尊,来访贤者。”龙树默念云:“此师得决定性明道眼否?是大圣继真乘否?”祖云:“汝虽心语,吾已意知。但办出家,何虑吾之不圣?”龙树悔谢,祖与剃度。后付法眼,而说偈云:“非隐非显法,说是真实际。悟此隐显法,非愚亦非智。”

十四祖龙树尊者(凡一)

具大知见,无所不通。游西印度,彼国人多信福业。闻尊者为说妙法,各相谓言:“人之福业,世间第一。徒言佛性,谁能睹之?”祖云:“汝欲见佛性,先须除我慢。”彼众云:“佛性大小?”祖云:“非大非小,非广非狭,无福无报,不死不生。”彼闻理胜,悉回初心,悟无生忍。

有迦那提婆者,谒祖。祖知是智人,先令侍者盛满钵水,置于座前。彼以一针,进而投之,忻然契会。后付法眼,而说偈云:“为明隐显法,方说解脱理。于法心不证,无嗔亦无喜。”

十五祖迦那提婆尊者(凡一)

博识辨慧,名闻诸国。后游巴连弗城,闻诸外道欲障佛法。计之已久,祖执长幡入彼众中。彼云:“汝何不前?”祖云:“汝何不后?”彼云:“汝似贼人。”祖云:“汝似良人。”云:“汝解何法?”祖云:“汝百不会。”云:“我欲得佛。”祖云:“我酌然得佛。”云:“汝不合得。”祖云:“元道我得,汝实不得。”云:“汝既不得,云何言得?”祖云:“汝有我故,所以不得。我无我故,我自当得。”彼既词屈,乃问云:“汝名何等?”祖云:“我名迦那提婆。”彼众中有上首罗睺罗多,闻语悔过,心即开悟。祖付法眼,而说偈云:“本对传法人,为说解脱理。于法实无证,无终亦无始。”

十六祖罗睺罗多尊者(凡一)

得法之后,随处利生。至室罗筏城金水河源,见僧伽难提入定。祖俟之七日,方从定起。祖问之云:“汝身定耶,心定耶?”云:“身心俱定。”祖云:“身心俱定,有何出入?”云:“虽有出入,不失定相。如金在井,如金出井,世相去来,金体常寂。”[1]祖云:“若金在井,若金出井,金无动静,何有出入?”云:“言金动静,何物出入?言金出入,金非动静。”祖云:“若金在井,出者何金?若金出井,在者何物?”云:“金若出井,在者非金。金若在井,出者非物。”祖云:“此义不然。”云:“彼理非著。”祖云:“此义当堕。”云:“彼义不成。”祖云:“彼义不成,我义成矣。”云:“我义虽

① 此段辩论十分精彩。伽难以金喻法,云:“如金在井,如金出井,世相往来,金体常寂。”此处“世相往来”四字极关键。伽难了断世相实有,却落在“常寂”空边,祖师因此对其开示之。《五灯会元》于此处删削为“如金在井,金体常寂”,文义虽然通顺,但伽难修行次第因此抹却。

成，法非我故。”祖云：“我义已成，我无我故。”云：“我无我故，复成何义？”祖云：“我无我故，故成汝义。”云：“仁者师谁，得是无我？”祖云：“我师迦那提婆，证是无我。”僧伽难提以偈赞曰：“稽首提婆师，而出于仁者。仁者无我故，我欲师仁者。”祖答以偈云：“我已无我故，汝须见我我。汝若师我故，知我非我我。”难提当下豁然，即求剃度。后付法眼，而说偈云：“于法实无证，不取亦不离。法非有无相，内外云何起。”

十七祖僧伽难提尊者（凡一）

宝庄严王之子也。因到山舍，见一童子手提圆鉴，直造祖前。祖问：“汝几岁耶？”云：“我今百岁。”祖云：“汝年尚幼，何言百岁，非其理也。”云：“我不会理，正百岁尔。”祖云：“汝善机耶？”云：“佛言：若人生百岁，不善诸佛机，未若生一日，而得决了之。”祖云：“汝手中物，当何所表？”云：“诸佛大圆鉴，内外无瑕翳。两人同得见，心眼皆相似。”遂投祖出家，名伽耶舍多，俾令给侍。

一日风吹殿角铃鸣，祖问：“风鸣耶？铃鸣耶？”云：“非风铃鸣，我心鸣耳。”祖云：“心复谁乎？”云：“俱寂静故。”祖云：“善哉善哉，继吾道者，非子而谁。”即付法眼，而说偈云：“心地本无生，因地从缘起。缘种不相妨，华果亦复尔。”

十八祖伽耶舍多尊者(凡一)

得法之后,遍游诸国。至大月氏国,见一婆罗门舍,祖将入门,舍主鸠摩罗多问:“是何徒众?”祖云:“是佛徒众。”彼闻佛名,心神悚然,即闭其户。祖良久敲门,彼云:“此舍无人。”祖云:“答无者谁?”彼闻语异,开门延接,投诚出家。后付法眼,而说偈云:“有种有心地,因缘能发萌。于缘不相碍,当生生不生。”

十九祖鸠摩罗多尊者(凡一)

为自在天,继祖时至,降生人间。得法之后,至中天竺国,有阇夜多者,问云:“我家素向三宝,常萦疾苦。邻舍旃陀,所作如意。彼何幸,而我何辜?”祖云:“何足疑乎。且善恶之报有三时焉,凡人但见仁夭暴寿、逆吉义凶,便谓无因果、虚罪福,殊不知影响相随,毫厘靡忒。纵百千劫,亦不磨灭。”时阇夜多得闻是语,顿释所疑。复告之云:“汝已信三业,而未明业从惑生,惑因识有,识依不觉,不觉依心。心本清净,无生灭,无造作,无报应,无胜负,寂寂然,灵灵然。汝若入此法门,可与诸佛同矣。一切善恶、有为无为,皆如梦幻。”彼于言下。顿悟无生。后付法眼,说偈云:“性上本无生,为对求人说。于法既无得,何怀决不决。”

二十祖阇夜多尊者(凡一)

祖于罗阅城,广兴佛事,敷演顿教法门。彼有学众,唯尚辩论。有上首名婆修盘头,一食不卧,六时礼佛,清净无欲,为众所尊。祖欲度之,问彼众云:"此遍行头陀,勤修梵行,可得佛乎?"彼众云:"我师精进如是,何故不得?"祖云:"汝师与道远矣。设行苦行,经于尘劫,皆虚妄之本。"彼众云:"尊者蕴何德业而讥我师?"祖云:"我不求道,亦不颠倒;我不一食,亦不杂食;我不知足,亦不贪欲。心无所希,名之曰道。"时遍行闻是语已,发无漏智。祖须臾却问云:"适吾对众挫仁者,得无恼乎?"云:"我责躬悔过以来,闻诸恶言,如风如响,况今获饮无上甘露,返生热恼耶?惟愿大士,诲以妙道。"祖云:"汝久植德本,当继吾宗。"后付法眼,而说偈云:"言下合无生,同于法界性。若能如是解,通达理事竟。"

二十一祖婆修盘头尊者(凡一)

在胎遇记,必为世灯;生长苦行,而证道果。至那提国,国王有子摩拏罗,投祖出家,得大神力,顿悟心宗,当绍祖位。即付法眼,而说偈云:"泡幻同无碍,如何不了悟。达法在其中,非今亦非古。"

二十二祖摩拏罗尊者（凡一）

舍王宫乐，出家证道。往月氏国，有鹤勒那者，问云：“龙子何聪？鹤众何惑？”祖告其宿因，心即开悟。复云：“我今当修何业，令此鹤众转得人身？”祖云：“佛有无上法宝，展转相传，今付于汝，广度有情，鹤众因此而得解脱。”后付法眼，而说偈云：“心随万境转，转处实能幽。随流认得性，无喜亦无忧。”

二十三祖鹤勒那尊者（凡一）

生时天花散彩，地布金钱。收养王宫，广现神变。后至中印度，有师子比丘问云：“我欲求道，当何用心？”祖云：“汝欲求道，无所用心。”云：“既无用心，谁作佛事？”祖云：“汝若用心，即非功德；汝若无作，即是佛事。《经》云：我所作功德，而无我所故。”师子闻之，顿入佛慧。祖付法眼，而说偈云：“认得心地时，可说不思议。了了无可得，得时不说知。”

二十四祖师子尊者（凡三）

祖至罽宾国，问禅定达磨达云：“仁者习定，当何来此？既至于此，胡云习定？”云：“我虽来此，心亦不乱。定随人习，岂在处所？”祖云：“仁者既来，其定亦至。既无处所，岂在人习?”云:“定习人故,非人习定。我虽来此,其定常习。”祖云:“人非习定,定习人故。当自来时,其定谁习?”云:“如净明珠,内外无翳。定若通达,必当如此。”祖云:“定若通达,一似明珠。今见仁者,非珠之徒。”云:“珠既明彻,内外悉定。我心不乱,犹若此净。”祖云:“其珠无内外,仁者何能定?秽物不动摇,此定不是净。”彼闻此语,心地朗然。

祖一日,遇一长者引其子而问云:“此子名婆舍斯多,当生便拳左手,今虽长大,而未能舒,愿尊者示其宿因。”祖熟视之,即索云:“可还我珠。”童子遽开拳奉珠,众皆惊异。祖云:“吾前报为僧,赴西海龙王斋,受衬珠付此童子婆舍斯多,今还吾珠,理固然矣。”长者舍其子,出家得度。祖将偿宿债,预付心法,而说偈云:“正说知见时,知见即是心。当心即知见,知见即于今。”

罽宾有二外道,学诸幻术,伪为释子,盗入王宫。事迹既败,罽宾王怒,破毁伽蓝,仍自秉剑谓祖云:“师得蕴空否?”祖云:“已得蕴空。”云:“离生死否?”祖云:“已离生死。”云:“可施我头?”祖云:“身非我有,岂况于头。”王即挥刃,白乳涌丈余,王之右臂寻亦堕地,七日而终。

玄沙云:“大小师子尊者,头也不会作得主。”

雪窦云:“作家君王,天然有在。”

二十五祖婆舍斯多尊者(凡二)

母梦神剑,觉而有孕。既诞,遇师子尊者,显发宿因,密传心印。适南天竺国中印度国王名迦胜,设礼供养。有外道号无我,为王敬重,深嫉祖来。乃于王前谓祖云:“我与默论,不假言说。”祖云:“孰知胜负?”云:“不争胜负,但取其义。”祖云:“汝以何为义?”云:“以无心为义。”祖云:“汝既无心,安得其义?”云:“我说无心,当名非义。”祖云:“汝说无心,当名非义。我说非心,当义非名。”云:“当义非名,谁能辩义?”祖云:“汝名非义,此名何名?”云:“为辩非义,是名无名。”祖云:“名既非名,义亦非义,辩者是谁?当辩何物?”如是往返五十九翻,外道杜口信伏。

芭蕉云:“譬如象马侊[①]戾难调,加诸楚毒,至于彻骨,方乃调伏。”

大阳延云:“蚌鹬相持,死在渔人之手。”

妙喜云:“尊者何用繁词,待他道请师默论,不假言说,便云:‘义堕了也。’”

祖因南天竺国太子不如密多,投祖出家。祖云:“汝求出家,当为何事?”云:“我求出家,当为佛事。”祖叹云:“太子智慧天至,必诸圣降迹。”即垂纳受,削发具戒。付法眼藏,而说偈云:“圣人说知见,当境无非是。我今悟真性,无道亦无理。”

---

① 侊:音陇,同“笼”。

二十六祖不如密多尊者(凡一)

舍太子位,传法度生。至东印度,有婆罗门子街巷游行,初无定止,祖问之云:"汝行何速?"云:"师行何缓?"祖云:"汝今何姓?"云:"与师同姓。"祖云:"汝忆往事否?"云:"我念远劫与师同居。"祖云:"共为何事?"云:"师演摩诃般若,我转甚深修多罗①。"祖云:"今日所谈,深契宿因,汝乃大势至菩萨也。"即度出家,名般若多罗。后付法眼,而说偈云:"真性心地藏,无头亦无尾。应缘而化物,方便呼为智。"

二十七祖般若多罗尊者(凡二)

既得法已,适南印度。香志国王崇奉佛乘,尊重供养,于祖施以无价宝珠。王有三子,祖以所受珠问三王子云:"此珠圆明,有能及否?"第一、第二王子皆云:"此珠七宝中尊,固无逾矣。"第三王子菩提多罗云:"此是世宝,未足为上;于诸宝中,法宝为上。此是世光,未足为上;于诸光中,智光为上。此是世明,未足为上;于诸明中,心明为上。此珠光明,不能自照,要假智光,而辩于此。既辩此已,即知是珠。既知是珠,即明其宝。若明其宝,宝不自宝。若

---

① 修多罗:(1)为一切佛法之总称;(2)特指九分教或十二分教中之第一类,此时又意译为契经、正经、贯经。本意指由线与纽串联花簇,引申为能贯串前后法语、法意使不散失者,亦即契于理、合于机,贯穿法相摄持所化之义。就文体与内容而言,佛陀所说之教法,凡属直说之长行者,皆属于修多罗。

辩其珠,珠不自珠,要假智珠以辩世珠。宝不自宝,要假智宝以明法宝。然则师有其道,其宝自现。众生有道,心宝亦然。”尊者叹其辩慧无能及矣。

祖复问:“于诸物中,何物无相?”云:“于诸物中,不起无相。”祖云:“于诸物中,何物最高?”云:“于诸物中,人我最高。”祖云:“于诸物中,何物最大?”云:“于诸物中,法性最大。”祖知是法器,因受出家具戒。付正法眼,而说偈云:“心地生诸种,因事复生理。果满菩提圆,花开世界起。”

妙喜云:“说得道理好,归依佛法僧。”

二十八祖菩提达磨(凡十三)

南天竺国王第三子也。因珠辩义,众所惊伏。本国有二师,一名佛大胜,一名佛大光,号“二甘露门”①。大胜之徒分为六宗,一曰有相,二曰无相,三曰定慧,四曰戒行,五曰无得,六曰寂静。各封已解。传化多众。

祖问有相宗云:“一切诸法,何名实相?”众中有上首名萨婆罗,答云:“于诸相中,不互诸相,是名实相。”祖云:“一切诸相而不互者,若名实相,当何定耶?”云:“于诸相中,实无有定。若定诸相,何名为实?”祖云:“诸相不定,便名实相。汝今不定,当何得之?”云:“我言不定,不说诸相。

① 二甘露门:此处《五灯会元》作“一名佛大先,二名佛大胜多”。姓名略有出入。

当说诸相,其义亦然。”祖云:“汝言不定,当为实相。定不定故,即非实相。”云:“定既不定,即非实相。知我非故,不定不变。”祖云:“汝今不变,何名实相?已变已往,其义亦然。”云:“不变当在,在不在故,故变实相,以定其义。”祖云:“实相不变,变即非实。于有无中,何名实相?”萨婆罗心知师玄解潜达,以手指空云:“此是世间有相,亦能空故。当知此身,得似此否?”祖云:“若解实相,即见非相。若了非相,其色亦然。当于色中,不失色体。于非相中,不碍有故。若如是解,此名实相。”彼众闻已,心意朗然。

祖问无相宗云:“汝言无相,当何证之?”彼众有波罗提者答云:“我明无相,心不现故。”祖云:“汝心不现,当何明之?”云:“我明无相,心不取舍。当于明时,亦无当者。”祖云:“于诸有无,心不取舍。又无当者,诸明无故。”彼云:“入佛三昧,尚无所得,何况无相,而欲知之?”祖云:“相既不知,谁云有无?尚无所得,何名三昧?”云:“我说不证,证无 所证。非三昧故,我说三昧。”祖云:“非三昧者,何当名之?汝既不证,非证何证?”波罗提闻祖辩析,即悟本心。

祖问定慧宗云:“汝学定慧,为一为二?”彼众有婆兰陀答云:“我此定慧,非一非二。”祖云:“既非一二,何名定慧?”云:“在定非定,处慧非慧。一即非一,二亦非二。”祖云:“当一不一,当二不二。既非定慧,约何定慧?”云:“不一不二,定慧能知。非定非慧,亦复然矣。”祖云:“慧非定故,然何知哉?不一不二,谁定谁慧?”婆兰陀闻已,心疑顿释。

祖问戒行宗云:“何者名戒?云何名行?当此戒行,为一为二?”彼众有贤者答云:“一二二一,皆彼所生,依教无染,名为戒行。”祖云:“汝言依教,即是有染。一二俱破,何言依教?此二违背,不及于行。内外非明,何名为戒?”云:“我有内外,彼已知竟。既得通达,便是戒行。若说违背,俱是俱非。言及清净,即戒即行。”祖云:“俱是俱非,何名清净?既得通故,何谈内外?”贤者闻之,即自惭伏。

祖问无得宗云:“汝云无得,无得何得?既无所得,亦无得得。”彼众有宝静者答云:“我说无得,非无得得。当说得得,无得是得。”祖云:“既得不得,得亦非得。既云得得,得得何得?”云:“见得非得,非得是得。若见不得,名为得得。”祖云:“得既非得,得得无得。既无所得,当何所得?”宝静闻之,顿除疑网。

祖问寂静宗云:“何名寂静?于诸法中,谁静谁寂?”彼有导者答云:“此心不动,是名为寂。于法无染,名之为静。”祖云:“本心不动,要假寂静。本来寂故,何用寂静?”云:“诸法本空,以空空故。于彼空空,故名寂静。”祖云:“空空已空,诸法亦尔。寂静无相,何静何寂?”彼导者闻祖指诲,豁然开悟。既而六众咸归,化被南天,度无量众。

于是祖念缘熟,行化时至。俗侄异见王具大舟,实以众宝,送至海壖。祖泛重溟,三周寒暑,达于南海,抵广州。实梁普通八年七月二十一日也。刺史萧昂延接,具表奏武帝。帝遣使诏,十月一日到金陵。帝问:“朕自即位而来,造寺、写经、度僧不可胜数,有何功德?”祖云:“并无功德。”帝云:“何得无功德?”祖云:“此但人天小果,如影随形,虽有非实。”帝云:“如何是真功德?”祖云:“净智妙圆,体自空寂。如是功德,不可以世求。”

帝问:“如何是圣谛第一义?”祖云:“廓然无圣。”帝云:“对朕者谁?”祖云:“不识。”帝不领旨。

祖于是月十九日潜渡江北,十一月二十二日届于洛阳。当后魏孝明太和十年也。寓止嵩山少林,终日面壁而坐,人谓之“壁观婆罗门”。

有僧神光者来参礼,莫闻诲励。光自惟曰:“古人求道,敲骨取髓,刺血济饥,布发掩泥,投崖饲虎,古尚如此,我又何人?”其年十二月初九日夜,天大雪。光立庭下,迟明雪积过膝。师悯而问之曰:“汝立雪中,当何所求?”光垂泪云:“愿和尚开甘露门,广度群品。”祖云:“诸佛无上妙道,旷劫精勤,能行难行,能忍难忍。岂以小德小智,轻心慢心,欲继真乘,徒劳勤苦。”光闻祖语,潜取利刀,自断左臂,置于祖前。祖知是法器,乃云:“诸佛求道,为法忘躯。汝今断臂吾前,求亦可在。”遂与易名曰慧可。仍与说法,告之曰:“汝但外息诸缘,内心无喘,心如墙壁,乃可入道。”慧可种种说心说性曾未契理。

忽一日契悟,走告祖云:“我已息诸缘耳。”祖云:“莫成断灭否?”可云:“不断灭。”祖云:“以何为验?”可云:“了了常知故,言之不可及。”祖云:“此是诸佛所传心体,更勿疑也。”

祖有《安心法门》云:“迷时人逐法,解时法逐人。解时识摄色,迷时色摄识。但有心分别计较,自心现量者,悉皆是梦。若识心寂灭,无一动念处,是名正觉。”

问:“云何自心现量?”答:“见一切法有,有不自有,自心计作有。见一切法无,无不自无,自心计作无。乃至一切法亦如是,并是自心计作有,自心计作无。又若人造一切罪,自见己之法王即得解脱。若从事上得解者,气力壮;从事中见法者,即处处不失念。从文字解者,气力弱;即事即法者深。从汝种种运为,跳踉颠蹶,悉不出法界。若以法界入法界,即是痴人。凡有施为,皆不出法界心。何以故?心体是法界故。”

问:“世间人种种学问,云何不得道?”答:“由见己故,所以不得道。己者,我也。至人逢苦不忧,遇乐不喜,由不见己故,所以不知苦乐。由亡己故,得至虚无。己尚自亡,更有何物而不亡也。”

问:“诸法既空,阿谁修道?”答:“有阿谁,须修道。若无阿谁,即不须修道。阿谁者,亦我也。若无我者,逢物不生是非。是者我自是,而物非是也。非者我自非,而物非非也。即心无心,是为通达佛道。即物不起见,是名达道。逢物直达,知其本源,此人慧眼开。智者任物不任己,即无取舍违顺。愚人任己不任物,即有取舍违顺。不见一物,名为见道。不行一物,名为行道。即一切处无处,即作处。无作处、无作法,即见佛。若见相时,即一切处见鬼。取相故堕地狱,观法故得解脱。若见忆想分别,即受镬汤炉炭等事现,见生死相。若见法界性,即涅槃性。无忆想分别,即是法界性。心非色故非有,用而不废故非无。又用而常空故非有,空而常用故非无。"

期城大[①]守杨炫之竭诚参扣,乞示宗旨。师说偈云:"亦不睹恶而生嫌,亦不观善而劝措。亦不舍智而近愚,亦不抛迷而就悟。达大道兮过量,通佛心兮出度。不与凡圣同躔[②],超然名之曰祖。"

祖将西返,乃命门人云:"时将至矣,汝等各言所得。"道副云:"如我所见,不执文字,不离文字,而为道用。"祖云:"汝得吾皮。"尼总持云:"我之所解,如庆喜见阿閦[③]佛国。一见更不再见。"祖云:"汝得吾肉。"道育云:"四大本空,五阴非有。而我见处,实无一法可当情。"祖云:"汝得吾骨。"慧可礼三拜,依位而立。祖云:"汝得吾髓。"

天衣怀云:"祖师与么说话。无计较中,翻成计较。无途辙中,却成途辙。若教伊踏着德山临济门下,免见九年冷坐,被人唤作壁观胡僧,直饶如是,也未免殃及儿孙。"大

---

① 大:原刻如此。诸书俱作"太"。

② 躔:音缠。足迹,轨迹。

③ 阿閦:閦,音触。住东方妙喜世界。菩萨摩诃萨,因无陈瞋恚故,名之为阿閦。阿,无;閦,动。

阳延云："且道更有一人出来，得个甚么？"乃云："不得不得。"

翠岩芝云："二祖被他当面搽糊。莫道髓，皮也不曾摸着，因甚却绍祖位？"

祖顾慧可而告之云："昔如来以正法眼分付摩诃大迦叶，展转付嘱，而至于我。我今付汝，汝当护持。并授汝袈裟，以为法信。各有所表。"可云："请师指陈。"祖云："内传法印，以契证心。外付袈裟，以定宗旨。后二百年，止而不传。法周沙界，明道者多，行道者少。说理者多，通理者少。潜符密证，千万有余。"听吾偈云："吾本来兹土，传法救迷情。一花开五叶，结果自然成。"祖于后魏太和十九年丙辰岁十月初五日，端坐而逝。十二月二十八日葬熊耳山。

后三年，宋云使西域归，遇祖于葱岭，手携只履，飘飘独行。云问："师今何往？"祖云："西天去。"又谓云曰："汝主已厌世。"云茫然东迈。暨复命，明帝已登遐矣，孝庄即位，云具表奏其事，旨令发圹，惟空棺只履存焉。

东土祖师

二祖慧可大师（凡三）

师问达磨："诸佛法印，可得闻乎？"磨云："诸佛法印，不从人得。"师云："我心未宁，乞师安心。"磨云："将心来，与汝安。”师沉吟，须臾云：“觅心了不可得。”磨云：“与汝安心竟。”

芭蕉云：“金刚与泥人揩背。”

白云端颂云：“终始觅心不可得，寥寥不见少林人。满庭旧雪重知冷，鼻孔依前搭上唇。”

师适北齐，有一居士，年逾四十，诣前作礼云：“弟子身缠风恙，请师忏罪。”师云：“将罪来，与汝忏。”士良久云：“觅罪性，了不可得。”师云：“与汝忏罪竟，宜依佛法僧住。”居士云：“今见和尚，已知是僧。何名佛法？”师云：“是心是佛，是心是法，佛法不二，僧宝亦然。”居士云：“今日始知罪性不在内，不在外，不在中间，如其心然，佛法无二也。”师深器之。

琅玡云：“犹欠作云何梵在。”

师即授出家剃落，易名僧璨。付法说偈云：“本来缘有地，因地种花生。本来无有种，花亦不曾生。”后于开皇十三年癸丑三月十六日示寂，寿一百七岁。

三祖僧璨大师（凡二）

因沙弥道信来，作礼云：“愿和尚乞与解脱法门。”师云：“谁缚汝？”云：“无人缚。”师云：“何更求解脱乎？”信于言下大悟，服勤九载。后付法眼，而说偈云：“花种虽因地，从地种花生。若无人下种，花地尽无生。”

师于隋炀帝大业二年丙寅十月十五日,为四众宣演法要讫,于大树下合掌立终。塔于本山。

四祖道信禅师(凡一)

河内司马氏子也。师问三祖:“如何是古佛心?”祖云:“汝今是甚么心?”师云:“我今无心。”祖云:“汝既无心,诸佛岂有耶?”师言下顿息疑情。自兹摄心无寐,胁不至席者六十年。

一日于蕲州黄梅县逢一童子,骨相奇秀,异乎常童。师问之云:“子何姓?”云:“姓即有,不是常姓。”师云:“是何姓?”云:“是佛性。”师云:“汝无姓耶?”云:“姓空故。”师默器之,即受出家落发,俾令给侍。后付法眼,而说偈云:“花种有生地,因地花生生。大缘与信合,当生生不生。”师于高宗永徽辛亥岁九月四日,安坐示寂,寿七十二。塔于本山。

五祖弘忍大师(凡一)

蕲州黄梅人,无父,从母姓周氏。得法之后,居破头山。有居士卢惠能来参。师问:“汝自何来?”云:“岭南。”师云:“欲求何事?”云:“唯求作佛。”师云:“岭南人无佛性,若为得佛?”云:“人有南北,佛性岂然?”祖默异之,乃呵云:“着槽厂去。”能入碓坊,腰石舂米供众。

师将付法,命门人呈偈,见性者付焉。有上首神秀大师作一偈,书于廊壁间云:“身是菩提树,心如明镜台。时时勤拂拭,莫遣惹尘埃。”师叹云:“若依此修行,亦得胜果。”众皆诵之。能闻,乃问云:“诵者是何章句?”同学具述其事。能云:“美则美矣,了则未了。”同学呵云:“庸流何知,发此狂言。”能云:“若不信,愿以一偈和之。”同学相顾而笑。能至深夜,自执烛,倩一童子,于秀偈之侧书一偈云:“菩提本无树,明镜亦非台。本来无一物,何处惹尘埃。”师知是能作,心已默之,乃谓众云:“此偈亦未见性。”

深夜潜召能入室,嘱之云:“吾以无上微妙正法,并所传袈裟用付于汝。善自护持,传付将来,无令断绝。听吾偈云:‘有情来下种,因地果还生。无情既无种,无性亦无生。’”能跪受衣法云:“法既受已,衣付何人?”师云:“达磨初来,人未之信,故传衣以明得法之实。今信心已熟,衣乃诤端,止于汝身,不复传也。”

师付法后又四载,上元二年,告众云:“吾今事毕,时可行矣。”遂安坐而寂,俗寿七十有四。塔于黄梅之东山。

六祖惠能大师(凡八)

辛州卢氏子。得法之后,晦迹于南海法性寺。偶风飏刹幡,有二僧对论,一云风动,一云幡动,往复曾未契理。师云:“不是风动,不是幡动,仁者心动。”二僧悚然。

雪峰云:“祖师龙头蛇尾,好与二十棒。”太原孚侍立,不觉咬齿。峰云:"我恁么道,也好与二十棒。"

巴陵鉴云:"祖师道:'不是风动,不是幡动。'既不是,风幡向甚么处着?有人与祖师作主,出来与巴陵相见。"雪窦云:"风动幡动既是,风幡向甚么处着?有人与巴陵作主,出来与雪窦相见。"

保宁勇颂云:"荡荡一条官驿路,晨昏曾不禁人行。浑家不是不进步,无奈当门荆棘生。"

示众云:"诸善知识,汝等各各静心,听吾说法。汝等诸人,自心是佛,更莫狐疑。外无一物,而能建立,皆是本心,生万种法。故《经》云:'心生种种法生,心灭种种法灭。'若欲成就种智,须达一相三昧,一行三昧。若于一切处而不住相,彼相中,不生憎爱,亦不取舍,不念利益成坏等事,安闲恬静,虚融澹薄,此名一相三昧。若于一切处,行住坐卧,纯一直心,不动道场,真成净土,名一行三昧。若人具二三昧,如地有种,能含藏长养,成就其实。一相一行,亦复如是。我今说法,犹如时雨溥润大地。汝等佛性,譬如种子,遇兹沾洽,悉皆发生。承吾旨者,决获菩提。依吾行者,定证妙果。"

示众云:"吾有一物,无头无尾,无名无字,无背无面,诸人还识么?"

时荷泽神会出云:"是诸法之本源,乃神会之佛性。"师打一棒云:"这饶舌沙弥,我唤作一物尚不中,岂况本源佛性？此子向后，设有把茆[1]盖头，也只成得个知解宗徒。”

法眼云：“古人受记人，终是不错。如今立知解为宗，即荷泽也。”

唐中宗遣内侍薛简诏祖，祖辞疾不赴。简云：“京师禅德皆云：欲得会道，必须坐禅习定。若不因禅定而得解脱者，未之有也。未审如何？”师云：“道由心悟，岂在坐也？《经》云‘若见如来，若坐若卧，是行邪道’，何故？无所从来，亦无所去。若无生灭，是如来清净禅。诸法空寂，是如来清净坐。究竟无证，岂况坐耶？”简云：“弟子回京，主上必问，愿和尚指示心要，传奏圣人，及京城道学者。譬如一灯，然百千灯。冥者皆明，明明无尽。”师云：“道无明暗，明暗是代谢之义。明明无尽，亦是有尽。”简云：“明论智慧，暗况烦恼。修道之人，倘不以智慧照破烦恼，无始生死，凭何出离？”师云：“若以智慧照破烦恼者，此是二乘见解，羊鹿等机。上智大根悉不如是。”简云：“如何是大乘见解？”师云：“明与无明，凡夫见二。智者了达其性无二。无二之性，即是实性。实性者，处凡愚而不减，在贤圣而不增，住烦恼而不乱，居禅定而不寂。不断不常，不来不去，不在中间及其内外，不生不灭，性相如如，常住不迁，名之曰道。”简云：“师说不生不灭，何异外道？”师云：“外道所说不生不灭，将灭止生，以生显灭，灭犹不灭，生说无生。我说不生不灭者，本自无生，今亦无灭，所以不同外道。欲知心要，但一切善恶都莫思量，自然得入清净心体，湛然常寂，

① 茆：音毛，同“茅”。

妙用恒沙。”简蒙指教,豁然大悟。礼辞还阙,奏师语。诏赐袈裟、绢帛、宝钵以谢。

僧问:“黄梅意旨,甚么人得?”师云:“会佛法人得。”僧云:“和尚得否?”师云:“我不得。”僧云:“和尚为甚么不得?”师云:“我不会佛法。”

师于先天元年告众云:“吾受忍大师衣法,今为汝说,汝等性根纯熟,决定不疑,堪任大事,听吾偈云:‘心地含诸种,溥雨悉皆萌。顿悟花情已,菩提果自成。’”复云:“其法无二,其心亦然。其道清净,亦无诸相。汝等慎勿观静及空其心,此心本净,无可取舍,各自努力。”

师于先天二年七月一日,谓门人云:“吾欲归辛州,汝等速理舟楫。”时大众哀慕,乞师且住。师云:“诸佛出现,犹示涅槃。有来必去,理固常然。吾此形骸,归必有所。”众云:“师从此去,早晚却回。”师云:“叶落归根,来时无口。”

法云秀云:“非但来时无口,去时亦无鼻孔。”

众复问:“师之法眼,何人传授?”师云:“有道者得,无心者通。”

遂归辛州国恩寺,沐浴跏趺顺寂。即其年八月三日也,俗寿七十六。归塔于韶州宝林。敕谥大鉴禅师。

四祖道信大师旁出法嗣

金陵牛头山法融禅师(凡二)

四祖远观气象,躬自寻访。见师端坐自若,祖问:“你在此作甚么?”师云:“观心。”祖云:“观者何人?心是何物?”师不能加答。祖于宴坐石上,书一“佛”字。师悚然,不敢坐。祖问:“只这里,别有住处?”师云:“后有小庵子。”遂引祖至庵前,唯有虎狼异兽。祖以手指,作怕势。师云:“犹有这个在。”祖云:“这个是甚么?”师于言下有省。乃稽首,请说真要。祖云:“夫百千法门,同归方寸。河沙妙德,总在心源。一切戒门、定门、慧门、神通变化,悉自具足,不离汝心。一切烦恼业障,本来空寂。一切因果,皆如梦幻。无三界可出,无菩提可求。人与非人,性相平等。大道虚旷,绝思绝虑。如是之法,今汝已得,更无少欠,与佛何殊?更无别法,汝但任心自在,莫作观行,亦莫澄心,莫起贪嗔,莫怀愁虑,荡荡无碍,任意纵横。不作诸善,不作诸恶,行住坐卧,触目遇缘,总是佛之妙用。快乐无忧,故名为佛。”师云:“心既具足,何者是佛?何者是心?”祖云:“非心不问佛,问佛非不心。”师云:“既不作观行,于境起时,如何对治?”祖云:“境缘无好丑,好丑起于心。心若不强名,妄情从何起?妄情既不起,真心任遍知。汝但随心自在,无复对治,即名常住法身,无有变异。吾授璨大师顿教法门,今付于汝。后有五人,绍汝玄化。”

邑宰萧元善问："恰恰用心时，若为安稳好？"师云："恰恰用心时，恰恰无心用。曲谈名相劳，直说无烦重。无心恰恰用，常用恰恰无。欲识无心处，不与有心殊。"

牛头第二世

金陵牛头山法融禅师法嗣

金陵牛头智岩禅师（凡一）

曲阿华氏子。初为隋郎将，累有战功。后乞出家，入舒州皖公山，从宝月禅师为弟子。尝在谷中入定，山水瀑涨，师怡然不动，其水自退。有昔同军者二人访师，既相见，谓师云："郎将狂邪，何为住此？"师云："我狂欲惺[1]，君狂正发。嗜色淫声，贪荣冒宠，流转生死，何由自出？"二人感悟而去。

师后谒融禅师，发明大事。融谓师云："吾授信大师真诀，所得俱忘。设有一法过于涅槃，吾说亦如梦幻。夫一尘飞而翳天，一芥堕而覆地，汝今已过此见，吾复何云？"

牛头三世、四世无机缘。

① 惺：《五灯会元》作"醒"。

牛头第五世

金陵牛头法威禅师法嗣

润州鹤林玄素禅师(凡一)

本郡延陵马氏子。有僧敲门,师云:"谁?"僧云:"是僧。"师云:"莫道是僧,佛来也不着。"僧云:"为甚么不着?"师云:"无栖泊处。"

鼓山永云:"鹤林只解把定封疆,不能随高就下。山僧即不然,方丈门八字打开了也,僧来佛来,了无挂碍。何故如此?家无小使,不成君子。"

宣州安国玄挺禅师(凡二)

初参五祖忍禅师,侍立次,有讲《华严》僧问五祖:"真性缘起,其义云何?"祖默然。师遽云:"大德正兴一念问时,是真性缘起。"其僧言下大悟。

妙喜云:"未兴一念问时,不可无缘起也。"时有僧云:"未兴一念问时,唤甚么作缘起?"妙喜云:"我也只要你恁么道。"

僧问:"南宗自何而立?"师云:"正宗无南北。"

舒州天柱山崇慧禅师(凡二)

彭州陈氏子。僧问:“达磨未来此土,还有佛法也无?”师云:“未来即且致,即今事作么生?”云:“某甲不会,乞师指示。”师云:“万古长空,一朝风月。”又云:“会么?”云:“不会。”师云:“自己分上作么生?干他达磨来与未来作么生?他家大似卖卜汉相似,见汝不会,为汝锥破卦文,才生吉凶。尽在汝分上,一切自看。”时有僧问:“如何是解卜底人?”师云:“汝才出门时,便不中也。”

僧问:“如何是天柱家风?”师云:“时有白云来闭户,更无风月四山流。”问:“宗门中事,请师举唱。”师云:“石牛长吼真空外,木马嘶时月隐山。”

金陵牛头第六世

金陵牛头慧忠禅师法嗣

天台佛窟岩惟则禅师(凡二)

京兆孙氏子。示众云:“天地无物也,我无物也。然未尝无物,斯则圣人如影,百年如梦,孰为生死哉?至人以是独照,能为万物之主,吾知之矣,汝知之乎?”

僧问:“如是那罗延[1]箭?”师云:“中的也。”

润州鹤林玄素禅师法嗣

杭州径山道钦禅师(凡五)

苏州昆山朱氏子。唐代宗诏师至阙下,亲加礼敬。一日师在大内,见帝来,乃起立。帝云:“师何以起?”师云:“檀越何得向四威仪中见贫道也?”

马大师令人送书到,师开缄,见一圆相。索笔,就圆相中着一点,却封回。

后,忠国师闻云:“钦师犹被马祖惑。”

雪窦云:“径山被惑且置,若呈似忠国师,别作个甚么伎俩免被惑去?”

有老宿云:“当时坐却便休。”又有道:“但与划破。”

“若恁么,只是不识羞,敢谓天下老师各具金刚眼睛,广作神通变化,还免得么?雪窦见处,也要诸方共知。只这马师画出,早自惑了也。”

马大师令智藏问:“十二时中以何为境?”师云:“待汝回去时有信。”藏云:“只今便回去。”师云:“传语马大师,却须问取曹溪。”

---

① 那罗延:意译为坚固力士,或金刚力士。

崔赵公问："弟子今欲出家，得否？"师云："出家乃大丈夫事，非将相之所能为。"公于是有省。

僧问："如何是道？"师云："山上有鲤鱼，水里有蓬尘。"问："如何是祖师西来意？"师云："汝问不当。"云："如何得当去？"师云："待吾灭后向汝道。"

金陵牛头第七世

天台佛窟岩惟则禅师法嗣

天台云居智禅师（凡一）

有僧继宗问："见性成佛，其义云何？"师云："清净之性，本来湛然，无有动摇，不属有无净秽、长短取舍，体自翛然。如是明见，乃名见性。性即佛，佛即性。故云见性成佛。"僧云："性既清净，不属有无，因何有见？"师云："见无所见。"僧云："既无所见，何更有见？"师云："见处亦无。"僧云："如是见时，是谁之见？"师云："无有能见者。"僧云："究竟其理如何？"师云："汝知否，妄计为有，即有能所，乃得名迷。随见生解，便堕生死。明见之人即不然，终日见而未尝见，求其见处，体相不可得。能所俱绝，名为见性。"

僧云："此性遍一切处否？"师云："无处不遍。"僧云："凡夫具否？"师云："尚言无处不遍，岂有凡夫而不具乎？"僧云："因何诸佛菩萨不被所拘，凡夫独萦于苦，何曾得遍？"师云："凡夫于染净性中，计有能所，即堕生死。诸佛大士，善知清净性中不属有无，即能所不立。”僧云：“若如是说，即有能了不了人。”师云：“了尚不可得，岂有能了人乎？”僧云：“至理如何？”师云：“我以要言之，汝即应念，清净性中，无有凡圣，亦无了不了人。凡之与圣，二俱是名。若随名生解，即堕生死。若知假名不实，即无有当名者。”

又云：“此是极究竟处。若云‘我能了，彼不能了’，即是大病。见有净秽、凡圣亦是大病。作无凡圣解，又属拨无因果。见有清净性可栖止，亦是大病。作不栖止解，亦是大病。然清净性中，虽无动摇，具不坏方便应用，及兴慈运悲。如是兴运之处，即全清净之性，可谓见性成佛矣。”继宗得闻是语，踊跃作礼而谢。

杭州径山道钦禅师法嗣

杭州鹊巢道林禅师[①]（凡三）

福州福清翁氏子，卜居钱增[②]西湖。有宫使会通者，因韬光禅师勉令谒师，通云：“弟子素持斋戒，不愿为官，志慕出家，愿和尚受与僧相。”师云：“今时为僧，鲜能精苦，行多浮滥。”通云：“本净非琢磨，元明不随照。”师云：“汝若了净智妙圆，体自空寂，即真出家，何假外求？汝当为在家菩萨，施戒俱修，如谢灵运之俦也。”通云：“然虽如此，于事何益？倘垂摄受，誓遵师教。”师遂与剃度。

---

① 杭州鹊巢道林禅师：《五灯会元》作“鸟窠道林禅师”，“本郡富阳人也，姓潘氏”。

② 钱增：原刻如此，当为“钱塘”。

会通一日取辞，师问：“汝欲何往？”通云：“某甲为佛法出家，和尚不垂慈诲，往诸方学佛法去。”师云：“若是佛法，老僧此间亦有少许。”通云：“如何是和尚此间佛法？”师于身上拈起布毛，吹之。通于是有省。

大沩秀云：“可惜这僧认地口头声色，殊不知，自己光明盖天盖地。”

妙喜云：“大沩恁么批判，也未梦见乌窠在。”

白侍郎居易守杭，谒师问云：“禅师住处甚危险。”师云：“太守危险尤甚。”白云：“弟子位镇江山，何危险之有？”师云：“薪火交煎，性识不停，得非险乎？”

又问：“如何是佛法大意？”师云：“诸恶莫作，众善奉行。”白云：“三岁孩儿也解恁么道。”师云：“三岁孩儿虽道得，八十老人行不得。”白遂作礼而谢。

联灯会要卷第三

五祖弘忍大师旁出法嗣

北宗神秀大师(凡一)

开封尉氏子。示众云:“一切佛法,自心本有,将心外求,舍父逃走。”

嵩山惠安国师(凡二)

荆州枝江卫氏子。有僧坦然、怀让问:“如何是祖师西来意?”师云:“何不问自己意?”云:“如何是自己意?”师云:“当观密作用。”云:“如何是密作用?”师以目开合示之。坦然言下知归,让即谒曹溪。

武后问师:“甲子多少?”师云:“不记。”后云:“何得不记?”师云:“生死之身,其若循环。环无起尽,焉用记为?况此心流注,中间无间。见沤起灭者,乃妄想尔。从初识至动相,灭时亦只如此。何年月日而可记乎?”后闻加敬。师享寿一百二十八。

袁州蒙山道明禅师(凡一)

鄱阳陈宣帝之裔也。因与数十人趁卢行者,至大庾岭。能见师来,掷衣钵于盘石上云:"此衣表信,可力争耶,任汝将去。"师举之,如山不动。踟蹰悚栗,乃云:"我来求法,非为衣也。愿行者开示。"能云:"不思善,不思恶,正恁么时,阿那个是明上座本来面目?"明于言下开悟,遍体汗流,作礼问云:"上来密语密意外,还更有意旨否?"能云:"我今与汝说者,即非密也。汝若返照自己面目,密却在汝边。"明云:"某甲在黄梅随众,实未省自己面目。今蒙指授入处,如人饮水,冷暖自知。今行者即某甲师也。"能云:"若如是,吾与汝同师黄梅,善自护持。"

五祖旁出第二世

北宗神秀大师法嗣

兖州降魔藏禅师(凡一)

赵郡王氏子也。秀问:"汝名降魔,此无山精木怪,汝翻作魔耶?"师云:"有佛有魔。"秀云:"汝若是魔,必住不思议境界。"师云:"是佛亦空,何境界之有?"

嵩山惠安国师法嗣

嵩山破灶堕禅师(凡三)

不称名氏。山坞有庙,甚灵。殿中唯破灶一所,乡民祭祀不辍。师入其庙,以拄杖敲灶三下云:“汝本泥土砖瓦合成,灵从何来? 圣从何起? 恁么烹宰物命?”又敲三下,灶乃倾堕。师云:“破也堕也,破也堕也。”须臾,有一青衣峨冠,设拜师前。师问:“汝是何人?”神云:“我本此庙灶神,久受业报。今蒙和尚为说无生法忍,得脱此处。今生天上,特来致谢。”师云:“是汝本有之性,非吾强言。”神再拜而没。

少选,侍僧问云:“某等久侍和尚,不蒙示诲。灶神得何径旨,便得生天?”师云:“我只向伊道,你本泥土砖瓦合成,别也无道理为他。”侍僧无语。师云:“会么?”僧云:“不会。”师云:“本有之性,为甚么不会?”侍僧俱作礼。师云:“破也堕也,破也堕也。”侍僧于此有省。后义丰禅师举似安国师,安叹云:“此子会尽物我一如,可谓如朗月处空,无不见者。难究伊语脉。”

僧问:“如何是大修行底人?”师云:“担枷带锁。”云:“如何是大作业底人?”师云:“修禅入定。”云:“乞师指示。”师云:“汝问我恶,恶不从善。汝问我善,善不从恶。”良久云:“会么?”云:“不会。”师云:“恶人无善念,善人无恶心。所以道，善恶如浮云，起灭俱无处。”其僧言下大悟。

牛头有僧来。师问：“来自何人法会？”僧叉手近前，绕师一匝而出，师云：“牛头会下，不可有此人。”僧回师上肩，叉手而立。师云：“果然果然。”僧却问：“应物不由他时如何？”师云：“争得不由他。”僧云：“恁么则顺正归源去也。”师云：“归源何顺？”僧云：“若非和尚，几错招愆。”师云：“犹是未见四祖时道理，见后道将一句来？”僧绕绳床一匝而出。师云：“顺正之道，今古如然。”

嵩山元圭禅师（凡一）

伊阙李氏子。印心于安国师，遂卜庐于岳之庞坞。一日有异人，峨冠裤褶[①]而至，从者极多。轻步舒徐，称谒大师。师睹其形貌，奇伟非常，乃谕之曰：“善来仁者，胡为而至？”彼云：“师宁识我耶？”师云：“吾观佛与众生等，吾一目之，岂分别耶？”彼云：“我岳神也。能生死于人，安得一目我哉？”师云：“吾本不生，汝安能死？吾视身与空等，视吾与汝等，汝能坏空与汝乎？苟能坏空与汝，则吾不生不灭也。汝尚不能如是，又焉能生死吾耶？”神稽首云：“我亦聪明正直于余神，讵知师有广大之智辩乎！愿受以正戒，令我度世。”师云：“汝既乞戒，即既戒也。所以者何？戒外无戒，又何戒哉。”神云：“此理也，吾闻茫昧，止求师戒我身为弟子。”师即为张座，秉炉正几云：“付汝五戒，若能奉持，

---

① 褶：音者。折叠后的痕迹。

即应云能,不能,则云否。”神云:“谨授教。”师云:“汝能不淫乎?”云:“我亦娶也。”师云:“非谓此也,谓无罗欲也。”云:“能。”师云:“汝能不盗乎?”云:“何乏我也,焉有盗取哉?”师云:“非谓此也,谓飨而福淫,不恭而祸善也。”云:“能。”师云:“汝能不杀乎?”云:“实司其柄,焉曰不杀。”师云:“非谓此也,谓有滥误疑混也。”云:“能。”师云:“汝能不妄乎?”云:“吾正直,焉有妄乎?”师云:“非谓此也,谓先后不合天心也。”云:“能。”师云:“汝不遭酒败乎?”云:“能。”师云:“如上是为佛戒也。”

又言:“以有心奉持而无心拘执,有心为物而无心想身,能如是,则先天地生而不为精,后天地死而不为老,终日变化而不为动,毕竟寂默而不为休。悟此,则虽娶非妻也,虽飨非取也,虽柄非权也,虽作非故也,虽醉非惛也。若能无心于万物,则罗欲不为淫,福淫祸善不为盗,滥误疑混不为杀,先后违天不为妄,惛荒颠倒不为醉,是谓无心也。无心则无戒,无戒则无心。无佛无众生,无汝乃无我,孰为戒哉。”

神云:“我神通亚佛。”师云:“汝神通十句、五能五不能。佛则十句、七能三不能。”神悚然避席,跪启云:“可得闻乎?”师云:“汝能戾上帝,东天行而西七曜乎?”云:“不能。”师云:“汝能夺地祇,融五岳而结四海乎?”云:“不能。”师云:“是谓五不能也。佛能空一切相,成万法智,而不能即灭定业。佛能知群有性,穷一劫事,而不能化导无缘。佛能度无量有情,而不能尽众生界。是谓三不能也。定业亦不坚久,无缘亦是一期。众生界本无增减,且无一人能主其法。有主无法,是谓无法。无法无主,是谓无心。

如我解，佛亦无神通也，但能以无心通达一切法尔。”神云：“我诚浅昧，未闻空义。师所受戒，我当奉行。今愿报慈德，效我所能。”师云：“吾观身无物，观法无常，块然更有何欲耶？”神云：“师必命我为世间事，展我小神功。使已发心、初发心、未发心、不信心、必信心五等人目我神踪，知有佛有神，有能有不能，有自然有非自然者。”师云：“无为是，无为是。”神云：“佛亦使神护法，师宁隳叛佛耶？愿随意垂诲。”师不得已而言曰：“东岩寺之障，莽然无树，北岩有之而背非屏拥。汝能移北树于东岭乎？”神云：“已闻命矣。然昏夜必有喧动，愿师无骇。”作礼辞去。师门送且观之。见仪卫逶迤，如王者之状。岚霭烟霞，纷纶间错，幢幡环佩，凌空隐没焉。

其夕果有暴风吼雷，奔云掣电，栋宇摇荡，宿鸟声喧。师谓众云：“无怖无怖，神与我契矣。”诘旦和霁，则北岩松栝尽移东岭，森然行植。师谓其徒曰：“吾没后无令外知，若为口实，人将妖我。”

五祖旁出第三世

嵩山普寂禅师法嗣（师见神秀）

终南山惟政禅师（凡一）

平原周氏子。因唐文宗好嗜蛤蜊，沿海官吏递进亦劳。一日御馔中，有擘不张者。帝以为异，焚香祷之，乃开，见菩萨形，梵相具足。即贮以金粟檀香匣，覆以美锦，赐兴善寺,令众僧瞻礼。因问群臣:“此何祥也?”或言太一山有惟政禅师,深明佛法,乞诏问之。帝诏师问其事。师云:“臣闻物无虚应,此乃启陛下信心耳。故《契经》云:‘应以此身得度者,即现此身而为说法。’”帝云:“菩萨身已现,且未闻说法。”师云:“陛下睹此为常耶?非常耶?为信耶?非信耶?”帝云:“希奇之事,朕深信焉。”师云:“陛下已闻说法竟。”皇情大悦,得未曾有,遂敕天下寺舍各立观音像。

五祖旁出第四世

益州无相禅师法嗣

益州保唐无住禅师(凡二)

唐相国杜鸿渐问:“弟子闻金和尚说无忆、无念、莫妄三句法门,是否?”师云:“然。”公云:“此三句,是一是三?”师云:“无忆名戒,无念名定,莫妄名慧。一心不生,具戒定慧,非一非三也。”公云:“后‘妄’字莫是从心之亡乎?”师云:“从‘女’者是也。”公云:“有据否?”师云:“《法句经》云:‘若起精进心,是妄非精进。若能心不妄,精进无有涯。’”公闻,疑情荡然。

公又问:“师还以三句示人否?”师云:“初心学人,还令息念,澄停识浪,水清影现。悟无念体,寂灭现前,无念亦不立也。”于时庭树鸦鸣,公问云:“师闻否?”师云:“闻。”鸦去已,公又问:“师闻否?”师云:“闻。”公云:“鸦去无声，云何言闻？”师乃普告大众云：“佛世难值，正法难闻，各各谛听。开无有闻[①]，非关闻性。本来不生，云何有灭？有声之时，是声尘自生。无声之时，是声尘自灭。而此闻性，不随声生，不随声灭。悟此闻性，即免声尘之所转。当知闻无生灭，闻无去来。”公与僚属大众作礼。

又问：“云何不生？云何不灭？云何解脱？”师云：“见境心不起，名不生。不生即不灭，既无生灭，即不被前尘所缚，当处解脱。”公云：“何为识心见性？”师云：“一切学道人，随念流浪，盖为不识真心。真心者，念生亦不顺生，念灭亦不依寂。不来不去，不定不乱，不取不舍，不沉不浮，无为无相活鲅鲅[②]，平常自在。此心体毕竟不可得，无可知觉。触目皆如，无非见性也。

六祖惠能禅师法嗣

西天崛多三藏（凡一）

天竺人也。得法之后，游五台，遇一僧，结庵静坐。师问：“汝孤坐何为？”云：“观静。”师云：“观者何人？静者何物？”僧作礼问：“此理如何？”师云：“何不自观自静？”僧茫然。师云：“汝出谁门？”云：“神秀大师。”师云：“我西天异道最下种不堕此见。兀然空坐，于道何益。”僧乃问云：“师

---

① 开无有闻：《五灯会元》作“闻无所闻”，是。

② 鲅鲅：音波波。鱼跃或摇尾之声。

所师者何人?”师云:“我师六祖,汝何不往曹溪,决其真要。”其僧礼谢,寻往曹溪。

韶州法海禅师(凡一)

曲江人也。师问六祖云:“即心即佛,愿垂指谕。”祖云:“前念不生即心,后念不续即佛。成一切相即心,离一切相即佛。吾若具说,穷劫不尽。听吾偈云:‘即心名惠,即佛乃定。定惠等持,意中清净。悟此法门,由汝习性。用本无生,双修是正。’”师于言下大悟,以偈赞曰:“即心元是佛,不悟而自屈。我知定惠因,双修离诸物。”

温州永嘉真觉大师(凡二)

本郡戴氏子。少习经论,深造阃[1]域,因看《维摩经》,发明心地。偶玄策禅师相访,与师剧谈,出言暗合诸祖。策惊云:“仁者得法师谁耶?”师云:“我听方等经论,各有师承。后于《维摩经》,悟佛心宗,未有证明者。”策云:“威音王已前即得,威音王已后,无师自悟,尽是天然外道。”师云:“愿仁者为我证据。”策云:“我言轻,曹溪有六祖大师,四方云集,并是受法者。”率师同往曹溪。

师到曹溪,绕绳床三匝,振锡一下,卓然而立。祖云:“夫沙门者,具三千威仪,八万细行。大德何方而来,生大

① 阃:音捆。阃域,指范围,境界。

我慢[1]?”师云:“生死事大,无常迅速。”祖云:“何不体取无生、了无速乎?”师云:“体即无生,了本无速。”祖云:“如是如是。”师遂具威仪作礼,须臾告辞。祖云:“返太速乎?”师云:“本自非动,岂有速耶?”祖云:“谁知非动?”师云:“仁者强生分别。”祖云:“子甚得无生之意。”师云:“无生岂有意耶?”祖云:“无意谁当分别?”师云:“分别亦非意。”祖云:“善哉善哉,少留一宿。”

雪窦举:至“生大我慢”处,便喝,乃云:“当时若下得这一喝,免见龙头蛇尾。”

又举:至‘卓然而立’处,代祖师云:“未到曹溪时,与汝三十棒了也。”

司空山本净禅师(凡四)

绛别张氏子。僧问:“如何是道?”师云:“无心是道。”云:“道因心有,何得言无心是道?”师云:“道本无名,因心名道。心名若有,道不虚然。穷心既无,道凭何立?二俱虚妄,总是假名。”云:“见有身心,是道已否?”师云:“山僧身心本来是道。”云:“适言无心是道,今又言身心本来是道,岂不相违耶?”师云:“无心是道,心泯道无,心道一如,故言无心是道。身心本来是道,道亦本是身心。身心本既是无,道亦穷源何有?”僧云:“观禅师形质甚小,却会此理。”师云:“大德只见山僧相,不见山僧无相。见相者是大

① 我慢:谓视“我”为一己之中心,由此所执之“我”而形成骄慢心。为七慢之一,九慢之一。《成唯识论·卷四》:“我慢者,谓踞傲恃所执我,令心高举,故名我慢。”

德所见,《经》云:‘凡所有相,皆是虚妄。’若见诸相非相,即见其道。若以相为实,穷劫不能见道。”云:“诸师于相上说无相。”师云:“《净名》云:‘四大无主,身亦无我。无我所见,与道相应。’大德若以四大有主是我,若有我见,穷劫不会道也。”示以偈云:“四大无主复如水,遇曲逢直无彼此。净秽两处不生心,壅决何曾有二意。触境但似水无心,在世纵横有何事?”

志明禅师问:“若言无心是道,瓦砾无心,亦应是道。”又云:“身心本来是道,四生十类[1]皆有身心,亦应是道。”师云:“大德若作见闻觉知解会,与道悬殊。即是求见闻觉知者,非是求道。《经》云:‘无眼耳鼻舌身意。’六根尚无,见闻觉知从何而立?穷本不有,何处存心?焉得不同草木瓦砾。”志明杜口,师复示以偈云:“见闻觉知无障碍,声香味触常三昧。如鸟空中只么飞,无取无舍无憎爱。若于应处本无心,方得名为观自在。”

有真禅师问:“道既无心,佛有心否?佛之与道,是一是二?”师云:“不一不二。”云:“佛度众生,为有心故;道不度人,为无心故,何得无二?”师云:“若言佛度众生、道无度者,此是大德妄生二见。如山僧即不然。佛是虚名,道亦妄立。二俱不实,总是假名。一假之中,如何分二?”云:“佛之与道,从是假名。当立名时,是谁为立?若有三者,

---

① 四生十类:四生,指三界六道有情产生的四种类别,即胎生、湿生、卵生、化生。十类,指有形、无形、有相、无相、非有相、非无相、四足、二足、多足、无足(释见《大正藏·No.2859·惠远外传》)。四生十类泛指一切之有情众生。

云何言无?”师云:“佛之与道,因心而立。推穷立心,心亦是无。心既是无,即悟二俱不实。知如梦幻,即悟本空。强立佛道二名,此是二乘人见解。”乃说无修无证偈云:“见道方修道,不见复何修。道性如虚空,虚空何所修。遍观修道者,拨火觅浮沤。但看弄傀儡,线断一时休。”

法空禅师问:“佛之与道,俱是假名。十二分教①亦应不实。何以从前尊宿皆言修道?”师云:“错会经意。道本无修,大德强修。道本无作,大德强作。道本无事,强生多事。道本无知,于中强知。如此见解,与道相违。从前尊宿不应如是,自是大德不会。请思之。”复示以偈云:“道体本无修,不修自合道。若起修道心,此人不会道。弃却一真性,却入闹浩浩。若逢达道人,第一莫向道。”

婺州玄策禅师(凡一)

金华人也。游方届于河朔,闻智隍禅师谒五祖,自谓已得正受,庵居长坐,积二十年。师知其所得未真,造庵问云:“汝在此作甚么?”云:“入定。”师云:“汝言入定,为有心入耶?无心入耶?若无心入者,一切无情草木瓦石,应合得定;若有心入者,一切有情含识之流,亦应得定。”隍云:“我正入定时,不见有有无之心。”师云:“不见有有无之心,即是常定,何有出入?若有出入,即非大定。”隍无

---

① 十二分教:指佛陀所说法,依其叙述形式与内容分成十二种类,即:契经、应颂、记别、讽颂、自说、因缘、譬喻、本事、本生、方广、希法、论议。又作十二部经、十二分圣教、十二分经。

对。良久问云:"师嗣谁耶?"师云:"我师曹溪六祖。"隍云:"六祖以何为禅定?"师云:"我师所说,妙湛圆寂,体用如如。五阴[1]本空,六尘非有。不出不入,不定不乱。禅性无住,离住禅寂。禅性无生,离生禅想。心如虚空,亦无虚空之量。"

隍闻是说,经往曹溪谒六祖。祖问:"仁者何来?"隍具述前缘,祖叹云:"诚如策所言。"祖闵其远来,遂垂开决,于是大悟,二十年所得心都无影响。其夜,河北士庶闻空中有声云:"隍禅师今日得道。"复归河北,开化四众,实师之力也。

荷泽神会禅师(凡四)

襄阳高氏子也。师谒六祖。祖问:"知识远来艰辛,还将得本来么?若有本,即合识主。试道看。"师云:"以无住为本,见即是主。"祖云:"这沙弥争合取次语话。"便打,师即服勤给侍。

师访青原思。思问:"甚处来?"师云:"曹溪来。"思云:"曹溪意旨如何?"师振身而立,思云:"犹带瓦砾在。"师云:"和尚莫有真金与人么?"思云:"设有,汝向甚么处着?"

---

① 五阴:又作五蕴、五众、五聚。《大涅槃经·卷25》云:"所谓五阴,色受想行识。所言'阴'者其义何?谓能令众生生死相续,不离重檐。分散聚合,三世所摄。求其义理,了不可得。以是诸义,故名为阴。"

翠岩芝云："真金瓦砾，错下名言，如今唤作甚么？"

师一日乡信，报父母俱亡。师入僧堂白槌云："父母俱丧，请大众念摩诃般若波罗密多。"大众拟念，师遽白槌云："劳烦大众。"即散去。

僧问："无念法，还具有无否？"师云："不言有无。"云："恁么时作么生？"师云："亦无恁么时，犹如明镜，若不对像，终不见像；若见无物，乃是真见。"

信州智常禅师(凡一)

本州贵溪人也。谒六祖，祖问："甚么处来？欲求何事？"云："学人近往白峰山礼大通禅师，蒙示见性成佛之义，未决狐疑，伏望和尚慈悲指示。"祖云："彼有何言句，汝试举看，吾为汝证明。"常云："某甲到彼，凡经三月，不蒙开示，为法切故，独造方丈作礼，请问：'如何是某甲本心本性？'彼云：'汝见虚空否？'某甲云：'见。'彼云：'汝见虚空有相貌否？'某甲云：'虚空无形，有何相貌？'彼云：'汝之本性，犹如虚空。观自性，了无一物可见，是名正见。了无一物可知，是名真知。无有青黄长短，但见本源清净，觉体圆明，即名见性成佛，亦名极乐世界，亦名如来知见。'学人虽闻此说，犹未决了，乞和尚指诲，令无凝滞。"祖云："彼之所示，犹存见知，令汝不了。吾今示汝一偈云：'不见一法存无见，大似浮云遮日面。不知一法守空知，还如太虚生闪电。此之知见瞥然兴，错认何曾解方便。汝今一念自知非,自己灵光常显现。'"常闻偈,心意豁然,述偈云:"无端起知见,着相求菩提。情存一念悟,宁越昔时迷。自性觉源体,随照枉迁流。不入祖师室,茫然趣两头。"

寿州智通禅师(凡一)

本郡安丰人也。看《楞伽经》千余遍,而不会三身四智。礼六祖,求解其义。祖云:"三身者,清净法身,汝之性也。圆满报身,汝之智也。千百亿化身,汝之行也。若离本性,别说三身,即名有身无智。若悟三身无有自性,即名四智菩提。"听吾偈曰:"自性具三身,发明成四智。不离见闻缘,超然登十地。吾今为汝说,谛信本无疑。莫学驰求者,终日说菩提。"

通云:"四智之义可得闻乎?"祖云:"既会三身,便明四智,何更问耶?若离三身,别谈四智,此名有智无身也。即此有智,还成无智。"复说偈云:"大圆镜智性清净,平等性智心无病,妙观察智见非功,成所作智同圆镜。五八六七果因转,但用名言无实性。若于转处不留情,繁兴永处那伽定。"

通礼谢,以偈赞云:"三身元我体,四智本心明。身智融无碍,应物任随形。起修皆妄动,守住匪真精。妙旨因师说,终忘染污名。"

洪州法达禅师(凡一)

师礼六祖,头不至地,祖呵云:"礼不投地,何如不礼。

汝心中必有一物，蕴习何事耶？”云：“某甲念《法华经》已及三千部。”祖云：“汝若念至万部，得其经意，不以为胜，则与吾偕行。汝今负此事业，都不知过。”听吾偈曰：“礼本折慢幢，头奚不至地？有我罪即生，亡功福无比。”

祖又问：“汝名甚么？”云：“名法达。”祖云：“汝名法达，何曾达法？”复说偈曰：“汝今名法达，勤诵未休歇。空诵但循声，明心号菩萨。汝今有缘故，吾今为汝说。但信佛无言，莲花从口发。”

师闻偈，悔过云：“而今而后，当谦恭一切。惟愿和尚大慈，略说经中义理。”祖云：“汝念此经，以何为宗？”师云：“学人愚钝，但依文诵念，岂知宗趣？”祖云：“汝试为吾诵一遍，吾当为汝解说。”师即高声念，至《方便品》。祖云：“止止。此经元来以因缘出世为宗，纵有多种譬喻，亦无越于此。何者？因缘惟一大事，一大事即佛知见也。汝慎勿错解经意，见他道开示悟入，自是佛之知见，我辈无分。若作此解，乃是谤经毁佛也。彼既是佛，已具知见，何用更开？汝今当信，佛知见者，只汝自心，更无别体。盖为一切众生自蔽光明，贪爱尘境，外缘内扰，甘受驱驰。便劳他从三昧起，种种苦口，劝令寝息，莫向外求，与佛无二。故云‘开佛知见’。汝但劳劳执念，谓为功课者，何异牦牛爱尾也。”师云：“若然者，但得解义，不劳诵经耶？”祖云：“经有何过，岂障汝念？只为迷悟在人，损益由汝。听吾偈云：‘心迷法华转，心悟转法华。诵久不明己，与义作仇家。无念念即正，有念念成邪。有无俱不计，长御白牛车。’”

师闻偈，再启云：“《经》云：‘诸大声闻，乃至菩萨，皆尽思度量，尚不能测于佛智。’今令凡夫但悟本心，便名佛之知见，自非上根，未免疑谤。又《经》说三车，大牛之车与白牛车如何区别？愿和尚再垂开示。”祖云：“经意分明，汝自迷背。诸三乘人不能测佛智者，患在度量也。饶伊尽思共推，转加悬远。佛本为凡夫说，不为佛说。此理若不肯信者，从他退席。殊不知坐却白牛车，更于门外觅三车。况经文明向汝道，无二亦无三。汝何不省三车是假，为昔时故。一乘是实，为今时故。只教你去假归实，皈实之后，实亦无名，应知所有珍财，尽属于汝，由汝受用，更不作父想，亦不作子想，亦无用想。是名持《法华经》，从劫至劫，手不释卷，从昼至夜，无不念时也。”

师蒙启发，踊跃欢喜，以偈赞曰：“经诵三千部，曹溪一句亡。未明出世旨，宁歇累生狂。羊鹿牛权设，初中后善扬。谁知火宅内，元是法中王。”祖云：“汝今后方可名为‘念经僧’也。”

江西志彻禅师(凡一)

名行昌。少任侠。自南北分化，二宗主虽亡彼此，而徒侣竞起爱憎。北宗门人自立秀为第六祖，而忌能大师传衣为天下闻。祖预知其事，即置金十两于方丈，时行昌受北宗门人所嘱，怀刃入祖室，将欲加害。祖伸颈而就，行昌挥刃者三，都无所损。祖云：“正剑不邪，邪剑不正。只负汝金，不负汝命。”行昌惊仆，久而方苏，哀求悔过，即愿出家。祖遂与金云：“汝且去，恐徒众翻害于汝。他日可易形而来，吾当摄受。”行昌禀旨宵遁，投僧出家，具戒精进。

一日忆祖之言，远来礼觐。祖云：“吾久念汝，汝来何晚?”云:“昨蒙和尚舍罪,今虽出家苦行,终难报于深恩。其唯传法度生乎。弟子曾览《涅槃经》,未晓‘常’、‘无常’义,乞和尚慈悲,略为解说。”祖云:“无常者,即佛性也。有常者,即善恶一切诸法分别心也。”云:“和尚所说,大违经文。”祖云:“吾传佛心宗,安敢违于佛经?”云:“经说佛性是常,和尚却言无常。善恶诸法,乃至菩提心,皆是无常,和尚却言是常。此即相违,令学人转加疑惑。”祖云:“《涅槃经》,吾昔听尼无尽藏诵一遍,便为讲说,无一字一义不合经文,乃至为汝,终无二说。”云:“学人识量浅昧,愿和尚委曲开示。”祖云:“汝知否,佛性若常,更说甚么善恶诸法,乃至穷劫,无有一人发菩提心者。故吾说无常,正是佛说真常之道也。又一切诸法,若无常者,即物物皆有自性,容受生死,而真常有不遍之处。故吾说常者,正佛说真无常义也。佛此为凡夫外道,执于邪常诸二乘人,于常计无常,共成八倒①,故于涅槃了义教中,破彼偏见而显说真常、真乐、真我、真净。汝今依言背义以断灭无常,及确定死常而错会佛之圆妙最后微言,纵览千遍,有何所益。”行昌忽如醉醒,乃说偈曰:“因守无常心,佛说有常性。不知方便者,如春池拾砾。我今不施功,佛性而见前。非师相授与,我亦无所得。”祖云:“汝今彻也,宜名志彻。”礼谢而去。

---

① 八倒:即八颠倒。指凡夫、二乘所迷执之八种颠倒,即凡夫执有为生灭之法为常、乐、我、净,二乘行者执无为涅槃之法为非常、非乐、非我、非净,故又称为凡小八倒。

吉州志诚禅师(凡一)

本州太和人也。初参神秀,秀之徒讥能大师:“不识一字,有何所长?”秀云:“他得无师智,深悟上乘,吾不如也。五祖亲付衣法,岂徒然哉。吾恨不能远去亲近,虚受国恩。汝等诸人无滞于此,可往曹溪质疑。他日皈来,还为吾说。”

师闻此语,辞往曹溪,随众参请,不言来处。祖告众云:“今有盗法之人潜在此会。”师出作礼,具陈其事。祖云:“汝师若为示徒?”云:“常指教大众,令住心观静,长坐不卧。”祖云:“住心观静,是病非禅。长坐拘身,于理何益?听吾偈云:‘生来坐不卧,死去卧不坐。元是臭骨头,何为立功过。’”

师云:“未审大师以何法示人?”祖云:“吾若言有法与人,即为诳汝。但且随方解缚,假名三昧。听吾偈曰:‘一切无心自性戒,一切无碍自性惠。不增不退自金刚,身去身来本三昧。’”师闻偈,悔谢。呈偈云:“五蕴幻身,幻何究竟。回趣真如,法还不净。”祖然之。寻还玉泉。

广州志通[①]禅师(凡一)

南海人也。初参六祖,问云:“学人自出家,览《涅槃经》仅十余载,未明大意,愿和尚垂诲。”祖云:“汝何处未

① 志通:《坛经》作“志道”,是。

了?”云:“诸行无常,是生灭法。生灭灭已,寂灭为乐。于此疑惑。”祖云:“汝作么生疑?”云:“一切众生皆有二身,谓色身、法身也。色身无常,有生有灭。法身有常,无知无觉。《经》云‘生灭灭已,寂灭为乐者’,未审何身寂灭?何身受乐?若色身者,色身灭时,四大分散,全然是苦,苦不可言乐。若法身寂灭,即同草木瓦石,谁当受乐?又法性是生灭之体,五蕴是生灭之用。一体五用,生灭是常。生则从体起用,灭则摄用皈体。若听更生,则有情之类不断不灭。若不听更生,则永皈寂灭,同于无情之物。如是则一切诸法,被涅槃之所禁伏,尚不得生,何乐之有。”

祖云:“汝是释子,何习外道断常邪见,而议最上乘法?据汝所解,色身外,别有法身,离生灭求于寂灭。又推涅槃常乐,言有身受者,斯乃报吝生死,耽着世乐。汝今当知,佛为一切迷人,认五蕴和合为自体相,分别一切法为外尘相。好生恶死,念念迁流,不知梦幻虚假,枉受轮回,以常乐涅槃翻为苦相,终日驰求。佛悯此故,乃示涅槃真乐,刹那无有生相,刹那无有灭相,更无生灭可灭。是则寂灭现前,当现前时,亦无现前之量,乃谓常乐。此乐无有受者,无不受者。岂有一体五用之名?何况更言涅槃禁伏诸法,令永不生。斯乃谤佛毁法。听吾偈曰:‘无上大涅槃,圆明常寂照。凡愚谓之死,外道执为断。诸求二乘人,目以为无作。尽属情所计,六十二见本。妄立虚假名,何为真实义。唯有过量人,通达无取舍。以知五蕴法,及以蕴中我。外见众色像,一一音声相。平等如梦幻,不起圣凡见。不作涅槃解,二边三际断。常应诸根用,而不起用想。分别一切法,不起分别想。劫火烧海底,风鼓山相击。真常寂灭乐,涅槃相如是。吾今强言说,令汝舍邪见。汝勿随言解,许汝知少分。'”师闻偈踊跃,作礼而退。

西京光宅惠忠国师(凡二十五)

越州诸暨冉氏子。初参六祖,而顿悟心宗也。示众云:“禅宗学者,应遵佛语。一乘了义,契自心源。不了义者,互不相许。如师子身中虫。夫为人师,若涉名利,别开异端,则自他何益?如世大匠,斤斧不伤其手。香象所负,非驴所堪。”

示众云:“青萝夤缘,直上寒松之顶。白云淡泞,出没太虚之中。万法本闲,而人自闹。”

黄龙南举了云:“闹个甚么?咄。”

雪窦云:“国师走入露柱里去也。见么见么?”良久云:“出头便死。”

师问僧:“何方而来?”云:“南方来。”师云:“南方有何知识?”云:“知识颇多。”师云:“如何示徒?”云:“彼方知识,直下示人,即心是佛,佛是觉义。汝今悉具见闻觉知之性,此性善能扬眉瞬目,去来动静,遍于身中。挃[①]头头知,挃脚脚知,故名正遍知。离此之外,更无别佛。此身即有生灭,心性无始以来未曾生灭。生灭者,如龙换骨,如蛇脱皮,如人出故宅。身是无常,其性常也。南方所说,大约如此。”

① 挃:音至。捣,撞。

师云："若然者，与彼先尼外道无有差别。"彼云："我此身此性，能知痛痒。身坏之时，神则出去。如舍被烧，舍主出去。舍即无常，舍主即常矣。""审如此者，邪正莫辨，孰为是乎？吾比游方，多见此色，近尤盛矣。聚却三五百众，目视云汉云：'是南方宗旨。'把他《坛经》改换，添糅鄙谈，削除圣意，惑乱后徒，岂成言教？苦哉，吾宗丧矣。若以见闻觉知是佛性者，《净名》不应云：'法离见闻觉知。'若行见闻觉知，是则见闻觉知非求法也。"

僧又问："法华了义，开佛知见。此复若为？"师云："他云开佛知见，尚不言菩萨二乘。岂经众生痴倒，便同佛之知见耶？"

僧又问："阿那个是佛心？"师云："墙壁瓦砾是。"云："与经文大相违也。《涅槃》云：'离墙壁无情之物，故名佛性。'今云是佛心，未审心之与性，为别？不别？"师云："迷则别，悟则不别。"

云："《经》云：'佛性是常，心是无常。'今云不别，何也？"师云："汝但依语而不依义。譬如寒月，水结为冰，及至暖时，冰释为水。众生迷时，结性成心；悟时，释心成性。若执无情无佛性者，《经》不应言'三界惟心'。宛是汝自违，吾不违也。"

问："无情既有心性，还解说法否？"师云："他炽然常说，无有间歇。"云："某甲为甚么不闻？"师云："汝自不闻。”云:“谁人得闻?”师云:“诸圣得闻。”云:“众生应无分耶?”师云:“我为众生说,不为诸圣说。”云:“某甲聋瞽,不闻无情说法。师应合闻?”师云:“我亦不闻。”云:“师既不闻,争知无情解说法?”师云:“赖我不闻。我若得闻,汝即不闻我所说法。”云:“众生得闻否?”师云:“众生若闻,即非众生。”云:“无情说法,有何典据?”师云:“不见《华严》云:‘刹说众生说,三世一切说。’众生是有情乎?”云:“师但说无情有佛性,有情复若为?”师云:“无情尚尔,况有情耶?”“若然者,前举南方知识云‘见闻觉知是佛性’,应不当判同外道。”师云:“不道他无佛性,外道岂无佛性耶?但缘见错,于一法中而生二见,故非也。”云:“若俱有佛性,且杀有情,即结业互酬。害无情,不闻有报。”师云:“有情是正报,计我我所而怀结恨,即有罪报。无情是依报,无结恨心,是以不言有报。”云:“教中但见有情作佛,不见无情受记,且贤劫千佛孰是无情耶?”师云:“如皇太子,未受位时,唯一身耳。受位之后,国土尽属于王。宁有国土,别受位耶?今但有情受记,作佛之时,十方国土悉是遮那佛身,那得更有无情受记耶?”云:“一切众生尽居佛身之上,便利污秽佛身,穿凿践踏佛身,岂无罪耶?”师云:“众生全体是佛,欲谁为罪?”云:“《经》云:‘佛身无挂碍。’今以有为质碍之物而作佛身,岂不乖于圣旨?”师云:“《大品经》云:‘不可离有为说无为。’汝信色是空否?”云:“佛之诚言,那敢不信。”师云:“色既是空,宁有挂碍?”云:“众生佛性既同,只用一佛修行,一切众生应时解脱。今既不尔,同义安在?”

师云:“汝岂不见华严六相①义云:‘同中有异,异中有同。成坏总别,类例皆然。’众主与佛,虽同一性。不妨各各自修自得,未见他食我饱。”

云:“有几知识示学人云,但自识性了,无常到时,抛却壳漏子,一边着灵台智性,迥然而去,名为解脱。此复若为?”师云:“前已说了,犹是二乘、外道之量。二乘厌离生死,欣乐涅槃。外道亦云‘吾有大患,为吾有身’,乃趣乎冥谛。须陀洹人八万劫,余三果人六四二万劫,辟支佛一万劫,住无定中;外道亦八万劫,住非非想中。二乘劫满,犹能回心向道,外道还即轮回。”

云:“佛性为一种?为别?”师云:“不得一种。”云:“何也?”师云:“或有全不生灭;或半生灭,半不生灭。”云:“孰为此解?”师云:“我此间佛性全不生灭。南方佛性半生半灭,半不生灭。”云:“如何区别?”师云:“此则身心一如,身外无余,所以全不生灭。汝南方,身是无常,神性是常,所以半生半灭,半不生灭。”云:“和尚色身岂得便同法身,不生不灭耶?”师云:“汝何得入于邪道?”云:“学人早晚入邪道。”师云:“汝不见《金刚经》云:‘色见声求,皆行邪道。’今汝所见,不其然乎?”云:“某甲曾读大小乘教,亦见其道‘不生不灭,中道正性之处’;亦见有说‘此阴灭,彼阴生,身有代谢,而神识不灭’之文。那得尽拨同外道断常二

---

① 六相:指总相、别相、同相、异相、成相、坏相。法眼文益有《华严六相义颂》:“华严六相义,同中还有异。异若异于同,全非诸佛意。诸佛意总别,何曾有同异?男子身中入定时,女子身中不留意。不留意,绝名字,万象明明无理事。”

见?”师云:“汝学出世无上正真之道?为学世间生灭断常二见耶?汝不见肇公云:‘谭真则逆俗,顺俗则违真。违真故迷性而莫返,逆俗故言淡而无味。中流之人如存若亡,下士抚掌而不顾。’汝今欲学下士笑于大道乎?”

云:“师亦言‘即心是佛’,南方知识亦言。即心是佛,那有异同。师不应自是而非他。”师云:“或名异体同,或名同体异,因兹滥矣。只如菩提涅槃,真如佛性,名异体同。真心妄心,佛智世智,名同体异。缘南方错将妄心言是真心,认贼为子;有取世智称为佛智,犹如鱼目而乱明珠。不可雷同,事须甄别。”

云:“若为离得此过?”师云:“汝但子细返观阴入界处,一一推穷,有纤毫可得否?”云:“子细观之,不见有一物可得。”师云:“汝坏身心相耶?”云:“身心性离,有何可坏?”师云:“身心外还更有物否?”云:“身心无外,宁更有物耶?”师云:“汝坏世间相耶?”云:“世间相即无相,那用更坏。”师云:“若然者,师离过矣。”

师问南泉:“甚处来?”云:“江西。”师云:“还将得马师真来否?”泉云:“只这是。”师云:“背后底聻[①]?”泉休去。

长庆棱云:“大似不知。”

保福展云:“洎[②]不到和尚此间。”

---

① 聻:音你。相当于“呢”,或“哩”。

② 洎:音季。及,到。

丹霞访师，值师睡次。霞问侍者耽源云："国师在否？"源云："在，只是不见客。"霞云："太深远生。"源云："莫道上座，佛眼也觑不见。"霞云："龙生龙子，凤生凤儿。"师睡起，源举前话，师打二十棒趁出。霞闻乃云："不谬为南阳国师也。"

丹霞又一日来，才展坐具，师云："不用不用。"霞退后三步，师云："如是如是。"霞进前三步，师云："不是不是。"霞绕禅床一匝而出，师云："去圣时遥，人多懈怠。三十年后，讨个师僧也难得。"

大沩喆云："丹霞可谓怀藏至宝，遇智者乃增辉。国师鸿门大启，陟者须是其人。如今还有为丹霞作主者么？出来与大沩相见。有么？"良久云："不是龙门客，切忌遭点额。"

西堂藏禅师为马祖驰书至。师问："汝师说甚么法？"藏从西过东立，师云："只这个，更别有？"藏从东过西立，师云："这个是马大师底，仁者作么生？"藏云："早个呈似和尚了也。"

保福展云："西堂埋没马大师不少。"

麻谷到来，振锡一下，卓然而立。师云："汝既如是，何用见吾？"谷又振锡一下，师叱云："野狐精，出去！"

雪窦云："洎不到此。"

师一日唤侍者，者应诺。如是三唤，侍者三应。师云：

“将谓吾辜负汝,谁知汝辜负吾。”

赵州云:“如人暗中书字,字虽不成,文彩已彰。”

雪窦便喝。投子云:“抑逼人作么?”

雪窦云:“垛根汉。”

玄沙云:“却是侍者会。”

雪窦云:“停囚长智。”云门云:“作么生是国师辜负侍者处?若会得,也是无端。”

雪窦云:“元来不会。”

云门云:“作么生是侍者辜负国师处?粉骨碎身未足酬。”

雪窦云:“无端无端。”

法眼云:“且去别时来。”

雪窦云:“谩我不得。”兴化云:“一盲引众盲。”

雪窦云:“端的瞎。有人问雪窦,便打,也要诸方检责。”

雪窦颂云:“师资会遇意非轻,无事相将草里行。负汝负吾人莫问,任从天下竞头争。”

翠岩真颂云:“侍者何曾唤不回,国师干地起风雷。当时若也相逢着,九转还丹化作灰。”

有大耳三藏得他心通,肃宗请师试验之。三藏才见师,便作礼立于右。师问:“汝得他心通那?”藏云:“不敢。”师问:“汝道老僧即今在甚么处?”藏云:“和尚是一国之师,何得去西川看竞渡?”师良久复问:“汝道老僧即今在甚么处?”藏云:“和尚是一国之师,何得去天津桥上看弄胡狲?”师良久复问:“汝道老僧即今在甚么处?”藏罔措,师叱云："这野狐精，他心通在甚么处？"藏无对。

玄沙云："你道前两度曾见么？"仰山云："前两度是涉境，后入自受用三昧，所以不见也。"

僧问赵州："大耳三藏第三度不见国师，未审国师在甚么处？"州云："在三藏鼻孔里。"

僧后问玄沙："既在鼻孔里，为甚么不见？"沙云："只为太近。"

白云端云："国师若在三藏鼻吼里，有甚难见。殊不知，国师在三藏眼睛里。"

师问紫璘供奉："大德所蕴何业？"云："讲青龙疏。"师云："是《金刚经》否？"云："是。"师云："经文最初两字，唤作甚么字？"云："如是。"师云："是甚么？"

明招代云："昔日灵山，今日亲见。"

师问供奉："佛是甚么义？"云："是觉义。"师云："佛曾迷否？"云："不曾迷。"师云："用觉作么？"奉无对。

供奉云："请禅师立义，某甲破；某甲立义，禅师破。先请禅师立义。"师云："立义了也。"云："是甚么义？"师云："果然不见。"供奉无对，师云："非公境界。"

师问供奉："甚么处来？"云："城南来。"师云："城南草作何色？"云："作黄色。"师却问童子，童子亦云："作黄色。"师云："只这童子亦可帘前赐紫，对御谈玄。"

供奉欲注《思忆经》,师问:“大凡注经,须会佛意始得。”云:“若不会佛意,争解注得?”师令侍者盛一盆水来,着七粒米于水中,上横一只箸,乃问:“这个是甚么义?”奉无对,师云:“老僧意尚不会,岂况佛意,又争能注得经?”

师问座主:“讲甚么经?”云:“《唯识论》。”师云:“三界惟心,万法唯识,作么生会?”主无对,师指帘云:“这个是甚么法?”云:“色法。”师云:“大师帘前赐紫,对御谈玄,五戒也不持。”

座主问:“宗门中,传持何事?”师云:“座主传持何事?”云:“三经五论。”师云:“总是师子儿。”主作礼出去,师召云:“座主。”主应诺,师云:“是甚么?”主无对。

佛鉴勤云:“是则是,师子儿只是爪牙未备。爪牙若备,何处更有国师也。”

百法座主问:“禅宗毕竟将何为真实?”师良久。主再问,师云:“大德不唯讲经论,兼有佛法眼目。”主作礼出去,师召云:“大德。”主回首,师云:“莫错认定盘星。”

肃宗皇帝问:“如何是十身调御?”师云:“檀越踏毗卢顶上行。”帝云:“此意如何?”师云:“莫认自己清净法身。”

肃宗问师:“百年后,所需何物?”师云:“与老僧作个无缝塔。”帝云:“就师请塔样。”师良久云:“会么?”帝云:“不会。”师云:“吾有付法弟子耽源却谙此事,请诏问之。”

后代宗问耽源，源以偈答云："湘之南，谭之北，中有黄金充一国。无影树下合同船，琉璃殿上无知识。"

雪窦云："肃宗不会且置，耽源还会么？只消个请师塔样，尽西天此土、诸位祖师遭此一问，不免将南作北。有傍不肯底，出来，我要问汝：'那个是无缝塔？'"五祖演云："闲言语。"

肃宗同师到宫前，师指石师子云："请陛下下取一转语。"宗云："朕下不得，请师下。"师云："山僧罪过。"后耽源问师："皇帝还会么？"师云："皇帝且置，子作么生会？"

玄沙云："大小国师被侍者勘破。"

虞军容问："师住白崖山，如何修行？"师唤童子来，以手摩其顶云："惺惺直言惺惺，历历直言历历。向后莫受人谩。"

保福展云："国师着一问，直得脚忙手乱。"

西京光宅慧忠国师法嗣

吉州耽源应真禅师(凡四)

师问国师："百年后，有人问，极则事如何？"国师云："幸自可怜生，须要个护身符子作甚么？"

师在泐[①]潭,见百丈推车。师问:“车在这里,牛在甚么处?”丈乃斫额,师乃拭目。

麻谷问:“十二面观音岂不是圣?”师云:“是。”谷打师一掴,师云:“知你不到这境界。”

师为国师侍者。国师一日法堂坐次,师入来,国师垂下一足,师便出去,须臾却来。国师云:“适来意作么生?”师云:“向阿谁说?”国师云:“即今问汝。”师云:“甚么处见某甲?”国师休去。

① 泐:音勒。泐潭在江西高安县洞山。

联灯会要卷第四

六祖慧能大师法嗣

潭州南岳怀让禅师(凡四)

金州杜氏子。少习毗尼藏。一日自叹云:“夫出家者,为无为法,以报佛恩,以此拘身,于道何益?”遂同坦然禅师谒嵩山安国师,复往曹溪参六祖。祖问:“甚处来?”师云:“嵩山来。”祖云:“甚么物恁么来?”师云:“说似一物即不中。”祖云:“还假修证否?”师云:“修证即不无,污染即不得。”祖云:“即此不污染,是诸佛之护念。汝既如是,吾亦如是。西天般若多罗谶汝,向后出一马驹,踏杀天下人去在。病在汝心,不须速说。”

师后居南岳般若台。时道一住传法寺,日唯坐禅。师往问曰:“大德坐禅图个甚么?”云:“图作佛。”师一日,将砖于道一庵前磨,一怪而问曰:“作甚么?”师云:“磨作镜。”一云:“磨砖岂得成镜?”师云:“磨砖既不成镜,坐禅岂得成佛?”一云:“如何即是?”师云:“如牛驾车,车若不行,打车即是?打牛即是?”一无对。

师又问:“汝学坐禅?为学坐佛?若学坐禅,禅非坐卧。若学坐佛,佛非定相。于无住相,不应取舍。汝若坐佛,即是杀佛。若执坐相,非达其理。”道一于言下开悟,如饮醍醐,作礼请问:“如何用心即合无相三昧?”师云:“汝学心地法门，如下种子。我说法要，譬彼天泽，汝缘合故，当见其道。”一云：“道非色相，云何能见？”师云：“心地法眼能见乎道，无相三昧亦复然矣。”一云：“有成坏否？”师云：“若以成坏而见道者，非也。听吾偈云：‘心地含诸种，遇泽悉皆萌。三昧花无相，何坏复何成。’”

师有弟子六人，师各印可云：“汝等六人，同证吾身，各契一体。一人得吾眉，善威仪（常浩）。一人得吾眼，善顾眄（智达）。一人得吾耳，善听理（坦然）。一人得吾鼻，善知气（神照）。一人得吾舌，善谈说（严峻）。一人得吾心，善古今（道一）。”又云：“一切诸法皆从心生。心无所生，法无所住。若达心地，所作无碍。非遇上根，宜慎辞哉。”

僧问：“如镜铸像，像成后，未审光向甚么处去？”师云：“如大德为童子时，相貌何在？”云：“只如像成后，为甚么不鉴照？”师云：“虽然不鉴照，瞒他一点也不得。”

马大师阐化江西，师云：“道一在江西，总不寄个消息来。”遣一僧去，嘱之云：“汝去待他上堂次，但出问云：‘作么生？’看伊道甚么，记将来。”其僧依教，出问云：“作么生？”一云：“自从胡乱后，三十年不曾少盐酱。”僧回举似师，师然之。

妙喜颂云：“见得分明识得亲，举来犹自涉途程。直饶不犯毫芒者，也是拈馊舐指人①。”

---

① 馊：音堆，古代一种饼食。舐，音式，舔。

南岳第二世

南岳怀让禅师法嗣

江西马祖道一禅师(凡十一)

汉州什邡马氏子也。示众云:“汝等诸人,各信自心是佛。达磨大师从南天竺国来至中华,传上乘一心之法,令汝开悟。又引《楞伽》以印众生心地,恐汝颠倒,不自信此一心之法,各各有之。故《楞伽经》以佛语心为宗,无门为法门。夫求法者应无所求,心外无别佛,佛外无别心。不取善,不舍恶,净秽两边,俱不依怙。达法性空,念念不可得,无自性故。三界惟心,森罗及万象,一法之所印。凡所见色,皆是见心。心不自心,因色故有。汝但随时言说,即事即理,都无滞碍。菩提道果,亦复如是。于心所生,即名为色。知色空故,生即不生。若了此意,乃可随时着衣吃饭,长养圣胎。任运过时,更有何事。汝授吾教,听吾偈曰:‘心地随时说,菩提亦只宁。事理俱无碍,当生即不生。’”

僧问:“如何是修道?”师云:“道不属修,若言修得,修成还坏,即同声闻。若言不修,即同凡夫。”

僧云:“作何见解即得达道?”师云:“自性本来具足,但于善恶事中不滞,唤作修道人。取善舍恶,观空人定,即属造作。更若向外驰求，转疏转远。但尽三界心量，一念妄心，即是三界生死根本。但无一念，即除生死根本，即得法王无上珍宝。无量劫来，凡夫妄想，謟[1]曲邪伪，我慢贡高，合为一体。故《经》云：‘但以众法，合为此身。起时唯法起，灭时唯法灭。’此法起时，不言我起；灭时，不言我灭。前念后念，念念不相待，念念寂灭，唤作海印三昧。摄一切法。如百千异流，同归大海，都名海水；住于一味即摄众味，住于大海即混诸流；如人在大海中浴，则用一切水。所以声闻悟迷，凡夫迷悟。声闻不知圣心本无地位、因果、阶级、心量，妄想修因证果，住于空定八万劫、二万劫，虽即已悟，悟已还迷。诸菩萨观如地狱苦，沉空滞寂，不见佛性。若是上根众生，忽尔遇善知识指示，言下悟去，更不历于阶级地位，顿悟本性。故《经》云：‘凡夫有返复心，而声闻无也。’对迷说悟，本既无迷，悟亦不立。一切众生，从无量劫来，不出法性三昧；长在法性三昧中着衣吃饭、言谈只对、六根运用，一切施为尽是法性；不解返源，随名定相，迷情妄起，造种种业。若能一念返照，全体圣心，汝等诸人各达自心。莫记吾语，纵饶说得河沙道理，其心亦不增，总说不得，其心亦不减。说得亦是汝心，说不得亦是汝心。乃至分身放光，现十八变，不如还我死灰来。淋过死灰无力，喻声闻妄修因证果；未淋死灰有力，喻菩萨道业纯熟，诸恶不染。若说如来权教三藏，河沙劫说不尽，犹如钩锁，亦不断绝。若悟圣心，总无余事。珍重。”

---

① 謟，音涛。隐瞒。

僧问："离四句，绝百非，请师直指某甲西来意。"师云："我今日劳倦，不能为汝说得，问取智藏去。"僧问智藏，藏云："汝何不问和尚？"云："和尚教来问上座。"藏云："我今日头痛，不能为汝说得，问取海兄去。"僧问海，海云："我到这里却不会。"僧举似师，师云："藏头白，海头黑。"

大沩喆云："这僧恁么问，马师恁么答，离四句，绝百非，智藏、海兄都不知。会么？不见道'马驹踏杀天下人。"

有僧来作四划，上一划长，下三划短。云："不得道一划长、三划短。离四句，绝百非，请师答话。"师划一划云："不得道一划长、三划短。答汝了也。"

邓隐峰辞师。问："甚处去？"云："南岳石头处去。"师云："石头路滑。"峰云："竿木随身，逢场作戏。"峰到石头，绕绳床一匝，振锡一下，云："是何宗旨？"头云："苍天苍天。"峰无语。回举似师，师云："汝更去，见伊道'苍天苍天'，汝便嘘两声。"峰又去，依前问，头遂嘘两声，峰又无语。回举似师，师云："我向汝道'石头路滑'。"

师有小师耽源行脚归，于师前作一圆相，于中立地。师云："汝莫欲作佛么？"云："某甲不会捏目。"师云："吾不如汝。"

雪窦云："然则猛虎不食伏肉，争奈来言不礼。诸人要识耽源么？只是个藏身露影汉。"

保宁勇代马祖云："对面谩我不少。"

师见僧来,划一圆相,云:"入也打,不入也打。"僧才入,师便打。僧云:"和尚打某甲不得。"师靠却拄杖,休去。

雪窦云:"二俱不了。和尚打某甲不得,靠却拄杖。拟议不来,劈脊便棒。"

师玩月次,南泉、百丈、西堂侍立。师问:"正恁么时如何?"堂云:"正好供养。"丈云:"正好修行。"泉拂袖而去。师云:"经归藏,禅归海,唯有普愿,独超物外。"

翠岩真云:"神鼎叔祖云:'只为老婆心切。'翠岩即不然,垂万里钩,驻千里乌骓,布幔天网,收冲浪巨鳞。有么?有则冲浪来相见;如无,且归岩下待月明。"

僧问:"和尚为甚么说即心是佛?"师云:"为止儿啼。"云:"儿啼止时如何?"师云:"非心非佛。"云:"除此二种人来时,如何指示?"师云:"向伊道不是物。"

庞居士问:"如水无筋骨,能胜万斛舟。此理如何?"师云:"我这里无水亦无舟,说甚么筋骨。"

南岳第三世

江西马祖道一禅师法嗣

池州南泉普愿禅师(凡十四)

郑州王氏子也。示众云:"然灯佛道了也,若心所思,出生诸法，虚假皆不实。何故？心尚无有，云何出生诸法？犹如形影，分别虚空；如人取声，安置箧中；亦如吹网，欲令气满。故老宿云‘不是心，不是佛，不是物’，且教你兄弟行履。据说十地菩萨住首楞严三昧[①]，得诸佛秘密法藏，自然得一切禅定解脱神通妙用。至一切世界，普现色身，或示现成等正觉，转大法轮，入般涅槃，使无量入一毛孔。演一句，经无量劫，其义不尽，教化无量亿千众生得无生法忍。尚唤作所知愚、极微细所知愚，与道全乖。大难大难。”

示众云：“唤作如如早是变了也。今时师僧须向异类中行。”归宗云：“虽行畜生行，不得畜生报。”师云：“孟八郎汉又恁么去？”

德山密云：“南泉中毒了也。”琅玡觉云：“遇水吃水，遇草吃草，焉知畜生行。”

示众云：“诸和尚子，王老师十八上便解作活计，如今莫有解作活计底么？出来，共汝商量。”良久，顾视大众云：“也须是个人始得。珍重。”

示众云：“文殊、普贤昨夜三更相打，每人与三十棒，趁出院了也。”赵州出众云：“和尚棒教谁吃？”师云：“王老师过在甚么处？”州便作礼。

云门代云：“深领和尚慈悲，某甲归衣钵下得个安乐。”

---

① 首楞严三昧：坚固摄持诸法之三昧。为百八三昧之一，乃诸佛及十地之菩萨所得之禅定。又作首楞严三摩地、首楞伽摩三摩提、首楞严定。意译作健相三昧、健行定、勇健定。

又代云:“为众除害。”

示众云:“王老师卖身去也,还有人买么?”时有僧出众云:“某甲买。”师云:“不作贵,不作贱,你作么生买?”僧无对。

赵州云:“来年与和尚作领布衫。”

卧龙球云:“和尚属某甲。”

雪窦云:“虽然作家竞买,要且不解输机。且道南泉还肯么? 雪窦也拟酬个价直,教南泉进且无路,退亦无门。”良久云:“别处容和尚不得。”

示众云:“王老师自小养一头水牯牛,拟向溪东牧,不免食他国王水草;拟向溪西牧,不免食他国王水草。不如随分纳些些,总不见得。”

云门云:“且道牛内纳? 牛外纳? 直饶伊说得纳处分明,我更问你觅牛在。”

大沩喆云:“云门只会索牛,不会穿他鼻孔。”

示众云:“江西马大师说‘即心即佛’,王老师不恁么,不是心,不是佛,不是物,恁么道还有过也无?”时赵州出作礼,师便下座。

妙喜颂云:“倒腹倾肠说向君,不知何故尚沉吟。如今便好猛提取,付与世间无事人。”

后有僧问赵州:“上座礼拜了去,意作么生?”州云:“你去问取和尚。”僧问师,师云:“他却领得老僧意。”

示众云:“道非物外,物外非道。”赵州出问:“如何是物外道?”师便打,州捉住云:“和尚莫打某甲,已后错打人去在。”师掷下棒云:“龙蛇易辨,衲子难瞒。”

师同鲁祖、归宗、杉山吃茶次。祖提起盏子云:“世界未成时,便有这个。”师云:“今时只识这个,且不识世界。”宗云:“是。”师云:“师兄莫同此见么?”宗提起盏子云:“向世界未成时,道得么?”师作掌势,宗以面作受掌势。

师同归宗、麻谷去礼觐忠国师。路次,师于地上画一圆相云:“道得即去,道不得即不去。”宗于圆相中坐,谷作女人拜。师云:“恁么则不去也。”宗云:“是甚么心行?”于是却回。

翠岩芝云:“当时若见,各与一棒,贵图天下太平。”

佛印元云:“归宗、麻谷气宇如王,落在南泉圈里。当时见他画圆相,拂袖便行,直饶南泉有神通,也较三千里。”

师与鲁祖、杉山、归宗辞马祖,各谋住庵。中路分袂次,师插下拄杖云:“道得也被这个碍,道不得也被这个碍。”宗拽拄杖便打,云:“也只是这个,王老师说甚么碍不碍。”鲁祖云:“只此一句,大播天下。”宗云:“还有不播底么?”祖云:“有。”宗云:“作么生是不播底?”祖作掌势。

师与杉山向火次。师云:“不用指东划西,本分事直下道将来。”杉以火箸插向炉内,师云:“直饶如是,犹较王老师一线道。”又问赵州,州划一圆相,于相中着一点。师云:

“直饶恁么,犹较王老师一线道。”

师问神山:“甚么处来?”山云:“打罗来。”师云:“手打脚打?”山无对,师云:“汝问我。”山理前问,师云:“分明记取,举似明眼人。”

师寄书与茱萸云:“理随事变,宽廓非外。事得理融,寂寥非内。”僧问茱萸:“如何是宽廓非外?”茱萸云:“问一答百也无妨。”云:“如何是寂寥非内?”萸云:“睹对声色,不是好手。”又问赵州,州作吃饭势;僧进后语,州作拭口势。又问长沙岑,岑瞪目视之;僧进后语,岑闭目示之。僧举似师,师云:“此三人不谬为吾弟子。”

师一日闭却方丈门,将灰围却门外云:“有人道得即开门。”众祇对,多不契。赵州云:“苍天,苍天。”师便开门。

赵州问:“和尚百年后向甚么处去?”师云:“山下作一头水牯牛去。”州云:“谢师指示。”师云:“昨夜三更月到窗。”

师为马大师作忌斋,问僧云:“且道马大师还来么?”众无对,洞山云:“待有伴即来。”师云:“此子虽后生,甚堪雕琢。”洞山云:“和尚且莫压良为贱。”

师刈茆[1]茨，有僧问："南泉路向甚么处去？"师竖起镰云："我这镰子是三十文买。"僧云："我不问这个。南泉路向甚么处去？"师云："我用得最快。"

师问维那："今日普请作甚么？"那云："拽磨。"师云："磨即从你拽，不得动着中心树子。"维那无语。

师拈毬子，问僧："那个何似这个？"云："不似。"师云："甚么处见那个，便道不似？"云："若问某见处，请和尚放下手中物。"师云："许你具只眼。"

师因两堂争猫儿，师遂提起猫儿云："大众，道得即不斩，道不得即斩。"众无语，师遂斩之。

雪窦颂云："两堂俱是杜禅和，拨动烟尘不奈何。赖得南泉能举令，一刀两段任偏颇。"

少顷，赵州从外来，师举似州，州脱履安头上出去。师云："子若在，即救得猫儿。"

翠岩芝云："大小赵州，只可自救。"

雪窦颂云："公案圆来问赵州，长安城里任闲游。草鞋头戴无人会，归到家山即便休。"

师住庵时，有一僧来。师云："某甲上山作务，斋时，上座做饭吃了，却送一分来。"其僧斋时做饭吃了，将家具一

① 茆：音茅。同"茅"。

时打破,就床而卧。师伺不来,遂归,见僧偃卧,师亦去身边卧,僧便起去。师云:“得恁么灵利。”师住后云:“我往前住庵时,有个灵利道者,直至如今不见。”

翠岩芝云:“两个汉,即不到村,后不到店。”

师入园见一僧,抛瓦砾打之。僧回首,师跷一足,僧无语。师归,僧随后请益云:“和尚适来抛瓦砾打某甲,岂不是警觉某甲?”师云:“跷一足又作么生?”僧无对。

师问僧:“夜来好风?”云:“夜来好风。”师云:“吹折门前一株松?”僧云:“吹折门前一株松。”又问一僧,云:“夜来好风?”云:“是甚么风?”师云:“吹折门前一株松?”云:“是甚么松?”师云:“一得一失。”

翠岩真云:“众中商量,有云,前头据实祇对,所以云得。后头不合云‘是甚么风’,所以言失。只知车书混同,泥玉一所,不知道之根源,理之深浅。要会么?路逢剑客须呈剑,不是诗人不献诗。”

有一庵主,人谓之曰:“南泉近日出世,何不去礼拜?”主云:“非但南泉,直饶千佛出兴,亦不去。”师闻,令赵州往勘之。州才见庵主,便作礼,主不顾。州从西过东,从东过西而立,主亦不顾。州云:“草贼大败。”拽下帘子便行。举似师,师云:“我从来疑着这汉。”

雪窦云:“大小南泉赵州,被个担板汉勘破。”

师一日下庄,庄主预备迎奉。师云:“老僧居常出入,不曾与人知,何得预办如此?”主云:“昨夜土地神报。”师云:“王老师修行无力,被鬼神觑见。”侍者便问:“大善知识为甚么被鬼神觑见?”师云:“土地前更下一分饭着。”

达观颖云:“南泉被这僧一问,不免向鬼窟里作活计。”

师玩月次。僧云:“几时得似这个?”师云:“王老师二十年前也曾恁么来。”云:“即今又作么生?”师便归方丈。

有僧问讯罢,叉手而立。师云:“太俗生。”僧合掌,师云:“太僧生。”僧无语。

僧问:“牛头未见四祖时,为甚么百鸟衔花献?”师云:“为渠步步踏佛阶梯。”云:“见后为甚么不衔花献?”师云:“直饶不来,犹较王老师一线道。”

僧问:“即心是佛又不得,非心非佛又不得,师意如何?”师云:“你但即心是佛便了,更说甚么得与不得。只如你吃了饭,东廊上西廊下,不可总问人得与不得。”

师问良钦:“空劫中还有佛否?”云:“有。”师云:“是阿谁?”云:“良钦。”师云:“居何国土?”钦无对。

师问僧:“不思善,不思恶,总不思时,还我本来面目来。”僧云:“无容止可露。”

洞山云:“还曾将示人么?”

僧问师："居丈室，将何指南？"师云："昨夜三更失却牛，天明起来失却火。"

师问座主："讲甚么经？"云："《弥勒下生经》。"师云："弥勒几时下生？"云："见在天宫未来。"师云："天上无弥勒，地下无弥勒。"

洞山举问云居，居云："天上无弥勒，地下无弥勒，未审谁与安名？"洞山被问，直得绳床震动，乃云："吾在云岩问老人，直得火炉震动。今日被子问，直得通身汗流。"

有座主辞师。问："甚么处去？"云："山下去。"师云："第一不得谤王老师。"云："争敢。"师喷嚏[1]云："是多少？"主无对。

僧问："百尺竿头，如何进步？"师云："更进一步。"复问盐官，官云："百尺竿头，用进作么？"僧不肯，拂袖而出，官便打。

承天宗云："若参南泉，须进一步。若参盐官，须退一步。明眼底辨取。"

陆亘大夫问师："肇法师也甚奇怪，解道天地与我同根，万物与我一体。"师指庭前花云："大夫，时人见此一株花，如梦相似。"

① 嚏：音霎。用嘴吸取。又音蝶。同"喋"。

师与大夫见人双陆，大夫拈起骰子问："恁么不恁么，但信彩时如何？"师拈起骰子便掷，云："臭骨头，一十八。"大夫问："弟子家中有片石，或时坐，或时卧，如今拟镌作佛，得么？"师云："得。"大夫云："莫不得么？"师云："不得。"

大夫问师："大悲菩萨用许多手眼作甚么？"师云："如国家用大夫作甚么。"

大夫谓师云："弟子亦薄会佛法。"师云："大夫十二时中作么生？"夫云："寸丝不挂。"师云："犹是阶下汉。"复云："不见道，有道君王不纳有智之臣。"

大夫归宣城治所。师问："大夫去彼，将何治民？"夫云："以智慧治民。"师云："恁么则彼地生灵尽遭涂炭去也。"夫无对。

洪州百丈怀海禅师（凡十六）

福州长乐人也。师参马大师，为侍者。檀越每送斋饭来，师才揭用盘盖，马大师拈起一片胡饼，示众云："是甚么？"每日如此，师经三年方有省。

师侍马大师游山次，忽见野鸭飞过。祖问："是甚么？"师云："野鸭子。"祖云："甚么处去也？"师云："飞过去也。"

祖搊[1]师鼻头。师负痛,失声云:"阿耶耶,阿耶耶。"祖云:"又道飞过去也。"师于此契悟,浃背汗流。却归侍者寮,哀哀大哭。同事问:"汝忆父母耶?"师云:"无。"云:"被人骂耶?"师云:"无。"云:"你哭作甚么?"师云:"我鼻孔被大师搊得,痛不可彻。"同事云:"有甚因缘不相契?"师云:"汝问取和尚去。"同事问马大师云:"海侍者有何因缘不契,在寮中哭告,和尚为某甲说。"大师云:"是伊会也,汝自问取他。"同事归寮云:"和尚道汝会也,教我自问汝。"师乃呵呵大笑,同事云:"适来哭,如今为甚却笑?"师云:"适来哭,如今笑。"同事罔然。

妙喜颂云:"有时笑兮有时哭,悲喜交参暗催促。此理如何说向人,断弦须是鸾胶续。"

马大师次日升堂,众才集,师出卷却席。祖便下座,归方丈。却问师:"我适来上堂,未曾说话,你为甚么卷却席?"师云:"某甲昨日被和尚搊得鼻头痛。"祖云:"汝昨日向甚么处留心?"师云:"鼻头今日又不痛也。"祖云:"汝深得今日事。"师作礼而退。

雪窦云:"当时若见出来卷却席,劈脊与他一踏,令坐者、倒者皆起不得。且要后人别有生涯,免见递相钝置,岂不是个英灵汉?"

白云端出马祖语云:"我钝置犹可,汝钝置太杀。"

黄龙心云:"马祖升堂,百丈卷席。后人不善来风,尽道不留眹迹[2],殊不知,桃花浪里,正好张帆;七里滩头,更

---

① 搊:音抽。从下向上用力掀。

② 眹迹:事物之迹象、征兆。眹,音镇。

堪垂钓。”

杨杰次公颂云:“野鸭飞,鼻头裂,卷簟更来呈丑拙。直饶独坐大雄峰,也是天边第二月。”

师再参马大师,侍立次,大师目顾绳床角拂子。师云:“即此用,离此用?”祖云:“汝向后开两片皮,将何为人?”师取拂子竖起,祖云:“即此用,离此用?”师挂拂子旧处,祖震威一喝,师直得三日耳聋。

汾州云:“悟去便休,说甚么三日耳聋。”

石门聪云:“若不三日耳聋,何得悟去?”

汾州闻云:“我恁么道,较他石门半月程。”

雪窦云:“奇怪。诸禅德,如今列其派者多,究其源者少。总道百丈于喝下大悟,还端的也无?然刁刀相似,鱼鲁参差,若是明眼汉,瞒他一点不得。只如马大师道:‘你他后开两片皮,将何为人?’百丈竖起拂子,为复是如虫御木?为复是啐啄同时?诸人要会三日耳聋么?大冶精金,应无变色。”

东林总云:“当言不避截舌,当炉不避火迸。佛法岂可曲顺人情?东林今日向骊龙窟里争珠去也。百丈不无他三日耳聋,汾州、石门争免二俱瞎汉,这三个还曾悟去也无?”良久云:“祖祢不了,殃及儿孙。”

汾阳昭颂云:“每因无事侍师前,师指绳床角上悬。举放却归旧位立,分明一喝至今传。”

示众云:“并却咽喉唇吻,速道将来。”沩山出众云:“某甲道不得,请和尚道。”师云:“不辞与汝道,恐已后丧我儿孙。”五峰云：“和尚也须并却。”师云：“无人处斫额望汝。”云岩云：“和尚有也未？”师云：“丧我儿孙。”

师一日上堂，众才集，师拈拄杖一时打散。复召大众，众回首，师云：“是甚么？”

师参次。有一老人随众听法，众人退，老人亦退。忽一日不退，师问：“面前立者何人？”老人云：“某甲非人也。过去迦叶佛时曾住此山，因学人问：‘大修行人还落因果也无？’某甲对云：‘不落因果。’五百生堕野狐身。今请和尚代一转语，遂理前问。”师云：“不昧因果。”老人言下大悟，作礼云：“某甲已脱野狐身，住在山后，乞依亡僧事例。”师令维那白槌云：“食罢送亡僧。”众皆怪讶云：“又无人迁化，何得送亡僧？”食罢，师领众至山后岩下，以拄杖挑出一死狐，依法火葬。

师至晚上堂，举前因缘。黄蘗出众问云：“古人错对一转语，五百生堕狐身。转转不错，合作个甚么？”师云：“近前来，与汝道。”蘗近前与师一掌，师拍手笑云：“将谓胡须赤，更有赤须胡。”

司马头陀举问沩山，山撼门扇三下。陀云：“太粗生。”沩云：“佛法不是这个道理。”沩山举问仰山，仰云：“黄蘗常用此机。”沩云：“天生得？从人得？”仰云：“亦是禀受师承，亦是自性宗通。”沩云：“如是如是。”真净文颂云：“不落藏逢不昧分，要伊从此脱狐身。相逢尽道休官去，林下何曾见一人。”

大沩喆颂云："大冶洪炉，烹佛烹祖。规模镕尽，识者罔措。"

僧问："如何是大乘顿悟法门？"师云："汝等先歇诸缘，休息万事。善与不善，世出世间，一切诸法莫记忆，莫缘念，放舍身心，令其自在。心如木石，无所辨别。心无所行，心地若空，慧日自现，如云开日出相似。俱歇一切攀缘，贪嗔爱取，垢净情尽。对五欲八风[①]，不被见闻觉知所缚，不被诸境所惑，自然具足神通妙用，是解脱人。对一切境，心无静乱，不摄不散，透一切声色，无有滞碍，名为道人。但不被一切善恶垢净、有为世间、福智拘系，即名为佛慧。是非好恶，是理非理，诸知见总尽，不被系缚，处心自在，名初发心菩萨，便登佛地。一切诸法，本不自空，不自言色，亦不言是非垢净，亦无心系缚人，但人自虚妄计着，作若干种解，起若干种知见。若垢净心尽，不住系缚，不住解脱，无一切有为无为解，平等心量，处于生死，其心自在，毕竟不与虚幻尘劳、蕴界生死、诸入和合，迥然无寄，一切不拘，去留无碍。往来生死，如门开相似。若遇种种苦乐，不称意事，心无退屈，不念名闻衣食，不贪一切功德利益，不为世法之所滞，心虽亲受苦乐，不干于怀，粗食接命，补衣御寒暑，兀兀如愚如聋相似，稍有相亲分。于生死中，广学知解，求福求智，于理无益，却被解境风飘，却归生死海

---

① 五欲八风：五欲，指染着色、声、香、味、触等五境所起之五种情欲。八风，又作八法、八世风。谓此八法，为世间所爱所憎，能煽动人心，故以风为喻。若心有所主，安住正法，不为爱憎所惑乱，则不为八风所能动。八风指利、衰、毁、誉、称、讥、苦、乐。

里。佛是无求人,求之即乖;理是无求理,求之即失。若取于无求,复同于有求。此法无实无虚,若能一生,心如木石相似,不为阴界五欲八风之所漂溺,即生死因断,去住自由。不为一切有为因果所缚,他时还与无缚身同。利物以无缚心应一切心,以无缚慧解一切缚,亦能应病与药。"

僧云:"如今受戒身口清净,已具诸善,得解脱否?"答:"少分解脱,未得心解脱,未得一切解脱。"云:"如何是心解脱?"答:"不求佛,不求知解。垢净情尽,亦不守此无求为是,亦不住尽处,亦不畏地狱缚,不受天堂乐,一切法不拘,始名为解脱无碍,即身心及一切,皆名解脱。汝莫言有少分戒善,将谓便了。有恒沙无漏戒定慧门,都未涉一毫在。努力猛作早与,莫待耳聋眼暗,头白面皱,老若及身,眼中流泪,心里慞惶,未有去处。到恁么时,整理手脚不得也。纵有福智多闻,都不相救。为心眼未开,唯缘念诸境,不知返照,复不见佛道。一生所有恶业,悉现在前。或欣或怖,六道五蕴,尽见严好舍宅,舟舡车舆,光明显赫,为纵自心,贪爱所见,悉变为好境,随见重处受生,都无自由分。龙畜良贱,亦总未定。"

问:"如何得自由?"答:"如今对五欲八风,情无取舍,垢净俱忘。如日月在空,不缘而照。心如木石,亦如香象截流而过,更无滞碍。此人天堂地狱所不能摄也。"

师云:"读经看教,语言皆须宛转归就自己。俱是一切言教,只明如今觉性自己,俱不被一切有无诸法境转。是导师,能照破一切有无境法;是金刚,即有自由独立分。若不能恁么得,纵令诵得十二韦陀经,只成增上慢,却是谤佛,不是修行。读经看教,若准世间,是好善事。若向明理人边数,此是壅塞人。十地之人脱不去,流入生死河。但不用求觅知解语义句。知解属贪,贪变成病。只如今但离一切有无诸法,透过三句外,自然与佛无差。既自是佛,何虑佛不解语,只恐不是佛,被有无诸法转,不得自由。是以理未立,先被福智载去,如贱使贵。不知于理先立,后有福智。临时作得主,捉土为金,变海水为酥酪,破须弥为微尘。于一义作无量义,于无量义作一义。"

云岩问:"和尚每日区区为阿谁?"师云:"有一人要。"岩云:"何不教伊自作?"师云:"渠无家活。"

智藏问师:"老兄向后作么生?"师以手卷舒两边示之,藏云:"更作么生?"师以指点空三下。

师谓众曰:"我要一人去传语西堂,阿谁去得?"五峰出云:"某甲去得。"师云:"你作么生传语?"峰云:"待见西堂即道。"师云:"道甚么?"峰云:"却来说似和尚。"

师因普请锄地。有一僧闻鼓鸣,抛下锄头,呵呵大笑便归。师云:"俊哉俊哉。此是观音入理之门。"遂唤其僧问:"汝适来见个甚么道理?"云:"适来肚里饥,闻鼓声,吃饭去。"师乃大笑。

有一僧哭上法堂。师云:“作甚么?”云:“父母俱丧,请师选日。”师云:“明日与汝一时埋却。”

僧问:“抱璞投师,请师一决。”师云:“昨夜南山虎咬大虫。”云:“不谬真诠,为甚么不垂方便?”师云:“掩耳偷铃汉。”云:“不得中郎鉴,还同野舍薪。”师便打。僧云:“苍天苍天。”师云:“得与么多口?”云:“罕遇知音。”拂袖便出。师云:“百丈今日输却一半。”(佛鉴云:“虽得一场荣,刖却一双足。”)至晚,侍者问:“和尚被这僧不肯了便休。”师便打,者云:“苍天苍天。”师云:“罕遇知音。”者作礼,师云:“一状领过。”

佛鉴云:“百丈老人独坐大雄峰,咳唾生风,寰宇之中谁敢觑着。被侍者捏着脚跟,直得两手分付。虽然如此,养子方知父慈。”

僧问:“依经解义,三世佛冤。离经一字,如同魔说。”师云:“固守动用,三世佛冤。此外别求,则同魔说。”

僧问:“如何是奇特事?”师云:“独坐大雄峰。”僧作礼,师便打。

雪窦颂云:“祖域交驰天马驹,化门舒卷不同途。电光石火存机变,堪笑人来捋虎须。”

卢山归宗智常禅师(凡十一)

示众云:“从上古德,不是无知解。他高上之士,不同常流。今时不能自成自立,虚度时光。诸子莫错用心,无人替汝,亦无汝用心处。莫就佗[1]觅。从前只是依他作解,发言皆滞,光不透脱,只为目前有物。"

示众云:"吾今欲说禅,诸子总近前。"大众进前,师云:"汝听观音行,善应诸方所。"僧问:"如何是观音行?"师弹指云:"还闻么?"云僧:"闻。"师云:"这一队汉来这里觅甚么?"以棒趁下,大笑归方丈。

师与南泉相别。煎茶次,泉问:"从前与师兄商量言句,彼此已知。向后有人问,毕竟作么生?"师云:"这一片田地好卓庵。"泉云:"卓庵且致,毕竟事作么生?"师踢翻茶铫,泉云:"师兄吃茶了,某甲未吃茶。"师云:"作此语话,滴水也难消。"泉休去。

云岩来参,师见便作弯弓势。岩良久,作拔剑势。师云:"大迟生。"

师刬草次,有座主来参,偶一条蛇过,师以锄断之。主云:"久响归宗,元来只是个粗行沙门。"师顾座主云:"你粗?我粗?"主问:"如何是粗?"师竖起锄头。云:"如何是细?"师作断蛇势。云:"与么则依而行之。"师云:"依而行之且置,你甚么处见我斩蛇?"主无对。

雪峰问德山:"古人斩蛇,意旨如何?"山便打,峰便走。

---

① 佗:音驼。负荷。依文应作"他"。

山召云："布衲子。"峰回首，山云："他时悟去，方知老汉彻底老婆心。"

雪窦云："归宗只会慎初，不能护末。德山颇能据令，未明斩蛇。"乃云："大众看，雪灶今日斩三五条。"拈拄杖，打散大众。

师普请取菜次，师划一圆相，围却一株菜，众皆下语，不契师意。师遂拔却菜，拈拄杖打趁云："这一队汉，无一个有智慧。"

僧问："如何是玄旨？"师云："无人能会。"云："向者如何？"师云："有向即乖。"云："不向者如何？"师云："谁求玄旨？"僧无语。师云："去，无你用心处。"云："岂无方便，令学人得入？"师云："观音妙智力，能救世间苦。"云："如何是观音妙智力？"师敲鼎盖三下云："还闻么？"云："闻。"师云："我何不闻？"僧无语[1]，师拈棒趁下。

师因小师大愚辞，师问："甚处去？"云："诸方学五味禅去。"师云："诸方有五味禅，我这里有一味禅，为甚不学？"云："如何是和尚一味禅？"师劈口便打，愚当下大悟，乃云："嗄，我会也，我会也。"师急索云："道，道。"愚拟开口，师又打，即时趁出。

雪窦云："以强凌弱，有甚么难。我这里有一味禅，为甚不学？但向道收，待伊拈起。有般无眼汉只管吃，吽吽，

① 语：原刻作"诸"。依文改。

雪窦门下谁敢？”

师泥壁次，白舍人来，师问：“君子儒？小人儒？”云：“君子儒。”师打泥盘一下，白便过泥，师接泥便用。良久问：“莫是俊快底白侍郎么？”白云：“不敢。”师云：“只有过泥分。”

李渤刺史问：“教中道‘须弥纳芥子’，渤即不疑。‘芥子纳须弥’，莫是妄谈否？”师云：“人传使君读万卷书，是否？”云：“然。”师云：“摩顶至踵如椰子大，万卷书向甚么处着？”李俯首而已。

李问：“一大藏教，明甚么边事？”师举拳示之云：“会么？”云：“不会。”师云：“饱学措大，拳头也不识。”云：“某甲实不会。”师云：“遇人即途中受用，不遇人即世谛流布。”

明州大梅法常禅师（凡十三）

襄阳郑氏子。问马大师：“如何是佛？”马大师云：“即心是佛。”师于言下大悟。后于梅子真旧隐，而卜居焉。

盐官有一僧，采拄杖迷路，到师庵，乃问：“和尚住此山多少时？”师云：“只见四山青又黄。”云：“出山路向甚么处去？”师云：“随流去。”

僧回举似盐官。官云:“我在江西时,曾见此一僧,自后不知消息,莫是他否?”遣僧招之。师答以偈云:“摧残枯木倚寒林,几度逢春不变心。樵客遇之犹不顾,郢人那得苦追寻。”①

马大师遣僧问师云:“和尚见马大师得个甚么,便住此山?”师云:“马大师向我道‘即心是佛’,我便向这里住。”僧云:“马大师近日佛法又别也。”师云:“作么生别?”僧云:“又道‘非心非佛’。”师云:“这老汉惑乱人,未有了日。任他‘非心非佛’,我这里只管‘即心即佛’。”僧回举似马大师,大师云:“梅子熟也。”

庞居士闻之,欲验师真实,特往勘之。才见便问:“久响大梅,未审梅子熟也未?”师云:“你向甚么处下口?”士云:“百杂碎。”师伸手云:“还我核子来。”士无语。

示众云:“汝等各自回心达本,莫逐其末。但得其本,其末自至。若欲识本,唯了自心。此心元是一切世间、出世间法根本,故心生则种种法生,心灭则种种法灭。心且不附一切善恶而生,万法本自如如。”

有僧从马大师处来,才相见,便绕师行一匝,提起坐具云:“正恁么时,宾主俱不立?”师云:“不立者是谁?”僧又

---

① 《五灯会元》录为八句:摧残枯木倚寒林,几度逢春不变心。樵客遇之犹不顾,郢人那得苦追寻。一池荷叶衣无尽,数树松花食有余。刚被世人知住处,又移茅舍入深居。

绕师一匝。师云:“我今为汝保任此事,终不虚也。”僧作礼,师云:“吽吽,犹欠主人礼在。”僧云:“非但某甲,诸佛亦然。”师云:“吽吽,犹欠客礼在。”僧掩耳而出。师唤维那云:“好好安排着这僧,从马大师处来。”

定山与夹山同行,言话次,定山云:“生死中无佛,即无生死。”夹山云:“生死中有佛,即不迷生死。”是非不已。二人上山,求决亲疏,才人事罢。夹山举前话,问云:“不知那个较亲?”师云:“一亲一疏。”山复问:“那个亲?”师云:“且去明日来。”夹山明日又问,师云:“亲者不问,问者不亲。”夹山住后云:“我当时在大梅失却一只眼。”

雪窦云:“夹山毕竟不知当时换得一只眼。大梅老汉当时闻举,以棒一时趁出,非唯划断两人葛藤,亦乃为天下宗匠。”

新罗僧来,师问:“甚处人?”云:“欲通来处,恐招和尚怪责。”师云:“不可无来处也。”云:“新罗。”师云:“又争怪得你?”僧作礼,师云:“是与不是,知与不知,也只是新罗国里人。”

有僧号“饶舌昭”,作礼问:“如何是大梅主?”师敲绳床示之,昭云:“恁么则声色一如去也?”师云:“一如又一如个甚么?”昭云:“某甲今日方始豁然。”师云:“如许多时,甚么处去?”昭云:“今日全承和尚威光。”师云:“下去得也。”

僧问："和尚初到马大师处，从甚么言句中得入？"师顾视少顷云："会么？"云："不会。"师云："须是合他始得。"云："如何得合他去？"师云："须是踪迹绝去，方可合他。"云："既是踪迹绝去，何须更合？"师云："当处具足，不假用心，是踪迹绝处。心意识无我，是合他处。"云："合他后如何？"师云："不假本来面目。"云："恁么则意识全真，无外物去也。"师云："意识若真，自无外物，更欲问谁？"僧作礼，师乃云："虽内外无生，而照用不歇，所以道'无我，无造作，无受者'，善恶之业亦不忘，所以千圣共同心，意识亦同。行住坐卧，本无前后，但物物无心去，是名般若波罗蜜多。"

僧问："如何是祖师西来意？"师云："西来无意。"

盐官云："一个棺木，两个死汉。"玄沙云："盐官是作家。"雪窦云："三个也有。"

僧问："如何是佛法大意？"师云："蒲花柳絮，竹针麻线。"

师临示寂时，示众云："来莫可抑，去莫可追。"从容间闻鼯鼠声，师云："即此物，非他物。善自护持，吾当逝矣。"

雪窦云："这汉生前莽卤，死后颟顸。'即此物，非他物'是何物？还有分付处也无？有般汉不能截断脚跟，只管道：'贪程太速。'"

杭州盐官斋安国师(凡二)

海门郡,李氏子也。示众云:“虚空为鼓,须弥为槌,甚么人打得?”众无对。

南泉云:“王老师不打这破鼓。”

法眼云:“王老师不打。”

雪窦云:“打者甚多,听者极少。且道谁是解打者?莫谤盐官好。南泉道:‘王老师不打这破鼓。’法眼道:‘王老师不打。’两个既不奈何,一个更是懡㦬[1]。”又云:“王老师不打,还肯得诸方也无?”自代云:“千年田,八百主。”

师一日唤侍者,将犀牛扇子来。者云:“破也。”师云:“扇子既破,还我犀牛儿来。”

投子云:“不辞将出,恐头角不全。”

雪窦云:“我要不全底头角。”石霜代云:“若还和尚即无也。”

雪窦云:“犀牛儿犹在。”保福代云:“和尚年尊,别请人好。”

雪窦云:“可惜劳而无功。”资福代作圆相,于中书“牛”字。

雪窦云:“适来何不将出?”遂拈云:“若要清风再复,头角重生,请诸禅客下一转语。”乃问:“扇子既破,还我犀牛儿来。”时有僧出云:“大众参堂去。”师喝云:“抛钩钓鲲

---

① 懡㦬:即懡㦬,音抹裸。羞惭。

鲸，钓得个虾蟆。”

云居舜云：“侍者当时若见道‘扇子既破，还我犀牛儿来’，便向他道：‘已飏在𡐤𡎺[①]堆头了也。’”

京兆府章敬怀恽禅师（凡六）

泉州同安谢氏子也。示众云：“至理亡言，时人不悉。强习他事，以为功能。不知自性元非尘境，是个微妙大解脱门。所有鉴觉，不染不碍，如是光明，未曾休废。曩劫至今，固无变易。犹如日轮，远近斯照。虽及众色，不与一切和合。灵烛妙明，非假煅炼。为不了故，取于物像。但如捏目，妄起空花，徒自疲劳，枉经尘劫。若能返照，无第二人。举措施为，不亏实相。”

麻谷来，绕师三匝，振锡一下，卓然而立。师云：“是，是。”谷到南泉亦如是，泉云：“不是，不是。”谷云：“章敬道‘是’，和尚因甚道‘不是’？”泉云：“章敬即是，是汝不是。此是风力所转，终成败坏。”

大沩喆云：“章敬道‘是’，落在麻谷彀中。南泉道‘不是’，亦落在麻谷彀中。大伪即不然，忽有人持锡绕绳床三匝，振锡一下，卓然而立，但向他道：‘未到这里，与你三十棒了也。’”

百丈和尚遣一僧来，嘱之云：“你去，待伊上堂，即出展

① 飏：音扬。飞扬，飘扬。𡐤𡎺：音饿萨。粪色。

坐具礼拜了,将伊一只鞋,以袖拂却上尘,倒覆向下。"其僧一依指教,师云:"老僧罪过。"

师有小师游方归,师问:"汝离吾此间多少时耶?"云:"自离和尚,将及八载。"师云:"辨得个甚么事?"小师于地上划一圆相,师云:"只这个,更有在?"小师划破圆相,便作礼,师云:"不是,不是。"

僧问:"四大五蕴身中,那个是本来佛性?"师召僧,僧应诺。师良久云:"汝无佛性。"

僧问:"心法双忘,指归何处?"师云:"郢人无污,徒劳运斤。"

幽州盘山宝积禅师(凡十)

在马大师会下。一日出街持钵,忽见一客人买肉,谓屠者曰:"精底割一斤来。"屠者放下刀,叉手云:"长史,那个不是精底?"师于此有省。

后一日见人舁丧,歌郎振铃云:"红轮决定沉西去,未委魂灵往那方?"幕下孝子哭云:"哀哀。"师即大悟,踊跃而归,马祖印其所证。

示众云:"心若无事,万法不生。意绝玄微,纤尘何立?道本无体,因道而立名。道本无名,因名而得号。若言即心即佛，今时未入玄微。若言非心非佛，犹是指踪极则。向上一路，千圣不传。学者劳形，如猿捉影。”

琅玡觉云：“上来讲赞，无限良因。”

示众云：“夫大道无中，复谁先后？长空绝迹，何用称量？空既如斯，道复何说？”

示众云：“夫心月孤圆，光吞万象。光非照境，境亦非存。光境俱忘，复是何物。禅客，譬如掷剑挥空，莫论及之不及，斯乃空轮绝迹，剑刃无亏。若能如是，心心无知。全心即佛，全佛即人。人佛无异，始为道矣。”

示众云：“禅客，可中学道，似地擎山，不知山之孤峻；如石含玉，不知玉之无瑕，若能如是，是真出家。故导师云：‘法本不相碍，三际亦复然。无为无事人，犹是金锁难。’所以灵源独耀，道绝无生。大智非名，真空无迹。真如凡圣皆是梦言，佛及众生并为增语。直须自看，无人替代。”

示众云：“三界无法，何处求心。四大本空，佛依何住。璇机不动，寂尔亡言。觌[①]面相呈，更无余事。”

师临示寂时，谓众云：“还有人邈得吾真么？”众皆写呈，不契师意。普化出云：“某甲邈得。”师云：“试呈似老

① 觌：音笛。见面。

僧看。”化打筋斗而出，师云：“这厮儿向后甚处掣风颠去。”

保福展云：“普化掣颠不少，盘山丑拙尤多。”

婺州五泄山灵默禅师（凡一）

毗陵宣氏子。师问石头：“一言相契即住，一言不契即去。”头据坐，师拂袖便行。头召云：“阇梨。”师回首，头云：“从生至老，只是这个，回头转脑作甚么？”师忽然契悟，遂拗折拄杖（洞山落发师也）。

洞山云：“当时不是五泄先师，也大难承当。虽然如是，犹涉途在。”翠岩芝云：“石头据坐，五泄回首。石头召他，却成多事。”云峰悦云：“大小石头坐不定，把不住，似这般担板汉，放去便休。又唤回，被伊搽糊一上，道：‘我向这里有个悟处，驴年梦见么？’”

蒲州麻谷宝彻禅师（凡七）

师与丹霞游山，见水中鱼，以手指示丹霞，霞云：“天然，天然。”师休去。至来日又问丹霞：“昨日意作么生？”霞放身作卧势，师云：“苍天，苍天。”

师问临济：“大悲千手眼，那个是正眼？”济云：“大悲千手眼，作么生是正眼？速道，速道。”师拽济下绳床却坐。济起云：“不审。”师拟议，济便喝，拽下绳床却坐，师出去。

达观颖云：“诸禅德，二尊宿如此，且道怎生？今时人总道‘照用同时’，照甚么碗？一切人只解自骑马去捉贼，自持刀去杀贼。此二人便能骑贼马捉贼，夺贼锵杀贼。虽然如是，临济虽是得便宜，却是落便宜。”

师与南泉二三人去谒径山，路逢一婆子，乃问：“径山路向甚么处去？”婆云：“蓦直去。”师云：“前头水深，还过得么？”云：“不湿脚。”又问：“上岸稻得与么好，下岸稻得与么怯？”云：“总被螃蟹吃了也。”师云：“禾好香。”婆云：“没气息。”又问：“婆住在甚处？”云：“只在这里。”三人至店，婆煎茶一瓶，携盏三只，乃云：“和尚有神通者即吃茶。”三人相顾间，婆云：“看老朽自逞神通去也。”拈盏倾茶便行。

师坐帐内，以手巾盖却头。披云和尚来见，便作哭声，良久出去，法堂上绕绳床一匝，却入来，拨开帐，见师去却手巾而坐。披云云：“死中得活，万中无一。”师下床，作抽坐具势。云[①]把住云：“前死后活，你还甘么？”师云：“甘即甚甘，阿师堪作甚么？”云推师向一边云：“知道前言不副后语。”

师使扇次，僧问：“风性常动，无处不周，和尚为甚么却使扇？”师云：“你只知风性常动，且不知无处不周。”云：“作么生是无处不周底道理？”师却摇扇，僧作礼，师云：“无用处师僧，着得一万个有甚么益。”

---

① 云：指披云。

师问僧："甚处来?"僧云："不审。"师再问，僧珍重。师下绳床搊住云："这个师僧，问着便作佛法只对。"云："大似无眼。"师放手云："放汝命，通汝气。"僧作礼，师复搊住，僧掣肘便行。师云："休将三岁竹，拟比万年松。"

师问僧："甚处来?"云："漳州。"师云："彼中瘴气，近日如何?"云："极盛。"师云："阇梨因甚却无事?"云："某甲是冬月过。"师云："何处得盛?"

石巩云："语即是，理即未是。"

联灯会要卷第五

南岳下第六世

江西马祖道一禅师法嗣

汾阳大达无业国师(凡五)

商州上洛杜氏子。初参马大师,问:“三乘教理,粗亦研穷。尝闻禅宗‘即心是佛’,实未明了,乞和尚慈悲指示。”大师云:“只你不了底心是,更无别物。迷即众生,悟即是佛。如拳作掌,如掌作拳。”师言下领旨。

师问马祖:“如何是祖师西来意?”祖云:“大德正闹在,且去别时来。”师才出,祖召云:“大德。”师回首,祖云:“是甚么?”师豁然大悟,便作礼,祖云:“这钝汉,礼拜作么。”师住后,学者扣问,多答云:“莫妄想。”

院主问:“和尚平日答对,只云‘莫妄想’,这回休得也。”师召院主,主应喏,师云:“这回休得也。”自后凡有扣问,俱云:“这回休得也。”

僧问:“十二分教流于此土,得道果者非止一二。云何祖师东化,别唱玄宗,直指人心,见性成佛,岂得世尊说法,有所未尽？只如上代诸德高僧，并学贯九流，洞明三藏，生肇融睿，尽其神异间生，岂得不知佛法远近？某甲庸昧，愿师指示。”

师云：“诸佛不曾出世，亦无一法与人，但随病施方，遂有十二分教。如将蜜果换苦葫芦，淘汝业根，俱无实事。神通变化，及百千三昧门，化彼天魔外道；福智二严，为破执有滞空之见。若不会道及祖师来意，论甚么生肇融睿？如今天下，解禅解道如河沙数，说佛说心有百千万亿。纤尘不去，未免轮回；丝念不忘，尽须沉坠。如斯之类，尚不能自识业果，妄言自利利他。自谓上流，并他先德，但言‘触目无非佛事，举足皆是道场’。原其所习，不如一个五戒十善[①]凡夫；观其发言，嫌他二乘十地菩萨。且醍醐上味为世所珍，遇斯等人，翻成毒药。南山尚自不许，呼为大乘学语之流，争锋唇舌之间，鼓论不形之事，并他先德，诚实苦哉。

“只如野逸高士，尚解枕石漱流，弃其利禄；亦有安国理民之谋，征而不赴，况我禅宗途路且别。看佗古德道人，得意之后，茆茨石室，向折脚铛子里煮饭吃；三十二十年，名利不干怀，财宝不为念；大忘人世，隐迹岩丛；君王命之不来，诸侯请而不赴。岂同我辈，贪名爱利，汩没世途，如

① 十善：指身口意三业中所行之十种善行为，又作十善业道、十白业道。反之，身口意所行之十种恶行为，称为十恶。即：杀生、偷盗、邪淫、妄语、两舌、恶口、绮语、贪欲、嗔恚、邪见。离以上十恶，则为十善。

短贩人,有少希求而忘大果。十地[1]诸圣岂不通佛理?可不如一个博地凡夫,实无此理。他说法如云如雨,犹被佛呵云'见性如隔罗縠',只为情存圣量,解在果因,未能逾越圣情,过诸影迹。先贤古德、硕学高人,博达古今,洞明教网,盖为识学诠文水乳辨难,不明至理,念静求真。嗟乎!得人身者,如爪甲上土;失人身者,如大地土,良可伤哉!

"设有悟理之者,有一知一解,不知是悟中之则,入理之门;便为永出世利,巡山傍涧,轻忽上流;致使心漏不尽,理地不明,到老无成,虚延岁月。且聪明不能敌业,乾慧未免苦轮。假使才并马鸣,智齐龙树,只是一生两生不失人身,根思宿静,闻之即解;如彼生公何足为羡,与道全乖。共兄弟论实不论虚,只这口食身衣,尽是欺贤罔圣;求得将来,他心慧眼观之,如吃脓血一般,总须偿他始得,阿那个有道果?自然招得他信施来不受者,学般若菩萨不得自谩。如冰凌上行,似剑刃上走。临终之时,一毫凡圣情量

---

① 十地:指十种地位,又作十住地,乃住处、住持、生成之意。即住其位为家,并于其位持法、育法、生果之意。计有五类:一、乾慧等之十地。《摩诃止观》释其意为:乾慧地、性地、八人地、见地、薄地、离欲地、已作地、辟支佛地、菩萨地、佛地。二、欢喜等之十地。《华严经》释为:欢喜地、离垢地、发光地、焰慧地、难胜地、现前地、远行地、不动地、善慧地、法云地。三、声闻之十地。《大乘同性经》述为:受三归地、信地、信法地、内凡夫地、学信戒地、八人地、须陀洹地、斯陀含地、阿那含地、阿罗汉地。四、辟支佛之十地。《大乘同性经》述为:昔行具足地、自觉甚深十二因缘地、觉了四圣谛地、甚深利智地、八圣道地、觉了法界虚空界众生界地、证寂灭地、彻秘密地、习气渐薄地。五、佛之十地。《大乘同性经》述为:甚深难知广明智德地、清净身分威严不思议光明作地、善明月幢宝相海藏地、精妙金光功德神通智德地、火轮威藏明德地、虚空内清净无垢焰光开相地、广胜法界藏明界地、最净普觉智藏能净无垢遍无碍智通地、无边亿庄严回向能照明地、毗卢遮那智海藏地。其中,声闻、辟支佛、佛十地皆出自《大乘同性经》,三者与菩萨十地(欢喜等十地)合称为四乘十地。

不尽，纤尘思念未忘，随念受生，轻重五阴，向驴胎马腹里托质，泥犁镬汤里煮炸一遍了。从前记持、忆想、见解、智慧，一时失却，依前再为蝼蚁，从头又作蚊虻。虽是善因，而遭恶果，且图甚么？

"兄弟，只为贪欲成性，二十五有[①]向脚跟下系着，无成辨之期。祖师观此土众生，有大乘根性，唯传心印，指示迷情。得之者，即不拣凡之与圣、愚之与智，且多虚不如少实。大丈夫儿，如今直下便休歇去，顿息万机，越生死流，迥出常格，灵光独耀，物累不拘，巍巍堂堂，三界独步。何必身长丈六，紫摩金辉，项佩圆光，广长舌相。'以色见我'是行邪道。设有眷属庄严，不求自得；山河大地，不碍眼光；得大总持，一闻千悟。都不希求一餐之直。汝等诸人傥不如是，祖师来至此土，非常有损有益。有益者，百千人中捞摝[②]一个半个堪为法器；有损者，如前已明。从他依三乘教法修行，不妨却得四果三贤[③]，有进修之分。所以先德云：'了即业障本来空，未了应须还宿债。'"

---

① 二十五有：生死轮回之迷界计分为二十五种，由因必得果，因果不亡，故称为有。即：地狱有、畜生有、饿鬼有、阿修罗有（以上乃六趣中之四趣，各一有）、弗波提有、瞿耶尼有、郁单越有、阎浮提有（以上乃四洲为四有）、四天处有、三十三天处有、炎摩天有、兜率天有、化乐天有、他化自在天有、初禅有、大梵天有、二禅有、三禅有、四禅有、无想有、净居阿那含有、空处有、识处有、不用处有、非想非非想处有。天趣中，六欲天、四禅及四无色各一有；别开初禅之大梵，四禅之无想、净居，各为一有。总计欲界十四种，色界七种，无色界四种。破此二十五有者，有二十五三昧。

② 摝：音鹿。振动，摇动。

③ 四果三贤：四果，指小乘声闻修行所得之四种证果，依次为：预流果、一来果、不还果、阿罗汉果。或仅指第四之阿罗汉果。又，《俱舍论》之安立果、加行果、和合果、修习果，亦称四果。三贤，指修善根以制伏烦恼，使心调和之三种修行阶位。可分小乘之五停心、别相念住、总相念住，及大乘之十住、十行、十回向。

师临示寂时,示众云:"汝等见闻觉知之性,与太虚同寿,不生不灭。一切境界,本自空寂,无一法可得。迷者不了,即为境惑,流转无穷。汝等诸人,当知心性本自有之,非因造作,犹如金刚不可破坏。一切诸法,如影如响,无有实者。故《经》云:'唯此一事实,余二则非真。'若了一切俱空,无一物可当情,便是诸佛用心处。汝等勤而行之。"言讫而寂。

虔州西堂智藏禅师(凡五)

本郡廖氏子。师因普请次,云:"因果历然,争奈何,争奈何。"时有僧出,以手托地。师云:"作甚么?"云:"相救,相救。"师召云:"大众,这个师僧犹较些子。"僧拂袖便出,师云:"师子身中虫,自食师子肉。"

僧问:"有问有答即且置,无问无答时如何?"师云:"怕烂却那。"

百丈云:"从来疑着老兄。"僧问丈云:"请和尚道。"文云:"一合相不可得。"后有僧问长庆,庆云:"相逢尽道休官去,林下何曾见一人。"

师在路次,逢天使。使留师斋,偶见驴鸣,使召师,师举头,使指驴,师却指使,使无对。

保福展云:"西堂因斋庆赞。"法眼:"别但作驴鸣。"

有俗官问:“有天堂地狱否?”师云:“有。”云:“有佛法僧宝否?”师云:“有。”更有多问,皆答云“有”。官人云:“和尚莫错否?”师云:“汝曾见甚么人来?”云:“某甲曾参径山和尚来。”师云:“径山尚汝道甚么?”云:“凡有所问,皆答云‘无’。”师云:“汝有妻子否?”云:“有。”师云:“径山和尚有否?”云:“径山古佛,和尚莫谤他好。”师云:“径山和尚道‘无’即得。”

李翱问僧:“马大师有何言句?”僧云:“或说‘即心即佛’,或说‘非心非佛’。”翱云:“总过言边着。”翱却问师,师召李翱,李应诺,师云:“鼓角动也。”

越州大珠慧海禅师(凡六)

建州朱氏子。初谒马祖,祖问:“甚处来?”师云:“越州大云来。”祖云:“来求何事?”师云:“求佛法。”祖云:“我这里一物也无,求甚么佛法?自家宝藏不顾,抛家散走作么?”师云:“阿那个是某甲宝藏?”祖云:“只今问我者是汝宝藏,一切具足,受用自在,更无欠少,不假外求。”师于言下大悟,识自本心不由他觉,踊跃作礼而谢。

示众云:“诸人幸自好个无事人。苦死造作,要担枷落狱作么?每日至夜奔波,道:‘我参禅学道,解会佛法。’如此转没交涉,也只是逐声色走,有甚歇时?贫道闻江西和尚道:‘汝自家宝藏一切具足,使用自在,不假外求。’我从此一时休去,自己家财随身受用,可谓快活。无一法可取,无一法可舍。不见一法生灭相,不见一法去来相。遍十方界无一微尘许不是自家宝藏,但自子细观察自心一体三宝[①],常自现前,无可疑虑。莫寻思,莫求觅,心性本来清净。故《华严经》云:'一切法不生,一切法不灭。若能如是解,诸佛常现前。'又《净名》云:'观身实相,观佛亦然。'若不随声色动念,不逐相貌生解,自然无事去。莫久立,珍重。"

大众久而不散,师云:"诸人何故在此不去?贫道已对面相呈,还肯休么?有何事可疑?莫错用心,枉费气力。若有疑情,一任诸人恣意早问。"

时有僧出问:"如何是佛?如何是法?如何是僧?如何是一体三宝?"师云:"心是佛,不用将佛求佛;心是法,不用将法求法;佛法无二,和合为僧,即是一体三宝。心、佛与众生是三无差别。身口意清净,名为佛出世。三业不清净,名为佛灭度。喻如嗔时无喜,喜时无嗔,唯是一心,实无二体。本、智、法尔,无漏现前,如蛇化龙,不改其鳞。众生回心作佛,不改其面。性本清净,不待修成。有证有修,即同增上慢者。真空无滞,应用无穷,无始无终,利根顿悟,用无等等,即是阿耨菩提。心无形相,即是微妙色身;无相即是实相法身;性相体空,即是虚空无边身;万行庄严,即是功德法身。此法身者,即是万化之本;随处立名,智用无尽,名无尽藏;能生万法,名本法藏;具一切智,名智慧藏;万法归如,名如来藏。《经》云:'如来者,即诸法如义。'又云:'世间一切生灭法,无有一法不归如也。'"

---

① 一体三宝:为三种三宝之一。又作同体三宝、同相三宝。三宝指佛、法、僧,名称虽异,其本体实同为一。后文有所论述。

维摩座主问："《经》云：'彼外道六师等，是汝之师。因其出家，汝师所堕，汝亦随堕。其施汝者，不名福田。供养汝者，堕三恶道。谤于佛，毁于法，不入众数，终不得灭度。汝若如是，乃可取食。'今请禅师明为解说。"

师云："迷循六根，号为六师。心外求佛，名为外道。有物可施，不名福田。生心受供，堕三恶道。汝若能谤于佛者，是不着佛求。毁于法者，是不着法求。不入众数者，是不着僧求。终不得灭度者，是智用现前。若有如是解者，便得法喜禅悦之食。"

有座主问："《般若经》云：'度九类众生，皆入无余涅槃。'又云：'实无众生得灭度者。'此两段经文如何通会前后？人说皆云：'实度众生，而不取众生相。'常疑未决，请师为说。"师云："九类众生，一身具足，随造随成。是故无明为卵生，烦恼包裹为胎生，爱水浸润为湿生，忽起烦恼为化生。悟即是佛，迷号众生。菩萨只以念念心为众生，若了念念，心体俱空，名为度众生也。智者于自本际上度于未形，未形既空，即知实无众生得灭度者。"

有法师问："拟伸一问，师还答否？"师云："寒潭月影，任意撮摩。"问："如何是佛？"师云："清谈对面，非佛而谁？"云："师说何法？拟度何人？"师云："我未尝有一法度人。"云："禅师家浑如此！"

师却问："大德说何法度人？"云："讲《金刚经》。"师云："讲得几座？"云："二十余座。"师云："此经是谁说？"僧抗声云："禅师相弄，岂不知是佛说耶？"师云："若言如来有所说，即为谤佛，是人不解我所说义。若言不是佛说，又成谤经。请大德说看。"僧无对。师云："若以色见我，以音声求我，是人行邪道，不能见如来。大德且道，阿那个是如来？"云："某甲到此却迷去。"师云："从来未悟，说甚么却迷。"云："请禅师说。"师云："汝讲二十余座，却不识如来。"僧作礼云："愿垂开示。"师云："如来者，即诸法如义。何得忘却？"僧云："是是。"师云："是亦未是在？"云："经文分明，那得未是。"师云："大德如否？"云："如。"师云："木石如否？"云："如。"师云："大德如同木石如否？"云："无二。"师云："大德与木石何别？"僧无对，乃叹云："此上人者，难为酬对。"

师问座主："讲甚么经？"云："《三昧经》。"师提起拄杖云："这个是三昧，不是三昧？"主无对。师云："老僧住持事繁，不能打得你。"

信州鹅湖大义禅师（凡三）

衢州江山徐氏子。唐宪宗诏入内论义，有法师问："欲界无禅，禅居色界，此土凭何而立名禅？"师云："法师只知欲界无禅，不知禅界无欲。"云："如何是禅？"师以手点空，法师无对。宪宗云："法师讲无限经论，只这一点，便不奈何。"

师问诸硕德："行住坐卧，以何为道？"有对云："知者是。”师云：“不可以智知，不可以识识，何谓知者是？”有云：“无分别者是。”师云：“善能分别诸法相，于第一义而不动，安得无分别者是？”有云：“四禅八定是。”师云：“佛身无为，不堕诸数，安得四禅八定是？”于是举众杜口。

妙喜云：“相骂饶你接觜，相唾饶你泼水。”

顺宗问：“何者是佛？”师云：“不离陛下所问。”帝默契。

池州杉山智坚禅师（凡四）

与归宗、南泉路次逢虎，各从边过了。泉问归宗：“适来见虎，似个甚么？”宗云：“似个猫儿。”复问师，师云：“似个狗子。”师却问南泉，泉云：“似个大虫。”

师普请择蕨次，南泉拈起一茎蕨云：“这个大好供养。”师云：“非但这个，百味珍羞，他亦不顾。”泉云：“虽然如是，个个须是尝过始得。”

师斋次，南泉收生饭，云：“生聻？”师云：“无生。”泉云：“无生犹是末。”泉行数步，师召云：“长老。”泉云：“作甚么？”师云：“莫道是末好。”

僧问：“如何是本来身？”师云：“举世无相似。”

沣州茗溪道行禅师（凡一）

示众云："吾有大病，非世所医。"

后僧问曹山："承古有言，'吾有大病，非世所医'，未审唤作甚么病？"曹云："攒簇不得底病。"云："一切众生还有也无？"曹云："人人尽有。"云："和尚还有也无？"曹云："正觅起处不得。"云："一切众生为甚么不病？"曹云："众生若病，即非众生。"云："未审诸佛还有此病也无？"曹云："有。"云："既有，为甚么不病？"曹云："为伊惺惺。"

抚州石巩慧藏禅师（凡四）

本为猎人趁鹿，从马祖庵前过，乃问："还见我鹿么？"祖云："汝是何人？"云："射猎人。"祖云："汝一箭射几个？"云："一箭射一个。"祖云："汝不善射。"云："和尚善射否？"祖云："善射。"云："一箭射几个？"祖云："一箭射一群。"云："彼此生命，何用射他一群？"祖云："既知如是，何不自射？"云："若教某甲自射，直是无下手处。"祖云："这汉旷劫无明烦恼，今日顿歇。"师掷下弓箭，投祖出家。师自后，凡有僧来，以弓架箭示之。

法灯云："且道作么生是'一箭射一群'底道理？直是三千大千世界生命，也不消一箭。"

一日三平来，师唤云："看箭。"平拨开胸云："此是杀人箭，活人箭又作么生？"师扣弓弦三下，平便作礼。师云：

“三十年架一张弓、两只箭，只射得半个圣人。”遂拗折弓箭。平后谒大颠，举前话，颠云：“既是活人箭，为甚么向弓弦上辨？”平无语，颠云：“三十年后，要人举此话也难得。”

师在厨下作务，祖问：“作甚么？”云：“牧牛。”祖云：“作么生牧？”云：“一回入草去，蓦鼻拽将来。”祖云：“子真牧牛也。”

师问西堂：“汝解捉虚空么？”堂云：“解捉。”师云：“汝作么生捉？”堂以手撮虚空，师云：“汝不解捉。”堂云：“师兄作么生？”师把西堂鼻头便拽，堂作痛声云：“大杀，拽人鼻孔，直欲脱去。”师云：“直须恁么捉始得。”

袁州南源道明禅师（凡二）

示众云：“快人一言，快马一鞭。有事何不出头来，无事各自珍重。”僧问：“如何是一言？”师吐舌云：“待我有广长舌相，即向你道。”

洞山来，才上法堂，师便云：“已相见了也。”洞便下去。明日却上，问：“昨日已蒙和尚慈悲，不知甚处是相见处？”师云：“心心无间断，流入于性海。”洞云：“洎合放过。”遂辞去，师云：“多学佛法，广作利益。”山云：“多学佛法即不问，如何广作利益？”师云：“一物莫违。”

鼎州中邑洪恩禅师(凡二)

仰山来谢戒,师于绳床上,以手拍口云:“和和。”山从西过东,师又以手拍口云:“和和。”山从东过西,却于中间而立,然后谢戒。师云:“甚么处得此三昧来?”山云:“曹溪脱印子学来。”师云:“汝道曹溪用此三昧接谁?”山云:“一宿觉。”山却问:“和尚甚处得此三昧?”师云:“我于马大师处得此三昧。”

仰山问:“如何得见性去?”师云:“譬如一室有六窗,内有一猕猴,外有猕猴从东边唤狌狌[1],猕猴即应。如是,六窗俱唤俱应。”山作礼云:“适来蒙和尚譬喻,无不了知。更有一事,只如内猕猴瞌睡,外猕猴欲相见时如何?”师下绳床,捉山手作舞云:“狌狌我与汝相见了也。”

崇寿稠云:“有人定得此道理么?若定不得,只是个弄精魂手脚。佛性义在甚么处?”

灵岩安云:“灵岩有个猕猴,六根杜绝,一念不生。拽不向前,推不向后。且作么生唤?若唤得应,许你具只眼。若唤不应,也许你具只眼。”

洛京佛光如满禅师(凡一)

唐顺宗问:“佛从何方来?灭向何方去?既言常住世,

① 狌狌:即“猩猩”。音义同。

佛今在何处?"师云:"佛从无为来,灭向无为去。法身等虚空,常在无心处。有念归无念,有住归无住。来为众生来,去为众生去。清净真如海,湛然体常住。智者善思惟,更莫生疑虑。"

帝又问:"佛向王宫生,灭向双林灭。住世四十九,又言无法说。山河及大地,天地及日月。时至皆归尽,谁言不生灭?疑情犹若斯,智者善分别。"师云:"佛体本无为,迷情妄分别。法身等虚空,未曾有生灭。有缘佛出世,无缘佛入灭。处处化众生,犹如水中月。非常亦非断,非生亦非灭。生亦未尝生,灭亦未尝灭。了见无心处,自然无法说。"

潭州三角山总印禅师(凡二)

示众云:"若论此事,眨上眉毛,早是蹉过了也。"麻谷出众云:"眨上眉毛即不问,如何是此事?"师云:"蹉过了也。"谷便掀倒绳床,师便打。

雪窦云:"两个汉有头无尾,眉毛未曾眨上,说甚么此事蹉过。"寻有僧问:"眉毛为甚么不眨上?"窦便打。

示众云:"凡说法,须用应时应节。"时有僧问:"四黄四赤时如何?"师云:"三月杖头挑。"云:"为甚么满肚贮气?"师云:"争奈一条绳何?"云:"如何得出气去?"师云:"直待皮穿。"

伊阙伏牛自在禅师(凡二)

吴兴李氏子。为马祖驰书上忠国师,国师问:“马大师如何示徒?”云:“即心是佛。”国师云:“是甚么语话?”又问:“更有甚么言句?”云:“非心非佛。或云‘不是心,不是佛’。”国师云:“犹较些子。”师却问:“未审和尚此间如何示徒?”国师云:“三点如流水,曲似刈禾镰。”

雪窦向“犹较些子”处便喝。又向“曲似刈禾镰”处云:“是甚么语话,也好与一拶[①]。见之不取,千载难忘。”

示众云:“即心即佛,是无病求药。非心非佛,是药病相治。”僧问:“如何是脱洒一句?”师云:“伏牛山下古今传。”

湖南东寺如会禅师(凡四)

始兴曲江人也。示众云:“心不是佛,智不是道。剑去久矣,尔方刻舟。”

师问仰山:“甚处人?”山云:“广南人。”师云:“我闻广南有镇海明珠,是否?”云:“是。”师云:“此珠如何?”云:“白月即隐,黑月即现。”云:“将得来否?”云:“将得来。”师云:“何不呈似老僧?”云:“某甲昨到沩山,被索此珠,直得

---

① 拶:音匝。逼迫。

无言可对,无理可伸。”师云:“真师子儿,善能哮吼。譬如蟭螟虫,向蚊子眼睫上作窠;于十字街头,大叫云‘土旷人稀,相逢者少’。”

仰山来,师云:“已相见了也,不用上来。”山云:“恁么相见,莫不当么?”师便归方丈,闭却门。仰山举似沩山,沩云:“子是甚么心行?”仰山云:“若不恁么,争识得伊?”

承天宗云:“仰山识得东寺,强说道理即不可。设使沩山亲去,也未得与东寺相见。”

师同崔相国入佛殿,见雀儿于佛头上抛粪,乃问:“一切众生皆有佛性,是否?”师云:“是。”崔云:“既有,为甚么却向佛头上抛粪?”师云:“他终不去鹞子头上抛。”

池州鲁祖宝云禅师(凡四)

寻常才见僧来,便面壁。南泉闻乃云:“我寻常向师僧道,向佛未出世时会取,尚不得一个半个,他恁么驴年去?”

罗山闲云:“陈老师,当时若见,背上与五火抄。何故?为伊会放不会收。”

玄沙云:“我当时若见,也与五火抄。”

翠岩芝云:“何劳如此。若有僧来见,甚么知时好?”又云:“我即不然,未具胞胎时不得会,会得打折汝腰。”

妙喜云:“鲁祖不得,南泉洎乎觑破壁。”

洞山来作礼侍立,少顷而出,却再入来。师云:“只恁么,只恁么,所以如此。"洞云:"大有人不肯。"师云:"作么取你口辨?"洞山乃侍奉数月。

僧问:"如何是双林树?"师云:"有相身中无相身。"云:"如何是无相身?"师云:"金香炉下铁昆仑。"

僧问:"如何是不言言?"师云:"你口在甚么处?"云:"某甲无口。"师云:"寻常将甚么吃饭?"僧无对。

洞山云:"他又不饥,吃甚么饭?"

雪窦云:"好劈脊棒。这汉开口了合不得,合口了开不得。"

定州柏岩明哲禅师(凡二)

洞山与密师伯到,师问:"二上座甚处来?"洞云:"湖南来。"师云:"观察使姓甚么?"洞云:"不得姓。"师云:"名甚么?"云:"不得名。"师云:"还理事也无?"云:"自有廓幕在。"师云:"还出入也无?"洞云:"不出入。"师云:"岂不出入。"洞拂袖而出。

师次日侵晨入堂,召二上座,二人便出,师云:"昨日老僧对上座一转语不称意,一夜不安。今请上座别转语,若惬老僧意,便开粥相伴过夏。"洞云:"请和尚问。"师云:"不出入。"洞云:"太尊贵生。"师乃开粥同过夏。

师见药山看经，师云："老和尚莫猱[1]人好。"山置经问云："日头早晚？"师云："正午也。"山云："犹有文彩在。"师云："某甲无亦无。"山云："老兄好聪明。"师云："某甲只恁么，和尚作么生？"山云："跛跛挈挈，百丑千拙，且恁么过时。"

京兆府兴善惟宽禅师（凡二）

衢州信安祝氏子。僧问："道在何处？"师云："只在目前。"云："我何不见？"师云："汝有我故，所以不见。"云："我有我故，所以不见。未审和尚还见也无？"师云："有汝有我，展转不见。"云："无汝无我，还见也无？"师云："无汝无我，阿谁求见？"

僧问："狗子还有佛性也无？"师云："有。"云："和尚还有也无？"师云："无。"云："一切众生皆有佛性，和尚为甚么却无？"师云："我非一切众生。"云："既非众生，莫是佛否？"师云："不是佛。"云："究竟是何物？"师云："亦不是物。"云："可见可思否？"师云："思之不及，议之不得，故云不可思议。"

洪州百丈惟政禅师（凡二）

一日谓众云："汝等为我开田，我为汝说大义。"僧开田

① 猱：音挠。猴的一种。

了,云:“请和尚说大义。”师展开两手。

白云端云:“百丈说大义止于此。当时再参马祖底向甚么处去也? 若言更有,未免为蛇画足。且作么生得知百丈老人立地处? 客来无茶点,苛汤备礼仪。”(作大智语拈,误也。)

师问南泉:“从上知识,还有不为人说底法么?”泉云:“有。”师云:“作么生是不为人说底法?”泉云:“不是心,不是佛,不是物。”师云:“恁么则说了也。”泉云:“某甲只恁么,和尚又作么生?”师云:“我又不是善知识,争知有说不说?”泉云:“某甲不会。”师云:“我太煞,为汝说了也。”

大沩喆云:“百丈只知瞻前,不知顾后。待他道‘某甲不会’,但云:‘我更不会。’非唯与南泉为师为匠,亦乃与天下人为师为匠。”

洪州泐潭法会禅师(凡一)

师问马大师:“如何是祖师西来意?”大师云:“低声。”复召师:“近前来。”师近前,大师打一掌云:“六耳不同谋,且去明日来。”师明日再问,大师云:“待老汉上堂时出来,与汝证明。”师于此有省。

洪州泐潭常兴禅师(凡二)

师因行食与庞居士,士接食,师缩手云:“生心受施,净名早诃。去此一机,居士还甘否?”士云:“当时善现,岂不作家?”师云:“干他甚么事。”士云:“食到口边,被人夺却。”师便下食,士云:“不消一句子。”

居士问:“马大师着实为人处,还分付师么?”师云:“我尚不见他,作么生知他着实处?”士云:“只此见解,也无讨处。”师云:“居士也不得一向言说。”士云:“一向言说,师又失宗。若作两向三向,师还开得口么?”师云:“直是开口不得,可谓实也。”士抚掌而去。

南泉来,见师面壁而坐。泉抚师背一下,师云:“阿谁?”泉云:“普愿。”师云:“如何?”泉云:“也寻常。”师云:“汝何多事。”

妙喜云:“也要验过。”

潭州华林善觉禅师(凡三)

常持锡夜出林麓,一振锡,一称观音号。夹山问:“远闻和尚念观音,是否?”师云:“然。”山云:“骑却头时如何?”师云:“出头从你骑,不出头骑个甚么?”山无对。

有僧来,方展坐具,师云:“缓缓。”云:“和尚见个甚么?”师云:“可惜许,磕破钟楼。”其僧从此悟入。

裴休相国问师:“还有侍者否?”师云:“有一两个,即是不可见客。”裴云:“在甚处?”师唤云:“大空,小空。”俄二虎从庵后而出,裴惊悸。师语二虎云:“有客且去,虎咆哮而去。”裴问:“作何行业,感得如斯?”师良久云:“会么?”裴云:“不会。”师云:“山僧常念观音。”

袁州杨岐甄叔禅师(凡二)

示众云:“群灵一源,假名为佛。体竭形消而不灭,金流朴散而常存。性海无风,金波自涌;灵源绝兆,万象齐照。体斯理者,不言而遍历河沙,不用而功益玄化。如何背觉,返合尘劳,于阴界中,妄自囚执?”

禅月问:“如何是祖师西来意?”师提起数珠,月罔措。师云:“会么?”云:“不会。”师云:“某甲参见石头来。”月云:“和尚见石头,得何意旨?”师指底前鹿云:“会么?”云:“不会。”师云:“渠侬得自由。”

南岳西园昙藏禅师(凡一)

因自烧浴次,僧问:“和尚不使沙弥童行,何得自烧?”师抚掌三下。后僧举似曹山,山云:“一等是个拍手抚掌,就中西园奇怪,俱胝[1]一指头禅,盖谓承当处不谛当。”僧云:“西园抚掌,岂不是奴儿婢子边事?”山云:“是。”僧云:“向上还有事也无?”山云:“有。”僧云:“如何是向上事?”山叱云:“这奴儿婢子。”

---

① 俱胝:唐时名僧,常诵《俱胝佛母陀罗尼》,人称俱胝和尚。传自天龙和尚一指禅而悟道。

郢州大阳伊禅师(凡一)

因到石林,林云:“近日有一般禅师指教人,了取目前事。作个为人,还会文彩未彰时也无?”师云:“拟向这里置一问,不知可否?”林云:“答汝已了,莫道可否。”师云:“还识得目前也无?”林云:“是目前作么生识?”师云:“不免遭人捡点。”林云:“谁?”师云:“某甲。”林便喝,师退步而立,林云:“汝只解瞻前,且不解顾后。”师云:“雪上更加霜。”林云:“彼此无便宜。”

江西北兰让禅师(凡一)

师因胡唐亮长老问:“承闻师兄画得先师真,暂借瞻礼。”师拨胸示之,亮便作礼,师云:“莫礼莫礼。”亮云:“师兄莫错,某甲不礼师兄。”师云:“你礼先师真那。”云:“因甚教某甲莫礼?”师云:“何曾错?”

唐州紫玉山道通禅师(凡二)

庐江何氏子。因于頔[1]相公问:“佛法至理,乞师一言。”师云:“相公若问,须去其情理。”于云:“便请。”师云:“但问将来。”于云:“如何是佛?”师召云:“于頔。”于应诺,

① 頔:音迪。

师云："更莫别求。"

药山闻乃云："噫可惜，于家个汉，生埋向紫玉山中。"公闻，即躬往药山。山见乃问："闻相公在紫玉山中大作佛事，是否？"公云："不敢。某甲闻和尚道'可惜于家个汉，生埋向紫玉山中'，今日特来乞师指示。"山云："有疑但问。"公云："如何是佛？"山召："于頔。"于应诺，山云："是甚么？"于于此有省。

招庆共罗山举次，庆云："一等是道，药山甚是奇特，云泥有隔。"罗云："也不得草草。当时赖是于頔，可中草窠里拨着个焦尾大虫，何处有药山也。"庆云："作么生？"罗云："还知于頔是煅了精金么？"

于公一日问："如何是黑风吹其船舫，漂堕罗刹鬼国？"师云："于頔客作汉，问恁么事作么？"于失色，师指云："这个便是黑风漂堕罗刹鬼国。"于作礼而谢。

磁州马头峰神藏禅师（凡一）

示众云："知而无知，不是无知而说无知。"

南泉云："恁么依师道始得一半？"

黄蘗云："不是南泉剥他话，要圆前话。"

五台邓隐峰禅师（凡八）

邵武邓氏子。幼若不慧，父母听其出家。初参马祖，复来往石头，两次不捷。后问石头云："如何得合道去？"头云:“我亦不合道。”师云:“毕竟如何?”头云:“汝被这个得多少时耶?”师无对。后印心马大师焉。

师在石头会中,石头刬草次。师在左侧而立,头飞刬向师面前,刬一株草。师云:“和尚只刬得这个,不会刬得那个。”头提起刬子,师夺刬子作刬草势。头云:“子只刬得那个,且不会刬得这个。”师休去。

师在马祖会中,一日推车次,马大师展脚路坐。师云:“请师收足。”祖云:“已展不缩。”师云:“已进不退。”乃推车辗损大师足。祖归法堂,执斧子云:“适来辗损老僧足底,出来。”师便出,祖前引颈,祖乃置斧。

师到南泉,泉指净瓶问师:“净瓶是境,瓶中有水,不得动着境,与老僧将水来。”师拈净瓶向南泉面前便泻,泉休去。

归宗诚云:“邓隐峰奇怪,要且乱泻。”

师到沩山,山闻,即具威仪,下堂见师。师见来,便作倒势,山便归方丈,师便发去。少顷,山问侍者:“师叔在否?”者云:“已去了也。”山云:“有甚言语?”云:“无言语。”山云:“莫道无语,其声如雷。”

师在襄州破威仪堂只着衬衣,于砧槌边立,拈起槌云:“道得即不打。”众默然,师便打一下。

法眼云:“邓隐峰奇怪,也甚奇怪,要且打不着。”又云:

“其时一众,出自偶然。”

翠岩芝云:“此语有勘破处,且道勘破阿谁?”

师曾烧杀一僧,一日现身云:“还我命来。”师云:“你还死也未?”云:“已死。”师云:“汝既已死,索命者谁?”当下不见。

师将须寂,问众云:“诸方迁化,吾尝见之,还有立化者也无?”众云:“有之。”师云:“还有倒立者否?”众云:“未尝有之。”师之倒立而终,亭亭然其衣顺体,舁之不动。师有妹为尼,见之咄云:“老兄在日,不循法律,死亦荧惑于人。”以手推之,偾然而踣①,遂就阇维,收舍利建塔。

潭州龙山和尚(凡二)

问僧:“甚处来?”云:“老宿处来。”师云:“有何言句?”云:“说即千句万句,不说即一字也无。”师云:“恁么则蝇子放卵也。”僧作礼,师便打。

洞山与密师伯到来,师问:“此山无路,阇梨向甚么处来?”洞山云:“无路且置,和尚从何而入?”师云:“我不曾云水。”洞山云:“和尚住此山多少时?”师云:“春秋不涉。”洞山云:“和尚先住?此山先住?”师云:“不知。”洞山云:“为甚么不知?”师云:“我不从人天来。”洞云:“和尚得个

① 偾:音愤。倒覆,僵仆。踣,音博。跌倒。

甚么便住此山?”师云:“我见两个泥牛斗入海,直至如今无消息,便住此山。”因作偈云:“三间茅屋从来住,一道神光万境闲。莫把是非来辨我,浮生穿凿不相干。”

潭州秀溪和尚(凡一)

因谷山问:“声色纯真,如何是道?”师云:“乱道作么?”山从西过东立,师云:“若不恁么,即祸生。”山从东过西立,师下绳床,才行三两步,山把住云:“声色纯真,又作么生?”师与一掌,山云:“三十年后,要一个下茶也无。”师云:“要谷山老汉作甚么?”山呵呵大笑。

镇州金牛和尚(凡二)

师凡吃饭时,舁饭桶到堂前,作舞云:“菩萨子,吃饭来。”乃抚掌呵呵大笑。

长庆棱云:“大似因斋庆赞。”

雪窦云:“金牛不是好心。”

雪窦颂云:“白云影里笑呵呵,两手持来付与他。若是金毛师子子,三千里外见誵讹。”

后有僧问大光:“长庆道‘因斋庆赞’,意旨如何?”光作舞,僧礼拜,光云:“见个甚么便礼拜?”僧作舞,光云:“野狐精。”

雪窦颂云:“前箭犹轻后箭深,谁云黄叶似黄金。曹溪波浪如相似,无限平人被陆沉。”

韶州乳源和尚(凡二)

示众云:"'西来的意'也不易举唱。"时有僧出,师劈脊便打云:"如今是甚么时节出头来?"便归方丈。

承天宗云:"宗乘也不易扶竖。这两个汉扶不起。我道这僧若不出头,棒须是乳源自吃。"

西禅需云:"这老汉虽然不惜身命,入泥入水,其奈瞎却天下人眼。"

仰山作沙弥,时念经,师咄云:"这沙弥念经恰似哭。"山云:"和尚作么生?"师顾视之,山云:"若如此,何异于哭?"

洛京黑涧和尚(凡一)

僧问:"如何是密室?"师云:"截耳卧街。"云:"如何是密室中人?"师云:"换手槌胸。"

京兆兴平和尚(凡三)

洞山来作礼,师云:"莫礼老朽。"山云:"礼非老朽。"师云:"非老朽不受礼。"山云:"他亦不止。"

洞山问:"如何是古佛心?"师云:"即汝心是。"山云:

“犹是某甲疑处。”师云:“若恁么,即问取木人去。”洞云:“某甲有一句子,不借诸圣口。”师云:“试道看。”山云:“不是某甲。”

洞山辞,师问:“甚么处去?”山云:“沿流无定止。”师云:“法身沿流,报身沿流。”山云:“总不作此解。”师乃抚掌。

保福展云:“洞山别是一家。”复召云:“觅得几人?”

温州佛嶴[1]和尚(凡二)

师见僧来,以拄杖卓地云:“前佛也恁么,后佛也恁么。”僧云:“正恁么时作么生?”师作圆相示之,僧作女人拜,师便打。

僧问:“如何是异类?”师敲碗云:“花奴花奴,吃饭来。”

斋峰和尚(凡三)

庞居士来,师云:“俗人频频入僧寺,讨个甚么?”士顾视左右云:“谁恁么道?”师便喝。士云:“在这里。”师云:“莫是当阳道么?”士云:“背后底聻?”师回首云:“看看。”士云:“草贼大败。”师休去。

---

① 嶴:音奥。

居士问:“此去峰顶有几里?”师云:“甚么处去来?”士云:“可杀峻硬,不敢问着。”师云:“是多少?”士云:“一二三。”师云:“四五六。”士云:“何不道七?”师云:“才道七,便有八。”士云:“得也得也。”师云:“一任添取。”士便喝,师亦喝。

师与居士并行,士前行一步云:“我强如师一步。”师云:“无背向老翁要争先在。”士云:“苦中苦,未是此一句。”师云:“怕公不甘。”士云:“我若不甘,斋[①]峰堪作甚么?”师云:“若有棒在手,打也不解倦。”士便打师一掴云:“不多好。”师方拈棒,士把住云:“这贼今日一场败阙。”师笑云:“是我拙,是公巧。”士抚掌云:“平交平交。”

古寺和尚(凡一)

丹霞来。次日侵晨,粥熟,行者只盛一碗与师,又盛一碗自吃,不顾丹霞。霞遂自去盛粥吃。行者云:“五更侵早起,更有夜行人。”霞问师:“如何不教训这行者,得与么无礼?”师云:“净地上不要点污人家男女。”霞云:“洎不问过。”

① 斋:原刻作“齐”,误。

乌臼和尚(凡一)

有玄、绍二上座来参,师问:“二禅伯发足甚处?”云:“江西。”师拈棒便打。玄云:“久响和尚有此机要。”师云:“你既不会,第二个近前来。”绍拟议,师亦打,云:“同坑无异土。参堂去。”

雪窦云:“宗师眼目须是恁么,如金翅擘海,直取龙吞。有般汉,眼目未辨东西,拄杖不知颠倒,只管说‘照用同时,人境俱夺’。”

大沩喆云:“乌臼大似巨灵逞擘大华之威,苍龙展拿珠之势,直得乾坤失色。”乃拈拄杖云:“诸人还识乌臼么?若也识去,横按镆鎁[1],寰中独据;若也未识,棒头有眼明如日。”卓拄杖一下。

妙喜颂云:“烈焰不容蚊蚋[2]泊,大海那能宿死尸。任是三头并六臂,望风无不竖降旗。”

石臼和尚(凡一)

马祖问师:“甚处来?”师云:“乌臼来。”祖云:“有何言句?”师云:“几人于此茫然。”祖云:“茫然即且置,悄然一句作么生?”师近前三步,祖云:“我有七棒寄打乌臼,你还甘么?”师云:“和尚先吃,某甲后甘。”

---

① 镆鎁:即莫邪。宝剑名。

② 蚋:音瑞。昆虫,生活在水中,食人畜血液。

松山和尚（凡三）

与庞居士坐次，师拈起尺子云："居士还见么？"士云："见。"师云："见个甚么？"云："松山。"师云："不得道着。"云："争得不道。"师抛下尺子，士云："有头无尾得人憎。"师云："不是这老子还道不及。"云："不及甚么处？"师云："有头无尾处。"云："强中得弱即得，弱中得强即无。"师把住云："这老汉就中无话处。"

师与居士吃茶次，士拈起橐[1]子云："人人尽有分，因甚么道不得？"师云："只为人人有分，所以道不得。"云："阿兄为甚么道得？"师云："不可无言去也。"士云："酌然酌然。"师便吃茶，士云："阿兄吃茶，何不揖客？"师云："谁？"士云："庞公。"师云："何须再揖。"后丹霞闻举，乃云："若不是松山，洎被个老翁作乱一上。"士闻，令人传语丹霞云："何不会取未举橐时事？"

师一日扶杖行次，士见便问："手中是甚么？"师云："年迈，阙伊一步不得。"士云："虽然年迈，壮力犹存。"师打士一棒，士云："放却手中杖子，别有个问讯来。"师抛下杖子，士云："这老汉，前言不副后语。"师便喝，士云："苍天中更添冤苦。"

① 橐：音驼。

本溪和尚(凡三)

居士问:"丹霞打侍者,意作么生?"师云:"大老翁犹见人长短在。"云:"我与师同参,方敢借问。"师云:"若恁么从头举来,共你商量。"士云:"大老翁不可说人是非。"师云:"念公年老。"公云:"罪过罪过。"

师问居士:"达磨西来,第一句作么生道?"士云:"谁记得。"师云:"可谓无记性。"士云:"旧日事不可东道西说。"师云:"即今事作么生?"士云:"一辞不措。"师云:"有智人前说,添他多少光彩。"士云:"阿师眼能大。"师云:"须是恁么始得为绝眹之说?"士云:"眼里着一物不得。"师云:"日正盛,难为举目。"士云:"穿过髑髅去在。"师弹指云:"谁辨得伊?"士云:"这汉有甚么奇特。"师便归方丈。

师坐次,居士来,师才顾视,士以拄杖划一圆相,师近前踏却。士云:"与么?不与么?"师亦划一圆相,士亦近前踏却,师云:"与么?不与么?"士抛下杖而立,师云:"来时有杖去时无。"士云:"幸自圆成,何劳目视。"师抚掌云:"奇哉,一无所得。"士拈棒便行,师云:"看路看路。"

石林和尚(凡三)

问居士云:"有个借问,莫惜言句。"士云:"请举来。"

师云:“元来惜言句在。”士云:“这个问讯,不觉落他便宜。”师乃掩耳,士云:“作家作家。”

师见居士来,遂举起拂子云:“不落丹霞机,试道看?”士夺拂子,竖起拳。师云:“正是丹霞机。”士云:“与我不落看?”师云:“丹霞患哑,庞公患聋。”士云:“恰是恰是。”师不对,士云:“向道偶尔师亦不对。”

师下茶与居士,士拟接,师缩手云:“何似生?”士云:“有口道不得。”师云:“须是恁么始得。”士拂袖而出云:“也大无端。”师云:“识得庞公了也。”士回首,师云:“也大无端。”士无语,师云:“你也解无语?”

浮杯[1]和尚(凡一)

凌行婆问:“尽力道不得底句,分付阿谁?”师云:“浮杯无剩语。”婆云:“未到,浮杯不妨疑着。”师云:“别有长处,不妨拈出。”婆敛手哭云:“苍天中更添冤苦。”师无语,婆云:“语不知偏正,理不知倒邪,为人即祸生。”后有僧举似南泉,泉云:“苦哉苦哉。浮杯被这老婆折挫一上。”婆闻笑云:“王老师犹少机关在。”

时有澄一禅客问婆云:“南泉为甚么少机关在?”婆哭云:“可悲可痛。”一罔措,婆云:“会么?”一合掌而立,婆云:“伎死禅和,如麻似粟。”

---

① 杯:音杯,同“杯”。

后澄一举似赵州，州云："我若见这臭老婆，问教他口哑。"一云："和尚作么生问他？"州便打，一云："为甚么却打某甲？"州云："你这伎死禅和，不打更待何时？"

婆闻乃云："赵州合吃婆手中棒。"州闻乃哭云："可悲可痛。"婆闻乃云："赵州眼光，烁破四天下。"州闻，令人问婆云："如何是赵州眼？"婆竖起拳。僧举似赵州，州作颂寄之云："当机觌面提，觌面当机疾。报汝凌行婆，哭声何得失。"婆答颂云："哭声师已晓，已晓复谁知。当时摩竭国，几丧目前机。"

洞安和尚（凡一）

问僧："近离甚处？"云："东川。"师云："双涧孤松，烟清月白，那个是上座主人公？"云："始届洞安便遭此问。"师云："记剑刻舟，破珠求影，岂不是阇梨境界？"僧却问："那个是洞安正主？"师云："途中驹子，不胜骅骝。"僧作礼，师云："胡人打令，舞拍全无。"

百灵和尚（凡三）

路逢庞居士，乃问："南岳得力句，曾举似人么？"士云："曾举来。"师云："举似阿谁？"士指胸云："庞公。"师云："直是妙德、空生也赞之不及。"士却问师："得力句举似阿谁？"师戴笠子便行，士云："善为道路。"师更不回首。

师问居士："道得道不得俱未免，你且道未免个甚么？"

士瞬目视之，师云："奇特更无如此也。"士云："师错许人。"师云："谁不恁么？"士珍重而去。

师一日把住居士云："今人道，古人道，居士作么生道？"士打师一掌，师云："不得道着。"士云："道必有过。"师云："还我一掌来。"士近前云："你试下手看？"师拂袖便行。

蒙溪和尚（凡二）

问僧："甚处来？"云："定州来。"师云："定州近日有甚奇特事？"云："某甲到彼，只闻盐贵米贱，别无奇特事。"师云："我这里也只是粗茶淡饭，别无奇特事。你来这里觅甚么？"云："某甲不会，乞师慈悲。"师云："赖你不会。你若会，我即输你一半道理。"首座却问："适来为甚么道'输他一半道理'？"师云："赖得你举，老僧洎合忘却。"座云："请和尚说。"师云："你却忘前失后，我又忘后失前。"座方去，师唤回云："恰不得举着，近日师僧只说盐贵米贱，并不将佛法为事，忽然频频举着，丧却你性命也不难。"

师见僧来便喝。僧云："好个来由。"师云："犹要棒吃在。"僧珍重便出，师云："得能自在。"

洪州水潦和尚（凡一）

问马大师："如何是祖师西来意？"大师栏胸与一踏，踏倒，当下大悟。起来抚掌，大笑云："也大奇，也大奇。百千法门，无量妙义，只向一毫头上，识得根源去。"便作礼。

蒋山泉云："忽然瞥地，更是好笑。"

西禅需云："大小水潦，吃人踢踏了，却道我悟。悟甚么屎？及乎起来，更不识羞。道'向一毫头上，识得根源去'且莫捏目生花。住后告众云：'自从一吃马师踏，直至如今笑不休。'且道笑个甚么？"

打地和尚（凡一）

江西领旨，自晦其名。凡学者扣问，师唯打地一下。一日被僧预藏其棒，然后设问，师回头寻棒不见，遽云："若在这里，洎着一棒。"

一日有僧问师门人云："和尚凡有所问，唯打地一下，意旨如何？"门人于灶下拈一片柴掷于釜中。

妙喜云："养子不及父，家门一世衰。"

利山和尚（凡一）

僧问："众色归空，空归何所？"师云："舌头不出口。"云："为甚么不出口？"师云："内外一如故。"

洪州西山亮公座主（凡一）

蜀人也。马祖问师："承闻座主大讲得经论，是否？"师云："不敢。"祖云："将甚么讲？"师云："将心讲。"祖云："心如工伎儿，意如和伎者，争解讲得经？"师抗声云："心既讲不得，莫是虚空讲得么？"祖云："却是虚空讲得。"师拂袖而出。

祖召云："座主。"师回首，祖云："是甚么？"师于言下大悟，遂作礼。祖云："钝根阿师，礼拜作么？"师自此隐于西山。

则公首座（凡三）

蜀人也，因号则川。与庞居士摘茶次，士问："法界不容身，师还见我否？"师云："不是老僧洎答公话。"士云："有问有答，也是寻常。"师不对，士云："莫怪适来容易？"师亦不对，士喝云："这无礼仪汉，待我一一举似明眼人去在。"师抛下茶篮便归。

雪窦云："则川只解把定封疆，不能同生同死。当时与他捋下幞头，谁敢唤作庞居士！"

师坐次，居士来云："只知端居丈室，不觉僧到参。"时师垂下一足，士出行三两步却回，师乃收足。士云："可谓自由自在。"师云："我是主。"士云："阿师只知有主，不知有客。"师唤侍者点茶来，士作舞而出。

师问居士："记得初见石头时道理么？"士云："犹得阿师举在。"师云："情知久参事慢。"士云："则川老耄，不啻庞公。"师云："二彼同时，又争几许？"士云："庞公鲜健，且胜阿师。”师云：“不是胜我，只是欠你一个幞头。”士拈下幞头云：“恰与阿师相似。”师大笑而已。

联灯会要卷第六

南岳下第三世

江西马祖道一禅师法嗣

襄州庞蕴居士(凡十五)

衡州衡阳人也。士问石头:"不与万法为侣者是甚么人?"头以手掩士口,士于此有省。后问马大师,大师云:"待汝一口吸尽西江水,即向汝道。"士于言下大悟,乃述偈云:"十方同聚会,个个学无为。此是选佛场,心空及第归。"

石头问居士:"子自见吾后,日用事作么生?"士云:"若问日用事,直是无开口处。"头云:"知子恁么方始问。"士呈一喝云:"日用事无别,唯吾自偶谐。头头非取舍,处处勿张乖。朱紫谁为号,丘山绝点埃。神通并妙用,运水及般柴。"石头然之。

居士问:"马大师云'不昧本来人',请师高着眼。"马祖直下觑,士云:"一种没弦琴,唯师弹得妙。"马祖直上觑,士作礼,祖便归方丈,士随后入云:"弄巧成拙。"

云峰悦云:"且道宾家弄巧成拙,主家弄巧成拙?还有人拣得出么？若拣得出，三十棒，一棒也不较。若拣不出，来年更有新条在，恼乱春风卒未休。”

居士见丹霞来，士不语，亦不起。霞提起拂子，士拈起槌子。霞云：“只恁么，别更有在？”士云：“此回见师不似于前。”霞云：“不妨减人声价。”士云：“本来要折倒你一上。”霞云：“与么则哑却天然口去？”士云：“哑却汝口犹闲，累我亦哑却。”霞掷下拂子便行，士召云：“然阇梨，然阇梨。”霞不顾，士云：“不唯患哑，兼亦患聋。”

居士访丹霞，于霞前立少时便出去，霞不顾，士却来坐。霞却来士前，立少时，便归方丈。士云：“汝出我入，未有事在？”霞云：“大老翁，出出入入有甚了期。”士云：“略无些子慈悲。”霞云：“引得个汉到这田地。”士云：“把甚么引？”霞拈起居士幞头云：“恰似一个师僧。”士拈幞头安霞头上云：“恰似一个俗人。”霞应喏三声，士云：“犹有些子气息在。”霞抛下幞头云：“大似个乌纱巾。”士亦应诺三声，霞云：“昔时气息，争解忘得？”居士弹指三下云：“动天动地。”

居士见丹霞，霞作走势，士云：“犹是抛身势，作么生是颦呻势？”霞便坐，士近前，以拄杖划个“七”字，霞于下画个“一”字。士云：“因七见一，见一忘七。”霞便起去，士云：“更坐少时，犹有第二句在。”霞云：“向这里着语得么？”士遂哭出去。

居士见大同济禅师,乃提起揣篱,召云:"大同。"济不应,士云:"石头一宗,到师瓦解冰消。"济云:"不得居士,酌然如是。"士抛下揣篱云:"宁知不直一文钱。"济云:"虽然不直一文钱,欠他又争得。"士作舞而出,济提起揣篱,召云:"居士。"士回首,济亦作舞而去,士抚掌云:"归去来,归去来。"

居士辞药山,山命十人禅客相送及门首。士指空中雪云:"好雪片片,不落别处。"有全禅客云:"落在甚么处?"士与一掌,全云:"居士也不得草草。"士云:"汝恁么称禅客?阎老子未放你在。"全云:"居士作么生?"士又与一掌云:"眼见如盲,口说似哑。"

居士见僧缘化,遂将一钱,谓之云:"不辜信施,试道看,若道得即舍。"僧无对,士云:"汝问我,待我与汝道。"僧蹑前问,士云:"少人听。"又云:"会么?"僧云:"不会。"士云:"是谁不会?"

居士因入讲肆,随喜《金刚经》,至"无我无人处",士问:"既无我又无人,谁讲谁听?"座主无对,却问居士:"意作么生?"士示一偈云:"无我复无人,作么有疏亲。劝君休历座,不似直求真。金刚般若性,外绝一点尘。我闻并信受,总是假名陈。"

居士谓女子灵照云:"古人道'明明百草头,明明祖师意'。"照云:"老老大大,作这个语话。"士云:"你又作么生?”照云:“明明百草头,明明祖师意。”士笑而已。

居士卖摝篱,下桥吃扑,照一见,亦去身边倒。士云:“作甚么?”照云:“见爷吃颠,故来相扶。”士便起去。

居士一日自语云:“难,难,十硕油麻树上摊。”庞婆应声云:“易,易,百草头边祖师意。”灵照云:“也不难,也不易,饥来吃饭困来睡。”

居士有偈云:“心如境亦如,无实亦无虚。有亦不管,无亦不拘。不是贤圣,了事凡夫。易复易,即此五蕴有真智。十方法男一乘同,无相光中岂有二?若舍烦恼入菩提,不知何方是佛地。”

又云:“有男不婚,有女不嫁。大家团栾头,共说无生话。”

居士将顺世,令灵照视日,及午即报。照须臾报云:“日已中,而有蚀也。”士出观,照即登父座,合掌而逝。士入见,笑云:“我女锋捷矣。”又延七日。

州牧于頔问疾,居士告之云:“但愿空诸所有,慎勿实诸所无。好住世间,皆如影响。”言讫,枕公膝而逝。

南岳下第四世

池州南泉普愿禅师法嗣

赵州观音从谂禅师(凡七十)

曹州郝氏子。初谒南泉,值泉偃息次,泉问:"近离甚处?"师云:"瑞像。"泉云:"还见瑞像么?"师云:"瑞像即不见,只见卧如来。"泉遂起,问:"你是有主沙弥? 无主沙弥?"师云:"有主。"泉云:"那个是你主。"师云:"孟春犹寒,伏惟和尚尊体,起居万福。"泉唤维那云:"此沙弥别处安排着。"

师问南泉:"如何是道?"云:"平常心是道。"师云:"还假趣向也无?"泉云:"拟向即乖。"师云:"不拟争知是道?"泉云:"道不属知,不属不知。知是妄觉,不知是无记。若真达不拟之道,犹如太虚,廓然荡豁,岂可强是非耶?"师于言下顿领深旨。

南泉垂语云:"今时人,须向异类中行始得。"师便问:"异即不问,如何是类?"泉以两手托地,师近前一踏踏倒,却向涅槃堂,叫云:"悔,悔。"泉令侍者问:"汝悔个甚么?"师云:"悔不更与两踏。"

师在井楼上打水，见南泉从下过，师抱楼柱，悬双脚，云：“相救，相救。”泉以手敲扶梯云：“一二三四五。”师遂下楼，具威仪，上方丈作礼云：“适来谢和尚相救。”

师问南泉：“离四句，绝百非，请师道。”泉下座归方丈，师云：“这老汉，寻常口吧吧地，今日被我一问，直得无言可对，无理可伸。”侍者云：“莫道和尚无语好。”师打侍者一掴云：“这一掴合是王老师吃。”

师问南泉：“明头合，暗头合。”泉便归方丈。师归堂云：“老和尚被我一问，直得无言可对，无理可伸。”首座云：“莫道和尚无语，自是上座不会。”师打首座一掌云：“这一掌合是堂头老汉吃。”

五祖戒云：“正贼走了，逻踪人吃棒。”

又云：“南泉当断不断，返招其乱。”

南泉见浴头烧浴，乃云：“记取来请水牯牛。”浴头应诺，至晚上方丈云：“请水牯牛浴。”泉云：“还将得绳索来么？”头无对。泉举似师，师云：“某甲有语。”泉蹑前问，师近前，蓦鼻便拽，泉云：“是则是，太粗生。”

师在南泉作炉头。一日闭却僧堂门，烧满屋烟，叫云：“救火，救火。”大众俱来，师云：“道得即开门。”众无对，泉将锁匙窗间度与师，师便开门。

师到百丈，丈问：“近离甚处？”师云：“南泉。”丈云：

“有何言句?”师云:“未得之人,直须悄然去。”丈便喝,师作怕势,丈云:“大好悄然。”师作舞而退。

琅玡觉云:“赵州老人向师子窟中换得爪牙。”

师到黄蘗,蘗见来,闭却方丈门。师于法堂上叫云:“救火,救火。”蘗开门,拦胸扭住云:“道,道。”师云:“贼过后张弓。”

雪窦云:“直是好笑,笑须三十年。”忽有个衲僧问雪窦:“笑个甚么?”“笑贼过后张弓。”

师到云居,居云:“老老大大,何不觅个住处?”师云:“甚么处是某甲住处?”居云:“山前有个古寺基。”师云:“和尚自住取好。”后到茱萸,萸云:“老老大大,何不觅个住处?”师云:“甚么处是某甲住处?”萸云:“老老大大,住处也不知。”师云:“三十年弄马骑,今日被驴扑。”

大沩喆云:“云居、茱萸为人如为己,争奈赵州不入绻缋。然虽如是,不得雪霜力,焉知松柏操。”

师到茱萸,将拄杖于法堂上,从西过东,从东过西。茱萸云:“作甚么?”师云:“探水。”萸云:“我这里一滴也无,探个甚么?”师靠却拄杖,便去。

琅玡觉云:“世乱奴欺主,时衰鬼弄人。”

师一日又到茱萸,才上法堂,萸云:“看箭。”师亦云:“看箭。”萸云:“过。”师云:“中。”

雪窦云:“二俱作家。盖是茱萸、赵州二俱不作家,箭锋不相拄，直饶齐发齐中，也只是个射垛汉。”

师访道吾，吾见来，着豹皮裈，把桔撩棒，于三门外等候。才见师来，便高声唱喏而立。师云：“小心祇①候着。”吾又唱喏一声而去。

师到保寿，寿见来，便背面而坐。师展坐具，寿便起归方丈。师收坐具，便下去。

保福展云：“保寿忘头失尾，赵州平地吃交。”

师访一庵主，问云：“有么，有么？”主竖起拳，师云：“水浅不是泊舡处。”又访一庵主云：“有么，有么？”主亦竖起拳，师云：“能纵能夺，能杀能活。”便作礼。

云居舜云：“赵州当时甚生意气，虽然如是，要且鼻孔在二庵主手里。”教忠光云：“赵州气宇如王，向二庵面前永消瓦解。”

有一老宿问师：“近离甚处”师云：“滑州。”宿云：“几程到？”师云：“一跶②到。”宿云：“好个捷疾鬼。”师云：“万福大王。”宿云：“参堂去。”师云：“诺诺。”

师欲游五台，有老宿作偈相留云：“何处青山不道场，何须策杖礼清凉。云中纵有金毛现，正眼看来非吉祥。”师云：“作么生是正眼？”宿无对。

---

① 祇：音支。恭敬。
② 跶：音 da，轻声。蹦跶，跳跃。

示众云:“金佛不度炉,木佛不度火,泥佛不度水,真佛内里坐。菩提涅槃,真如佛性,尽是帖体衣服,亦名烦恼。不问即无烦恼。且实际理地甚么处着?一心不生,万法无咎。汝但究理而坐二三十年,若不会,截取老僧头去。梦幻空花,徒劳把捉。心若不异,万法一如。既不从外得,更拘执个甚么?如羊相似,乱拾物安口里。老僧见药山和尚道:‘有人问着,便教合取口。’老僧亦教合取口。取我是垢,不取我是净。一似猎狗相似,专欲吃物,佛性义在甚处?这里千人万人,尽是觅佛汉子,觅一个道人无。若与空王为弟子,莫教心病最难医。未有世界早有此性,世界坏时,此性不坏。自从一见老僧后,更不是别人,只是个主人公。这个更用向外觅作么?正恁么时,莫转头换脑。若转头换脑,即失却去也。”

时有僧问:“承闻和尚有言‘世界坏时,此性不坏’,如何是此性?”师云:“四大五蕴。”云:“此犹是坏底,如何是此性?”师云:“四大五蕴。”

法眼云:“是一个,是两个?是坏,是不坏?且作么生会?试断看。”

示众云:“此事的的,没量大人出这里不得。老僧到沩山,见僧问:‘如何是祖师西来意?’山云:‘与我过床子来。’若是宗师,须以本分事接人始得。”

时有僧问:“如何是祖师西来意?”师云:“庭前柏树

子。”僧云：“和尚莫将境示人。”师云：“我不将境示人。”僧云：“如何是祖师西来意？”州云：“庭前柏树子。”

五祖戒云：“和尚何以将别人物作自己受用？”

示众云：“兄弟，莫久立，有事商量，无事向衣钵下穷理好。老僧行脚时，除二时粥饭是杂用心，余外更无别用心处。若不如此，出家大远在。”

示众云：“你若一生不离丛林，不语十年五载，无人唤你作哑汉，已后佛也不奈你何。”

示众云：“兄弟，若从南方来者，即与下载。若从北方来者，即与上载。所以道：‘近上人问道即失道，近下人问道即得道。’兄弟，正人说邪法，邪法悉皆正；邪人说正法，正法悉皆邪。诸方难见易识，我这里易见难识。”

示众云：“此事如明珠在掌，胡来胡现，汉来汉现。老僧将一枝草作丈六金身，将丈六金身作一枝草。佛即是烦恼，烦恼即是佛。”

示众云：“才有是非，纷然失心，还有答话分也无？”后僧举似洛浦，浦扣齿。又举似云居，居云：“何必。”僧回举似师，师云：“南方大有人丧身失命。”僧云：“请和尚举。”师才举，僧指傍僧云：“这僧作恁么语话？”师便休去。

示众云：“至道无难，唯嫌拣择。才有语言，是拣择，是明白？老僧不在明白里，是汝诸人还护惜也无？”僧云：“和尚既不在明白里，护惜个甚么？”师云：“我亦不知。”云：“和尚既不知，为甚么道不在明白里？”师云：“问事即得，礼拜了退。”

师小参，示众云：“今夜答话去也，有会问者出来。”时有僧，才出礼拜，师云：“抛砖引玉，引得个墼[1]子。”后法眼问觉铁觜：“先师意作么生？”觉云：“如国家拜将。”乃问：“甚人去得？”或云：“某甲去得。”复云：“汝去不得。”眼云：“我会也。”

雪窦云：“灵利汉，闻举便知落处。然虽如是，放过觉铁觜。夫宗师语不虚发，出来必是作家，因甚么抛砖引墼？诸禅德，要识赵州么？从前汗马无人识，只要重论盖代功。”

师垂语云：“佛之一字，吾不喜闻。”又云：“不识玄旨，徒劳念静。”僧问：“如何是玄旨？”师云：“壁上挂钱财。”

师垂语云：“我向行脚到南方时，火炉头有个无宾主话，直至如今，无人举着。”

师一日于雪中倒，叫云：“相救，相救。”时有一僧，却去师边卧，师便起去。

翠岩芝云：“这僧在赵州绻里，还有人出得么？”

---

① 墼：音机。煤块。

师因侍者报云:“大王来。”师起身鞠躬云:“万福,大王。”者云:“未到在。”师云:“又道来也。”

黄龙南云:“头头漏泄,罕遇仙陀。侍者只解报客,不知身在帝乡。赵州入草求人,不觉浑身泥水。”

师与文远论义,斗劣不斗胜,胜者输胡饼。远云:“请和尚立义。”师云:“我是一头驴。”远云:“某甲是驴胃。”师云:“我是驴粪。”远云:“某甲是粪中虫。”师云:“你在彼作甚么?”远云:“在彼过夏。”师云:“把将胡饼来。”

师闻沙弥喝参,乃向侍者道:“教伊去。”者才教去,沙弥便珍重。师谓傍僧云:“沙弥得入门,侍者在门外。”

云居锡云:“甚么处是沙弥得入门,侍者在门外处?这里会得,便见赵州。”

有僧辞,师问:“甚么处去?”云:“诸方学佛法去。”师云:“有佛处不得住,无佛处急走过。三千里外,逢人不得错举。”僧云:“恁么则不去也。”师云:“摘杨花,摘杨花。”

师座下有二僧,相推不肯作第一座。主事白师,师云:“总教作第二座。”主事云:“第一座教谁作?”师云:“装香着。”云:“装香了也。”师云:“戒香、定香、慧香、解脱香。”

有僧辞往雪峰,师云:“雪峰忽问汝‘和尚有何言句’,作么生祇对?”云:“某甲道不得,请和尚道。”师云:“冬即言寒,夏即言热。”又云:“忽更问汝‘毕竟事作么生’,汝又如何？”僧又云：“道不得。”师云：“但道‘某甲亲从赵州来，不是传语汉’。”

其僧到雪峰，峰问：“甚处来？”云：“赵州。”峰云：“有何言句？”僧举前话，峰云：“须是我赵州始得。”

玄沙云：“大小赵州败阙也不知。”

师问僧：“发足甚处？”云：“雪峰。”师云：“有何言句？”云：“寻常道：‘尽大地，是沙门一只眼，你等诸人向甚么处屙？’”师云：“上座若回，寄个锹子去。”

雪窦云：“这僧既不从雪峰来，可惜赵州锹子。”

琅玡觉云：“众中有云‘寄锹子去埋却’，赵州若道寄钵盂去，便道盛粥饭。用狂解梦见作么商量？不是僧繇手，徒说学丹青。”

师见僧扫地，遂问：“与么扫，还得净洁也无？”僧云：“转扫转多。”师云：“岂无拨尘者？”僧云：“谁是拨尘者？”师顾视云：“会么？”僧云：“不会。”师云：“问取云居去。”僧问云居，居云：“这瞎汉。”

师指火问僧云：“这个是火，你不得唤作火。”僧无对。师簇火，示之云：“会么？”云：“不会。”师云：“此去舒州有投子和尚，汝往问之，必为汝说。”其僧到投子，子问：“甚处来？”云：“赵州。”子云：“有何言句？”僧举前话，子云：“你作么生会？”云：“某甲不会，乞师指示。”子下绳床，行三两步，却问云：“会么？”云：“不会。”僧回举似师，师云：“投子恁么不较多也。”

师与文远行次，师云：“这里好作个巡铺。”远于路傍立，伸手云：“把将公验来。”师打远一掴，远云：“公验分明过。”

师一日在东司，见文远过，蓦召云：“文远。”远应诺，师云：“东司上，不可与汝说佛法。”

师在僧堂后逢一僧，师问云：“大众向甚么处去？”云：“普请去。”师袖中取刀，度与僧云：“老僧住持事繁，请上座为我斫倒却。”乃引颈向前，其僧便走。

师扫地次，僧问：“大善知识，为甚么却有尘？”师云：“外来底。”云：“既是清净伽蓝，为甚么有尘？”师云：“又一点也。”

师问新到：“曾到此间否？”云：“曾到。”师云：“吃茶去。”又问一僧，僧云：“不曾到。”师云：“吃茶去。”院主问：“为甚曾到此间吃茶去，不曾到此间也吃茶去？”师召院主，主应诺，师云：“吃茶去。”

保福展云：“赵州惯得其便。”后镜清举，问僧云：“作么生？”僧便出去。清云：“邯郸学唐步。”

雪窦云：“这僧不是邯郸人，为甚却学唐步？若辨得出，与你茶吃。”

僧写真呈师，师云："且道似老僧，不似老僧？若似，即打杀老僧；若不似，即烧却。"僧无对。

师问僧："甚处来？"云："南方来。"师云："还知有赵州关么？"云："须知有不涉关者。"师云："这贩私盐贼。"

僧问："至道无难，唯嫌拣择。如何是不拣择？"师云："天上天下，唯我独尊。"云："此犹是拣择。"师云："田库奴，甚么处是拣择？"

僧问："至道无难，唯嫌拣择。和尚如何为人？"师云："何不引尽此语？"云："某甲只念得到这里。"师云："只这至道无难，唯嫌拣择。"

师问僧："曾看《法华经》么？"云："曾看来。"师云："'衲衣在空闲，假名阿练若[①]，诳惑世间人'，作么生会？"僧拟议，师云："你披衲衣来么？"僧云："披来。"师云："莫惑我。"僧云："如何得不惑去？"师云："莫取我语。"

师问座主："讲甚么经？"云："《涅槃经》。"师云："问大德一段义得么？"主云："问甚么义？"师以脚踢空吹一吹云："是甚么义？"主云："经中无此义。"师云："脱空谩语

---

① 阿练若：又作兰若、练若、阿兰若。意译为无诤、空闲处。意指远离村落之安静而适合修行之场所。

汉,此是五百力士揭石[①]义。"

有老宿代云:"和尚谩某甲,谩大众。"

雪窦云:"和尚惯得其便。"

僧问:"狗子还有佛性也无?"师云:"无。"

五祖演颂云:"赵州露刃剑,寒霜光焰焰。更拟问如何,分身作两段。"

妙喜颂云:"有问狗佛性,赵州答云无。言下灭胡族,犹为不丈夫。"

僧云:"上至诸佛,下及蝼蚁,皆有佛性。狗子为甚么却无?"师云:"为伊有业识在。"

真净文颂云:"言有业识在,谁云意不深。海枯终见底,人死不知心。"

僧问:"昼生兜率,夜降阎浮,于中摩尼为甚么不现?"师云:"道甚么?"僧再问,师云:"毗婆尸佛早留心,直至如今不得妙。"

僧问:"学人乍入丛林,乞师指示。"师云:"吃粥了也未?"云:"吃粥了。"师云:"洗钵盂去。"其僧言下大悟。

云门云:"且道有指示,无指示?若言有,赵州向伊道

---

① 五百力士揭石:事见《大般涅槃经·卷第十六·梵行品》:"复次善男子,我欲涅槃始初发足向拘尸那城,有五百力士于其中路平治扫洒,中有一石众欲举弃尽力不能,我时怜愍即起慈心。彼诸力士寻即见我以足母指举此大石掷置虚空,还以手接安置右掌,吹令碎末复还聚合,令彼力士贡高心息,即为略说种种法要,令其俱发阿耨多罗三藐三菩提心。"

甚么？若言无，这僧因甚悟去？”

雪窦云：“我不似云门，为蛇尽足，直言向你道：‘问者如虫御木，答者偶尔成文。’然虽与么，瞎却衲僧眼，作么生免得此过？诸仁者，要会么，还你赵州吃粥了也，未拈却这僧吃粥了，雪窦与你拄杖子归堂。”

云峰悦云：“云门恁么道？大似为蛇画足，黄门栽须。云峰则不然，这僧于此悟去，入地狱如箭射。”

妙喜云：“云门、云峰，更数百生为善知识，也未梦见洗钵盂话在。”又云：“诸方瞎长老，往往尽作洗钵话会。”

僧问：“二龙争珠，谁是得者？”师云：“老僧只管看。”

雪窦云：“看即不无，争则不得。且道，扶这僧？扶赵州？”

师问僧：“甚处来？”云：“南方。”师云：“佛法尽在南方，汝来这里作甚么？”云：“佛法岂有南北？”师云：“饶汝从雪峰、云居来，也只是个担版汉。”

僧问：“言诠不到处，请师直道。”师云：“老僧耳背多时。”僧绕绳床一匝云：“请师直道。”师亦绕绳床一匝云：“百千诸佛皆从此门而入。”僧云：“如何是百千三昧门？”师便打。

僧问：“如何是佛法大意？”师云：“猫儿是一百五十文买。”云：“我不问猫儿，如何是佛法大意？”师云：“这橐子是大王送来。”云：“谢师答话。”师云：“作家师僧，天然有在。”

僧问:“如何是佛?”师云:“殿里底。”云:“殿里底岂不是泥龛塑像?”师云:“是。”云:“如何是佛?”师云:“殿里底。”

僧问:“久响赵州石桥,到来只见略彴。”师云:“汝只见略彴[1],且不见石桥。”云:“如何是石桥?”师云:“度驴度马。”

雪窦颂:“孤危不立道方高,入海还须钓巨鳌。堪笑同时灌溪老[2],解言劈箭亦徒劳。”

僧问:“如何是玄中玄?”师云:“汝玄来多少时了也?”云:“玄来久矣。”师云:“汝若不遇老僧,几被玄杀。”

僧问:“如何是祖师西来意?”师敲床脚示之,僧云:“莫只这是么?”师云:“若是,便脱取去。”

僧问:“如何是赵州?”师云:“东门、西门、南门、北门。”

雪窦颂云:“句里呈机劈面来,烁迦罗眼[3]绝纤埃。东

① 彴:音琢。独木桥。

② 灌溪老:指鄂州灌溪志闲禅师。参后《卷十·灌溪志闲禅师》条。“问:‘久向灌溪,到来只见沤麻池。’师曰:‘汝只见沤麻池,且不见灌溪。’曰:‘如何是灌溪?’师曰:‘劈箭急。’”

③ 烁迦罗眼:烁迦罗为金刚、坚固、精进等意。烁迦罗眼,谓金刚眼、坚固眼,指明定正邪、辨别得失之眼。

西南北门相对,无限轮锤击不开。"

有官人问:"和尚还入地狱也无?"师云:"老僧末上入。"云:"既是大善知识,为甚么却入地狱?"师云:"我若不入,教阿谁教化你?"

真定帅王公来,师坐而问云:"会么?"王云:"不会。"师云:"自小持斋今已老,见人无力下绳床。"后军将来,师却下绳床。侍者问:"和尚见大王不下绳床,军将来,为甚么却下绳床?"师云:"非汝所知。上等人来,绳床上接。中等人来,下绳床接。下等人来,三门外接。"

师问婆子:"甚么处去?"云:"偷赵州笋去。"师云:"忽遇赵州时如何?"婆便掌,师便休。

雪窦云:"好掌!更下两掌,也无勘处。"

婆子问云:"和尚住在甚处?"师云:"赵州东院西。"婆无语。师归寺问僧:"你道使那个'西'字?"。或云'东西'字,或云'栖泊'字。师云:"汝总作得盐铁判官。"僧云:"师意如何?"师云:"为汝总识字。"

台山下有婆子,凡有僧问"台山路向甚么处去",便云"蓦直去"。僧才行,婆云:"好个师僧又恁么去?"每每如斯。僧举似师,师云:"待我与汝勘过。"明日便去,亦如是问,婆亦如是答。师归谓众云:"婆子我为汝勘破了也。"

玄觉征云:"前来也恁么问答,后来也恁么问答,且那里是赵州勘破婆子处?”又云:“非唯被赵州勘破,亦破[1]这僧勘破。”

琅玡觉云:“大小赵州去这婆子手中丧身失命。虽然如是,错会者多。”

大沩喆颂云:“丛林老作世无俦,凛凛威风四百州。一击铁关成粉碎,恩大难将雨露酬。”

僧问:“万法归一,一归何处?”师云:“我在青州作一领布衫,重七斤。”

问:“四山相逼时如何?”师云:“无路是赵州。”

问:“初生孩子还具六识也无?”师云:“急水上打毬子。”

问:“如何是毗卢顶相?”师云:“老僧不曾眼花。”

“承闻和尚亲见南泉,是否?”师云:“镇州出大萝卜头。”

问:“十二时中如何用心?”师云:“汝被十二时使,老僧使得十二时。”

问:“澄澄绝点时如何?”师云:“这里不着客作汉。”

问:“如何是赵州一句?”师云:“老僧半句也无。”

问:“道人相见时如何?”师云:“呈漆器。”

师将示寂,寄拂子与真定帅王公。谓僧云:“若问何处得来?但道‘老僧平生用不尽底’。”师于唐乾宁四年十一

① 破:《五灯会元》作“被”。可从。

月二日，右胁而寂，寿一百二十。

衢州子湖利踪禅师（凡十）

澶州周氏子。示众云："诸法荡荡，何绊何拘？汝等于中，自生难易。心源一统，绵亘十方。上上根人自然明白。不见南泉道'如斯痴钝，世且还稀'。历历分明，有无不是，只少个丈夫之志，致见如斯疲劳。汝今欲得易会么？自古及今，未尝有个凡夫、圣人出现汝前，亦无一个善语、恶语到汝分上。为甚么如此？故为善善无形，为恶恶无相。既已无我，将甚么为善恶？立那个是凡圣？汝还信否？还保任否？有甚么回避处？恰似日中逃影相似，还逃得么？今之既尔，古之亦然。今古齐时，汝还讳得么？佛法玄妙，了得者自相策发。无为小缘，妨于大事，汝不见道'宁可终身立法，谁能一旦忘缘'。仁者要径会禅么？各归衣钵下看取。"

示众云："祖师西来，也只是个冬寒夏热，夜暗昼明。只为你徒无意立意，无事立事，无内外强作内外，无东西谩说东西，所以奢摩不能明了，以至根境不能自由。"

时有僧问："如何得不被根境惑去？"师云："你试点惑底境出来看？"云："某甲不见。"师云："汝既不见，惑境何来？"僧作礼，师云："又见妄想去也。"

示众云："幸自可怜生，苦死向人前讨些子声色唇吻作么？我且问你，‘声色’两字作么生讨得？还会么？我道声色如泡。为复为你说破？为复为你讨声色？试商量看，莫生容易。若了根源，终非他物。譬如圆镜，男来男现，女来女现，乃至僧俗青黄、山河万法，随其色相，一镜传辉，不可是镜有多般，但能映物而露。仁者还识得镜也未？若不识镜，尽被男女青黄、山河等类碍汝光明，有甚么出气处？若识镜去，乃至青黄男女、大地山河、有想无想、四足多足、胎卵情生、天堂地狱，咸于一镜中悉得其分剂。长短劫数，若色若空，并能了知，更非他物。汝岂不闻‘诸法如义’？光阴迅速，莫谩悠悠，大事因缘，决须了取。”

示众云：“仁者还知子湖亲切相为么？行时但行，坐时但坐，乃至吃茶吃饭，种种施为，有甚么相隐处？仁者信取，无别强为。只是汝今无疑作疑，无事生事，于自心源却生颠倒。譬如百千澄清大海弃之，唯认些子浮沤，目为全潮。亦如认些子萤光作于日焰，还生惭耻么？诸圣得道得果，数如恒沙，汝今却作个下劣凡夫著，恰莫因循。”

师于三门下立一牌，牌上题云：“子湖有狗，上取人头，中取人心，下取人足，拟议即丧身失命。”僧问：“如何是子湖狗？”师云：“嗥嗥。”临济下有二僧来，才揭帘，师便喝云：“看狗。”僧回首，师便归方丈。

雪窦云：“我当时若见，先与他斫却牌，然后入寺，待这汉云‘看狗’，与他放出个焦尾大虫。如今诸人要见么？日势稍晚，归堂。”

刘铁磨来,师问:“莫是刘铁磨么?”云:“不敢。”师云:“左转?右转?”云:“和尚莫颠倒。”师便打。

师与胜光锄园次,师亚镬,回顾光云:“事即不无,拟心即差。”光云:“如何是事?”师拦胸与一踏,光于此大悟。

师一夜于半夜时,在后架叫云:“贼,贼。”众皆惊起。有一僧被师搊住,云:“捉得也,捉得也。”僧云:“不是某甲。”师云:“是即是,只是你不肯承当。”

师有偈云:“三十年来住子湖,二时斋粥气力粗。无事上山行一转,试问时人会也无?”

终南山云际师祖禅师(凡一)

师问:“南泉云:‘摩尼珠,人不识,如来藏里亲收得。’如何是藏?”泉云:“王老师与你往来者是。”师云:“不往来者聻?”泉云:“亦是。”又问:“如何是珠?”泉召云:“师祖。”师应诺,泉云:“去,汝不会我意。”师于此悟入。

雪窦向‘往来’处着语云:“草里汉。”向‘亦是藏’处着语云:“雪上加霜。”又向“如何是珠”处别云:“险!百尺竿头作伎俩,不是好手。这里着得只眼,宾主互换,便能深入虎穴。或不恁么,纵饶师祖悟去,也是龙头蛇尾。”

荆州白马昙照禅师(凡一)

常云:“快活,快活。”临顺寂时叫云:“苦苦。”又云:“阎老子来取我也。”院主问:“和尚当时被节度使抛向水中[1],神色不变。如今何得如此?”师提起枕子云:“汝道当时是,如今是?”主无对,师投枕而终。

湖南长沙景岑禅师(凡一十九)

示众云:“我若一向举扬宗教,法堂前草深一丈。我事不获已,所以向诸人道,尽十方世界是沙门一只眼,尽十方世界是沙门全身,尽十方世界是自己光明,尽十方世界在自己光明里,尽十方世界无有一人不是自己。我寻常向你诸人道,三世诸佛,共尽法界众生,是摩诃般若光。光未发时,诸人向甚么处委悉?光未发时,尚无佛无众生消息,何

① 被节度使抛向水中:《五灯会元》于此条下注云:“此乃大士悟事,丘玄素具载碑中。今从《传灯》,不复移改。”《天王道悟禅师碑》记云:“师蒙旨已,便反荆州,去郭不远,结草为庐。后因节使顾问,左右申其端绪,节使亲临访道。见其路隘,车马难通,极目荒榛,曾未修削。睹兹发怒,令人擒师,抛于水中。旌旆才归,乃见遍衙火发,内外洪焰,莫可近之,唯闻空中声曰:‘我是天王神,我是天王神!’节使回心设拜,烟焰都息,宛然如初。遂往江边,见师在水,都不湿衣。节使重申忏悔,迎请在衙供养。于府西造寺,额号‘天王’。师常云:‘快活,快活。’……”后人对此碑所记表示怀疑,元人致祐于《人天眼目后序》中,认为“假托丘玄素之名,伪撰江陵城西天王寺道悟禅师碑……按荆州新、旧《图志》并无城西天王寺,其伪碑妄天王因缘语句,尽是城西白马寺昙照禅师事实……具述《荆州旧图志》,及《景德传灯录》,可考”,仍依《传灯》之说。之所以有如此之误,今人认为,“恐是当时云门、临济二宗争曹溪正统而起”。

处得山河国土来？”

僧问：“如何是沙门眼？”师云：“长长出不得。”僧拟议，师云：“成佛成祖出不得，六道轮回出不得。”僧云：“未审出个甚么不得？”师云：“昼见日，夜见星。”僧云：“不会。”师云：“妙高山色青又青。”

师遣僧问同参会禅师云：“和尚见南泉后如何？”会不对，僧云：“和尚未见南泉已前作么生？”会云：“不可更别有也。”僧回举似师，师示以偈云：“百尺竿头坐底人，虽然得入未为真。百尺竿头须进步，十方世界现全身。”时有僧问：“百尺竿头如何进步？”师云：“澧州山，朗州水。”僧云：“不会。”师云：“四海五湖皇化里。”

华严座主问：“虚空为是定有，为是定无？”师云：“言有亦得，言无亦得。虚空有时，但是假有。虚空无时，但是假无。”僧云：“如和尚所说，有何教文？”师云：“大德岂不闻《首楞严经》云：‘十方虚空生汝心内，犹如片云点太清里。’岂不是虚空生时，但生假名？又云：‘汝等一人，发真归源，十方虚空悉皆消殒。’岂不是虚空灭时，但灭假名？老僧所以道‘有是假有，无是假无’。”

僧问：“如何是文殊？”师云：“墙壁瓦砾是。”云：“如何是观音？”师云：“音声语言是。”云：“如何是普贤？”师云：“众生心是。”云：“如何是佛？”师云：“众生色身是。”云：“河沙诸佛体皆同，何故有种种名字？”师云：“从眼根返源,名为文殊;从耳根返源,名为观音;从心根返源,名为普贤。文殊是佛妙观察智,观音是佛无缘大慈,普贤是佛无为妙行。三圣是佛之妙用,佛是三圣之真体。用则有河沙假名,体则总名一薄伽梵。"

师与仰山玩月次,仰云:"人人尽有这个,只是用不得。"师云:"恰是倩你用去。"仰云:"你作么生用?"被师拦胸一踏踏倒。山起来云:"你直下似个大虫。"(因号岑大虫。)

保福展云:"人人尽道岑大虫奇特,须知仰山有陷虎之机。"

琅玡觉云:"李陵虽好手,争免陷番身。"

师游山归,至门首,首座问"和尚甚处去来?"师云:"游山来。"云:"到甚么处来?"师云:"始随芳草去,又逐落花回。"云:"大似春意。"师云:"也胜秋露滴芙蕖。"

秀上座问:"南泉迁化向甚么处去?"师云:"石头作沙弥时,参见六祖来。"云:"我不问'石头作沙弥时,参见六祖来'。南泉迁化向甚么处去?"师云:"教伊寻思去。"云:"和尚只有千尺寒松,且无抽条石笋。"师不对。僧云:"谢师答话。"师亦不对。秀举似三圣,圣云:"若实恁么,犹胜临济七步。虽然如是,待我亲验过始得。"遂造问:"承闻和尚答南泉迁化话,可谓光前绝后,今古罕闻。"师亦不对。

皓月供奉问师:"古德云:'了即业障本来空,未了应须还宿债。'只如师子尊者、二祖大师为甚么却还宿债?"师云:"大德不识本来空。"奉云:"如何是本来空?"师云:"业障是。"奉云:"如何是业障?"师云:"本来空是。"奉无语,师示以偈云:"假有元非有,假灭亦非无。涅槃偿债义,一性更无殊。"

僧问:"如何是陀罗尼?"师指绳床左边云:"这个,师僧却诵得。"又问:"别有人诵得否?"师指绳床右边云:"这个,师僧亦诵得。"云:"某甲为甚不闻?"师云:"大德岂不见道'真诵无响,真听无闻'?"云:"恁么则音声不入法界性也。"师云:"离色求观非正见,离声求听是邪闻。"

僧问:"如何是平常心?"师云:"要眠即眠,要坐即坐。"云:"学人不会。"师云:"热即取凉,寒即向火。"

僧问:"如何是向上一路?"师云:"一口针,三尺线。"云:"如何领会?"师云:"益州布,扬州绢。"

僧问:"如何是上上人行李处?"师云:"如死人眼。"云:"上上人相见时如何?"师云:"如死人手。"

僧问:"南泉迁化向甚么处去?"师云:"东家作驴,西家作马。"云:"此意如何?"师云:"要骑便骑,要下便下。"

僧问:"三世诸佛不知有,狸奴白牯却知有。既是三世诸佛,为甚么不知有?"师云:"未入鹿苑时,犹较些子。"

云:“狸奴白牯为甚么却知有?”师云:“争怪得伊。”

僧问:“如何转得山河大地归自己去?”师云:“如何转得自己归山河大地去?”云:“不会。”师云:“湖南城里好养民,米贱柴多足四邻。”

僧问:“色即是空,空即是色。此理如何?”师示以偈云:“碍处非墙壁,通处没虚空。若能如是会,心色本来同。”

有秀才看《千佛名经》,乃问:“百千诸佛只闻其名,未审居何国土?”师云:“黄鹤楼,崔颢题后,秀才曾题否?”云:“不曾题。”师云:“无事题取一篇好。”

黄龙新颂云:“黄鹤楼前法战时,百千诸佛竖降旗。渠无国土居何处,赢得多才一首诗。”

竺尚书问:“蚯蚓斩为两段,两头俱动。未审佛性在阿那头?”师云:“莫妄想。”竺云:“争奈动何?”师云:“会即风火未散。”

竺又一日谒师,师召云:“尚书。”竺应诺,师云:“不是尚书本命元辰。”竺云:“不可离却即今祇对底,有第二主人公也。”师云:“唤尚书作至尊得么?”竺云:“恁么则总不祇对和尚,莫是弟子主人公么?”师云:“非但祇对不祇对时,从无始劫来,如个生死根本。”示以偈云:“学道之人不识真,只为从前认识神。无量劫来生死本,痴人唤作本来人。”

邓州香严义端禅师(凡三)

示众云:“佛是尘,法亦是尘。终日驰求,有甚么休歇。但时中,事不挂情,情不挂物,无善可取,无恶可弃。莫被他笼罩着,始是学处。”

示众云:“语是谤,默是诳,语默向上有事在。老僧口门窄,不能为你说得。”

僧问:“正因为甚么无事?”师云:“我不曾停留。”又云:“假饶重重剥得净尽无停留,暂时施设,亦是方便接人。若是那边事,无有是处。”

池州灵鹫闲禅师(凡一)

示众云:“是汝诸人本分事,若教老僧道,即与蛇画足。此是顿教诸上座。”时有僧问:“与蛇画足即不问,如何是本分事?”师云:“汝试道看。”僧拟进语,师云:“画足作么?”

鄂州茱萸禅师(凡四)

金轮可观和尚问:“如何是道?”师云:“莫向虚空里钉橛。”观云:“虚空是橛。”师便打,观把住云:“和尚莫打某甲,已后错打人去在。”师便归方丈。

云门云:“矢上加尖。”僧云:“和尚适来恁么道那?”门云:“锤钟谢响,得个虾蟆。”

雪窦云:“若要此话大行,直须吃棒了趁出。”

师问僧:“甚处来?”云:“闽中来。”师云:“闽中尊宿爱举胡来胡现,汉来汉现,是否?”僧拟开口,师打一掌。僧云:“欲透龙门,却遭点额。”师云:“燕金塞海,蝃[1]蛴摇山。”僧抚掌大笑出去。师云:“疥狗不愿生天,却笑云中白鹤。”

师见僧来,以手一划,僧便出去,师云:“这僧来不通名,去不通姓。”僧转身,亦以手一划,师云:“这僧名又不识,姓又不知。”僧云:“且道某甲姓个甚么?”师云:“苦哉,波斯吃胡椒。”僧拂袖而出,师云:“作家师僧,天然有在。”

僧问:“如何是沙门行?”师云:“行即不无,若觉即乖。”其僧举似洞山,山云:“何不进语云‘是甚么行’?”其僧复来,进语。师云:“是佛行,是佛行。”僧回举似洞山,山云:“幽州犹似可,最苦是新罗。”僧却问洞山:“如何是沙门行?”山云:“头长三尺,颈短二寸。”

① 蝃:音地。蜘蛛。

日子和尚(凡一)

亚溪来,师作起势,溪云:"这山鬼精,犹见我在。"师云:"罪过罪过,适来失祇对。"溪拟进语,师叱之,溪云:"大阵前不妨难御。"师云:"是是。"云:"不是不是。"

赵州云:"可怜两个汉,不识转身句。"

陆亘大夫(凡三)

问南泉:"弟子从六合来,彼中还有身么?"泉云:"分明记取,举似作家。"陆云:"和尚不可思议,到处世界成就。"泉云:"适来总是大夫分上事。"

大夫问南泉:"弟子家中,于瓶内养得只鹅,今来长大,出瓶不得。如今不得毁瓶,亦不得损鹅,和尚作么生出得?"泉召大夫,陆应诺,泉云:"出也。"

南泉迁化,大夫往吊慰。院主问:"大夫何不哭先师?"陆云:"道得即哭。"主无对。

池州甘贽行者(凡六)

因岩头在家过夏,一日把针次,甘于头前立,头举针作扎势。甘归,欲着衣服礼谢,妻云:"作甚么?"甘云:"莫说。"妻云:"有甚事也要大家知。"甘举前话,妻云:"从此三十年后,一度饮水一度咽。"女子云:"还知尽大地人性命,被豁上座针头上扎将去么?"

甘往南泉设粥,请南泉念诵。泉白槌云:"为狸奴白牯念摩诃般若波罗蜜多。"甘拂袖而出。泉粥罢,问典座:"行者在甚么处?"座云:"当时便去了也。"泉云:"打破锅子着。"

药山化主来,甘问:"甚么处来?"云:"药山。"甘云:"还将得药来么?"云:"行者有甚么病?"甘欣然施银一百两,复云:"山中有人,此物却回。"主归,纳疏。山怪问:"子归何速?"主云:"问佛法相当,得银一百两。"即举前话,山云:"急送还他,汝着贼了也。"主即送还,甘云:"山中有人,也添一百两施之。"

同安云:"早知行者恁么问,终不道药山来。"

甘又到南泉设粥,时黄蘗为第一座。甘云:"请施财。"蘗云:"财法二施,等无差别。"甘异钱出去,须臾复云:"请施财。"蘗复云:"财法二施,等无差别。"甘更行钱。

翠岩真云:"甘贽行者黠儿落节,黄蘗施财何曾梦见。"

妙喜云:"一等是随邪逐恶,这云居罗汉较些子。"

雪峰来,甘闭却门,云:"请和尚入。"峰隔篱掷过袈裟,甘便开门。

甘问僧:“甚处来?”云:“沩山来。”甘云:“有僧问‘如何是祖师西来意’,山竖起拂子,上座作么生会?”云:“借色明心,附物显理。”甘云:“上座且归沩山好。”

联灯会要卷第七

南岳下第四世

洪州百丈山怀海禅师法嗣

潭州大沩灵祐禅师(凡四十一)

福州长溪赵氏子。侍立百丈。夜深,丈云:"看炉中有火也无?"师拨云:"无。"丈躬至炉边,深拨得少火,夹起示之云:"你道无,这个聻?"师于此大悟,作礼,呈其所解,丈云:"此乃暂时岐路耳。《经》云:'欲识佛性义,当观时节因缘。'时节若至,其理自彰,便知己物不从外得。祖师云:'悟了同未悟,无心亦无法。'只是无虚妄、凡圣等心,本来心法元自备足。汝今既尔,善自护持。"

师一日侍百丈行次,丈云:"还将得火来么?"师云:"将得来。"丈云:"在甚么处?"师拈一茎柴,吹三吹,度与丈,丈云:"如虫御木。"

妙喜云:"百丈若无后语,洎被典座谩。"

师在百丈充典座,丈选沩山主人,命师往。时华林为首座,乃云:"某甲忝居第一座,而不得往,典座却往。"百丈令首座与师对众下语,出格者行。遂拈净瓶置地上云:"不得唤作净瓶，汝唤作甚么？”首座云：“不可唤作木楔[1]也。”丈却问师，师踢倒净瓶而去。丈笑云：“首座输却山子也。”因命师行。

师上堂，良久。僧出云：“请和尚为众说法。”师云：“我为汝得彻困也。”僧便作礼。

雪峰云：“古人得恁么老婆心切。”

玄沙云：“山头老汉蹉过古人事。”峰后问玄沙：“甚么处是老僧蹉过处？”沙云：“大小沩山，被这僧一问，直得百杂碎。”峰骇然。

示众云：“夫道人之心，质直无伪，无背无面，无诈妄心行。一切时中，视听寻常，更无委曲，亦不闭眼塞耳，但情不附物即得。从上诸圣，只是说浊边过患。若无如许多恶觉、情见、想习之事，譬如秋水澄渟，清净无为，淡泞无碍，唤他作道人，亦名无事人。”

时有僧问：“顿悟之人更有修否？”师云：“若真悟得本他自知时，修与不修是两头语。如今初心虽从缘得，一念顿悟自理，犹有无始旷劫习气未能顿尽，须教渠净除现业流识，即是修也。不道别有法，教渠修行趣向，从闻入理，闻理深妙，心自圆明，不居惑地。纵有百千妙义，抑扬当时，此乃得坐披衣，自解作活计。以要言之，实际理地不受一尘，万行门中不舍一法。若也单刀直入，则圣凡情尽，体

① 楔：音突。植也。

露真常,理事不二,即如如佛。"

示众云:"如许多人,只得大机,不得大用。"仰山以此语问山下一庵主云:"和尚恁么道,意旨如何?"主云:"你更举看。"仰拟再举,被庵主一踏踏倒。仰归举似师,师呵呵大笑。

示众云:"老僧百年后,向山下作一头水牯牛去。左胁书五字云:'沩山僧某甲。'当恁么时,若唤作'沩山僧某甲',又是水牯牛;若唤作水牯牛,又是'沩山僧某甲'。且道,毕竟唤作甚么?"仰山出,作礼而退。

云居膺云:"师无异号。"

南塔勇云:"一千五百人善知识,只道得一半。"

保宁勇云:"和尚一等是入泥入水。"

芭蕉彻颂云:"不道沩山不道牛,一身两号实难酬。离却两头应须道,如何道得出常流。"

示众云:"仲冬严寒年年事,晷运推移事若何?"仰山近前,叉手而立,师云:"我也知汝答这话不得。"却顾香严,严云:"某甲偏答得这话。"师蹑前问,严亦近前,叉手而立,师云:"赖遇寂子不会。"

示众云:"一切众生无佛性。"盐官示众云:"一切众生有佛性。"

后盐官有二僧探师宗旨,闻师说法,莫测其涯,意生轻慢。一日二僧在中庭坐,见仰山来,遂劝云:"师兄切须勤学佛法,不得容易。”仰作圆相托呈,却抛向后,复伸手就二僧索。二僧茫然,不知所措,仰乃劝云:“直须勤学佛法,不得容易,珍重。”便去。

二僧却返盐官,将行三十里,一人忽有省,乃自叹云:“沩山云:‘一切众生无佛性。’酌然是无。”却回沩山。一人行数里,因渡水,忽有省,亦自叹云:“沩山道:‘一切众生无佛性。’酌然是有,他恁么道了。”亦返沩山。

师一日谓众云:“汝等诸人,各呈所解看。”时有志和上座出作礼,师云:“不思善,不思恶,正恁么时还我志和上座本来面目。”和云:“正恁么时是某甲放身命处。”师云:“子莫落空么?”和云:“若有空可落,何曾放得身命。”师云:“你到这里何不问?”和云:“到这里亦不见有和尚可问。”师云:“汝福薄,扶吾宗不起。”

师问仰山:“甚处来?”云:“田中来。”师云:“禾好刈也未?”云:“好刈也。”师云:“作青色?作黄色?作不青不黄色?”云:“和尚背后是甚么?”师云:“子还见么?”仰拈起禾穗云:“和尚何曾问这个?”师云:“此是鹅王择乳。”

师问仰山:“寂子速道,莫入阴界。”仰云:“某甲信亦不立。”师云:“汝信了不立,未信不立。”仰云:“只是某甲,更信阿难?”师云:“若恁么即是定性声闻。”仰云:“佛亦不见。”

师坐次,仰山从方丈前过,师云:“若是百丈先师,子须吃痛棒始得。"云:"今日事作么生?"师云:"合取两片皮有分。"云:"此恩难报。"师云:"非子不才,老僧年迈。"云:"今日亲见百丈师翁。"师云:"子向甚句中见?"云:"不道见,只是无别。"师云:"始终作家。"

师摘茶次,谓仰山云:"终日摘茶,只闻子声,不见子形。"仰撼茶树,师云:"子只得其用,不得其体。"云:"未审和尚如何?"师良久,仰云:"和尚只得其体,不得其用。"师云:"放子三十棒。"

首山念云:"夫为宗师,须具择法眼始得。当时不是沩山,便见扶篱摸壁。"

琅玡觉云:"若不是沩山,洎合打破蔡州。"

师坐次,仰山、香严侍立。师云:"今时总恁么者少,不与么者多。"严从西过东,仰从东过西,师云:"这个因缘,三十年后掷地作金声。"仰云:"须是和尚提唱始得。"严云:"今日亦不少。"师云:"合取狗口。"

师问仰山:"即今事且置,自古事作么生?"仰叉手近前,师云:"犹是即今事,自古事作么生?"仰叉手退后而立,师云:"你屈我,我屈你。"

师问仰山:"近日宗门令嗣作么生?"云:"大有人疑着。"师云:"寂子又作么生?"云:"某甲只管困来合眼,倦即坐禅,所以未曾说着。"师云:"到这田地也难得。"云:"据某甲见处,着此一句亦不得。"师云:"子为一人也不得。"云:"自古圣人尽皆如此。"师云:"大有人笑你恁么祇对。"云:"解笑某甲是某甲同参。"师云:"出头作么生?"仰绕绳床一匝,师云:"裂破古今。"

师谓仰山云:"有俗弟子将三束绢来与我赎钟子,与世人植福。"云:"俗弟子有绢与和尚赎钟,和尚将何酬他?"师以杖敲床三下云:"我将这个酬他。"仰云:"若是这个,用作甚么?"师又敲三下云:"汝嫌这个作甚么?"仰云:"某不嫌这个,只是大家底。"师云:"你既知是大家底,何得更就我觅物酬他?"云:"只怪和尚把大家底行人事。"师云:"汝不见,达磨大师从西天来,亦将此物行人事,汝诸人尽是受他信物者。"

师睡次,仰山来,师便面壁。仰云:"某甲是和尚弟子,不用形迹。"师作起势,仰便出去,师召云:"寂子。"仰回首,师云:"听老僧说个梦。"仰作听势,师云:"为我原看。"仰取一盆水并手巾来,师洗面了,才坐,香严进来,师云:"我与寂子适来作一上神通,不同小小。"严云:"某甲虽在下面,一一得知。"师云:"你试说看。"严点一碗茶来,师叹云:"二子神通,过于鹙子目连。"

师与仰山行次,师指枯树云:"前头是甚么?"仰云:"枯树子。"师却问耘田翁,翁亦云:"枯树子。"师云:"这翁子,他后安有五百众。"

师问仰山:"妙净明心,汝作么生会?"云:"山河大地,日月星辰。”师云：“汝只得其事。”云：“和尚适来问甚么？”师云：“妙净明心。”仰云：“唤作事得么？”师云：“如是如是。”

师索门人呈语云：“声色外，与吾相见。”幽州鉴弘长老云：“不辞出来，那个人无眼？”师云：“此语不正。”仰山出云：“见取不见底。”师云：“细如米末，冷如冰霜。”仰第二次云：“声色外，谁求相见？”师云：“只滞声色，如方木榻地。”第三次云：“非声色。”师云：“汝解不真。”第四次云：“如两镜相照，于中无像。”师云：“此语正也。我是，汝不是，早立像了也。”仰云：“某甲精神昏昧，拙于祗对。未审和尚在百丈师公处如何呈语？”师云：“我于先师处呈语云：‘如百千明镜鉴像，光光相涉，刹刹尘尘，各不相借。’”仰山礼谢。

仰山问：“百千万境一时来作么生？”师云：“青不是黄，长不是短。诸法各住本位，非干我事。”仰便作礼。

师坐收足次，指脚谓仰山云：“十二时中承他负载，不可辜他。”仰云：“昔日给孤园内，也只说这个。”师云：“未在，更道。”仰云：“寒时与他袜着，也不为分外。”

仰山问：“和尚百年后，有人问先师法道如何传嗣？”师云：“一粥一饭。”云：“前人不肯又作么生？”师云：“作家师僧。”仰遂作礼，师云：“向后错举即不可。”

师见仰山来,以手捏拳相交示之,仰作女人拜,师云:“如是如是。”

师坐次,仰山、香严侍立,师云:“过去、未来与现在佛,佛佛同宣,人人得个解脱之路。”云:“如何是人人解脱之路?”师顾香严云:“寂子借问,何不对他?”严云:“若问过去、未来并现在,某甲却有个衹对。”师云:“汝作么生只对?”严珍重便出。师却问仰山:“他恁么衹对,还契子意么?”仰[①]云:“不契惠寂意。”师云:“子又作么生?”仰亦珍重便出。师呵呵大笑云:“如水乳合。”

师问仰山:“《涅槃经》四十二卷,多少佛说,多少魔说?”仰云:“总是魔说。”师云:“已后无人奈子何。”仰云:“某甲只是一期之事,行履在甚么处?”师云:“只贵子眼正,不说子行履处。”

师问仰山:“天寒?人寒?”云:“大家在这里。”师云:“何不直说?”云:“适来也不曲。”

师见仰山、香严,作饼次,师云:“百丈先师亲得这个道理。”仰顾香严云:“谁人荅得此话?”师云:“有一人荅得。”仰云:“谁?”师指水牯牛,云:“道,道。”仰取草一束,严取水一桶来放牛前,牛才吃,师云:“与么与么?不与么不与么?”二人俱作礼,师云:“或时明,或时暗。”

---

① 仰:原刻作“师”,误。依文改。

师问道吾:“甚处来?”吾云:“看病来。”师云:“有几人病?”吾云:“有病底,有不病底。”师云:“不病底莫是智头陀么?”吾云:“病与不病总不干他事,速道,速道。”师云:“道得也与他没交涉。”

师问云岩:“闻汝右药山,是否?”云:“是。”师云:“如何是药山大人相?”岩云:“涅槃后有。”师云:“如何是涅槃后有?”岩云:“水洒不着。”岩却问师:“未审百丈大人相如何?”师云:“巍巍堂堂,炜炜煌煌。声前非声,色后非色。蚊子上铁牛,无汝下觜[1]处。”

师问云岩:“菩提以何为座?”云:“以无为为座。”岩却问师,师云:“以诸法空为座。”又问道吾,吾云:“坐也听他坐,卧也听他卧。有一人,不坐不卧,速道,速道。”师休去。

师举如意,复作此相㊉一㊉云:“有人道得,便得此如意。道,道。”时有僧出云:“此如意本不是和尚底。”师云:“得而无用。”有一僧云:“设与某甲,亦无着处。”

师泥壁次,李军容具公裳,直至师背后,端简而立。师回首见,侧泥盘作接泥势,李转笏作进泥势。师掷下泥盘,与军容归方丈。

后岩头闻得云:“噫,佛法淡薄。大小沩山,泥壁也不了。”

---

① 觜:音嘴。通“嘴”。

师唤院主,主应诺,师云:“我唤院主,你来作甚么?”院主无对。

师坐法堂,库头打木鱼,火头掷下火抄,拊掌呵呵大笑。师云:“众中也有恁么人?”遂唤来问:“你作么生?”头云:“某甲不吃粥肚饥,所以欢喜。”师乃点头。

东使云:“当时沩山会里无此人。”

卧龙云:“当时沩山会里有此人。”

刘铁磨来,师云:“老牸牛,汝来也。”磨云:“来日台山大会斋,师还去也无?”师放身便卧,磨便出去。

雪窦颂云:“曾骑铁马入重城,来下传闻六国清。犹握金鞭问归客,夜深谁共御街行。”

僧问:“如何是道?”师云:“无心是道。”云:“某甲不会。”师云:“会取那不会底。”云:“如何是不会底?”师云:“只是你,不是别人。”师复云:“今时人,但直下会取不会底,正是汝心,正是汝佛。若向外得一知一解将为禅道,且没交涉,名运粪入,不名运粪出,污汝心田。所以云‘不是道’。”

僧问:“如何是祖师西来意?”师竖起拂子。后有僧到王常侍处,举前话,王云:“彼中兄弟如何商量?”僧云:“借色明心,附物显理。”王云:“不是这个道理,上座快归沩山去,某甲寄一封书与和尚。”僧得书,驰上师。师开书,见一圆相,相中书“日”字,师云:“谁知千里外有个知音。”仰山侍立,乃云:“虽然如是,也只是个俗汉。”师云:“子又作么生?”仰作圆相,于中书“日”字,以脚抹却,师乃大笑。

僧问:“从上诸圣直至如今,意旨如何?”师云:“目前是甚么物?”僧云:“莫只这便是么?”师云:“阿那个?”云:“适来只对者。”师云:“你拟那个去,莫生事。”

筠州黄蘖希运禅师(凡一十五)

福州人也。师初到洛京,行乞,吟添钵声。有一妪出棘扉间云:“太无厌生。”师云:“汝犹未施,责我无厌,何耶?”妪笑而掩扉,师异之,进而与语,多所发药。须臾辞去,妪告之曰:“可往南昌见马大师去。”

师至南昌,大师已迁寂,闻塔于石门,遂往瞻礼。时大智禅师庐于塔傍,师序其远来之意,愿闻平日得力句。百丈乃举:“我再参马大师,侍立次,大师顾绳床角拂子。我问:‘即此用,离此用?’大师云:‘汝他后开两片皮,将何为人?’我取拂子竖起,大师云:‘即此用,离此用?’我挂拂子旧处,被大师震威一喝,我直得三日耳聋。”师闻是语,不觉吐舌。丈云:“子已后莫承嗣马大师去否?”师云:“不然,今日因师举,得见马祖大机之用,且不识马祖,若嗣马祖,已后丧我儿孙。”丈云:“见与师齐,减师半德。子甚有超师之作。”

百丈问师:“甚处来?”师云:“大雄山下采菌子来。”丈云:"还见大虫么?"师作大虫声,丈拈斧作斫势,师与丈一掌,丈吟吟而笑。即归上堂云:"大雄山下有一大虫,汝等诸人也须好看。百丈老汉今日亲遭一口。"

后沩山举问仰山,仰云:"和尚作么生?"沩云:"百丈当时合与一斧斫杀,因甚到如此。"仰云:"不然。"沩云:"子又作么生?"仰云:"百丈只会骑虎头,不解把虎尾。"沩云:"子有险崖之句。"

师普请开田次,丈问:"运阇梨开田不易。"师云:"随众作务。"丈云:"有烦道用。"师云:"争敢辞劳。"丈云:"开得多少田?"师将镢筑地三下,丈便喝,师掩耳而去。

师问百丈:"从上宗乘如何指示于人?"丈据坐,师云:"后代儿孙将何传授?"丈云:"我将谓'你是个人'。"便起去。

云峰悦云:"百丈老人怜儿不觉丑,虽然如是,尽法无民。"

南泉问师:"如许大身材,戴个些儿大笠子。"师云:"三千大千世界总在里许。"泉云:"王老师𪢮?"师戴笠便行。

师在南泉为首座,一日捧钵向泉位上坐。泉入堂,见乃问:"长老甚年中行道?"师云:"威音王已前。"泉云:"犹是王老师儿孙在。下去。"师便过第二位坐,泉休去。

沩山云:"欺敌者亡。"仰山云:"不然,须知黄蘗有陷虎之机。”沩山云:“子见处得恁么长。”

雪窦云:“王老师只见锥头利,我当时若作南泉,待他道‘威音王已前’,即便于第二位坐,令黄蘗一生起不得。虽然如是,也须救取南泉。”

云峰悦云:“丛林中多有商量。或云黄蘗有陷虎之机,南泉有杀虎之威,若作与么说话,诚实苦哉。殊不知,这老贼有年无德,吃饭坐处也不依本分。若是云峰门下,说甚么‘威音王已前’。王老师更大,直须吃棒了趁出。”

南泉问师:“定慧等学,明见佛性,此理如何?”师云:“十二时中不依倚一物始得。”泉云:“莫是长老见处么?”师云:“不敢。”泉云:“浆水钱且置,草鞋钱教甚么人还?”师休去。

沩山问仰山云:“莫是黄蘗构他南泉不得么?”仰云:“不然。须知黄蘗有陷虎之机。”沩山云:“子见处得恁么长。”

保福展云:“若无沩仰,埋没他黄蘗。”

五祖戒云:“仰山大似为蛇画足。”

南泉问师:“黄金为城,白银为壁,是甚么人居止处?”师云:“圣人居止处。”泉云:“更有一人居何国土?”师近前叉手而立,泉云:“道不得,何不请王老师道?”师云:“更有一人居何国土?”泉云:“可惜许。”

南泉问师:“甚么处去?”师云:“择菜去。”泉云:“将甚么择?”师竖起刀子,泉云:“汝只解作宾,不解作主。”师以刀子点三下。

示众云："汝等诸人尽是噇①酒糟汉，恁么行脚，何处有今日，还知大唐国里无禅师么？"时有僧出云："只如诸方匡徒领众又作么生？"师云："不道无禅，只是无师。"

沩山问仰山："黄蘗意作么生？"仰云："鹅王择乳，素非鸭类。"沩云："此实难辨。"

五祖戒出僧语云："谢和尚，说得道理好。"

石门聪云："黄蘗垂示不妨奇特，才被布衲拶着，失却一只眼。"

翠岩真云："诸方商量，便道黄蘗坐却这僧。"又道："黄蘗被这僧出来，直得分析不下。何谓也？"上蓝辄生拟议："雾豹泽毛未尝下食，庭禽养勇终待惊人。"

师上堂，大众才集，师拈拄杖一时打散。复召大众，众回首，师云："月似弯弓，少雨多风。"

禾山方云："黄蘗和尚恨不两手分付，检点将来，大似为蛇画足。"

师一日捏拳，谓众云："天下老和尚总在这里。我若放一线道，从汝七纵八横；若不放过，不消一捏。"时有僧问："放一线道时如何？"师云："七纵八横。"云："若不放过时如何？"师云："普。"

---

① 噇：音床。吃酒无度。

师闻大愚辞归宗。宗问："甚么处去？"云："诸方学五味禅去。"宗云："诸方有五味禅，我这里只有一味禅。"愚遂问："如何是和尚一味禅？"宗便打，愚于此大悟，乃云："嗄！我会也，我会也。"宗急索云："道，道。"愚拟开口，宗又打，即时趁出。

师谓众云："马祖接八十余员善知识，动着屙漉漉地，唯有归宗较些子。牛头横说竖说，未知有向上关捩[①]子。有此眼脑，方辨得邪正宗党。若不如是，但知念言念语，埾[②]向皮袋里，称我会禅会道，还替得生死么？轻忽老宿，入地狱如箭射。我才见你入门来，便识得你了也。急须努力。"

师左盐官，殿上礼拜次，时大中帝为沙弥，问师："不着佛求，不着法求，不着僧求，长老当何所求？"师云："不着佛求，不着法求，不着僧求，常礼如是事。"弥云："用礼何为？"师与一掌，弥云："太粗生。"师云："这里是甚么所在，说粗说细。"随后又掌。

雪窦颂云："凛凛孤风不自夸，端居寰海定龙蛇。大中天子曾轻触，三度亲遭弄爪牙。"

一日六人新到相看，五人作礼，一人提起坐具作一圆相。师云："我闻有一只猎狗甚恶。"云："寻羚羊声来。"师云："羚羊无声到你寻。"云："寻羚羊迹来。"师云："羚羊无

① 捩：音烈。扭转。
② 埾：音凑。塞也。

迹到汝寻。”云:“寻羚羊踪来。”师云:“羚羊无踪到你寻。”云:“恁么则死羚羊也。”师休去。次日升堂云:“昨日寻羚羊僧出来。”其僧便出,师云:“昨日公案,老僧休去作么生?”僧无语,师云:“将谓是本色衲子,元来是义学沙门。”拈拄杖即时打出。

雪窦云:“只如声响踪迹既无,猎狗向甚么处寻逐?莫是绝音响踪迹处见黄蘗么?诸禅德,要明陷虎之机,也须是本分衲子。”

广州和安通禅师(凡二)

师礼佛次,有禅者问:“师礼底是甚么?”师云:“佛。”禅者指像云:“这个是甚么?”师罔措。至夜具威仪,礼问禅者云:“今日伏蒙垂问,意旨如何?”禅者云:“座主几夏耶?”师云:“十夏。”禅者云:“还曾出家也未?”师转茫然,禅者云:“若不会,百夏奚为!”遂邀师同谒马大师,大师已示寂,后印心于百丈禅师。

仰山作沙弥时,师召云:“寂子,与我拈床子来。”仰持至,师云:“却送旧处着。”复问:“寂子,床那边是甚么?”云:“无物。”师云:“这边聻?”云:“无物。”师又召云:“寂子。”山应诺,师云:“去。”

杭州大慈寰中禅师(凡五)

蒲坂卢氏子也。示众云:“山僧不会答话,只是识病。”

时有僧出,师便归方丈。

雪窦云:“大凡扶竖宗乘,须辨个得失。且大慈识病不答话,有僧出,便归方丈。雪窦识病不答话,有僧出,劈脊便棒。诸方识病不答话,有僧出,必然别有长处。敢有一个动着大唐天子?只三人。”

示众云:“说得一丈,不如行取一尺;说得一尺,不如行取一寸。”

洞山云:“说取行不得底,行取说不得底。”

云居云:“行时无说路,说时无行路。不行不说时,合行甚么路?”洛浦云:“行说俱到,则本事无。行说俱不到,则本事在。”

赵州问:“般若以何为体?”师云:“般若以何为体。”州呵呵大笑。师明日见赵州扫地,师却问:“般若以何为体?”州置扫帚,拊掌呵呵大笑,师便归方丈。

雪窦云:“前来也笑,后来也笑,笑中有刀。”

大沩喆云:“才见呵呵大笑,便与一掌。明日又问,待渠笑,又与一掌。大慈若下得这两掌,赵州若不对他,可谓生铁铸就,风吹不入底汉。”

师住庵时,南泉问:“如何是庵中主?”师云:“苍天苍天。”泉云:“苍天即且置,如何是庵中主?”师云:“会即便会,休口喃喃。”泉休去。

有僧辞,师问:“甚么处去?”云:“江西。”师云:“将取老僧去得么?”云:“非但和尚,更有过如和尚者亦不将去。”师休去。

汾阳昭云:“知汝力微。”

天台平田普岸禅师(凡五)

示众云:“神光不昧,万古徽猷[①]。入此门来,莫存知解。”

示众云:“大道虚旷,常一真心。善恶勿思,神清物表。随缘饮啄,更复何为?”

师访茂源,源起迎师,师把住云:“开口即失,合口即丧,去此二途请师别道。”源以手掩鼻,师放开云:“一步较易,两步较难。”源云:“着甚死急。”师云:“若非是师,不免诸方捡点。”

临济访师,到路口,先逢一嫂在田使牛。济问嫂云:“平田路向甚么处去?”嫂打牛一棒云:“这畜生到处走,到此路也不识。”济又云:“我问你平田路向甚么处去?”嫂云:“这畜生,五岁也尚使不得。”济心语云:“欲观前人,先观所使。”便有抽钉拔楔之意。及见师,师便问:“你还曾见我嫂也未?”济云:“已收下了也。”

师遂问:“近离甚处?”济云:“江西黄蘗。”师云:“情知

① 徽猷:谋略广远。

你见作家来。”济云:“特来礼拜和尚。”师云:“已相见了也。”师云:“宾主之礼,合施三拜。”师云:“既是宾主之礼,礼拜着。”

师见僧来,拈拄杖便打,僧约住拄杖,师云:“适来造次。”僧夺棒便打,师云:“作家作家。”僧作礼,师把住云:“却是阇梨造次。”僧呵呵大笑,拂袖而去,师云:“草贼大败。”

筠州五峰常观禅师(凡三)

问:“僧甚么处去?”云:“五台山去。”师竖一指云:“若见文殊了,却来这里与汝相见。”僧无对。

师问僧:“还见牛么?”云:“见。”师云:“见左角?见右角?”僧无对,师代云:“见无左右。”

有僧辞,师云:“汝去诸方,莫道老僧在这里。”云:“某甲不道和尚在这里。”师云:“汝道老僧在甚么处?”僧竖一指,师云:“早是谤老僧也。”

潭州石霜性空禅师(凡一)

僧问:“如何是祖师西来意?”师云:“如人在千尺井中,不假寸绳,如何出得此人?若出得此人,即答汝西来意。”僧云:“湖南畅和尚亦为人东语西话。”时仰山在左右,师召云:“沙弥,拽出这死尸着。”仰山举问耽源,源咄云:“痴汉,谁在井中!”

后问沩山:“如何出得井中人?”沩召慧寂,仰应诺,沩云:“出了也。”仰上住后云:“我当时在耽源处得名,沩山处得地。”

福州长庆大安禅师(凡六)

本州陈氏子问百丈:“学人欲识佛,何者是佛?”丈云:“大似骑牛觅牛。”师云:“识后如何?”丈云:“如人骑牛到家。”师云:“如何保任?”丈云:“如牧牛人,执杖视之,不令犯人苗稼。”师于言下领旨。后因同参祐禅师,创居大沩,师往躬耕助道。祐归寂,师继踵住持。后归闽川,开山长庆而终老焉。

示众云:“汝等诸人总来就安,觅个甚么?若欲作佛,汝自是佛。而却傍家走匆匆,如渴鹿逐阳焰,何时得相应去。阿你若欲作佛,但无如许多颠倒攀缘、妄想恶觉、垢欲不净众生之心,只汝便是初心正觉佛,更向何处别讨?所以安住沩山三十年,吃沩山饭,屙沩山屎,不参沩山禅,只看一头水牯牛,若落路入草便牵出,若犯人苗稼,即便鞭挞。调伏既久,可怜生受人言语,而今变作个露地白牛,常在面前,终日迥迥地,趁亦不去也。”

示众云:“汝等诸人各有无价大宝,从眼门放光,照山河大地。从耳门放光,领采一切善恶音响。六门昼夜常放光明,亦名放光三昧。汝自不识取,隐在四大身中,内外扶持,不敢倾侧。如人负重担从独木桥上过,亦不教失脚。且道是甚么物?恁么扶持?便得如是,汝若觅毫发即不见。故志公云:'内外追寻觅总无,境上施为浑大有。'"

示众云:"有句无句,如藤倚树。"疏山闻之,径造沩山。值师泥壁次,便问:"有句无句,如藤倚树,岂不是和尚道?"师云:"是。"疏云:"忽遇树倒藤枯时如何?"师放下泥盘,呵呵大笑,便归方丈。

疏山随后启云:"某甲四千里卖却布单,特为此因缘来,和尚何得相弄?"师唤侍者云:"将钱还伊去。"遂嘱云:"向后有独眼龙为汝点破在。"

疏山后到明招,举前话,招云:"大沩可谓头正尾正,只是不遇知音。"疏山却问:"树倒藤枯时如何?"招云:"更使沩山笑转新。"疏山因而有省,乃云:"沩山元来笑里有刀。"遂遥望沩山作礼。

妙喜颂云:"若将此语定纲宗,辜负明招独眼龙。笑里忽分泥水路,方知千里共同风。"

雪峰寄一木,其状若蛇,于背上题云:"本自天然,不假雕琢。"师接得云:"本色住山人,且无刀斧痕。"

僧问:"大用现前,不存轨则时如何?"师云:"汝用得但用。"僧脱胗①绕师三匝,师云:"向上何不道取?"僧拟开

① 胗:音珍。鸟类之胃。原刻如此,误。胗繁体作"膞",与"膊"相近,当作"膊"。

口，师遂打云："这野狐精，出去！"

福州古灵神赞禅师（凡一）

本州人也。受业大中寺，有法眷三人同出游方，唯师参百丈，发明心地。后归受业，侍立其师。师云："汝等游方，得何事业？"第一人云："某甲自辞和尚，在外读书，粗能著文。"第二人云："某甲自辞和尚，在外听得三本经论。"师出云："某甲自辞和尚，在外一如未游方时。"其师咄云："这愚痴！大师兄能著文，小师兄能通经论，汝却云'一如未游方时'，辱我何多，今后只在厨下执役。"

其师一日澡浴，命师去垢。师抚其背云："好所佛殿，只是无佛。"其师咄云："这风颠汉，得与么无礼？"师云："虽然无佛，也解放光。"其师疑其语。

又一日看经次，有蝇子钻窗，师云："世界如许广阔，钻他故纸驴年去。"遂作颂云："空门不肯出，投窗也大痴。百年钻故纸，何日出头时？"

其师置经问云："汝行脚遇何人？吾前后见汝发言异常，无乃得上人法耶？当为我说。"师云："某甲蒙百丈和尚指个歇处，今欲报慈德耳。"

其师致斋，命师说法。师升座，举唱百丈门风云："灵光洞耀，迥脱根尘。体露真常，不拘文字。心性无染，本自圆成。但离妄缘，即如如佛。"其师言下感悟，乃云："何期垂老得闻极则事。"

师临迁化时告众云："汝等诸人还识无声三昧么？"众云："不识。"师云："汝等静听，莫别思量。"众皆侧聆，师已示寂。

洪州东山慧禅师(凡四)

游山次,僧指岩问云:“此岩还有主也无?”师云:“有。”云:“是甚么人?”师云:“三家村里汉。”

师同大于、南用三人在茶堂内,一僧近前合掌云:“不审。”南用云:“我既不纳汝,汝亦不见我。不审阿谁?”僧无语。师云:“不得平白地恁么问他?”用云:“大于亦无语那。”于把住其僧云:“是你恁么累我亦然。”遂与一掴,用笑云:“朗月与青天。”(《统要》作“大于语”,误)。

师复问大于侍者:“金刚正定,一切皆然。秋去冬来,且作么生?”者云:“不妨和尚借问。”师云:“即今即得,去后作么生?”云:“谁敢问着某甲?”师云:“大于还得么?”云:“犹要别人检点在。”师云:“辅弼宗师,不废光彩。”侍者作礼。

师有小师行脚归,师云:“你离吾在外几年耶?”云:“十年。”师云:“不用指东划西,直道将来。”云:“对和尚不敢谩语。”师喝云:“这打野榸[1]汉。”

---

① 榸:音摘。与“桩”音别义同。

江州龙云台禅师(凡一)

僧问:"如何是祖师西来意?"师云:"昨夜栏中失却牛。"

京兆府卫国道禅师(凡一)

师问僧:"甚处来?"云:"河南来。"师云:"黄河水清也未?"僧无对。

沩山代云:"小小狐儿,要过但过,用疑甚么。"

清田和尚(凡一)

与瑫[1]上座点茶次,师敲禅床三下,瑫亦敲三下,师云:"老僧敲,有个善巧。上座敲,有何道理?"瑫云:"某甲敲,有个方便。和尚敲,作么生?"师举起盏子,瑫云:"善知识眼应须恁么煎茶子。"瑫却问:"和尚适来举盏子,意作么生?"师云:"不可更别有也。"

① 瑫:音涛。

庐山归宗智常禅师法嗣

福州芙蓉灵训禅师(凡三)

师问归宗:“如何是佛?”宗云:“我向你道,你还信否?”师云:“和尚诚言,安敢不信?”宗云:“即汝便是。”师云:“如何保任?”宗云:“一翳在眼,空花乱坠。”师于言下顿领深旨。

师辞归宗,宗问:“甚处去?”师云:“入岭去。”宗云:“子在此多年,束装了来,为子说一上佛法。”及师束装了,却去问讯,宗云:“时寒,途中善为。”

师访同参实性大师。大师升堂,以右手拈拄杖,靠左边,良久云:“此事若不是芙蓉师兄,大难委悉。”便下座。

黄龙南云:“实性用不得便休。劫将佛法以为人情,千载之下,与人作笑端。且道,利害在甚么处?”

汉南高亭禅师(凡一)

夹山有一僧来作礼,师便打。僧云:“特来礼拜,何得打某甲?”又作礼,师又打。其僧回,举似夹山,山云:“汝还会么?”云:“不会。”山云:“赖汝不会。汝若会,即夹山口哑。”

新罗大茆和尚(凡二)

示众云:“欲识诸佛,向无明心内识取。欲识常住不凋性,向万物迁变处识取。”

僧问:“如何是大茆境?”师云:“不露锋。”云:“为甚么不露锋?”师云:“无当者。”

五台山智通禅师(凡二)

师谒归宗,忽一夜叫云:“我悟也,我悟也。”明日归宗上堂,问:“昨夜大悟底僧出来。”师便出,宗云:“汝见甚么道理便言大悟?”师云:“师姑元是女人做。”宗骇之。

师临示寂时,有偈示众云:“举手攀南斗,回身倚北辰。出头天外看,谁是我般人?”

明州大梅法常禅师法嗣

杭州天龙和尚(凡二)

示众云:“大众莫待老僧,上来便上来,下去便下去。各有华严性海,具足功德,无碍光明。各各参取。”

僧问:“如何出得三界去?”师云:“汝即今在甚么处?”

秀州盐官齐安国师法嗣

襄州关南道常禅师(凡一)

僧问:“如何是祖师西来意?”师拈起拄杖云:“会么?”云:“不会。”师便打出。

京兆府章敬怀恽禅师法嗣

金州操禅师(凡一)

因请米胡斋,不排位。米到,展坐具作礼。师下绳床,米便就师位而坐,师却席地而坐。斋罢,米去。侍者却问:“和尚受一切人钦仰,今日坐位被人夺却。”师云:“三日后若来即受救。若不来,即救不得。”三日后果来,云:“前日遭贼。”

朗州古堤和尚(凡一)

仰山来参,师云:“去!汝无佛性。”山叉手,近前三步,应诺而已。师云:“子甚么处得此三昧?”山云:“从耽源处得名,沩山处得地。”师云:“莫是沩山的子么?”山云:“世谛即不无,佛法即不敢。”山却问:“和尚从甚么处得此三昧?”师云:“我从章敬得此三昧。”山叹云:“不可思议,来者难为凑泊[①]。”

福州龟山智真禅师（凡二）

谒章敬，敬问：“自何而至？”师云：“至无所至，来无所来。”敬默许之。后入室，益臻玄奥。

示众云：“动容瞬目，无出当人一念净心，本来是佛。”

幽州盘山宝积禅师法嗣

镇州普化和尚（凡八）

师见人，无高下，皆振铃一声，时号普化和尚。或将铃就人耳边振，或拊人背，有回首者，师便伸手云：“乞我一文钱。”

师寻常入市，振铃云：“明头来，明头打。暗头来，暗头打。四方八面来，旋风打。虚空来，连架打。”

临济令侍者拦胸捣住云：“总不恁么来时如何？”师托开云：“明日大悲院里有斋。”者回举似临济，济云：“我从来疑着这汉。”

① 凑泊：凝合，聚结。

师同临济赴一施主斋，济云："毛吞巨海，芥纳须弥。为复是神通妙用？为复是法尔如然？"师乃踢倒饭床，济云："太粗生。"师云："这里是甚么所在，说粗说细？"济休去。明日又同赴一家斋，济云："今日供养何似昨日？"师又踢倒饭床，济云："太粗生。"师云："瞎汉，佛法说甚么粗细。"济不觉吐舌。

雪窦云："两个老贼，吃饭也不了，好与三十棒。棒虽行，且阿那个是正贼？"

临济一日同河阳、木塔三人在僧堂地炉内坐，正说师"每日在街市掣风掣颠，知他是凡是圣"，师忽入堂，济问云："你是凡是圣？"师云："你道我是凡是圣？"济便喝，师指河阳、木塔云："河阳新妇子，木塔老婆禅。临济小厮儿却具一只眼。"济云："这贼。"师云："贼，贼。"便出去。

师在临济堂前吃生菜，济云："这汉大似一头驴。"师便作驴鸣，济唤直岁云："细抹草料着。"师云："少室人不识，金陵又再来。临济一只眼，到处为人开。"

赵州云："何不与他本分草料着？"

师于阛阓[1]中振铃云："觅个去处不可得。"被道吾把住云："你拟去甚么处？"师云："汝从甚么处来？"吾无语，师掣肘便行。

---

① 阛阓：音环会。街市。

师一日见马道使喝道,师亦喝道,又作相扑势,马道令人打五棒,师云:“似则似,是则不是。”

师将入灭,遍问人觅直裰,人皆送与,师俱不受。临济令人买棺木一具,师归来,济云:“我与你做直裰了也。”师笑云:“临济厮儿饶舌。”遂擎棺绕街叫云:“临济与我做直裰了也,我往东门迁化去。”市人相率送之,师云:“今日不合青鸟,明日南门迁化去。”市人亦随之,师又云:“今日未吉,明日西门迁化去。”人皆不信,随者稍稀。师第四日擎棺出北门外,自入棺中,债①路行人钉之。市人相报环观,只闻空中铃声渐远,揭棺视之,乃全身脱去也。

蒲州麻谷宝彻禅师法嗣

寿州良遂座主(凡一)

初谒麻谷,谷见来,荷锄入园锄草去。师随到锄草处,谷不顾,便归方丈,闭却门。师明日又去,谷又闭却门。师遂敲门,谷云:“谁?”师云:“良遂。”才称名,忽然契悟,乃云:“和尚莫谩良遂,良遂若不来见和尚,洎被经论赚过一生。”及归讲肆开演,其略云:“诸人知处,良遂尽知。良遂知处,诸人不知。”

云门云:“便有逆水之波,如今得入,是顺水之意,亦唤作双放时节。”又云:“麻谷问‘阿谁’,他道‘莫谩良遂’,不

① 债:原刻如此。依文,当作“倩”。倩,请人帮忙做事情。

是识破麻谷相见时节，‘若不来礼拜和尚，洎被经论赚过一生’，亦知有赚人处。”又云：“作么生是良遂知处？”

虔州西堂智藏禅师法嗣

虔州处微禅师（凡二）

僧问：“三乘十二分教体理得妙。与祖意是同是别？”师云：“须向六句外鉴，不得随他声色转。”云：“如何是六句？”师云：“语底，默底，不语不默底，总是，总不是。汝合作么生？”僧无对。

师问仰山：“汝名甚么？”山云：“惠寂。”师云：“那个是慧？那个是寂？”山云：“只在目前。”师云：“犹有前后在。”山云：“和尚见个甚么？”师云：“吃茶去。”

湖南东寺如会禅师法嗣

吉州薯山慧超禅师（凡一）

洞山来，师问：“汝已住一方，又来这里作么？”洞云：“无奈疑何，所以来见和尚。”师召良价，价应诺，师云：“是甚么？”洞无语，师云：“好个佛，只是无光焰。”

荆州永泰灵湍禅师法嗣

湖南上林戒灵禅师(凡一)

师参大沩,沩问:“大德作么来?”师云:“介胄全具。”沩云:“卸却了来相见。”师云:“卸却了也。”沩咄云:“贼尚未打,卸作甚么?”后参永泰,方喻厥旨。

湖南祇林和尚(凡一)

每叱文殊、普贤为精魅,手提木剑,自谓降魔。才见僧来,便云:“魔来也。”以木剑乱挥,潜入方丈。如是十二年,置剑无言。僧问:“十二年前为甚么降魔?”师云:“贼不打贫儿家。”云:“十二年后为甚么不降魔?”师云:“贼不打贫儿家。”

五台秘魔岩和尚(凡一)

常提一杈,才见僧来,提起杈云:“甚么魔魅教汝出家?甚么魔魅教汝行脚?道得也杈下死,道不得也杈下死。速道,速道。”

法眼代云:“乞命乞命。”

玄觉代云:“老儿家,放下杈子得也。”

五祖戒云:“山僧当时若见,夺劫杈来,蓦项杈倒,点把火照看面皮厚多少。”

南岳下第五世

赵州观音从谂禅师法嗣

扬州光孝慧觉禅师(凡五)

师一日见露柱,合掌云:“不审世尊。”僧云:“和尚是露柱。”师云:“啼得血流无用处,不如缄口过残春。”

师到崇寿,法眼问:“近离甚处?”师云:“赵州。”眼云:“承闻赵州有柏树子话,是否?”师云:“无。”法眼云:“往来皆谓:僧问‘如何是祖师西来意’,州云‘庭前柏树子’。上座何得言无?”师云:“先师实无此语,和尚莫谤先师好。”

师问宋齐丘:“还会道么?”宋云:“若是道也着不得。”师云:“是有着不得?是无著不得?”宋云:“总不恁么。”师云:“着不得底聻?”宋无对。

张居士问:“奈老何?”师云:“年多少?”士云:“八十也。”师云:“可谓老也。”士云:“毕竟如何?”师云:“直至千岁也未在。”

或人问:“某甲平生杀牛,还有罪也无?”师云:“无。”或人云:“何得无罪?”师云:“杀一个,还一个。”

陇州国清奉禅师(凡二)

问:“牛头未见四祖时,为甚么百鸟衔花献?”师云:“陕府人送钱财与铁牛。”云:“见后为甚么不衔花献?”师云:“木马投明行八百。”

僧问:“祖意教意,是同是别?”师云:“雨滋三草秀,春风不裹头。”问:“如何是出家人?”师云:“铜头铁额,鸟觜鹿身。”问:“如何是佛法大意?”师云:“释迦是牛头狱卒,祖师是马面阿傍。”问:“如何是祖师西来意?”师云:“东壁打西壁。”

婺州新建禅师(凡一)

一生不畜沙弥童行,有座主问:“和尚年尊,何不讨个小师侍奉?”师云:“若有眼暗耳聋口哑底,为我讨一个来。”主无对。

杭州多福和尚(凡一)

僧问:“如何是多福一丛竹?”师云:“一茎两茎斜。”僧云:“不会。”师云:“三茎四茎曲。”

益州西穆和尚(凡二)

师召侍者,者应诺,师云:“更深夜静,共伊商量。”

有俗士举手云:“和尚是一头驴。”师云:“老僧被你骑。”士无语去,后三日却来云:“某甲前日着贼了也。”师拈棒打出。

衢州子湖利踪禅师法嗣

日容远禅师(凡一)

奯[1]上座来,师拊掌三下云:“猛虎当轩,谁是敌者?”奯云:“俊鹞冲天,阿谁捉得?”师云:“彼此难当。”奯云:“且休,未要断这公案。”师拈拄杖作舞归方丈,奯无语,师云:“死却这汉也。”

紫桐和尚(凡一)

僧问:“如何是紫桐境?”师云:“你眼里着得沙么?”云:“大好紫桐境也不识。”师云:“老僧不讳此事。”其僧出去,师下绳床擒住云:“今日好个公案,老僧未得分文入

---

① 奯:音或。

手。”云：“赖遇某甲是僧。”师云：“祸不单行。”

漳州浮石和尚（凡一）

示众云：“山僧开个卜铺，能断人贫富，定人生死。”时有僧出问：“离却贫富生死，不落五行，请师直道。”师云：“金木水火土。”

联灯会要卷第八

长沙景岑禅师法嗣

明州雪窦常通禅师(凡一)

僧问:“如何是密室?”师云:“不通风。”云:“如何是室中人?”师云:“诸圣求睹不见。”僧作礼,师云:“千圣不能思,万圣不能议。乾坤坏不坏,虚空包不包?一切无比伦,三世唱不起。”

鄂州茱萸禅师法嗣

石梯和尚(凡二)

师见侍者托钵上堂,乃唤云:“侍者。”者应诺,师云:“甚处去?”云:“上堂斋去。”师云:“我岂不知你上堂斋去。”云:“除此外,别道个甚么即得?”师云:“我只问你本分事。”云:“和尚若问本分事,某甲实是上堂斋去。”云:“汝不谬为吾侍者。”

有一暂到来师前立,少顷便出去,师云:“有甚么辨白处?”僧再来,立良久,师云:“辨得也,辨得也。”云:“辨得后如何?”师云:“埋却得也。”云:“苍天苍天。”师云:“适来却恁么，如今还不当。”僧便出去。

潭州大沩灵祐禅师法嗣

袁州仰山慧寂禅师（凡四十五）

韶州怀化叶氏子也。初谒大沩，沩问：“你是有主沙弥？无主沙弥？”师云：“有主沙弥。”沩云：“主在甚么处？”师从西过东立，沩异之。

沩山问师：“承闻子在百丈先师处，问一答十，问十答百，是否？”师云：“不敢。”沩云：“佛法向上，道取一句。”师拟开口，沩便喝。如是三问，三度拟对，三度遭喝。师垂泪云：“先师道：‘你须遇人始得。’今日便是遇人也。”遂发心牧牛三年。一日沩入山，见师在磐石上坐禅，沩以拄杖点师背云：“寂子道得也未？”师云：“虽道不得，要且不借别人口。”沩云：“寂子会也。”

沩山谓师云：“汝须自回光返照，别人不知汝解处，汝试将实解献老僧看。”师云：“若教某甲自看，到这里无圆位，亦无一物一解得献和尚。”沩云：“无圆位处，元是汝作解处，未离心境在。”师云：“既无圆位，何处有法？把何物作境？”沩云：“适来是汝作恁么解，是否？”师云：“是。”沩云：“若恁么，是具足心境法，未脱我所心在，元来有解献我，何得言无？许你信位显，人位隐在。”

师问沩山:"如何是真佛住处?"山云:"以思无思之妙,返思灵焰之无穷,思尽还源,性相常住。理事不二,真佛如如。"师于言下大悟。

师在沩山牧牛时,踢天泰上座问:"百亿毛头,百亿师子现,作么生?"师骑牛便归。次日侍立沩山,举前话方了,却见泰上座来,师云:"便是这个上座。"沩遂问:"百亿毛头,百亿师子现,岂不是上座道?"泰云:"是。"师云:"正当现时,毛前现?毛后现?"泰云:"现时不说前后。"沩山大笑,师云:"师子腰折也。"(依本录。)

师看牛,沩山问:"此中还有菩萨也无?"师云:"有。"沩云:"你见那个是?试指出看。"师云:"和尚拟那个不是?试指出看。"沩休去。

沩山问师:"忽有人问你,作么生只对?"师云:"东寺师叔若在,慧寂不到寂寞。"沩云:"放你一个不只对罪。"师云:"生之与杀,只在一言。"沩云:"不辜汝见,别有人不肯。"师云:"阿谁?"沩指露柱云:"这个。"师云:"道甚么?"沩亦云:"道甚么?"师云:"白鼠推迁,银台不变。"

师问沩山:"大用现前,请师辨白。"沩下座,归方丈,师随后入,沩云:"子适来问甚么?"师再举,沩云:"还记得吾答否?"师云:"记得。"沩云:"试举看。"师便出去,沩云:"错。"师云:"香严师弟来,莫道某甲无语。"

师侍立沩山，忽闻鸟鸣。沩云："伊说事却径。"师云："不可向别人道。"沩云："何故？"师云："为伊说事太直。"沩云："多少法门，寂子一时推下。"师云："推下事作么生？"沩敲禅床三下。

沩山喂鸦生饭，回头见师，乃云："今日为伊大上堂一上。"师云："某甲随例得闻。"沩云："闻底事作么生？"师云："鸦作鸦鸣，鹊作鹊噪。"沩云："争奈声色何？"师云："和尚适来道甚么？"沩云："我只道'为伊大上堂一上'。"师云："为甚么唤作声色？"沩云："虽然如此，验过又何妨？"师云："大事因缘作么生验？"沩竖起拳，师云："终是指东划西。"沩云："子适来问甚么？"师云："大事因缘。"沩云："为甚么唤作'指东划西'？"师云："为着声色故，某甲所以问。"沩云："并未晓了此事。"师云："如何得晓了去？"沩云："寂子声色，老僧东西。"师云："一月千江体不分。"沩云："应须与么始得？"师云："如金与金，终无异色，岂有异名？"沩云："作么生是无异名底道理？"师云："瓶、盘、钗、钏、契、盂、盆。"沩云："寂子说禅如师子吼，惊杀狐狼野犴①之属。"

师扫地次，沩山云："尘非扫得，空不自生。如何是尘非扫得？"师以帚扫地一下，沩云："作么生是空不自生？"师以手指自身，又指沩山。山云："尘非扫得，空不自生，离此二途，又作么生？"师又扫地一下，以手指自身，复指

① 犴：音 án。北方的一种野狗。又音岸。古之拘留所。

沩山。

师夏罢,问讯沩山,山云:"一夏不见上来,在下面作何所务?"师云:"某甲在下锄得一片畬,下得一箩种。"沩云:"子今夏也不空过。"师却问沩山:"和尚今夏作得个甚么?"沩云:"日中一食,夜后一寝。"师云:"和尚今夏也不空过。"道了不觉吐舌,沩云:"寂子何得自伤己命?"

师住东平,沩山寄镜子一面,并书至。师升堂,受书毕,提起镜子示众云:"大众且道,是沩山镜?是东平镜?若道是东平镜,又是沩山寄来。若道是沩山镜,又在东平手里。若道得,即留取;若道不得,即扑破去也。"如是三说,众皆无对,师遂扑破。

西禅净颂云:"比谓拈来伸一问,如何举众尽茫然。不因一扑百杂碎,定作人间丑妇冤。"

沩山问:"尽大地众生,业识忙忙,无本可据,子作么生知他有之与无?"师云:"惠寂有验处。"时有僧从面前过,师召云:"上座。"僧回首,师云:"和尚,这个便是业识忙忙,无本可据。"沩云:"此是师子一滴乳,迸散六斛驴乳。"

沩山问师:"甚么处来?"师云:"田中来。"沩云:"田中有多少人?"师插下锹子,叉手而立。沩云:"今日南山大有人刈茆。"师拽锹便行。

玄沙云:"我若见,即踏倒锹。"

雪窦云:"诸方咸谓插锹话奇特,大似随邪逐恶。据雪窦见处,仰山被沩山一问,直得草绳自缚,去死十分。”

沩山与师行次,指田云:“这一丘田,那头高这头低。”师云:“却是这头高,那头低。”沩云:“汝若不信,向田中央立,看两头。”师云:“不必中间立,亦莫住两头。”沩云:“若如是,着水看,水能平物。”师云:“水亦无定,但高处高平,低处低平。”沩休去。

师问沩山:“和尚去后,有人问法道如何传嗣,向他道甚么?”沩云:“一粥一饭。”师云:“前人不肯又作么生?”沩云:“作家师僧。”仰作礼,沩云:“向后错举即不可。”

师在沩山牧牛,见一僧上寺,不久便下,师问:“何不且住?”僧云:“只为因缘不契,所以下山。”师云:“有何因缘,请举看?”僧云:“和尚问某甲:‘名甚么?’某甲云:‘归真。’和尚云:‘真归何在?’某甲无对。”师云:“上座却回,向和尚道:‘某甲道得也。’待他问你:‘作么生道?’但云:‘耳里,眼里,鼻里。’”其僧回,一如所教,沩云:“脱空妄语汉,此是五百人善知识语。”

师到岩头,头举拂子,师展坐具。头拈拂子置背后,师将坐具搭肩上便出。头云:“我不重你放,只重你收。”

师问东寺:“借一路过那边得么?”寺云:“大凡沙门不可只一路也,别更有么?”师良久,寺却问师:“借一路过那边得么?”师云:“大凡沙门不可只一路也,别更有么?”寺云:“只有此。”师云:“大唐天子决定姓金。”

示众云:“汝等诸人各自回光返照,莫记吾言。汝自无始劫来,背明投暗,妄想根深,卒难顿拔。所以假设方便,夺汝粗识。如将黄叶止小儿啼,有甚么是处?亦如人将百种货物,与金宝作一铺货卖。只拟轻重来机,所以道石头是真金铺。我这里是杂货铺,有人来觅鼠屎,我亦拈与他。来觅真金,我亦拈与他。”时有僧问:“鼠屎即不要,请和尚真金。”师云:“啮镞拟开口,驴年亦不会。”

示众云:“我若索唤,即有交易。若不索唤,即无交易。我若说禅宗,身边要一人相伴亦无,岂况有五百、七百众?我若东说西说,便争头向前采拾,如将空拳诳呼小儿,都无实义。我今分明向汝说圣边事,且莫将心凑泊。但向自己性海,如实而修,不要三明六通。何以故?此是圣末边事,如今且要识心达本。但得其本,不愁其末,他时后日自具去在。若未得本,纵饶将情学他亦不得。汝岂不见沩山和尚道:‘凡圣情尽,体露真常。事理不二,即如如佛。’”

师指雪师子谓众云:“还有过得此色者么?”众无对。

云门云:“便好与推倒。”

雪窦云:“云门只解推倒,不解扶起。”

僧问:“禅宗顿悟,毕竟入门的意如何?”师云:“祖宗门下,上根利智,一闻千悟,得大总持。若是根微智劣,若不安禅静虑,到这里总须茫然。”云:“还别有方便也无?”

师云:“别有、别无,令汝心不安,且如汝是甚么处人?”云:“幽州人。”师云:“汝还思彼处否?”云:“常思。”师云:“彼处楼台林苑,人马骈阗,汝返思思底还有许多般也无?”云:“某甲到这里,一切不见。”师云:“汝解犹在境。信位即是,人位师不是。据汝所解,只得一玄,得坐披衣,向后自看。”僧作礼而谢。

师在沩山与天性上座语话次,性云:“好雨。”师云:“好在甚处?”性无语,师却云:“好雨。”性云:“好在甚处?”师指雨示之,性无对,师云:“何得大智而默?”

盐官会中有数僧到沩山,心不肯伏。一日普请西庄担禾,师同至岭头歇。师拈禾担,向数僧前行一匝云:“有么?有么?”数人无对,师云:“赚杀人。”担禾便去。

石霜有二僧到沩山云:“此间无一人会禅。”师因普请搬柴次,拈一橛柴,问云:“还道得么?”二俱无对,师云:“莫道无一人会禅好。”

师归,谓沩山云:“今日二禅客被慧寂勘破。”沩云:“子作么生勘?”师举前话,沩云:“子今日又被吾勘破。”

云居锡云:“甚么处是沩山勘破仰山处?”

庞居士问:“久响仰山,到来为甚么却覆?”师竖起拂子,士云:“恰是。”师云:“是仰是覆?”士打露柱一下云:“虽然无人见,也要露柱证明。”师掷下拂子云:“若到诸方,一任举似。”

师问僧:“甚处来?”云:“幽州。”师云:“我恰要幽州信,幽州米作么价?”云:“某甲无端从他市上过,踏折他桥梁。”

保宁勇代仰山云:“放你三十棒。”

师梦往弥勒所,安第二座。有一尊者白槌云:“今日当第二座说法。”师起白槌云:“摩诃衍法,离四句,绝百非,谛听谛听。”

大沩秀云:“依文解义即不无。忽然弥勒会中有个作者,才见伊道‘摩诃衍法’,便云:‘合取两片皮。’非唯止绝仰山寐语,亦免后人梦中说梦。”

师问僧:“近离甚处?”云:“庐山。”师云:“曾到五老峰么?”云:“不曾到。”师云:“阇梨不曾游山。”

云门云:“此语皆因慈悲之故,有落草之谈。”

黄龙心云:“云门、仰山,只有受璧之心,且无割城之意,殊不知被这僧一时领过。黄龙今日更作死马医。”乃拈拂子度与僧,僧拟接,龙便打。

大沩喆云:“仰山可谓光前绝后。云门虽然提纲宗要,钳键天下衲僧,争奈无风起浪。诸人还识这僧么?亲从庐山来。”

师住观音时,出榜云:“看经次,不许问事。”后有一僧潜至师背后立地,师回首见,遂卷却经,以目视之云:“会么?”僧云:“不会。”师云:“汝已后会去在。”

后僧举似岩头,头云:“我将谓这老汉被故纸埋,却元来犹在。"

师问僧:"近离甚处?"云:"向南。"师拈起拄杖云:"彼中还说这个么?"云:"不说。"师云:"不说这个,还说那个么?"云:"不说。"师召:"大德。"僧应诺,师云:"参堂去。"师复召僧,僧应诺,师云:"近前来。"僧近前,师便打。

云门云:"仰山若无后语,争识得人?"

一日,有一异僧垂空而来,作礼而立。师问:"近离甚处?"云:"早晨离西天。"师云:"何太迟生?"云:"游山玩水。"师云:"神通妙用即不无尊者,佛法须是老僧始得。"云:"特来东土礼文殊,却遇小释迦。"遂出西天贝多叶与师,作礼腾空而去。

东林总云:"诸方商量如麻似粟,尽道碧眼胡儿来无踪、去无迹,直是光前绝后。若不是仰山,也难为纵夺。殊不知腾空而来,腾空而去,一生只在虚空里作活计。大小仰山被他两杓恶水浇了也。当时集云峰下自有正令,何不施行?大众且道作么生是正令?"

鼓山永云:"仰山被这僧热瞒。若是个汉,待他道'早晨离西天',脚跟下痛与三十。"

师坐次,有一僧来作礼,师不顾,僧问:"师还识字否?"师云:"随分。"僧右旋一匝云:"是甚么字?"师于地上书"十"字酬之。僧又左旋一匝云:"是甚么字?"师添"十"字作"卍"字,僧作圆相以两手托,如修罗擎日月势云:"是甚么字?"师作圆相围却"卍"字。僧作楼至势,师云:"如是如是,此是诸佛之所护念。汝既如是,吾亦如是,善自护持。”其僧作礼,腾空而去。

有一道者见,后五日遂问师,师云:“汝还见么?”者云:“某甲见出门腾空而去。”师云:“此是西天罗汉来探吾道也。”者云:“某甲虽睹种种三昧,不辨其理。”师云:“吾以义为汝解释。此是八种三昧,是觉海变为义海,其体亦然。此义合有因有果,即时异时,总别不离隐身三昧也。”

师见僧来,乃于地上画半月相示之。僧却添作满月相,后以手抹之。师却展手作索势,其僧拂袖便出。师便休。

师坐次,有僧来云:“不审。”叉手东边而立,以目视师,师垂下一足。僧从东过西而立,师又垂一足。僧向中间立,师取两足。僧作礼,师云:“老僧自住来二十年,不曾打着一个人。”遂下绳床打一棒,其僧腾空而去。

师共一僧语话,傍有僧云:“语底是文殊,默底是维摩。”师云:“不语不默底莫是上座么?”僧默然。师云:“何不现神通看?”云:“不辞现神通,恐和尚取入教去。”师云:“鉴汝来处,未有教外底眼。”

师见僧来,竖起拂子,僧便喝,师云:“老僧过在甚么处?”僧云:“和尚不合将境示人。”师便打。

僧问:“见色便见心。绳床是色,请和尚离却色,指学人心。”师云：“那个是绳床，试指出来看？”僧无语。

玄觉云：“忽被伊指绳床又作么生？”僧云：“请师道。”觉拊掌三下。

僧问：“法身还会说法也无？”师云：“我说不得，别有一人说得。”云：“说得底人在甚么处？”师推出枕子。沩山闻乃云：“寂子用剑刃上事。”

妙喜云：“沩山真是怜儿不觉丑。仰山推出枕子已是漏逗，更着个名字，唤作剑刃上事，误他学语之流，便恁么承虚接响，流通将去。妙喜虽似借水献花，要且理无曲断。即今莫有傍不甘底么？出来，我要问你推出枕子，还当得法身说法也无？”

天童华云：“二老于唱教门中足可称尊，衲僧门下总是吃棒底汉。”

僧问：“和尚还识字否？”师云：“随分。”僧画圆相，以手托呈，师以衣袖拂之。僧又作半月相托呈，师以两手作背抛势。僧以目视之，师即低头。僧绕仰一匝，师便打，僧便出去。

韦宙相公就沩山请伽陀，山云：“觌面相呈，犹是钝汉，岂况形于纸笔耶？”韦乃就师请，师于纸上画一圆相，下面注云：“思而知，落第二头。不思而知，落第三首。”

陆侍御同师入僧堂，问：“如许多师僧，为复是吃粥饭僧？为复是参禅僧？”师云：“亦不是吃粥饭僧，亦不是参禅僧。"陆云:"在此作甚么?"师云:"侍御自问取他。"

师向陆郎中:"承闻郎中看经得悟,是否?"陆云:"弟子因看《涅槃经》有云'不断烦恼而入涅槃',得个安乐处。"师竖起拂子云:"只如这个作么生入?"陆云:"入之一字也不用得。"师云:"入之一字,不为郎中。"陆便起去。

法灯云:"入之一字,为甚么人?"又云:"郎中且莫烦恼。"

雪窦于"举拂子"处别云:"拂子到某甲手里也。"又别后语云:"我将谓你是个俗汉。"

邓州香严智闲禅师(凡七)

青州人也。初参百丈,性识聪敏,了无省动。百丈迁化后造沩山,山问:"我闻汝在百丈先师处,问一答十,问十答百。此是汝聪明灵利,意解识想,生死根本。父母未生时,试道一句来看?"师茫然不能加答。遂归寮,将平日看过底文字从头检寻,无一句可将酬对,乃自叹云:"画饼不可充饥。"屡上堂头告沩山为说,山云:"我若说似你,你已后骂我去在。我说底是我底,终不干你事。"师遂将平昔所畜文字以火爇却,云:"此生不学佛法也,且作个长行粥饭僧,免役心神。"乃泣辞沩山。直过南阳忠国师遗迹,遂憩止草庵。

一日芟除草木,因抛瓦砾,击竹作声,忽然省悟。遽归沐浴,望沩山作礼,叹云:"和尚大慈,恩逾父母。当时若为我说破，何有今日之事。”乃述偈云：“一击忘所知，更不自修治。动容扬古路，不堕悄然机。处处无踪迹，声色外威仪。诸方达道者，咸言上上机。”沩山闻得云：“此子彻也。”

时仰山侍立，乃云：“此是心机意识，著述得成。待惠寂亲自勘过始得。”

仰山后见师，问云：“和尚赞叹师兄发明大事，你试说看。”师举前颂，仰云：“此是宿习，记持而成。若有正悟，更别说看。”师又作一偈云：“去年贫未是贫，今年贫始是贫。去年贫尚有卓锥之地，今年贫锥也无。”仰云：“如来禅许师兄会，祖师禅未梦见在。”师又作一偈云：“我有一机，瞬目视伊。若人不会，别唤沙弥。”仰师报沩山云：“且喜香严师兄会祖师禅也。”

师开堂日，沩山令人送书并拄杖到，师接了云：“苍天苍天。”僧问：“和尚为甚如此？”师云：“只为冬行春令。”

示众云：“道由悟达，不在语言。况是密密堂堂，曾无间隔，不劳心意，暂借回光。日用全功，迷徒自背。”

示众云：“如人上树，口衔树枝，脚不踏树，手不攀枝。树下忽有问：‘如何是祖师西来意？’不对又违他所问，若对他又丧身失命。当恁么时，作么生即得？”时有虎头上座出众云：“上树即不问，未上树请和尚道。”师乃呵呵大笑。

雪窦云：“树上道即易，树下道即难。老僧上树也，致将一问来。”

妙喜云:“吞了栗棘蓬,透了金刚圈。见这般说话,也是泗州人见大圣。”

保宁勇颂云:“曲说多方老古锥,那堪枝上更生枝。好如良马窥鞭影,逐块且非师子儿。”

僧问:“不慕诸圣,不重己灵时如何?”师云:“万机休罢,千圣不携。”疏山时在众作呕声云:“是何言欤?”师问:“谁?”众云:“师叔。”师云:“不肯老僧那?”山出众云:“是。”师云:“师叔莫道得么?”云:“道得。”师云:“试道看。”山云:“若教某甲道,须还师资礼始得。”师下座,让坐作礼,蹑前问,山云:“万机休罢,犹有物在。千圣不携,亦从人得。”师云:“请师叔道。”山云:“肯、重不得全。”师云:“肯又肯个甚么?重又重阿谁?”山云:“肯则肯他诸圣,重则重自己灵。”师云:“饶汝恁么,也须倒屙三十年。设有住处,近山无柴烧,近水无水吃。分明记取。”

后住疏山,果如师记,得疾,经二十七年方愈。自云:“香严师兄记我三十年倒屙,犹少三年在。”每食罢,以手扶而吐之,以应前记。

山后问道怤[1]长老:“肯、重不得全作么生会?”怤云:“全归肯重。”疏山云:“不得全又作么生?”怤云:“个中无肯路。”山云:“方惬病僧意。”

僧问:“如何是道?”师云:“枯木里龙吟。”云:“如何是道中人?”师云:“髑髅里眼睛。”

---

① 怤:音夫。

其僧后问石霜："如何是枯木里龙吟？"霜云："犹带喜在。"云："如何是髑髅里眼睛？"霜云："犹带识在。"

又问曹山："如何是枯木里龙吟？"山云："血脉不断。"云："如何是髑髅里眼睛？"山云："干不尽。"云："未审还有得闻者么？"云："尽大地未有一人不闻。"云："未审龙吟是何章句？"山云："不知是何章句，闻者俱丧。"遂作偈云："枯木龙吟真见道，髑髅无识眼初明。喜识尽时消息尽，当人那辨浊中清。"

师问僧："甚处来？"云："沩山来。"师云："有何言句？"云："有僧问：'如何是祖师西来意？'山竖起拂子。"师云："彼中兄弟如何商量？"云："彼中商量道'即色明心，附物显理'。"师云："会即便会，着甚死急。"云："师意如何？"师亦竖起拂子。

杭州径山洪諲[1]禅师（凡三）

吴兴吴氏子。佛口长老来，师问："承闻长老独化一方，何以荐游峰顶？"云："朗月当空挂，冰霜不自寒。"师云："莫便是长老家风么？"云："峭峙万重关，于中含宝月。"师云："此犹是文言，作么生是长老家风？"云："今日赖遇佛日。"

佛日却问师："隐密全真时，人知有道不得。太省无辜时，人知有道得。于此二途，犹是时人升降处。未审长老

① 諲：音音。

亲道自道如何道?"师云:"我家道处无个道。"日云:"如来路上无私曲,更请玄音和一场。"师云:"任你二轮更互照,碧潭云外不相关。"日云:"为报白头无限客,此回年少莫归乡。"师云:"老少同伦无向背,我家玄路勿参差。"日云:"一言定天下,四句为谁留?"师云:"你言有三四,我道其中一也无。"因有偈云:"东西不相顾,南北为谁留?汝言有三四,我道一也无。"

僧问:"掩息如灰时如何?"师云:"犹是时人功干。"云:"干后如何?"师云:"耕人田不种。"云:"毕竟如何?"师云:"禾熟不临场。"

僧问:"如何是长?"师云:"千圣不能量。"云:"如何是短?"师云:"蟭螟眼里着不满。"僧不肯。

后举似石霜,霜云:"只谓太近实头。"僧却问霜,霜云:"不屈曲。"僧进后语,霜云:"双陆盆中不喝彩。"

福州双峰禅师(凡一)

仰山问:"师弟近日见处如何?"师云:"据某甲见处,实无一法可当情。"仰云:"汝解犹在境。"师云:"某甲只恁么,师兄又如何?"仰云:"汝岂无能知无一法可当情者?"沩山闻云:"寂子一句,疑杀天下人。"

福州九峰慈慧禅师(凡一)

师因沩山上堂云:“汝等诸人,只得大机,不得大用。”师抽身便出,沩山召。云:“更不回顾。”山云:“此子堪为法器。”

保福展云:“依稀似曲,失后忘前。”

滁州定山神英禅师(凡二)

椑[1]树问:“不落数量,请师道。”师提起数珠云:“是落不落?”树云:“圆珠三窍,时人知有,请师圆前话。”师便打。树拂袖而出,师云:“三十年后,槌胸大哭去在。”树住后,示众云:“我三十年前被定山热瞒一上,不同小小。”

雪窦云:“定山用即用,争奈险。椑树知即知,要且未具择法眼。试请辨看。”

师见首座洗衣,乃问:“作甚么?”座提起衣,师云:“洗底是甚么?”座云:“福州使铁钱。”师唤维那:“移下挂搭着。”

襄州延庆法端禅师(凡一)

僧问:“蚯蚓斩为两段,两头俱动。未审佛性在那头?”

---

① 椑:音杯。又音皮,指酒器。

师展两手。

洞山别云:"问底在阿那头?"

益州应天和尚(凡一)

僧问:"如何是和尚佛性?"师云:"汝唤甚么作佛性?"云:"恁么则和尚无佛性也。"师高声叫云:"快活快活。"

元康和尚(凡一)

访玉楼,楼见师来,便收足坐。师云:"得恁么威仪周足。"楼云:"汝适来见个甚么?"师云:"无端被人领过。"楼云:"直须恁么始为真见。"师云:"苦哉,赚却几人来。"楼便起身,师云:"见即见已,动即不动。"楼云:"尽力道不出定也。"师拊掌三下。

南泉云:"天下人断这两个汉是非不得。若断得出,即与他同参。"

京兆米和尚(凡三)

师令僧问仰山:"今时人还假悟也无?"仰云:"悟即不无,争奈落在第二头。"师深肯之。

僧问:"自古上贤还达真正理也无?"师云:"达。"云:"只如真正理作么生达?"师云:"当时霍光卖假银城与单于,契书是甚么人做?"僧云:"某甲直得杜口无言。"师云:

“平地教人作保。”

师问僧：“近离甚处？”云：“药山。”师云：“药山老子近日如何？”云：“大似一片顽石。”师云：“得与么郑重？”云：“无你提掇处。”师云：“非但药山，米胡亦如是。”僧近前顾视，师云：“看看顽石动也。”其僧便出去。

雪窦云：“米胡也纵夺可观，争奈死而不吊。”

襄州常侍王公敬（凡三）

公治事次，米胡来，王举笔示之，米云：“还判得虚空么？”王掷下笔入宅，更不相见。米置疑。明日凭华严置茶筵，米亦窜身屏间。严问：“常侍，昨日米和尚有何言句，便不相见？”王云：“师子咬人，韩卢趁块。”米闻是语，遽出朗笑云：“我会也，我会也。”王云：“会即不无，试请道看。”米云：“请常侍举。”王拈起一只箸，米云：“这野狐精。”王云：“这汉彻也。”

大沩喆云：“米胡只得一橛，常侍看楼打楼。若是大沩，待他掷下笔，但云：‘我从来疑着汝。’”

常侍同临济入僧堂，乃问：“这一堂师僧还看经也无？”云：“不看经。”王云：“还习禅也无？”云：“不习禅。”王云：“经又不看，禅又不习，在这里作甚么？”济云：“总教伊成佛作祖去。”王云：“金屑虽贵，落眼成翳。”济云：“我将谓你是个俗汉。”

镜清代云：“比来抛砖引玉。”

大沩喆云:“王常侍可谓儒门君子,禅门良匠。若非智鉴精明,争得是非颖脱。”

常侍问僧:“一切众生还有佛性也无?”云:“有。”王指壁间画狗云:“这个聻?”僧无对,王云:“看咬着。”

筠州黄蘗希运禅师法嗣

睦州陈尊宿(凡二十四)

本郡人。得旨断际。初居筠州米山,后住睦州观音,常百余众。知道不偶世,舍众居开元寺房,织蒲鞋养其母。挹世高蹈,为时所慕。凡应接来者,机辨峭绝,无容伫思。指临济参黄蘗,接云门嗣雪峰,皆师之力也。

示众云:“我见百丈和尚不识好恶。上堂,大众才集,以拄杖一时打下。复召大众,众回首,丈云:‘是甚么?’(师云:‘有甚共语处?’)黄蘗亦然,复召大众,众回首,蘗云:‘月似弯弓,少雨多风。’(师云:‘犹较些子。’)”

雪窦云:“说甚么犹较些子。直是未在,雪窦众集,一时打下便休。或有个无孔铁锤,为众竭力,善能担荷,可以笼罩古今,乾坤把断。”蓦拈拄杖云:“放过一着。”

示众云:“汝等诸人,还得个入头处也未?若未得个入头处,须得个入头处。若得个入头处,不得辜负老僧。”时有僧出作礼云:“终不敢辜负和尚。”师云:“早是孤负我了也。”

云峰悦云:“古人恁么道‘和身放倒了也’。汝等诸人还相委悉么?若相委悉,辜负睦州。若未委悉,雪峰亦遭连累。”

示众云:“裂开也在我,捏聚也在我。”时有僧问:“是何是裂开?”师云:“三九二十七,菩提涅槃,真如解脱,即心即佛。我且与么道?汝又作么生?”僧云:“某甲不恁么。”师云:“盏子落地,楪[1]子成七片。”

云峰悦云:“相骂饶你接觜,相唾饶汝泼水。”

师云:“明明向你道,尚自不会,岂况盖覆将来?”时有僧出作礼云:“某甲终不敢辜负和尚。”师云:“早是辞负我了也。”

妙喜云:“葛藤得也未?”

师云:“我在此住持,未曾见个无事人到来,汝等何不近前?”时有僧近前,师云:“维那不在,自领去三门外,与你三十棒。”云:“某甲过在甚么处?”师云:“枷上更着杻[2]。”

西峰长老来,置茶果次,师问:“今夏在甚么处安居?”峰云:“兰溪。”师云:“多少众?”云:“七十余人。”师云:“时中将何示徒?”峰拈起柑子,师云:“着甚死急。”

---

① 楪:音碟。同“碟”。

② 杻:音丑。刑具,即手铐。《旧唐书·刑法志》:“系囚之具,有枷、钳、锁,皆有长短广狭之制,量罪轻重,节级用之。”又音扭。木名。

师问武陵长老:“了即毛吞巨海,始知大地一微尘作么生?”陵云:“和尚问阿谁?”师云:“问长老。”陵云:“何不领话?”师云:“我不领话,你不领话。”

雪窦云:“堕也堕也。”复云:“这葛藤老汉好与划断。”蓦拈拄杖云:“甚么处去也?”

师问僧:“近离甚处?”僧便喝,师云:“老僧被你一喝。”僧又喝,师云:“三喝四喝后作么生?”僧无语,师便打,云:“这掠虚汉。”

师有时唤僧云:“大德。”僧回首,师云:“担板汉。”

雪窦云:“睦州只具一只眼。唤既回头,因甚却成担板?”

黄龙心云:“雪窦亦只具一只眼。这僧唤便回头,因甚不成担板?”

师问僧:“近离甚处?”云:“浏阳。”师云:“彼中老宿祇对佛法大意,道甚么?”云:“遍地无行路。”师云:“老宿实有此语那?”云:“实有。”师拈拄杖打,云:“这念言语汉。”

师问僧:“近离甚处?”云:“仰山。”师云:“五戒也不持。”云:“甚么处是某甲妄语处?”师云:“这里不着沙弥。”

师问僧:“近离甚处?”云:“那边札。”师云:“老僧屈。”云:“和尚知即得。”师云:“担枷过状。”劈脊便打。

云峰悦云："睦州何用繁辞？那边札，劈脊便棒。"

师问僧："近离甚处？"云："河北。"师云："河北有个赵州和尚曾到彼中么？"云："某甲近离彼中。"师云："有何言句？"僧举吃茶话，师云："惭愧。"却问："你道赵州意作么生？"云："只是一期方便。"师云："苦哉！赵州被你一杓屎泼了也。"便打。

师却问沙弥："你作么生会？"弥作礼，师亦打。

其僧往问沙弥："和尚适来打你作甚么？"弥云："若不是我，和尚终不打我。"

雪窦云："这僧克由叵[①]耐，将一杓屎泼他二员古佛。诸上座，若能辨得，非唯与赵、睦二州雪屈，亦乃雪窦与天下老和尚无过。若辨不得，到处泼人，卒未了在。"

师见僧来，便云："现成公案，放你三十棒。"云："某甲如是。"师云："寺门外金刚为甚么竖起拳？"僧云："金刚尚乃如是。"师便打。

云门云："睦州正恁么时，天下人披枷带锁。"

师见僧行胡饼，乃问："行甚么？"云："胡饼。"师云："这俗汉。"

云门来敲门，师云："阿谁？"门云："文偃。"师开门，拦胸搊住云："道道。"门拟议，师便推出云："秦时轒[②]轹钻。"

---

① 叵：音叵。同"叵"。
② 轒：音铎。

师问僧："甚处来？"云："天台。"师云："见说石桥成两截，是否？"云："和尚甚处得这消息来？"师云："将谓是华顶峰前客，元来只是平田村里人。"

师问僧正："闻汝讲得《唯识论》，是否？"云："小年曾读文字来。"师拈胡饼，擘作两片云："你作么生？"正无语，师云："你唤作胡饼，不唤作胡饼？"云："不可不唤作胡饼。"师问沙弥："你唤作甚么？"云："胡饼。"师云："你也讲得《唯识论》。"

吴尚书至门，见师便问："三门俱开，弟子从何门入？"师召尚书，书应诺，师云："从信门入。"

有秀才会二十四家书，师以拄杖空中点一点云："会么？"云："不会。"师云："又道会二十四家书，永字八法也不识。"

黄龙南云："睦州一点，直在威音王已前。及乎八法论书，却被俗人勘破。若是黄龙即不然，孔门弟子无人识，碧眼胡僧笑点头。"

僧问："高揖释迦，不拜弥勒时如何？"师云："昨日有人恁么问，趁出去了也。"云："和尚恐某甲不实？"师云："拄杖不在，苕帚柄聊与三十。"

雪窦云："睦州只有受璧之心，且无割城之意。"

僧问："门前金刚，托即乾坤大地，不托即丝发不逢时如何?”师云:“吽吽。我不曾见此问。先跳三千,倒退八百,你合作么生?”僧云:“诺。”师云:“先责一纸罪状好。”便打。其僧拟去,师唤云:“来来。我共你葛藤,托即乾坤大地,你且道洞庭水深多少?”云:“不曾量度。”师云:“洞庭湖又作么生?”云:“只为今时。”师云:“这葛藤尚不会。”便打。

僧问:“以字不成,八字不是,是何章句?”师弹指一声云:“会么?”云:“不会。”师云:“上来讲赞,无限良因。虾蟆跱[①]跳上天,蚯蚓蓦过东海。”

僧问:“如何是向上一路?”师云:“要道有甚么难?”云:“请和尚道。”师云:“初三十一,中九下七。”

问:“以一重去一重即不问,不以一重去一重时如何?”师云:“昨日栽茄子,今日种冬瓜。”

问:“如何是展演之言?”师云:“量才补职。”云:“如何是不展演之言?”师云:“伏惟尚飨。”

问:“一气还转得一大藏教也无?”师云:“有甚饆[②]罗馅[③]子,快下将来。”

---

① 跱:同“蹦”字。
② 饆:音毕。
③ 馅:音堆。

福州乌石灵观禅师(凡六)

居常掩扃,人罕见之。一日雪峰来敲门,师才开门,峰搊住问云:"是凡是圣?"师唾云:"这野狐精。"托开,又闭却门。峰云:"也只要识得老兄。"

雪峰一日又来敲门,师问:"阿谁?"峰云:"凤凰儿。"师云:"作甚么?"云:"啖老观。"师开门搊住云:"道道。"峰拟议,师便托开,掩却门。

峰住后,示众云:"我当时若入得老观,问:'你这一队噇酒糟汉,向甚么处摸索?'"

有老宿云:"雪峰徒有此语,当时入不得,如今也入不得。"

明招代峰:"才见开门,便云'动即丧'。"又代老观云:"俊哉俊哉。"

雪窦云:"这辜恩负德汉,有甚么交涉?当时入不得,岂是教你入?今既摸索不着,累他雪峰俱在老观门下。"

曹山问:"如何是毗卢师,法身主?"师云:"不道。"曹举似洞山,山云:"好个话头,只欠进语。"曹云:"进甚么语?"洞云:"何不问为甚么不道?"曹复去进是语,师云:"若言我不道,即哑却我口。若言我道,即秃却我舌。"曹山举似洞山,山深肯之。

师引面次,有新到相看,师引面示之,僧便去。师晚间问首座:“今日新到在甚么处?”首座云:“当时便去了也。”师云:“是即是,即得一橛。”

雪窦云:“老观大似失钱遭罪。”

翠岩芝云:“彼此出家儿。”

师问懒安:“此一片地堪着个甚么?”安云:“好着个无相佛。”师云:“好一片地被和尚放不净污了也。”

僧问:“如何是佛?”师出舌示之,僧作礼,师云:“汝见个甚么便礼拜?”云:“谢和尚出舌相示。”师云:“老僧近日舌上生疮。”

杭州千顷楚南禅师(凡一)

南闽张氏子。示众云:“诸子设使解得三世佛教,如瓶注水,及得百千三昧,不如一念修无漏道,免被人天因果系缚。”僧问:“无漏道如何修?”师云:“未有阇梨时体取。”云:“未有某甲时教阿谁体?”师云:“体者亦无。”

相国裴公休(凡三)

公守宣州时,指画壁高僧问僧云:“形仪可观,高僧在甚么处?”僧无对,公云:“此间莫有禅僧么?”时黄蘗运禅师客寺中,僧云:“有一客僧颇似禅者。”公请来理前问,运召裴休,公应诺,运云:“在甚么处?”公于言下大悟。

公一日捧一尊佛于黄蘖前，胡跪云："请师安名。"蘖召云："裴休。"公应诺，蘖云："与汝安名竟。"公作礼而谢。

公著《传心偈》云："心不可传，以契为传。心不可见，以无为见。契亦无契，无亦无无。化城不住，迷额有珠。珠是强名，城岂有形？即心即佛，佛即无生。直下便是，勿求勿营。使佛觅佛，倍费功程。随法生解，即落魔界。凡圣不分，乃离见闻。无心似镜，与物无竞。无念似空，无物不容。三乘外法，历劫希逢。若能如是，是出世雄。"

联灯会要卷第九

南岳下第五世

筠州黄蘗希运禅师法嗣下

镇州临济义玄禅师(凡四十八)

曹州南华邢氏子。初参黄蘗,凡三年,行业纯一。时陈睦州为首座,叹曰:“此子虽后生,与众有异。”

一日问师云:“上座在此多少时?”师云:“三年。”座云:“还曾参问也无?”师云:“不曾。”座云:“何不请问堂头和尚佛法?”师云:“不知问个甚么。”座云:“汝但去问:如何是佛法的的大意?”师依教上堂头请问,声未绝,蘗拈棒便打,师罔措,下来,座问:“你问话作么生?”师云:“某甲问声未绝,和尚便打,某甲不会。”座云:“你更去问。”如是三问,三遭痛棒。乃泣辞首座云:“幸蒙慈悲,令去问讯和尚,三度发问,三遭痛棒。自恨障缘,不领深旨。今且辞首座下山。”座云:“汝去须辞和尚了行。”师作礼而退。

首座潜告黄蘗云:“问话底后生甚是如法,若辞和尚时,可方便提诲。他时异日成一株大树,与天下人作荫凉去在。”

师辞黄蘗,蘗云:“不要别处去,向高安滩头大愚处去,必为汝说。”

师到大愚，大愚问："甚处来？"师云："黄檗来。"愚云："有何言句？"师云："某甲三度问'如何是佛法的的大意'，三度遭棒。未审有过无过？"愚云："黄檗恁么老婆心，为汝得彻困，更来这里问有过无过？"师于言下大悟，不觉失声云："恶！元来黄檗佛法无多子。"大愚搊住云："这尿床鬼子，适来问有过无过，如今却道'黄檗佛法无[1]多子'，汝见个甚么道理？速道速道。"师于大愚肋下筑三拳，愚托开云："汝师黄檗，非干我事。"

师辞大愚，却归黄檗。檗问："这汉来来去去，有甚了期？"师云："只为老婆心切。"便人事毕，侍立其傍。

檗问："甚么处来？"师云："昨蒙慈悲，令见大愚来。"檗云："有何言句？"师举前话，檗云："这老汉饶舌作么生，得他来待痛与一顿。"师云："说甚么待他来，即今便吃。"道了，便打黄檗一掌，檗吟吟而笑云："这风颠汉来这里捋虎须。"师便喝，檗召侍者云："引这风颠汉参堂去。"

沩山问仰山："临济得大愚力？得黄檗力？"仰云："非。但骑虎头，亦解把虎尾。"

白云端颂云："一拳拳倒黄鹤楼，一踢踢翻鹦鹉洲。有意气时添意气，不风流处也风流。"

师栽松次，黄檗云："深山里栽许多作甚么？"师云："一与山门作境致，二与后人作标榜。"道了，将镢打地一下。檗云："虽然如是，子已吃吾二十棒了也。"师又打地一下云："嘘嘘。"檗云："吾宗到汝，大兴于世。"

---

① 无：原刻作"与"，依文改。

沩山问仰山："黄蘗当时只嘱临济一人，别更有在？"仰云："有，只是年代深远，不欲举似和尚。"沩云："虽然如是，吾亦要知，但举看。"仰云："一人指南，吴越令行，遇大风即止。"

师普请锄地次，黄蘗后至，师问讯了，按镢而立。蘗云："你困那？"师云："才镢地，何言困？"蘗拈拄杖便打，师接住，便推倒黄蘗。蘗唤云："维那拽起我来。"维那云："和尚争容得这风颠汉？"蘗才起，却与维那一掌，师将镢镢地云："诸方火葬，我这里活埋。"

沩山问仰山："黄蘗与临济此时意作么生？"仰云："正贼走了，逻踪人吃棒。"

大沩喆云："黄蘗推倒，维那扶起。火葬活埋，清风未已。"

师因黄蘗入厨，见饭头拣米，乃问："作甚么？"云："拣米。"蘗云："一日吃多少？"云："二硕伍斗。"蘗云："莫太多么？"云："犹恐少在。"蘗便打。

饭头举似师，师云："待我为汝勘过这老汉。"即往侍立，蘗举前话，师云："饭头不会，请和尚代一转语。"师便问："莫太多么？"蘗云："何不道来日更吃一顿？"师云："说甚么来日，即今便吃。"道了，便打蘗一掌，蘗云："这风颠汉，又来这里捋虎须。"师便喝，乃出去。

沩山云："养子方知父慈。"

仰山云："大似勾贼破家。"

师半夏间上问讯黄蘗,见蘗看经,师云:"我将谓你是个人,元来只是个淹黑豆底老和尚。"

住数日辞去,蘗云:"汝破夏来,不终谓了去。"师云:"某甲暂来礼拜和尚。"蘗便打,趁令出。师行数里,却回终夏。

师辞黄蘗,云:"甚么处去?"师云:"不是河南,便是河北。"蘗便打,师约住棒,与蘗一掌,蘗呵呵大笑,唤侍者:"将先师禅版拂子来。"师唤侍者:"将火来。"蘗云:"子但将去,已后坐却天下人舌头。"

沩山举问仰山:"临济莫辜负他黄蘗也无?"仰云:"不然。"沩云:"子作么生?"仰云:"知恩方解报恩。"沩云:"从上来莫有报恩事么?"仰云:"有,只是年代深远,不欲举似和尚。"沩云:"虽然如是,吾也要知,子但举看。"仰云:"如楞严会上,阿难赞佛云:'将此深心奉尘刹,是则名为报佛恩。'岂不是报恩之事?"沩云:"如是如是。见与师齐,减师半德。智过于师,方堪传授。"

师侍立德山次,山云:"今日困。"师云:"老汉寐语作么?"山便打,师便掀倒绳床。

雪窦云:"二员作者,具啐啄同时眼,有啐啄同时用。雪窦拟向饥鹰爪下夺肉,饿虎口里争餐,敢谓德山临济二俱瞎汉。有人辨得,天下横行。"

云峰悦云:"奇怪。诸禅德,看此二员作家,一拶一捺,略露风规,大似把手上高山。虽然如是,未免傍观者哂。且道,谁是傍观者?"喝一喝。

师到三峰平和尚处,平问:"发足甚处?"云:"黄蘗。"平云:"有何言句?"师云:"金牛昨夜遭涂炭,直至如今不见踪。"平云:"秋风吹玉管,那个是知音?"师云:"直透万重关,不住青霄外。"平云:"此语太高生。"师云:"龙生金凤子,冲破碧琉璃。"平云:"且坐吃茶。"

师到襄州华严,严见来,横按拄杖作瞌睡势。师云:"莫瞌睡。"严云:"作家禅客,宛尔不同。"师云:"侍者点茶来,与和尚吃。"严唤维那:"第三位安排着。"

师到凤林,林云:"有事相借问,得么?"师云:"何得剜肉作疮?"林云:"海月澄无影,游鱼逐浪迷。"师云:"海月既无影,游鱼何得迷?"林云:"观风知浪起,玩水野帆飘。"师云:"孤蟾独耀江山静,长啸一声天地秋。"林云:"任将三才辉天地,一句临机试道看。"师云:"路逢剑客须呈剑,不是诗人不献诗。"林休去。师乃有颂云:"大道绝同,各自西东。石火莫及,电光罔通。"

沩山问仰山:"临济道'石火莫及,电光罔通',从上诸圣,以何为人?"仰云:"和尚作么生?"沩云:"但有言说,都无实义。"仰云:"不然。"沩云:"子又作么生?"仰云:"官不容针,私通车马。"沩云:"如是如是。"

师到金牛,牛见来,横按拄杖,当门据坐。师以手敲杖三下,却归堂中第一位坐。牛下来见,乃问:"夫宾主相见,各有礼仪。上座从何而来?太无礼生。"师云:"老和尚道甚么?"牛拟开口,师便打。牛作倒势,师又打,牛云:"今日不着便。"

沩山问仰山:"此二尊宿还有胜负也无?"仰云:"胜则总胜,负则总负。"

师因径山有五百众,少人参请,每日绕佛殿前大树,行道:"念观音接人。"山与黄蘖是同参,寄书来具言其事,蘖令师往,乃问:"你到彼作么生?"师云:"某甲自有方便。"

师到径山,装腰直上法堂。径山才举头,师便喝。山拟开口,师拂袖便行。

寻有僧问径山:"适来这僧有甚言句便喝和尚?"山云:"这僧从黄蘖来,你要知自去问取他。"是时五百众太半分散。

师到龙光便问:"不展机锋,如何得胜?"光据坐,师云:"大善知识岂无方便?"光瞪目云:"嗄。"师拍手云:"大众看这老汉,今日败阙。"便行。

师往凤林,路逢一婆子问师:"甚么处去?"师云:"凤林去。"婆云:"恰值凤林不在。"师云:"甚么处去?"婆便行,师召婆,婆回首,师便行。(有本后语云:"谁云不在?"深失旨也。)

示众云:"夫为法者,不避丧身失命。我二十年在黄蘖先师处,三度问佛法的的大意,三度赐棒,如蒿枝拂着相似。如今更思得一顿吃,谁为下手?"时有僧出云:"某甲下手。"师拈棒度与僧,僧拟接,师便打。

示众云:“赤肉团上有一无位真人,常在汝诸人面门出入。未证据者,看看。”时有僧问:“如何是无位真人?”师下绳床,搊住云:“道道。”僧拟议,师托开云:“无位真人是甚么干屎橛。”便归方丈。

雪峰云:“临济大似白拈贼。”

琅玡觉云:“临济可谓冰凌上度过九鞠,剑刃上拾得全身。”

雪窦云:“夫善窃者,鬼神不知。既被雪峰觑破,临济不是好手。”复召大众云:“雪窦今日换你诸人眼睛了也。你若不信,各归寮舍,自摸索看。”

妙喜颂云:“脑后见腮村僧,大开眼了作梦。虽然趁得老鼠,一棒打破油瓮。”

示众云:“但有来者不亏欠伊,总识得伊来处。与么来者,恰似失却。不与么来者,无绳自缚。一切时中莫乱斟酌,会与不会都来是错。分明与么道,一任天下人贬剥。”

示众云:“一人在孤峰顶上无出身路,一人在十字街头亦无向背。且道,那个在前?那个在后?不作维摩诘,不作傅大士。”

示众云:“有一人论劫在途中,不离家舍。有一人离家舍,不在途中。那个合受人天供养?”

妙喜云:“贼身已露。”

师上堂,有僧出作礼,师便喝,僧云:“老和尚莫探头好。”师云:“你道,落在甚么处?”僧便喝。

又一僧问:“如何是佛法大意?”师便喝,僧作礼,师云:“你道,好喝也无?”僧云:“草贼大败。”师云:“过在甚么处?”僧云:“再犯不容。”

师云:“大众要会临济宾主句,问取堂中二首座。”便下座。

师见普化,乃云:“我在南方驰书到沩山时,知你先在此住待我来。及我来,得汝佐赞。我今欲建立黄蘗宗旨,汝切须为我成褫。”普化珍重下去。

克符后至,师亦如是道,符亦珍重下去。

三日后,普化却上问讯云:“和尚前日道甚么?”师拈棒便打下。

又三日,克符亦上问讯,乃问:“和尚前日打普化作甚么?”师亦拈棒打下。

至晚,上堂云:“有时夺人不夺境,有时夺境不夺人。有时人境俱夺,有时人境俱不夺。”

时有僧问:“如何是夺人不夺境?”师云:“煦日发生铺地锦,婴儿垂发白头丝。”云:“如何是夺境不夺人?”师云:“王令已行天下遍,将军塞外绝烟尘。”云:“如何是人境两俱夺?”师云:“并汾绝信,独处一方。”云:“如何是人境俱不夺?”师云:“王登宝殿,野老讴歌。”

普化与克符俱出作礼,师便归方丈。

示众云:“今时学佛法者,且要求真正见解。若得真正见解,生死不染,去住自由。不要求殊胜,殊胜自至。道流,只如自古先德,皆有出人底路。如山僧指示人处,秖要你不受人惑,要用便用,更莫迟疑。如今学者不得,病在甚处?病在不自信处。你若自信不及,即便忙忙地循一切境转,被他万境回换,不得自由。你若能歇得念念驰求心,便与祖佛不别。你欲识祖佛么?秖你面前听法底是。学人信不及,便向外驰求。设求得者,皆是文字胜相,终不得他活祖意。莫错。诸禅德,此时不遇,万劫千生轮回三界,循好恶境掇①去驴牛肚里生。

“道流,约山僧见处,与释迦不别。每日多般用处,欠少甚么?六道神光未曾间歇。若能如是见得,秖是一生无事人。

“大德,三界无安,犹如火宅,此不是你久停住处。无常杀鬼,一刹那间,不拣贵贱老少。你要与祖佛不别,但莫外求。你一念心上清净光,是你屋里法身佛。你一念心上无分别光,是你屋里报身佛。你一念心上无差别光,是你屋里化身佛。此三种身是你即今目前听法底人。只为不向外驰求,有此功用。据经论家,取此三种身为极则。约山僧见处不然,此三种身是名言,亦是三种衣。古人云:‘身依义立,土据体论。’

“法性身,法性土,明知是光影,大德,你且识取弄光影底人是诸佛之本源,一切处是道流归舍处。是你四大色身不解说法听法,脾胃肝胆不解说法听法,虚空不解说法听法。是甚么解说法听法?是你目前历历底,没一个形段,是这个解说法听法。如是见得,便与祖佛不别。但一切时

---

① 掇:音多。拾取,采取。

中更莫间断,触目皆是。秖为情生智隔,想变体殊,所以轮回三界,受种种苦。若约山僧见处,无不甚深,无不解脱。

“道流,心法无形,通贯十方。在眼曰见,在耳曰闻,在鼻嗅香,在舌谈论,在手执捉,在足运奔。本是一精明,分为六和合。一心既无,随处解脱。山僧与么说,意在甚么处?秖为道流一切驰求心不能歇,上他古人闲机境。

“道流,取山僧见处,坐断报化佛头,十地满心,如客作儿。等妙二觉担枷带锁汉,罗汉辟支犹如厕秽,菩提涅槃如系驴橛。何以如此?只为道流不达三祇劫空,所以有此障碍。若是真正道人终不如是。但自随缘消旧业,任运着衣裳,要行即行,要坐即坐,无一念心希求佛果。缘何如此?古人云:‘若欲作业求佛,佛是生死大兆。’

“大德,时光可惜,只拟傍家波波地学佛学法,认名认句,求佛求祖,求善知识意度。莫错。

“道流,你只有一个父母,更求何物?你自返照看。古人云:‘演若达多失劫头,求心歇处即无事。’大德,且要平常,莫作模样。有一般不识好恶秃奴,便即见神见鬼,指东划西,好晴好雨,如是之流,尽须抵债,向阎老前吞热铁丸有日在。好人家男女,被这一般野狐精魅所著,便即捏怪,瞎屡生,索饭钱有日在。”

示众云:“道流,切要求取真正见解,向天下横行,免被这一般精魅惑乱。无事是贵人,但莫造作,只是平常。你才拟心,早是错了也。且莫求佛,佛是名句。你还识驰求底么?三世十方佛祖出来,也只为求法。如今参学道流也只为求法。得法始了。未得,依前轮回五道。云何是法?

法者是心法。心法无形,通贯十方,目前现用。人信不及,便乃认名认句,向文字中求其意度,与佛法天地悬殊。

“道流,山僧说法,说甚么法?说心地法,便能入凡入圣,入净入秽,入真入俗。要且是不你真俗凡圣,能与一切真俗凡圣安著名字。真俗凡圣与此人安著名字不得。

“道流,把得便用,更莫安排,方契玄旨。山僧说法与天下人别,只如有个文殊、普贤出来目前,各现一身问法,才道咨和尚,我早辨了也。老僧稳坐,更有道流来相见时,我尽辨了也。何以如此?只为我见处别,外不取凡圣,内不住根本,见彻本法,更不疑谬。”

示众云:“佛法无用功处,只是平常无事,着衣吃饭,屙屎送尿,困来即卧。愚人笑我,智乃知焉。古人云:‘向外作功夫,总是痴狂汉。’你且随处作主,立处皆真,一切境缘回换不得。纵有从来习气,五无间业①,皆为解脱大海。

“今时学者总不识法,犹如触草羊,逢着物安在口里,奴郎不辨,宾主不分。如是之流,邪心入道,闹处即入,不得名为真出家人,正是真俗家人。

“夫出家者,须辨得平常真正见解,辨佛辨魔,辨真辨伪,辨凡辨圣。若如是辨得,名真出家。若魔佛不辨,正是出一家入一家,唤作造业众生,未得名为真出家。只如今有一个佛魔同体不分,如水乳合。若是明眼道流,魔佛俱打。你若爱圣憎凡,生死海里浮沉,未有了日。”

---

① 五无间:本卷后段进行了解释:“杀父,杀母,出佛身血,破和合僧,焚烧经像等。此是五无间业。”

僧问："如何是佛魔？"师云："你一念心疑处是佛魔。你若达得万法无生，心如幻化，更无一尘一法，处处清净，即无佛魔。佛魔是染净二境。约山僧见处，无佛无众生，无古无今。得者便得，不历时节。无修无证，无得无失。一切时中更无别法，设有一法过此者，我说如梦如化，山僧所说是。道流，见今目前孤明历历地听法者，此人处处不滞，通彻十方，三界自在，入一切差别境不能回换。一刹那间透入法界，逢佛说佛，逢祖说祖，逢罗汉说罗汉，逢饿鬼说饿鬼。向一切处，游履国土，教化众生。未曾离一念，随处清净，光透十方，万法一如。道流，大丈夫儿今日方知本来无事，只为你信不及，念念驰求，舍头觅头，自不能歇。如圆顿菩萨入法界现身，向净土中厌凡欣圣。如此之流，取舍未忘，染净心在。如禅宗见解又且不然，直是现今更无时节。山僧说处，皆是一期药病相治，总无实法。若如是见得，是真出家，日消万两黄金。道流，莫取次，被诸方老师印破面门，道我解禅解道，辩似悬河，皆是造地狱业。若是真正学道人，不见世间过，切急要求真正见解。若达真心，悟性圆明，方始了毕。"

僧问："如何是真正见解？"师云："汝但一切入凡入圣，入染入净，入诸佛国土，入弥勒楼阁，入毗卢遮那法界，处处皆现国土成住坏[①]空。佛出于世，转大法轮，入无余涅槃。不见有去来相貌，求其生死了不可得。便入无生法界，处处游履国土；入华藏世界，尽见诸法空相，皆无实法。

① 坏：原刻作"怀"。误。

唯有听法无依道人，是诸佛之母。所以佛从无依生，若悟无依，佛亦无得。若如是见得，是真正见解。学人不了，为执名句，被他凡圣名碍，所以障其道眼，不得分明。秖如十二分教皆是表显之说，学者不会，便向表显名句上生解，皆是依倚，落在因果，未免三界生死。你若欲得生死去住，脱着自由，即今识取听法底人。无形无相，无根无本，无住处。活鱍鱍地，应是万种施设。用处只是无处，所以觅着转远，求之转乖，号之为秘密。

"道流，你莫认着个梦幻伴子，迟晚中间便归无常。你向此世界中觅个甚么物作解脱？觅取一口饭吃，补毳[①]过时？且要寻访知识，莫因循逐乐，虚生浪死。光阴可惜。念念无常，粗则被地水火风，细则被生住异灭四相所逼。道流，今时且要识取四种无相境，免被境摆扑。"

僧问："如何是四种无相境？"师云："你一念心疑被此碍，你一念心爱被水溺，你一念心嗔被火烧，你一念心喜被风飘。若能如是辨得，不被境转，处处用境，东涌西没，南涌北没，中涌边没，边涌中没，履水如地，履地如水。缘何如此？为达四大如梦如幻故。道流，秖今听法者，不是你四大，能用你四大。若能如是见得，便乃去住自由。约山僧见处，勿嫌底法。你若爱圣，圣是空名。有一般学人向五台求文殊，早错了也。五台无文殊。你欲识文殊么？只你目前用处，始终不异，处处不疑，此个是活文殊。你一念心无差别光，处处总是普贤。你一念心自由自在，随处解

① 毳：音翠。鸟兽细毛。

脱，此是观音三昧法。互为主伴，出则一时出，一即三，三即一。必是解得，始好看教。”

示众云：“如今学道人，且要自信，莫向外觅。总上他闲尘境，都不辨邪正，只如有佛有祖，皆是教迹中事。有人拈起一句子，语或隐显中出，便即疑生，照天照地，傍家寻问也大茫然。大丈夫，莫只恁么论主论贼，论是论非，论色论财，闲话过日。山僧此间不论僧俗，但有来者，尽识得伊。任伊向甚处出来，但有声名文句，皆是梦幻。却见乘境底人，是诸佛之玄旨。佛境不能自称我是佛境，还是这个无依道人乘境出来。若有人出来问我求佛，我即应清净境出。若有人问我菩萨，我即应慈悲境出。有人问我菩提，我即应净妙境出。有人问我涅槃，我即应寂静境出。境即万般差别，人即不别。所以应物现形，如水中月。道流，你若欲得如法，直须是大丈夫儿始得。若萎萎随随地，即不得也。夫如嫛嗄[1]之器，不堪贮醍醐。如大器者，直要不受人惑，随处作主，立处皆真。但有来者，皆不得受。你一念心疑，即魔入心府。如菩萨疑时，生死魔得其便。但须息念，更莫外求，物来即照。你但信现今用底，一个事也无。你一念心生三界，随缘被境分为六尘。你如今应用处欠少甚么？一刹那间便入净入秽，入弥勒楼阁，入三眼国土，处处游履，唯见空名。”

僧问：“如何是三眼国土？”师云：“我共你入净妙国土

① 嫛嗄：音西霎。同“瓶”。

中，着清净衣，说法身佛；又入无差别国土中，着无差别衣，说报身佛；又入解脱国土中，着光明衣，说化身佛。此三眼国土皆是依变。约经论家，取法身为根本，报、化二身为用。山僧见处，法身即不会说法。所以古人云：‘身依义立，土据体论。’法性身，法性土，明知是建立之法，依通国土；空拳黄叶，用诳小儿。蒺蔾菱刺枯骨上，觅甚么汁？心外无法，内亦不可得。求甚么物？你诸方言道有修有证。莫错。设有修证者，皆是生死业。你言六度万行齐修，我见皆是造业。求佛求法，即是造地狱业。求菩萨，亦是造业。看经看教，亦是造业。佛与祖师是无事人。所以有漏有为，无漏无为，为清净业。有一般瞎秃子，饱吃饭了，坐禅观行，把捉念漏，不令放起，厌喧求静，是外道法。祖师云：‘你若住心观静，举心外照，摄心内澄，凝心入定，如是之流，皆是造作。’是你如今与么听法底人，作么生拟修他、证他、庄严他？渠且不是修底物，不是庄严底物。若教他庄严，一切物即庄严得。你且莫错。道流，你取这一般老师口里语，为是真道，是善知识不思议。我是凡夫心，不敢测度他老宿。瞎屡生。你一生只作这个见解，辜负这一双眼，冷噤噤地如冻凌上驴驹相似。我不敢毁善知识，怕生口业。

“道流，夫大善知识始敢毁佛毁祖，是非天下，排斥三藏教，骂辱诸小儿，向逆顺中觅人。所以我于十二年中求一个业性，如芥子许不可得。恰似新妇子禅师，便即怕趁出院，不与饭吃，不安不乐。自古先辈，到处人不信，被递出始知是贵。若到处人尽肯，堪作甚么？所以师子一吼，野犴脑裂。道流，诸方说有道可修，有法可证，你说证何法？修何道？你今用处欠少甚么物？修补何处？后生小阿师不会，便即信这般野狐精魅，许他说事，系缚他人，言道理行相应，护惜三业，始得成佛。如此说者，如春细雨。古人云：‘路逢达道人，第一莫向道。’所以道：‘若人修道道不行，万般邪境竞头生。智剑出来无一物，明头未显暗头明。’所以古人云：‘平常心是道。’大德，觅甚么物？现今目前听法无依道人，历历地分明，未曾欠少。你若欲得与祖佛不别，但如是见，不用疑误。你心心不异，名之活祖。心若有异，则性与相别。心不异故，即性与相不别。”

问：“如何是心心不异处？”师云：“你拟问，早异了也。性相各分，道流莫错。世出世诸法皆无自性，亦无生性，但有空名，名字亦空。你只么认他闲名为实，大错了也。设有，皆是依变之境。有个菩提依、涅槃依、解脱依、三身依、境智依、菩萨依、佛依，你向依变国土中觅甚么物？乃至三乘十二分教皆是拭不净故纸，佛是幻化身，祖是老比丘。你还是娘生已否？你若求佛，即被佛魔摄。你若求祖，即被祖魔缚。你若有求，皆苦。不如无事。

“有一般秃比丘向学人道：‘佛是究竟，于三大阿僧祇劫修行果满，方始成道。’道流，你若道佛是究竟，缘甚么八十年后，向拘尸罗城双林树间，侧卧而死去？佛今何在？明知与我生死不别。你言三十二相、八十种好是佛，转轮圣王应是如来。明知是幻化。古人云：‘如来举身相，为顺世间情。恐人生断见，权且立虚名。假名三十二，八十也虚声。有身非觉体，无相乃真形。’你道佛有六通，是不可思议，一切诸天、神仙、阿修罗、大力鬼亦有神通，应是佛否？道流，莫错。只如阿修罗与天帝释战，战败，领八万四千眷属入藕丝孔中藏，莫是圣否？如山僧所举，皆是业通依通。夫如佛六通者不然，入色界不被色惑，入声界不被声惑，入香界不被香惑，入味界不被味惑，入触界不被触惑，入法界不被法惑。所以达六种，色声香味触法，皆是空相，不能系缚。此无依道人虽是五蕴漏质，便是地行神仙。

“道流，真佛无形，真法无相。你秖么幻化头上作模作样？设求得者，皆是野狐精魅，并不是真佛，是外道见解。夫如真学道人，并不取佛，不取菩萨罗汉，不取三界殊胜，迥然独脱，不与物拘。乾坤倒覆，我更不疑。十方诸佛现前，无一念心喜。三涂地狱顿现，无一念念怖。缘何如此？我见诸法空相。变即有，不变即无。三界唯心，万法唯识。所以梦幻空花，何劳把捉。唯有道流目前现今听法底人，入火不烧，入水不溺，入三涂地狱如游园观，入饿鬼畜生而不受报。缘何如此？无嫌底法。你若爱圣憎凡，生死海里沉浮。烦恼由心故有，无心烦恼何拘？不劳分别取相，自然得道须臾。你拟傍家波波地学得，于三祇劫中终归生死，不如无事向丛林中、床角头交脚坐。

“道流，如诸方有学人来，主客相见了，便有一句子语，辨前头善知识，被学人拈出个机权语路，向善知识口角头攛过，看你识不识。你若识得是境，把得便抛向坑子里。学人便即寻常，然后便索善知识语。依前夺之。学人云：‘上智哉！’是大善知识即云：‘你大不识好恶。’

“如善知识把出个境块子，向学人面前弄，前人辨得，下下作主，不受境惑。善知识即现半身，学人便喝。善知识又入一切差别语路中摆扑。学人云：‘不识好恶老秃

奴。'善知识叹云:'真正道流。'

"如诸方善知识不辨邪正,学人来问菩提涅槃、三身境智,瞎老师便与他解说,被他学人骂着,便把棒打他,言'无礼度'。自是你善知识无眼,不得嗔他。

"有一般不识好恶秃奴,即指东划西,好晴好雨,好灯笼露柱。'你看眉毛有几茎?'这个具机缘。学人不会,便即心狂。如是之流,总是野狐精魅魍魉,被他好学人嗌嗌微笑,言'瞎老秃奴,惑乱他天下人'。

"道流,出家儿且要学道。只如山僧往日曾向毗尼中留心,亦曾于经论寻讨。后方知是济世药方,表显之说,遂乃一时抛却,即访道参禅。后遇大善知识,方乃道眼分明,始识得天下老和尚,知其邪正。不是娘生下便会,还是体究练磨,一朝自省。

"道流,你欲得如法见解,但莫受人惑。向里向外逢着便杀,逢佛杀佛,逢祖杀祖,逢罗汉杀罗汉,逢父母杀父母,逢亲眷杀亲眷,始得解脱,不与物拘,透脱自在。如诸方学道流,未有不依物出来底,山僧向此间从头地打,手上出来手上打,口里出来口里打,眼里出来眼里打。未有个独脱出来底,皆是上他古人闲机境。山僧无一法与人,只是治病解缚。你诸方道流试不依物出来,我要共你商量,十年五载,并无一人。皆是依草附叶,竹木精灵,野狐精魅,向一切粪块上乱咬。瞎汉,枉消他十方信施,道我是出家儿,作如是见解。向你道无佛无法,无修无证。秖与么傍家,拟求甚么物?瞎汉,头上安头,是你欠少甚么?道流,是你目前用底与祖佛不别,只么不信,便向外求。莫错。向外无法,内亦不可得。你取山僧口里语,不如休歇无事去。

已起者莫续,未起者不要放起,便胜你十年行脚。约山僧见处,无如许多般,只是平常着衣吃饭,无事过时。你诸方来者,皆是有心求佛求法,求解脱,求出离三界。痴人!你要出离三界甚么处去?佛祖是赏系底名句。你欲识三界么?不离你今听法底心地。你一念心贪是欲界,你一念心嗔是色界,你一念心痴是无色界,是你屋里家具子。三界不自道'我是三界',还是道人目前灵灵地照烛万般,酌度世界底人,与三界安名。大德,四大色身是无常,乃至脾胃肝胆、发毛爪齿,唯见诸法空相。你一念心歇得处,唤作菩提树。你一念心不能歇得处,唤作无明树。'无明无住处,无明无始终'。你若念念心歇不得,便上他无明树,便入六道四生,披毛带角。你若歇得,便是清净身界。你一念不生,便是上菩提树。三界神通变化,意生化身,法喜禅悦,身光自照。思衣,罗绮千重;思食,百味具足,更无横病。菩提无住处,是故无得者。

"道流,大丈夫汉更疑个甚么?目前用处更是阿谁?把得便用,莫着名字,号为玄旨。与么见得,勿嫌底法。古人云:'心随万境转,转处实能幽。随流认得性,无喜亦无忧。'

"道流,如禅宗见解,死活循然。参学之人大须子细。如主客相见,便有言论往来。或应物现形,或全体作用,或把机权喜怒,或现半身,或乘师子,或乘象王。如真正学人便喝,先拈出个胶盆子,善知识不辨是境,便上他境上作摸作样,学人便喝,前人不肯放,此是膏肓之病不堪医,唤作客看主。或是善知识不拈出物,随学人问处即夺,学人被夺,抵死不放,此是主看客。或有学人应一个清净境出善知识前,善知识辨得是境,把得抛向坑里,学人言:'大好善知识。'即云:'咄哉,不识好恶。'学人便礼拜,此唤作主看主。或有学人披枷带锁出善知识前,善知识更与安一重枷锁,学人欢喜,彼此不辨,呼为客看客。

"大德,山僧如是所举,皆是辨魔拣异,知其邪正。

"道流,实情大难,佛法幽玄,解得可可地。山僧竟日为他说破,学者总不在意。千遍万遍脚底踏过,黑没焌[1]地,无一个形假,历历狐明。学人信不及,便向名句上生解。年登半百,只管傍家负死尸,担却担子天下走,索草鞋钱有日在。大德,山僧说向外无法,学人不会,便即向里作解,便即倚壁坐,舌拄上腭,湛然不动,取此为是祖门佛法也。大错!是你若取不动清净境为是,你即认他无明为郎主。古人云:'湛湛黑暗深坑,实可怖畏。'此之是也。所以动者是风大,不动者是地大。动与不动俱无自性。若向动处捉他,他向不动处立。若向不动处捉他,他向动处立。譬如潜泉鱼,鼓波而自跃。

"大德,动与不动是二种境,还是无依道人用动用不动。

"如诸方学人来,山僧此间作三种断。如中下根器来,我便夺其境,而不除其法。或中上根器来,我便境法俱夺。如上上根器来,我便境法人俱不夺。如有出格道人来,山僧此间便全体作用,不历根器。

"大德,到这里,学人着力处不通风,石火电光即过了也。学人若眼目定动,即没交涉。拟心即差,动念即乖。

---

① 焌:音屈。燃烧物使水灭之。又音俊。

有人解者,不离目前。

“大德,你担钵囊屎担子傍家走,求佛求法,只今与么驰求底,你还识渠么?活拨拨地只是没根株,拥不聚,拨不散,求着即转远,不求还在目前。灵音属耳,若人不信,徒劳百年。

“道流,一刹那间便入华藏世界,入毗卢遮那国土,入解脱国土,入神通国土,入清净国土,入法界,入秽入净,入凡入圣,入饿鬼畜生。处处讨觅寻,皆不见有生有死,唯有空名。幻化空花,不劳把捉。得失是非,一时放却。

“道流,山僧佛法的的,从麻谷和尚、丹霞和尚、道一和尚、庐山拽、石头和尚,一路行遍天下,无人信得,尽皆起谤。

“如道一和尚,用处纯一无杂,学人三百五百,尽皆不见他意。如庐山和尚,自在真正,逆顺用处,学人不测涯际,悉皆茫然。如丹霞和尚,玩珠隐显,学人来者皆悉被骂。如麻谷用处,苦如黄檗,近皆不得。如石巩用处,向箭头上觅人,来者皆惧。如山僧今日用处,真正成坏,玩弄神变,入一切境,随处无事,境不能换。但有来求者,我便出看渠。渠不识我,我便着数般衣,学人生解,一向入我言句。苦哉!瞎秃子,无眼人,把我着底衣认青黄赤白。我脱却入清净境中,学人一见便生欣欲。我又脱却,学人失心,茫然狂走,言‘我无衣’。我即向渠道:‘你识我着衣底人么?’忽尔回头,认我了也。大德,你莫认衣,衣不能动,人能着衣。有个清净衣,有个无生衣,菩提衣,涅槃衣,有祖衣,有佛衣。大德,但有声名文句,皆悉是衣变。从脐轮气海中鼓激,牙齿敲磕成其句义,明知是幻化。大德,外发声语业,内表心所法,以思有念,皆悉是衣。只么认他着底衣为实解,纵经尘劫,只是衣通,三界循环,轮回生死。不如无事,相逢不相识,共语不知名。

“今时学人不得,盖为认名字为解,大策子上抄死老汉子语,三重五重复子裹,不教人见,道是玄旨,以为保重。大错。瞎屡生,你向枯骨上觅甚么汁?有一般不识好恶,向教乘中取,意度商量,成于句义。如把屎块子口里含了,吐过与别人。犹如俗人打传口令相似,一生虚过也。道我出家,被他问着佛法,便即杜口无辞,眼似漆突,口如匾担。如此之类,逢弥勒出世,移至他方世界,寄地狱受苦。

“大德,你波波地往诸方觅甚么物?踏你脚板阔,无佛可求,无道可成,无法可传。外求有相佛,与汝不相似。欲识汝本心,非合亦非离。

“道流,真佛无形,真道无体,真法无相。三法混融,和合一处既辨不得,唤作忙忙业识众生。”

僧问:“如何是真佛、真法、真道?乞垂开示。”师云:“佛者心清净是,法者心光明是,道者处处无碍净光是。三即一,皆是空名而无实有。如真正道人,念念心不间断。自达磨大师从西土来,只是觅个不受人惑底人。后遇二祖,一言便了,始知从前虚用工夫。山僧今日见处,与祖佛不别。若第一句中荐得,与祖佛为师。若第二句中荐得,与人天为师。若第三句中荐得,自救不了。”

僧问:“如何是西来意?”师云:“若有意,自救不了。”云:“既无意,二祖如何得法?”师云:“得者是不得。”云:

"如何是不得底意?"师云:"为你向一切处驰求心不能歇,所以祖师云:'咄哉丈夫,将头觅头。'你言下便自回光返照,更不别求,知身心与祖佛不别,当下无事,方名得法。

"大德,山僧今日事不获已,话度说出许多不才净。你且莫错。据我见处,实无许多般道理,要用便用,不用便休。只如诸方说六度万行以为佛法,我道是庄严门、佛事门,非是佛法。乃至持斋持戒,擎油不浉[①],道眼不明,尽须抵倩,索饭钱有日在。何故如此?入道不通理,复身还信施。长者八十一,其树不生耳。乃至孤峰独宿,一食卯斋,长坐不卧,六时行道,皆是造业底人。乃至头目髓脑、国城妻子、象马七珍尽皆舍施,如是等见,皆是苦身心,故还招苦果。不如无事纯一无杂。乃至十地满心菩萨,皆求此道流踪迹了不可得。所以诸天欢喜,地神捧足,十方诸佛无不称叹。缘何如此?为今听法道人用处无踪迹。"

僧问:"大通智胜佛,十劫坐道场。佛法不现前,不得成佛道。未审此意如何?乞师指示。"师云:"大通者,是自己于处处,达其万法无性无相,名为大通。智胜者,于一切处不疑,不得一法,名为智胜也。佛者,心清净光明,透彻法界,得名为佛。十劫坐道场者,十波罗蜜是。佛法不现前者,佛本不生,法本不灭,云何更有现前?不得成佛道者,佛不应更作佛。古人云:'佛常在世间,而不染世间法。'道流,你欲得作佛,莫随万物。心生种种法生,心灭种种法灭。一心不生,万法无咎。世出世间,无佛无法,亦不

---

① 浉:音闪。水流迅速。

现前,亦不曾失。设有者,皆是名言章句,接引小儿,施设药病,表显名句。且名句不自名句,还是你目前昭昭灵灵,鉴觉闻知照烛底安一切名句。大德,造五无间业,方得解脱。”

僧问:“如何是五无间业?”师云:“杀父,杀母,出佛身血,破和合僧,焚烧经像等。此是五无间业。”云:“如何是父?”师云:“无明是父。你一念心,求起灭处不可得,如响应空,随处无事,名为杀父。”云:“如何是母?”师云:“贪爱为母。你一念心,入欲界中求其贪爱,唯见诸法空相,处处无著,名为害母。”云:“如何是出佛身血?”师云:“你向清净法界中,无一念心生解,便处处黑暗,是出佛身血。”云:“如何是破和合僧?”师云:“你一念心,正达烦恼结使,如空无所依,是破和合僧。”云:“如何是焚烧经像?”师云:“见因缘空、心空、法空,一念决定断,迥然无事,便是焚烧经像。

“大德,若如是达得,免被伊凡圣名碍。你一念心,只向空拳指上生实解,根境法中虚捏怪。自轻而退屈,言‘我是凡夫,他是圣人’,秃屡生,有甚死急。披他师子皮,却作野犴鸣。大丈夫汉不作丈夫气息,自家屋里物不肯信,只么向外觅,上他古人闲名句,倚阴慱[①]阳,不能特达,逢境便缘,逢尘便执,触处惑起,自无准定。道流,莫取山僧说处,何故?说无凭据,一期间图画虚空,如彩画像等喻。

“道流,莫将佛为究竟,我见犹如厕孔。菩萨罗汉尽是

① 慱:音团。不安状。

枷锁缚人底物。所以文殊仗剑杀于瞿昙，鸯崛持刀害于释氏。道流，无佛可得，乃至三乘五性、圆顿教迹，皆是一期药病相治，并无实法。设有，皆是相似表显，路布文字，差排且如是说。道流，有一般秃子便向里许着功，拟求出世之法。错了也。若人求佛，是人失佛。若人求道，是人失道。若人求祖，是人失祖。大众莫错。我且不取你解经论，我亦不取你国王大臣，我亦不取你辩似悬河，我亦不取你聪明智慧，唯要你真正见解。

“道流，设解得百本经论，不如一个无事底阿师。你解得，即轻灭他人，胜负修罗。人我无明，长地狱业。如善星比丘解十二分教，生身陷地狱，大地不容。不如无事休歇去，饥来吃饭，困来合眼。愚人笑我，智乃知焉。

“道流，莫向文字中求，心动疲劳，吸冷气无益。不如一念缘起无生，超出三乘权学菩萨。

“大德，莫因循过日。山僧往日未有见处时，黑漫漫地光阴空过，腹热心忙，奔波访道。后还得力，始到今日共道流如是话度。

“劝诸道流，莫为衣食。看世界易过，善知识难逢，如优昙花，时一现耳。你诸方闻道有个临济老汉，出来便拟问难，教语不得，被山僧全体作用。学人空开得眼口，总动不得，懵然不知以何答我。我向伊道，龙象蹴踏，非驴所堪。你诸处只指胸点肋，道‘我解禅解道’，三个两个到这里不奈何。咄哉。

“你将这个身心，到处簸两片皮，诳呼闾阎，吃铁棒有日在。非出家儿，尽向阿修罗界摄。夫如至理之道，非诤论而可求，激扬铿枪[1]以摧外道。至于佛祖相承，更无别意。设有言教，落在化仪，三乘五性，人天因果。如圆顿之教又且不然。童子善财皆不求过。大德，莫错用心。譬如大海不停死尸，只么担却拟天下走。自起见障，以碍于心。日上无云，丽天普照。眼中无翳，空里无花。

"道流，你欲得如法，但莫生疑。展即弥纶法界，收即丝发不立。历历孤明，未曾欠少。眼不见，耳不闻，唤作甚么物？古人云：'说似一物则不中。'你但自家看更有甚么？说亦无尽。各自努力，珍重。"

赵州行脚时见师，值师洗脚次，州便问："如何是祖师西来意？"师云："恰值老僧洗脚。"州近前作听势，师云："更要第二杓恶水泼在。"州便下去。

师闻德山示众云："道道。道得也三十棒，道不得也三十棒。"时洛浦作侍者，师令洛浦去，嘱之云："汝去，若见渠恁么道，便问：'既是道得，为甚么也三十棒？'他若打，你便接住拄杖，推一推。"浦如所教，山果行棒，被浦推倒。山起，便归方丈。浦回，举似师。师云："我从来疑着这汉。虽然如是，你还见德山么？"浦拟议，师便打。

麻谷来，才敷坐具，便问："十二面观音，阿那个是正面？"师下绳床，以一手收坐具，以一手搊住云："十二面观音甚么处去也？"谷转身拟坐绳床，师拈棒便打。谷接却

① 铿枪：即铿锵。

棒,与师相捉归方丈。

师会下两堂首座,一日举头相顾,各下一喝。僧举问师:“还有宾主也无?”师云:“宾主历然。”

师问院主:“甚么处来?”云:“州中粜黄米来。”师以拄杖划一划云:“还粜得这个么?”主便喝,师便打。须臾典座来,师举前话,座云:“院主不会和尚意。”师云:“你作么生会?”座作礼,师亦打。

黄龙南云:“院主下喝,不可放过。典座礼拜,放过不可。临济令行,归宗放过。三十年后,有人说破。”

师会下有同学二人相问:“离却中下二机,请兄道一句子。”一人云:“拟问即失。”一人云:“恁么则礼拜老兄去也。”前人云:“贼。”师闻得,升堂云:“要会临济宾主句,问取堂中二禅客。”便下座。

师应机多用喝,学徒多学之。师一日问僧:“汝总学我喝,我且问你,有一人从东廊出,一人从西廊出,两人齐喝一声,这里分得宾主。你作么生分?若分不得,已后不得学老僧喝。”

师升座次,有僧出,师便喝,僧亦喝,师便打。

翠岩芝云:“临济也粗心,好彩是这僧。若是今时衲僧,且作么生出得?”

师问僧:“甚处来?”僧便喝,师揖坐。僧拟议,师便打。

师见僧来,竖起拂子,僧作礼,师便打。

翠岩芝云:“这僧有理难伸,死而不吊,且作么生会?如今作么生与这僧出气?”

师见僧来,竖起拂子,僧不顾,师亦打。

云门举三段了云:“只宜老汉。”

师拈胡饼示洛浦云:“万种千般,不离这个,其理不二。”浦云:“如何是不二之理?”师又拈饼示之,浦云:“恁么则万种千般也。”师云:“屙屎见解。”浦云:“罗公照镜。”

师问僧:“甚处来?”云:“定州。”师拈棒,僧拟议,师便打,僧不肯。师云:“已后遇明眼人去在。”僧后见三圣,才举前话,圣拈棒,僧拟议,圣便打。

有僧来问:“礼拜则是,不礼拜则是?”师便喝,僧作礼。师云:“这贼。”僧亦云:“这贼。”便出去,师云:“莫道无事好。”

首座侍立,师回顾云:“还有过也无?”座云:“有。”师云:“宾家有过,主家有过?”座云:“二俱有过。”师云:“过在甚么处?”座便出去,师云:“莫道无事好。”

有僧来,师展两手,僧无语。师云:“会么?”云:“不会。”师云:“完圞①璧不破,与你两文钱。”

师临迁化时,示众云:“吾去后,汝等诸人不得灭却吾正法眼藏。”三圣出云:“谁敢灭却和尚正法眼藏?”师云:“已后有人问,你向伊道甚么?”圣便喝,师云:“谁知吾正法眼藏,向这瞎驴边灭却。”圣作礼。

师示以偈云:“沿流不止问如何,真照无边说似他。离相离名人不委,吹毛用了急还磨。”言讫端坐而寂。咸通八年丁亥,孟陬月十日。全身塔于大名府西北隅,敕谥慧照禅师。

沩山问仰山:“黄蘗只嘱临济一人,别更有在?”仰山云:“有,只是年代深远,不欲举似和尚。”沩山云:“但举看,吾亦要知。”仰山云:“一人指南,吴越令行,遇大风而止。”

丛林皆以风穴沼禅师当是记。或者曰:“考其年代,风穴夜襄州华严作维那时,兴廓侍者同夏,即朋辈也。廓尚及见德山,沼虽不见临济,已致身丛林久矣,安得年代深远乎?”

又云:“吴越令行,遇大风而止,皆无所谓,此记盖预谶妙喜也。妙喜为临济十二世孙,可谓年代深远。先住吴之径山,后住越之阿育王,可谓吴越令行也。”

然贤圣谶记,故不可得而知。宗门既无利害,闻诸群议,谩笔卷末,智者审其疑似焉。

---

① 圞:音栾。圆。整个儿。

联灯会要卷第十

南岳下第五世

福州长庆大安禅师法嗣

益州大隋法真禅师(凡十二)

示众云:"夫上代诸德莫非求实,不自瞒昧。岂比飞蛾赴火,自伤自坏。他明白了,彼生死轮回枸[①]障不得,所以识不能识,智不能知。不闻道,释迦掩室,净名杜口,须菩提无说而说,释梵绝听而听。此事大难大难。"

示众云:"此性本来清净,具足万德,但以染净二缘而有差别。故诸圣悟之,一向净用而成觉道。凡夫迷之,一向染用而溺轮回。其体不二,故《般若经》云:'无二无二分,无别无断故。'"

示众云:"夫沙门释子,见有如无始得。向一切时中。与凡圣等,与解脱等,方有少许出家分。若不如此,大难大难。"

---

① 枸:原刻如此。依文当作"拘"。

师问僧："甚么处去？"云："西山住庵去。"师云："我向东山唤你，你还来得么？"云："不然。"师云："汝住庵未得在。"

师问僧："甚么处去？"云："峨嵋礼拜普贤去。"师举起拂子云："文殊、普贤总在这里。"僧作圆相，抛向背后，便作礼。师召侍者："取贴茶与这僧。"

保福展云："若无后语，笑杀衲僧。"

雪窦云："杀人刀，活人剑。具眼者辨取。"

师烧畲次，忽见一条蛇，师以杖挑向火中云："咄。这个形骸，犹自不放舍，你向这里死，如暗得灯。"时有僧问："正恁么时还有罪也无？"师云："石虎叫时山谷响，木人吼处铁牛惊。"

有婆令人送钱，请师转藏经。师下绳床，转一匝云："传语婆婆，转藏已竟。"其人归举似婆，婆云："比来请转全藏，如何只转半藏？"

玄觉征云："甚么处是转半藏处？且道，婆具甚么眼？"

僧问："劫火洞然，大千俱坏。未审这个坏不坏？"师云："坏。"僧云："恁么则随他去也。"师云："随他去。"

雪窦颂云："劫火光中立问端，衲僧犹滞两头关。可怜一句随他语，万里区区独往还。"

僧指龟问云："一切众生皮裹骨，这个为甚么骨裹皮？"

师拈草鞋置龟背,僧无语。

僧问:“如何是大人相?”师云:“肚上不帖膀。”云:“如何是和尚家风?”师云:“赤土画簸箕。”云:“此意如何?”师云:“簸箕有唇,米跳不出。”

僧问:“如何是大隋一面事?”师云:“东西南北。”

妙喜云:“且道,是答这僧话?不答这僧话?”

师将示寂,上堂,众集。师以口作患风势,告众云:“还有医得老僧口者么?”僧众送药以至,俗士闻之亦送药,师俱不受。七日后,师自掴口令正,乃云:“如许多时,鼓两片皮,至今无人医得。”即端坐告终。

韶州灵树如敏禅师(凡二)

闽人也。僧问:“如何是和尚家风?”师云:“千年田,八百主。”云:“此意如何?”师云:“郎当屋舍少人修。”云:“是甚么得恁么难会?”师云:“火官头上风车子。”

有一尼送瓷钵与师,师托起,问:“这个出在甚么处?”尼云:“定州。”师乃扑破,尼无语。

保福展代云:“欺敌者亡。”

福州寿山师解禅师(凡三)

师到洞山,山问:"生缘甚处?"师云:"闽中。"山云:"父母名甚么?"师云:"被和尚一问,直得忘前失后。"山休去。

示众云:"诸上座,幸有真实言语相劝,各自体悉,凡圣情尽,体露真常。汝但一时卸却从前虚妄,攀缘尘垢,心如虚空相似,他时后日,合识些子好恶。"

闽帅问师:"年多少?"师云:"与虚空同年。"帅云:"虚空年多少?"师云:"与寿山同年。"

福州灵云志勤禅师(凡十一)

本郡长溪人也。参长庆大安禅师,复游雪峰玄沙之门。偶一日见桃花,豁然契悟,作颂云:"三十年来寻剑客,几回叶落又抽枝。自从一见桃花后,直至如今更不疑。"举似大安,安云:"从缘入者,永无退失,汝善护持。"

妙喜颂云:"尽说见桃花悟道,此理不知还是无。茫茫宇宙人无数,几个男儿是丈夫。"

后举似玄沙,沙云:"谛当甚谛当,敢保老兄未彻在。"

后有僧问长庆云:"玄沙意旨如何?"庆云:"将谓胡须赤,更有赤须胡。"

五祖演云:"说甚么谛当,更参三十年。"

雪峰问:"古人云'前三三,后三三',意旨如何?"师云:"水中鱼山上鸟。"云:"毕竟作么生?"师云:"高可射兮深可钓。"

师问僧:"甚处去?"云:"雪峰去。"师云:"我有一信寄雪峰,得么?"云:"便请。"师脱只履抛向面前,僧便去。既到雪峰,峰问:"甚处来?"云:"灵云来。"峰云:"和尚安否?"云:"有信寄和尚。"道了,脱履抛向雪峰前,峰休去。

大沩秀云:"雪峰既不辨他来信端的,这僧又只依模画样钝置他。灵云忽然当时道:'我有一信寄雪峰。'他云:'便请。'灵云只据坐,这僧又若为吐露?不可!大丈夫汉,为人驰达,一词不措。"

长生问:"混沌未分时如何?"师云:"露柱怀胎。"云:"分后如何?"师云:"如片云点太清。"云:"未审太清还受点也无?"师不对。云:"恁么则含生不来也?"师亦不对。云:"直得纯清绝点时如何?"师云:"犹是真常流注。"云:"如何是真常流注?"师云:"似镜常明。"云:"未审向上还有事也无?"师云:"有。"云:"如何是向上事?"师云:"打破镜来与你相见。"

僧问:"佛未出世时如何?"师竖起拂子。云:"出世后如何?"师亦竖起拂子,僧不肯。僧后到雪峰,举前话,峰云:"你作么生?"云:"某甲不肯。"峰云:"你问我,待我为汝道。”僧理前问，峰竖起拂子。僧进后语，峰放下拂子。僧作礼，峰便打。僧到玄沙，举前话，沙云：“你作么生？”僧云：“某甲不会。”沙云：“我与汝说，譬如人卖一片园，四至结契了也，中心有个树子，犹属老僧在。”

大沩喆云：“这僧一张弓，两只箭，拟拨乱天下。至玄沙面前，一个伎俩也施设不得。何故？鹤有九皋难翥翼，马无千里谩追风。”

僧问：“君王出阵时如何？”师云：“春明门外，不问长安。”云：“如何得觐天子去？”师云：“盲鹤下清池，鱼从脚底过。”

僧问：“摩尼珠不随众色，未审作甚么色？”师云：“白色。”云：“恁么则随众色也。”师云：“赵璧本无瑕，相如诳秦主。”

僧问：“君王出阵时如何？”师云：“郭璞葬熊耳。”云：“意旨如何？”师云：“坐看白衣天。”云：“当今何在？”师云：“莫触龙颜。”

僧问：“如何是祖师西来意？”师云：“井底种林擒[①]。”僧云：“不会。”师云：“今年桃李贵，一颗直千金。”

---

① 擒：《五灯会元》作“檎”。是。林檎，即沙果，柰之小而圆者。

浮江和尚(凡一)

雪峰和尚领众到,问师:“即今有二百众寄此过夏,得么?”师拈拄杖划一划云:“着不得,即道。”峰休去。

福州南台郑十三娘子(凡二)

年十二,随师姑谒懒安,才作礼,安便问:“师姑在甚么处住?”云:“南台江边住。”安便喝出。

又问:“背后老婆甚么处住?”十三娘敛手近前而立,安再问,十三娘云:“早个呈似和尚了也。”安云:“去。”十三娘下到法堂。师姑问十三娘云:“你寻常道‘我会禅’,口如剑相似,今日被大师问着,无言可对。”十三娘云:“苦哉苦哉,作这个眼目也敢道‘我行脚’,脱取衲衣来与十三娘着。”

后到罗山,举前话了云:“只如十三娘恁么祇对,还得平稳也无?”山云:“也不得无过。”十三娘云:“过在甚么处?”山叱之,十三娘云:“锦上更铺花。”

保福与甘长老相访,遂问:“承闻十三娘参见大沩,是否?”十三娘云:“是。”福云:“大沩迁化向甚么处去?”十三娘下绳床而立,甘长老云:“闲时说禅,口似悬河,何不道取?”十三娘云:“鼓这两片皮堪作甚么?”甘云:“你别作么生?”十三娘云:“合取狗口。”

筠州高安大愚禅师法嗣

筠州末山尼了然禅师(凡三)

灌溪游方时,到山,乃云:“若相当即住,不然,即推倒绳床。”师令侍者问:“上座游山来?为佛法来?”云:“为佛法来。”师即鸣鼓升堂,闲上参,师问:“今日离何处?”云:“路口。”师云:“何不盖却?”闲无对,便作礼问:“如何是末山?”师云:“不露顶。”云:“如何是末山主?”师云:“非男女等相。”闲喝云:“何不变去?”师云:“不是神,不是鬼,变个甚么?”随后便打,闲于是伏膺,依附三年。

师问僧:“太褴缕生。”僧云:“虽然如此,且是师子儿。”师云:“既是师子儿,为甚么被文殊骑?”僧无对。

僧问:“如何是古佛心?”师云:“世界倾坏。”僧云:“为甚么世界倾坏?”师云:“宁无我身。”

襄州关南道常禅师法嗣

襄州关南道吾禅师(凡一)

尝经村墅,闻巫者乐神云:“识神无。”师忽有省。后参常禅师,印其所解。复游德山之门。凡上堂,戴莲华笠,披襕执简,击鼓吹笛,口称“鲁三郎”。

有时云:“打动关南鼓,唱起德山歌。”

僧问:“如何是祖师西来意?”师以简挹云:“诺。”

漳州罗汉和尚(凡一)

师问常禅师:“如何是大道之源?”常与一拳,遂有省。

乃为歌曰:“咸通七年初参道,到处逢言不识言。心里疑团若栲栳,三春不乐止林泉。忽遇法王毡上坐,便陈疑悃向师前。师从毡上那伽起,袒膊当胸打一拳。骇散疑团獦狚落,举头看见日初圆。从兹蹬蹬而碣碣,直至如今常快活。只闻肚里饱膨脝,更不东西去持钵。”

妙喜云:“可惜好一拳,分付不着人。”

福别先双峰禅师法嗣

福州双峰古禅师(凡一)

师到石霜,只随众而已,并不参请。有白石霜云:“古侍者见双峰得个入处。”

师后辞石霜,霜将拂子相送出门。霜召师,师回首。霜云:“拟着即差,是着即乖,不拟不是,亦莫作个会。除非知有,余莫能知,作么生?”师应诺诺。师住后,僧问:“当时石霜恁么道,未审意作么生?”云:“只教我莫是非着。”

南岳下第六世

扬州光孝慧觉禅师法嗣

道巘禅师(凡二)

庐州刘氏子。示众云:“弥勒朝入伽蓝,暮成正觉,乃说偈云:‘三界上下法,我说皆是心。离于诸心法,更无有可得。’看他恁么道,也太杀惺惺,若比吾徒,犹是钝汉。所以一念见道,三世情尽。如印印泥,更无前后。诸子,生死事大,快须荐取,莫作等闲。业识忙忙,盖为迷己逐物。世尊临入涅槃,文殊请转法轮,世尊咄云:‘吾住世四十九年,不曾说一字。汝请吾再转法轮,是吾曾转法轮耶?’然今时丛林,建立个主宾问答,事不获已,盖为初心尔。”

僧问:“如何是佛法大意?”师云:“今日三月三。”云:“学人不会。”师云:“止止不须说,我法妙难思。”

袁州仰山慧寂禅师法嗣

袁州仰山南塔光涌禅师(凡二)

示众云:“汝等诸人,若是个汉,从娘肚里屙出来,便作师子吼,解好么?”

僧问:“文殊是七佛之师,文殊还有师否?”师云:“遇缘即有。”云:“如何是文殊师?”师竖起拂子,僧云:“莫只这便是否?”师放下拂子。

晋州霍山景通禅师(凡六)

自称大禅佛。初见仰山,翘一足云:“西天二十八祖亦如是,唐土六祖亦如是,和尚亦如是,景通亦如是。”仰山下绳床,打四藤条。

雪窦云:“藤条未到折,因甚么只打四下?须是个斩钉截铁汉始得。”

师到霍山,自云:“集云峰下四藤条天下大禅佛,参。”霍山唤维那:“打钟着。”师便走。

师闻秘魔岩和尚凡见僧来,便提起木杈云:“是甚么魔魅教汝出家?是甚么魔魅教汝行脚?道得也杈下死,道不得也杈下死。”师往访之,才见不礼拜,便撺入怀中,秘魔拊其背三下,师拍手云:“师兄三千里外赚我来,师兄三千里外赚我来。”

僧问:“如何是佛?”师便打,僧亦打。师云:“你打我有道理,我打你无道理。”僧无语,师连棒打出。

俗行者问:“如何是佛法大意?”师便设拜,者云:“和尚何得礼拜俗人?”师云:“汝不闻道‘尊重弟子’。”

师化缘将毕,先备薪于郊野,遍辞檀越。及日中,执烛登薪上,以笠置顶后,作圆光相,手执拄杖,作降魔杵势,立终于红焰中。

袁州仰山东塔和尚(凡二)

僧问:"如何是君王剑?"师云:"落缆不辨功。"云:"用者如何?"师云:"不落时人手。"

僧问:"法王与君王相见时如何?"师云:"两掌无私。"云:"见后如何?"师云:"中间绝像。"

邓州佛岩晖禅师(凡二)

僧问:"昔年有疾,今又中毒。请师医。"师云:"二宜汤。"

僧问:"如何是佛向上事"师云:"螺髻子。"

睦州陈尊宿法嗣

睦州陈操尚书(凡五)

公同众官登楼,见数僧行来,诸官人云:"来者总是行脚僧。”公云:“不是。”官人云:“争知不是?”公云:“待与勘过。”僧及楼前,公召云:“上座。”僧皆举首,公云:“不信道。”

大沩喆云:“陈尚书可谓手持仲尼日月,腰背毗卢金印。非唯儒士惊慑,亦乃衲僧罔措。不见道,当机如电拂,方免病栖芦。”

鼓山永云:“这僧有理难伸,死而不吊。尚书按剑当门,谁敢正眼觑着。”

公问僧:“有事相借问,得么?”僧云:“合取狗口。”公自掴口云:“某甲罪过。”僧云:“知过必改。”公云:“就上座觅取口吃饭,得么?”僧无对。

公与僧斋次,拈起胡饼问僧:“江西、湖南还有这个么?”僧云:“尚书适来吃个甚么?”公云:“槌钟谢响。”

公一日斋僧,自行胡饼,僧展手接,公却缩手,僧无语,公云:“果然果然。”

公一日斋僧,自行食次,云:“请上座施食。”僧云:“三德六味。”公云:“错。”僧无对。

镇州临济义玄禅师法嗣

镇州保寿沼禅师(凡六)

胡钉铰来参,师问:“莫是胡钉铰么?”胡云:“不敢。”师云:“还钉得虚空么?”胡云:“请和尚打破将来。”师便打,胡不肯,师云:“向后有多口阿师为汝点破在。”

胡后见赵州,州问:“莫是胡钉铰么?”胡云:“不敢。”州云:“还钉得虚空么?”胡云:“请和尚打破将来。”州云:“且钉这一缝。”胡于言下有省。

遂举保寿行棒因缘问州:“未审某甲过在甚么处?”州云:“我与么与他保寿千里万里。”

雪窦云:“我要打这三个汉。一打赵州,不合瞎却胡钉铰眼。二打保寿,不能塞断赵州口。三打胡钉铰,不合放过保寿。”蓦拈拄杖云:“更有一个。”大众一时走散,师击绳床一下。

大沩喆云:“可惜赵州放过,待他道‘某甲过在甚么处’,劈脊便棒。非但承他保寿威光,亦乃与丛林为龟鉴。”

鼓山永云:“保寿虽具打破虚空底钳锤,未免犯锋伤手。胡公末后悟去,谁知眼尚瞎瞜[①]?”

师问僧:“甚么来?”云:“西山来。”师云:“还见猕猴么?”云:“见。”师云:“作个甚么伎俩?”云:“见某甲,一个

---

① 瞎瞜:瞎,音答,垂目状。瞜,同眵。

伎俩也作不得。”师便打。

师问僧：“近离甚处？”云：“崔禅。”师云：“还将得崔禅喝来么？”云：“不将得来。”师云：“恁么则不从崔禅来。”僧便喝，师拈棒，僧拟议，师便打。①

僧来问讯，师云：“百千诸佛不出此方丈内。”僧云：“只如古人道‘大千沙界海中沤’，未审方丈向甚么处着？”师云：“千圣见在。”云：“阿谁证明？”师掷下拂子，僧从西过东立，师便打，僧云：“若不久参，焉知端的。”师云：“三十年后，此话大行。”

僧问：“万境来侵时如何？”师云：“莫管他。”僧作礼，师云：“不得动着。动着，打折你驴腰。”

僧问：“如何是祖师西来意？”师云：“面黑眼睛白。”云：“万里无片云时如何？”师云：“青天也须吃棒。”云：“未审过在甚么处？”师便打。

镇州三圣慧然禅师（凡十一）

参德山，才展坐具，山云：“不用展炊巾，这里无残羹馊饭。”师云：“赖遇无。设有，向甚么处着？”山便打，师接住棒，推山向绳床上。山呵呵大笑，师哭云：“苍天苍天。”便

① 此案，《五灯会元》置兴化存奖禅师条中。

出去。

师到德山,时踢天泰为首座,问师:“行脚人须具本色公验,作么生是上座本色公验?”师云:“嗄。”座再问,师打一坐具云:“这桶漆前后触忤多少贤良。”座便人事。

师问雪峰:“透网金鳞未审以何为食?”峰云:“待汝出得网来,即向汝道。”师云:“一千五百人善知识,话头也不识。”峰云:“老僧住持事繁。”

雪窦云:“可惜放过,好与三十棒。这棒,一棒也不较,直是罕遇作家。”

承天宗云:“布缦天网,须是雪峰深入虎穴,还他三圣。众中有般汉商量,便道‘雪峰在网内,三圣在网外’。苦哉苦哉,深屈古人。若非此二员作家,不能天下横行。”

大沩喆云:“三圣可谓龙门万仞,惯曾作客。雪峰大似孟尝门启,岂惧高宾。”

师因雪峰见猕猴,云:“这猕猴各背一面古镜。”师云:“历劫无名,何以彰为古镜?”峰云:“瑕生也。”师云:“一千五百人善知识,话头也不识。”峰云:“老僧住持事繁。”

雪窦云:“好与三十棒。此棒放过也好,免见将错就错。”

仰山问师:“汝名甚么?”师云:“慧寂。”山云:“慧寂是我。”师云:“我名慧然。”山呵呵大笑。

妙喜云:“两个藏身露影汉,殊不顾傍观者。”

雪窦颂云:“双收双放若为宗,骑虎由来要绝功。笑罢不知何处去,只应千古动悲风。”

师在仰山不安,下涅槃堂将息。有官人来见仰山,山问:“官居何位?”官人云:“推官。”山竖起拂子云:“还推得这个么?”官人无语。山令大众下语,俱不契。山令侍者请师下语,师云:“但道,和尚今日有事在。”山又令问:“有甚么事?”师云:“再犯不容。”

师辞仰山,山将拂子相送。师云:“某甲自有师在。”山云:“谁?”师云:“临济和尚。”山云:“慧寂罪过。”遂留两日,备茶筵相送。

师到香严,严问:“甚处来?”师云:“临济来。”严云:“还将得临济剑来么?”师以坐具蓦口便搣[1],严休去。

示众云:“我逢人则出,出则不为人。”

兴化云:“我逢人则不出,出则便为人。”

真净文云:“这两个老古锥,窃得临济些子活计,各自分疆列界,气冲宇宙,使明眼衲僧只得好笑。诸禅德,且道,笑个甚么?还知落处么?若知,一任七颠八倒。若不知,且向三圣兴化葛藤里咬嚼。”

师问僧:“近离甚处?”僧便喝,师亦喝。僧又喝,师亦喝。僧云:“行棒即瞎。”随后又喝,师拈棒,僧转身作受势。

---

① 搣:音米。击打。

师云："下坡不走，快便难逢。"便打。僧云："这贼。"便出去，师抛下棒。次有僧问："适来争容得这僧？"师云："是伊曾见先师来。"

僧问："如何是祖师西来意？"师云："臭肉来蝇。"

兴化奖云："山僧即不然，破驴脊上足苍蝇。"

魏府大觉禅师（凡二）

师见临济，济竖起拂子，师便展坐具。济掷下拂子，师便收坐具参堂去。其时众议："莫是和尚亲故，又不礼拜，又不吃棒？"济闻令侍者唤师来。师至，临济云："师僧道'你来又不礼拜，又不吃棒，莫是长老亲故'？"师便珍重下去。

师临示寂时谓众云："我有一只箭，要付与人。"时有僧出云："请和尚箭。"师云："汝唤甚么作箭？"僧便喝，师便打。遂归方丈，唤其僧来问："汝适来会么？"云："不会。"师又打数下，掷却拄杖云："已后遇明眼人，分明举似。"即告终。

魏府兴化存奖禅师（凡十一）

初谒临济，济令师充侍者。济问新到："甚处来？"云："銮城。"济云："有事相借问，得么？"云："新戒不会。"济云："打破大唐国，觅个不会人难得。参堂去。"

师问:“适来新到是成褫伊那?”济云:“我谁管你成褫不成褫。”师云:“和尚只会将死雀就地弹,不解将一转语盖覆却。”济云:“你又作么生?”师云:“请和尚作新到。”济遂云:“新戒不会。”师云:“却是老僧罪过。”济云:“你语藏锋。”师拟议,济便打。

至晚,济谓师云:“我今日问新到是将死雀就地弹,就窠里打。及你出得语,又喝起向青云里打。”师云:“草贼大败。”济又打。

师后到三圣,圣请充第一座。常谓人曰:“我向南方行脚一遭,拄杖头,不曾拨着一个会佛法底。你在这里作甚么?”

三圣闻乃问师:“你具甚么眼?”师便喝,三圣云:“须是你始得。”师休去。

大觉闻,乃云:“作么生得风吹入大觉门来?”师后到大觉,觉请师充院主。一日唤云:“院主,我闻你道‘向南方行脚一遭,拄杖头,不曾拨着一个会佛法底’。你具甚么眼?”师便喝,觉拈棒。师拟议,觉便打。师又喝,觉又打。明日师从法堂下过,觉唤云:“院主,我直下不疑你昨日两喝,你试说看。”师云:“某甲在三圣处,学得底业次,总被师兄折倒了也。与某甲个安乐法门。”觉云:“这瞎汉来这里纳败阙,卸下衲衣,痛打一顿。”师于棒下见得临济先师在黄蘗处吃棒底道理。

师开堂日示众云:“此一炷香本为三圣师兄,三圣为我太孤,便合承嗣大觉,大觉为我太赊。我于三圣处,会得宾主句,若不遇大觉师兄,洎乎误却我平生。我于大觉处吃棒,见得临济先师在黄蘗处吃棒底道理。此一炷香供养我临济先师。"

示众云:"今日不问如何若何,便请单刀直入,兴化与你证明。"

时有旻德长老出作礼,起便喝,师亦喝。德又喝,师又喝。德作礼归众,师云:"适来若是别人,三十棒一棒也不较。何故?为他旻德长老会一喝不作一喝用。"

琅玡觉云:"且道那一喝不作一喝用,兴化若无后语,疑杀天下人。虽然如是,晓者还稀。"

教忠光云:"兴化与旻德各出一只手,要发明临济正法眼藏。殊不知,临济一宗扫土而尽。且道,利害在甚么处?具眼者辨取。"

师谓众云:"我闻长廊下也喝,后架也喝。诸子,莫盲喝乱喝。直饶你喝得兴化上三十三天,却扑下来,一点气也无,待兴化苏省起来,款款地向你道'未在',何故?我未曾向紫罗帐里撒真珠与你,诸人在虚空里胡喝乱喝作甚么?"

师入堂,见首座乃云:"我见你了也。"座便喝,师打露柱一下,便出去。首座随后上方丈云:"适来触忤和尚。"便作礼,师就地打一棒,座无语。

师见同参来,才上法堂,师便喝,僧亦喝。行三两步,师又喝,僧亦喝。须臾近前,师拈棒,僧又喝,师云:“你看这瞎汉犹作主在。”僧拟议,师便打,直打下法堂。

时有僧问:“这僧有甚触忤和尚处?”师云:“是伊适来也有权,也有实,也有照,也有用。及乎我将手向伊面前横两遭,便去不得。似这般瞎汉不打,更待何时。”

同光帝问师:“朕收中原,获一宝,未有人酬价。”师云:“略借陛下宝看。”帝以手引幞头脚示之,师云:“君王之宝,谁敢酬价。”帝大悦。

雪窦云:“至尊所得,只可傍观。若非兴化作家,往往高价酬却。”

黄龙心云:“兴化一期,见机而作,争奈埋没他一朝天子。当时但向伊道:‘蚌蛤之珠,收得也无用处。’教他向后别有生涯,免见递相钝置。如今若有人问,又作么生酬价?”

师召僧,僧应诺。师云:“点即不到。”又召一僧,僧应诺。师云:“到即不点。”

僧问:“四方八面来时如何?”师云:“打中间底。”僧作礼,师云:“兴化今日赴个村斋,中路遇一阵卒风暴雨,却去古庙里避得过。”

开善谦云:“兴化七事随身,八面受敌,不妨是个老作家。及乎两阵交锋,却走入鬼窟里去。忽有人问开善,只向他道:‘四方八面来一时打。’待他礼拜,落脊便棒云:

‘无你回避处。’”

师因骑马伤脚，扶木楞绕院行。问僧：“汝等还识老僧么？”僧云：“争得不识和尚。”师云：“痨脚法师，说得行不得。”复至法堂，令维那声钟，上堂，众集，师云：“还识老僧么？”众无对，师掷下楞子，端然而逝。

鄂州灌溪志闲禅师（凡五）

师谒临济。济一日蓦胸擒住，师便云：“领领。”济托开云：“且放你一顿。”师住后，示众云：“我见临济无言说，直至如今饱不休。”

鼓山永云：“乞儿见小利。”

示众云：“十方无壁落，四面亦无门，露裸裸，赤洒洒，没可把。”便下座。僧问：“久响灌溪，到来只见沤麻池。”师云：“你只见沤麻池，且不见灌溪。”云：“如何是灌溪？”师云：“劈箭急。”

玄沙云：“更学三十年也未会禅。”

僧问：“如何是祖师西来意？”师云：“钵里盛饭，桶里盛羹。”云：“学人不会。”师云：“饥即餐，困即休。”

师临示寂时问侍者：“坐化者谁？”云：“僧伽。”师云：“立化者谁？”云：“僧会。”师即行七步，垂手而终。

幽州谈空和尚(凡二)

保寿问师:"除却中下二根人来,师兄作么生?"师云:"汝适来举,早错了也。"寿云:"师兄也不得无过。"师云:"汝与我作师兄。"寿侧掌云:"这老贼。"

有尼欲开堂,师云:"你有五障,不得开堂。"尼云:"龙女成佛有几障?"师云:"龙女现十八变,你试变看。"尼云:"不是野狐精,变个甚么?"师便打。

镇州牧主闻云:"和尚拄杖折那。将此见解,拟欲为人。"

翠岩芝云:"且道,尼具甚么眼?只担得个断贯索,且作么生会?"

定州崔禅禅师(凡一)

拈拄杖示众云:"出来打,出来打。"时有僧出云:"崔禅聻?"师掷下拄杖,便归方丈。

归宗一云:"作么生道得一转语救取崔禅?"

法灯云:"和尚且自救取,是肯他?不肯他?"

五祖戒云:"便与推倒绳床。"

镇州万岁和尚[①]（凡一）

师访保寿，寿不起，师便展坐具。寿下绳床，师便坐却绳床。寿便归方丈闭却门，师坐不起。主事云："和尚闭却门了，请库下吃茶。"师便归。

寿明日却去复礼，师亦坐不起。寿展坐具，师亦下绳床。寿便坐却绳床，师亦归方丈闭却门。寿于侍者寮，取灰围却方丈门三道，便去。师开门见，乃云："我不恁么，他却恁么。"

襄州历村和尚（凡二）

师煎茶次，僧问："如何是祖师西来意？"师拈起茶盏示之。云："莫只这便是么？"师掷盏向火中，僧无语。

僧问："如何是观其音声而得解脱？"师以火箸敲柴头云："汝还闻么？"云："闻。"师云："谁不解脱？"

沧州米仓和尚（凡一）

州牧请师与保寿入厅供养，令人传语云："请二人长老谈论佛法。"寿云："请师兄答话。"师便喝，寿云："某甲尚

---

① 万岁和尚：《五灯会元》作"万寿和尚"。

未借问,何得便喝?”师云:“犹嫌少在。”寿却与一喝。

涿州克符道者[①]**(凡五)**

因僧问临济:“如何是夺人不夺境?”济云:“煦日发生铺地锦,婴儿垂发白如丝。”师颂云:“夺人不夺境,缘自带誵讹。拟欲求玄旨,思量返责么。骊珠光灿烂,蟾桂影婆娑。觌体无差互,还应滞网罗。”

僧问:“如何是夺境不夺人?”济云:“王令已行天下遍,将军塞外绝烟尘。”师颂云:“夺境不夺人,寻言何处真。问禅禅是妄,究理理非亲。日照寒光澹,山摇翠色新。直饶玄会得,也是眼中尘。”

僧问:“如何是人境两俱夺?”济云:“并汾绝信,独处一方。”师颂云:“人境两俱夺,从来正令行。不论佛与祖,那说圣凡情。拟把吹毛剑,还如值木盲。进前求妙会,特地斩精灵。”

僧问:“如何是人境俱不夺?”济云:“王登宝殿,野老讴歌。”师颂云:“人境俱不夺,思量意不偏。主宾言不异,问答理俱全。踏破澄潭月,穿开碧落天。不能明妙用,沦没在无缘。”

---

① 克符道者:《五灯会元》作“纸衣和尚”。

僧问:“如何是宾中宾?”师云:“倚门傍户犹如醉,出言吐气不惭惶。”

云:“如何是宾中主?”师云:“口念弥陀双拄杖,目瞽瞳人不出头。”

云:“如何是主中宾?”师云:“高提祖印当机用,利物应须语带悲。”

云:“如何是主中主?”师云:“横按镆鎁全正令,太平寰宇斩痴顽。”

云:“既是太平寰宇,为甚么却斩痴顽?”师云:“不许夜行刚把火,直须当道与人看。”

桐峰和尚(凡三)

僧问:“庵主住此,忽遇大虫来又作么生?”师作大虫吼,僧作怕势,师大笑,僧云:“这贼。”师云:“争奈我何?”

雪窦云:“是即是。两个恶贼只解耳偷铃。”

师见僧,蓦把住叫云:“杀人杀人。”僧托开云:“叫唤作么?”师云:“谁?”僧便喝,师便打,僧出外云:“且待且待。”师呵呵大笑。

师问一老人云:“住在甚处?”老人不语,师云:“善能对机。”老人拈一枝草示师,师便喝,老人作礼,师便归庵。老人云:“与么疑杀天下人去在。”

虎溪庵主(凡二)

僧来相看,师不顾。僧云:“知道庵主有此一机。”师弹指一下,僧云:“是何宗旨?”师便打,僧云:“知道今日落人便宜。”师云:“犹要棒吃在。”

师见僧入门,师便喝,僧默然,师便打,僧却喝。师云:“好个草贼。”

僧问:“和尚住此庵多少年?”师云:“只见春生夏长,总不记得。”云:“大好不记得。”师云:“你道多少年?”云:“春生夏长骦。”师云:“闹市里虎。”

覆盆庵主(凡一)

有僧从山下哭上,师闭却门。僧于门上画一圆相,门外立地。师从庵后出,却于山下哭上。僧便喝云:“犹作这个去就在。”师捶胸云:“可惜先师一场埋没。”僧云:“苦苦。”师云:“庵主今日被人瞒也。”

杉洋庵主(凡三)

师问僧:“甚处来?”云:“江西。”师竖起痒和子云:“江西还有这个么?”僧托膝闭目,师云:“东家厮儿却向西家使唤。”云:“有口不烦宾主说。”师云:“适来患聋,如今患哑。”僧云:“买铁得金,一场富贵。”师云:“客作无功,未免逃避。”僧便打,师云:“自累犹可,莫累老僧。”僧回作礼,师云:“若不恁么,已后丧我儿孙。”

僧问:“庵主得个甚么便住此山?”师云:“也欲通个来由,又恐遭人检点。”云:“又争免得。”师便喝,云:“恰是。”师便打,僧大笑而出,师云:“今日大败,今日大败。”

僧问:“庵主忽遇境界当前,如何支遣?”师喝云:“这妖怪。”云:“今日被迷一上,不同小小。”师云:“赖是深山无人见。”云:“知即得。”师呵呵大笑。

云山和尚(凡二)

师问僧:“甚处来?”云:“西京。”师云:“还将得西京主人书来么?”云:“不敢妄通消息。”师云:“作家师僧,天然有在。”云:“残羹馊饭,谁人肯吃?”师云:“独有上座不吃那。”僧作吐势,师召侍者云:“扶出这病僧着。”僧便出去。

师见僧来,便起身,僧便出去。师云:“得恁么灵利。”僧便喝云:“作这个眼目法嗣临济,也大屈在。”师云:“且望阇梨善传。”僧回首,师便喝云:“作这个眼目错判诸方名言。”随后便打。

定上座（凡三）

师问临济："如何是佛法的的大意？"济下绳床擒住，师拟议，济与一拳便托开，师伫思。傍僧云："定上座何不礼拜？"师方作礼，忽然大悟。

雪窦颂云："断际全机继后踪，持来何必在从容。巨灵抬手无多子，分破华山千万重。"

师在镇州，回到桥上歇，有三人座主，一人问："如何是禅河深处，须穷到底？"师擒住其僧，拟抛向桥下去，时二座主连忙救云："休休。不合触忤上座，且望慈悲。"师云："若不看这两个座主面，从他穷到底。"

师路次逢岩头、雪峰、钦山三人。岩头问："甚处来？"师云："临济来。"头云："和尚万福否？"师云："顺世也。"岩头叹云："某甲三人薄福，特去礼见和尚，又已归寂。未审有何言句，请上座举一两则。"师云："临济一日示众云：'赤肉团上有一无位真人，在汝等面门出入。未证据者看看。'时有僧出问：'如何是无位真人？'临济下绳床，拦胸搊住云：'道道。'其僧拟议，济托开云：'无位真人是甚么干屎橛。'"

岩头闻举，不觉吐舌。

钦山云："何不道'非无位真人'？"被师劈胸搊住云："无位真人与非无位真人，相去多少？速道速道。"钦山直得面青面黄语不得。岩头、雪峰劝云："这新戒不合触忤上座，且望慈悲。”师云：“若不看这两个老汉面，搊杀这尿床鬼子。”

瓮上座（凡二）

师到百丈，丈云：“有事相借问，得么？”师云：“幸自非言，何须諮諲[1]？”丈云：“收得安南，又忧塞北。”师擘开胸云：“与么不与么？”丈云：“要且难构。”师云：“知即得。”

仰山云：“若有人知此二人落处，不妨奇特。若辨不得，大似日中逃影。”

师到德山，山下绳床作抽坐具势，师云：“这个且致，忽遇心境一如底人来，向伊道甚么，即得不被诸方检责？”山云：“犹较昔日三步，别作个主人公来。”师便喝，山不语。师云：“塞却这老野孤咽喉。”

沩山云：“瓮上座虽是得便宜，争奈掩耳偷铃。”

灵云见懒安，《传灯》收为祐公嗣。按《祐录》云：“师大中七年，正月九日迁化。懒安继踵住持，未几安归闽川。闽帅创寺延安，亦以大沩命之（今在长庆寺后），复开山长庆。”两寺仅二十年。

灵云悟道有偈，雪峰激赏之。玄沙云：“待某甲勘过始得。”故知在雪峰住院之后，其见安公明矣。雪峰行脚时，已不及见临济（祐化十四年临济方示寂）。灵云悟道时，去

---

① 諮諲：音闸窒。语无伦次。

祐公二十余年。

后人不分前大沩,后大沩。好事者于沩山作桃花洞,旌表其得道之徽美,盖不本其源由耳。今移为懒安嗣。

魏府大觉禅师见临济,《传灯》收与黄蘗嗣,《统要》收为临济嗣。据兴化拈香云:“我于三圣处会得宾主句,若不遇大觉师兄,洎乎误却我平生。”故知大觉与兴化同出师门。今依《统要》为正。

联灯会要卷第十一

南岳下第七世

袁州仰山西塔穆禅师法嗣

吉州资福如宝禅师(凡四)

僧问:"古人拈槌竖拂,意旨如何?"师云:"古人与么那。"僧云:"拈槌竖拂又作么生?"师便喝出。

云门云:"古人是甚么眼目?"僧云:"和尚与么驴年去。"门却召僧云:"来来。"僧近前,门以拂子蓦口打。

示众云:"隔江见资福刹竿便回去,脚跟下好与三十棒,岂况过江来。"时有僧出,师便云:"不堪共语。"

僧问:"如何是一尘入正受?"师作入定势。云:"如何是诸尘三昧起?"师云:"汝问阿谁?"

云门云:"这阿师,话堕也不知。前头早是葛藤,后头又道'你问阿谁'。"

陈操尚书来,师画一圆相。陈云:"弟子与么来,早是不着便,更画圆相。"师便归方丈,闭却门。

雪窦云:"陈操尚书只具一只眼。"

大沩喆云："资福虽是本分炉鞴[①]，争奈陈操是煆了精金。诸人要识资福么？等闲掷下钓，惊动碧潭龙。"

鸽湖和尚（凡一）

师开堂日，资福令人送袜样与之，师书"火"字封还。福开封见，皱眉久不语。鹿苑和尚画一圆相，福云："拘尸那国亲行此令。"

袁州仰山南塔光涌禅师法嗣

郢州芭蕉慧清禅师（凡四）

新罗人也。示众云："如人行次，忽遇前面万丈悬崖，背后野火来逼，两边荆棘丛林。若也向前，则堕坑落堑；若也退后，则野火烧身，若转侧，又被荆棘林碍。当恁么时，作么生免得？若也免得，合有出身之路；若免不得，堕身死汉。"

示众云："你有拄杖子，我与你拄杖子。你无拄杖子，我夺却你拄杖子。"

师谓众云："我十八上到仰山，见南塔，上堂云：'汝等诸人，若是个汉，从娘肚里屙出来，便作师子吼。解好么？'

① 鞴：音败。吹火皮囊。

我于言下歇得身心,便住五载。"

僧问:"如何是提婆宗?"师云:"赤幡在左。"

问:"贼来须打,客来须看。忽遇客贼俱来时如何?"师云:"屋里有緉[1]破草鞋。"云:"只如破草鞋,还堪受用也无?"师云:"汝若将去,前凶后不吉。"

问:"佛未出兴时如何?"师云:"千年茄子根。"云:"出兴后如何?"师云:"金刚努出眼。"

问:"如何是佛?"师云:"胸题卍字,背负圆光。"

越州清化全怤禅师(凡一)

苏州昆山人也。僧问:"如何是佛?"师云:"华表柱上木鹤飞。"

问:"路逢达道人,不将语默对。未审将甚么对?"师云:"眼里瞳人吹叫子。"

问:"和尚年多少?"师云:"始见去年九月九,如今又见秋叶黄。"僧云:"恁么则无数去也。"师云:"问取黄叶。"僧云:"毕竟如何?"师云:"六只骰子满盘红。"

问:"亡僧迁化向甚么处去?"师云:"长江无间断,聚沫任风吹。"

---

① 緉:音两。一双。

镇州保寿禅师法嗣

汝州西院思明禅师(凡三)

僧问:“踏破化城时如何?”师云:“不斩死汉。”僧云:“斩。”师云:“不斩。”僧又云:“斩。”师便打,僧连道十声“斩”,师连打十棒趁出。师云:“这个师僧,将赤肉抵他干棒,有甚么死急?”

次有僧云:“某甲启和尚,适来问话僧在大觉处来,两人同参在这里,见解总与么。和尚须是趁出此二人,若不趁出,恐委悉和尚法道,已后难得承嗣。”道声未绝,师便打,即时趁出。

僧问:“学人有一问,在和尚处时如何?”师云:“设有也斩为三段。”僧作礼,师便休。

会下有一僧,次见问话僧云:“和尚道即太杀道,即是未了在。”

问话僧拽其僧到法堂云:“这僧不肯和尚。”

师问:“上座不肯老僧那?”云:“某甲不曾觉事,亦不曾说。”师一时喝下。其僧归堂,又云:“说甚么道即太杀道,直是未了在。”问话僧又拽其僧来投师,师云:“上座是不肯老僧那?”僧云:“和尚莫信这僧,今日见伊两度风发。”师拈棒一时打下。

师未住时,闻汝州南院出世,元是同参,特去相访。才人事了,云:"某甲启和尚,无可作人事,自从许州来,收得江西剃刀一柄上和尚。"院云:"汝从许州来,因甚却收得江西剃刀?"师于南院手上掐一掐,院呼侍者云:"收。"师以衣袖拂一拂便行。院云:"阿剌剌,阿剌剌。"

大沩喆云:"西院收得江西剃刀,无处施呈,直遇同参方始拈出。如今还有收得者么?试呈似老僧看。如无,寻常用个甚么?"

镇州第二世保寿禅师(凡二)

先保寿问师:"父母未生前,还我本来面目来。"师立至深夜,下语,不契,翌日辞去。先保寿云:"汝何往?"师云:"昨日蒙和尚设问,某甲不契,往南方参知识去。"寿云:"南方禁夏不禁冬,我此间禁冬不禁夏。汝且作街坊过夏。若是佛法,阛阓之中,浩浩红尘,常说正法。"师不敢违。

一日街头见两人交争,挥一拳云:"你得恁么无面目?"师当下大悟,走见先保寿。未及出语,寿便云:"你会也,不用说。"先保寿临迁化时,嘱三圣为师开堂。

师开堂日,三圣推出一僧,师便打。圣云:"与么为人,瞎却镇州一城人眼去在。"师掷下拄杖,便归方丈。

雪窦云:"保寿、三圣虽发明临济正法眼藏,要且只解无佛处称尊。当时这僧若是个汉,才被推出,便掀倒绳床,直饶保寿全机,也较三千里。"

五祖戒别保寿云:"千钧之弩,不为鼷鼠而发机。"

云峰悦云:"临济一宗扫土而尽,因甚么却到这里?"蓦拈拄杖云:“甚么处去也?”

大沩喆云:“保寿大似寰中天子来正行,三圣恰如塞外将军令正举。还有不惜性命者么?出来,与老僧相见,要断不平之事。”良久云:“横按镆鎁全正令,太平寰宇斩痴顽。”

妙喜颂云:“提起须弥第一锤,电光石火大迟迟。象王行处狐踪绝,(师)子咆哮百兽危[1]。”

镇州三圣慧然禅师法嗣

镇州大悲和尚(凡一)

僧问:“除上去下,请师道。”师云:“我开口即错。”僧云:“恁么则真学人师也?”师云:“今日向弟子手中死。”

缁州水陆和尚(凡一)

僧问:“如何是学人用心处?”师云:“用心即错。”云:“不起一念时如何?”师云:“没用处汉。”

问:“如何是最初一句?”师便喝。

问:“蓦路相逢时如何?”师拦胸与一托。

---

① (师)子咆哮百兽危:此句原刻脱字,作“子咆哮百兽危”,依《古尊宿语录》补。

魏府大觉禅师法嗣

庐州澄心旻德禅师(凡二)

师问兴化:“学人有一问,在和尚处时如何?”化拍绳床左角,师便喝。化拍绳床右角,师又喝,便归众。化云:“旻德较却兴化三十棒。虽然如,是他旻德会。若小可衲僧,一棒也较不得。”

僧问:“如何是澄心?”师云:“我不作这活计。”云:“未审作甚么活计?”师便喝,僧云:“大好不作这活计。”师便打。

汝州南院和尚(凡一)

僧问:“匹马单枪时如何?”师云:“待我上山斫棒。”

庐州大觉禅师(凡一)

僧问:“牛头未见四祖时,为什么百鸟衔花?”师云:“有恁么畜生无所知。”云:“见后为什么不衔花?”师云[①]:“无恁么畜生有所知。”

---

① 师云:原刻作“师师”,依文改。

荆南府竹园山禅师(凡一)

僧问:“久响和尚会禅,是否?”师云:“是。”僧云:“苍天苍天。”师以手掩僧口云:“低声低声。”僧打师一掌,师托开云:“也是山僧招得。”僧拂袖而出,师笑云:“早知如是,悔不如是。”

魏府兴化存奖禅师法嗣

汝州南院颙禅师(凡十五)

示众云:“赤肉团上,壁立千仞。”时有僧出问:“赤肉团上,壁立千仞。岂不是和尚语?”师云:“是。”僧便掀倒绳床,师云:“你看这瞎汉乱做。”僧拟议,师便打,趁出院。

示众云:“诸方只具啐啄同时眼,不具啐啄同时用。”有僧便问:“如何是啐啄同时用?”师云:“作家不啐啄,啐啄同时失。”云:“此未是学人问处。”师云:“你问处作么生?”僧云:“失。”师便打,僧不肯。

翠岩芝云:“运筹帏幄,决胜千里。南院虽则全机受敌,其奈土旷人稀。”

大沩喆云:“南院高提祖师,纵夺当机。这僧善能勍敌,争奈力极计穷。如今还有本色衲僧么?出来,与大沩相见。不图鼓舞扬声,贵要宗风不坠。有么,有么?如无,大沩今日,大似索战无功。”

其僧后到云门会下，闻二僧举此话，一人云："当时南院棒折那。"其僧忽然契悟。遂回省觐，师已圆寂，乃谒风穴。穴一见便认得，乃问："上座莫是当时先师会中问'啐啄同时'话底僧么？"云："是。"穴云："你当时作么生会？"云："某甲当时如在灯影里行相似。"穴云："你会也。"

琅玡觉云："只解竖降旗，不解夺剑戟。"

翠岩真出风穴语云："当时待他拟祇对，坐具劈口摵。"

天封成云："风穴当时待他拟祇对，便与本分草料。会么？真金曾百炼，入火转鲜明。"

师问僧："近离甚处？"云："襄州。"师云："来化甚么？"云："特来礼拜和尚。"师云："恰遇宝应不在。"僧便喝，师云："向你道不在，又喝作么？"僧又喝，师拈棒，僧拟议，师便打。僧礼拜，师云："这棒本分是你打我，我且打你。要这话行，瞎汉参堂去。"

僧问："从上诸圣向甚么处去？"师云："不上天堂，即入地狱。"云："和尚又作么生？"师云："还知宝应老汉落处么？"僧拟议，师以拂子蓦口打。复云："近前来。"僧近前，师云："令合是汝行。"又打一拂子。

雪窦云："令既自行，且拂子不知来处。雪窦道个瞎，且要雪上加霜。"

黄龙心云："白圭之玷，犹尚可磨。病在膏肓，亦宜救疗。这僧令既在手，为甚么不行？过在甚么处？"

妙喜云："权衡临济三要三玄，须是南院始得。雪窦因甚么道'拂子不知来处',妙喜亦道个瞎,且图两得相见。"

有僧来参,乃云:"败也败也。"师遂引杖向其僧前,僧无语,师连打数棒。

云峰悦云:"这僧顶上有光,不知脚下有漆。且作么生会?直饶你十字纵横,朝打三千,暮打八百。"

师问园头:"匏子开花也未?"头云:"开花已久。"师云:"还着子也无?"云:"昨夜遭霜了。"师云:"大众吃个甚么?"园头拟议,师便打。

僧问:"如何是佛法大意?"师便喝,僧云:"和尚莫探头好。"师又喝,僧作礼。师云:"放过即不可。"便打。又僧问:"如何是佛法大意?"师亦喝,僧作礼。师云:"今日两员俱是作家禅客,与宝应老称提临济正法眼藏。若要一喝下辨宾主,问取二禅客。"

师问僧:"名甚么?"云:"普参。"师云:"忽遇屎橛时又作么生?"僧云:"不审。"师便打。

师问僧:"近离甚处?"云:"长水。"师云:"东流西流。"僧云:"总不恁么。"师云:"作么生?"僧便珍重,师便打。

师一日把住一僧云:"作么?作么?"僧无语,师云:"三十年弄马骑。"

僧问:“如何是佛法大意?”师云:“无量大病源。”云:“请师医。”师云:“世医拱手。”

僧问:“古殿重兴时如何?”师云:“明堂瓦插檐。”云:“恁么则庄严毕备去也。”师云:“斩草蛇头落。”

僧问:“如何是无缝塔?”师云:“七花八裂。”云:“如何是塔中人?”师云:“头不梳,面不洗。”

僧问:“祖意教意,是同是别?”师云:“黄尚书,李仆射。”

太行山禅房克宾禅师(凡一)

兴化一日谓师云:“你不久为唱道之师。”师云:“不入这保社。”化云:“你会了不入?不会不入?”师云:“总不恁么。”化便打。

复云:“克宾维那法战不胜,罚钱五贯,设饡[1]饭一堂。”至明日斋时,化白槌云:“克宾维那法战不胜,不得吃饭。”即便出院。

雪窦云:“克宾要承嗣兴化,罚钱出院且置,却须索取这一顿棒始得。且问诸人,棒既吃了,且作么生索得?雪窦要断不平之事,今日与克宾雪屈。”以拄杖一时打散。

黄龙南云:“克宾失钱遭罪,有理难伸。兴化以刚决

---

① 饡:音赞。以羹浇饭

柔,未足光也。”

大沩喆云:“兴化令虽行,大似以势欺人。克宾一期输机,争奈千古声光不坠。且道,利害在甚么处?若不沙场经久战,扬天犪[①]鼓丧红尘。”

资寿尼妙总云:“重赏之下,必有勇夫。”

真净文颂云:“丈夫当断不自断,兴化为人彻底汉。已后从教眼自开,棒了罚钱趁出院。”

守廓侍者(凡三)

师一日自语云:“从上诸圣,向甚么处去?”德山闻云:“作么,作么?”师云:“来点飞龙马,跛鳖出头来。”山休去。

明日浴出,廓[②]过茶与山,山抚师背云:“昨日公案作么生?”师云:“这老汉,今日方瞥地。”

雪窦云:“然则真金百炼,要须本分钳锤。德山既以己妨人,这僧还同受屈。”拈拄杖划一划云:“适来公案且置,从上诸圣,向甚么处去?”大众拟议,师一时趁出。

黄龙南云:“德山持聋作哑,虽然,暗得便宜。廓公掩耳偷铃,争奈傍观者哂。”

大沩喆云:“若不登龙门,焉知沧海深。直饶浪激千寻,争奈龙王不顾。”

师因华严示众云:“今日赐卿无畏,若是临济、德山、高

① 犪:音魁。野牛之一种。
② 廓:原刻作“郭”,依文改。

亭、大愚、鸟窠、舡子儿孙，不用如何若何，便请单刀直入，华严为汝证据。”师出作礼起，便喝，严亦喝。师又喝，严又喝。师作礼，起云：“大众看这老汉一场败阙。”又喝一喝，拍手归众，华严归方丈。

时风穴作维那，上去问讯，严云：“叵耐浙客守廓，今日把老僧抰绝一上，如今集众打一顿趁出院。”穴云：“趁他迟了也。”和尚云：“便请单刀直入。自是和尚言过，他是临济儿孙，本分与么作用。”严方息怒。

穴下来与师具言其事，师云：“你着甚来由劝这老汉，我未问已前，早要棒吃，得我话行，如今不打，搭却我这话不行。”穴云：“此话已行也。”

师到鹿门。一日在后架，见楚和尚与数僧道话次，鹿门下来问云：“你终日披披搭搭作甚么？”楚云：“和尚见某甲披披搭搭那。”门便喝，楚亦喝。两家休去。

师云：“诸上座，你看这两个瞎汉。”随后便喝。

门归方丈，令侍者请师上来，云：“老僧适来与楚阇梨宾主相见，有甚败阙处？”师云：“转见病深。”门云：“老僧自见兴化来便会也。”师云：“和尚到兴化时，某甲作侍者，记得恁么时语。”门云：“请举看。”师遂举：“兴化问：‘甚处来？’和尚云：‘五台来。’化云：‘还见文殊么？’和尚便喝，化云：‘我问你还见文殊么，又恶发作甚么？’和尚又喝，化不语。和尚作礼而去。至明日，教某甲唤和尚，待问和尚，和尚早去了也。化乃上堂云：‘你看这汉，担得一条断贯索，向南方去也，已后也道曾见兴化来。’”

师云：“今日公案恰似与么时底。”门云：“兴化当时为甚无语?”师云:“知和尚不会宾主句,所以不语。明日待与持论,和尚早已去了也。”鹿门次日特为煎茶。

晚参告众云:“夫参学龙象,直须子细。入室决择,不可容易。逴[1]得个语,便以为极则,道我灵刹。只如山僧,当时见兴化时,认得个动转底,见人道一喝两喝便休,以为佛法也。今日被明眼人觑破,却成一场笑具。图个甚么?只为我慢无明,不能回转,亲近上流。赖得明眼道人不惜身命,对众出来,为鹿门老汉证据,实谓此恩难报。何故?兴化云:‘直饶你喝得兴化上三十三天,却扑下来,一点气也无,款款地待我苏息起来,向你道未在。何故如此?兴化未曾向紫罗帐里撒真珠与你,诸人在干虚空里胡喝乱喝作甚么?’真谓药石之言。道流难信,如今直须明辨取,岂不庆快平生?参学事毕。”

涿州克符道者法嗣

际上座(凡一)

师在洛京,因朱行军斋僧,入堂行香,顾视上下云:“直下是,直下是。”随行随道,口不暂住。至师面前,师问:“直下是个甚么?”朱便喝,师云:“行军幸是佛法中人,又恶发作甚么?”朱云:“你作恶发即不得。”师便喝,朱云:“钩在不疑之地。”师又喝。

朱斋罢,请师说话,僧录云:“上启行军,适来争容得这

---

[1] 逴:音戳。远行,超越。

僧与么无礼。”朱云:“若你诸人喝时,下官有剑在。”僧录云:“某甲一队紫布袋不会,须是南禅长老始得。”师云:“若是南禅长老,未梦见在。”

郢州芭蕉慧清禅师法嗣

郢州兴阳清让禅师(凡一)

僧问:“大通智胜佛,十劫坐道场。佛法不现前,不得成佛道。此意如何?”师云:“其问甚谛当。”僧云:“既是坐道场,为甚么不得成佛道?”师云:“为伊不成佛。”

汝州芭蕉继彻禅师(凡四)

师谒风穴,穴云:“作么生是正法眼?”师云:“泥弹子。”穴奇之。

后参芭蕉,闻上堂有云:“两口一无舌,即是吾宗旨。”师豁然大悟。

示众云:“昔日如来于波罗奈国,梵王请转法轮,如来不已而已,有屈宗风。随机逗教,遂有三乘名字,流转于天上人间,至今光扬不坠。若据祖宗门下,天地悬殊,上上根机,顿超不异。作么生是混融一句?还有人道得么?若也道得,有参学眼;若道不得,天宽地窄。”

示众云："眼中无翳，空里无花。水长舡高，泥多佛大。莫将问来，我也无答。会么？问在答处，答在问处。"

古曲偈云："芭蕉的旨，不挂唇齿。木童唱和，石人侧耳。"

天彭词壳禅师（凡一）

示众云："正令提纲，犹是捏窠造伪。佛法祗对，特地谩蓦上流。问着即参差，答着即交互。大德，拟向甚么处下口？虽然如是，事无一向，权柄在手，纵夺临时，有疑请问。"僧问："如何是第一义？"师云："群山穿海去，滴水下岩来。"

汝州西院思明禅师法嗣

郢州兴阳归静禅师（凡一）

师问："西院拟问不问时如何？"院便打，师良久。院云："你若唤作棒，则眉须堕落。"师于言下有省。

保福展云："虽然如是，你眉毛有几茎？"

汝州南院颙禅师法嗣

汝州风穴延沼禅师（凡十七）

余杭刘氏子。初见南院，才跨门，院便云："入问须辨主。"师云："端的请师分。"院左拊其膝，师便喝。院右拊其膝,师又喝。院云:“左边一拍且从,右边一拍作么生?”师云:“瞎。”院拈棒,师指住云:“不要盲枷瞎棒,夺棒打和尚去,莫言不道。”院靠却拄杖云:“今日被黄面浙子钝置。”师云:“大似持钵不得,诈道不饥。”院问:“子曾到此间么?”师云:“是何言欤?”院云:“好好相借问。”师云:“也不得放过。”便作礼,院揖云:“且坐吃茶。”

茶罢,院复问:“汝与从游者谁那?”师云:“与廓侍者在襄州华严同夏。”院云:“情知你见作家来。”

复问:“渠向你道甚么?”师云:“教某甲一向作主。”院云:“这瞎汉来这里纳败阙。”便打,师遂伏膺弟子之列。

南院一日问师:“南方一棒作么生商量?”师云:“作奇特商量。”师却问:“未审和尚此间一棒作么生商量?”院横按拄杖云:“棒下无生忍,临机不见师。”师于言下大彻玄旨。

示众云:“大凡参学眼目,直须临机大用现前,勿自拘于小节。设使言前荐得,犹是滞壳迷封;句下精通,未免触途狂见。劝汝诸人,应是向来依他学解,明昧两岐,凡圣二途,与你一时扫却。直教个个如师子儿,吒沙地哮吼一声,壁立千仞,谁敢正眼觑着。觑着即瞎却渠眼。”

示众云:“先师道‘欲得亲切,莫将问来问’,会么?问在答处,答在问处。虽然如是,有时问不在答处,答不在问处。你若拟议,老僧在你脚底。”

示众云:“若立一尘,家国兴盛,野老颦蹙;不立一尘,家国丧亡,野老安贴。于此明得,阇梨无分,全是老僧;于此不明,老僧即是阇梨。阇梨与老僧,亦能悟却天下人,亦能迷却天下人。要识阇梨么?”左边拍一拍云:“这里是。”“要识老僧么?”右边拍一拍云:“这里是。”

云门云:“这里即易,那里即难。”

雪窦颂云:“野老从教不展眉,且图家国立雄基。谋臣猛将今何在,万里清风只自知。”

示众云:“若是上上之流,各有证据者,略赴个程限;未证据者,各自英雄。当处发生,随处灭尽。如爆龟纹,爆即成兆,不爆成钝;欲爆不爆,直下便捏。”

示众云:“若据中下,止啼之义。若论祖令,便是碧眼胡僧,出头来也须乞命。若是尽令而行,便须倩人看院。”时有僧问:“尽令而行时如何?”师云:“你拟散众那?”僧拟议,师便打。

示众云:“三千剑客,耻见庄周。赤眉排肩,得无讹谬。他时豹变,后五日看。珍重。”

郢州牧请,就衙内升座云:“祖师心印,状似铁牛之机。去即印住,住即印破。只如不去不住,印即是,不印即是?”

时有庐陂长老出问:“某甲有铁牛之机,请师不搭印。”师云:“惯钓鲲鲸澄巨浸,却嗟蛙步驏[1]泥沙。”陂伫思,师

① 驏:音占。马卧土中。

便喝云:“长老何不进语?”陂拟议,师打一拂子云:“还记得话头么?试举看。”陂拟开口,师又打一拂子。

牧主云:“佛法元来与王法一般。”师云:“太守见个甚么?”牧云:“当断不断。返招其乱。”师便下座。

雪窦颂云:“擒得卢陂跨铁牛,三玄戈甲未轻酬。楚王城畔朝宗水,喝下曾令却倒流。”

师问怀本上座:“有事相借问,得么?”本云:“不可惜口去。”师云:“不惜口即道。”本拟议,师便打。

又问第二人:“莫道得么?”云:“道甚么?”师亦打。

又问第三人云:“三人同行,必有我师。作么生是师?”云:“见参礼次。”师亦打云:“过这边立。”复云:“将头不猛,带累三军。瞎汉参堂去。”

本至来日上堂头,请益云:“某甲夜来有甚么过,便蒙赐棒?”师云:“要会么?”左边拍一拍云:“这里是祖意。”右边拍一拍云:“这里是教意。还么会?”本不肯。

后到颖桥安铁胡处,举前话①,安云:“要会风穴道‘这里是祖意教意’么?非唯你不会,直饶白非老,口赤赫地教他举,也举不得。”

僧问:“语默涉离微,如何通不犯?”师云:“常忆江南三月里,鹧鸪啼处百花香。”

雪窦云:“曾有僧问,我对他道:‘劈腹剜心,又且如何?’”复云:“因风吹火,别是一家。伤鳖怒龟,必应

---

① 举前话:《指月录》此三字后有:安云:“风穴棒折那。”本云:“上座臂腕,终不向外曲。”

有主。”

僧问：“宝塔元无缝，金门即日开时如何？”师云：“智积佐来空合掌，天王捧出不知音。”云：“如何是塔中人？”师云：“萎花风扫去，香水雨飘来。”

琅玡觉云：“风穴若无后语，大似纪信诈降。”

僧问：“如何是第一句？”师云：“三要印开朱点窄，未容拟议主宾分。”便喝。僧云：“如何是第二句？”师云：“妙解不容无著问，讴和争赴两头机。”又云：“未问已前错。”僧云：“如何是第三句？”师云：“但看棚头弄傀儡，抽牵全在里头人。”又云：“明破即不堪。”

僧问：“如何是宾中主？”师云：“入市双瞳瞽。”云：“如何是主中宾？”师云：“回銮两曜新。”云：“如何是宾中宾？”师云：“攒眉看白云。”云：“如何是主中主？”师云：“磨砻[1]三尺剑，待斩不平人。”云：“如何是佛？”师云：“杖林山下竹筋鞭。”

僧问：“古镜未磨时如何？”师云：“天魔胆落。”云：“磨后如何？”师云：“轩辕无道。”

僧问：“如何是佛？”师云：“如何不是佛？”云：“未晓玄言，乞师再指。”师云：“家住海门东，扶桑最先照。”

---

① 砻：音龙。磨。

僧问:“古曲无音韵,如何和得齐?”师云:“木鸡啼子夜,刍狗吠天明。”

问:“九夏赏劳,请师言荐。”师云:“一把香刍拈未下,六环金锡响摇空。”

问:“如何是广慧剑?”师云:“不斩死汉。”

问:“素面相呈时如何?”师云:“拈却盖面帛。”

问:“百了千当时如何?”师云:“不许夜行,投明须到。”

问:“如何是佛?”师云:“嘶风木马缘无绊,背角泥牛痛下鞭。”

汝州颖桥安禅师(凡一)

师向火次,有钟司徒问:“三界焚烧如何出得?”师以香匙拨火,召云:“司徒司徒。”钟于是有省。

南岳下第九世

汝州风穴延沼禅师法嗣

汝州首山省念禅师(凡九)

莱州狄氏子。生平业《法华经》,因号“念法华”。一日侍立风穴次,穴顾师,垂泪云:“不幸临济之道,至吾将坠于地耳。”师云:“观此一众,岂无人耶?”穴云:“聪敏者多,见性者少。”师云：“如某者如何？”穴云：“吾虽望子之久，犹恐担着此经，不能放下。”师云：“此亦可事，愿闻其要。”

于是风穴上堂，举世尊以青莲目顾视迦叶：“正恁么时，且道说个甚么？若言不说而说，又埋没先圣。且道说个甚么？”师拂袖而退，穴掷下拄杖，归方丈。

侍者遂问：“念法华为甚么拂袖而去？”穴云：“念法华会也。”

师后与真园头同上，侍立次，穴问：“作么生是世尊不说说？”真云：“鹁[1]鸠树头啼，意在麻畬里。”穴云：“你作许多痴福作什么？何不体究言句。”

复问师，师云：“动容扬古道，不堕悄然机。”穴顾真云：“汝何不看念法华下语？”于是声动丛林。

示众云：“佛法付嘱国王大臣，有力檀那，令灯灯相续不断，至于今日。大众，且道续个甚么？”良久云：“须是迦叶师兄始得。”

时有僧出问：“灵山一会，何异今日？”师云：“堕坑落堑。”僧云：“为甚么如此？”师云：“瞎。”

问：“如何是和尚家风？”师云：“一言截断千江口，万仞峰前始得玄。”云：“如何是佛法大意？”师云：“楚王城畔，汝水东流。”

示众云：“诸上座，不得盲喝乱喝。这里寻常向你道，宾则始终宾，主则始终主；宾无二宾，主无二主；若有二宾

---

① 鹁：音勃。鸟之一种。鹁鸠，俗名“水鸪鸪”。

二主,只是两个瞎汉。所以道,我若立时,汝须坐;我若坐时,汝须立;坐则共你坐,立则共你立。虽然如此,到这里急着眼始得。若也眼孔定动,则千里万里。何故如此?如隔窗看马骑相似,拟议则没交涉。诸上座,既然于此留心,直须子细,不得掠虚好,他日异时赚却你在。诸人若也有事近前,无事珍重。"

师问僧:"恁么来者是甚么人?"云:"问者是谁?"师云:"老僧。"僧便喝,师云:"向你道是老僧,又恶发作么?"僧又喝,师云:"恰遇棒不在手。"僧云:"草贼大败。"师云:"今日又似得便宜,又似落便宜。"

僧问:"菩萨未成佛时如何?"师云:"众生。"云:"成佛后如何?"师云:"众生众生。"

僧问:"鱼鼓未鸣时如何?"师云:"看天不见天。"云:"鸣后如何?"师云:"觑地不见地。"

僧问:"一毫未发时如何?"师云:"路逢穿耳客。"云:"发后如何?"师云:"不用更迟疑。"

僧问:"万机丧尽时如何?"师云:"死水不藏龙。"云:"动转后如何?"师云:"是碧眼胡僧笑默头。"

僧问:"如何是佛?"师云:"新妇骑驴阿家牵。"问:"二龙争珠,谁是得者?"师云:"得者失。"

汝州广慧真禅师(凡二)

风穴问师:"会昌沙汰时,护法善神向甚么处去?"师云:"常在阛阓中,要且无人见。"风穴云:"汝彻也。"

妙喜云:"汝道风穴自彻也未?"

僧问:"如何是广慧境?"师云:"小寺前头资福后。"云:"如何是和尚家风?"师云:"锨爬镢子。"

南岳下第十世

汝州首山省念禅师法嗣

汾阳善昭禅师(凡十一)

初谒首山,遇上堂,师出问:"马祖升堂,百丈卷席,意旨如何?"山云:"龙袖拂开全体现。"师云:"师意如何?"山云:"象王行处绝狐踪。"师于言下大悟,提起坐具云:"万古碧潭空界月,再三捞摝始应知。"便作礼。

时叶县省和尚作首座,参退问师:"昭兄,你适来见个甚么道理,便恁么道?"师云:"正是善昭放身舍命处。"省便休。

示众云:"凡一句语须具三玄门,每一玄门须具三要路。有玄有要,有昭有用。或先照后用,或先用后照,或照用同时,或照用不同时。或先照后用,且要共你商量。或先用后照,也须是个人始得。或照用同时,你又作么生当抵?或照用不同时,你又作么生凑泊?"

示众云:"汾阳门下有西河师子,当门据坐。但有来者,即便咬杀。作何方便入得汾阳门,见得汾阳人?若见得汾阳人,堪与佛祖为师;若见不得,尽是立地死汉。如今还有入得门底么?快须入取,免得辜负平生。不是龙门客,切忌遭点额。"

示众云:"汾阳有三诀,衲僧难辨别。更拟问如何,拄杖蓦头掣。"时有僧问:"如何是三诀?"师便打。

示众云:"若是按剑手,汾阳不奈何。还识得剑么?与你注破。寰中无当者,海内独横行。"

示众云:"夫说法者,须具十智同真。若不具十智同真,邪正不辨,缁素不分,不能与人天为眼目,决断是非,如鸟飞空而折翼,如箭射的而断弦;弦断故射的不中,翼折故空不可飞。弦壮翼牢,空的俱彻。作么生是十智同真?与诸上座点出,一同一质,二同大事,三总同参,四同真智,五同遍普,六同具足,七同得失,八同生杀,九同音吼,十同得入。又与甚么人同得入?与谁同音吼?作么生同生杀?甚物同得失?阿那个同具足?是甚么同遍普?何人同真智?孰能总同参?那个同大事?何物同一质?莫有点得出底么？点得出底，不悋慈悲；点不出底，未有参学眼在，切须辨取。要识是非，面目见在。”

妙喜云：“汾阳[①]末后，若无个面目见在，一场败阙。虽然如是，丧我儿孙。喝一喝。”

示众云：“千说万说，不如自见分明。当下超凡入圣，不被众魔惑乱，唤作大事已辨。但有来者到你面前，一个伎俩也用不得。所以赵州云：‘老僧只管看。’这里不是个择法眼。释尊唤作妙明真性，不假庄严，会取免得妄认缘尘，虚过时光。”

示众云：“诸方老宿，事不获已，东语西话。汝等诸人，谓合恁么地广陈辞说，各竞聚头，不眠不睡？道‘我参寻’，你拟向那里参？古人云：‘向外作功夫，总是痴狂汉。’快须信取，不用久立。”

示众云：“倒却须弥，涸竭大海。鱼龙变化，禽鸟飞鸣。忙忙者，逼塞虚空。正当恁么时，佛出头来也贬向他方世界。且道还有修行分也无？与我点出来看。有么？有么？”时有僧出，才作礼，师便打云：“我早无端入荒草，你更来平地上掘坑，彼此相埋没作甚么？道来，道来。”僧无语。

师拈拄杖，示众云：“识得拄杖子，行脚事毕。”

云峰悦举罢，拈起拄杖云：“这个是拄杖子，那个是行

① 汾阳：原刻作“汾汤”。依文改。

脚事?”复云:“楖栗横檐不顾人,直入千峰万峰去。”

三角云:“识得柱杖子,入地狱如箭射。”

大沩喆举罢,拈起拄杖云:“这个是拄杖,那个是行脚事?直饶向这里见得,于衲僧门下,只是个脱白沙弥。若也不识,且向三家村里东卜西卜,忽然卜着也不定。”

智海逸举汾阳、三角语罢云:“二老一出一入,半合半开,犹是干戈相待。山僧即不然,识得拄杖子。画月冷光在,指云秋片移。”

僧问:“如何是学人着力处?”师云:“嘉州打大像。”云:“如何是学人转身处?”师云:“陕府灌铁牛。”云:“如何是学人亲切处?”师云:“西河弄师子。”

师云:“若人会得此三句,已辨三要三玄。切须荐取,不是等闲。”

又与大众颂出:“三玄三要事难分,得意忘言道易亲。一句明明该万象,重阳九日菊花新。”

僧问:“如何是接初机句?”师云:“汝是行脚僧。”云:“如何是辨衲僧句?”师云:“西方日出卯。”云:“如何是正令行句?”师云:“千里持来呈旧面。”云:“如何是定乾坤句?”师云:“北俱卢州长粳米,食者无贪亦无嗔。”师复云:“将此四句语,验天下衲僧。”

大愚芝云:“子细思量,将此四句语被天下衲僧勘破。”

僧问:“如何是宾中宾?”师云:“合掌庵前问世尊。”云:“如何是宾中主?”师云:“对面无俦侣。”云:“如何是主中宾?”师云:“陈云横海上,拔剑搅龙门。”云:“如何是主中主?”师云:“三头六臂擎天地,忿怒那吒扑帝钟。”

僧问:“心地未宁时如何?”师云:“谁乱你?”云:“争奈这个何?”师云:“自作自受。”

问:“学人未悟时如何?”师云:“谁言未悟?”云:“悟后如何?”师云:“莫诈明头。”

问:“如何是祖师西来意?”师云:“青绢扇子足风凉。”

联灯会要卷第十二

南岳下第十世

前汝州首山省念禅师法嗣

汝州叶县归省禅师(凡十二)

首山举竹篦,问师云:“唤作竹篦即触,不唤作竹篦即背,合唤作甚么即得?”师于言下大悟,遂掣竹篦,拗作两截,掷于阶下,却云:“是甚么?”首山云:“瞎。”师便作礼。

妙喜颂云:“背触非遮护,明明直举扬。吹毛虽不动,遍地是刀枪。”

示众云:“夫行脚禅流,直须着忖,参学须具参学眼,见地须得见地句,方始有相亲分,始得不被诸境惑,亦不落于恶道。毕竟如何委悉?有时意到句不到,如盲摸象,各说异端。有时句到意不到,妄认前尘,分别影事。有时意句俱到,打破乾坤界,光明照十方。有时意句俱不到,无目之人纵横走,忽然不觉落深坑。”

示众云:“宗师血脉,或凡或圣,龙树马鸣,天堂地狱,镬汤炉炭,牛头狱卒,森罗万象,日月星辰,他方此界,有情无情,”以手画一画云,“俱入此宗。此宗门中,亦能杀人,亦能活人。杀人须是杀人刀,活人须是活人句。作么生是杀人刀,活人句?道得底出来,对众道看。若道不得,即辜负平生。"

示众云:"达磨西来,为传东土,直指人心,见性成佛,独摽万象,物外宣扬。悟之者,纤毫不隔;迷之者,背觉合尘。中下之机也须子细,莫虚过时光。各各有之,况以西来的意,教外别传?道契一言,纵横自在;打破髑髅,揭却脑盖,岂不庆快?"

师问僧:"日暮投林,朝离何处?"云:"某甲不僧学禅。"师云:"生身入地狱。"

明教宽代云:"钥匙在和尚手里。"

师问僧:"近离甚么处?"僧云:"襄州。"师拽童子,打一掴,便喝出。

师看病僧,僧问:"四大本空,病从何来?"师云:"从上座问处来。"其僧喘气云:"不问后如何?"师云:"撒手卧长空。"其僧云:"唧唧。"即便告终。

僧问:"已事未明,以何为验?"师云:"闹市里打静槌。"云:"意旨如何?"师云:"日午点金灯。"

问:"大阐提人来,师还相为也无?"师云:"法久成弊。"云:"慈悲何在?"师云:"年老成魔。"

问:“宝剑未出匣时如何?”师云:“劈口着。”云:“出匣后如何?”师云:“拈却牙齿。”

问:“如何是尘中独露身?”师云:“塞北千人帐,江南万斛舡。”云:“恁么则非尘也。”师云:“学语之流,一札万行。”

问:“诸余即不问,如何是今日施设?”师云:“有你瞎驴汉在。”云:“与么则打鼓弄琵琶去也。”师云:“捺胃[①]放屁声。”

襄州石门慈照聪禅师(凡十四)

师在首山,因广慧琏问首山:“学人亲到宝山,空手回时如何?”山云:“家家门前火把子。”师闻之,言下大悟,作颂云:“我今二十七,访道曾寻觅。今朝喜得逢,要且不相识。”首山然之。

示众云:“上上之机,人法俱遣;中下之机,但除其问,犹有法在;下下之机,据问而行。若是出格道人,全体作用。诸上座尽是出格道人,老僧争敢作用?”

示众云:“十五日已前诸佛生,十五日已后诸佛灭。十五日已前诸佛生,你不得离我这里,若离我这里,我有钩子

① 捺胃:即“奈谓”。

钩你。十五日已后诸佛灭,你不得住我这里,若住我这里,我有锥子锥你。且道,正当十五日,用钩即是?用锥即是?"遂有颂云:"正当十五日,钩锥一时息。更拟问如何,回头日又出。"

示众云:"问答须教起倒全,龙头蛇尾自欺谩。如王秉剑由王意,似镜当台要绝观。开口已经千万里,低头思虑万重关。指人若也无正眼,何啻前程作野干。"

示众云:"钟鼓才罢,宾主已分。大众齐来,照用俱了。恁么会得继绍古人。若会不得,实为苦屈。莫有会得底么?出来对众证据。"

示众云:"第一句道得,石里迸出;第二句道得,挨拶将来;第三句道得,自救不了。"

示众举风穴云:"五白猫儿爪距狞,养来堂上绝虫行。分明上树安身法,切忌遗言许外生。"师云:"作么生是许外生底句?"良久云:"莫错举。"

示众云:"拟心即差,动念即乖。不拟不动,正在死水里作活计。作么生是衲僧转身处?只如古人恁么道'还有为人处也无'。若言为人,依言缚杀;若言不为人,意在甚么处?所以道'涅槃心易晓,差别智难明'。"

示众云:"宝花王座,独有慈尊;旃檀林中,别无异党。

狐非师子类,灯非日月明。知有者,已畅平生;未知有者,直须子细。”

师问直岁:“清凉堰从你堰,忽遇洪水滔天时,堰得么?”岁云:“在里头。”师云:“与谁同伴?”岁无语。请师代,师云:“透过新罗。”岁却问:“忽遇洪水滔天时,堰得么?”师云:“上拄天,下拄地。”岁云:“若遇劫火洞然时,又作么生?”师云:“横出竖没。”

僧入室问:“正恁么时,还有师也无?”师云:“灯明连夜照,甚处不分明。”云:“毕竟事如何?”师云:“来日是寒食。”

僧问:“古人‘急水滩头毛毬子’,意旨如何?”师云:“云开日朗。”云:“急水滩头连底石,意旨如何?”师云:“屋破见青天。”云:“意旨如何?”师云:“通上彻下。”

僧问:“日往月来迁,不觉年衰老。还有不老者么?”师云:“有。”云:“如何是不老者?”师云:“虬龙筋力高声叫,晚后精灵转更多。”

云:“如何是学人深深处?”师云:“乌龟水里深藏六。”云:“未审其中事如何?”云:“路上行人莫与知。”

僧问:“摩腾入汉,已涉繁辞。达磨西来,请师直指。”师云:“冬不寒,腊后看。”

问:“五目莫睹其容,二听莫闻其响,落声色即是?不落声色即是?"师云:"问从何来?"

问:"瞻之在前,忽然在后,复是何物?"师云:"筑着鼻孔。"

问:"寸丝不挂,法网无边,为甚么却分迷悟?"师云:"两桶一担。"

问:"心随境转,境逐心生。心境两忘,甚处即是?"师云:"待你悟始得。"

问:"有情有用,无情无用。如何是无情无用?"师云:"独扇门子尽夜开。"

汝州广慧元琏禅师(凡十三)

泉州晋江陈氏子。初谒南院念和尚,念问:"近离甚处?"师云:"首山。"念云:"老僧拄杖不在手。"师云:"设在手,也不得错打人。"念云:"野狐精。"师云:"恰是。"拍一拍,便出去。

师一日侍立次,问:"鱼鼓未鸣时如何?"念云:"看天不见天。"云:"鸣后如何?""觑地不见地。"师于言下有省,便作礼,念云:"你见个甚么便作礼?"师云:"闹市里也有一个半个。"念云:"你向南人灵利。"师便珍重。

师一日问首山:"学人亲到宝山,空手回时如何?"念云:"家家门前火把子。"师于此大悟,乃云:"某甲从今更不疑天下老和尚舌头去也。"念云:"你作么生会?试说看。”师云:“只是地上水堈[①]沙。”念云:“你会也。”师遂礼拜。

师到首山,山问:“甚处来?”云:“汉上。”山竖起拳云:“汉上还有这个么?”师云:“这个是甚么碗鸣声?”山云:“瞎。”师拍一拍,便出去。

示众云:“昔日临济会里,两堂首座相见,顾视各下一喝,便休去。诸人且道,还有宾主也无?若道有,只是个瞎汉。若道无,亦只是个瞎汉。若道不有不无,万里崖州。若向这里道得,也好与三十棒。若道不得,也好与三十棒。衲僧家到这里,作么生出得山僧绻缋?”良久云:“苦哉。虾蟆蚯蚓跨跳上三十三天,撞着须弥山,百杂碎。”遂拈拄杖云:“这一队无孔铁锤,速退速退。”

示众云:“祖令当行,人天泯迹。若通一线道,且与说葛藤。何故如此?拟议之间,早是丧身失命了也。山僧不避诸方检责,入泥入水,为你诸人,莫有会底么?出来通个消息看。”良久云:“看,看,总在魔界里作活计。”遂拈拄杖云:“速道速道。”众拟议,师喝一喝,卓一卓。

示众云:“佛法本来无事。从上诸圣尽是捏怪,强生节目,压良为贱,埋没儿孙。更有云门、洞山、临济,死不惺惺,一生受屈。老僧这里则不然,便是释迦老子出来,也贬

① 堈:音刚。同“缸”。

向他方世界,教伊绝迹去。何故如此?免虑丧我儿孙。老僧恁么道,汝等诸人作么生会?若向这里会得去,岂不庆快!教伊脱却毛衫,作个洒洒落落地衲僧去。更若不会,来年更有新条在,恼乱春风卒未休。"便下座。

时有僧请益云:"和尚适来道'便是释迦老子出来,也须贬向他方世界'。"举未了,师云:"汝若恁么会,入地狱如箭射。"云:"未审作么生会?"师便打,僧拟议,师云:"会么?"云:"不会。"师云:"山僧今日不避诸方检责,为汝注破,将此身心奉尘刹,是则名为报佛恩。"

杨亿侍郎到寺,值师上堂拈拄杖,示众云:"竖穷三际,横亘十方,且道帝释梵王向甚么处安身立命?"

杨出众拟只对,师便打,杨云:"某甲未有语在,和尚为甚么便打?"师云:"侍郎未跨广惠门时,早好吃老僧三十棒。"杨云:"低声低声。"师云:"知即得。"

乃云:"适来若不是侍郎,也大难承当。虽然如是,三十年后,有一个顶门眼开布衲出来,吾宗大盛,检点此语去在,诸人还知么?听取一偈:'鸟来有语,人去无声。青青之桂,四海知名。'"

杨遂问:"未审临济有何奇特言句过于诸方,和尚便为法嗣?"师云:"橄榄点茶滋味长。"

刘太保问:"如何是长老家风?"师劈面便唾,太保作恶云:"是何一唾?"师云:"这里是甚么所在?自领出去。"王比部云:"长老,太保问也不消得如此。"师云:"说甚么太保,梵王帝释来,也教伊绝迹去。"太保谓比部云:"此长老实堪珍重。”师唤侍者将粪箕扫帚来,太保与比部礼谢。

师乃踞座,横按拄杖云:“将军剑下,已定乾坤。独镇寰中,横身三界。三印在手,纵夺临时。拟议之间,丧身失命。莫有如龙壮士,似虎儿郎,出来交锋一阵看,要定平生,有么?有么?”良久云:“红旗熠熠,子弟悲号。”以拄杖击绳床一下。

师坐方丈内,有张员外来,才入门,师便问:“师子窟中,为甚么着野狐精?”张拟议,师便推出,掩却门。张于土地堂取纸钱一陌,挂方丈门便归。师开门见,乃云:“须是这汉始得。”张来日再见师,师搊住云:“昨日公案作么生?”张拟议,师与一掌。

师问僧:“你有拄杖子么?”云:“无。”师云:“我与你拄杖子。”随声便打。

三人新到相看,师问:“三人同行,必有我师。阿那个是师?”云:“某甲乍入丛林,不会。”师云:“你也罪过,我也罪过。”僧拟讥,师云:“这漆桶,且坐吃茶。”

师问座主:“闻你讲得三经五论,是否?”云:“不敢。”师竖起拄杖云:“这个作么生?”讲主拟议,师便打。主云:“何得造次?”师云:“这嚼涕唾儿道甚么?”主无对,师云:“近前来。”主近前,师于地上画一画,云:“这个,经中出?论中出?”主云:“经论无文所载。”师云:“无孔铁锤,参堂去。”

少顷再来人事,师问:“你是甚处人?”主云:“某甲适来，礼拜和尚了也。”师云：“我这里是甚么所在，着你这汉。”道了，一踏踏倒。主起来云：“我会也，我会也。”师把住云：“魅汉，你道甚么？速道速道。”主打师一掌，师云：“这瞎汉，来这里乱做。更道。”主作礼，师云：“养子不及父，家门一世衰。”

潭州神鼎鸿諲[1]禅师（凡十五）

襄水人也。示众云：“摩竭陀国亲行此令，大众还知落处么？一句子，该天括地，迥超格外，在众圣之前。所以五天和不齐，梵夹持不来，释迦掩室于摩竭，净名杜口于毗耶。三乘教外，一句别传。敢问大众，作么生是别传底？试对众道看，递相证明。”良久云：“直饶道得，亦未称祖师意。且道，如何称得祖师意？诸兄弟，直须打辨精神，究彻根源，到这里不可说菩提涅槃，真如解脱，向上向下，安禅入定，造桥梁，开义井得么？然虽如是，不可无言去也。”

“山僧当初行脚发足，亦无正意参禅学道，只欲东京听一两本经论，以资平生。不期行来行去，到汝州襄城县，恰遇汝州风起，鼓上首山。见个老和尚，被他劈头一锥，直得浃背汗流，不觉礼他三拜，而今悔之不及。大众且道，悔个甚么？悔不拽下绳床，痛与一顿。虽然如是，官不容针，私通车马。”

---

① 諲：音因。

示众，举僧问首山："一毫未发时如何？"山云："路逢穿耳客。"云："发后如何？"山云："不用更迟疑。"

"曾有僧问神鼎：'一毫未发时如何？'向他道：'白云岭上。'云：'发后如何？'向伊道：'涧下水流。'若是首山两转语，有可咬嚼，东看西看。若是神鼎这语，如吃木札瓦片相似，实无滋味。直是自见自悟始得。会么？天高东南，地倾西北。"

示众云："风不鸣条，雨不破块即且止，作么生打得个翻车筋斗到梵天去？若有，出来作个伎俩看。有么？莫教帝释恶发。"后有僧入室请益："某甲当时出来，左转一转，便归众。"师云："莫教帝释恶发，又作么生？"僧云："知恩者少，负恩者多。"师云："筑着鼻孔。"

示众云："南泉道：'我十八上便解作活计。'赵州道：'我十八上便会破家散宅。'"

师云："你道破家散宅好？解作活计好？初心底人且取前语，久参先德直须破家散宅。更有一言，万里崖州。"

师行脚时，与数耆宿游南岳。一僧举论宗乘颇敏，会野饭山店中供辦，其僧论说不已。师云："三界惟心，万法惟识。惟识惟心，眼声耳色是甚么人语？"僧云："法眼语。"师云："其语云何？"僧云："惟心，故根境不相到；惟识，故声色枞然。"师云："舌味是根境否？"云："是。"师以箸夹菜置舌上，含胡而语云："可谓相入耶？"坐者骇然，不能加答。师云："路途之学，终不到家。见解入微，不名见道。参须实参,悟须实悟。阎罗大王,不怕多语。”

僧问:“如何是接初机句?”师云:“山河大地。”云:“如何是辨衲僧句?”师云:“七棒对十三。”云:“如何是正令行句?”师云:“不通眨眼。”云:“如何是定乾坤句?”师云:“汝拟作么会?”

僧问:“诸法未闻时如何?”师云:“风萧萧,雨飒飒。”云:“闻后如何?”师云:“领话好。”

云:“古帆未挂时如何?”师云:“到岸也。”云:“到后如何?”师云:“犹是钝汉。”

问:“和尚未见先德时如何?”师云:“东行西行。”云:“见后如何?”师云:“横担拄杖。”

问:“达磨未来时如何?”师云:“西天此土。”云:“来后如何?”师云:“此土西天。”

问:“宝剑未出匣时如何?”师云:“狼烟竟起。”云:“出匣后如何?”师云:“天上天下。”

问:“牛头未见四祖时如何?”师云:“天知地知。”云:“见后如何?”师云:“犹较些子。”

问:“轮回六道底人毕竟如何?”师云:“不愿成佛。”

云:“为甚么不愿成佛?”师云:“佛亦不究竟。”云:“请师一言。”师云:“昨日犹记得,今朝话无门。”

问:“匹马单枪时如何?”师云:“神鼎打退鼓。”云:“毕竟如何?”师云:“想你不是这手脚。”

问:“如何是清净法身?”师云:“灰头土面。”云:“为甚么如此?”师云:“争怪得山僧。”云:“未审向上还有事也无?”师云:“有。”云:“如何是向上事?”师云:“毗卢顶上金冠子。”

问:“拨尘见佛时如何?”师云:“佛亦是尘。”

并州承天嵩禅师(凡十一)

师问首山:“如何是佛法的的大意?”山云:“楚王城畔,汝水东流。”师言下大悟,遂作三偈,一曰:“得用直须用,心意莫定动。三岁师子吼,十方绝狐种。”二曰:“我有真如性,如同幕里隐。打破六门关,显出毗卢印。”三曰:“真骨金刚体可夸,六尘一拂永无遮。廓落世界空为体,体上无为真到家。”

首山闻,请师吃茶云:“这三颂是你作那?”师云:“是。”山云:“忽有人教你现三十二相时如何?”师云:“某甲不是野狐精。”山云:“惜取眉毛好。”师云:“和尚落了多少?”山以竹篦蓦头打云:“这汉向后乱做去在。”

师辞首山，山以拄杖送师，师接得，有偈云："和尚拄杖，照破龙象。临济家风，落在我掌。"山云："莫相带累。"师打山一坐具，山云："果然带累。"师云："今日捉败这老汉。"山云："又似得便宜，又似落便宜。"

示众云："文殊仗剑，五台横行。唐明一路，把断妖讹。三世诸佛，未出教乘。网底游鱼，龙门难渡。垂钩四海，只钓狞龙。格外谈玄，为寻知已。若也举扬宗旨，须弥直须粉碎。若也诸佛说祖，海水便须枯竭。宝剑挥时，毫光万里。放一线道，通方说话。把断咽喉，诸人甚处出气？"

示众云："第一单枪甲马，第二甲马单枪，第三撒星排阵，第四衣锦还乡。"时有僧问："如何是单枪甲马？"师云："不是金牙作，争能射尉迟？"云："如何是甲马单枪？"师云："金镞马前落，娄樊丧胆魂。"云："如何是撒星排阵？"师云："阵云横海上，未辨圣明君。"云："如何是衣锦还乡？"师云："四海无消息，回奉圣明君。"

师问僧："迦叶门前客，祇园会里人。"云："特来礼拜。"师云："洎不问过。"僧便喝，师云："错。"僧又喝，师云："放你三十棒。"僧云："许和尚具一只眼。"师云："吃棒了听款。"

师问僧："甚处来？"云："潞府。"师云："米作么价？"云："和尚试道看。"师云："不解作客，劳烦主人。库下吃茶去。”

僧问:“钝根乐小法,不自信作佛。作佛后如何?”师云:“水里捉麒麟。”云:“与么则便登高山去也。”师云:“骑牛上三十三天。”

问:“古人‘东山西岭青’,意旨如何?”师云:“波斯鼻孔大。”云:“恁么则西天迦叶,东土我师。”师云:“金刚手板阔。”

问:“有相即不问,如何是无相?”师云:“忻州齐和尚。”云:“如何会得?”师云:“代州雁门关。”

问:“临济推倒黄蘖,为甚么维那吃棒?”师云:“正狗不偷油,鸡衔灯盏走。”

问:“古人拈槌竖拂意旨如何?”师云:“骑驴不着靴。”

汝州首山志禅师(凡二)

师问首山念和尚:“德山棒,临济喝,意旨如何?”念云:“汝试道看。”师便喝,念拈棒,师指住云:“莫乱做。”念掷下棒云:“龙蛇易辨,衲子难谩。”师云:“草贼大败。”

僧问:“如何是祖师西来意?”师云:“三尺杖子破瓦盆。”

云："如何是佛？"师云："桶底脱。"

云："从上诸圣有何言句？"师云："如是我闻。"云："某甲不会。"师云："信受奉行。"

隋州智门罕禅师（凡一）

因为北塔僧使点茶，师乃起自揖僧使："近上坐。"使云："鹞子头上，岂可安巢？"师云："捧上不成龙。"随后打一坐具。僧使茶罢，进前云："适来触忤和尚。"师云："江南杜禅客，觅甚么第二碗？"

汝州仁王评禅师（凡一）

师问首山："如何是佛法大意？"山便喝，师作礼，山拈棒，师云："和尚没世界那。"山掷下棒云："明眼人难设。"师云："草贼大败。"

襄州石门慧昭山主（凡一）

杨亿侍郎寄问云："'入山不怕虎，当路却防人'时如何？"师云："君子坦荡荡。"

云："如何是石门山？"云："石头大底大，小底小。"云："如何是山中人？"师云："横眠倒卧。"

南岳下第十一世

汾阳善昭禅师法嗣

潭州兴化楚圆禅师(凡二十)

依汾阳经一纪,得旨之后,因[1]大愚数辈辞汾阳,相让不肯作参头。汾阳云:“此行不可以戒腊推,听吾偈曰:‘天无头,吉州城外起戈矛。将军疋马林下过,员州城里闹啾啾。’”

师遽出班云:“楚圆何人,敢受和尚如此记别!”即领众作礼。

汾阳复祝之曰:“吾在先师处亲证三昧。汝今已得,宜行南方,大兴吾道。”

即造洞山宝禅师席,终日面壁。宝问:“达磨九年面壁,意旨如何?”师云:“空腹高心。”宝翌日升堂,请师充第一座。后开法袁州南源,终于本山。

示众云:“无明实性即佛性,幻化空身即法身。诸仁者,若也信得去,不妨省力,可谓善财入弥勒楼阁,无边法门,悉皆周遍,得大无碍。悟法无生,是谓无生法忍。无边刹境,自他不隔于毫端;十世古今,始终不离于当念。且问诸人,且阿那个是当念?只如诸人无明之性,即汝本觉妙

---

① 因:原刻作“固”,语不通。依《古尊宿语录》改。

明之性。盖为不了生死根源，执妄为实，随妄所转，致堕轮回，受种种苦。若能回光反照，自悟本来真性，不生不灭。故云：'无明实性即佛性，幻化空身即法身。'

"只如四大五蕴，不净之身，即无实义，如梦如幻，如影如响。从无量劫来，流浪生死，贪爱所使，无暂休歇，出此入彼，积骨如毗富罗山，饮乳如四大海水。何故？为无智慧，不能了知五蕴本空，都无所实。逐妄所生，贪欲所拘，不能自在。所以世尊云：'诸苦所因，贪欲为本。若灭贪欲，无所依止。'汝等若能了知幻身虚假，本来空寂，诸见不生，无我人众生寿者，诸法皆如，故'幻化空身即法身，法身觉了无一物'。唯有听法说法，虚玄大道，无着真宗。故云：'本源自性天真佛。'又云：'五阴浮云空去来，三毒水泡虚出没。'若如是者，为度一切苦厄，乃至无量无边烦恼知解，悉皆清净，是为清净法身。

"若到这个田地，便能出此入彼，舍身受身，地狱天堂，此界他方，纵横自在，任意浮沉，应物舒光，随机逗教，唤作千五亿化身。恁么说话，可谓无梦说梦，和泥合水，撒屎撒尿，不识好恶。"乃呵呵大笑云："若向衲僧门下，十万八千，未梦见他汗臭气在。虽然如是，事无一向，但以假名字引导于众生。"喝一喝。

示众云："马大师'即心即佛'，当人未悟；盘山'非心非佛'，只成戏论之谈；雪峰辊毬，诳謼小儿之作；云门顾鉴，笑杀傍观；少室自伤，一场大错；德山入门便棒，未遇奇人；临济入门便喝，太杀轻薄；黄梅呈颂，人我未忘；更言祖祖相传，递相诽谤。到这里须是个人始得。所以道，鹰生鹰子,鹘生鹘儿。然虽如此,也是巩县茶瓶。”乃弹指一下。

示众云:“先宝应道:‘第一句荐得,堪与佛祖为师;第二句荐得,堪与人天为师;第三句荐得,自救不了。’若是道吾即不然,第一句荐得,和泥合水;第二句荐得,无绳自缚;第三句荐得,四棱着地。所以道,起也海晏河清,行人避路;坐也乾坤黑暗,日月无光。汝等诸人,何处出气?如今还有出气者么?有即出来,对众出气;若无,道吾今日与汝出气去也。”乃嘘一声。

示众云:“宗师者,夺贫子之衣珠,究达人之见处。若不如是,尽是和泥合水汉。”良久云:“路逢剑客须呈剑,不是诗人不献诗。”喝一喝。

示众云:“道吾打鼓,四大部洲同参;拄杖横也,挑括乾坤大地;钵盂转也,覆却恒沙世界。且问,你等诸人向甚么处安身立命?若也知安身立命处,北俱卢州吃粥吃饭。若也不知,长连床上吃粥吃饭。”卓拄杖一下。

示众云:“上来也,步步登高;下去也,通身无碍。所以道,有时先敲后唱,有时先唱后敲,有时敲唱同时,有时敲唱不同时。所以王登宝殿,野老讴歌。如今还有讴歌者么?”良久云:“木人虽举手,石女不抬头。”喝一喝。

示众云:“心若无事,万法不生。意绝玄微,纤尘何立。向上一路,千圣不传。学者劳形,如猿捉影。”喝一喝。

示众云:“百千法门同归方寸,河沙妙义总在心源。无三界可出,无菩提可求。人与非人,性相平等。既然如是,为甚么那吒扑帝钟?”良久云:“波斯鼻孔长又长。”

示众云:“说佛说祖,和泥合水。向上向下,衲僧破草鞋。总不恁么,无绳自缚。且独脱一句作么生道?还有人道得么?试对众倒道将一句来。有么?有么?”良久云:“冢上更加泥。”喝一喝。

师为唐明嵩和尚驰书上杨内翰,才通门状,便请相见。坐次,杨问:“对面不相识,千里却同风。”师云:“某甲奉院门请。”杨云:“真个谩语。”师云:“前月离唐明。”杨云:“适来悔伸一问。”师云:“作者。”杨便喝,师云:“恰是。”杨又喝,师以手面前画一画,杨吐舌云:“龙象。”师云:“是何言欤?”杨唤客司:“点好茶,元来是家里人。”师云:“也不消得。”

茶罢,杨问:“如何是圆上座为人底句?”师云:“切。”杨云:“恁么则长裙新妇拖泥走。”师云:“谁得似内翰。”杨云:“作家作家。”师云:“放你二十棒。”杨拍膝云:“这里是甚么所在?”师拍手云:“也不得放过。”杨呵呵大笑。

杨问:“记得唐明和尚初悟底因缘么?”师云:“曾见和尚举来。”杨云:“请不吝慈悲。”师云:“见和尚举,有僧问首山:‘如何是佛法大意?’山云:‘楚王城畔,汝水东流。’”杨云:“只如‘楚王城畔。汝水东流’意旨如何?”师云:“水上挂灯毬。”杨云:“恁么则辜负古人去也。”师云:“内翰疑则别参。”杨云:“三脚虾蟆跳上天。”师云:“一任踍跳。”杨乃大笑。

师取辞，杨云："亿有一转语寄上座往唐明处，还得么？"师云："明月照见夜行人。"杨云："却不相当去也。"师云："更深犹似可，午后始愁人。"杨云："开宝寺前金刚，近日为甚么汗出？"师云："知。"杨云："上座临行，岂无为人底句？"师云："重叠关山路。"杨云："恁么则随上座去也。"师嘘一声，扬云："真师子儿，大师子吼。"师云："放去又扶来。"杨云："某甲适来失脚倒地，又得家童扶起。"师云："有甚么了期。"杨呵呵大笑。

师一日方丈内安一盆水，上横一口剑，下着一双草鞋，横按拄杖而坐。见僧入门，便指。僧拟议，师便棒。

师问僧："名甚么？"僧云："海满。"师云："海无增减，为甚么却满？"云："和尚莫谩海满。"师云："南源罪过。"

师问僧："近离甚处？"云："云过千山碧。"师云："着忙作甚？"云："雁去水声凄。"师便喝，僧亦喝。师便打，僧亦打。师云："你这瞎汉，本分打出三门外，念汝是新到，且坐吃茶。"

师问僧："行脚人须知有行脚事，作么生是行脚事？"云："知。"师云："知底事作么生？"云："山高水深。"师云："念汝远来，且坐吃茶。"僧云："诺诺。"

师问显英首座："近离甚处？"云："金銮。"师云："夏在甚处?”云:“金銮。”云:“前夏在甚处?”云:“金銮。”师云:“先前夏在甚处?”云:“和尚何不领话?”师云:“我也不能勘得你,教库下供过奴子来勘,且点一碗茶与你湿口。”

师问僧:“近离甚处?”僧以手面前一划,师云:“是何言欤?”僧便喝,师云:“作甚么?”僧拊掌一下,便打。师云:“瞎汉,乱做作么?”以坐具直打出法堂。

僧问:“行脚不逢人时如何?”师云:“钓丝绞水。”

问:“如何是佛?”师云:“水出高源。”

问:“达磨未来时如何?”师云:“长安夜夜家家月。”云:“来后如何?”师云:“几处笙歌几处愁。”

问:“已事未明,以何为验?”师云:“玄沙见雪峰。”云:“意旨如何?”师云:“一生不出岭。”

筠州大愚守芝禅师(凡十一)

太原王氏子。示众云:“山僧人微,素无德行。叨承密谏[1]同僚诸官坚请升堂,上答皇恩,国祚永安,法轮常转。且道,法轮作么生转?要得会么?须弥山上倒翻身,却来堂中叠足坐。阿呵呵是甚么?饭萝里坐却受饿,和泥合水与么过。上士闻之熙熙,下士闻之肯可。子细思量,却成口过。要会么?一六三四二,直言四七一。桃李火中开,黄昏候日出。”

---

① 密谏:指筠州府主李密谏。

示众云:“若向言中取则,句里明机,大似迷头认影。若也举唱宗乘,恰似寐语一般。虽然如是,官不容针,私通车马。放一线道,有个葛藤。”打绳床一下云:“三世诸佛尽皆头痛。且道,诸人还有免得底么?若有一人免得,无有是处。若免不得,海印发光。”竖起拂子云:“这个是印,那个是光?这个是光,那个是印?掣电之机,徒劳伫思。会么?且僧说梦,且道梦见个甚么?南柯十更。若更不会,听取一颂:‘北斗挂须弥,杖头挑日月。林泉好商量,夏末秋风切。’”

示众击拂子云:“一击响玲珑,喧轰宇宙通。知音才侧耳,项羽过江东。恁么会得,恰认得驴鞍桥,作阿爷下颔。”

示众云:“德山入门便棒,临济入门便喝。一棒一喝,若双峰而互出。宾主未辨,栖栖而万里乡关;照用双行,拟议而千差塞路。诸上座,到这里凭何话会?”乃有颂云:“棒喝齐施早已赊,古今休赞绝周遮。二途不涉凭何说,南海波斯进象牙。”

示众云:“沙里无油实可哀,翠岩嚼饭喂婴孩。他时好恶知端的,始觉从前满面灰。”

示众云:“净名杜口,已涉繁词。达磨西来,平欺汉地。放一线道,有个商量。所以李长者云:‘有情之本,依智海以为源。含识之流,总法身而为体。’诸仁者,既是总法身而为体，还知道须弥吞却法身，法身吞却须弥么？诸仁者，朝夕与古佛同参，与诸方老和尚同参。山僧今日与大众同参，且道参个甚么？如是定当得，且认得个着衣吃饭，犹去衲僧半月程。若定当不得，来年更有新条在，恼乱春风卒未休。”

示众云：“大愚相接大雄孙，五湖云水竞头奔。竞头奔，有何门，击箭宁知枯木存。枯木存，一年还曾两度春。两度春，帐里真珠撒与人。撒与人，思量也是慕西秦。”

僧问：“如何是和尚家风？”师云：“一言已出，驷马难追。”

问：“如何是城里佛？”师云：“十字街头石幢子。”

问：“如何是和尚为人一句？”师云：“四角六张。”云：“意旨如何？”师云：“八凹九凸。”

问：“不落三寸时如何？”师云：“乾三连，坤六段。”云：“意旨如何？”师云：“切忌盈虚。”

问：“如何是道？”师云：“八斛四斗。”云：“如何是道中人？”师云：“煮粥炸饭。”

问：“宝釰未出匣时如何？”师云：“切忌道着。”云：“出匣后如何？”师云：“天魔胆落。”

滁州琅玡慧觉禅师（凡十七）

示众云："君臣道合，犹是法身边事。君不见君，臣不见臣，犹是法身向上事。向上向下，使汝心不安。且作么生是法身？"良久云："任是僧繇手，难尽志公真。"

示众云："世尊三昧，迦叶不知。迦叶三昧，阿难不知。阿难三昧，商那和修不知。吾有三昧，汝亦不知。为甚么不知？理合如斯。若人会得，南北东西。若不如是，更拟何之？"

示众云："与么来者，上间安排。不与么来者，下间挂搭。向上人来，独自凄凄暗渡江。更有一人向甚么处着？"良久云："钓竿斫尽重栽竹，不计功程得便休。"

示众云："有句无句，如藤倚树。树倒藤枯，恰好吃棒。且道过在甚么处？"良久云："不是僧繇手，徒说绘丹青。"

示众举世尊云："众生妄认四大为自身相，六尘缘影为自心相。且问诸仁者，在眼曰见，在耳曰闻，在鼻嗅香，在舌知味，在手执捉，在足运奔，亦不唤作众生，亦不唤作佛性，且道唤作甚么？"良久云："香严含悲泣拄杖，仰山扑破沩山镜。"

示众云："山僧因看《华严金师子章·第九·由心回转

善成门》，又释云：如一尺之镜，纳重重之影像。若然者，道有也得，道无也得。道非亦得，道是亦得。虽然如是，更须知有拄杖头上一窍。若也不会，拄杖穿灯笼入佛殿，撞着释迦，磕倒弥勒，露柱抚掌，呵呵大笑。你道笑个甚么？”卓拄杖一下。

示众拈起拄杖云：“山僧有时一棒作个缦天网，打俊鹰俊鹞。有时一棒作布丝网，捞虾摝蚬。有时一棒作金毛师子，有时一棒作虾蟆蚓蚯。山僧打你诸人一棒，且作么生商量？若缁素得出，不妨拄杖头上眼，开照四天下。若也未然，从教立在古屏畔，待使丹青入画图。”

示众拈起拄杖云：“拄杖若是，头上安头。拄杖不是，斩头觅活。离此二途，犹是无依滞魄。透脱一路，正是着肉汗衣。汝等诸人各具金刚眼睛，到这里作么生会？若也不会，拄杖子透过渤海。看看。”卓一下。

示众云：“过去诸佛已般涅槃，好与三十棒。现在诸佛转大法轮，好与三十棒。未来诸佛当出于世，好与三十棒。诸高德，若要报佛深恩，当如是学。学则从你诸人，不得辜负老僧。”

示众云：“句中荐得，游子返于故乡。意中荐得，方解事于尊堂。若然者，须知转身吐气始得。若能如是，方解百尺竿头进步，句中无意，意中无句。既然如是，且作么生吐气？若也不会，拄杖子为你吐气去也。”卓一下。

示众云:“主宾互换,坐断乾坤。料简双施,谁人举目?释迦圣主,示灭双林。达磨大师,真归熊耳。琅玡门下,还有具眼衲僧,真正道流么?若无,应病与药,诊候临时。”

示众云:“汝等诸人在我这里过夏,与你点出五般病,一不得向万里无寸草处去,二不得孤峰独宿,三不得张弓架箭,四不得物外安身,五不得滞于生杀。何故?一处有滞,自救难为。五处若通,方名导师。汝等诸人若到诸方,遇明眼作家,与我通个消息,贵得祖风不坠。若是常徒,即须寝息。何故?裸形国内夸服饰,想君太杀不知时。”

师上堂,有僧出打一圆相,师便打云:“道道。”僧云:“不道不道。”师又打,僧云:“三世诸佛不出于此。”师又打,乃云:“大众,教中道:‘以手指比丘,犯波逸提。’山僧今日,入地狱如箭射。”

僧问:“雪峰三上投子,九到洞山,为甚么却向德山倒戈卸甲?”师云:“人平不语,水平不流。”云:“石火电光人不顾,随机设教有谁知?”师云:“地无三寸土,人无隔宿恩。”云:“雪后始知松柏操,事难方见丈夫心。”师云:“江南两浙水。”

僧问:“谈真逆俗,顺俗违真。离此二途,请师举唱。”师云:“水里石牛吼,木里瑞花香。”僧云:“若然者,不因观北斗,争得见南星?”师云:“世乱奴欺主,时衰鬼弄人。”

僧问："一法若有，毗卢堕在凡夫。万法若无，普贤失其境界。正恁么时，还许文殊普贤出头也无？"师云："楼头吹画角，妄听五更钟。"云："学人未晓，乞师再指。"师云："未到长安不肯休。"云："不入洪波里，争见弄潮人？"师云："草上班班众者看。"

僧问："大事未辨时如何？"师云："金灯连夜照，不觉五更钟。"云："大事已辨时如何？"师云："跣足踏冰雪，方知彻骨寒。"

联灯会要卷第十三

南岳下第十一世

汾阳善昭禅师法嗣

舒州法华全举禅师(凡十一)

示众云:“钟鸣鼓响,鹊噪鸦鸣,为汝诸人脱般若、讲涅槃了也。还信得及么?观音、势至向诸人面前作大神通。若信不及,却往他方,救苦利生去也。”

示众云:“拟则垛生招箭,不拟则三千里外。”

示众云:“释迦不出世,达磨不西来。佛法遍天下,谈玄口不开。”

妙喜云:“作贼人心虚。”

示众云:“若开口又成增语,不开口又成剩语。”乃云:“金轮天子来,草舍家风别。”

示众云:“语渐也,返常合道。论顿也,不留眹[1]迹。直

[1] 眹:音镇。迹象,征兆。

饶论其顿、返其常也,是抑而为之。"

示众云:"心不是佛,智不是道,且道是甚么?刻舟求剑,胶柱调弦。"

师到公安远和尚处,远问:"作么生是伽蓝?"师云:"深山藏独虎,浅草露群蛇。"远云:"作么生是伽蓝中人?"师云:"青松盖不得,黄叶岂能遮?"远云:"道甚么?"师云:"少年玩尽天边月,潦倒扶桑没日头。"远云:"一句两句,云开月露,作么生?"师云:"照破佛祖。"

师到大愚芝和尚,问:"古人见桃花意作么生?"师云:"曲不藏直。"愚云:"那个且从,这个作么生?"师云:"大街拾得金,四邻争得知。"愚云:"上座还知么?"师云:"路逢剑客须呈剑,不是诗人不献诗。"愚云:"作家待客。"师云:"一条红线两人舁[1]。"愚云:"玄沙道'谛当甚谛当,敢保老兄未彻在'又作么生?"师云:"海枯终见底,人死不知心。"

师到琅玡觉和尚,问:"近离甚处?"师云:"两浙。"玡云:"舡来陆来?"师云:"舡来。"玡云:"舡在甚处?"师云:"步下。"玡云:"不涉程途一句作么生道?"师云:"杜撰长老,如麻似粟。"拂袖而出。

玡问侍者:"此是甚么人?"者云:"举上座。"玡云:"莫是举师叔么?先师教我寻见伊。"遂下。且过问:"上座莫

① 舁:音于。载,带。

是举师叔么？莫怪适来相触忤。”师便喝。

复问：“长老何时到汾阳？”玡云：“恁时到。”师云：“我在浙江早闻你名，元来见解只如此，何得名播寰宇？”玡云：“慧觉罪过。”便作礼。

僧问：“牛头未见四祖时，为甚么百鸟衔花？”师云：“果熟兼猿重。”云：“见后为甚么不衔花？”师云：“林疏鸟不过。”

僧问：“祖师西来事，请师直指陈。”师云：“截耳卧街。”

问：“七星光彩天将晓，不犯皇风试道看。”师云：“将军马蹄红。”

问：“如何是佛？”师云：“波斯倚夜台。”

蕲州龙华晓愚禅师（凡二）

示众云：“摩腾入汉，已涉繁词。达磨西来，不守已分。山僧今日与么道，也是为他闲事长无明。”

师到五祖戒和尚，问：“不落唇吻一句，作么生道？”师云：“老老大大，话头也不照顾。”戒便喝，师亦喝。戒拈棒，师拍手一下，便下去。戒云：“阇梨阇梨，且住，话在。”师将坐具搭在肩上直出，更不回头。

湖州天圣浩泰禅师(凡一)

师到琅玡,玡问:"埋兵掉斗,未是作家。匹马单枪,便请相见。"师指玡云:"将头不猛,带累三军。"玡打师一坐具,师亦打玡一坐具。玡接住云:"适来一坐具,是山僧令行。上座一坐具,落在甚么处?"师云:"伏惟尚享。"玡托开云:"五更侵早起,更有夜行人。"师云:"贼过后张弓。"玡云:"且坐吃茶。"

南岳芭蕉谷泉庵主(凡三)

泉州人也。受法汾阳,放荡湖湘。后省,同参慈明禅师。明问:"白云横谷口,道人何处来?"师左右顾视云:"夜来何处火,烧分古人坟。"明云:"未在更道。"师作虎声,明以坐具便摵,师接住,推明置绳床上,明却作虎声,师大笑云:"我见八十余员善知识,只有你一个较些子。"

倚遇上座来参礼,问云:"庵主在么?"师云:"谁?"遇云:"行脚僧。"师云:"作甚么?"云:"礼拜庵主。"师云:"恰值庵主不在。"遇云:"你聻?"师云:"向道不在,说甚么你我。"拽棒趁下山。次日再来,师又打出。

遇一日又来,问:"庵主在么?"师云:"谁?"遇云:"行脚僧。"揭帘便入,师拦胸搊住云:"我这里狼虎纵横,尿床鬼子三回两度来讨甚么?"遇云:"人言庵主亲见汾阳来。"师解衣抖擞云:"你道我见汾阳有多少奇特?"遇云"如何是庵中主?”师云:“入门须辨取。”遇云:“莫只这便是么?”师云:“赚杀几多人。”遇云:“前言何在?”师云:“听事不真,唤钟作瓮。”遇云:“万法泯时全体现,君臣合处正中邪去也。”师云:“驴汉不会便休,乱统作么?”云:“未审客来将何只待?”师云:“云门胡饼赵州茶。”云:“恁么则谢师供养去也。”师叱云:“我这里火种也未有,早言谢供养。”

汝州叶县归省禅师法嗣

舒州浮山法远禅师(凡八)

郑圃田人王氏子。师出世受请,示众云:“看风使帆即不可。若教山僧举扬宗旨,据令全提,三世诸佛,尽乃平沉;法堂阶前,草深一丈。虽然如是,建化门中,事无一向,大众普集,太守临筵,明眼高流,何不诘问?”

僧问:“师唱谁家曲,宗风嗣阿谁?”师云:“八十翁翁辊绣毬。”云:“一句迥然超祖胄,三玄戈甲振丛林。”师云:“李陵元是汉朝臣。”

问:“释迦出世,地涌金莲。和尚说法,有何祥瑞?”师云:“万愿悉瞻春色异,暖风才动雪初晴。”云:“学人只如此,师意又如何?”师云:“野花开古岸,樵子夜还歌。”

师云:“更有问话者么?问与不问,亦无得失之机,何故?况此事不在言诠之下,乃至三世诸佛出世,以森罗万象,日月星辰,他方此土,有情无情,以海印三昧,一印印定,普天匝地,更无丝毫透漏。虽然如是,与衲僧拄杖子天地悬殊。何谓衲僧拄杖子?缘具杀活,别有蹊径。我若以此拄杖向上举击,便须星辰移位,日月无光,鸟兽悲鸣,鱼龙锁户。若也向下拈提,实乃千花竞秀,万木迎春,风不鸣条,雨不破块,嘉禾合穗,鼓腹歌谣。傥或不上不下,又作么生商量?"良久云:"劝君不用镌顽石,路上行人口是碑。"

示众云:"诸佛出世,建立化门,不离三身智眼,亦如摩醯首罗,圆伊三点。何故?一只眼水泄不通,缁素难辨;一只眼大地全该,十方通畅;一只眼高低一顾,万类齐瞻。虽然如是,若是本分衲僧蓦路相逢,别具正眼始得。所以道,三世诸佛不知有,狸奴白牯却知有。且道知有个甚么?"良久云:"深秋帘幕千家雨,落日楼台一笛风。"

示众云:"欲得鹰俊么?仍须四事俱备,方显宗师蹊径。何谓也?一者祖师巴鼻,二具金刚眼睛,三有师子爪牙,四得衲僧杀活拄杖。得此四事也,纵横变态,任运卷舒,高耸人天,壁立千仞。傥不如是,守死善道者,败军之兆。何故?棒打石人,贵论实事。是以到这里,得不修江耿耿,大野云凝;绿竹凝烟,青山锁翠;风云一致,水月齐观;一句该通,已彰残朽。"

草堂清举了云:"黄龙今日出世,时当末季,佛法浇漓,不用祖师巴鼻,不用金刚眼睛,不用师子牙爪,不用杀活拄杖。只有一枝拂子以为蹊径,亦能纵横变态,任运卷舒;亦能高耸人天,壁立千仞。有时逢强则弱,有时遇贵则贱。拈起则群魔屏迹,佛祖潜踪;放下则合水和泥,圣凡同辙。且道拈起好?放下好?竿头丝线从君弄,不犯清波意自殊。"

示众云:"诸仁者,欲得横担拄杖,目视云霄;直得栖息无门,安居无地。孤峰险峻,不可延留;墟市平原,那堪久住。进一步未免踏他王公草地,退一步亦是少父丘园。且道不进不退,又作么生商量?"拈起拄杖云:"要会么?闲持经卷倚松立,笑问客从何处来。"

示众云:"学须实学,见须实见。你若自凭正眼,触净有归;祖师病关,永抛游刃。盖谓你出言吐气,亮处不孤,暗锋自合;承言易坠,贵语难该;目击道存,早伤途辙,况复守株待兔,杀瓜栖芦;淹却迅光,卒难缁素。所以夹山和尚道'直须挥剑'。若不挥剑,渔父栖巢。"

示众云:"诸兄弟,若约本分事,说个甚么即得?说佛说祖,挑疮抉刺相似;说禅说道,眼里撒沙一般。西天二十八祖,天下老和尚出世,直饶你能言解语,辩若悬河,还的当道得一字也未?只如释迦老子,四十九年出世,建立化门,种种因缘,种种譬喻,善巧方便,即不无,亦未曾言着一字。你道言着一字成谤他,眉须堕落。然虽如是,你莫见我恁么道,便拨无就空,作个脱洒解会。此之理道,三世诸佛出世,建立化场,无不蒙益,无一针一草而乖违诸祖连继;天下老和尚布化并无虚设,开物成务。故经云:'开方便门,示真实相。'所以到这里,得失是非,颠倒取舍,尽归一道。不见古人云:'会得也奇特,不会亦相许。'"

问:"从上诸圣传不到处,请师道。"师云:"番人爱着雕鼠帽。"云:"特地乾坤,斩新日月。"师云:"铁鞭遥指贺兰山。"

问:"大善知识,言无话堕,有出人眼。如何是出人眼?"师云:"黄河九曲。"云:"恁么则真善知识。"师云:"陕府铁牛。"

问:"牛头未见四祖时如何?"师云:"雨下阶头湿。"云:"见后如何?"师云:"晴干便无泥。"

问:"莲花未出水时如何?"师云:"焦砖打着连底冻。"云:"出水后如何?"师云:"洋澜左里,无风浪起。"

问:"金镞惯调曾百战,铁鞭多力恨无仇。学人上来,请师端的。"随后以衣袖拂一拂,师云:"诛龙之剑,岂可挥蛇。"僧乃嘘嘘,师云:"如今大有如君者,不到乌江不肯休。"

问:"如何是诸佛不断命处?"师云:"嫩竹抽新笋,枯松长老枝。"

云:"如何是清净法身?"师云:"条丝不挂。"

汝州宝应法昭禅师(凡二)

示众云:“若论此事,从古至今未曾有一人举唱得。若有一人举唱得,尽大地人失却性命。如无孔铁锤相似,一时亡锋结舌去犹较些子。我若假立主宾,动两片皮,举指头,竖拂子,随汝颠倒,教汝有个问处,若是明眼人前,直是拈掇不出。看他鲁祖和尚,才见僧来便面壁,被他长庆道‘恁么接人,驴年去’。如今看鲁祖,只是个不识羞汉。诸人行脚,合自肯重取好。”

僧问:“如何是法王法?”师云:“长三尺。”云:“用者如何?”师云:“闹市看青天。”

云:“如何是本来心?”师云:“头大尾小。”云:“如何见得?”师云:“地深三尺余。”

云:“文殊赞善即不问,维摩默然事如何?”师槌胸三下。云:“向上事如何?”师云:“休鬼话。”

襄州石门慈照聪禅师法嗣

大乘遵禅师(凡一)

师问石门:“古人索火意旨如何?”门云:“任他灭。”师云:“灭后如何?”门云:“初三十一。”师云:“正好时节。”门云:“见个甚么道理?”师云:“今日好困。”乃有颂云:“索火之机实快哉,藏锋妙用少人猜。要会我师端的旨,红炉火尽不添柴。”

润州金山达观昙颖禅师(凡九)

首谒大阳延禅师,遂问:“洞山特设偏正君臣,意明何事?”延云:“父母未生时事。”师云:“如何体会?”延云:“夜半正明,天晓不露。”师罔然。

遂谒石门,举前话,聪云:“大阳不道不是,只是口门窄,满口说未尽。老僧即不然。”师问:“如何是父母未生时事?”聪云:“粪墼子。”师云:“如何是夜半正明,天晓不露?”聪云:“牡丹花下睡猫儿。”师愈疑骇。

一日普请,聪问:“今日运薪耶?”师云:“然。”聪云:“云门问僧:‘人般柴?柴般人?’如何会?”师无对。聪云:“此事如人学书,点画可效者工,否者拙,盖未能忘法耳。当笔忘手,当手忘心乃可。”师于是默契,良久云:“如石头云:‘执事元是迷,契理亦非悟。’”聪云:“汝以为药语?为病语?”师云:“是药语。”聪呵云:“汝以病为药,又安可哉?”师云:“事如函得盖,理如箭直锋,妙宁有加者,而犹以为病,实未喻旨。”聪云:“妙至是,亦只名理事。而祖师意旨,意所不能到,矧事理能尽乎?故世尊云:‘理障碍正见知,事障续诸生死。’”师晃如梦觉云:“如何受用?”聪云:“语不离窠道,安能出盖缠?”师叹云:“才涉唇吻,便落意思。尽是死门,终非活路。”

示众云:“才涉唇吻,便落意思。尽是死门。俱非活路。直饶透脱,犹在沉沦。莫教辜负平生,虚度此世。要得不辜负平生么?”拈拄杖,卓一下云:“须是莫被拄杖瞒始得。看看拄杖子,穿过你诸人髑髅,踔跳入你鼻孔里去也。”卓拄杖一下。

示众云:“山僧门庭别,已改诸人辙。为文殊拔却眼中楔,教普贤休嚼口中铁,劝人放开髂[①]蛇手,与你斫却系驴橛。”驻意拟思量,喝一喝云:“捏捏。”

师一日升堂,首座出作礼,师云:“好好问着。”座低头才问,师便云:“今日不答话。”便下座,归方丈。

示众云:“五千教典,诸佛常谈;八万尘劳,众生妙用,犹未是金刚眼睛,且作么生是金刚眼睛?”良久云:“瞎。”

示众云:“山僧平生好相扑,即是无搭对。今日且共首座搭对。”遂卷袈裟下座,索首座相扑。座才出,师云:“平地吃交。”便归方丈。

僧问:“和尚还念佛也无?”师云:“不念。”云:“为甚么不念?”师云:“污人口。”

都尉李公端愿问:“人死,识归何处?”师云:“未知生,焉知死。”李云:“生则已知。”师云:“生从何来?”李拟议,师揕[②]其胸云:“只在这里,思量个甚么?”李云:“只知贪

---

① 髂:音恰。
② 揕:音镇。击。

程，不觉蹉路。”师托开云：“百年一梦。”

都尉问：“地狱毕竟是有是无？”师云：“诸佛向无中说有，眼见空花。太尉就有中觅无，手揸[①]水月。堪笑眼前见牢狱不避，心外见天堂欲生。殊不知，忻[②]怖在心，善恶成境。太尉，但了自心，自然无惑。”李云：“心如何了？”师云：“善恶都莫思量。”李云：“不思量后，心归何所？”师云：“请都尉归宅。”

观察李公端懿问：“西方净土如何得到？”师云：“即今坐却雕梁画栋，却要生西方净土，是好假不好真。”李云：“佛岂是妄也？”师云：“佛不妄，自是太尉妄。”李云：“某甲争得妄？”师云：“若不妄，何求西方净土？大凡净土者，是清净之性。西方者，日落之处，令人作归投处耳。知归投处，即是西方净土，极乐世界也。”李致谢而退。

刁景纯学士问：“佛教于世间何用？”师云：“日用少不得。”刁云：“作么用？”师云：“在眼曰见，在耳曰闻。”刁云：“干佛甚么事？”师云：“若不干佛事，将何为见闻？”刁云：“自有眼耳在。”师云：“雕画一切人佛皆有眼耳，只为无佛，了不能见闻。佛是‘觉’义，为有正觉，号之为佛。若无正见，尽是邪解。且不用头戴火焰，脚踏莲华，黄卷赤轴，为佛教耳。”

---

① 揸：音支。同“支”。支撑。
② 忻：音欣。同“欣”。

襄州石门了同禅师(凡一)

示众云:“钟未鸣时,诸上座便合知时。何用上来,握节当胸?实为沉屈诸人者。然虽如是,撒沙向诸人眼里去也。三世诸佛在诸人鼻孔上转大法轮,看看。春行冬令。”

处州仁寿嗣珍禅师(凡二)

示众云:“明明无悟,有法则迷。日上无云,丽天普照。眼中无翳,空本无花。无智人前,不得错举。”

僧问:“如何是和尚家风?”师云:“土鸡瓦犬。”

都尉李文和公遵勖(凡六)

公谒石门聪禅师问出家事,聪云:“昔崔赵公参国一禅师,问曰:‘弟子欲出家,得否?’一云:‘出家是大丈夫事,非将相之所能为。’”公于言下大悟,作颂云:“学道须是铁汉,着手心头便判。直趣无上菩提,一切是非莫管。”

慈明来谒,公问:“我闻西河有金毛师子,是否?”明云:“都尉甚处得这消息来?”公便喝,明云:“野干鸣。”公又喝,明云:“恰是。”公拍手呵呵大笑。

慈明辞,公问:“如何是临行一句?”明云:“好自将息。”公云:“与么则不异诸方去也。”明云:“都尉见处又作么生?”公云:“放你三十棒。”明云:“恁么则专为流通去也。”公便喝,复拍手一下。明云:“瞎。”公云:“好去。”明云:“诺诺。”

公因坚上座辞,公问:“近离上党,得届中都,方接麈[1]谈。遽回虎锡。指云屏之翠峤,访雪岭之清流。未审此处彼处的的事作么生?”坚云:“利剑拂开天地静,霜刀才举斗牛寒。”公云:“老夫今日耳聩。”坚云:“一箭落双雕。”公云:“上座为甚么着靴睡?”坚以衣袖一拂,公低头云:“今日可谓降伏也。”坚云:“香化[2]出僧堂。”

公因肃国大长公主生辰,就府,命谷隐、石灵、叶县三大禅师演法。末当叶县省禅师,省登座,拈拄杖,就膝拗折掷于地,便下座。公笑云:“老作家,手段终别。”省云:“都尉也不得无过。”

公临终时,鬲胃躁热,因尼道坚就枕问云:“都尉,众生见劫尽,大火所烧时,切要照管主人公。”公云:“大师与我煎一服药来。”坚无语,公云:“这师姑,药也不会煎得。”投枕未安而终。

---

① 麈:音煮。麈谈,指魏晋时名士清谈,常持麈尾。后因称客座清谈为麈谈。

② 香化:《五灯会元》作“普化”。

汝州广慧元琏禅师法嗣

侍郎杨公亿(凡九)

公得汝州,未到任,先谒广慧琏禅师,遂问:“布鼓当轩击,谁是知音者?”琏云:“来风深辨。”公云:“禅客相逢,只弹指也。”琏云:“君子可八。”杨云:“诺诺。”琏云:“今日太赚侍郎。”

杨问:“只如僧问风穴:‘布鼓当轩击,谁是知音者。’穴云:‘藏身不吞炭。’僧云:‘未审此意如何?’穴云:‘山雉枉遭伤。’”杨问:“如何是藏身不吞炭?”琏云:“在野何伤?”杨云:“山雉枉遭伤意旨如何?”琏云:“听事不真,有甚么事?”

夜话次,琏问:“侍郎曾见甚么人来?”杨云:“亿曾问云居谅监寺:‘两个大虫相咬时如何?’谅云:‘一合相。’亿云:‘某甲只管看。’未审恁么道还得也无?”琏云:“老僧不然。”杨云:“请和尚下一转语。”琏云:“但请问来。”杨理前问,琏搊杨鼻孔云:“这畜生更跨跳看。”杨当下知归,欣然礼谢。道话彻夜。次目[①]上任,置一百问请琏答,琏一一着语送回。

公谓人云:“玄沙和尚道:‘大唐国内,宗乘中事,未曾有一人举唱。或有一人举唱,尽大地人失却性命。如无孔

---

① 目:原刻如此。当为“日”。

铁锤，一时亡锋结舌去。'且道是甚道理？如今假立个主宾，鼓这两片皮，竖起指头，举起拂子，总成颠倒知见，顺汝狂意，教汝有个伸问处。若是明眼人前，怎生拈掇得出？只如鲁祖，见僧来便面壁。长庆道：'恁么为人驴年去。'我道鲁祖只是不识羞，是他明眼人又争肯你？如今事不获已，顺汝诸人颠倒知见，一似结巾为马，捏目生花。上祖道个：'开佛知见，示佛知见，悟佛知见，入佛知见。'他恁么道，抑下多少威光。且诸人分上欠少个甚么？虽然如是，我若不恁么，汝又向甚么处见我？古人云：'知恩者少。'且道承甚么人恩力？于此不明，问取露柱去。"

公又云："此事大难。释迦老子于三七日中，思惟如是事，便道：'我宁不说法。'疾入于涅槃。帝释梵王殷勤三请，不得已而许之。始自鹿野苑，终于俱尸罗城，中间四十九年作大佛事，说五乘十二分教，如瓶注水。末后，于灵山会上目顾迦叶，谓大众云：'吾正法眼，已付摩诃大迦叶。'又云：'四十九年间，未尝说一字。'是甚么道理？于诸人分上，着一字脚不得。为诸人各各有奇特事在，若唤作奇特事，早不中了也。我道，释迦是败军之将，迦叶是丧身失命底人。汝等诸人作么生会？不见道：'涅槃生死是梦言，佛及众生为增语。'直须恁么会取，不要向外驰求。若也未明，乖张不少。"

公问广慧："承和尚有言：'一切罪业，皆因财宝所生。'劝人疏于财宝。而况阎浮提众生以财为命，邦国以财聚人；教中有财、法二施，何得劝人疏于财？"慧云："幡竿头上铁龙头。"公云:"海坛马子似驴大。"慧云:"楚鸡不是丹山凤。"公云:"佛灭二千年,比丘少惭愧。"

公同李都尉与唐明嵩禅师问答。问:"弥陀演化于西方,达磨传心于东土。胡来汉现,水到渠成。五岳镇静以峥嵘,百谷朝宗而浩渺。一灵之性,托境现形。三有之中,凭何立命?"嵩云:"仙人无妇,玉女无夫。"公云:"尼剃头不复生子。"嵩云:"陕府铁牛能哮吼,嘉州大像念摩诃。"李云:"侧跳上山巅。"嵩云:"骑牛不着靴。"

广慧琏云:"进象倒戈。"

汾阳昭云:"端身裂面破。"

妙喜云:"月下看弄雪师子。"

问:"玄沙不出岭,保寿不渡河,善财参知识五十三员,慧远结黑白一十八士,雪峰三度上投子,智者九旬讲法华。这六个汉为复野干鸣?为复师子吼?速道速道。"嵩云:"水急鱼行涩,峰高鸟不栖。"公云:"泗洲大圣。"嵩云:"土上加泥更一重。"李云:"舌上覆金钱。"嵩云:"半夜歌乐动,谁人得知音?"

广慧琏云:"歌谣满路人皆望。"

汾阳昭云:"看壁画人笑。"

妙喜云:"野犴鸣,师子吼。"

问:"风穴提印,南院传衣,昭公演化于西河,嵩师领徒于并垒。南宗之旨,北土大兴。且道,二师承谁恩力?"嵩云:"不入莲池浴,懒向雪山游。"公云:"清凉山里万菩萨。”嵩云:“维摩会中诸圣集。”李云:“背负干薪遭野火。”嵩云:“口是祸门。”

广惠琏云:“藏头白,海头黑。”

汾阳昭云:“告天手捺地,嘘嘘。”

妙喜云:“猢狲骑鳖背。”

问:“忉利透日月之上,四禅无风火之灾,三交驾铁牛之车,临汝握全提之印,猕猴有一面古镜,狸奴有万里神光。直下承当是何人也?”嵩云:“朝看东南,暮看西北。”公云:“狸奴白牯却知有。”嵩云:“淹杀冢头蒿。”李云:“月里煮油铛。”嵩云:“石人腰带。”

广慧琏云:“陈蒲鞋,周金刚。”

汾阳昭云:“直裰又逢胡钉铰。”

妙喜云:“小出大遇。”

问:“㞑,一切诸佛尽在里许。动则丧身失命,觑着两头俱瞎。拟议之间,千山万水。直下会得,也是炭库里坐地。有不惜眉毛者通个消息来。”嵩云:“百杂碎。”公云:“平生不妄语。”嵩云:“也要道过。”李云:“出穴兔遭罥[1]。”嵩云:“东西无滞碍,南北得自由。”

广惠琏云:“振锡下泥犁。”

汾阳昭云:“穿山透石壁,鼻孔血淋淋。”

妙喜云:“自作自受。”

---

① 罥:音倦。捕网。

南岳下第十二世

潭州兴化楚圆禅师法嗣(上)

洪州黄龙慧南禅师(凡十七)

信州玉山章氏子。师久依泐潭澄禅师,分座接物,名振诸方。偶同云峰悦禅师游西山,夜话云门法道,悦云:“澄公虽是云门之后,法道异矣。”师诘其所以异,悦云:“云门如九转丹砂,点铁成金。澄公药汞银,徒可玩,入煆则流去。”师怒以枕投之,明日悦谢过。

又云:“云门气宇如王,甘死语下[①]乎？澄公有法受人,死语也。死语其能活人乎?”即背去,师挽之云:“若如是,则谁可汝意?”悦云:“石霜楚圆手段出诸方,子宜见之,不可后也。”师默计之云:“悦师翠岩,使我见石霜,于悦何有哉。”即造石霜。闻慈明不事事,忽丛林,悔欲无行。

即谒福严贤,贤命掌书司。俄贤卒,郡守以慈明补之。既至,目其贬剥诸方,件件数为邪解,师为之气索,遂造其室。明云:“书记领徒游方,借使有疑,可坐而商略。”师哀恳愈切,明云:“公学云门禅,必善其旨,如云:‘放洞山三顿棒。’是有吃棒分？是无吃棒分?”师云:“有吃棒分。”明色庄曰:“从朝至暮,鹊噪鸦鸣,皆应吃棒。”明即端坐,受师炷香作礼。明复问:“赵州道:‘台山婆子我为汝勘破了也。’

① 下:原刻作“不”,误。依《五灯会元》改。

且阿那里是他勘破婆子处?”师汗下,不能加答。

明日又诣,明诟骂不已,师云:“骂岂慈悲法施耶?”明云:“你作骂会那?”师于言下大悟,作颂云:“杰出丛林是赵州,老婆勘破有来由。如今四海清如镜,行人莫与路为仇。”呈慈明,明颔之。自是沩潭旧好绝矣。

示众云:“尽令提纲,不通凡圣。放一线道,有个商量。”遂拈起拄杖云:“即今拄杖子竖也,十方世界一时竖。”又横拄杖云:“即今拄杖子横也,十方世界一时横。何也?不见道:‘极小同大,忘绝境界。极大同小,不见边表。’”遂卓拄杖一下。

示众云:“云从龙,风从虎,五九四十五。丛林将为向上关,同安不打这破鼓。为甚么不打?守株待兔,岂是智人?避色逃声,何名作者?祖不云乎,执之失度,必入邪路;放之自然,体无去住。”

示众云:“有利无利,不离行市。镇州萝卜头即且置,庐陵米价作么生?若善其价,可谓终日吃饭,未曾咬破一粒米。苟若不知,他时后日,有人索上座饭钱在。莫言不道。”

示众云:“智海无风,因觉妄以成凡。觉妄元虚,即凡心而见佛。只恁么休去,便道同安无折合,随汝颠倒所欲。南斗七,北斗八。”

示众云:“拟心即差,动念即乖。不拟不动,土木无殊。行脚人须得转身一句。”遂拈起拂子云:“这个是同安拂子,汝等诸人作么生转?若也转得,一为无量,无量为一。若转不得,布袋里老鸦,虽活如死。”

示众云:“江南之地,春寒秋热。近日已来,滴水滴冻。”僧问:“滴水滴冻时如何?”师云:“未是衲僧分上事。”云:“如何是衲僧分上事?”师云:“滴水滴冻。”复云:“诸上座且作么生会?”良久云:“鸳鸯绣出从君看,莫把金针度与人。”

示众云:“道远乎哉,触事而真。圣远乎哉,体之即神。”拈起拄杖云:“道之与圣,总在归宗拄杖头上,汝等诸人何不识取?若也识得,十方刹土不行而至,百千三昧无作而成。若也未识,有寒暑兮促君寿,有鬼神兮妒君福。”

示众云:“半夜捉乌鸡,惊起梵王睡。毗蓝风忽起,吹倒须弥山。官路无人行,私酒多人吃。当此之时,临济德山开得口,张得眼,有棒有喝用不得。汝等诸人各自寻取祖业契书,莫认驴鞍桥作阿爷下颔。”

示众云:“说妙谈玄,乃太平之奸贼;行棒行喝,为乱世之英雄。英雄奸贼,棒喝玄妙,皆为长物,黄蘗门下总用不着。且道,黄蘗门下寻常用个甚么?咄。”

示众云:“轻轻踏步恐人知,语笑分明更是谁?智者只此猛提取,莫待天明失却鸡。”

示众,举永嘉道:“游江海,涉山川,寻师访道为参禅。自从认得曹溪路,了知生死不相关。诸上座,那个是游底江海?那个是涉底山川?那个是寻底师?那个是访底道?那个是参底禅?若向湖南两浙,庐山衡岳,云门临济,而寻师访道,洞山法眼而参禅,是向外求,名为外道。若以毗卢自性为海,般若寂灭智为禅,名为内求。若向外求,走杀你。若住于五蕴内求,缚杀你。是故禅者非内非外,非有非无,非实非虚。不见道:‘内见外见俱错,佛道魔道俱恶。瞥然与么去兮,月藏西山;更寻声逐色兮,何处名邈。’”以拂子击绳床。

示众云:“有一人朝看《华严》,暮看《般若》,昼夜精勤,无有暂暇。有一人不参禅,不论义,把个破席日里睡。于此二人同到黄龙,一人有为,一人无为,安下那个即是?”良久云:“功德天,黑暗女,有智主人,二俱不受。”

示众云:“心王不妄动,六国一时通。罢拈三尺剑,休弄一张弓。”

示众,举:大珠和尚道:“身口意清净,是名佛出世。身口意不净,是名佛灭度。也好个消息。古人一期方便,与你诸人讨个入路,既得个入路,又须得个出路。登山须到顶,入海须到底。登山不到顶,不知宇宙之宽广;入海不到底,不知沧溟之浅深。既知宽广,又知浅深。一踏踏翻四大海,一掴掴倒须弥山。撒手到家人不识,雀噪鸦鸣柏树间。"

僧问:"无为无事人,犹是金锁难。未审过在甚么处?"师云:"一字入公门,九牛拽不出。"云:"学人未晓,乞师方便。"师云:"大庾岭头,笑却成哭。"

问:"大用现前,请师辨白。"师云:"摘却你眉毛,倾出你脑髓。脚跟下,道将一句来。"云:"镆鎁举起,蛟龙失色。"师云:"作么生?"僧以手面前一划云:"争奈这个何?"师云:"三十年后,讨个师僧也难得。"僧便喝,师云:"好一喝,未有主在。"僧作礼,师云:"当断不断,返招其乱。"

僧问:"一不去,二不住,请师道。"师云:"高祖殿前樊哙怒。"云:"与么则今日得遇和尚也。"师云:"仰面看天不见天。"云:"若然者,学人礼谢。"师云:"更待何时?"

袁州杨岐方会禅师(凡十四)

本州宜春冷氏子。师在筠州九峰,受请,拈法衣,示众云:"会么?若也不会,今日无端走入水牯牛队里去也。还知么?筠阳九岫,萍实杨岐。"遂升座。

时有僧出,师云:"渔翁未掷钓,跃鳞冲浪来。"僧便喝,师云:"不信道。"僧抚掌归众,师云:"消得龙王多少风。"

僧问:"师唱谁家曲,宗风嗣阿谁?"师云:"有马骑马,无马步行。”云:“少年长老,足有机筹。”师云:“念汝年老,放你三十棒。”

问:“如何是佛?”师云:“三脚驴子弄蹄行。”云:“莫只这便是么?”师云:“湖南长老。”

师云:“更有问话者么? 试出来相见。杨岐今日性命在你诸人手里,一任横拖倒拽。为甚么如此? 大丈夫儿须是当众决择,莫背地里似水底按葫芦相似。当众引验,即便面赤。有么,有么? 出来决择看。如无,杨岐今日失利。”便下座。

九峰勤和尚把住师云:“今日喜得个同参。”师云:“作么生是同参底事?”勤云:“九峰牵犁,杨岐拽把。”师云:“正恁么时,杨岐在前,九峰在前?”勤拟议,师托开云:“将谓同参,元来不是。”

示众云:“雾锁长空,风生大野,百草树木作大师子吼,演说摩诃般若,三世诸佛在诸人脚跟下转大法轮。若也会去,功不浪施。若也不会,莫道杨岐山势险,前头更有最高峰。”

示众云:“不见一法是大过患。”拈起拄杖云:“穿过释迦老子鼻孔,作么生道得脱身一句? 向水不洗水处道将一句来?”良久云:“向道莫行山下路,果然猿叫断肠声。”

示众,以手拍绳床云:“只个心心心是佛,十方世界最灵物。释迦老子说梦,三世诸佛说梦,天下老和尚说梦。且问诸人,还曾作梦么? 若也作梦,向半夜里道将一句来?”良久云:“人间纵有真消息,偷向杨岐说梦看。”

示众云:“景色乍晴,物情舒畅。举步也千身弥勒,动用也随处释迦。文殊、普贤总在这里,众中有不受人瞒底,便道云盖和麸粜面。然虽如是,布袋里盛锥子。”

示众云:“杨岐无准的,种田博饭吃。说梦老瞿昙,何处觅踪迹。”

示众云:“踏着秤锤硬似铁,哑子得梦向谁说?须弥顶上浪滔天,大洋海里遭火爇。”

示众云:“一即一切,一切即一。”拈拄杖划一划云:“山河大地,天下老和尚百杂碎,作么生是你诸人鼻孔?”良久云:“剑为不平离宝匣,药因救病出金瓶。”

慈明忌辰设斋,众才集,师至真前,以两手捏拳安头上,以坐具划一划,打一圆相,便烧香,退身三步,作女人拜。首座云:“休捏怪。”师云:“首座作么生?”座云:“休捏怪。”师云:“兔子吃牛奶。”第二座近前,打一圆相,便烧香,退身三步,作女人拜。师近前,作听势。座拟议,师打一掌云:“这漆桶也乱做。”

龙兴孜老迁化,僧至,下遗书。师问:“世尊入灭,椁示双趺。和尚归真,有何相示?”僧无语,师椎胸一下云:“苍天苍天。”

三人暂到相看，师问："三人同行，必有一智。"提起坐具云："参头上座，唤这个作甚么？"云："坐具。"师云："真个那？"云："是。"师复云："唤作甚么？"云："坐具。"师顾视左右云："参头却具眼。"

又问第二人："欲行千里，一步为初。如何是最初一句？"云："到和尚这里，争敢出手。"师以手划一划，僧云："了。"师展两手，僧拟议，师云："了。"

又问第三人："近离甚处？"云："南源。"师云："杨岐今日被上座勘破，且坐吃茶。"

七人新到相见，师问："阵势既圆，作家战将何不出来与杨岐相见？"僧以坐具便打，师云："作家。"僧又打，师云："一坐具、两坐具作么生？"僧拟议，师背面而立，僧又打。师云："你道杨岐话头落在甚么处？"僧指面前云："在这里。"师云："三十年后，遇明眼人不得错举。且坐吃茶。"

师问僧："秋色依依，朝离何处？"云："去冬在上蓝。"师云："不涉程途一句作么生？"云："两重公案。"师云："谢上座答话。"僧便喝，师云："那里学得这虚头来？"云："明眼尊宿难瞒。"师云："恁么则杨岐随上座去也。"僧拟议，师云："念汝乡人在此，放你三十棒。"

师问僧："云深路僻，高步何来？"云："天无四壁。"师云："踏破多少草鞋。"僧便喝，师云："一喝、两喝又作么生？"云："你看这老和尚。"师云："拄杖不在，且坐吃茶。"

南岳芭蕉谷泉庵主见汾阳昭禅师后，省同参慈明禅师，问答有云："我见八十余员知识，只有你较些子。"后人见有此语，宗派图尽列为慈明嗣，非也。今收汾阳下。

联灯会要卷第十四

南岳下第十二世

潭州兴化楚圆禅师法嗣(下)

洪州翠岩可真禅师(凡六)

福州长溪人也。师参慈明,因之金銮同善侍者坐夏。善乃慈明高弟,道吾真、杨岐会皆推伏之。师自负亲见慈明,天下无可意者。善与语,知其未彻,笑之。

一日山行,真举论锋发,善拈一片瓦砾,置盘石上云:“若向这里下得一转语,许你亲见慈明。”真左右视,拟对之,善叱云:“伫思停机,情识未透,何曾梦见?”真自愧悚,即还石霜。

慈明见来,叱云:“本色行脚人必知时节,有甚急事,夏未了早已至此?”师云:“被善兄毒心,终碍塞人,故来见和尚。”慈明遽问:“如何是佛法大意?”师云:“无云生岭上,有月落波心。”明嗔目喝云:“头白齿豁,犹作这个见解,如何脱离生死?”师不敢仰视,泪交颐。久之遂问:“未审如何是佛法大意?”明云:“无云生岭上,有月落波心。”师于言下大悟。师爽气逸出,机辨迅捷,丛林惮之。后出世翠岩。

示众云:“众生为解碍,菩萨未离觉。”拈拄杖云:“拄杖子是碍,那个是觉?若也会去,解碍为碍,而不自在。若也不会,归源性无二,方便有多门。"

示众云:"不见一法,是大过患。山河大地,日月星辰,色空明暗,不是一法。"拈起拄杖云:"凡夫见拄杖,唤作拄杖。声闻人见拄杖,认得个顽空拨无拄杖。菩萨人见拄杖,岂曾挂着齿牙?饥来吃饭,困来打睡,寒来向火,热则取凉。不见道:'一切智智清净。'恁么说话,笑破土地口。"

示众,举:僧问巴陵:"如何是道?"陵云:"明眼人落井。"又问宝应,应云:"五凤楼前。"又问首山,山云:"脚下深三尺。"

师云:"此三转语,一转语,壁立千仞;一转语,陆地行舡;一转语,宾主交参。众中莫有拣得出者么?出来道看。如无,且行罗汉慈,破结贼故。行菩萨慈,安众生故。行如来慈,得如相故。"

示众云:"临阵抗敌,不惧生死者,将军之勇也。入山不惧虎兕者,猎夫之勇也。入水不避蛟龙者,渔父之勇也。作么生是衲僧之勇?"拈起拄杖云:"这个是拄杖子,拈得、把得、动得,三千大千世界一时摇动。若拈不得、把不得、动不得,文殊自文殊,解脱自解脱。"

师住上蓝时,有国博问百丈华和尚云:"既是百丈,为甚么却矮小?"华云:"今日好天晴。"博不肯。请师代语,博理前问,师云:“须弥南畔,把手同行。”博伫思却云:“未审意旨如何?”师云:“蚊子上铁牛。”博云:“请和尚为某甲说。”师云:“请去却妻子来,老僧为汝说。”博云:“只如长老,还行得也无?”师云:“老僧每日上蓝寺送客,行百十遭。”

洪州大宁宽禅师(凡六)

示众云:“佛法无事,人自迷源。佛祖出来,大家整顿。故有教流沙界,道播四方,尽皆舍短从长,穷究本性。本性若达,一切皆空。信手拈来,千般受用。且道,恁么说话还合得祖宗门下事么?”良久云:“啼得血流无用处,不如缄口过残春。”

示众云:“少林妙诀,祖佛家风。应用随机,卷舒自在。如拳作掌,开合有时。似水成沤,起灭无定。动静俱显,语默全彰。万用自然,不劳心力。到这里唤作顺水放船,是人去得逆风把拖,谁是知音?”良久云:“弄潮须是弄潮人。”

示众云:“高而不危,满而不溢。在凡凡不舍,居圣圣难逃。十方都一照,大地绝纤毫。且道是甚么?”喝一喝。

示众,拈拄杖云:“前佛性命,后佛纪纲,总在这里。如今用去也,为云为雨,为瑞为祥,利人利天,出生入死,他方世界出没卷舒。若也通身是口,说不能尽。通身是眼,照不能穷。一念相应,刹那万劫。"

示众云:"无念为宗,无住为本。真空为体,妙有为用。所以道尽大地是真空,遍法界是妙有。且道是甚么人用得?四时运转,日月长明,法本不迁,道无方所,随缘自在,逐物升沉,此土他方,入凡入圣。虽然如此,且道'入乡随俗'一句作么生道?"良久云:"西天梵语,此土唐言。"

示众云:"从上来事,非从佛得,不就祖求。丈夫禀性,本自天真,动止合仪,去来无著。如鱼在水,任性浮沉。似鸟飞空,俱无挂碍。如斯说话,谁是知音?"良久云:"一气不言含有象,万灵何处谢无私。"

僧问:"教中道'始知众生,本来成佛'为甚么却有烦恼菩提?"师云:"甘草甜,黄连苦。"云:"却成两个去也。"师云:"你不妨会得好。"

问:"既是一真法界,为甚么却有千差万别?"师云:"根深叶茂。"云:"未审还出得这个也无?"师云:"弄巧成拙。"

问:"如何是露地白牛?"师以火箸插火炉上云:"会么?"云:"不会。"师云:"头不欠,尾不剩。"

问:"作止任灭,教中四病。后学之流如何趣向?"师云:"巧匠运斤斧,斫木不抨绳。"

问:“丹霞烧木佛,院主为甚么眉须堕落?”师云:“贼不打贫儿家。”

师在同安,僧问:“既是同安,为甚么却病僧化去?”师云:“布施不如还却债。”

问:“法无取舍,为甚么递相传授?”师云:“传授无取舍。”

问:“饮光正见,为甚么见拈华却微笑?”师云:“忍俊不禁。”

问:“天下禅和为甚么出这个○不得?”师云:“往往如斯。”

潭州道吾悟真禅师(凡十)

示众云:“古今日月,依旧山河。若明得去,十方薄伽梵,一路涅槃门。若明不得,谤斯经故,获罪如是。”

示众云:“古人道,认着依前还不是,实难会。土宿颔下须髭多,波斯眼深鼻孔大。甚奇怪,欻然透过新罗界。”

示众,举:僧问首山:“如何是佛?”山云:“新妇骑驴阿家牵。”师云:“手提巴鼻脚踏尾,仰面看天听流水。天明送出路傍边,夜静还归茆屋里。”

示众,举:洞山云:“五台山上云蒸饭,佛殿阶前狗尿天。刹竿头上煎䭔子,三个猢狲夜簸钱。”师云:“老汉即不然。三面狸奴脚踏月,两头白牯手拏烟。戴冠碧兔立庭柏,脱壳乌龟飞上天。老僧葛藤尽被诸人觑破了也。洞山老人甚是奇特。虽然如是,只行得三步四步,且不过七跳八跳。且道譊讹在甚么处?老僧今日不惜眉毛,一时布施。”良久云:“丁宁损君德,无言真有功。任从沧海变,终不为君通。”

示众云:“狮子儿哮吼,龙马驹跨跳。古佛镜中明,三山孤月皎。”乃作舞,下座。

师问僧:“有一事相借问,只是不得打老僧。”僧云:“着甚来由?”师提起坐具云:“争奈这个何?”云:“莫乱做。”师便打。僧又云:“莫乱做。”师又打云:“且坐吃茶。”僧云:“适来道着甚来由,和尚因甚打某甲?”师云:“你适来甚么处去来?”僧无语,师捶胸一下。

师问僧:“甚处来?”云:“堂中来。”师云:“圣僧道甚么?”僧近前:“不审。”师云:“东家作驴,西家作马。”云:“过在甚么处?”师云:“万里崖州。”

师不安,僧问:“和尚近日尊位如何?”师云:“粥饭头不了事。”僧无语,师鸣指一下。

僧问:“如何是第一玄?”师云:“释尊光射阿难肩。”云:“如何是第二玄?”师云:“孤轮众象攒。”云:“如何是第三玄?”师云:“泣向枯桑泪涟涟。”云:“如何是第一要?”师云:“最好精粗照。”云:“如何是第二要?”师云:“闪电乾坤光晃耀。”云：“如何是第三要？”师云：“路夹青松老。”

僧问：“凝然便会时如何？”师云：“老鼠尾上带研捶。”

筠州大愚守芝禅师法嗣

潭州云峰文悦禅师（凡九）

南昌徐氏子。初造大愚，闻示众有云：“大家相聚吃茎齑，若唤作一茎齑，入地狱如箭射。”便下座，无他语。师大骇，夜造方丈。芝问：“来何所求？”师云：“求心法。”芝云：“法轮未转，食轮先转。后生趁色力健，何不为众乞食？我忍饥不暇，何暇为你说禅乎？”师不敢违。未几，芝移翠岩。师纳疏罢，复过翠岩求指示。芝云：“佛法未到烂却，雪寒宜为众乞炭。”师亦奉命能事，罢，复造方丈。芝云：“堂司阙人，今以烦汝。”师受之不乐，恨芝不去心。

一日后架修桶，桶箍忽散，自架堕落。师忽然开悟，顿见芝用处。急走方丈，芝见来，笑云：“且喜大事了毕。”师再拜，不及吐一辞，服勤八年。

后出世翠岩，时首座领众出迎，问云：“德山宗乘即不问，如何是临济大用？”师云：“你甚处去来？”座拟议，师便掌。座拟对，师喝云：“领众归去。”自是一众畏服。

示众云：“莫有作家禅客，本分衲僧，何妨出来共相证据，有么？布袋里盛锥子，不出头来是好手。大凡扶竖宗乘，亦须是个人始得。若未有奔流度刃，石火电光底手眼，不劳拈出。不见临济与德山坐次,山云:‘今日困。’济云:‘老汉寐语作么?’山拈棒,济便掀倒绳床。”师云:“奇怪,诸禅德,看此二员作家,一拶一捺,略露风规,大似把手上高山,虽然如是,未免傍观者哂。且道,谁是傍观者?”喝一喝,击绳床一下。

示众云:“佛法至理,非竞辩而求。击扬铿锵,以摧异学。诸祖之道,岂其然乎?所以一大藏教,不能自诠;十方诸佛,不能提唱。辉腾今古,迥绝见知;圆满十虚,宁有方所。只为情生知隔,想变体殊,虽终日行而不自觉。是以劳他先圣,回首尘劳,曲开方便。方便即有,还有证明得者么?若也证明得,便能随机利物,应化无方,出没卷舒,人间天上。虽然如是,即不得向衲僧门下过,何故?笑破他口。”

示众云:“过去诸佛已灭,未来诸佛未生,正当今日,佛法委在翠岩。放行则随机利物,把住则瓦解冰消。且道把住好,放行好?”良久云:“咄。这野狐精。”击绳床一下。

示众云:“汝等诸人与么上来,大似刺头入胶盆;与么下去,也似平地吃交;直饶不来不去,朝打三千,暮打八百。”

示众云:“道远乎哉?触事而真。圣远乎哉?体之则神。所以娑婆世界,以音声为佛事;香积世界,以香饭为佛事。翠岩这里,只于出入息内,供养承事过、现、未来尘沙诸佛，无一空过者。过、现、未来尘沙诸佛，是翠岩侍者，无一不到。如一不到，三十拄杖。诸上座，还会么？将此深心奉尘刹，是则名为报佛恩。”

示众云：“有情之本，依智海以为源；含识之流，总法身而为体。只为情生智隔，想变体殊；达本情忘，知心体合。诸禅德，会么？古佛与露柱相交，佛殿与灯笼斗额。若也不会，单重交折。”

小参，举：百丈岁夜示众云：“你这一队后生，经律论固是不知；入众参禅，禅又不会；腊月三十日，且作么生折合去？”

师云：“酌然，诸禅德，去圣时遥，人心澹泊，看却今时丛林，更是不得所在之处，或聚徒三百五百，浩浩地，只以饭食丰浓、寮舍稳便为旺化，中间孜孜为道者无一人。设有，十个五个，走上走下，半青半黄。会即总道我会，各各自谓握灵蛇之宝，孰肯知非？及乎挨拶鞭逼将来，直是万中无一。苦哉苦哉。所谓般若丛林岁岁凋，无明荒草年年长。就中今时后生，才入众来，便自端然拱手，爱他别人供养。到处菜不择一茎，柴不般一束。十指不沾水，百事不干怀。虽则一期快意，争奈三涂累身。岂不见教中道：‘宁以热铁缠身，不受信心人衣；宁以洋铜灌口，不受信心人食。’上座若也是去，直饶变大地作黄金，搅长河为酥酪，供养上座，未为分外。若也未是，至于滴水寸丝，便须披毛戴角，牵犁拽杷①，偿他始得。不见祖师道：'入道不通理，复身还信施。'此是决定底事，终不虚也。诸上座，光阴可惜，时不待人。莫待一期眼光落地，缁田无一篑之功，铁围陷百刑之痛。莫言不道。"

僧问："万法归一，一归何所？"师云："黄河九曲。"云："恁么则今古无间断也。"师云："可怜沙塞雁，呜咽与春期。"

问："如何是第一句？"师云："垂手过膝。"云："如何是第二句？"师云："万里崖州。"云："如何是第三句？"师云："粪箕扫帚。"

问："巅山岩崖，甚有佛法也无？"师云："有。"云："如何是巅山岩崖佛法？"师云："猢狲倒上树。"

问："达磨未来时如何？"师云："流沙浪阔。"云："来后如何？"师云："熊耳山高。"

俗士问："如何是佛？"师云："着衣吃饭量家道。"云："恁么则退身三步，叉手当胸去也。"师云："醉后添杯不如无。"

---

① 杷：音爬。收麦器。

滁州琅琊慧觉禅师法嗣

越州姜山方禅师(凡七)

示众云:“不是道得道不得,诸方尽把为奇特。寒山烧火满头灰,笑骂丰干这老贼。”

示众云:“穿云不渡水,渡水不穿云。乾坤把定不把定,虚空放行不放行。横三竖四,乍离乍合,将长补短,即不无,汝诸人,饭是米做一句子,要且难道。”良久云:“私事不得官酬。”

僧问:“奔流度刃,疾焰过风。未审姜山门下,还许借借也无?”师云:“天寒日短夜更长。”云:“锦帐绣鸳鸯,行人难得见。”师云:“髑髅里面气冲天。”僧云:“和尚。”师云:“鸡头凤尾。”云:“诸方泥里洗,姜山画将来。”师云:“姜山今日为客,且望阇梨善传。然虽如是,不得放过。”拍绳床一下。

僧问:“如何是一尘入正受?”师云:“蛇衔老鼠尾。”云:“如何是诸尘三昧起?”师云:“鳖咬钓鱼竿。”云:“恁么则东西不辨,南北不分去也。”师云:“堂前一碗夜明灯,帘外数茎清瘦竹。”

僧问:“佛未出世时如何?”师云:“不识酒望子。”云:

“出世后如何?”师云:“钓鱼舡上赠三槌。”

问:“莲花未出水时如何?”师云:“穿针嫌眼小。”云:“出水后如何?”师云:“尽日展愁眉。”

云:“如何是不动尊?”师云:“单着布衫穿市过。”云:“学人未晓。”师云:“骑驴踏破洞庭波。”

问:“透过三级浪,专听一声雷。”师云:“伸手不见掌。”云:“还许学人进向也无?”师云:“踏地告虚空。”云:“雷门之下,布鼓难鸣。”师云:“八花毬子上,不用绣红旗。”云:“三十年后,此话大行。”师便打。

苏州定慧海印信禅师(凡六)

示众云:“摩竭掩室,计较未成;毗耶杜词,伎俩俱尽。一棒一喝,未称衲僧。举拂扬眉,残羹馊饭。诸仁者,山僧与么说话,为他闲事长无明。且道,不伤物义一句作么生道?”良久云:“常爱岭南深腊里,雪中初绽一枝梅。”

示众云:“若识般若,即被般若缚。若不识般若,亦被般若缚。识与不识,拈放一边,如何是般若体?”良久云:“参堂去。”

示众云:“有时一喝壁立千仞,有时一喝四棱蹋地。”喝一喝云:“且道落在甚么处?你若辨得,也好与一喝。”

师问僧:“忠国师无情说法,南方尊宿如何商量?”云:“诸方皆云‘六根互用’。”师云:“无眼耳鼻舌身意,将甚么互用?”僧拟议,师劈脊便棒。

问:“如何是平常无生句?”师云:“三脚虾蟆吞巨鳌。”云:“如何是妙玄无私句?”师云:“白云覆青山。”云:“如何是体明无尽句?”师云:“须弥顶上浪滔天。”云:“三句外,还有向上事也无?”师云:“有。”“如何是向上事?”师云:“南岳天台。”

问:“如何是第一句?”师云:“那吒忿怒。”云:“如何是第二句?”师云:“衲僧罔措。”云:“如何是第三句?”师云:“西天此土。”

南岳下第十三世

洪州黄龙慧南禅师法嗣

洪州黄龙祖心禅师(凡十二)

南雄始兴邬氏子。初谒云峰悦禅师,孤硬难入,终不契机,告悦将去。悦云:“必往依黄蘗南禅师。”师依南四年,不大发明。辞南,再上云峰。会悦谢世,即憩止石霜。

因阅《传灯》,至僧问多福:“如何是多福一丛竹?”福云:“一茎两茎斜。”云:“不会。”福云:“三茎四茎曲。”师于此开悟,彻见二师用处,径回黄蘗,方展坐具,南云:“子已入吾室矣。”师踊跃云:“大事本来如是,和尚何得教人看话,百计搜寻?”南云:“若不教你如此究寻,到无心处自见自肯,即吾埋没汝也。”

示众云:“知幻即离,不作方便。离幻即觉,亦无渐次。释迦老子,千门万户,一时击开。灵利汉才闻举着,撩起便行。更若踟蹰,君往西秦,我之东鲁。”

示众云:“有句无句,如藤倚树,且任诸方点头。及乎树倒藤枯,上无冲天之计,下无入地之谋。灵利汉,这里着得只眼,便见七纵八横。”乃举拂子云:“太阳溢目,万里不挂片云。若是覆盆之下,又争怪得老僧。”

示众,把拂子击绳床云:“一尘才起,大地全收。诸人耳在一声中,一声遍在诸人耳。若是摩霄俊鹘,便合乘时。止泺困鱼,徒劳激浪。”

示众云:“不与万法为侣,即是无诤三昧。便恁么去,争奈弦急则声促。若能向紫罗帐里撒真珠,未必善因而招恶果。”

示众云:“碍处非墙壁,通处没虚空。若能如是会,心色本来同。”竖起拂子云:“拂子是色,那个是心?灵利汉才闻举着,隔墙见角,早知是牛。若更拟议思量,白云千里万里。”

示众云:“若也单明自己,不悟目前,此人有眼无足。若悟目前,不明自己,此人有足无眼。据此二人,十二时中常有一物,蕴在胸中。物既在胸,不安之相,常在目前。既在目前,触途成滞。且作么生得平稳去?祖不云乎:‘执之失度,必入邪路。放之自然,体无去住。’”

示众云:“愚人除境不忘心,智者忘心不除境。不知心境本如如,触目遇缘无障碍。”举拂子云:“看看。拂子走过西天,却来新罗国里。知我者,谓我拖泥带水;不知我者,赢得一场怪诞。”

示众云:“良工未出,玉石不分。巧冶无人,金沙混杂。还有无师自悟底汉么?出来辨别看。”乃举拂子云:“且道是金是沙?”良久云:“见之不取,思之千里。”

示众云:“敲空作响,谁是知音?击木无声,徒劳侧耳。不是目前法,莫生种种心。起灭不相知,个中无背面。象王行处,狐兔绝踪。水月现时,风云自异。到这里,乾坤收不得,宇宙不知名。千圣立下风,谁敢当头道?诸仁者,应是从前活计,所作施为,会与不会一时扫却。不如策杖归山去,长啸一声烟雾深。”

示众云:“玄道者,不可以设功得。圣智者,不可以有心知。真谛者,不可以存我会。至功者,不可以营事为。古人一期应病与药则不可。若是大丈夫汉,出则经济天下,不出则卷而怀之。你若一向声和响顺,我则排斥诸方。

你若示现酒肆淫坊,我则孤峰独宿。且道,甚处是黄龙为人眼?”

夏倚公与师剧谈《肇论》,论“会万物为自己,情与无情共一体”,时有狗子卧香卓下,师拈压尺击狗,又击香卓云:“狗子有情即去,香卓无情自住。情与无情,如何得成一体?”公不能加答,师云:“才入思惟,便成剩法,何曾会万物为自己哉。”

洪州宝峰真净克文禅师(凡十八)

陕府郑氏子。坐夏大沩,闻僧举云门话云:“佛法如水中月,是否?”门云:“清波无透路。”师豁然契悟。

遂造积翠,见南禅师。南问:“甚处来?”师云:“大沩来。”南云:“恰值老僧不在。”师云:“甚么处去?”南云:“天台普请,南岳游山。”师云:“恁么则学人得自在去也。”南云:“脚下鞋甚处得来?”师云:“庐山七百五十文唱来。”南云:“何曾得自在?”师指鞋云:“何尝不自在。”南骇之。

师开堂日,上首白槌云:“法筵龙象众,当观第一义。”师召大众云:“当须自观。若此观者,名为正观。若他观者,名为邪观。邪正未分,有疑请问。”

僧问:“列祖升堂,贤侯坚请。向上宗乘,愿闻举唱。”师云:“六六三十六。”进云:“常忆江南三月里,鹧鸪啼处百花香。”师云:“好个消息。”进云:“今日郎中承此问,退身三拜谢师恩。”师云:“深。”

师乃云:“问话且止,秖知问佛问法,殊不知佛法来处。且道从甚么处来?”乃垂下一足云:“昔日黄龙亲行此令,十方诸佛无敢违者;诸代祖师,一切圣贤,无敢越者;无量法门,一切妙义,天下老和尚舌头始终一印,无敢异者。无异即且止,印在甚么处?还见么?若见,非僧非俗,无党无偏,一一分付。若也不见,而我自收。”遂收足,喝一喝云:“兵随印转,将逐符行。佛手驴脚生缘老,好痛与三十棒。如今会中莫有不甘者么?若有,不妨奇特;若无,新长老谩你诸人去也。故我大觉世尊,昔日于摩竭陀国,十二月八日,明星现时,豁然悟道,大地有情,一时成佛。今有释子沙门克文,于东震旦国,筠阳城中,六月十三日,赫日现时又悟个甚么?”以拂子划一画云:“我不敢轻于汝等,汝等皆当作佛。”

上堂,僧问:“如何是佛?”师呵呵大笑。进云:“何笑之有?”师云:“我笑你随语生解。”云:“偶然失利。”师喝云:“不得礼拜。”僧便归众,师复云:“随语生解。”

师乃云:“还更有问话者么?”良久云:“三十年弄马骑,却被驴扑。”抚膝云:“直得须弥岌嶪[1],海水腾波;三十三天,一时退位;十八地狱,尽乃停酸。见么?若这里见得,释迦拱手,弥勒攒眉;文殊普贤,与伊作侍者。若也不见,看我七纵八横,且向葛藤里荐取。阿呵呵,诸高德且

---

① 岌嶪:山高毛貌。嶪,音业。

道，我笑个甚么？噫，我笑昔日云门、临济、德山、岩头，萤火之光，蚊蚋之解。一人道，我呵佛骂祖；一人道，我得末后句；一人道，黄蘖佛法无多子；一人道，大觉世尊，初生下时，一手指天，一手指地云：'天上天下，唯我独尊。'我当时若见，一棒打杀与狗子吃。似这一队掠虚汉，总只一期无佛处称尊。若是如今，一时唤来，与伊生按过。自余之辈，放过即不可。岂不闻，僧问乾峰：'十方薄伽梵，一路涅槃门，未审路头在甚么处？'乾峰以拄杖划一划云：'在这里。'只如乾峰恁么道，曾梦见也未？若是老僧即不然，'十方薄伽梵，一路涅槃门，未审路头在甚么处？'劈脊便棒，却问他：'路头在甚么处？'待伊拟开口，热喝出去。更有云门折脚老比丘，不分缁素，不辨邪正，拈扇子云：'扇子踍跳上三十三天，筑着帝释鼻孔。东海鲤鱼打一棒，雨似盆倾。'似这般和泥合水汉，粪扫推头埋却十个五个，有甚么过？阿呵呵，乐不乐，足不足，如今幸对山青水绿。年来是事一时休，信任身心懒拘束。大众休瞌睡。"

示众云："天地与我同根，万物与我一体。脚头脚底，横三竖四。北俱卢州火发，烧着帝释眉毛，东海龙王忍痛不禁，轰一个霹雳，直得倾湫倒岳，云暗长空。十字街头瘳胡子，醉中惊觉，起来抚掌呵呵大笑云：'筠阳城中近来少贼。'"蓦拈拄杖云："贼贼。"

示众云："佛法不须人情。诸方长老，大开口了道'我会禅会道'，且道，伊会也未？无端向屎坑里坐，瞒神謼[①]鬼。似遮般底，打杀百千万个与狗子吃，有甚么过？又有一般禅和子，大开着眼被伊狐媚。殊不自知，蓦头着屎浇，亦不厌恶。大众，彼此丈夫争受与么？自己合作么生？"

示众云："狮子不食雕残，快鹰不打死兔。放出临济大龙，抽却云门一顾。"遂拈起拄杖云："云行雨施，三草二木。"

示众云："洞山门下，要行便行，要坐便坐。钵盂里屙屎，净瓶里吐唾。执法修行，如牛拽磨。"

示众云："洞山门下，有时和泥合水，有时壁立千仞。你诸方，拟向和泥合水处见洞山，洞山且不在和泥合水处。拟向壁立千仞处见洞山，洞山且不在壁仞千仞处。拟向一切处见洞山，洞山且不在一切处。你拟不要见洞山，鼻索又在洞山手里。拟瞌睡，也把鼻索一掣，只见眼孔定动，又不相识。也不要你识洞山，但识得自己也得。"

示众云："汾阳莫妄想，俱胝竖指头。古今佛法事，到此一时休。休休，却忆赵州勘婆子，不风流处也风流。"拈拄杖云："为众竭力。"

示众云："佛法两字，直是难得人。有底不信自已佛

---

① 謼：音吓。同"吓"。

事，唯凭少许古人影响，相似般若所知境界，定相法门，动即背觉合尘，黏将去，脱不得。或学者来，如印印泥，递相印受。不唯自误，亦乃误他。洞山门下，无佛法与人，只有一口剑。但有来者，一一斩断，使伊性命不存，见闻俱泯。却向父母未生前与伊相见，见伊才向前，便为斩断。然则钢刀虽利，不斩无罪之人。莫有无罪底么？也好与三十棒。”

示众，举：三圣问雪峰：“透网金鳞，未审以何为食？”峰云：“待汝出得网来向汝道。”圣云：“一千五百人善知识，话头也不识。”

师云：“俊哉俊哉，快活快活。恰似一只鹞子，莫惊着。报宁即不然，‘透网金鳞，未审以何为食？’‘待汝出得网来向汝道。’待佗道‘一千五百人善知识，话头也不识’，但拽拄杖，打出三门外。”复云：“也好快活，恰似一只虎，莫动着。诸禅德，且道，报宁快活，何似三圣快活？莫有快活底汉？出来定当看。”良久，喝一喝云：“把手拽不住。”

示众，举：雪峰云：“南山有一条鳖鼻蛇，汝等诸人出入切须好看。”

师云：“雪峰无大人相，然则蛇无头不行。长庆恰似个新妇儿怕阿家相似，便道：‘堂中今日大有人丧身失命。’云门拈拄杖，攛向面前作怕势，为蛇画足。玄沙云：‘用南山作么？’道我见处亲切，不免在窠窟里，更无一人有些子天然气概。报宁门下莫有天然气概底么？不敢望你别悬慧日，独振玄风，且向古人鹘臭布衫上知些气息也难得。”

示众云："头陀石被莓苔裹，掷笔峰遭薜荔缠。罗汉院里，一年度三个行者。归宗寺里，参退吃茶。"

示众云："是日已过，命亦随减。如少水鱼，斯有何乐？唯二乘禅定寂灭为乐，是为真乐。学般若菩萨，法喜禅悦为乐，是为真乐。三世诸佛，慈悲喜舍，四无量心为乐，是为真乐。石霜普会云：'休去，歇去，冷湫湫地去。'是谓二乘寂灭之乐。云门云：'一切知通无障碍。'拈起扇子云：'释迦老子来也。'是谓法喜禅悦之乐。德山棒，临济喝，是三世诸佛，慈悲喜舍之乐。除此三种乐，不为乐也。且道，归宗一众，在三种内，三种外？"良久云："今日庄主设饡[①]饭，俵[②]衬钱。参退，僧堂内普请吃茶去。"喝一喝。

师问僧："了也未？"云："未了。"师云："你吃粥了也未？"云："了。"师云："又道未了？"

复云："门外甚么声？"云："雨声。"师云："又道未了？"

复云："面前是甚么？"云："屏风"师云："又道未了？"

复云："还会么？"云："不会。"师云："听取一颂：随缘事事了，日用何欠少。一切但寻常，自然不颠倒。"

僧问："学人一面琴，不是凡间木。今日捧上来，请师弹一曲。"师云："大众侧耳。"云："得闻于未闻去也。"师云："是何指法？"僧提起坐具，师云："哀哉哀哉，你命何太短。"云："且喜没交涉。"师云："不是知音。"云："不如归去

① 饡：音赞。以羹浇饭也。

② 俵：音 biào。把东西分给人。

来兮,葱岭有人忆。”师云:“何得忘却焦桐?”云:“在这里。”师云:“放下着。”

师有法界三观六颂。一曰:色空无碍,如意自在。万象森罗,影现中外。出没去来,他方此界。心印廓然,融通广大。二曰:理事无碍,如意自在。倒把须弥,卓向纤芥。清净法身,圆满土块。一点镜灯,十方海会。三曰:事事无碍,如意自在。不动道场,十方世界。东涌西没,千差万怪。火里蝍蟟[①],吞却螃蟹。四曰:事事无碍,如意自在。手把猪头,口诵净戒。趁出淫坊,未还酒债。十字街头,解开布袋。五曰:事事无碍,如意自在。拈起一毛,重重法界。一念遍入,无边刹海。只在目前,或显或晦。六曰:事事不知,空色谁会?理事既休,铁舡下海。石火电光,咄哉不快。横按镆鎁,魔军胆碎。

潭州云盖守智禅师(凡四)

剑州龙津陈氏子。示众云:“紧峭离水靴,踏破湖湘月。手把铁蒺藜,打破龙虎穴。翻身倒上树,始见无生灭。却笑老瞿昙,弹指超弥勒。”

示众云:“不离当处常湛然,觅即知君不可见。虽然先圣恁么道,且作个模子搭却。若也出不得,只抱得古人底。若也出得,方有少分相应。云盖即不然,骑骏马绕须弥,过

---

① 蝍蟟:音及聊。草虫之属,蝍,蟋蟀,蜈蚣之类;蟟,蝉。

山寻蚁迹,能有几人知。”

示众,举:赵州问僧:“甚处去?”云:“摘茶去。”州云:“闲。”

师云:“道着不着,何处摸索?背后龙鳞,面前驴脚。翻身筋斗,孤云野鹤。阿呵呵。”

示众云:“唯一坚密身,一切尘中现。云盖今日,千山郁茂,鸟兽嘶鸣;百花竞发,万卉抽枝;尽是诸佛,个个真如。汝等诸人,游山玩水,直须急着眼睛,莫被伊瞒。”

湖州报本元禅师(凡六)

潮州倪氏子。初谒黄龙,示以三关语。一日坐下板,辄引手返覆视之,云:“宁以道理而言以[1]佛手,知吾家揭阳而复问:‘生缘何处乎?’”久而顿释其疑。

示众云:“击大法鼓,演大法义。未击鼓已前,文殊大士向诸人眉毛眼睫上出没卷舒,作大佛事。及乎击动法鼓,观音菩萨又向诸人耳上转大法轮,诸人还闻么?直饶见得、闻得,已是不着便。若也真个不知,自是无枝叶,莫怨太阳春。”

示众云:“白云消散,红日东升。仰面看天,低头觑地。

① 以:《续传灯录·卷36》作“似”字。可从。

东西南北,一任观光。达磨眼睛,斗量不尽。演若何曾认影,善财不往南方。衲僧鼻孔辽天,到此一时穿却。”

示众云:“般若无知,无所不知。作么生说个无知底道理?若谓杜绝视听,何异断见外道。其或忘知遗照,正是背境凡夫。诸人还知么?释迦老子终日向灯笼露柱,随有道有,随无道无。虽不即于有无,亦不离于有无。如斯语话,钝置祖师。明眼衲僧,输他冷笑。且道笑个甚么?”喝一喝。

僧问:“未离兜率,已降王宫。未出母胎,度人已毕。今日意作么生?”师云:“守株待兔,枉费精神。”云:“不因入水,争见长人。”师云:“未问已前犹较些子。”

僧问:“黑白未分时如何?”师云:“天高地厚。”云:“分后如何?”师云:“日暖月凉。”云:“便恁么去时如何?”师云:“须弥山倒卓。”

洪州宝峰洪英禅师(凡八)

邵武陈氏子。因读李长者《十明论》豁然开悟。夜经行,闻二僧举黄龙佛手驴脚因缘,师异之,就问:“南公今何所寓?”僧云:“筠州黄蘗。”师黎明径造黄蘗。南一见与语,自以为不及也。

示众云:“若论此事,直是难以商量。何也?况古佛心印,状似铁牛之机。拟欲进前,丧身失命;更乃退后,瓦解永消。直饶不进不退,犹是红锦袄子,臭肉汗衫,贴体粘身,难为透脱。诸禅德,到这里,纵饶明去,不露锋铓眹兆,又是灵龟曳尾,鼠咬枯髅。若向饮光门下,天地悬殊。且道,饮光门下一句作么生道?”良久云:“海月夜来笼石室,山云时复润禅衣。”

示众云:“石门巇[①]险铁关牢,举目重重万仞高。无角铁牛冲得破,毗卢海内作波涛。大众且道,不涉波涛一句作么生道?”良久云:“一句不遑无著问,迄今犹作野盘僧。”

示众云:“先圣道:江月照,松风吹,永夜清霄何所为?佛性戒珠心地印,雾露云霞体上衣。诸禅德,虽然如是道,可谓伤盐伤醋。若是山僧即不然,江月照,松风吹,永夜清霄何所为?牧童岭上一声笛,惊起群鸦绕树飞。”

示众云:“祖师道:一切众生性清净,从本无生无可灭。即此身心是幻生,幻化之中无罪福。大众,先圣恁么道不妨奇特,奈缘衲僧门下检点将来,也是食饱伤心,坐久腰痛。”

示众云:“阿呵呵是甚么,昨夜蟾光独自坐。屈指从头数故人,翻忆当年破灶堕。破灶堕,是甚么,眨上眉毛早蹉

① 巇:音希。险。

过。”拍禅床一下。

上堂,有僧出,礼拜起,垂下袈裟角云:“脱衣卸甲时如何?”师云:“喜得狼烟息,弓梢壁上悬。”僧揽上袈裟云:“重整衣甲时如何?”师云:“不到乌江畔,知君未肯休。”僧便喝,师云:“惊杀我。”僧拍一拍,师云:“也是死中得活。”僧作礼,师云:“将谓是收燕破赵之才,元来是贩私盐贼。”

僧问:“逢场作戏时如何?”师云:“红炉抛出铁乌龟。”

南岳福严慈感禅师(凡二)

梓州杜氏子。示众云:“掷钵峰前,春风浩浩。湘江水里,白浪滔滔。是法无私显露,动着不然而然。解后指南不遇,只管鼻孔辽天。南泉头头垂示,大颠寂尔无言。毗耶长启一室,谁人敢共齐肩。咄。”以拂子击绳床。

示众云:“古佛心,只如今,若不会,苦沉吟。秋雨微微,秋风飒飒,乍此乍彼。若为酬答,沙岸芦花,青黄交杂。禅者何依?”良久云:“札。”

筠州黄蘖胜禅师(凡二)

梓州中江罗氏子。示众云:“罗汉书字,仰山白槌,禾山打鼓,清平踏泥。四人一向婆母,不知漏泄真机。虽然漏泄真机,要且后人不知。选佛须是英灵汉,敌胜还他狮子儿。”

示众云:“寂兮寥兮,蟾蜍皎皎下空谷。宽兮廓兮,曦光赫赫流四海。曹溪路上,剿绝人行。多子塔前,骈阗如市。直饶这里荐得,倜傥分明,未是衲僧活计。大丈夫汉须是向黑暗狱中,敲枷打锁;饿鬼队里,放火夺浆。推倒慈氏楼,拆却空王殿。灵苗瑞草和根拔,满地从教荆棘生。”

洪州云居元祐禅师(凡五)

信州上饶王氏子。示众云:“参学之士须得悟由,发明心地。若悟法身主,尽大地草木,归依佛法僧。若悟毗卢师,虚空世界,归依佛法僧。且道唤甚么作法身主、毗卢师?要得直下会么?眼睛里放光现瑞,耳窍里转大法轮。”

结夏示众云:“无相光中,有一无位真人,出没三界,轮转五道;不舍十恶业,不堕五阴身;不舍烦恼障,不证涅槃心;不增毁禁,不敬持戒;不经冬,不过夏。诸人还知去处么?”良久云:“九旬阳焰里,五分法身圆。”

示众云:“过去诸如来更不再勘,现在诸菩萨放过即不可,未来参学人谩他一点不得。所以教中道:若人欲了知三世一切佛,应观法界性,一切惟心造。虽然如是,罗汉门下正是金屑落眼。”

示众,举:僧问赵州:“如何是祖师西来意?”州云:“庭前柏树子。”云：“和尚莫将境示人。”州云：“我不将境示人。”云：“如何是祖师西来意?”州云：“庭前柏树子。”

师云：“奇哉古圣，垂一言半句，可谓截断圣凡门户，直示弥勒眼睛，今昔无坠。众中异解多途，商量非一，埋没宗旨，错判名言。谓青青翠竹尽是真如，郁郁黄花无非般若。或谓山河草木，物物皆是真心显现，何独庭前柏树子乎?尘毛瓦砾，但是一法界中，重重无尽，理事圆融。或谓庭前柏树子，才举直下荐取，敌体全真。拟议之间，早落魔境。须是当人作用，临机相见。或棒或喝，或擎起拳头，衣袖一拂。这个眼目，如石火电光相似。或谓庭前柏树子，更有甚么事?赵州直下为人实头说话，饥来吃饭，困来打睡。动转施为，尽是自家受用。

“如斯见解，似粟如麻，皆是天魔种族，外道邪宗。但取识情分别，用心取舍，强作知 见，口耳相传，诳惑于人，贵图名利，是何业种玷渎祖风?何不游方遍历，求善知识决择身心，略似个衲僧。古来自有宗门师范，我佛心宗，梵释诸天拱手敬信，三贤十圣罔测其由。”乃举拂子云：“若向这里悟去，山河大地与汝同参。”复顾视左右云：“道林争敢压良为贱。”

僧问：“如龟藏六时如何?”师云：“文彩已彰。”云：“争奈处处无踪迹。”师云：“一任拖泥带水。”云：“便恁么去时如何?”师云：“果然。”

联灯会要卷第十五

南岳下第十三世

洪州黄龙慧南禅师法嗣

蕲州开元琦禅师(凡三)

示众云:“虚空无内外,事理有短长。顺则成菩提,逆则成烦恼。灯笼常瞌睡,露柱亦懊恼。大道在目前,更于何处讨?”以拂子击绳床。

示众云:“四面亦无门,十方无碧落。头鬔[1]松,耳卓朔,个个男儿大丈夫,何得无绳而自缚。且道,透脱一句又作么生?”良久云:“踏破草鞋赤脚走。”

僧问:“须弥纳芥子即不问,微尘里转大法轮时如何?”师云:“一步进一步。”云:“恁么则朝到西天,暮归唐土。”师云:“作客不如归家。”

云:“久响道风,请师相见。”师云:“云月是同,溪山各异。”

---

① 鬔:音蓬。同“蓬”。

吉州隆庆闲禅师(凡四)

福州古田卓氏子。侍立黄龙,龙问:“向后得坐披衣,如何为人?”师云:“遇方则方,遇圆则圆。”龙云:“恁么说话,尚挂人唇齿在。”师云:“某甲只恁么,和尚作么生?”龙云:“近前来,向你道。”师抚掌云:“三十年用底,今日捉败。”南呵呵大笑云:“一等是精灵。”师拂袖而出。

龙问:“人人尽有生缘,上座生缘甚处?”师云:“早辰吃白粥,而今肚里饥。”龙云:“我手何似佛手?”师云:“月下拨琵琶。”龙云:“我脚何似驴脚?”师云:“鹭鹚立雪非同色。”

龙问:“儱儱[1]松松,两人共一碗。汝作么生会?”师云:“百杂碎。”龙云:“尽大地是个须弥山,撮来安掌中,又作么生?”师云:“两重公案。”龙云:“这里且待你胡言汉语,若到同安,作么生过得?”师云:“同安也须到这田地始得。”龙云:“忽然指面前火炉云:‘这个是黑漆火炉,那个是香卓,甚么处是不到处?’”师云:“某甲面前且容和尚与么说话,若是别人,笑和尚去在。”龙乃拍一拍,师便喝。

示众云:“抛轻负重,脱珍御服,着弊垢衣,笑破衲僧口。虽然如是,灵龟未兆之际,萌芽未发已前,若有人道

---

① 儱:音笼,又音聋。

得,可谓无师智、自然智。若道不得,便乃举古举今,尽是灭胡种族。且向上一路,千圣不传。学者劳形,如猿捉影。诸仁者,但自回光,无第二着。举措施为,不亏实相。噫,与么说话,若遇明眼高流,跳下绳床,拽翻地下,烂捶一顿,喝骂云:'为甚么向人天众前谤佛谤祖?'也许伊具半只眼。如今恁么递相钝置,有甚么了期。"喝一喝云:"且莫错笑人好。"

金陵保宁玑禅师(凡六)

福州福清林氏子。示众云:"道源不远,性海非遥。但向己求,莫从他觅。古人与么说话,大似认奴作郎,指鹿为马。若是翠岩即不然,也不向己求,亦不从他觅。何故?双眉本来自横,鼻孔本来自直。直饶说得天花乱坠,顽石点头,算来多虚不如少实。且道,如何是少实底事?"良久云:"冬瓜长儱侗[①],瓠子曲弯弯。"

示众云:"若论此事,直饶掴倒须弥,踏翻大海,犹是有作思惟,从有心起。所以道,心生种种法生,心灭种种法灭。若约衲僧本分底事,天地悬殊。"

示众云:"广寻文义,镜里求形。息念观空,水中捉月。单传心印,特地多端。德山临济,枉用工夫。石巩子湖,翻成特地。若是翠岩,总不恁么,但自随缘饮啄,一切寻常。

① 儱侗:音笼统。同"笼统"。

深遁白云,甘为无学之者。敢问诸人,翠岩毕竟将何报答四恩三有?”良久云:“愁人莫向愁人说,说向愁人愁杀人。”

示众云:“言前荐得,有辱宗风。句下明机,辜负自己。一言相契,早是多端。特地商量,生死根本。说迷说悟,犹是好肉剜疮;一切平常,尽落天魔外道。总不恁么又且如何?”竖起拂子云:“若也识得,翠岩功不浪施。若也未然,谁知远烟浪,别有好思量。”以拂子击绳床。

示众云:“巢知风,冗知雨。甜瓜彻蒂甜,苦瓠连根苦。”竖起拂子云:“惟有这个,无滋无味,亘今亘古。有时退水藏鳞,有时兴云致雨。诸人到此,也须缁素分明,不得莽莽卤卤。如今若要知端的,只在目前须荐取。”

示众云:“德山棒,临济喝,残羹馊饭休拈掇。直饶穷尽玄微,算来未是家活。”竖起拂子云:“争似翠岩这个,能生能杀。放行也,天高地阔;把住也,不露毫末。把住、放行即且致,即今事作么生?”良久云:“茫茫宇宙人无数,几个男儿是丈夫。”

袁州杨岐方会禅师法嗣

舒州白云守端禅师(凡十五)

衡阳周氏子。首谒杨岐,岐问:“上座乡里甚处?”师云："衡州。"岐云："落发师为谁?"师云："茶陵郁和尚。"岐云："吾闻其过桥遭颠有省，作偈甚佳，能记之否?"师云："记得。"岐云："试举看。"师举云："我有神珠一颗，久被尘劳关锁。今朝尘尽光生，照破山河万朵。"

岐大笑而去，师愕然，通夕不寐。翌日入室，咨决其事。时方岁旦，岐云："汝见昨日作夜胡者乎?"师云："见。"岐云："汝一筹不及他。"师云："何谓也?"岐云："渠却爱人笑，汝却怕人笑。"师于言下大悟。

示众云："善言言者，言所不能言。善迹迹者，迹所不能迹。每日开口动舌，无非是言，作么生说个言所不能言?唤作言即便是迹。作么生说个迹所不能迹?到这里，一大藏教，一字用不着。到这里，一大藏教，字字用得着。为甚么先用不着，又却用得着?且道，誵讹在甚么处?不见道，千峰势到岳边止，万派声归海上消。自古自今，向其间钻仰者，如稻麻竹苇;端的透彻者，百千中无一二。若果然透得，十二时中不妨庆快。应机接物，利乐有情。尽乾坤星辰日月，尽大地草木丛林，都作一个出入游戏之场。古者道：'玉转珠回祖佛言，精通犹是污心田。老卢只解长舂米，何得黄梅万古传。'山僧在庵中亦有示众云：'直下虽然没许般，透如未尽活还难。海门昨夜狂风起，无限波涛一扫干。'恁么地先与人开却路，然后两手掇向人前。灵利底，不用丝毫气力便提得去。还有么?若提不去，敢问诸人，十二时中，应用施为，分别贤愚，是是非非是个甚么?"

示众云："古者道：上士闻道，勤而行之。中士闻道，如存若亡。下士闻道,大笑之。大众,若约衲僧门下,却许他大笑者有些些骨气。何谓如此?众眼难瞒。”

示众云:“佛身充满于法界,普现一切群生前。随缘赴感靡不周,而常处此菩提座。作么生说个随缘赴感底道理?于一弹指顷,尽大地含生根机,一时周足,未尝动着一毫头,唤作随缘赴感,而常处此座。只如山僧,此者受法华请,将次与大众相别。宿松县里开堂,且道还离此座也无?若离,则世谛流布。若不离,作么生见得个不离底道理?莫是无边刹境,自他不隔于毫端;十世古今,始终不离于当念么?莫是一切无心,一时自遍么?若恁么,正是掉棒打月,到这里直须悟始得,悟后更须遇人始得。你道既悟了便休。何必更须遇人?悟了遇人底,当垂手方便之时,着着有出身之路,不瞎却学人眼。若只悟得干萝卜头,不唯瞎却学者眼,兼自已动便犯锋伤手。你看我杨岐先师问慈明师翁:‘幽鸟语喃喃,辞云入乱峰时如何?’答云:‘我行荒草里,你又入深村。’进云:‘官不容针,更借一问。’师翁便喝,进云:‘好喝。’师翁又喝,先师亦喝。师翁连喝两喝,先师作礼归众。大众须知,悟了遇人底,向十字街头与人相逢,却在千峰顶上握手。千峰顶上相逢,却在十字街头握手。山僧曾有颂云:‘他人住处我不住,他人行处我不行。不是与人难共住,大都缁素要分明。’山僧此者临行,解开布袋头,撒在诸人面前了也。有眼底,莫错怪好。”

示众云:“昔日灵山会上,世尊拈花,迦叶微笑。世尊道:‘吾有正法眼藏,分付摩诃大迦叶,流传无令断绝。’至于今日，若是正法眼藏，释迦老子自无分，将甚么分付？将甚么流传？诸人分上，各各自有正法眼藏。每日起来，是是非非，分南道北，种种施为，正是正法眼藏之光影。此眼开时，乾坤大地，日月星辰，森罗万象，只在目前，不见有毫厘之相。此眼未开时，尽在诸人眼睛里。已开者，不在此限。未开者，山僧为诸人开此正法眼藏看。"竖起两指云："看看。若也见得，事同一家。其或未然，不免重说偈言：'诸人法眼藏，千圣莫能当。为君通一线，光辉满大唐。须弥走入海，六月降严霜。法华虽恁么，无句得商量。'既满口说了，为甚么却道'无句得商量'？"喝一喝云："分身两处看。"

示众云："如我按指，海印发光。"拈起拄杖云："山河大地，水鸟树林，情与无情，尽向拄杖头上作大师子吼，演说摩诃大般若。且道天台、南岳说个甚么法门？南岳说：'洞上五位修行，君臣父子各得其宜。莫守寒岩异草青，坐着白云宗不妙。'天台说：'临济三玄、三要、四料简，一喝分宾主，照用一时行。要会个中意，日午打三更。'庐山出来道：'你两个汉，正在葛藤窠里，不见道，欲得不招无间业，莫谤如来正法轮。'此三个见解，若上衲僧秤子秤，一个重八两，一个重半斤，一个不直半分钱。但愿春风齐着力，一时吹入我门来。"

示众云："释迦老子有四弘誓愿，烦恼无边誓愿断，法门无边誓愿学，众生无边誓愿度，无上菩提誓愿成。法华亦有四弘誓愿，饥来要吃饭，寒来要添衣，困来伸脚睡，热处要风吹。”

示众云：“日消万两黄金，法华门下不着。直饶不直半分文，正入得法华门，未升得法华堂，未入得法华室。且道甚么人升得法华堂，入得法华室？譚！眼有三角，头峭五岳。”

示众，举：玄沙因误服药，遍身红烂。僧问：“如何是坚固法身？”沙云：“脓滴滴地。”

“后来怀和尚颂云：‘滴滴通身是烂脓，钓鱼船上显家风。时人只看丝纶上，不见芦花对蓼红。’亦有人问法华：‘如何是清净法身？’只答他道：‘屎臭薰天。’又云：‘莲花叶上化生儿，且道与古人是同是别？’法华亦有一颂云：‘屎臭薰天亦偶然，法华争敢为君宣。鼻中若有通天窍，一任横行不着穿。’”

示众云：“有时碓觜生花，有时佛面百丑。李公醉倒街头，自是张公吃酒。灯笼皱断眉头，露柱呵呵拍手。”

示众云：“未透者，须教伊识。已透者，须共伊行。尽大地是沙门一只眼，教阿谁识？实际理地不受一尘，向甚么处行？所以道：‘他人住处我不住，他人行处我不行。不是与人难共住，大都缁素要分明。’少处减些子，多处添些子。为甚么少处更减，多处更添？神仙秘诀，父子不传。”

示众云：“若端的得一回汗出来，便向一茎草上现琼楼玉殿。若未端的得一回汗出来,纵有琼楼玉殿,却被一茎草盖却,作么生得汗出去?自有一双穷相手,不曾容易舞三台。”

示众云:“古人留下一言半句,未透者,撞着铁壁相似。忽然一日觑透,方知自己是铁壁。如今作么生透?”良久云:“铁壁铁壁。”

示众云:“明明知道只是这个,为甚么透不过?只谓见人开口时,便唤作‘言句’。见人闭口时,便唤作‘良久默然’。”又道:“动转施为,开言吐气,尽十方世界内无不是自己。所以堕在途中,隐隐犹怀旧日嫌。不见云门道‘闻声悟道,见色明心’。举手云:‘观世音菩萨将钱买胡饼,放下手,元来却是馒头。’不见山僧住法华时道:无业禅师云‘一毫头’,凡圣情念未尽,未免入驴胎马腹里去,直饶一毫头。凡圣情念顿尽,亦未免入驴胎马腹里去。瞎汉,但恁么参。”

僧问:“智不到处,切忌道着。道着时如何?”师云:“风吹日炙。”云:“恁么则无处容身去也。”师云:“碓捣磨磨。”云:“官不容针,私通车马。”师云:“可贵可贱。”僧弹指一下,师云:“恰是。”僧吐舌,师云:“家贫犹自可,路贫愁杀人。”僧呵呵大笑,师云:“放过一着。”

僧问:“龙门未透时如何?”师云:“不是这个调。”云:“透后如何?”师云:“不是这个调。”僧拟议,师云:“买卖不当价。”

建康府保宁仁勇禅师(凡十四)

明州竺氏子。少习天台教,后更衣,谒雪窦显禅师。显熟视之,呵曰:“殃祥座主。”师气不平,发愤下山。望雪窦山,大展坐具,礼三拜,誓曰:“我此生行脚参禅,名不过如雪窦,誓不归乡。”即谒杨岐,发明心地。岐殁,从同参守端禅师游,研极玄奥。后出世,两住保宁而终老焉。

示众云:“佛祖正令,凡圣俱忘。机智难明,心境双绝。所以佛祖到这里,尽皆亡锋结舌。设有一言半句,皆是为蛇画足,落草之谈,分外之说。实际理中,本无如是事,何谓如此?要诸人回头瞥地去,不逐言语去,返本还源去,不涉岐路去,踏破化城去,截断两头去,归家稳坐去。诸人何不向佛未出世时荐取?祖师未来时荐取?父母未生时荐取?秖如父母未生时,且道自家本命元辰作甚么面目?还委悉么?”良久云:“团圞古镜无纤翳,试请回头一照看。”

示众云:“夜夜抱佛眠,朝朝还共起。起坐镇相随,语默同居止。分毫不相离,如身影相似。欲识佛去处,只这语声是。”

师云:“大众,傅大士此之一颂,古今不坠。一切人向此瞥地者亦多,错会者不少。玄沙云:‘大小傅大士,只认得个昭昭灵灵。’洞山聪和尚云:‘且道,衲僧家日里还曾睡也无?'此二尊宿,两转语。谁言世上无仙客,须信壶中别有天。保宁亦有一颂:要眠时即眠,要起时即起。水洗面皮光,啜茶湿却觜。大海红尘生,平地波澜起。呵呵阿呵呵,啰哩哩啰哩。"

示众云:"古人底,今人用。今人底,古人为。古今无背面,今古几人知?哪[1]呜伊,一九与二九,相逢不出手。"

示众,举:古德云:"文殊门入者,墙壁瓦砾为汝发机。观音门入者,虾蟆蚯蚓为汝发机。普贤门入者,不动步遍十方。"

"大众,东西南北,四围上下,筑着磕着,不觉不知。过在甚么处?"良久云:"红粉易妆端正女,无钱难作好儿郎。"

示众云:"风鸣条,雨破块,晓来枕上莺声碎。虾蟆蚯蚓一时鸣,妙德空生都不会。都不会,三个成群,四个作队。窈窈窕窕,飘飘飖飖。向南北东西,折得梨花李花,一佩两佩。"

示众云:"释迦老子四十九年说法,不曾道着一字。优婆鞠多丈室盈筹,不曾度得一人。达磨不居少室,六祖不住曹溪,谁为后昆,谁为先觉?既然如是,彼自无疮,勿伤之也。"拍膝顾众云:"且喜天下太平。"

---

① 哪:音邪。象声词。

示众云:“大方无外,大圆无内。无内无外,圣凡普会。瓦砾生光,须弥粉碎。无量法门,百千三昧。”拈起拄杖云:“总在这里,会么?苏噜苏噜,悉哩悉哩娑诃。”

示众云:“真相无形,示形显相。千怪万状,自此而彰。喜则满面光生,怒则双眉陡竖。非凡非圣,或是或非。人不可量,天莫能测。直下构得,未称丈夫。唤不回头,且莫错怪。”

示众云:“许由洗耳,徒卖弄于清高;巢父饮牛,谩夸张于意气;太公垂钩,终是有心;范蠡泛湖,焉能绝迹?直得君臣道合,海晏河清。风不鸣条,雨不破块。争似三月野花随处发,九秋黄叶满空飞。狂歌向碧洞之前,大醉于玉壶之里。”拍手大笑云:“还知么?昨日是季秋霜冷,今朝是孟冬渐寒。”

示众云:“释迦掩室于摩竭,已泄天机;净名杜口于毗耶,特地饶舌;少林九年面壁,老不歇心;永嘉一宿曹溪,徒夸英俊。”乃召大众云:“只如保宁恁么道,还有过也无?”复云:“路逢剑客须呈剑,不是诗人不献诗。”

师升座,有僧作礼起,以手向怀中,作取物呈似势。师左顾,僧起立,作献势。师右顾,僧伸手,作接物复安怀内势。师以手直下指,僧拟议,师云:“只有这个,更无那个。”僧以手划一划,师云:“果然”僧归众,师呵呵大笑。

复一僧出,作礼起,画一圆相,师以左手抛向后。僧又画一圆相,师以右手抛向后,僧归众。师云:“更有甚么?”僧无语,师拍膝云:“龙头蛇尾。”僧云:“贼过后张弓。”师乃嘘嘘。

僧问:“如何是保宁境?”师云:“主山头倒卓。”云:“如何是境中人?”师云:“鼻孔无半边。”

云:“如何是佛法大意?”师云:“镬汤无冷处。”

洪州翠岩可真禅师法嗣

潭州大沩慕喆禅师(凡九)

抚州临川闻氏子。示众云:“月生一,大地茫茫谁受屈。月生二,东西南北没巴鼻。月生三,善财特地向南参。所以道,放行也,怛萨①舒光;把住也,泥沙匿曜。且道放行是,把住是?”良久云:“圆伊三点水,万物自尖新。”

示众云:“阿剌剌,是甚么?翻思当年破灶堕,杖子忽击着,方知辜负我。”以拄杖击香台一下云:“堕堕。”

示众云:“古佛道:‘昔于波罗奈,转四谛法轮,堕坑落堑。今复转最妙无上大法轮,土上更加泥。’如今还有不历阶梯,独超方外者么?”良久云:“出头天外看,谁是个中人。”

---

① 怛萨:“如来”之梵音译。

示众云:“扪空追响,劳汝精神。梦觉觉非,复有何事?德山老人在汝诸人眉毛眼睫上,诸人还觉么?若也觉去,梦觉觉非。若也未觉,扪空追响,终无了期。直饶向这里,倜傥分明,犹是梯山入贡,还有独超方外者么?”良久云:“且莫诈明头。”

示众云:“白云澹泞,水注沧溟。万法本闲,复有何事?所以道,也有权,也有实;也有照,也有用。诸人到这里如何履践?”良久云:“但有路可上,更高人也行。”

示众云:“日出卯,用处不须生善巧。”拈起拄杖云:“拄杖子踍跳上三十三天,惊起帝释,为念‘摩诃般若,一切智智清净,无二无二分,无别无断故’。且道作么生是正义?”良久云:“智不到处,切忌道着。”卓拄杖,下座。

示众,拈起拄杖云:“一尘才起,大地全收。”卓一下云:“妙喜世界百杂碎。且道,无动如来即今在甚么处?若人识得,可谓不动步而登妙觉。若也未识,向诸人眉毛眼睫里涅槃去也。”又卓一下。

示众,拈起拄杖云:“智海拄杖,或作金刚王宝剑,或作踞地师子,或作探竿影草,或不作拄杖用。诸人还相委悉么?若也委悉去,如龙得水,似虎靠山;出没卷舒,纵横应用。如未相委,大似日中逃影。”

僧问："赵州庭柏意旨如何？"师云："夜来风色紧，孤客已先寒。"云："先师无此语，又作么生？"师云："行人始知苦。"云："十载走红尘，今朝独露身。"师云："雪上加霜。"

问："如何是城里佛？"师云："万人丛里不插标。"云："如何是村里佛？"师云："泥猪疥狗。"云："如何是山里佛？"师云："绝人往还。"云："如何是教外别传底一句？"师云："翻译不出。"

问："大通知胜佛，十劫坐道场。为甚么不得成佛道？"师云："苦杀人。"

问："牛头未见四祖时如何？"师云："寒毛卓竖。"云："见后如何？"师云："额头汗出。"

潭州云峰文悦禅师法嗣

桂州崇寿齐晓禅师(凡三)

示众云："触目不会道，犹较些子。运足焉知路，错下名言。诸仁者，山僧今日将错就错；汝等诸人，见有眼，闻有耳，嗅有鼻，味有舌，因甚么却不会？"良久云："武帝求仙不得仙，王乔端坐却升天。咄。"

僧问："大众云臻，合谈何事？"师云："波斯入闹市。"

云:“恁么则草偃风行去也。”师云:“万里望乡关。”

问:“如何是佛?”师云:“着衣吃饭。”云:“退身三步,叉手当胸去也。”师云:“醉后添杯。”

南岳下第十四世

洪州黄龙祖心禅师法嗣

洪州黄龙悟新禅师(凡十一)

韶州曲江王氏子。初谒心禅师,谈辩无所抵捂。心云:“若之伎,止是耶?是如说食,讵能饱人?”师窘,无以进,从容云:“某甲已弓折箭尽,愿和尚慈悲,指个安乐处。”心云:“一尘飞而翳天,一芥堕而覆地。安乐处正忌上座许多骨董,直须死却无量劫来全心始得。”师趋出。

一日默坐下板,会知事捶行者,闻杖声,忽然大悟。奋起,忘纳其屦,趋方丈见心,乃自谕云:“天下人总是学得底,悟新是悟得底。”心云:“选佛甲科,何可得也。”

示众云:“过去诸佛,兴慈运悲,也是头上安头。现在诸佛,列行布伍,恰似斩头觅活。未来诸佛,分权显实,也好与三十棒。且道过在甚么处?”良久云:“欲得不招无间业,莫谤如来正法轮。”

示众云:“钻金石者难为功,摧枯朽者易为力;其力易者报不坚,其功难者果必定。不坚必定,还是生灭。且道'不落生灭'一句作么生道?自小持斋今已老,见人无力下绳床。"

示众云:"清珠下于浊水,浊水不得不清。念佛投于乱心,乱心不得不佛。佛既不乱,浊水自清。浊水既清,功归何所?"良久云:"几度黑风翻大海,未曾闻道钓舟倾。"

示众云:"心外无法而法可明,法外无心而心可通。可通可明,心法全宗。全其宗则法法皆宗,全其心则心心无心。心既无心,直造其源。则现大身而满虚空中,现小身而纤尘不立。作么生是纤尘不立?"良久云:"一点水墨,两处成龙。"

示众云:"达磨心宗,传至今日,涓滴不漏,丝发不移。既丝发不移,作么生传?宝印当风妙,重重锦缝开。"

示众云:"凡夫非是圣人,圣人非是凡夫。凡夫即是圣人,圣人即是凡夫。直得圣凡情尽,须知有转身一路。若能转得,入水不溺,入火不烧。若转不得,有寒暑兮促君寿,有鬼神兮妒君福。"

病起示众,举拂子云:"看看。拂子病,死心病。拂子安,死心安。拂子穿过死心,死心穿过拂子。当恁么时,唤作拂子,又是死心;唤作死心,又是拂子。毕竟唤作甚么?"良久云:"莫把是非来辨我,浮生穿凿不相干。"

示众云："说不得处作么生举？举不得处作么生会？会不得处作么生明？若也明得，三关一镞，一镞三关。若也未明，且作么生定夺？"良久云："夏月赤骯髒[1]，冬月盖被眠。"

僧问："虚玄大道，无着真宗，不涉言诠，请师速道。"师云："草深多野鹿。"云："学人不会。"师云："岩高獬豸[2]稀。"僧作礼，师云："不得动着，动着打折你腰。"

僧问："如何是四大毒蛇？"师云："地水火风。"云："如何是地火水风？"师云："四大毒蛇。"云："学人未晓，乞师方便。"师云："一大既尔四大同。"

正言王公问："尝闻三缘和合而生，又闻即死即生，何故有夺胎而生者？某甲甚疑之。"师云："如正言作漕使，随所住处，即居其位。还疑否？"王云："不疑。"师云："复何疑也。"正言于言下领解。

洪州黄龙惟清禅师(凡四)

本郡武宁陈氏子。印心于晦堂。每谓人曰："今之学者未脱死生，病在甚处？病在偷心未死耳。然非其罪，为师者之罪也。如汉高帝绐韩信而杀之，信虽云死，其心果

---

① 骯髒：音讫栗。

② 獬豸：音谢至。古兽名，善辨曲直。

死乎？古之学者，言下脱生死，效在甚么处？在偷心已死。然非学者自能尔，实为师者钳锤妙密也。如梁武帝御大殿见侯景，不动声气，而景之心已枯竭无余矣。诸方所说，非不美丽，要之如赵昌画花，花虽逼真而非真花也。”

示众云：“三世诸佛不知有，恩无重报；狸奴白牯却知有，功不浪施。明大用，晓全机。踪迹处，不思议。归去好，无人知。冲开碧落松千尺，截断红尘水一溪。”

示众云：“一叶落，天下秋，全机能放亦能收。金波影落千江里，玉露垂珠百草头。无眹兆，有来由，法身真个闹啾啾。既是法身，且道闹个甚么？”良久云：“从来不堕玄中旨，今日那言转处幽。”

示众云：“鼓声才动，大众云臻。无限天机，一时漏泄。不辜正眼，便合归堂。更待繁词，沉埋宗旨。纵谓释迦不出世，四十九年说；达磨不西来，少林有妙诀。修山主也似万里望乡关。”又道：“若人识祖佛，当处便超越。直饶恁么悟入亲切去，更有转身一路，勘过了打。”以拂子击绳床。

洪州宝峰善清禅师（凡八）

南雄保昌何氏子。初谒大沩喆禅师，无所省动。后谒黄龙心，心示以风幡话，久而不契。一日心问师：“风幡话子作么生会？”师云：“迥无入处，乞师方便。”心云：“子见猫儿捕鼠乎？目睛不瞬，四足踞地，诸根顺向，首尾一直，拟无不中。子诚能如是,心无异缘,六根自静,默然而究,万无失一也。”

师从是屏去闲缘,岁余豁然契悟,以偈告心云:“随随随,昔昔昔,随随随后无人识。夜来明月上高峰,元来只是这个贼。”心颔之。

复告之曰:“得道非难,弘道为难。弘道犹在己,说法为人难。既明之后,在力行之。大凡宗师说法,一句中具三玄,一玄中具三要。子入处真实,得坐披衣。向后自看,自然七通八达去。”师复依止七年,即辞遍访丛林。后出世黄龙,终于泐潭也。

示众云:“诸佛出世,善巧多门。祖师西来,不立文字。得无所得,传无所传。唯是一心,更无别法。设有三乘十二分教,尽是应病施方。病有千差,药兴万种。虽然种种方便,种种言词,种种譬喻,曲为中下之机。黄叶止啼,都无实义。若是上根上智,一闻千悟,得大总持。不假言诠,岂容知解,端然成道?若能如是信解,如是修证,如是悟入,可谓大丈夫成就大丈夫事。既能成就大丈夫事,便能明了目前生死,是有是无,是真是妄。既能了知生死真妄,返观世出世间,所有之法皆如梦幻。不见古人道:‘幻人说法幻人听,由来两个总无情。说时无说从君说,听处无听一任听。’听既无听,说又无说。无说无听,是名一理二义。于此明得,行住坐卧,无非大事现前,俯仰折旋,更无少剩。于此未明,但得五湖风浪静,任他霄外太阳晖。”

示众云:“色心不二,彼我无差。”竖起拂子云:“若唤作拂子,入地狱如箭。不唤作拂子,有眼如盲。直饶透脱两头,也是黑牛卧死水。"

示众云:"心无自性,全物而彰。物无自体,全心而现。"举起拂子云:"拂子全体现去,变作天大将军,巡历四天下。有道学,无道学;有守节,无守节,一时奏与天帝释。如今回在黄龙手里,诸人不得唤作是,不得唤作非。且道唤作甚么?三头六臂擎天地,忿怒那吒扑帝钟。"

示众云:"释迦已灭,弥勒未生,正当今日,佛法委付阿谁?"举起拂子云:"看看。于人善者,拂子善应。于人恶者,拂子恶应。善恶俱忘,拂子作么生应?千年历日虽无用,犯着须教总灭门。"

示众云:"湛水无波,沤从风激。风停沤灭,水静涵虚。正当恁么时,设有燕金塞海,蝃蝻摇山,赪尾金鳞,优游自适。如今莫有辨浮沉,识深浅,垂纶掷钓者么?有即出来相见。如无,且归岩下去,同看月圆时。"

僧问:"牛头未见四祖时如何?"师云:"京三下四。"云:"见后如何?"师云:"灰头土面。"云:"毕竟如何?"师云:"一场懡㦬。"

僧问:"如何是活句?"师云:"死中得。"云:"如何是死句?"师云:"活中得。"云:"如何是不死不活句?"师云:"京三下四。"

鄂州黄龙智明禅师(凡五)

示众云:“南北一诀,斩钉截铁。切忌思量,翻成途辙。”

师一日上堂,众才集,师云:“不可更开眼说梦去也。”

示众云:“向上一路,衲僧罔措。求妙求玄,邯郸学步。”

僧问:“世尊出世,魔界倾颓。和尚开堂,有何祥瑞?”师云:“一夜落花雨,满城流水香。”

师同胡巡检到公安二圣,胡问:“达磨对梁武帝云‘廓然无圣’,公安为甚么却有二圣?”师云:“一点水墨,两处成龙。”

洪州宝峰克文禅师法嗣

洪州宝峰文准禅师(凡五)

蜀人也。初谒真净文禅师,文问:“近离甚处?”师云:“大仰。”文云:“夏在甚处?”师云:“大沩。”文云:“甚处人事?”师云:“兴元府。”文展手云:“我手何似佛手?”师罔措,文云:“适来祇对,一一灵明,一一天真。及乎道个‘我手何似佛手’便成窒碍,且道病在甚处?”师云:“某甲不会。”文云:“一切见成,更教谁会?”师当下释然。

示众云:“大道纵横,触事现成。云开日出,水渌山青。”拈拄杖卓一下云:“云门大师来也,说道‘观音菩萨将钱买胡饼,放下手,元来却是馒头’。大众,云门只见锥头利,不见凿头方。宝峰即不然。”掷下拄杖云:“勿于中路事空王,策杖还须达本乡。昨日有人从淮南来,不得福建信,却道嘉州大像吞却陕府铁牛。”喝一喝云:“是甚说话,笑倒云居土地。”

示众云:“祖师关棙子,幽隐少人知。不是悟心者,如何举似伊?”喝一喝云:“是何言欤。若一向恁么,达磨一宗扫土而尽。所以大觉世尊初悟此事,便开方便门,示真实相。普令南北东西,四维上下,郭大李二,邓四张三,同明斯事。云岩今日不免效古去也。”击拂子云:“方便门开也,作么生是真实相?”良久云:“十八十九,痴人夜走。”

示众云:“同异成坏总别,三四五六七八。欲要随流入流,无过先会此法。”拈拄杖卓一下云:“此法非思量分别之所能解。若也分别,落在众生境界。且道不分别、不思量是个甚么?”掷下拄杖云:“妙湛总持不动尊,首楞严王世希有。”

示众云："札。久雨不晴，直得五老峰头黑云叆叇[1]；洞庭湖里，白浪滔滔。云门大师忍俊不禁，向佛殿里烧香，三门头合掌，祷祝咒愿：愿黄梅石女生儿，子母团圆；少室无角铁牛，当甘水草。"喝一喝云："有甚交涉。"

东京法云佛照杲禅师（凡四）

遍历诸方，后谒真净。因读祖师偈云："心同虚空界，示等虚空法。证得虚空时，无是无非法。"于是豁然大悟。

有百法座主云："禅家流多爱脱空。"师造前问："承闻座主讲得百法论是否？"主云："不敢。"师云："昨日雨，今日晴，是甚么法中收？"主无对，师便打云："莫道'禅家流多爱脱空'好。"主恚曰："和尚且道'昨日雨，今日晴，是甚么法中收'？"师云："四十二时分不相应法中收。"主屈服，作礼而谢。

僧问："有问云门'如何是透法身句'，门云'北斗里藏身'，意旨如何？"师云："赤心片片。"云："若是学人即不然。"师云："汝又作么生？"云："昨夜抬头看北斗，依稀却似点糖糕。"师云："但念水草，余无所知。"

僧问："达磨西来传个甚么？"师云："周秦汉魏。"

---

① 叆叇：音爱带。云厚状。

洪州兜率从悦禅师(凡七)

虔州熊氏子。师在道吾作首座,领数衲谒云盖知和尚,智与语,未数句尽知所蕴。乃笑曰:“观首座气质不凡,奈何出言吐气如醉人耶?”师面热汗下云:“愿和尚不吝慈悲。”复与语,锥札之,茫然,遂求入室。智云:“曾见法昌遇和尚否?”师云:“曾看他录,自了可已,不愿见之。”智云:“曾见洞山文和尚否?”师云:“关西子没头脑,拖一条布裙作尿臭气,有甚长处?”智云:“你但向尿臭气处参取。”师依教。

即谒洞山,深领奥旨。复谒智,智云:“见关西子后,大事如何?”师云:“若不得和尚指示,洎乎蹉过一生。”遂礼谢。

师复谒真净,后出世鹿苑。有清素者,久参慈明,寓居一室,未始与人交。师因食蜜渍荔枝,偶素过门,师呼云:“此老人乡果也,可同食之。”素云:“自先师亡后,不得此食久矣。”师云:“先师为谁?”素云:“慈明也。某忝执侍十三年耳。”师乃疑骇曰:“十三年堪忍执侍之役,非得其道而何?”遂馈以余果,稍稍亲之。素问师:“所见者何人?”云:“洞山文。”素云:“文见何人?”师云:“黄龙南。”素云:“南匾头见先师不久,后来法道大振如此。”师益疑骇,遂袖香诣素作礼。素起避之曰:“吾以福薄,先师受记,不许为人。”师益恭。素乃云:“怜子之诚,违先师之记。子平生所得,试语我。”师具通所见,素云:“可矣,能入佛而不能入魔也。”师云：“何谓也？”素云：“岂不见古人云‘末后一句，始到牢关’？”如是累月，素乃印可。仍戒之曰：“文示子者，皆正知见。然子离文太早，不能尽其妙。吾今为子点破，使子受用，得大自在。他日切勿嗣吾也。”师后嗣真净。

示众云：“溪上桃花烂熳春，倚筇闲看笑灵云。抽枝抽叶寻常事，有悟无疑亦强分。诸禅客，既疑悟之强分，何玄旨而可定哉。但得凡情净尽，自然圣解都忘。如此则何是非而有之？何得失而论之？何动静而取之？何彼此而分之？到这里，直得妙体虚明，纵横妙用，都无拣择。好丑双行，还有承当得底么？若承当得，兜率与你拄杖子，向天下横行。若也未然，不免自受用去也。”良久云：“拨落叶看苍藓色，卓穿冰放野泉声。”卓拄杖下座。

示众云：“无法亦无心，无取复何舍。要真尽属真，在假全归假。平地上行舡，虚空里走马。九年面壁人，有口还如哑。参。”

示众云：“诸禅客，维摩既为众生病，引得文殊领众来。各入玄门谈不二，只消一默尽空回。到这里，直饶七佛之师智慧纵横，辩才无碍，也须稽首赞叹始得。既然如是，且道毗耶老汉当此之时，向甚么处去也？”良久云：“千寻碧海风澄后，万里青天月满时。”

示众云：“兜率虽无定度，不踏圣贤旧路。有时捩转双睛，几个眉毛卓竖。”喝一喝。

师设三问以待学者，其一云："拨草瞻风，只图见性。即今上人性在甚么处？"二云："识得自性，方脱生死。眼光落地时作么生脱？"三云："脱得生死，便知去处。四大分时向什么处去？"

衢州超化静禅师（凡一）

示众云："声前认得，已涉廉纤。句下承当，犹为钝汉。电光石火，尚在迟疑。一点不来，横尸万里。"良久云："有甚用处。"喝一喝。

南岳上封慧和禅师（凡一）

示众云："未升猊座已前，尽大地人成佛已毕，更有何法可说？更有何生可利？况菩提烦恼，本自寂然。生死涅槃，犹如春梦。门庭施设，诳呼小儿。方便门开，罗纹结角，于衲僧面前，皆为幻惑。且道衲僧有甚长处？"拈起拄杖云："孤根自有擎天势，不比寻常曲𩒸[1]枝。"

---

① 𩒸：音禄。项也。

点校本

联灯会要

宋　悟明　集
朱俊红　点校

海南出版社

联灯会要卷第十六

南岳下第十四世

南康军云居元祐禅师法嗣

洪州罗汉系南禅师(凡五)

汀州张氏子。示众云:"红霞穿碧落,白鹭点沧州。不是寒山子,时临古渡头。骑骏马,骤高楼,万里银河辊玉毬。别明真解脱,拨火觅浮沤。"

示众云:"禅不禅,道不道,三寸舌头胡乱扫。昨夜日轮飘桂花,今朝月窟出芝草。阿呵呵,万两黄金无处讨。一句绝思量,诸法不相到。"

示众云:"大智如愚,大巧若拙。勿谓今朝,中秋令节。八极同风,千潭共月。三十年后,芦花照雪。与么悟去,脑门百裂。"

示众云:"䬍䬍①篱边菊正黄,妙谈西祖意琅琅。不知谁解闻斯语,堪为宗门立纪纲。便见罗汉拂子展大神通,

① 䬍䬍:音弗弗。小风也。

化作文殊普贤、观音势至，穿过诸人髑髅。若也尽知来处，可谓于出入息中，供养恒沙诸佛。若也不知，分付德山临济，拂子击一击。”

示众云：“诸佛不出世，达磨不西来，祖师心印，状似铁牛之机。所以印空也，日月沉辉，乾坤黯黑。印水也，蹙浪惊涛，鱼龙丧命。印泥也，大地冰消，圣凡绝路。若是那一印，谁敢正眼觑着？争奈诸方起模画样。若到罗汉门下，直教粉碎。”

泉州南峰永程禅师（凡一）

示众云：“始自鸡峰续焰，少室流芳；大布慈云，宏开慧日；教分三藏，直指一心。或全提而棒喝齐施，或纵夺而宾主互设，或金刚按剑，或狮子翻身，或照用雷奔，或机锋电掣，无非剪除邪妄，开廓玄微，直下明宗，到真实地。诸仁者，到此方许一线道与你商量。苟或未然，尽是依师作解，无有是处。”

鄂州子凌山自瑜禅师（凡二）

示众云：“祖师关楗子都不在言诠，若更重宣说，特地隔西天。”

僧问：“如何是佛法大意？”师云：“好事不如无。”

江州东林常总禅师法嗣

庐州开先广鉴英禅师(凡三)

桂州永福毛氏子。示众云:“谈玄说妙,譬如画饼充饥。入圣超凡,大似飞蛾赴火。一向无事,败种焦芽;更若驰求,水中捉月。”以拂子一拂云:“适来许多见解拂却了也,作么生是诸人透脱一句?”良久云:“铁牛不吃栏边草,直向须弥顶上眠。”以拂子击绳床。

示众云:“有一人说得一丈,一寸也行不得。有一人行得一丈,一寸也说不得。有一人说得行得。有一人说不得行不得。此四人中,要觅一人为师,明眼衲僧,试请拣看。”

僧问:“如何是道?”师云:“良田万顷。”僧云:“不会。”师云:“春不耕,秋无望。”

潭州大沩怀秀禅师法嗣

南岳南台允恭禅师(凡一)

示众云:“稀逢难遇,正是此时,何谓释迦已灭,弥勒未生?”拈起拂子云:“正当今日,佛法尽在山僧拂子头上,放行把住,一切临时。放行则风行草偃,瓦砾生光,拾得、寒山点头抚掌。把住则水泄不通,真金失色,德山、临济饮气吞声。当恁么时,放行即是,把住即是?”良久云:“后五日看。”

舒州白云守端禅师法嗣

蕲州五祖法演禅师(凡十三)

蜀人也。首谒圆照本禅师,古今因缘会尽,唯不会:僧问兴化:“四方八面来时如何?”化云:“打中间底。”僧作礼,化云:“我昨日赴个村斋,中途遇一阵卒风暴雨,却向古庙里避得过。”

诸益本,本云:“此是临济下因缘,须是问他家儿孙始得。”

师遂谒浮山远禅师,请益前话,远云:“我有个譬喻说似你。你一似个三家村里卖柴汉子,把个匾担向十字街头,立地问人:‘中书堂今日商量甚么事?’”师默计云:“若如此,大故未在。”

远一日语师云:“吾老矣,白云端炉鞴[1]不可失也。”师唯诺。

即访白云端,端一见乃云:“川藞[2]磋,你来也。”

一日请问南泉摩尼珠语,端叱之。师领悟,汗下被体,作投机颂云:“山前一片闲田地,叉手丁宁问祖翁。几度卖来还自买,为怜松竹引清风。”端首肯之。

---

① 鞴:音被。鼓风吹火器。
② 藞:音喇。粗率,不检点。

示众,举:"德山小参云:'今夜不答话,问话者三十棒。'众中举者甚多,会者不少。且道向甚么处见德山?有不顾性命者,试出来道看。若无,山僧为大众与德山老人相见去也。待德山道'今夜不答话,问话者三十棒',但向伊道:'某甲话也不问,棒也不吃。'你道还契他德山老人么?到这里,须是个汉始得。某甲游方,十有余年。海上参寻,见数人尊宿,自为了当,及到浮山会里,直是开口不得。后到白云门下,咬破一个铁酸豏[1],直得百味具足。且道'豏子'一句作么生道?"乃云:"花发鸡冠媚早秋,谁人能染紫丝头。有时风动频相倚,似向阶前斗不休。"

示众,举:"祖师道:'吾本来兹土,传法救迷情。一花开五叶,结果自然成。'达磨大师信脚来,信口道,后代儿孙多成计较。要会开花结果处么?郑州梨,青州枣,万物无过出处好。"

示众,举:"古人云:'我若向你道,即秃却我舌。我若不向你道,即哑却我口。'且道还有为人处也无?四面有时,拟为你吞却,又被当门齿碍。拟为你吐却,又为咽喉小。且道还有为人处也无?"乃云:"四面从来柳下惠。"

示众云:"真如凡圣,皆是梦言;佛及众生,并为增语。忽有人出来道:'盘山老潭?'但向伊道:'不因紫陌花开早,争得黄莺下柳条。'若更道:'四面老潭?'"自云:"诺,

---

① 豏:音馅。半生豆。

惺惺着。”

示众云:“一向恁么去,道绝人荒。一向恁么来,辜负先圣。去此二途,佛祖不能近。设使与白云同生同死,亦未称平生。何故?凤凰不是凡间鸟,不得梧桐誓不栖。”

示众云:“十方诸佛,六代祖师,天下善知识,皆同这个舌头。若识得这个舌头,始会大脱空。便道:山河大地是佛,草木丛林是佛。若未识得这个舌头,只成小脱空,自谩去。明朝后日,大有事在。太平恁么说话,还有实头处也无?”自云:“有。如何是实头处?归堂吃茶去。”

示众云:“山僧昨日入城,见一棚傀儡,不免迎前看。或见端严奇特,或见丑陋不堪。动转行坐,青黄赤白,一一见了。子细看时,元来青布幔里有人。山僧忍俊不禁,乃问:‘长史高姓?’他道:‘老和尚看便休,问甚么姓?’大众,山僧被他一句,直得无言可对,无理可伸。还有人为山僧道得么?昨日那里落节,今日这里拔本。”

示众云:“白云不会说禅,三门开在两边。有人动着关捩,两片东扇西扇。”

示众云:“佛祖生冤家,悟道染泥土。无为无事人,声色如聋瞽。且道如何即是?恁么也不得,不恁么也不得,恁么不恁么总不得。忽有个汉出来道:‘恁么也得,不恁么也得,恁么不恁么总得。’即向伊道:‘我也知你向鬼窟里作活计。’”

示众,举:“德山和尚因僧问:‘从上诸圣以何法示人?’山云:‘我宗无语句,亦无一法与人。’雪峰从此有省。后有僧问雪峰云:‘和尚见德山得个甚么便休去?’峰云:‘我当时空手去,空手归。’白云今日说向透未过者。有个人从东京来,问伊:‘甚处来?’他却道:‘苏州来。’问伊:‘苏州事如何?’伊道:‘一切寻常。’虽然如是,谩白云不过。何故只为语音各别?毕竟如何?苏州菱,邵伯藕。”

示众云:“说佛说法,拈槌竖拂,白云万里。德山入门便棒,临济入门便喝,白云万里。然后恁么也不得,不恁么也不得,恁么不恁么总不得,也则白云万里。忽有个出来道:‘长老,你恁么道,也则白云万里。’这个说话,唤作矮子看戏,随人上下,三十年后,一场好笑。且道笑个甚么?笑白云万里。”

示众云:“汝等诸人,见老和尚鼓动唇吻,竖起拂子,便作胜解。及乎山禽聚集,牛动尾巴,却将作等闲。殊不知,檐声不断前旬雨,电影还连后夜雷。”

示众云:“陆亘大夫问南泉:‘弟子家中有片石,也曾坐,也曾卧。如今拟镌作佛去,得么?’泉云:‘得。’陆云:‘莫不得么?’泉云:‘不得。’”

师云:“夫为善知识,须明决择。为甚么?他人道得,也道得;他人道不得,也道不得。还知南泉落处么?白云不惜眉毛与你注破,得又是谁道来?不得又是谁道来?你若更不会,老僧今日为你作个样子。”乃举手云:“将三界二十八天作个佛头,金轮水际作个佛脚,四大部洲作个佛身。虽然,作此佛儿子了,你诸人又向那里安身立命?大众还会也未?老僧作第二个样子去也。将东弗于逮作个佛,南瞻部洲作个佛,西瞿耶尼作个佛,北郁单越作个佛,草不丛林是佛,蠢动含灵是佛。既恁么,又唤甚么作众生?还会也未?不如东弗于逮还他东弗于逮,南瞻部洲还他南瞻部洲,西瞿耶尼还他西瞿耶尼,北郁单越还他北郁单越,草木丛林还他草木丛林,蠢动含灵还他蠢动含灵。所以道,是法住法位,世间相常住。既然恁么,又唤甚么作佛?忽有个汉出来道:‘白云休寐语。’大众记取这一转。”

问:“牛头未见四祖时如何?”师云:“头上戴累垂。”云:“见后如何?”师云:“青布遮前。”云:“未见四祖时,为甚么百鸟衔花?”师云:“富与贵是人之所欲。”云:“见后为甚么不衔花?”师云:“贫与贱是人之所恶。”

问:“如何是夺人不夺境?”师云:“秋风吹渭水,落叶满长安。”云:“如何是夺境不夺人?”师云:“路上逢人半是僧。”云:“如何是人境两俱夺?”师云:“高空有月千门照,大道无人独自行。”云:“如何是人境俱不夺?”师云:“少妇棹孤舟,歌声逐水流。”

问:“如何是先照后用?”师云:“王言如丝。”云:“如何是先用后照?”师云:“其出如纶。”云:“如何是照用同时?”师云:“举起轩辕鉴,蚩尤顿失威。”云:“如何是照用不同时?”师云:“金将火试。”

问:“如何是临济下事?”师云:“五逆闻雷。”云:“如何是云门下事?”师云:“红旗闪烁。”云:“如何是沩仰下事?”师云:“断碑横古路。”云:“如何是曹洞下事?”师云:“驰书不到家。”僧作礼,师云:“何不问法眼下事?”云:“留与和尚。”师云:“巡人犯夜。”

问:“如何是白云一滴水?”师云:“打碓打磨。”云:“饮者如何?”师云:“教你无着面处。”

问:“百尺竿头如何进步?”师云:“快走始得。”

僧问:“如何是佛?”师云:“肥从口入。”

问:“祖意教意是同是别?”师云:“人贫智短,马瘦毛长。”

潭州云盖智本禅师(凡四)

筠州郭氏子。拈拄杖示众云:“牙如剑树面如铁,眼放电光光不歇。手把蒺藜一万斤,等闲敲落天边月。”卓拄杖一下。

示众云:“去者鼻孔辽天,来者脚蹈实地。且道祖师意向甚么处着?”良久云:“长恨春归无觅处,不知流入此中来。”

示众云:“满口道不出,句句甚分明。满眼觑不见,山山叠乱青。鼓声犹不会,那况是钟声?”喝一喝。

僧问:“人人有面古镜,如何是学人古镜?”师云:“打破来向你道。”云:“打破了也。”师云:“胡地冬抽笋。”

问:“如何是咬人师子?”师云:“五老峰前。”云:“这个岂会咬得?”师云:“今日拾得性命。”

问:“古人云‘说取行不得底,行取说不得底’,且如行不得底作么生说?”师云:“口在脚下。”云:“说不得底作么生行?”师云:“蹈着舌头。”

南岳下第十五世

洪州黄龙悟新禅师法嗣

吉州禾山方禅师(凡二)

示众云:“先用后照,要验作家。先照后用,不存影迹。照用同时,壁立千仞。照用不同时,根尘可鉴。古人以此四转语验天下衲僧,若非具真正眼目,亲切悟明者,难为凑洎[1]。今日分明为诸人拈出了也,还委悉么?若委悉去,可谓不动丝毫,顿超觉地。其或未然,切须子细。”

---

① 洎:原刻如此,未成一词,当作“泊”。

示众,举起拂子云:“看看,只这个,在临济则照用齐行,在云门则事理俱备,在曹洞则偏正叶通,在沩仰则暗机圆合,在法眼则何止唯心。然五家宗派,门庭施设则不无。直饶辨得倜傥分明去,犹是光影边事。若要抵敌死生,则霄壤有隔。且道‘超越死生’一句又作么生道?”良久云:“洎合错下注脚。”

洪州黄龙惟清禅师法嗣

东京天宁守卓禅师(凡五)

泉州庄氏子。示众云:“大凡普会众前,出来鼓扬此事,也须是个本分衲僧,方可函盖相投,当机劖绝。才有誵讹,便为离隔。而况机轮转处,佛眼犹迷;祖令行时,凡情那测。故德山棒下,知轻重者,关窍俱通。临济喝中,辨宾主者,皮肤脱落。如王宝剑,孰敢当锋。所以道,言之者失其真,知之者返其愚,有之者乖其性,无之者伤其躯。病既多途,药还异状。若不深穷阃域,直造根源,水乳何分,精粗莫辨,致使广大威德枉受驱驰。本智不生,识情为咎。当须明悟,理则昭然。”

示众云:“了法非法,则法法真如。知心非心,则心心玄寂。玄寂则应用恒[①]沙,真如则隐显无间。既是隐显,作么生无间?”良久云:“早知灯是火,饭熟也多时。”

---

① 恒:原刻作“洹”,校改。

示众云:“平高就下,勾贼破家。截铁斩钉,狐狸恋窟。总不恁么,合作么生?所以道,万仞崖头亲撒手,须是其人。只如香积国中‘持钵’一句作么生道?”良久云:“切忌风吹别调中。”

示众云:“释迦掩室,过犯弥天。毗耶杜词,自救不了。如何如何,口门太小。”

僧问:“如何是主中宾?”师云:“不许夜行,投明须到。”云:“如何是宾中主?”师云:“长安虽乐,不是久居。”云:“如何是宾中宾?”师云:“人无远虑,必有近忧。”云:“如何是主中主?”师云:“当断不断,返招其乱。”

福州鼓山佛心才禅师(凡八)

住乾元。开堂示众云:“百千三昧门,无量福德藏。放行也,如开武库,错落交辉。把住也,似雪覆芦花,通身莫辨。使见之者撩起便行,闻之者单刀直入。个个具顶门正眼,人人悬肘后灵符。扫佛祖见知,作丛林殃害。忆得宝寿开堂日,三圣推出一僧,宝寿便打。三圣云:‘与么为人,瞎却镇州一城人眼去在。’且如乾元今日开堂,或有僧出来,山僧亦打。不唯此话大行,且要开却福州一城人眼去。何也?剑为不平离宝匣,药因救病出金瓶。”

示众云:“三千剑客,独许庄周。百万凤毛,点头自肯。

若也两头坐断,中间不留,只是打净洁毬子,未知向上一窍。若也随波逐浪,带水拖泥,辜负己灵,未具顶门正眼。总不恁么,又作么生?"良久云:"不入惊人浪,难寻称意鱼。"

示众云:"达磨未来东土已前,人人怀媚水之珠,个个抱荆山之璞,可谓壁立千仞。及乎二祖礼却三拜之后,一一南询诸友,北礼文殊,好不丈夫。或有一个半个,不求诸圣,不重己灵,疋马单枪,投虚置刃,不妨庆快平生。如今有么?自是不归归便得,五湖烟境有谁争。"

示众云:"拨尘见佛,眼翳花生。掷地金声,贤者不贵。直得牢笼不肯住,呼唤不回头,正好吃痛棒。毕竟如何?闲持经卷倚松立,笑问客从何处来。"

示众云:"宗乘提唱,妙绝名言。一句该通,乾坤函盖。直似首罗正眼,竖亚面门。又如员伊三点,横该法界。"乃卓拄杖云:"向这一点下明得,出身犹可易,脱体道应难。"又卓拄杖云:"向第二点下明得,纵横三界外,隐映十方身。"又卓拄杖云:"向第三点明得,鱼龙锁户,佛祖潜踪。不然,放过一着,随分有春色,一枝三四花。"

示众云:"即心即佛,眼中着屑。非心非佛,虚空钉橛。不是心,不是佛,不是物。"遂以拂子击绳床云:"为君击碎精灵窟,北斗南星位不殊,一一观方随兆出。"掷下拂子云:"打鼓普请看。"

示众:“大道无中,复谁先后?僧堂里圣僧,尽日与诸人说法;长廊上露柱,与诸人觌体谈玄,何须更来这里,热谩山僧?不如休去歇去好。”良久云:“道泰不传天子令,时清休唱太平歌。”

上堂:“衲僧家,四事随身,三玄被体,当机不犯,如珠走盘,须是杀人刀、活人剑。活人剑下,死人纵横;杀人刀头,活人无数。杀活自在,收放纵横。还有出格翻身底么?不是渠侬多意气,他家曾蹈上头关。”

上堂:“宝剑不失,虚舟不刻。朝游罗浮,暮归檀特。若谓本光之地,理合如然,正是坐井观天,持蠡酌海。若谓言发非声,色前不物,非唯迷宗,亦乃失旨。宗明旨的,又作么生?好把鸳鸯重绣出,从它人竞觅金针。”

洪州兜率从悦禅师法嗣

丞相无尽居士张公商英(凡三)

公年十九应举,入京师。经由向家,向预梦人报云:“明日接相公。”凌晨公至,劳问曲折,后以女妻之。

因入僧寺,见藏经,梵夹齐整,怫然曰:“吾孔圣之教,不如胡人之书,人所仰重。”夜坐书院,研墨吮笔,凭纸长吟。向氏呼曰:“官人夜深何不睡去?”公以前意语之:“正此著《无佛论》。”向曰:“既是无佛,何论之有?当须著《有佛论》始得。”公疑其言遂已之。

后访一同列，见佛龛前经卷，乃问："此何书也？"同列云："《维摩诘所说经》也。"公信手开卷，阅到"此病非地大，亦不离地大"处，叹曰："胡人之语，亦能尔耶？"遂问："此经几卷？"云："三卷。"因借归，尽读。向氏问："看者何书？"公云："《维摩诘所说经》。"向云："可熟读此经，然后著《无佛论》也。"公异其言，由是深信佛乘，留心祖道。

后为江西漕，遍参祖席。复谒东林总。总诘其所见，与己符合，乃印可之。

后按部分宁，诸禅迓之。兜率居其末。公一一致敬罢，次及兜率。闻其聪明过人，遂问："闻公善文章，是否？"悦大笑云："运使失却一只眼。从悦，临济九世孙，对运使论文章，政如运使对从悦论禅也。"公意不平，遂问："此去玉溪几里？"云："三十里。"公云："兜率覃？"云："五里。"夜宿兜率。

悦先一夜梦日轮升天，被悦以手抟取。因语首座曰："日论者，运转之义。闻张运使非久此来，吾当深锥痛札。若肯回头，则吾门幸事。"

公与悦语至更深，论及宗门事。悦云："闻东林印可运使，未审运使于佛祖言教有少疑否？"公云："有。"悦云："疑何等语？"公云："香严独脚颂，德山托钵话。"悦云："此既有疑，其余安得无耶？只如岩头云末后句，是有耶？是无耶？"公云："有。"悦大笑，归方丈闭却门。公睡不稳，至五更下床，触翻踏床，忽然契悟，作颂云："鼓寂钟沉托钵回，岩头一拶语如雷。果然只得三年活，莫是遭他受记来？"遂扣方丈门云："某已捉得贼也。"悦云："赃物在甚处？"公无语，悦云："且去，来日相见。"公翌日以前颂呈悦,悦云:“参禅只为命根不断,依语生解。如是之说,公已深悟。然至极微细处,使人不觉不知堕在区宇。”后作颂印之云:“等闲行处,步步皆如。虽居声色,宁滞有无?一心靡异,万法非殊。休分体用,莫择精粗。临机不碍,应物无拘。是非情尽,凡圣皆除。谁得谁失,何亲何疏?拈头作尾,指实为虚。翻身魔界,转脚邪途。了非逆顺,不犯工夫。”

佛日杲谒公,为湛堂求塔铭。才相见,公便问:“祇恁么着草鞋远来。”杲云:“数千里特来见相公。”公遂问:“年多少?”杲云:“二十八。”公云:“水牯牛年多少?”杲云:“两个。”公云:“甚么处学得这虚头来?”杲云:“今日亲见相公。”公云:“念汝远来,且坐吃茶。”

茶罢,公问:“公远来有何事?”杲趋前云:“泐潭和尚示寂,茶毗,眼睛、牙齿、数珠不坏,舍利无数。山中耆宿皆欲得相公大手笔作塔铭,激励后学。得得远来,冒渎钧听。”公云:“今有一问,若道得,即做塔铭。”遂问:“闻准老眼睛不坏,是否?”杲云:“是。”公云:“我不问这个眼睛。”杲云:“相公问甚么眼睛?”公云:“金刚眼睛。”杲云:“若是金刚眼睛,在相公笔头上。”公云:“恁么则老夫为他点出光明,令他照天照地去也。”杲进谢云:“先师多幸,谢相公做塔铭。”公唯唯而笑。

公谓佛日云:“余阅雪窦拈古,至百丈再参马祖因缘,云:‘大冶精金,应无变色。’投卷叹曰:‘审如是,岂得有临济今日耶?’遂作一颂云:‘马师一喝大雄峰,深入髑髅三日聋。黄蘗闻之惊吐舌，江西从此立宗风。'后平禅师致书云：'去夏读临济宗派，乃知居士得大机大用。'且求颂本，余作颂寄之云：'吐舌耳聋师已哓，槌胸只得哭苍天。盘山会里翻筋斗，到此方知普化颠。'诸方往往以余聪明博记，少知余者。公自江西法窟来，必辨优劣。试为老夫言之。"佛日云："居士见处，与真净、死心符合。"公云："何谓也？"佛日遂举真净颂云："'客情步步随人转，有大威光不能现。突然一喝双耳聋，那吒眼开黄蘗面。'死心拈云：'云岩要问雪窦，既是大冶精金，应无变色。为甚却三日耳聋。诸人要知么？从前汗马无人识，只要重论盖代功。'"公抚几[①]云："不因公语，争见真净、死心用处。若非二大老，难显雪窦、马师尔。"

蕲州五祖法演禅师法嗣

成都府昭觉克勤禅师（凡八）

蜀人也。出峡，初谒北乌牙方禅师，得照觉平实之旨。复谒大沩喆，后谒五祖入室，平生知解全用不着，乃谓："祖移换人。"出不逊语，忿然而去。祖云："待你着一顿热病打时，方思量我在。"师到金山，染伤寒，几不起，遂以平日见处试之，无得力者。追绎五祖之言，乃自誓云："我病稍间，即归五祖。"寻归五祖，祖一见而喜曰："汝来耶。"即日参堂，令入侍者寮。方半月，偶陈提刑者解印还蜀，过山问

---

① 几：原刻作"凡"，误。依文改。

道。祖问:“提刑曾读小艳诗否?诗中有两句颇相近:‘频呼小玉元无事,只要檀郎认得声。’”提刑应诺,祖云:“且子细。”师适从外来,侍立次,问祖云:“和尚举小艳诗,提刑还会否?”祖云:“他只认得声。”师云:“只要檀郎认得声。他既认得声,为甚么不是?”祖云:“如何是祖师西来意?庭前柏树子聻?”师忽然大悟。趋出,见鸡飞上栏[①]干,鼓翅而鸣。师自谓曰:“此岂不是声?”即袖香入室,通所悟。祖云:“佛祖大事,非小根小器所能造诣。吾助汝喜。”遂遍谓山中耆宿云:“我侍者参得禅也。”

师同佛鉴、佛眼侍五祖于亭上夜坐,归方丈,灯已灭。祖暗中云:“各人下一转语。”鉴云:“彩凤舞丹霄。”眼云:“铁蛇横古路。”师云:“看脚下。”祖云:“灭吾宗者,克勤尔。”

师开堂日,示众云:“一向月视云霄,壁立千仞,则辜负诸圣。一向拖泥带水,土面灰头,则埋没己灵。而今恁么也得,不恁么也得。且要正眼流通,还委悉么?直饶高步毗卢顶,不禀释迦文,婢视声闻奴,呼菩萨底来,也须亡锋结舌,自余故是出头不得。所以道,三世诸佛只言自知,历代祖师全提不起,一大藏教诠注不及,明眼衲僧自救不了。若据本分草料,犹是节外生枝。且不涉化门一句作么生道?阵云横海上,拔剑搅龙门。”

---

① 栏:原刻作“襕”,依文改。

示众云:“通身是眼见不及,通身是耳听不彻,通身是口说不着,通身是心鉴不出。直饶尽大地明得,无丝毫透漏,犹在半途。据令全提,如何展演?域中日月纵横挂,一亘晴空万古春。”

示众云:“国无定乱之剑,四海晏清;门无白泽之图,全家吉庆。若道有承恩力,正是土上加泥。更或削迹吞声,亦乃持南作北。到这里,纵横十字,未免誵讹;据位投机,犹较些子。且作么生是据位底句?寒山逢拾得,抚掌笑呵呵。”

示众云:“一言截断,千圣消声。一剑当头,横尸万里。所以道,有时句到意不到,有时意到句不到。句能刬[①]意,意能刬句。意句交驰,衲僧巴鼻。若能恁么转去,青天也须吃棒。且道凭个甚么?可怜无限弄潮人,毕竟还落潮中死。”

示众云:“一尘入正受,尽大地冷湫湫;诸尘三昧起,遍十方闹浩浩。分身百亿,未足为多;端坐虚堂,未尝言静。到这里,卷舒收放,擒纵杀活,以金刚王宝剑截断疑情,将衲僧巴鼻脱生死关。坐断要津,不通凡圣;千人万人,牢笼不住;百千境界,转变不得,始能为如来使,普现色身。且道正当恁么时如何?日用无回互,当机有浅深。”

① 刬:音铲。同“铲”。

示众云:“万仞崖头撒手,要须其人;千钧之弩发机,岂为鼷鼠?云门、睦州,当面蹉过;德山、临济,诳呼闾阎。自余立境立机,作窠作窟,故是灭胡种族。且独脱一句作么生道?万缘迁变浑闲事,五月山房冷似冰。”

僧问:“一大藏教,阿那个是头?”师云:“如是我闻。”云:“此是阿难底,如何是和尚底?”师云:“老僧用得甚快。”

建康府蒋山慧勤禅师(凡四)

师参五祖,因同圆悟语话次,举东寺问仰山“镇海明珠”因缘,至“无理可伸”处,圆悟征云:“既云取得,逮索此珠,又道无言可对,无理可伸。”师不能加答。明日谓悟云:“昨日公案,我有语也。”悟云:“试举看。”师云:“东寺只索一颗明珠,仰山当下倾出一栲栳。”悟深肯之,乃告之曰:“老兄更宜亲近老和尚去。”

师一日造方丈,未及语,被祖诟骂,懡㦬而退。归寮闭门而睡,恨祖不已。悟已密知,即往扣门,召云:“勤兄。”师云:“谁?”悟云:“我也。”师即开门,悟问:“你见老和尚如何?”师云:“我本不去,被你赚累,我遭这老汉垢骂。”悟呵呵大笑云:“你记得前日下底语么?”师云:“是甚么语?”悟云:“你又道‘东寺只索一颗明珠,仰山倾出一栲栳’。”师当下释然。悟遂领师同上方丈,祖才见,遽云:“勤兄且喜大事了毕。”

示众云："至道无难，唯嫌拣择。桃花红，李花白，谁道融融只一色。燕子语，黄莺鸣，谁道关关只一声。不识祖师关捩子，空认山河作眼睛。"

示众云："十五日已前事，锦上铺花；十五日已后事，如大海一沤发。正当十五日，大似一尺之镜，照千里之像。虽则真空绝迹，其奈海印发光。任他露柱开花，说甚佛面百丑。何故？到头霜夜月，任运落前溪。"

示众，举："僧问赵州：'如何是不迁义？'州以手作流水势，其僧有省。"又："僧问法眼：'不取于相，如如不动。如何不取于相，见于如如不动？'眼云：'日出东方夜落西。'其僧亦有省。若也于此见得，方知道旋岚偃岳，本来常静；江河竞注，元自不流。其或未然，不免更为饶舌。天左旋，地右转，古往今来经几遍。金乌飞，玉兔走，才方出海门，又落青山后。江河波渺渺，淮济浪悠悠，直入沧溟昼夜流。"遂高声喝云："还见如如不动么？"

舒州龙门清远禅师（凡七）

蜀之临邛李氏子。年十四，舍家受具，依毗尼，究其说。因诵《法华经》，至"是法非思量分别之所能解"，持以问讲师，讲师莫能答，师叹曰："义学名相，非所以了生死大事。"遂卷衣南游，径造舒之太平演禅师席。室中酬酢，水乳相合。凡七年，洞造阃域。

后出世舒之万寿，迁龙门。后主和之褒禅也。

示众云:“始自只履西归,卷衣南迈,空闻消息,流落人间。古往今来,递相敬授,大似一人传虚,万人传实。山僧病多谙药性,年老变成精。不是刻剥古人,免见互相埋没。诸人应是从前觉触,往日见知,从人边请益得来。语言中举时中的,出入游戏即不无,究竟真实大事,万不可得。但能情忘理丧,计尽途穷,无施设处用心,正是作工夫处。山僧寻常只道吃茶去,今日也道吃茶去。会尽诸方五味禅,何似山僧吃茶去。”

示众云:“总记不得,天花满裓。纵有千言,不如一默。”

示众云:“只宜说一句,有人会得去,犹较些子。或若无人会得,山僧却成妄语。思量来,不如且休,各自大家堂中吃茶,自由自在,免见异日他时被人觑破。何也?将军自有嘉声在,不得封侯也是闲。”

示众云:“虑而解,思而知,孤灯难并太阳晖。不是心,不是佛,为君扫荡精灵窟。摩天鹞子入云飞,千里万里只一突。阿剌剌。”

示众云:“千说万说,不如亲面一见,纵不说亦自分明。王子宝刀喻,众盲摸象喻;禅学中隔江招手事,望州亭相见事,迥绝无人处事,深山岩崖处事,此皆亲面而见之,不在说也。”

僧问:“道远乎哉,触事而真。如何是道?”师云:“顶上八尺五。”云:“未审此理如何?”师云:“方圆七八寸。”

云:“向上一路还许学人会也无?”师云:“不论向上向下,却许你会。”

潭州开福道宁禅师(凡四)

示众云:“全提正令,匝地风生。把定要津,孰分优劣。三玄料简,未辨衲僧。五位君臣,殊乖道体。平实无事,诳呼闾阎。入理深谈,粘皮带骨。何故?纤毫不动,空劫已前。数量难该,凭何话会。诸禅德,还委悉么?几回抛向众人前,千眼大悲看不见。”

示众云:“秋日耀长空,秋江浸虚碧。嗟伤门外人,处处寻弥勒。蓦路忽抬头,相逢不相识。诸禅德,既是相逢,为甚么却不相识?剪尽霜前竹,临溪不化龙。”

示众云:“灵山会上,早是周遮。良马窥鞭,岂为英俊?岩间宴坐,天帝雨花。无说无闻,藏身露影。少林面壁,计较未成。立雪断肱,辜他衲子。黄梅呈颂,胜负偏枯。半夜传衣,谩人不少。从上来事,合作么生?岂假人天众前,鼓舌摇唇,竞锐争锋,互立宾主,问答交参,检点将来,弥天罪犯。虽然恁么,不因紫陌花开早,争得黄莺下柳条。”

示众云:“摩竭正令,未免崎岖。少室垂慈,早伤风骨。腰囊挈锡,辜负平生。炼行灰心,递相钝置。争似春雨晴,春山青,白云三片五片,黄鸟一声两声。千眼大悲看不足,王维妙手画难成。直饶便恁么,犹是涉途程。诸禅德,不涉途程一句作么生?”良久云:“人从陈州来,不得东京信。”

潭州云盖智本禅师法嗣

潭州承天自承禅师(凡二)

示众云:“不是心,不是佛,不是物。”打绳床云:“与君打破精灵窟,簸土扬尘无处寻,千山万山空突屼。”复拍绳床云:“归堂去。”

示众云:“五更残月落,天晓白云飞。分明目前事,不是目前机。既是目前事,为甚么不是目前机?”良久云:“欲言言不及,林下好商量。”

东京智海平禅师法嗣

东京净因继成禅师(凡九)

示众云:“正法眼藏,头头漏泄真机。涅槃妙心,处处一时成现。若向言中取则,句外寻求,巧觅见知,强生分别,大似迷头认影,缘木求鱼,颠倒一生,永无休歇。直须回光返照,亲近明师。识取自己家乡,便是当人活计。迷悟心歇,取舍情忘。万别千差,不离这个。苟或未然,清风月下守株人，凉兔渐遥芳草缘。”

示众云：“狭路相逢且莫疑，电光石火已迟迟。若教直下三心彻，只在如今一晌时。到这里，直使问来答去，火迸星飞；互换主宾，照用得失；波翻岳立，玉转珠回，衲僧面前了无交涉。岂不见，拈花鹫岭，独许饮光；问疾毗耶，谁当金粟。那知微笑，已成途辙。纵使默然，未免风波。要须格外相逢，始解就中颖契。还会么？一曲寥寥动今古，洛阳三十六峰西。”

示众云：“五蕴山头一段空，同门出入不相逢。无量劫来赁屋住，到头不识主人公。若也识得，正是认奴作郎。若也不识，作么生免得古人恁么道？当初只谓茆长短，烧却元来地不平。”

示众云：“举不顾，即差互。拟思量，何劫悟。大众，枯桑知天风，是顾不顾；海水知天寒，是思不思。且唤甚么作悟底道理？兔角杖头挑法界，龟毛拂子舞三台。”

示众云：“鼻里音声耳里香，眼中咸淡舌玄黄。意能觉触身分别，冰室如春九夏凉。如斯见得，方知男子身中入定时，女子身中从定出。葵花随日转，犀纹玩月生。香枫化老人，螟蛉成蜾蠃。若也不知，苦哉佛陀耶，许你具只眼。”

示众云：“一念心清净，佛居魔王殿。一念恶心生，魔王居佛殿。怀禅师云:‘但恁么信去,唤作脚踏实地,而行终无别法,亦无别道理。’老僧恁么举了,只恐你诸人见兔放鹰,刻舟求剑。何故?功德天,黑暗女,有智主人,二俱不受。”

示众,举:汾阳拈拄杖示众云:“三世诸佛在这里,为汝诸人无孔窍,遂走向山僧拄杖里去,强生节目。”

师云:“汾阳与么示徒,大似担雪填井,傍若无人。山僧今日为汝诸人出气。”拈起拄杖云:“三世诸佛不敢强生节目,却从山僧拄杖里走出,向诸人道‘我不敢轻于汝等,汝等皆当作佛’。说是语已,翻筋斗向拘尸罗城里去也。”掷下拄杖云:“若到诸方,分明举似。”

师同圆悟、法真、慈受并十大法师,斋于陈太尉良弼府第。时徽宗私幸,观其法会,太师鲁公亦预焉。适善华严对众问诸禅云:“我佛设教,自小乘至于圆顿,扫除空有,独证真常。然后万德庄严,方名为佛。禅宗一喝,转凡成圣,与诸经论似相违背。今一喝,若能入五教,而为正说。若不能入,是为邪说。”

诸禅顾师,师云:“如法师所问,不足三大禅师所答,净因小长老可以使法师无惑。”

乃召善,善应诺。师云:“法师所谓愚法小乘者,乃有义也;大乘始教者,乃无义也;大乘中教者,不有不空义也;大乘顿教者,即有即空义也;一乘圆顿者,乃空而不有有,而不空义也。如我一喝,非唯能入五教,至方百工伎艺、诸子百家皆悉能入。”师乃喝一喝云:“还闻么?”善云:“闻。”

师云："汝既闻此一喝，是有，能入小乘教。"须臾又问善："还闻么？"善云："不闻。"师云："汝既不闻适来一喝，是无，能入大乘始教。"师又顾善而问曰："我初一喝，汝既道有；喝久声消，汝复道无。道无则元初实有，道有则如今实无。既乃不有不无，能入大乘中教。"又云："我有一喝之时，非有是有，因无故有。我无一喝之时，非无是无，因有故无。即有即无，能入大乘顿教。"又云："我有一喝，不作一喝用。有无不及，情解两忘。道有之时，纤尘不立。道无之时，横遍十方。即此一喝，入百千万亿喝；百千万亿喝，入此一喝，是为圆教也。"善不觉身起于座，再拜师前。

师复语之曰："非唯一喝为然，乃至语默动静，一切时、一切处、一切事、一切物，契理契机，周遍无余。"于是四众欢喜，闻所未闻。

南岳下第十六世

东京天宁守卓禅师法嗣

湖州道场良范禅师（凡三）

泉州晋江蔡氏子。示众云："尘劫来事，尽在如今。空劫那边，全归日用。触处成现，觌体无私。人人单提祖印，个个独用全机。到这里，直饶有通天作略，竭世枢机，只是枝上生枝，蔓上生蔓。于本分事上，了无交涉。是故诸佛出世，罕遇其人；西祖东来，乘虚接响；一大藏教，诳呼闾阎；明眼衲僧自救不了。且作么生话会？作么生承当？作么生展演？作么生提唱？还有向这里挨得身，着得脚，显大丈夫作略底么？出来相见。如无，且放过一着。”

示众云：“青眸一瞬，金色知归。授手而来，如王宝剑。如今开张门户，各说异端，可谓古路坦而荆棘生，法眼明而还自翳。辜负先圣，埋没已灵。且道不埋没、不辜负正法眼藏如何吐露？还有吐露得底么？出来吐露看。如无，担取诗书归旧隐，野花啼鸟一般春。”

示众云：“未离兜率，已降王宫；未出母胎，度人已毕，犹较些子。及乎周行七步，目顾四方；一手指天，一手指地，道‘天上天下，唯我独尊’，特地一场败阙。后来云门老汉出来，要‘一棒打杀与狗子吃，贵图天下太平’，未救得一半。而今莫有全救得底么？出来大展作略看。若向这里展得去，释迦、云门性命总在上座手里。”

福州鼓山本才禅师法嗣

福州普贤元素禅师（凡六）

建州人也。示众云：“拈花微笑，犹乖量外之机；断臂安心，何异捉月之见。设使万机休罢，千圣不携，还同待兔守株，未是通方达士。明眼汉没窠臼，高高处观之不足，低低处平之有余。神光照彻大千，万有全归掌握。大机大用，草偃风行。全暗全明，超情离见。所以道，神光不昧，万古徽猷。入此门来，莫存知解。知解既泯，真智现前。

八字打开,分明显示。”竖起拂子云:“还见么?于斯见得,言语路绝,取舍情忘。了非生佛未分,岂是威音那畔?权实俱备,照用双行。流出自己胸襟,要且不从人得。既不从人得,正当今日,‘祝严圣寿’一句作么生道?”良久云:“四海浪平龙睡稳,万年松在祝融峰。”

示众云:“兵随印转,三千里外绝烟尘;将逐符行,二六时中净裸裸。不用铁旗铁鼓,自然草偃风行。何须七纵七擒,直得无思不服。所谓大丈夫,秉慧剑,般若锋兮金刚焰。非但能摧外道心,早曾落却天魔胆。正恁么时,且道主将是甚么人?”喝一喝。

示众云:“南泉道:‘我十八上便解作活计。囊无系虮之丝,厨乏聚绳之糁。’赵州道:‘我十八上便解破家散宅。南头卖贱,北头卖贵。捡点将来,好与三十棒。且放过一着。’何故?曾为宕子偏怜客,自爱贪杯惜醉人。”

示众,提起拄杖云:“敲空作响,罕遇知音。”复击绳床云:“击木无声,稀逢鉴者。莫向情中卜度,休于事上情量。纵饶划断两头,未是到家时节。且道作么生是到家时节?”良久云:“清风已逐和风去,朱夏还随暑气回。”

示众云:“未开口时先分付,拟思量处隔千山。莫言佛法无多子,未透玄关也大难。只如玄关作么生透?”喝一喝。

示众云："一叶落，天下秋，正是时人升降处。一尘起，大地收，衲僧向甚么处着眼？若向这里着得一只眼，如珠走盘，不拨自转。脱或未然，十字街头吹尺八，酸酒冷茶愁杀人。"

泉州法石祖珍禅师（凡四）

莆田林氏子。示众云："大道只在目前，要且目前难睹。欲识大道真体，不离声色言语。"卓拄杖云："这个是声。"竖起拄杖云："这个是色。唤甚么作大道真体？直饶向这里见得，也是郑州出曹门。"

示众云："向上一路，千圣不传。"卓拄杖云："恁么明得，十万八千。毕竟如何？桃红李白蔷薇紫，问着春风总不知。"

示众云："寻牛须访迹，学道贵无心。迹在牛还在，无心道易寻。"竖起拂子云："这个是迹，牛在甚么处？直饶见得，头角分明，鼻孔也在岳林手里。"

僧问："投子绕绳床一匝，便为推藏竟，此理如何？"师云："画龙看头，画蛇看尾。"云："未审甚处是投子转藏处？"师云："箭穿红日影，须是射雕人。"进云："婆子云：'比来请转全藏，为甚却转半藏？'此意如何？"师云："人无远虑，必有近忧。"云："未审甚处是转半藏处？"师云："不是知音者，徒劳话岁寒。"

成都府昭觉圆悟克勤禅师法嗣

潭州大沩法泰禅师(凡十一)

蜀人也。示众云:“祖师道:‘欲得现前,莫存顺逆。’释迦老子是甚么破草鞋,一大藏教是拭不净底故纸,达磨九年面壁瞌睡未惺。汝等诸人皮下无血,眼里无筋,更来这里觅甚么碗?各请归堂。”

示众云:“止止不须说,我法妙难思。释迦老子,无端向净地上放屙。诸增上慢者,闻必不敬信。彼彼丈夫儿,诸人向甚么处见释迦老子?若也见得,入得德山门,未入得德山室。且德山室如何入?”良久云:“三十年后。”

示众云:“开口有时非,开口有时是。粗言及细语,皆归第一义。释迦老子碗鸣声,达磨西来屎臭气。唯有山前水牯牛,身放毫光照天地。”

示众云:“法不尔而尔,暗去明来;道不然而然,雷奔雨骤。直得千江竞注,万壑争流。山头白浪滔天,平地人鱼共处。莫问稻芽增长,如今头上漫漫。虽然水到渠成,争奈过犹不及。幸而云收雨散,浪息波停。杲日当空,万家同庆。且大功不宰一句作么生道?野老不知尧舜力,冬冬打鼓祭江神。”

示众云:“宝剑拈来便用,岂有迟疑?眉毛剔起便行,更无回互。一切处腾今焕古,一切处截断罗笼。不犯锋铓,亦非顾鉴。独超物外则且置,万机丧尽时如何?八月秋,何处热。”

示众云:“闻声悟道,未免着水耳中。见色明心,亦是撒沙眼里。直得纤毫无障碍,空有等空平。下绝己躬,上无攀仰。孤迥迥绝情尘,峭巍巍离分别,犹是那边事,且这边事又作么生?休恋寒潭无影树,且看六月雪花飞。”

示众云:“动则影现,觉则冰生。不动不觉,土木无殊。衲僧家到这里须有转身一路始得。若也转得,分三成六,唱九作十;纳须弥于芥中,掷大千于方外。若转不得,守他山鬼窟,不免是精灵。”

示众云:“达得人空法空,未称祖佛家风。体得全用全照,亦非衲僧要妙。直须打破牢关,识取向上一窍。如何是向上一窍?春寒料峭,冻杀年少。”

示众云:“涅槃无异路,方便有多门。”拈起拄杖云:“看看,山僧拄杖子,一口吸尽西江水。东海鲤鱼,踍跳上三十三天;帝释忿怒,把须弥山一掴粉碎。坚牢地神合掌赞叹云:‘谛观法王法,法王法如是。’”以拄杖击绳床。

示众云:“德山入门便棒,平地生堆。临济入门便喝,无风起浪。俱胝只竖一指,未免颟顸;雪峰辊出三毬,小儿戏剧。到这里总用不着。争如六月三伏,甘雨普滋;水足东皋,禾青南亩;农夫鼓腹,樵者高歌;古佛家风,俨然如在。于斯会得,共乐升平。脱或未然,只知事逐眼前过,不觉老从头上来。”

联灯会要卷第十七

南岳下第十六世

成都府昭觉克勤禅师法嗣下

临安府径山宗杲禅师(凡二十九)

宣州奚氏子。初谒宝峰准禅师,于道染指。次谒圆悟勤禅师,因上堂,闻举:僧问云门:"如何是诸佛出身处?"门云:"东山水上行。"勤云:"有问天宁:'如何是诸佛出身处?'只向他道:'薰风自南来,殿角生微凉。'"师于言下忽然前后际断,虽然动相不生,却坐在净裸裸处。勤曰:"也不易,你得到这田地,不惜①死了不能得活,不疑言句,是为大病。不见道,悬崖撒手,自肯承当。绝后再苏,欺君不得。须信有这个道理。"每室中诘以'有句无句,如藤倚树'之语,师才开口,勤便云:"不是不是。"经半年,奈何不下,遂请益勤云:"闻和尚当年曾问五祖此话,未审五祖道甚么?"勤笑而不答,师云:"和尚须当众问,今说又何妨?"勤云:"我问'有句无句,如藤倚树'意旨如何?祖云:'描也描不成,画也画不就。'我问:'树倒藤枯时如何?'祖云:'相随来也。'"师当下释然曰:"我会也。"勤遂举数因缘诘

① 不惜:《五灯会元》作"可惜"。

之，师酬对如太平时，得路便行，了无凝滞。

勤每对人赏之曰："杲非一生两生为善知识来。"自是名动丛林。勤著《正宗记》，委师极重。绍兴初，入闽庵居。得其法者，不可一二数。诸方屡举俱却之。后应张丞相魏公浚径山之命。

开堂日，僧问："人天普集，选佛场开。祖令当行，如何举唱？"师云："钝鸟逆风飞。"云："遍界且无寻觅处，介明一点座中圆。"师云："人间无水不朝东。"

复有僧竞出，师约住云："假使大地尽末为尘，一一尘有一口，一一口具无碍广长舌相，一一舌相出无量差别音声，一一音声发无量差别言词，一一言词有无量差别妙义。如上尘数，衲僧各各具如是口，如是舌，如是音声，如是言词，如是妙义。同时致百千问难，问问各别，不消长老咳嗽一声，一时答了。乘时于其中间作无量无边、广大佛事，一一佛事周遍法界，所谓一毛现神变，一切佛同说经于无量劫，不得其边际。便恁么去，闹热门庭即得，正眼观来。正是业识忙忙，无本可据，祖师门下一点也用不着。况复勾章棘句，展弄词锋，非唯埋没从上宗乘，亦乃笑破衲僧鼻孔。所以道，毫厘系念，三涂业因。瞥尔情生，万劫羁锁。圣名凡号尽是虚声，殊相劣形皆为幻色。汝欲求之，得无累乎？及其厌之，又成大患。看他先圣恁么告报，如国家兵器，岂得已而用之？本分事上，亦无这个消息。山僧今日如斯举唱，大似无梦说梦，好肉剜疮，检点将来，合吃拄杖。只今莫有下得毒手者么？若有，堪报不报之恩，共助无为之化。如无，倒行此令去也。"蓦拈拄杖云："横按镆铘全正令，太平寰宇斩痴顽。"卓拄杖，喝一喝。

示众云:“水底泥牛嚼生铁,憍梵钵提咬着舌。海神怒把珊瑚鞭,须弥山王痛不彻。”

示众云:“颠倒想生生死续,颠倒想灭生死绝。生死绝处涅槃空,涅槃空处眼中屑。涅槃既空,唤甚么作眼中屑?白云乍可来青嶂,明月难教下碧天。”

示众云:“心生法灭,性起情忘。这里悟去,捏怪有甚么难?”举起拂子云:“看看。观音弥勒、普贤文殊,尽向径山拂子头上聚头打葛藤去。若也放开,从教口劳舌沸。若也把住,不消一击。”以拂子击绳床。

示众云:“摩竭提国,犹在半途。少室峰前,全无巴鼻。谈玄说妙,好肉剜疮。举古明今,抛沙撒土。争似饥餐渴饮,闲坐困眠。从教四序推移,都不干预我事。虽然如是,也须实到这个田地始得。只如实到这个田地底如何亲近?”喝一喝云:“炙疮瘢上更着艾炷去也。”

示众云:“我宗无语句,实无一法与人。早是通身浸在屎窖里了也,那堪踏步向前。如之若何,问向上向下、三玄三要,银碗里盛雪,北斗里藏身,意旨如何?岂不是屎窖边更掘屎窖?虽然如是,若于屎窖中知些气臭,方知三世诸佛、历代祖师、天下老和尚、古往今来一切善知识尽在屎窖里转大法轮。其或未然,切忌向屎窖里作活计。”

示众,问答罢,乃云:“问得亦好,不问更亲。何故?声前一路，千圣不传。学者劳形，如猿捉影。可中有个英灵汉，恁么不恁么，聊闻举着，剔起便行，犹在葛藤窠里。直得内无所证，外无所修，似地擎山，如石含玉，亦未是衲僧放身命处。敢问大众，作么生是衲僧放身命处？若也知得，尘尘念念皆无空阙，折旋俯仰尽在其中。正恁么时，毕竟是谁家风月？还委悉么？千圣不知何处去，倚天长剑逼人寒。"

师垂语云："我这里无法与人，只是据款结案。恰如你将个琉璃瓶子来，护惜似个甚么？我一见便与你打破了。你又将个摩尼珠来，我又与你夺了。待你只恁么来，我又和你两手截了。所以临济和尚道'逢佛杀佛，逢祖杀祖，逢罗汉杀罗汉'。既称善知识，为甚么却要杀人去？且道是甚么道理？"

师垂语云："你若会去，过他方世界，又他方世界，更他方世界，乃至不可说不可说微尘数香水海，华藏世界外，与汝这里不别。更尽未来际不可说不可说劫外，亦与你这里不别。"

师举：南院问风穴："南方一棒作么生商量？"穴云："作奇特商量。"穴却问："和尚此间一棒作么生商量？"院横按拄杖云："棒下无生忍，临机不见师。"

师云："风穴当时好大展坐具，礼他三拜。不然，与他掀倒绳床。"乃回顾冲密云："你道风穴当时礼拜是？掀倒绳床是？"密云："草贼大败。"师云："你退这瞎汉。"便打。

举:睦州凡见僧来,便云:“见成公案,放你三十棒。”云峰悦云:“作贼人心虚。”

师云:“又添得一个。”道了,问冲密云:“你道,我恁么道还有过也无?”密云:“作贼人心虚。”师云:“三个也有。”

师举:僧问大龙:“色身败坏,如何是坚固法身?”龙云:“山花开似锦,涧水湛如蓝,作么生会?”僧云:“不会。”师指拜席云:“见么?”云:“见。”师云:“又道不会?”复云:“太近也,因甚么不会?”僧罔措,师云:“只为分明极,翻令所得迟。”

师室中问僧:“岩头才跨德山门,便问:‘是凡是圣?’山便喝,头便作礼。意作么生?”僧云:“好个消息。”师云:“那里是好处?”僧便喝,师云:“你这一喝未有主在,出去。”

师问僧:“不是心,不是佛,不是物,你作么生?”僧云:“领。”师云:“领你屋里七代先灵。”僧便喝,师云:“适来领,如今喝,干他‘不是心、不是佛、不是物’甚么事?”僧无语,师便打。

师问僧:“‘路逢达道人,不将语默对’时如何?”僧珍重便行,师呵呵大笑。次一僧来,师云:“我适来问这僧‘路逢达道人,不将语默对’时如何?他珍重便行。你道他会不会?”僧拟问讯,师便打出。

师问僧："不与万法为侣者是甚么人？"云："无面目汉。"师云："适来有个师僧如此道，打出去也。"僧拟议，师便打。

师问僧："马大师道：'自从胡乱后三十年，不曾少盐酱。'意作么生？"云："随家丰俭。"师云："好个随家丰俭，只是你不会。"僧拟议，师便喝出。

师问僧："香严上树话，你作么生？"僧云："好对春风唱鹧鸪。"师云："虎头上座道'树上即不问，未上树请和尚道'又作么生？"僧云："适来向和尚道了也。"师云："好对春风唱鹧鸪，是树上语？树下语？"僧无对，师便打。

师问僧："道不用修，但莫污染。如何是不污染底道？"僧云："某甲不敢道。"师云："汝为甚么不敢道？"僧云："恐污染。"师叫行者将粪箕扫帚来，僧忙然，师便打出。

师见僧才入门，便云："不是不是，出去。"僧便出，师云："没量大人，被语脉转却。"

又一僧入门，师亦云："不是不是，出去。"僧却近前，师云："向你道不是，更来觅个甚么？"便打出。

复有一僧入门，云："适来二僧不会和尚意。"师低头"嘘"一声，僧罔措，师打云："却是你会老僧意？"

师问僧："一切智智清净，无二无二分，无别无断故。你作么生会？"云："一切智智清净，无二无二分，无别无断故。某甲只恁么会。”师高声云：“抱取猫儿来。”僧无语，师便喝出。

师问僧：“我前日有一问在你处，你先前日答我了也，只今因甚么瞌睡？”僧云：“如是如是。”师云：“道甚么？”僧云：“不是不是。”师连打两棒云：“一棒打你如是，一棒打你不是。”

师见僧才入门，便云：“你不会，出去。”僧便出。

又一僧来，师亦云：“你不会，出去。”僧亦出。

复有一僧来，师云：“适来两个上座，一人解收不解放，一人解放不解收。你还辨得出么？”云：“一状领过。”师云：“领过后如何？”僧拍手一下，便出去。师云：“三十年后悟去在。”

师见僧入门，便云：“释迦老子来也。”僧近前，师云：“元来不是。”便打。

次一僧来，师亦云：“释迦老子来也。”僧问讯便行，师云：“恰似真个。”

师问僧：“香严上树话，你作么生？”僧撒手便行，师云：“你拟那里去那？”僧无语，师便打。

师问侍者：“许多人入室，几人道得着，几人道不着？”者云：“某甲只管看。”师展手云：“我手何似佛手？”者云：“天寒，且请和尚通袖。”便行，师打一棒云：“且道是赏你？

是罚你？”

僧请益：“不知某甲死向甚么处去？”师云：“你即今是生耶？死耶？”僧云：“生也不道，死也不道。”师云：“你做得渐源奴。”僧拟议，师便打出。

又一僧来，师云：“适来这僧纳一场败阙，你还知么？”僧云：“知。”师亦打出。

僧请益“夹山境话”，声未绝，师便喝，僧忙然。师云：“你问甚么？”僧拟举，师连打喝出。

僧请益：“某甲参禅不得，病在甚么处？”师云：“病在这里。”云：“某甲为甚么参不得？”师云：“开眼尿床汉，我打你去。”

明州阿育王山端裕禅师（凡六）

绍兴府钱氏子也。示众云：“一法若有，重重铁壁银山。万法若无，处处沉空滞寂。己眼若正，见刺亦除。一法不堕缘尘，万法本无挂碍。山是山，水是水；俗是俗，僧是僧，不异不同。直饶恁么，犹是闭门造车，未是出门合辙。更须知有顶王一着作么生明？今古团栾无缝罅，大力那罗擘不开。”

示众云：“行时绝行迹，说时无说纵。行说若到，则垛生招箭；行说未明，则神锋划断。就使说无渗漏，行不迷方,犹滞壳漏在。若是大鹏金翅,奋迅百千由旬;十影神驹,驰骤四方八极,不取次啖啄,不随处埋身。且总不依倚,还有履践分也无?刹刹尘尘是要津。"

示众,举:"南泉道:'老僧十八上便解作活计。'赵州道:'我十八上便解破家散宅。'还会么?作活计底,始解破家散宅;破家散宅底,始解作活计。假使黄金为城,白银为壁,禅悦为食,解义为浆,本色衲子不肯回顾,何也?岂不见道,明眼汉,没窠臼,纵饶万里空寥寥,正好一槌俱摵[①]碎。且道不落进修一句作么生道?"良久云:"樗[②]蒲若识本面采,尽教骰子满盘红。"击拂子一下。

示众云:"未恁么时,一句子超释迦越弥勒。及乎明破,不直半分文。何也?只为见惯。若裁方就圆,如虎头带角,龙背插翼,为瑞为祥。若平榻榻地,睡来合眼,饭来开口。且道裁方就圆即是?平榻榻即是?还辨得出么?直饶辨得,也是碗脱丘。"

示众云:"尽大地是沙门眼,尽大地是自己光,为甚么?东弗于逮打鼓,西瞿耶尼不闻,南赡部州点灯,北郁单越黑暗。直饶向个里道得十全,犹是光影活计。"以拂子摵云:"百杂碎,作么生是出身一路?若果不见,随路摘杨花。"

示众云:"一锤便成,不是性燥汉。一跃千里,不是汗

---

① 摵:音米。击打。
② 樗:音出。臭椿。

血驹。锋铓不露,无孔铁锤。八面玲珑,多虚少实。直须肘后悬夜明符,顶门具金刚眼,彻头彻尾,生杀交驰。任他魔佛现前,便好利刀截却。且道据个甚么便如此?要知么?玉霸①轻提海岳昏。"

平江府虎丘隆禅师(凡四)

示众云:"豁开户牖,万里不挂片云。杲日腾空,四顾清风满座。湖光浩渺,野色澄明。万象森罗,全彰海印。直得头头妙用,物物真机;心境一如,纤尘不立。正恁么时,万机休罢,千圣不携;坐断毗卢顶,不禀释迦文;婢视声闻,奴呼菩萨;德山临济,直得目瞪口呿②有棒有喝一点也用不得。且道忽遇其中人来时如何话会?倾盖相逢元故旧,何妨来吃赵州茶。"

示众云:"目前无法,万象森然。意在目前,突出难辨。不是目前法,触处逢渠,非耳目之所到,不离见闻觉知。虽然如是,也须是踏着他向上关棙子始得。所以道,罗笼不肯住,呼唤不回头。佛祖不安排,至今无处所。如是则不劳敛念,楼阁门开;寸步不移,百城俱到。"蓦拈拄杖,划一划云:"路逢死蛇莫打杀,无底篮子盛将归。"

示众云:"光非照境,境亦非存。光境俱忘,复是何物?

---

① 霸:音魄。同"魄"。月体黑者谓之霸。

② 呿:音屈。张口。

百草头上罢却干戈则且置,忽若嘉州大像倒骑陕府铁牛,把须弥山一掴百杂碎,新罗国里走马,南赡部洲说禅,又作么生?五台山上云蒸饭,佛殿阶前狗尿天。刹竿头上煎锤子,三个猢狲夜簸钱。”

示众云:“凡有展托,尽落今时。不展不托,堕坑落堑。直饶风吹不入,水洒不着,捡点将来,自救不了。岂不见道,直似寒潭月影,静夜钟声。随扣击以无亏,触波澜而不散,犹是生死岸头事。”拈拄杖,划一划云:“划断古人多年葛藤,点头石不觉抚掌大笑。且道笑个甚么?脑后见腮,莫与往来。”

台州护国景元禅师(凡五)

温州乐清张氏子。师谒圆悟于蒋山,因二僧阅《死心录》有云:“既迷时须得个悟,既悟须识悟中迷。迷悟双忘,却从无言处建立一切法。”师心非之,拂袖而起。行数步,忽然冥契。走告圆悟,悟印其所解。

后辞悟,悟问:“向去有人问你作么生?”师抚傍僧背云:“和尚问,你何不只对?”悟大笑。后开法处州南明,终于本山。

示众云:“释迦不会道,达磨不会禅。列祖无机关,衲僧没巴鼻。是则是,作么生承当?若向这里承当得去,佛法世法打成一片,十二时中不移易一丝毫。其或未然,莫守寒岩异草青,坐着白云宗不妙。”

示众,举拂子云:“大众,还见么?击碎银山铁壁,掀翻虎穴魔宫。截断佛祖机关,拂尽诸方路布。直得德山却步,临济吞声;天下衲僧,不敢喘气。纵饶睦州亲自入门,顶𩕳也还一札。且道连云节角在甚么处?还知么?若到诸方,切忌错举。”

示众云:“野犴鸣,狮子吼。开得眼,张得口。动南星,蹉北斗。大众,还知落处么?金刚阶下蹲,神龟火里走。”

僧问:“如何是临济宗?”师云:“杀人活人不眨眼。”云:“如何是云门宗?”师云:“顶门三眼曜乾坤。”云:“如何是沩仰宗?”师云:“推不向前,约不向后。”云:“如何是法眼宗?”师云:“箭锋相敌不相饶。”云:“如何是曹洞宗?”师云:“手执夜明符,几个知天晓。”

建康蒋山佛鉴慧勤禅师法嗣

韶州南华知炳禅师(凡八)

蜀人也。久随佛鉴,尽得其奥妙。初住舒之天平,终于本山。上堂云:“释迦不曾出世,亦无一法示人;达磨不在少林,二祖何尝得髓?以至诸方老宿、天下宗师,或棒喝纵横,或言词缜密,各各开张义路,建立门风,大似画饼充饥,蒸沙作饭。纵经尘劫,徒自疲劳。诸人幸是无事人,辄不可造次承当,容易领解。金屑虽贵,落眼成翳。南华今日早是犯锋伤手了也,还有别机宜、识休咎底么?直饶便领解得去,也是不唧嗰[1]汉。毕竟如何即是?若具烁迦罗眼者,三千里外见誵讹。"

上堂云:"诸法不自生,亦不从他生;不共不无因,是故说无生。无生之法,性本自空。众生横计,流转生死。是以从上佛祖出兴于世,击大法鼓,演大法义,欲令众生脱彼妄情,背尘合觉。若也顿除妄宰,空不生花,渐竭爱源,金无重矿。如今法鼓已击,"卓拄杖一下云,"大义已演,还有委悉底么?本自无疮,勿伤之也。"

上堂云:"十五日已前事,三世诸佛说不到。十五日已后事,一大藏教诠不及。正当十五日,犹如倚天长剑,谁敢当锋;峭壁悬崖,那容措足。直得心无所缘,目无所睹,耳无所听,口无所言,犹未得一片在。到这里如何即是?逢人且说三分话,未可全抛一片心。"

上堂云:"即心即佛,认奴作郎。非心非佛,斩头觅活。总不恁么,困鱼止泺,病鸟栖芦。别有机关,避得风雷,重遭霹雳。且道太平为人在甚么处?若也知得,唤盐闻咸,吃醋闻酸。若也不知,布袋里老鸦,虽活如死。"

上堂云:"日日说,时时举,似地擎山争几许。陇西鹦鹉得人怜,大都只为能言语。休思惟,带伴侣,智者聊闻猛

---

① 嗰:音溜。唧溜,灵便也。

提取。更有一般也大奇,猫儿偏解捉老鼠。”

上堂云:“泡幻同无碍,如何不了悟?达法在其中,非今亦非古。诸人者,四大五蕴是泡幻,见闻觉知是泡幻,十二处、十八界、二十五有、山河大地、有情器世间,无不是泡幻。那个是无碍?若也见得,方知道终日忙忙,那事无妨。苟或未然,易寻溪上路,难觅洞中天。”

上堂云:“五目莫睹其容,二听绝闻其响。古人恁么道,殊不知语之不全,旨之有缺。五目莫睹其容,”举起拂子云,“有眼者尽见,争得不睹其容?二听绝闻其响,”复击禅床云,“有耳者尽闻,争得不闻其响?不闻不见,何异盲聋?既闻既见,凭何旨的?不触波澜招庆月,动人云雨鼓山雷。”下座。

上堂云:“迷不自迷,对悟立迷。悟不自悟,因迷说悟。所以悟为迷之体,迷为悟之用。迷悟两无从,个中无别共。无别共,拨不动,祖师不将来,鼻孔千斤重。”

舒州龙门清远禅师法嗣

福州鼓山士圭禅师(凡五)

西蜀人也。示众云:“一向恁么去底人唤不回头,脚跟下已吃三十棒了也。一向恁么来底人把捉不住,顶门上更与一锥。新天宁因病识病,所以用楔出楔。须是恁么人始得,还委悉么?剑为不平离宝匣,药因救病出金瓶。”

示众云:“明明无悟,有法则迷。诸人向这里立不得,诸人向这里住不得。若立即差,若住即瞎。须是意不停玄,句不停意,用不停机。三者既明,一切处不用管带,自然现前。一切处不用照顾,自然明白。虽然如是,须知有向上事始得。”遂召大众云:“如何是向上事?”乃云:“久雨不晴。”喝一喝。

示众云:“用机锋,守痴兀。依理智,住玄默。坐在窠窟里,纵饶不用机锋,不守痴兀,不依理智,不住玄默,也未出得窠窟在。诸人作么生出得窠窟去?”良久云:“修罗捧日遮天面,忿怒那吒扑帝钟。”喝一喝。

示众云:“释迦弥勒,犹是他奴。临济德山,是何草芥?向上一路,荆棘成林。更欲翻身,堕崖落堑。总不动着,当处活埋,生机临时,却成乱统。与你诸人一时拈了也。恁么也不得,不恁么也不得,恁么不恁么总不得作么生?”良久云:“穿耳胡僧葱岭上,朝来蹈雪马蹄轻。”

示众云:“真实本有之事不可妄求,见成难信之宗终无所得。爰自雪山付嘱,鸡足授衣,昼渡重溟,夜航一苇,皆缘上祖不了,殃及儿孙。汝等诸人各各如初心出家,如初心行脚,直须自重,莫受人谩。异时足下烟生,也怪天宁不得。”

饶州荐福道行禅师(凡七)

括苍叶氏子。示众云:“佛说三乘十二分教,顿渐偏圆。痴人面前,不得说梦。祖师西来,直指人心,见性成佛;临济三玄,洞山五位。痴人面前,不得说梦。山僧恁么道,还免诸方检责也无?所以古人道:‘石人机似汝,也解唱巴歌。汝若似石人,雪曲也须和。’还有和得底么?若有,唤来与老僧洗脚。”

示众云:“通身是口,说得一半。通身是眼,用得一橛。用不到处说有余,说不到处用无尽。所似道,当用无说,当说无用。用说同时,用说不同时。诸人若也拟议,老僧在你脚底。”

示众云:“会即便会,玉本无瑕。若言不会,碓觜生花。试问九年面壁,何如大会拈花?南明恁么商确,也是顺风撒沙。”

示众云:“学道人第一不得行理路,若行理路,走杀你。学道人第一不得行意路,若行意路,缚杀你。走杀则天上人间,缚杀则三愿六臂。不走不缚,垛根阿师随处负堕。且道过在甚么处?你若捡点得出,许你具通方眼。”

示众,举:“巩和尚开僧:‘禅以何为义?’众下语,俱不契理。僧请益巩,巩代云:‘以谤为义。’大众,三世诸佛是谤，西天二十八祖是谤，唐土六祖是谤，天下老和尚是谤，诸人是谤，山僧是谤，于中还有不谤者也无？谈玄说妙河沙数，争似双峰谤得亲。"

示众云："释迦掩室于摩竭，正令不从，拗曲作直。净名杜口于毗耶，东家厮儿却在西家使唤。须菩提唱无说而显道，一人传虚；释梵绝听而雨花，万人传实。斯皆理为神御，故口以之而默。草里出头来，岂曰无辩？辩所不能言也，讶郎当汉又恁么去也。"

僧问："如何是和尚为人一句？"师云："门前石塔子。"

抚州白杨仙林禅寺法顺禅师（凡七）

绵州魏城文氏子。依止佛眼数年，偶佛眼普说，举傅大士《心王铭》云："水中盐味，色里胶青。决定是有，不见其形。"师于言下有省。

次日入室，眼问云："真佛住在何处？"师云："住在不定处。"眼云："既是真佛，为甚么不定？"师云："若定即非真佛也。"眼颔之。自是日臻堂奥，名动丛林。

示众云："诸仁者，山僧从来不识好恶，向你诸人道，究此一段大事因缘，已是将恶水浇在你诸人头上了也。见你不晓也，事不获已，更举拂擎拳。有不识好恶底衲僧，便蹈步向前，以语句吟哦，举头拂子。殊不知，与你自己了无交涉。你何不向道理未成，意路未行已前道得一句子，稳密密地,莫快活仙林肠肚么?非但日消万两黄金,仙林长老以身为床座,教上人说法度生,未为分外。”

示众云:“鸡啼晓月,狗吠枯桩。只可默会,难入思量。看不见处,动地放光。说不到处,天地玄黄。抚城尺六状纸,元来出在清江。大众,分明话出人难见,昨夜三更月到窗。”

示众云:“我此坚密身,一切尘中见。具相三十二,岂可容方便。老鼠入禾仓,乌狗上佛殿。夜月带重轮,晓云拖素练。形容满世间,少有人看见。若也见凡圣,悟迷成一片。”

示众云:“见闻觉知之性,明暗色空之缘,是众生根本之光明,乃诸佛离念之境界。迷此号为凡夫,证此谓之先觉。大众,吾无见,满目青山成一片,金乌飞上碧霄来;芳草岸头花影转,正当恁么时,如何说个无见底道理?于斯存见,非吾眷属。毕竟如何说个无见底道理?具择法眼者,试请辨看。”

示众云:“粥后一觉睡,斋时一钵饭。此外绝驰求,道业自成辨。只如打睡吃饭,却如何说个道业成辨底道理?此是仙林成就诸人打睡吃饭底因缘。你若于斯领览得去,打睡时,光明射四天下;吃饭时,光明射四天下。乃至一动一静,一语一默,悉皆光明,射四天下。脱或未然,且莫错会仙林语好。”

示众云:“水洗溪边石,风吹古殿幡。于斯知落处,何必在灵山。”

潭州开福道宁禅师法嗣

潭州大沩善果禅师(凡三)

信州人也。示众云:“大凡参学之士,须参活句,莫参死句。活句下明得,可以权衡佛祖,显正摧邪,覆育群生,赈济孤露。若于死句下明得,依草附木,埋没宗风,自救不可。且如何是活句?莫是‘路逢死蛇莫打杀,无底篮子盛将归’么?莫是‘陕府铁牛吞却嘉州大像’么?莫是‘怀州牛吃禾,益州马腹胀’么?莫是‘天台普请,南岳上堂’么?莫是‘不露锋骨句,未举先分付’么?若如此,总是死句。且如何是活句?”卓拄杖云:“有情有理俱三段,一道神光射斗牛。”

示众云:“心生法亦生,心灭法亦灭。心法两俱忘,乌龟唤作鳖。诸禅德,道得也未?若道得,道林与你拄杖子。其或未然,归堂吃茶去。”

僧问:“久响月庵,及乎到来,庵又不见,月又不现。”师云:“老僧罪过。”僧作礼,师云:“作家作家。”

南岳下第十七世

前潭州大沩法泰禅师法嗣

鼎州灵岩仲安禅师(凡五)

蜀人也。示众云:“参禅不究渊源,触途尽为留碍。所以守其静默,澄寂虚闲;堕在毒海,以弱胜强。自是非他,立人我见,量处[1]偏枯。忽若能杀不能活,能活不能杀,则被物流转。忽若杀活齐致,优劣不分,照不构用,用不离窠,此乃学处不玄,尽为流俗。到这里,须知有杀中透脱,活处藏机;佛不可知,祖莫能测。所以古人道,有时先照后用,且要共你商量。有时先用后照,你须是个汉始得。有时照用同时,你又作么生抵当?有时照用不同时,又向甚么处凑泊?还知么?穿杨箭里惊人句,不是临时学得来。”

师为佛性和尚,往蒋山圆悟和尚处通法嗣书。悟于法堂上接书,问:“千里持来,不辱宗风。公案见成,如何通信?”师云:“觌面相呈,更无回互。”悟云:“此是德山底,作么生是山座底?”师云:“岂有第二人?”悟云:“背后底聻?”师便通书,悟云:“作家禅客。”师云:“分付蒋山。”

师到僧堂前,捧书问讯首座(即蓬莱卿和尚)。座问:

① 量处:《五灯会元》作“见处”。可参。

“玄沙白纸,此自何来?”师呈起书云:“见么?”座引手接书,师缩却书云:“久默斯要,不务速说。今日拜呈,幸希一览。”座便喝,师云:“作家。”座又喝,师遂打一书,座拟接,师云:“未明三八九,不免自沉吟。”座无语,师又打一书云:“接。”

时圆悟同佛眼在法堂前见,悟云:“打我首座死了也。”眼云:“官马厮踢,有甚凭据?”师闻,应声云:“甚么官马厮踢,正是龙象蹴踏。”

悟唤师来云:“我五百众中首座,你为甚打他?”师云:“和尚也好吃一顿始得。”悟顾佛眼吐舌,眼云“未在。”眼却问师:“空手把锄头,步行骑水牛。人从桥上过,桥流水不流。你作么生会?”师曲躬云:“如上所供,并皆诣实。”眼笑云:“元来是屋里人。”

师至五祖自和尚处通书。自问:“书里说甚么事?”师云:“文彩已彰。”自云:“毕竟说个甚么?”师云:“当阳挥宝剑。”自云:“近前来,这里不识数字。”师云:“莫诈败。”自顾侍者云:“这个是那里师僧?”者云:“此首座曾在和尚座下去。”自云:“怪得与么骨头。”师云:“曾被和尚钝置来。”自将书于香炉上薰云:“南无三满驮,没多南。”师近前,弹指而已。

潭州芙蓉清旦禅师(凡六)

蓬州仪陇严氏子。谒德山泰禅师,闻上堂举:“赵州云

‘台山婆子已为汝勘破了也’意在甚么处?”良久云:“就树摘将黄叶去,入山推出白云来。”师于言下释然。

翌日入室,泰问:“前百丈不落因果,因甚堕野狐?后百丈不昧因果,因甚脱野狐?”师云:“好与一坑埋却。”泰复征诘,着着脱颖,语皆不凡。

后又因看《华严经》,有云“破尘出经卷”,师当下心境消融,圣凡情尽,不觉手舞足蹈者终日。泰举立僧,名动一时。

示众云:“至真绝相,非相无以显真。至理忘言,非言无以明道。所以理随事变,遇缘即宗。事得理融,随机应物。如云出岫,似谷传声。要须物我双忘,自然圆机普应。然后离名绝相,声色纯真。但尽凡情,别无圣解。”

示众云:“见色明心,堕坑落堑。闻声悟道,辜负平生。直饶声色纯真,尘尘入妙,坐在光影里,未为究竟。直须万机休罢,千圣不携,撒手那边,跳出窠臼。到这里,亦无人亦无佛。大千沙界海中沤,一切圣贤如电拂。且道释迦老子向甚么处出头?”良久云:“放过一着。”

示众云:“夜夜抱佛眠,朝朝还共起。起坐镇相随,语默同居止。分毫不相离,如身影相似。欲识佛去处,只这语声是。众中不晓古人意,便认业识以为心性。如乘破舡以渡大海,如将画饼以饱饥肠,无有是处。须知我此门庭,深固幽远,无人能到。若有到者,终日同门出入,各不相知;终日共个舌头,各不相识。同中有异,异中有同。同异不相知，步步无前后。若能如是，即色即心，即人即佛。山花开似锦，遍界不曾藏。涧水湛如蓝，通身无影像。直饶恁么，堕在死水中，且转身一句作么生道？龙向洞中衔雨出，风从花里带香归。”

示众云：“一叶落，天下秋。一尘举，大地收。智者聊闻猛提取，莫待须臾失却头。且道是那个一尘？明眼汉没窠臼，才闻举着，拈来便用。不拨一尘，粪扫堆头，现丈六金身。不拨一境，向蟭螟眼里，开张世界。隐在一尘中，使天下人不见踪迹；向一尘中移身换步，换却天下人眼睛。所以道，灵锋宝剑，常露现前。有时出就，佛祖不存，文殊普贤也须贬向铁围山下。有时入就，风清月白，狸奴白牯直入莲花座间。且不出不入时如何施设？”良久云：“吽，洎乎打破蔡州。”

示众云：“说佛说祖，正如好肉剜疮。举古举今，犹是残羹馊饭。一闻便悟，已落第二头。一举便行，早是不着便。须知个事，如天普盖，似地普擎。师子游行，不求伴侣。力士伸臂，不借他力。佛祖拈掇不起，衲僧愿见无门。迷悟双忘，圣凡路绝。且道从上诸圣以何法示人？咄，莫妄想。”

僧问：“‘至道无难，唯嫌拣择’时如何？”师云：“河水从源浊。”

临安府径山宗杲禅师法嗣

福州西禅鼎需禅师(凡七)

本州长乐林氏子。本老儒业,旬休日入僧寺,见《遗教经》。戏看数板,忽然有省,遂辞亲祝发,一锡湖湘。凡丛林有声者,例造参扣。法无异味,如水乳合;眼空诸方,无可意者。遂归桑梓,结茅于羌峰绝顶。不畜童仆,唯一绳床。客至,席地而已。不下山者三年。

大乘佛心才禅师屡邀不出,后修书责之曰:"夫出家儿,既得安乐处,宜弘通大法,以报佛恩。厌喧求静,独善其身者,岂智人达士乎?"力挽之,既出首众大乘。尝问学者"即心即佛"因缘。时妙喜庵于洋屿,师之友弥光与师书云:"庵主手段与诸方别,可来少款如何?"师笑而不答。光以计,邀师饭。师往赴之,才及门,会妙喜为诸徒入室,师随喜焉。妙喜问:"僧问处祖'如何是佛',祖云'即心是佛'作么生?"师下语,妙喜诟之曰:"你见解如此,敢妄为人师耶?"鸣鼓普说,揭其平生珍重得力处,排为邪解。师泪交颐,不敢仰视,默计曰:"我之所得既为所排,西来不传之旨岂止于是耶?"遂归心弟子之列。

一日妙喜问师:"内不放出,外不放入,正恁么时如何?"师拟开口,妙喜拈竹篦,劈脊连打三下,师于此大悟,戾声云:"和尚已多了也。"妙喜又打一下,师作礼。妙喜笑云:"汝今日方知道吾不汝欺也。"遂印以偈云:"顶门竖亚摩醯眼,肘后邪悬[1]夺命符。瞎却眼,卸却符,赵州东壁挂葫芦。”于是名动丛林。

示众云:“句中意,意中句,须弥耸于巨川。句划意,意划句,烈士发乎狂失。任待牙如剑树,口似血盆,徒逞辞锋,虚张意气。所以净名杜口,早涉繁词;摩竭掩关,已扬家丑。自余瓦棺老汉、岩头大师向羌峰顶上,拏风鼓浪,玩弄神变,脚跟下好与三十。且道过在甚么处?”良久云:“机关不是韩光作,莫把胸襟当等闲。”

示众云:“奔流度刃,未是作家;疾焰过风,犹为钝汉。所以蹙指悟道,重益疮疣;击竹忘知,一场瞢懂。纵饶伎俩俱尽,气息全无,点检将来,直是未在。向上一路,千圣不传。学者劳形,如猿捉影。既是不传,达磨一宗因甚到于今日?”喝一喝云:“切忘认驴鞍桥作阿爷下颔。”

示众云:“太虚挂剑,用显吾宗。按坐神威,如何近傍?纵具回天转地,电卷星驰底手段,要且不堪勍敌。而今莫有别休咎者么?便请出来相见。如其稍迟涉回,一锤直教粉碎。”喝一喝。

示众云:“承言易坠,滞句转迷。坐却舌头,别须有眼。假饶知有,不是俊流。攒眉却回,未为性燥。翻然一掷,腾过太虚。只这威棱,谁敢觑着?汝才目顾他位,脚踏他门,尽是影响不真,狐狸恋屈,一锤粉碎,未称平生。不见道,

① 邪悬:《五灯会元》作“斜悬”。可从。

欲知此事,直须挥剑;若不挥剑,渔父栖巢。正恁么时,如何即是?"良久云:"将此深心奉尘刹,是则名为报佛恩。"

至节示众云:"二十五日已前,群阴消伏,泥龙闭户。二十五日已后,一阳来复,铁树开花。正当二十五日,尘中醉客,骑驴骑马。前街后街,迎相庆贺。物外闲人,衲帔蒙头,围炉打坐。风萧萧,雨萧萧,冷湫湫,谁管你张先生、李道士、胡达磨。"

示众云:"横按镆鎁,虚张意气。穿开铁壁,徒费精神。直饶不动神锋,坐致太平,尧舜之君,犹有化在。"

福州龟山弥光禅师(凡七)

本州人也。遍历丛林,后谒妙喜。平生所得,五技而穷,凡半年,无启口处。

一日入室,妙喜问:"吃粥了也,洗钵盂了也,烧香行道了也,去却药忌,道将一句来?"师云:"裂破。"妙喜色庄云:"又来这里说禅那。"师于言下大悟,遍体汗下,遂作礼。妙喜以偈印之云:"龟毛拈得笑哈哈[1],一击万重关锁开。庆快平生是今日,孰云千里赚吾来。"

师亦作投机颂云:"轻轻一拶怒雷吼,惊起法身藏北斗。洪波浩渺浪滔天,拈得鼻孔失却口。"后开法泉之教忠,终于本山。

---

① 哈:音哈。笑。

示众云:“雨霁云收,岩峦耸翠。风和日暖,殿阁生春。梁间乳燕语关关,原上夭桃红灼灼。最好是灵云一见,自谓‘平生不疑’;玄沙闻来便道‘深谈实相’。二老汉具顶门眼,有肘后符。检点将来,未免寻声逐色。且道透脱一句又作么生?还委悉么?乍雨乍晴寒食节,半明半暗禁烟天。”

示众云:“月生一,一言勘破维摩诘。月生二,百草头边恣游戏。月生三,白牯狸奴解放憨。放行则锦上添花,把住则真金失色。敢问大众,把住好?放行好?”良久云:“深秋帘幕千家雨,落日楼台一笛风。”

示众云:“有句无句,如藤倚树。”师云:“放憨作么?及乎‘树倒藤枯’句归何处?情知你诸人卒讨头鼻不着,为甚如此?只为分明极,翻令所得迟。”

示众,拈起拄杖,卓一卓,喝一喝云:“不是坐来频劝酒,自从别后见君稀。”

示众云:“梦幻空花,何劳把捉?得失是非,一时放却。”遂掷下拂子云:“山僧今日已是放下了也,汝等诸人又作么生?”遂唤侍者云:“收取拂子。”

僧问:“见与师齐,减师半德。见过于师,方堪传授。只如见与师齐,为甚么却减师半德?”师云:“我不可参云门禅不得?"云:"见过于师,方堪传授。未审传个甚么?"师云:"莫谤他好。"

福州东禅思岳禅师(凡三)

本州人也。示众云:"哑却我口,直须要道。塞却你耳,切忌蹉过。昨日有人从天台来,却道'泗洲大圣,在洪州打坐十字街头,卖行货'是甚么?断跟草鞋,尖檐席帽。"

师问僧:"甚处来?"云:"黄蘖来。"师云:"黄蘖有何言句?"云:"某甲到这里一时忘却。"师云:"上座岂不是黄蘖来?"云:"是。"师云:"又道忘却?"僧拟议,师便喝出。

师问僧:"道人相见时如何?"云:"更无余事。"师云:"赵州道'呈漆器'又作么生?"僧便喝,师云:"你道无余事,又喝作么?"僧拟议,师便打,云:"莫道无余事好。"

福州西禅守净禅师(凡四)

示众云:"未到云门,不免岐路波吒,前不至村,后不至店。及乎到来,又须透出始得。若不透出,坐在里许,前面毒蛇成群,背后猛虎无数,头上火是迸散,脚下剑戟森然。而今一众尽在里许,眉毛相似,眼孔一般。谁是透出者,谁是透不出者,明眼高人试为云门指出,贵图一夏在此,亦不虚过。傥或不尔,还我九十日饭钱来。"

示众云："善斗者不顾其首，善战者必获其功。其功既获，坐致太平。太平既致，高枕无忧。罢拈三尺剑，休弄一张弓。归马于华山之阳，放牛于桃林之野。风以时而雨以时，渔父歌而樵人舞。虽然如是，尧舜之君犹有化在。争似乾坤收不得，尧舜不知名。浑家不管兴亡事，偏爱和云占洞庭。"

示众云："闭却口，时时说。截却舌，无间歇。无间歇，最奇绝。最奇绝，眼中屑。既是奇绝，为甚么却成眼中屑？了了了时无可了，玄玄玄处亦须呵。"

示众，举：教中道："佛灭度后，其为善知识者，总是见佛来。"后来归宗和尚道："其为善知识者不可容易，所睹善知识者亦不可轻慢。"

师云："归宗恁么道，恰似新妇怕阿家，未免随他舌头转。殊不知，其为善知识者，只是个瞎汉；所睹善知识者，如宿世冤家，便好剜却眼睛，掀却脑盖。虽然如是，未足酬恩。"

建宁府开善道谦禅师（凡八）

本府人也。初之京师，谒圆悟禅师，无所省发。后随妙喜庵居泉南。妙喜领径山，师亦侍行。未几，令师往长沙，通紫嵓[1]居士张丞相书。师自谓："我参禅二十年，无入

① 嵓：同"岩"或"严"。

头处,更作此行,决定荒废。”意欲无行。友人宗元者叱曰:“不可在路,便参禅不得也。去,吾与汝俱往。”师不得已而行。在路泣,谓元曰:“我一生参禅,殊无得力处。今又途路奔波,如何得相应去?”元告之曰:“你但将诸方参得底、悟得底,圆悟妙喜为你说得底,都不要理会。途中可替底事,我尽替你。只有五件事替你不得,你须自家知当。”师云:“五件者何事?愿闻其要。”元云:“着衣,饭吃,屙屎,送尿,驼个死尸路上行。”师于言下领旨,不觉手舞足蹈。元复告之曰:“你这回方可通紫峕书,汝可前进,吾当归矣。”元即皈径山。师到长沙,留半载。

秦国太夫人日常看经,因问师云:“径山和尚寻常如何教人参禅?”师云:“和尚令人屏去杂事,唯看僧问赵州:‘狗子还有佛性也无?’州云:‘无。’又僧问云门:‘如何是佛?’门云:‘干屎橛。’但一切时、一切处,频频提撕看,以悟为则。国太欲辨此事,宜辍看经,专一体究始得。”国太依教,未及月余,俄有省发,作偈云:“逐日看经文,如逢旧识人。勿言频有碍,一举一回新。”

师告回。及径山,妙喜策杖门待,一见而喜曰:“建州子,你这回别也。”于是日益玄奥。后出世玄沙,迁建宁开善而终老焉。

示众云:“祖师门下,本分提纲。任是明眼衲僧,到此罔知所措。假使十方刹海、尘沙如来,同时出现,现无量神通光明,发无穷辨才智慧,总用一点不着。直得心机泯绝,凡圣无踪,如万仞壁立悬崖,一切人无凑泊处,便恁么去,尽法无民。到这里,事不获已,通一线道。故先圣谓之脱珍御服,着弊垢衣;回首尘劳,曲开方便。所以达磨大师从西土来,抑下无限威光。向少林面壁九年,守株待兔。更有个神光座主,不识好恶,立雪齐腰,自断左臂。达磨乃问:'你立雪断臂,当为何事?'光云:'某甲心未宁,乞师安心。'达磨云:'将心来,与汝安。'光良久云:'觅心了不可得。'达磨云:'与汝安心竟。'哑,好钝置杀人!当时何不掠转面皮,教这老汉一场懡㦬。可惜放过,直至如今,令人扼腕。后来又问:'汝自见吾,得个甚么?'光礼拜,依位而立。便搽糊他道:'汝得吾髓,转见不堪。'自此一人传虚,万人传实。唤作传法救迷情,一例堕他野狐窟里。更无一个轩昂特立,不受人谩,独脱底大丈夫。只今莫有恁么人么?有则出来,对人天众前分明吐露。一任飞当激电,夺鼓搀旗,也要为舟为梁,为龟为鉴,庶不辜檀越今日请山僧出世,而山僧亦不虚出来施设。彼此利益,岂不快哉。有么有么?如无,且看拄杖子逞神通去也。"蓦拈拄杖,卓一下云:"莫怪从前多意气,他家曾踏上头关。"

示众云:"竺土大仙心,东西密相付。如何是密付底心?"良久云:"八月秋,何处热?"

示众云:"德山入门便棒,大似傍若无人;临济入门便喝,也是干气胀;俱胝一生,只竖个指头,虾跳何曾出得斗。雪峰辊毬,禾山打鼓,秘魔擎杈,道吾作舞,尽是小儿戏剧。自余之辈,故是热大不紧,且毕竟如何?花须连夜发,莫待晓风吹。"

示众云:“拟则丧,动则乖,不拟不动,又似个无孔铁锤,有甚么提掇处?到这里须是咬猪狗底手脚。你不见,临济侍立德山,山云:‘今日困。’济云:‘这老汉寐语作么?’山拟拈棒,济便掀倒绳床。你看,他两个老作家等闲荡荡地,锋铓不露。忽然触着,便如草窠里大虫,突然地谁敢近着?近着则丧身失命。所以道,据虎头,收虎尾,第一句下明宗旨。敢问大众,且道虎头作么生据?虎尾作么生收?把甚么为第一句?以何为宗旨?作家汉,不要囊藏,试对众吐露看。如无,山僧自道去也。”蓦拈拄杖,卓一下云:“峰头有眼明如日,要识真金火里看。”

示众云:“壁立千仞,三世诸佛措足无门。是则是,太杀不近人情。放一线道,十方刹海放光动地。是则是,争奈和泥合水。须知通一线道处,壁立千仞;壁立千仞处,通一线道。横拈倒用,正按傍提;电激雷奔,崖颓石裂。是则是,犹落化门。到这里,壁立千仞也没交 涉,通一线道也没交涉,不近人情、和泥合水总没交涉。只这没交涉,也则没交涉。是则是,又无佛法道理。若也出得这四路头,管取乾坤独步。且独步一句作么生道?莫怪从前多意气,他家曾蹈上头关。”

示众云:“说佛说法,诳惑盲聋。论性论心,自投陷阱。行棒行喝,倚势欺人。瞬目扬眉,野狐精魅。总不与么,大似扬声止响,别有奇特,也是望空启告。毕竟如何?白云尽处是青山,行人更在青山外。”

结夏示众云:“把住世界,不漏丝毫。坐断要津,岂通凡圣?开诸佛出世,说法度人;天雨四花,地摇六震,当甚么热碗鸣声?见天下宗师,大机大用,电卷风旋;云行雨施,如梦相似,说甚么安居禁足,结制护生?谨守蜡人,无绳自缚,料掉没交涉。直饶到此境界,方唤作衲僧。平常行履处,未是宗门向上事。且作么生是宗门向上事?欲言言不及,林下好商量。”

联灯会要卷第十八

南岳下第十七世

临安府住山宗杲禅师法嗣下

江州东林道颜禅师(凡十二)

蜀人也。久参圆悟。一日商确古今,师每当仁不让。悟喝云:“你参禅不求正悟,只管信口乱道作么?”师不觉汗下。归堂坐禅,彻夜不寐。忽然猛省,不觉失笑。

次日复见圆悟,议论锋发,略无疑滞。悟即点头,师云:“昨日亦如此祇对,和尚为甚么不肯?今日亦如是,又却点头?”悟叱曰:“痴汉,你昨日杂妄想心也。”师作礼云:“元来释迦老子无神通也。”

师侍圆悟游山,见园头烧粪烟起。悟问:“烟从甚处起?”师云:“从粪堆头起。”悟休去。悟归寂,师复依妙喜,彻证阃域。首众径山,名遍丛林。

示众云:“祖师巴鼻,列圣钳锤。驱耕夫牛,夺饥人食。耽耽虎视,凛凛全威。如商君法,如孙武令,有死无犯。除非久战沙场,嗅土知机,望风决胜,识进退存亡者,聊通一线。若是己眼未开,以虾为目者,只了趁队吃饭,无自由分。如今莫有当阳定夺底衲僧么?山僧性命尽在诸人手里。”

示众云:“法无定相,理绝去来。道无古今,体离生灭。若离生灭去来,趣向法道,何异缘木求鱼,捕风系影?诸人欲识道法根源,便是生死根本。还委悉么?河里失钱河里摝。”

示众云:“一尘才举,大地全收。新罗国里打铁,火星飞烧着云门脚指头则且置,眉毛在眼上为甚么不见?众中多口阿师被这一问,便须亡锋结舌。直饶云门见得,亦须口似磉[①]盘。或有问卍庵又且如何?”良久云:“理合如是。”

示众云:“向上一窍,八面玲珑。觌面一机,全身担荷。是则金鍮[②]难掩,非则玉石俱楚[③]。拟议不来,银山粉碎。总不恁么又且如何?是非不挂娘生口,自有傍人话短长。”

示众云:“万物始于生生,生者无生。变化非于始始,始者无始。然则无生无始,物之性也。万物有性情,古今有死生。死故因于生,生故因于情。情积不休,生死流注。是以如来出世,演万行之因花。祖师西来,喝一乘之妙法。根性猛利,灵觉独存底,坐断报化佛头。以虾为目,借人鼻孔出气底,未免生死海里头出头没,是故名为可怜悯者。”

---

① 磉:音嗓。柱下石墩。

② 鍮:音偷。黄铜。

③ 楚:原刻如此。《五灯会元》作“焚”。可从。

示众云:“圆通门户,八字打开。若是从门入得,不堪共语。须是入得无门之门,方可坐登堂奥。所以道,过去诸如来,斯门已成就。现在诸菩萨,今各入圆明。未来参学人,当依如是法。从上诸圣,幸有如此广大门风,不能继绍,甘自鄙弃;穿窬①墙壁,好不丈夫。敢问大众,无门之门作么生入?”良久云:“非唯观世音,我亦从中证。”

示众云:“床窄先卧,粥稀后坐。热即取凉,寒即向火。拾得哭,寒山笑,莫道无事好。”

示众云:“法无定相,遇物斯形。事无固必,功成不宰。有时风高寥廓,不可得而亲疏。有时屈己伸他,不可得而玩狎。恁么则易,不恁么则难,世法、佛法俱成戏论。须知老僧不在这里,且道在甚么处?披蓑侧立千峰上,引水浇蔬五老前。”

僧问:“如何是佛?”师云:“志公和尚。”云:“某甲问佛,和尚为甚么答志公和尚?”师云:“志公不是闲和尚。”

云:“如何是法?”师云:“黄绢幼妇,外甥齑臼。”云:“意旨如何?”师云:“绝妙好辞。”云:“如何是僧?”师云:“钓鱼舡上谢三郎。”

云:“如何不直说?”云:“玄沙和尚。”云:“向上还更有事也无?”师云:“王乔诈仙得仙。”僧呵呵大笑,师乃扣齿。

---

① 窬:音俞。从墙爬过。

僧问："香严上树话意旨如何？"师云："描不成，画不就。"云："李陵虽好手，争免陷番身。"师云："甚么处去来？"

饶州荐福道本禅师（凡五）

江州人也。示众云："高揖释迦，不拜弥勒者，与三十拄杖。何故？为他只会步步登高，不会从空放下。东家牵犁，西家拽把者，与三十拄杖。何故？为他只会从空放下，不会步步登高。山僧恁么道，还有过也无？众中莫有检点得出者么？若检点得出，须弥南畔把手共行；若检点不出，布袋里老鸦，虽活如死。"

示众，举：肇法师道："诸法无异者，不可续凫截鹤，移岳盈壑，然后为无异者哉。"

师云："僧堂穿过厨库，佛殿走出三门。拽占波共新罗斗额；云门扇子踍跳上三十三天，筑着帝释鼻孔；东海鲤鱼打一棒，雨似盆倾。且道是异无异？"良久云："用尽自己心，笑破他人口。"

示众云："千峰顶上一句子，十字街头不知。十字街头若知，便是千峰顶上。十字街头一句子，千峰顶上莫测。千峰顶上若测，便是十字街头。恁么也得，不恁么也得，恁么不恁么总得。然后种田博饭，拽把牵犁。混俗和光，拖泥带水。正当恁么时，且道到家一句作么生道？"良久云："一堂风冷淡，千古意分明。"

示众云："当头坐断，未解转身。蹈步向前，脚跟蹉过。直下漆桶子脱去，马簸箕三十年不少盐酱，是甚热碗鸣声？老赵州十八上便解破家散宅，徒为戏论。虽然如是，不因一事，不长一智。"

示众云："善言言者，言所不能言；言既无言，终日言而未尝言。善迹迹者，迹所不能迹；迹既无迹，终日迹而未尝迹。譬如虚空，体非群象，而不碍诸相发挥。日出之时，明遍天下，而虚空未尝明；日没之时，暗遍天下，而虚空未尝暗。如今忽有个不受人谩底，闻恁么说话忍俊不禁，出来掀倒绳床，喝散大众，向三千里外侧足，威音那畔摇头；视佛祖如万世仇仇，闻禅道似千锥札耳，岂不是有些衲僧气息？虽然如是，要且只入得祖师门，未入得祖师室在。敢问大众，且道祖师室毕竟作么生入？还委悉么？白云乍可来青嶂，明月难教下碧天。"

潭州大沩法宝禅师（凡三）

福州人也。示众云："一句语具三玄门，一玄门具三要路。有玄有要孰得知，八臂那吒擎铁柱。"击拂子云："是玄门？是要路？若缁素得出，许你具衲僧正眼。其或未然，却为诸人指出。玉兔挨开碧海门，金乌飞上珊瑚树。"

示众，举："肇法师道：'言之者失其真，知之者返其愚，有之者乖其性，无之者伤其躯。'大众，古人一期方便，大似把鬐投衔，抱赃叫屈。衲僧门下，千山万水，且道衲僧有甚长处？举头天外看，谁是个中人？”

示众云：“丫角女子雪满头，毗卢顶上倒骑牛。寒山拾得呵呵笑，不风流处也风流。虽然如是，且道拾得、寒山笑个甚么？”拈起拄杖云：“还见么？一片月生海，几家人上楼。”

明州阿育王佛照德光禅师（凡七）

临江军彭氏子。志学之年，依本郡南山光化寺吉禅师落发。一日入室，吉问：“不是心，不是佛，不是物，是甚么？”师罔措。遂致疑，通夕不寐。次日诣方丈请益：“昨日蒙和尚垂问，既不是心，又不是佛，又不是物，毕竟是甚么？望和尚慈悲指示。”吉震威一喝云：“这沙弥更要我与你下注脚在？”拈棒劈脊打出，师于是有省。后谒月庵果、应庵华、百丈震，终不自肯。

适妙喜领育王，四海英材鳞集，师亦与焉。妙喜室中问师：“唤作竹篦则触，不唤作竹篦则背。不得下语，不得无语。”师拟对，妙喜便棒，师豁然大悟，从前所得，瓦解冰消。

示众云：“临济三遭痛棒，大愚言下知归。兴化于大觉棒头，明得黄蘗意旨。若作棒会，入地狱如箭射。若不作棒会，入地狱如箭射。众中商量，尽道‘赤心片片，恩大难酬’，总是识情卜度，未出阴界。且如临济悟去，是得黄蘗力？是得大愚力？若也见得，许你顶门眼正，肘后符灵。其或未然，鸿福更为诸人通个消息，丈夫气宇冲牛斗，一蹈鸿门两扇开。”

示众，举：“《金刚经》云：‘三世诸佛，及诸佛阿耨多罗三藐三菩提法，皆从此经出。’错认定盘星，德山入门便棒，临济入门便喝，着甚死急？天下老和尚拈锤竖拂，瞬目扬眉，自屎不知臭。浮山冷地觑着这一队汉，败阙不少。诸人若也知去，许他鼻孔辽天。若也未知，且莫云居罗汉。”

示众，举：“僧问灵树：‘如何是祖师西来意？’树据坐。树举似云门云：‘如何得一转语镌上碑去？’门云：‘不难。’遂代云师。后来白云端师翁颂云：‘师之一字太巍巍，独向寰中定是非。毕竟水须朝海去，到头云定觅山归。’山僧即不然，师之一字见还难，直下须教透祖关。纵使顶门开正眼，前头更有万重山。”

示众云：“七手八脚，三头两面。耳听不闻，眼觑不见。苦乐逆顺，打成一片。且道是甚么？路逢死蛇莫打杀，无底篮子盛将归。”

示众云：“闻声悟道，落二落三。见色明心，错七错八。生机一路，犹在半途。且道透金刚圈，吞栗棘蓬底是甚么人？披蓑侧立千峰上，引水浇蔬五老前。”

僧问：“浩浩尘中，如何辨主？”师云：“巾峰顶上塔心尖。”

福州雪峰崇圣普慈蕴闻禅师(凡二)

洪州沈氏子。久依妙喜,发明心要。后出世信州怀玉,迁福州幽岩雪峰。被旨住临安双径,再乞归老于本山。示众云:“大丈夫事,不要回头转脑,拟议则丧身失命,乡关万里。到这里,象王行处,狐兔潜踪;师子嚬呻,野干脑裂;释迦弥勒犹是他奴,文殊、普贤权为小使。临机应变,不失其宜。放去也,春花似锦,海晏河清。收来也,衲僧祸害,佛祖冤仇。敢问诸人,总不恁么落在什么处?”竖起拂子云:“天人群生类,皆承此恩力。”

示众云:“拈花微笑,饭里着砂。少室传心,脑门中箭。行棒行喝,大胆粗心。举古举今,虾蟆涎唾。修禅入定,活殡深埋。如斯举唱,哂者还多。具眼衲僧,一拨便转。虽然如是,事无一向,案不空行。”又道:“杀人须是杀人刀,活人须是活人剑。杀人刀则不问,作么生是活人剑?”喝一喝,下座。

示众云:“旃檀丛林,旃檀围绕。师子丛林,师子围绕。虎狼丛林,虎狼围绕。荆棘丛林,荆棘围绕。大众,四种丛林,合向那一种丛林安居好?若也明得,九十日内,管取个个成佛作祖。其或未然,般若丛林岁岁凋,无明荒草年年长。”

建宁府竹原庵主宗元（凡六）

本府连氏子。久随妙喜，得旨之后径归桑梓，结茆韬晦。诸方屡请不出，终于是庵。示众云：“达磨西来，已成多事；二祖安心，一生受屈。后来乘虚接响，将谓多少禅道佛法，尽是迷头狂怖。殊不知，古圣曲垂方便，事出急家。今时满口道，随意说，如之若何，尽是染污。兄弟不知，却谓是好，点头咽唾。若真实全体作用，却理会不得。盖谓不曾证悟，不遇真善知识，向心意识里卜度。自谓百了千当，苦哉！可惜许，皮下还有血么？老僧只是个吃饭屙屎底老和尚，无一法与人。你才入门，便知你端的。若是个中人，如上将军出阵，不顾危亡得失，决胜千里，把从上佛祖蹈向脚跟下，一突突出。嗄！天下人不奈你何。然后更须知有向上一窍子。若透顶透底，方得自由自在。若只得个入头处使宝，惜坐在胜妙境界中堪作甚么？大丈夫汉，一等是踏破草鞋，须是大彻大悟，方能出生入死。如其毫发不透，则十万八千。古人云：‘转凡成圣易，转圣成凡难。’如今凡圣难易，总不得动着，但一切时中着精彩看。忽然撞着无面目汉，老僧罪过弥天。达磨二祖，隐身无地。”

师垂语云：“诸方为人，抽钉拔楔，解粘去缚。我这里为人，添钉添楔，加绳加缚。送向深潭里，侍地自理会。”

师垂语云：“参禅须是透彻这一着子始得悟了。大法不明者固有之；大法虽明，脚跟下红线子不断者比比皆是。诸方闻恁么道，尽骂老僧云：‘既是大法明了，又安得脚跟下红线子？’也怪他不得，为渠欠这一解，尽教他疑着。”

师垂语云：“这一些子，恰如撞着杀人汉相似。你若不杀了他，他便杀了你。”

师垂语云：“《楞严经》有十种魔界，如今尽大地人，参禅更高也出他不得。”时有僧云：“和尚落在第几界？”师云：“和你在里许。”僧云：“某甲不入这保社。”师云：“驴汉，你拟那里去那？”

平江府资寿尼妙总禅师（凡五）

师遍参诸大老，后谒妙喜于径山。因上堂，闻举：石头云“恁么也不得，不恁么也不得，恁么不恁么总不得”因缘。时冯楫侍郎在座下忽有省，趋方丈，告妙喜曰：“和尚适来举石头话，楫会也。”妙喜曰：“侍郎作么生会？”冯云：“恁么也不得，苏噜娑婆诃；不恁么也不得，唏哩娑婆诃；恁么不恁么总不得，苏噜唏哩娑婆诃。”须臾师至，妙喜举侍郎语似师。师笑云：“郭象注庄子，有识者谓，庄子注郭象。”妙喜点之。

次日入室，妙喜问：“古德既不出门，因甚却在庄上吃油糍？”师云：“和尚放妙总过即道。”妙喜云：“我放你过，试道看。”师云：“妙总亦放和尚过。”妙喜云：“争奈油糍何？”师便喝。遂出去。作投机颂云：“蓦然摸着鼻头，伎俩冰消瓦解。达磨何必西来,二祖枉礼三拜。更问如何若何,一队草贼大败。”后出世平江资寿。

示众云:“宗乘一唱,三藏绝诠。祖令当行,十方坐断。二乘闻之怖走,十地到此犹疑。若是俊流,未言而喻。设使用移星换斗底手段,施搀旗夺鼓底机关,犹是空拳,岂有实义?向上一路,千圣不传。学者劳形,如猿捉影。灵山付嘱,俯徇时机。演唱三乘,各随根器。始于鹿野苑转四谛法轮,度百千万众。山僧今日,与此界他方,乃祖乃佛,山河大地,草木丛林,见前四众,各转大法轮,交光相罗,如宝丝网。若一草一木不转法轮,则不得名为转大法轮。所以道,于一毫端现宝王刹,坐微尘里转大法轮。乘时于其中间,作无量无边广大佛事。一一佛事,周遍法界。一为无量,无量为一。小中现大,大中现小。不动步,游普贤楼阁;不反闻,入观音普门。情与无情,性相平等。不是神通妙用,亦非法尔如然。于此倜傥分明,皇恩、佛恩一时报足。且道如何是报恩一句?天高群象正,海阔百川朝。”

示众云:“若也孤峰顶上,目视云汉,则辜负先圣。若也披毛带角,土面灰头,又埋没己灵。于斯二途,诚难去取。若也全提正令,如倚天长剑,凛凛神威,恁么也不得,不恁么也不得。若放一线道,合水和泥,则恁么也得,不恁么也得,便能向虎穴魔宫安身立命。街头市尾,入草求人,驱耕夫牛,夺饥人食,不为分外。若是听不出声,见不超色,未免望崖而退。所以道,直似秋潭月影,静夜钟声。随扣击以无亏,触波澜而不散,犹是生死岸头事。到这里,直须上无攀仰,下绝己躬,人人常光现前,个个壁立千仞。还委悉么?鹤有九皋难翥翼,马无千里谩追风。"

示众云:"若论此事,如按太阿,拟之则犯锋伤手;如大火聚,近之则燎却面门。若是同声相应,同气相求,则举一明三,目机铢两,如奔流度刃,似疾焰过风。聊闻举着,踢起便行。可以起临济宗,可以持摩竭令。点着不来,白云万里。所以道,悬崖撒手,自肯承当。绝后再苏,欺君不得。非常之旨,人焉廋[①]哉?我恁么告报,犹涉化门,且道不涉化门一句又作么生?毕竟水须朝海去,到头云定觅山归。"

问:"如何是夺人不夺境?"师云:"野花开满路,遍地自清香。"云:"如何是夺境不夺人?"师云:"茫茫宇宙人无数,那个男儿是丈夫。"云:"如何是人境俱不夺?"师云:"处处绿杨堪系马,家家门底透长安。"云:"如何是人境两俱夺?"师云:"雪覆芦花,舟横断岸。"

温州净居妙道禅师(凡五)

延平黄氏子也。遍参尊宿,后谒妙喜。因妙喜室中问:"不是心,不是佛,不是物,是什么?"师立门外闻之,豁然大悟。妙喜印具所解。后开法延平福兴,后终于本山。

---

① 廋:音搜。同"搜"。

僧问:“言无展事,语不投机时如何?”师云:“未屙已前,堕坑落堑。”

乃云:“问话且止,直饶有倾湫之辩,倒岳之机,衲僧门下一点也用不着。且佛未出世时,一事全无。我祖西来,便有许多建立。列刹相望,棋布名山,以至今日累及儿孙,遂使山僧于人天大众前无风起浪,向第二义门通个消息。语默该不尽底,弥亘大方;言诠说不及处,遍周沙界。通身是眼,觌面当机。电卷星驰,如何凑泊?有时一喝,生杀全威;有时一喝,佛祖莫辨;有时一喝,八面受敌;有时一喝,自救不了。且道那一喝是生杀全威?那一喝是佛祖莫辨?那一喝是八面受敌?那一喝是自救不了?若向这里荐得,堪报不报之恩。脱或未然,山僧无梦说梦去也。”拈起拂子云:“还见么?若见,被见刺所障。”击禅床云:“还闻么?若闻,被声尘所惑。直饶离见绝闻,正是二乘小果。跳出一步,盖色骑声;全放全收,主宾互换。所以道,欲知佛性义,当观时节因缘。敢问诸人,即今是什么时节?荡荡仁风扶圣化,熙熙和气助升平。”

示众云:“若论本分相见,不必高升此座。然法不孤起,仗境方生。即今权衡在手,应变临时;擒纵卷舒,得大自在。有时孤峰顶上,把断要津,恁么也不得,不恁么也不得;有时闹市门头,放开一线,恁么也得,不恁么也得,便能搅长河为酥酪,变大地作黄金,拈一枝草作丈六金身,将丈六金身作一枝草。把定则三玄戈甲,五位正偏。竖拂拈槌,默然良久,石火电光,总用不着。又况勾章棘句,展露言锋,簇锦攒花,只益戏论。所以道,穷诸玄辩,若一毫致于太虚；竭世枢机，似一滴投于巨壑。况是人人具足，各各圆成。履地顶天，眼横鼻直。春行万卉，月映千波。无欠无余，何思何虑？如斯举唱，犹涉支离。且与大众赴个时节。”卓拄杖云：“还会么？千尺鲸喷洪浪飞，一声雷震清飙起。”

示众云：“禅非意想，立意乖宗。道绝功勋，建功失旨。闻清声外句，莫向意中求。转照用机关，柄佛祖钳键。有佛处，互为宾主；无佛处，风飒飒地，心宁意泰，响顺声和。似恁么人，且道向什么处安着？”良久云：“披蓑侧笠千峰外，引水浇蔬五老前。”

示众云：“眨上眉毛蹉过，大似开眼尿床。现成公案放行，正是黠儿落节，恁么不恁么总不得。曳尾灵龟，不是心，不是佛，不是物。虚空钉橛，离得许多闲门破户，犹是死水藏龙。倾湫倒岳一句又作么生？巨灵抬手无多子，分破华山千万重。”

侍郎张公九成(凡十三)

字子韶，盐官人也。初谒灵隐明禅师，扣其旨要，明云：“公年盛气豪，正欲唾手取功名，何暇死生大事乎？”公云：“先儒尝云‘死生亦大矣’。世出世间之法，初无有二。前辈超达之士，曾何儒释之异哉。师既主盟，大法为事，安用峻拒耶？”请至于再，明嘉其诚，示以柏树子话，久无所契。

即谒善权清禅师，遂问："尝闻此事人人具足，个个圆成，是否？"清云："然。"公云："既如是，某甲为甚无个入处？"清袖中出数珠，示之云："此是谁底？"公伫思，清复藏诸袖云："若是你底，便拈取去。才涉思惟，便不是也。"公于是领旨。

公复谒胡文定公，问治心修己之道，胡云："公但熟读《孟子》，将他言仁义处，类作一处看。"

一日如厕，因思"恻隐之心，乃仁之端"，忽闻蛙鸣，豁然有省，不觉自举云："如何是祖师西来意？庭前柏树子。"不觉大笑，汗下被体。遂作颂云："春天月下一声蛙，撞破乾坤共一家。正恁么时谁会得，岭头脚痛有玄沙。"

公访规首座，才相见，便问："承闻学录因蛙鸣有个入处，是否？"公云："那里得这消息来？"规云："现成公案，讳作甚么？"公召云："首座火发也。"规云："滑头作甚么？"公云："烧到首座脚下也。"规云："将谓你有长处，元来只如此。"

规一日同公坐于围炉，规蓦拈起香匙云："学录不得唤作香匙，毕竟唤作甚么？"公掣却香匙，踢倒汤瓶而出。规坐灰火中，笑云："幸自好向火，引得这汉无礼。"

公一日诣明静庵尚禅师营供，尚还其金。及相见，尚展两手，公以手拨之。尚批其颊，公骤步而前。尚云："张学录谤般若。"公云："九成见处只如此，和尚有何方便？"尚示以"即心即佛"因缘，公作颂云："叵耐人间一老兵，巧拈粪块惑平人。百般计解都呈尽,却作妖狐现本身。”

尚一日谓公云:“天下无禅师,且如马祖升堂,百丈卷席,谁会得耶?”公云:“有甚难会。”尚云:“公作么生?”公云:“但举来。”尚才举,公遽踢倒香卓。尚厉声云:“张学录杀人。”公回顾傍僧云:“汝作么生?”僧无语,公打僧一掌,却顾尚云:“祖祢[1]不了,殃及儿孙。”尚乃大笑。

公魁多士后,再谒尚。尚举浮山语云:“饶你入得汾阳室,未可望浮山门,公作么生?”公叱侍僧云:“何不祗对?”僧罔措,公打僧一掌云:“虾蟆窟里,果没蛟龙。”

公因读妙喜赞云“黑漆粗竹篦,佛来也一棒”,公掩卷叹云:“今日方知佛法有人在。”且以语尚,尚云:“此老将一条竹篦坐在径山顶上,谁敢近傍?”公云:“你去也须吃棒始得。”尚仰首云:“如何打得我?”公云:“这钝根阿师,从朝至暮吃他棒了,自不知痛痒。”大笑而起。

公谒妙喜不遇,妙喜报谒公私第,但寒温而已。妙喜归,谓参徒云:“张侍郎不假师承,有个自得处。”学徒云:“闻相见未尝说着个禅字,何以知之?”妙喜云:“要我眼作甚么?”

公一日复谒妙喜,论格物之旨。妙喜云:“公只知有格

① 祢:音弥。

物,不知有物格。”公沉吟,须臾云:“师岂无方便耶?”妙喜哂之,公云:“还有样子否?”妙喜云:“不见小说载,唐时有与安禄山谋叛者,其人先为阆守,有画像在焉。明皇幸蜀,见之大怒,令侍臣以剑击像首。其人在陕西,忽然首堕。”公闻之,顿领厥旨,遂作偈云:“子韶格物,昙晦物格。欲识一贯,两个五百。”

公一日问妙喜:“前辈既得了,何故理会临济四料简作甚?”妙喜云:“也不得。”公乃嫚语,妙喜云:“余尝以此问圆悟先师,政与公无少异。然公所见,只可入佛,不可入魔。可不从料简中去耶?”公由是默究,得法自在。

妙喜一日访公,公云:“九成每于梦中必诵《论》、《孟》,师以谓如何?”妙喜云:“岂不见《圆觉经》云:‘由寂静故,十方世界,诸如来心,于中显现,如镜中像。’”公拊几云:“奇哉,非老师莫闻此论。”

公作黄龙三关颂云:“我手何似佛手,天下衲僧无口。纵饶撩起便行,也是鬼窟里走(讳不得)。我脚何似驴脚,又被黐胶粘着。翻身直上兜率天,已自遭他老鼠药(吐不出)。人人有个生缘①,铁围山下几千年。三灾烧到四禅天,者汉犹自在傍边(杀得工夫)。”

① 人人有个生缘:此处疑脱字。《五灯会元》作“人人有个生缘处”。可参。

明州阿育王山端裕禅师法嗣

湖州道场法全禅师(凡三)

示众云:“第一句,佛祖不存。第二句,称提佛祖。第三句,与佛祖把手共行。此三句如摩醯首罗三目,非纵非横,不并不别。照破本有灵机,着着元无虚弃。方知赵州道‘有佛处不得住,无佛处急走过’,三千里外,逢人不得错举。透过差别语言,不落一切音响。横抛竖掷,示大威光,发大机,施大用。使一切人脱笼头,卸角驮,随时应变。或杀或活,或收或放,总在当人,全身出没。得到恁么田地,方知从上佛祖,握阃外威权,提验人巴鼻。敢问大众,作么生辨仙林验人底句?大启洪炉烹佛祖,狐狸煅作王麒麟。”

示众云:“一尘起,大地收。释迦老子为甚么于三七日中思惟如是事?一花开遍界春。达磨大师为甚么九年面壁?若人道得收足句,可以坐致太平。”

示众云:“欲得现前,莫存顺逆。”卓拄杖云:“三祖大师变作马面夜叉,向东弗于逮、西瞿耶尼、南瞻部洲、北郁单越,却来山僧手里。首身元来只是一条黑漆拄杖。还见么?直饶见得,入地狱如箭射。”卓拄杖一下。

临安府净慈师一禅师(凡二)

婺州人也。示众云:“冻云欲雪未雪,普贤象驾峥嵘。岭梅半合半开,少室风光漏泄。便恁么去,犹是半提。作么生是全提底事?无智人前莫说,打你头破百裂。”

示众云:“师子教儿迷子诀,拟前跳掷早翻身。罗纹结角交锋处,鹘眼临时失却踪。祖师门户,八字打开,便请横身直入。有么?若无,一上座不免为蛇画足去也。”拈拄杖,划一划云:“三世诸佛、六代祖师、天下老和尚、山河大地、草木丛林、情与无情,百杂碎,莫有知恩者么?若无举鼎拔山力,千里乌骓不易骑。”

平江府虎丘隆禅师法嗣

明州天童昙华禅师(凡三)

示众云:“风行草偃,水到渠成。正令当行,十方坐断。若也向上论去,语默不及处,棒喝未施前,总是依草附木汉。事不获已,且作死马医。所以道,随处作主,遇缘即宗。法随法行,法幢随处建立。展临济三玄戈甲,会洞山五位君臣,敲唱双行,杀活自在。拈一茎草,穿天下衲僧鼻孔;布缦天网,打冲浪锦鳞。是则是,便恁么去,达磨一宗扫土而尽。”蓦拈拄杖,划一划云:“剑为不平离宝匣,药因救病出金瓶。”卓拄杖一下。

示众云："良工未出，玉石不分。巧冶无人，金沙混杂。纵使无师自悟，向天童门下，正好朝打三千，暮打八百。"蓦拈拄杖云："唤作拄杖，玉石不分；不唤作拄杖，金沙混杂。其间一个半个善别端由，管取平丹丹霄①。苟或未然，"卓拄杖云，"急着眼看。"

示众云："参禅人切忌错用心。悟明见性是错用心，成佛作祖是错用心，看经讲教是错用心，行住坐卧是错用心，吃粥吃饭是错用心，屙屎送尿是错用心，一动一静、一往一来是错用心。更有一处错用心，归宗不敢与诸人说破，何故？一字入公门，九牛车不出。"

台州护国景元禅师法嗣

台州国清行机禅师（凡三）

本州人也。示众云："衲僧拄杖子，不用则已，用则如鸩鸟落水，鱼鳖皆死。正按傍提，风飒飒地，独步大方，杀活在我。所以道，千人排门，不如一人拔关。若一人拔关，千人万人得到安乐田地。还知么？鸳鸯绣出从君看，不把金针度与人。"

示众云："观色即空成大智，故不住生死。观空即色成

① 管取平丹丹霄：《五灯会元》作"管取平步丹霄"。当从。

大悲，故不证涅槃。生死不住，涅槃不证，汉地不收，秦地不管，且道在甚么处安身立命？莫是昭昭于心目之间，而相不可睹；晃晃于色尘之内，而理不可分么？莫是起坐镇相随，语默同居止么？若恁么，总是髑髅前敲瞌。须知过量人自有过量用，且作么生是过量用？北斗藏身虽有语，出群消息少人知。"

示众云："古佛出世，成人者少。祖师西来，败己者多。三乘十二分教，玄言妙语，尽是铙钩搭索。向佛祖提撕不到处，提格外机；向佛祖开口不得处，说无义语。教他有殊胜功行者，寸步不移，不妨七纵八横；教他有微妙语言者，一词不措，不妨炽然常说。隐静平高就下，未免拈占波与新罗斗额。所以道，恁么也得，不恁么也得；有时恁么中不恁么，有时不恁么中却恁么；有时教伊扬眉瞬目，有时不教伊扬眉瞬目；有时教伊扬眉瞬目者是，有时教伊扬眉瞬目者不是。杀人刀，活人剑，总在里许。忽有个衲子出来道：'和尚恁么说话，且喜没交涉。'也怪他不得，何故？我王库内，无如是刀。"

饶州荐福道行禅师法嗣

泉州法石惠光禅师（凡二）

建宁府陆氏子。师因旧住相访，师问："顷年有一则公案，与你商量不下，如今作么生？"云："未入门时，举似和尚了也。"师云："这里又作么生？"云："不可头上安头。"师以手划一划云："这里且置，你为甚么踏断天台石桥？"僧无语，师云："脱空妄语汉。出去。"

师问僧："上来曾撞见释迦老子么？"祖[①]："见。"师云："在甚么处？"僧问讯而立，师云："且莫认贼为子。"僧云："将错就错。"师云："救你不得。"

南岳下第十八世

福州西禅鼎需禅师法嗣

温州龙翔南雅禅师（凡六）

示众云："万机不到，切忌垛根。一句全提，有何巴鼻？直饶透出威音那畔，犹落今时。且不落今时一句又作么生？"良久云："红白花开桃李春。"

示众云："百尺竿头进步，脚跟下五色线犹存。寒灰枯木，一念万年。坐在鬼窟里，总不与么，未有转身一路。毕竟如何？举头天外看，谁是个中人。"

示众云："瑞峰顶上，栖凤亭边，一杯淡粥相衣，百衲蒙头打坐。二祖礼三拜，依位而立，已是周遮。达磨老臊胡分尽髓皮，一场狼藉。其余之辈，何足道哉。柏堂恁么道，

① 祖：原刻如此。依文，似当为"僧"或"曰"、"云"字。

还免诸方检责也无?”拍绳床云:“洎合停囚长智。”

示众云:“大机贵直截,大用贵顿发。纵有啮镞机,一锤须打杀。何故?我王库内,无如是刀。”

示众云:“昨日闹浩浩,今朝静悄悄。闹中之事静中参,静中之事闹中了。”拈起拄杖云:“拄杖子是静闹双举,是汝诸人作么生了?若也了得,你有拄杖子,我与你拄杖子;你无拄杖子,我夺却你拄杖子;芭蕉鼻孔,落在诸人手里。若了不得,芭蕉在汝诸人脚底。”

示众云:“紫蕨伸拳笋破梢,杨花飞尽绿阴交。分明西祖单传句,黄栗留鸣燕语巢。这里见得谛,信得及。若约诸方决定,明膔下安排。龙翔门下直是一槌槌杀。何故?不是与人难共住,大都缁素要分明。”

福州天王志清禅师(凡五)

示众云:“鸡足峰前,徒劳话会。曹溪路上,迥绝商量。纵有穷天玄辩,竭世枢机,浑用一点不着。若也一击便透,一举双明,不在扬眉瞬目,亦非伫思停机,方可捋猛虎须,拈毒蛇尾;放身舍命,入水入泥;南北东西,纵横自在;一一七穿八穴,明明绝虑忘言。如是则论劫在途中,不离家舍;论劫在家舍,不离途中。且道只今在家舍,在途中?会么?玉殿半开金锁涩,夜深谁见紫微君。”

示众云："奔流度刃，未是作家；疾焰过风，犹为钝汉。所以曹溪竖拂，笑杀衲僧；雪峰辊毬，翻成儿戏。指南一路，智者知疏；末后一机，要津把断。若是具向上眼底，脚未跨门，撩起便行，犹是刺头入胶盆；离此之余，大似猢狲戴纸帽。总不恁么，又且如何？"良久云："将此深心奉尘刹，是则名为报佛恩。"

示众云："师子教儿迷子诀，拟前跳掷早翻身。罗纹结角交锋处，鹘眼临时失却踪。这般说话，不是弄滑头，逞俊快。须是伎俩尽，得失忘；应时如风，应机如电。虽然如是，未是达人分上事。作么生是达人分上事？寒鹰未举首，俊鹞已冲天。"

示众云："玄道者不可以设功得，圣智者不可以有心知，真谛者不可以存我会，至功者不可以营事求。古人恁么说话，只见锥头利，不见凿头方。通方君子，有时恁么，有时不恁么；有时恁么者是，有时恁么者不是。诸人还委悉么？直饶见彻，一切法无是无不是，无非无不非。直下是非两忘，犹是隔靴抓痒。更向句里呈机，言中辨的，剑去久矣，尔方刻舟。山僧恁么道，还有为人处也无？虚空粉碎无依倚，不委蟠桃几度春。"

示众，竖起拂子云："只这个，天不能盖，地不能载，遍界遍空，成团成块。到这里，三世诸佛向甚么处摸索？六代祖师向甚么处持提？天下衲僧向甚么处名邈？除非自得自证，便乃敲唱双行。虽然如是，未是衲僧行履处。作么生是衲僧行履处？是非海里横身入，豺虎丛中纵步行。”

南剑州剑门庵安分庵主(凡五)

福州永福林氏子。早岁于道，微有省发处。性疏散。绍兴初，妙喜领径山，师往求挂搭，妙喜恐其扰众却之。师入城，于稠人中忽闻喝道者云：“侍郎来。”师豁然大悟，作颂云：“几年个事挂胸怀，问尽诸方眼不开。肝胆这回俱揭尽。一声江上侍郎来。”遂遍历江湖，径归洋屿，依止懒庵需禅师，日臻玄奥。

一日取辞，需送以偈云：“江头风急浪花飞，南北相逢不展眉。独有分禅英俊手，等闲夺得锦标归。”后住本庵。

示众云：“这一片田地，汝等诸人，且道天地未分已前在甚么处？直下彻去已是钝置分上座不少了也，更若拟议思量，何啻白云万里？”蓦拈拄杖，打散大众。

示众云：“斩草壶山顶，不是有为功，亦非无为法。”蓦拈拄杖，划一划云：“谁敢正眼觑着？若也望崖而退者，辜负平生。任是聪明辩慧，种种神通，到这里用一点不着。直饶你是个铁汉，向佛祖头顶上行，正是门外客。入得山僧门者，打折你脚，捶折你腰。莫言不道为甚如此，黄金自有黄金价，终不和沙卖与人。”

示众云：“上至诸佛，下及众生，性命总在山僧手里，捡点将来，有没量罪过。山僧亦有没量罪过，还有捡点得出者么?”卓拄杖云:“冤有头,债有主。”复东西顾视云:“自出洞来无敌手,得饶人处且饶人。”

示众云:“十五日已前,天上有星皆拱北。十五日已后,人间无水不朝东。已前已后总拈却,到处乡谈各不同。”遂以手屈指云:“一二三四五,六七八九十,十一十二十三十四。”复召云:“诸兄弟且道今日是几?”良久云:“本店买卖分文不赊。”

福州东禅思岳禅师法嗣

福州鼓山宗逮禅师(凡五)

本州人也。初参东禅,密契微旨。复谒妙喜,臻极阃奥。后开法,终于本山。示众云:“泻悬河之辩,未免葛藤;设陷虎之机,翻成窠臼。纵使谈空说有,举古论今,意句交驰,主宾互换,正是无风起浪,好肉剜疮。建化门中,不妨施设。若欲全提正令,把断要津;斡旋佛祖枢机,掜搊衲僧巴鼻,须是顶门眼正,肘后符灵;绝类离伦,超宗越格始得。虽然如是,犹是宗门极则,只如祝圣开堂一句作么生道?帝基盘礴三千界,睿算廷鸿亿万春。”

示众,举:云门大师云:“平地上死人无数,透得荆棘林者是好手。”遂拈拄杖云:“大众,若唤作拄杖子,正是平地上死人;若不唤作拄杖,未透荆棘林在。毕竟如何?”良久云:“冬不寒,腊后看。”卓拄杖下座。

示众云:“德山棒、临济喝拈放一边,秘魔叉、石巩箭不须拈出,三世诸佛、历代祖师横说竖说,是甚么热碗鸣声?诸人到这里又且如何?”良久云:“鼓山今日失利。”下座。

示众云:“世尊道:‘应如是知,如是见,如是信解,不生法相。’”遂召大众云:“玉本无瑕却有瑕。”

福州西禅守净禅师法嗣

福州乾元宗颖禅师(凡六)

本州闽清人也。示众,拈拄杖卓一下云:“性懆汉只消一锤。”遂靠却拄杖云:“伶利人不劳再举。而今莫有伶利底么?”良久云:“比拟张麟,兔亦不遇。”

示众云:“谁人无心,谁心无佛?佛常在人,人常逐物。”竖起拂子云:“若唤这个作拂子,未免为物所转;若不唤这个作拂子,亦未免为物所转。毕竟如何辨明?”良久云:“鸳鸯绣出从君看,莫把金针度与人。”

示众云:“摩腾入汉,已涉繁词;达磨西来,自彰瑕纇[1]。山僧与么道,已是罪过弥天。”

---

① 纇:音类。毛病。

示众云："若论此事，是着即差，非着即错；不是不非，如蚁循环，如蚕作茧。到个里直须挥剑。设或不然，清风月下守株人，凉兔渐遥芳草绿。"

僧问："最初说法，不知有末后句，末后说法，不知有最初句。最初句即不问，如何是末后句？"师云："痛领此问。"云："与么，则谩他一点不得也。"师云："早被谩了。"

僧问："如何是正知正见？"师云："猫儿狗子。"云："也只具一只眼。"师云："半只也无。"

湖州道场法全禅师法嗣

常州华藏有权禅师（凡三）

临安府人也。师开堂，示众云："拈花微笑，埋没平人。面壁九年，外扬家丑。自此一人传虚，万人传实，致使后代儿孙，承虚接响。今日既是逃避不得，不免将错就错，指空话空。扇子跨跳上三十三天，筑着帝释鼻孔；东海鲤鱼打一棒，雨似盆倾，是名初转法轮，开演第一义谛。于斯明得，灵山一会俨在目前，无古无今，非别非异。若也未明，更将一句无私语。"旁赞："皇图亿万春。"

结夏示众云："今朝结却布袋口，明眼衲僧休乱走。心行灭处解翻身，喷嚏也成师子吼。旃檀林，任驰骤，剔起眉毛顶上生，剜肉成疮露家丑。"

示众云:“久雨不晴今日晴,檐头雨滴许谁听?髑髅忽破闻机尽,见色闻声总现成。”拈拄杖,击绳床云:“此是声色双举,闻见历然。且那个是现成底?会么?浙人不相色,胡人不相鼻。”

明州天童昙华禅师法嗣

明州天童咸杰禅师(凡四)

福州人也。遍扣诸方,后依华禅师。华问:“如何是正法眼?”师云:“破砂盆。”华颔之。一日取辞,华送以偈,末句有云:“吾有末后句,归来要汝遵。”华领天童命,师充第一座。师后开法衢之乌巨,终于本山。

示众云:“以楔出楔,翻成途辙。以心传心,其病转深。达磨大师不会当头句,却向少林面壁九年。后代儿孙,承虚接响。扬眉瞬目,行棒行喝,尽是黄叶止啼。乌巨到这里直得上天无路,入地无门。咬定牙关,且与诸人和泥合水。”卓拄杖云:“不是一番寒彻骨,争得梅花扑鼻香。”

示众云:“动弦别曲,叶落知秋;举一明三,目机铢两;如王秉剑,杀活临时,犹是无风匝匝之波。向上别有一路,千圣把手共行,合入犁泥地狱。正当与么时,合作么生?江南两浙,春寒秋热。”

示众云："尽乾坤大地唤作一句子，担枷带锁。不唤作一句子，业识忙忙。两头俱透脱，净裸裸、赤洒洒，没可把，达磨一宗扫土而尽。所以云门大师道：'尽乾坤大地无纤毫过患，犹是转句，不见一法，始是半提，更须知有全提底时节。'大小云门，剑去久矣，方乃刻舟。"

联灯会要卷第十九

韶州六祖慧能禅师法嗣

吉州青原行思禅师（凡六）

本郡安城刘氏子。师问六祖云："当何所务即得不落阶级？"祖云："你曾作什么来？"师云："圣谛亦不为。"祖云："落何阶级？"师云："圣谛尚不为，何阶级之有？"祖云："如是如是，善自护持。"

石头来参，师问："甚处来？"云："曹溪来。"师竖起拂子云："曹溪还有这个么？"云："非但曹溪，西天亦无。"师云："子莫曾到西天否？"云："若到即有也。"师云："未在更道。"云："和尚也须道取一半，莫全靠某甲。"师云："不辞向你道，恐已后无人承当。"

师令迁驰书往南岳让和尚处，师谓迁云："达书了回来，与汝个鉏[①]斧子住山去。"迁到南岳，未通书便问："不求诸圣，不重己灵时如何？"让云："子问太高生，何不向下问？"迁云："宁可永劫沉沦，不求诸圣解脱。"让休去。

① 鉏：音图。钝。

迁回，师问："书达否？"云："信亦不通，书亦不达。去时蒙许鉏斧子，即今便请。"师垂下一足，迁便作礼，寻归南岳。

玄沙云："大小石头，被大慧靠倒，至今起不得。"

翠岩芝云："思和尚垂足，石头礼拜，要且不得他斧子，且道后来用个甚么？"

黄龙南云："石头虽善驰达，不辱宗风。其奈逞俊太过，不知落节。既是落节，回来因甚得斧子？"

雪窦云："大小大慧，不能据令。"

僧问："如何是祖师西来意？"师云："又恁么去也。"

僧问："和尚近日有何言句？乞示一两则。"师召云："近前来。"僧近前，师云："分明记取。"

僧问："如何是佛法大意？"师云："庐陵米作么价？"

青原下第二世

吉州青原行思禅师法嗣

南岳石头希迁禅师(凡八)

高安陈氏子。师参六祖，祖将示寂。师问："和尚百年后，希迁当依附何人？"祖云："寻思去。"祖顺世，师每静坐，寂若忘生。第一座问云："汝师已逝，空坐何为？"师云："我禀遗戒，故寻思尔。"第一座云："汝有师兄行思和尚，住吉州青原。师言甚直,汝自迷耳。"师闻是语,礼辞祖龛,直诣吉州青原。见思,思问:"子自何来?"师云:"曹溪。"思云:"将得甚么来?"师云:"未到曹溪亦不失。"思云:"若恁么,用去曹溪作么?"师云:"若不到曹溪,争知不失?"

师却问:"曹溪还识和尚么?"思云:"汝今还识吾么?"师云:"识又争能识得。"思云:"众角虽多,一麟足矣。"

师因青原云:"有人道岭南有消息。"师云:"有人不云云。"原云:"若恁么,大藏小藏从何而出?"师云:"尽从这里去。"青原然之。

师问青原和尚:"自离曹溪,甚么年到此住?"思云:"我即知你早晚离曹溪。"师云:"某甲不从曹溪来。"思云:"我亦知汝来处。"师云:"和尚幸是大人,且莫造次。"

示众云:"我之法门,先佛传授。不论禅定精进,惟达佛之知见。即心即佛,心佛众生,菩提烦恼,名异体一。汝等当知自己心灵,体离断常,性非垢净;湛然圆满,凡圣齐同;应用无方,离心意识。三界六道,惟自心现。水月镜像,岂有生灭?汝能知之,无所不备。"

师垂语云:"言语动用没交涉。"药山出云:"直得非言语动用,亦没交涉。"师云:"我这里针札不入。"山云:"我这里如石上栽花。"

大颠问:"古人云'道有道无,二俱是谤',请和尚除。"

师云:“我这里一物也无,除个甚么?”

师却问颠:“并却咽喉唇吻,道将来。”颠云:“无这个。”师云:“若与么,汝即得入门。”

师问僧:“甚处来?”云:“江西来。”师云:“还具马大师么?”僧云:“见。”师指一橛柴云:“马大师何似这个?”僧罔措。回举似马大师,大师云:“汝见橛柴大小?”云:“没量大。”大师云:“汝甚有力。”僧云:“何故?”大师云:“汝从南岳负一橛柴来,岂不是有力耶?”

僧问“如何是解脱?”师云:“谁缚汝?”云:“无人缚。”师云:“谁求解脱?”

问:“如何是净土?”师云:“谁垢汝?”问:“如何是涅槃?”师云:“谁将生死与汝?”

问:“如何是禅?”师云:“碌砖。”云:“如何是道?”师云:“木头。”

问:“如何是祖师西来意?”师云:“问取露柱。”云:“某甲不会。”师云:“我更不会。”

青原下第三世

南岳石头希迁禅师法嗣

荆州天皇道悟禅师(凡二)

婺州东阳张氏子。师问石头:“离却定慧,以何法示人?”头云:“我这里无奴婢,离个甚么?”师云:“如何明得?”头云:“汝还撮得虚空么?”师云:“恁么则不从今日去也。”头云:“未审汝早晚从那边来。”师云:“某甲不是那边人。”头云:“我早知汝来处。”师云:“和尚何得赃诬于人?”头云:“汝身现在。”师云:“虽然如是,毕竟将何示于后人?”头云:“汝道谁是后人?”师于言下契悟,前所得心,罄殚其迹。

师临示寂时,大众问疾。师蓦召典座近前云:“会么?”云:“不会。”师拈枕,掷于地,即便告终。

澧州药山惟俨禅师(凡二十五)

绛州韩氏子。精持律行,博通经论。一日自叹云:“大丈夫当离法自净,谁能屑屑事细行耶?”直造石头,问:“三乘十二分教,某甲粗知。尝闻南方直指人心,见性成佛,实未明了。伏望和尚慈悲指示。”头云:“恁么也不得,不恁么也不得,恁么不恁么总不得。汝作么生?”师伫思,头云:“子因缘不在此,江西马大师处去,必为子说。”

师造江西,复理前问。马大师云:“我有时教伊扬眉瞬目,有时不教伊扬眉瞬目;有时教伊扬眉瞬目者是,有时教伊扬眉瞬目者不是。”山于言下顿悟,便作礼,马大师云:“子见个甚么道理便礼拜?”师云:“某甲在石头时,如蚊子上铁牛相似。”马大师云:“汝既如是,宜善护持。”

法云秀云:“石头好个无孔铁锤,大似分付不着人。药山向江西悟去,争奈平地吃交,有甚么扶策处?具眼者辨看。”

马大师一日问师:“子近日见处如何?”师云:“皮肤脱落尽,唯有真实在。”马云:“子之所得,可谓协于心体,布于四肢。既然如是,宜将三条篾束取肚皮,随处住山去。”师云:“某甲又是何人,敢言住山?”师云:“不然。未有长行而不住,未有长住而不行。欲益无所益,欲为无所为。宜作舟航,无久住此。”师即礼辞,复返石头。

师坐次,石头问师:“作甚么?”师云:“一物不为。”头云:“恁么则闲坐也。”师云:“若闲坐,则为也。”头云:“汝道不为,又不为个甚么?”师云:“千圣亦不识。”头以偈赞云:“从来共住不知名,任运相将只么行。自古上贤犹不识,造次凡流岂可明?”

示众云:“祖师只教汝保护,若贪嗔痴起来,切须防禁,莫教振触。是你欲知枯木石头,却须担荷,实无枝叶可得。虽然如此,更宜自看,不得绝却言语。我今为汝说这个语,显那无语底,他那个本来无耳目等貌。”

时有僧问云:“何有六趣?”师云:“我此要轮,虽在其中,元来不染。”问:“不了身中烦恼时如何?”师云:“烦恼作何相状?我且要你考看。有一般底,只向纸背上记持言语,多被经论惑。我不曾看经论策子。汝只为迷事走,失自家不定,所以便有生死心。未学得一言半句,一经一论,便说与么菩提涅槃,世摄不摄。若如此解,只是生死。若不被此得失系缚，便无生死。汝见律师说甚尼萨耆、突吉罗，最是生死本。虽然与么，穷生死且不可得。上至诸佛，下至蝼蚁，尽有此长短好恶，大小不同。若也不从外来，何处有闲汉掘地狱待你？欲识地狱道，只今镬汤煎煮者是。欲识饿鬼道，只今多虚少实、不令人信者是。欲识畜生道，见今不识仁义、不辨亲疏者是。岂须披毛带角，斩割倒悬？欲识人天，只今清净威仪，持瓶挈钵者是。切须保任，免堕诸趣。第一不得弃这个。这个不是易得，须向高高山顶立，深深 海底行。此处行不易，方有少分相应。如今出头来尽是多事人，觅个痴钝汉不可得。莫只记策子中言语，以为自己见知；见他不解者，便生轻慢。此辈尽是阐提外道。此心直不中，切须审悉。与么道犹是三界边事，莫在衲衣下空过。到这里，更微细在，莫作等闲。须知珍重。”

师久不上堂，院主白云：“大众久思和尚示诲。”师云：“打钟着。”院主打钟，大众才集，师便下座归方丈。院主随后问：“和尚许为大众说话，为甚一词不措？”师云：“经有经师，论有论师，又争怪得老僧？”

琅玡觉云：“药山下座不妨疑着，及乎院主拶着，失却一只眼。”

翠岩芝云：“院主怪药山不为说话，可谓误他三军。”

师晚参云：“我有一句子，待特牛生儿即向汝道。”时有僧出云：“特牛生儿也，只是和尚不道。”师唤侍者：“将灯来。”其僧便抽身归众。

洞山云：“这僧会即会，只是不肯礼拜。”

法灯云："生底是牯牛儿？牸牛儿？"代云："双生。"

师寻常不许人看经。一日将经自看，僧问："和尚寻常不许人看经，为甚么却自看？"师云："我只要遮眼。"云："某甲学和尚，看得么？"师云："你若看，牛皮也须穿。"

长庆棱云："眼有何过？"

师与道吾、云岩游山，见两株树，一荣一枯。师问云岩："枯者是？荣者是？"云："荣者是。"师云："与么，则酌然一切处光明灿烂去。"又问道吾，吾云："枯者是。"师云："与 么，则酌然一切处放教枯淡去。"少顷高沙弥来，师又问高，高云："枯者从他自枯，荣者从他自荣。"师回顾云岩、道吾云："不是不是。"

保宁勇颂云："抹粉搽坯复裹头，尽由行主线牵抽。鼓鼙打破曲吹彻，收拾大家归去休。"

师谓云岩云："与我唤沙弥来。"岩云："唤他来作甚么？"师云："我有个折脚铛子，要他提上挈下。"岩云："恁么，则某甲共和尚每人出一只手。"

大沩喆云："药山不得云岩折脚铛子，几成废器。"

师一日提笠子出，云岩指问："用这个作甚么？"师云："有处用。"岩云："风雨来时作么生？"师云："盖覆着。"岩云："还受盖覆也无？"师云："虽然如是，要且无遗漏。"

一日斋时，院主报云："打钟也，请和尚上堂去。"师云：

“汝与我擎钵盂去。”主云:“和尚无手来多少时也?”师云:“汝只是枉披袈裟汉。”主云:“某甲只恁么,和尚又作么生?”师云:“我无这个眷属。”

师坐次,僧问:“兀兀地思量个甚么?”师云:“思量个不思量底。”云:“不思量底又如何思量?”师云:“非思量。”

遵布衲作殿主,浴[1]佛次。师问:“你只浴得这个,还浴得那个么?”遵云:“把将那个来。”

长庆棱云:“邪法难扶。”

黄龙南云:“此二尊宿,一出一入,未见输赢。三十年后不得错举。”

师于手中书“佛”字,问道吾云:“是甚么字?”吾云:“佛字。”师云:“多口阿师。”

师问僧:“甚处来?”云:“南泉。”师云:“在彼多少时?”云:“粗经冬夏。”师云:“恁么则三十年后成一头水牯牛去也。”云:“某甲虽在彼中,且不曾上他食堂。”师云:“你口欲南风那。”云:“和尚莫错,自有把匙箸人在。”

师问僧:“甚处来?”云:“湖南来。”师云:“洞庭水满也未?”云:“未。”师云:“许多时雨水,为甚么未满?”

云岩代云:“湛湛地。”

① 浴:原刻作“俗”,依文改。

道吾云:“满也。”

师问僧:“年多少?”云:“七十二。”师云:“是七十二那?”云:“是。”师便打。

曹山云:“前箭犹似可,后箭射人深。”

僧问:“如何免得此棒?”曹云:“王来既行,诸侯避道。”

师问饭头:“你在这里得多少时?”云:“三年也。”师云:“我总不识你。”其僧不契,愤然而去。

僧问:“学人有疑,请师决。”师云:“待晚间来,为汝决。”晚参众集,师云:“今日要决疑僧何在?”僧便出,师下座挡住云:“大众,这僧有疑。”便托开,归方丈。

翠岩芝云:“药山与么决疑,土上更加泥。虽然如是,这僧也不得辜负药山。”

僧问:“己事未明,乞师指示。”师良久云:“吾为汝道亦不难,只宜于言下便见去,犹较些子。若更思量,却成吾罪过。不如各自合取口,免相累及。”

僧问:“平田浅草,麈[①]鹿成群,如何射得麈中主?”师云:“看箭。”僧放身便倒,师唤侍者云:“拖出这僧着。”僧便走,师云:“弄泥团汉,有甚么限。”

① 麈:音主。鹿类,尾可作拂尘。

僧问："如何是道中至宝？"师云："莫谄[1]曲。"云："不谄曲时如何？"师云："倾国莫换。"

僧问："劳人拟归乡时如何？"师云："汝父母遍身红烂，在荆棘林中。汝归何所？"云："若恁么，即不归也。"师云："汝却须归去。汝若归去，我示汝个休粮方。"子云："便请。"师云："二时上堂，不得咬破一粒米。"

僧问："祖师未来时，还有祖师意也无？"师云："有。"云："既有，祖师又来作么？"师云："只谓有，所以来。"

师临示寂时叫云："法堂倒，法堂倒。"众皆持物撑拄。师举手云："子不会我意。"即告终。

邓州丹霞天然禅师（凡十）

初习儒业，入长安应举。遇一禅者，问："仁者何往？"师云："选官去。"禅者云："选官何如选佛。"师云："选佛当何所诣？"禅者云："江西马大师是选佛之场，仁者可往。"师径造江西，才见马大师，便以两手托幞头脚。马顾视之云："吾非汝师，南岳石头处去。"师复造石头，亦以前意投之。头云："着槽厂去。"师乃服勤三年。

石头一日告众云："来日刬佛殿前草。"次日，大众各备

---

① 谄：音涛。隐瞒。

锹镢划草，师独以水洗头，胡跪石头前。头微笑，与落发。又为说戒，师掩耳而去。

师再谒马祖，未参礼便入僧堂，骑却圣僧项而坐。众皆愕然，报马大师。大师入堂见，即笑云："我子天然。"师跳下，作礼云："谢师安名。"因名天然。

马祖问："甚处来？"师云："石头来。"祖云："石头路滑，还跶倒汝么？"师云："若跶倒即不来也。"

师经过一寺，值天寒，师取殿中木佛烧火向。院主忽见，呵云："何得烧我木佛？"师以拄杖拨灰云："吾烧取舍利。"院主云："木佛何有舍利？"师云："既无舍利，更请两尊再取烧之。"院主自后眉发堕落。

师问僧："甚处来？"云："山下来。"师云："吃饭了也未？"云："吃饭了。"师云："将饭与汝吃底人还具眼么？"僧无对。

长庆问保福："将饭与人吃，报恩有分，为甚么不具眼？"福云："施者受者，二俱瞎汉。"庆云："尽其机来，还成瞎否？"福云："道我瞎得么？"

师访庞居士，至门首相见。师问："居士在否？"士云："饥不择食。"师云："庞老在否？"士云："苍天苍天。"便入宅去。师云："苍天苍天。"便回去。

师问居士："昨日相见，何似今日？"士云："如法举昨日底来,作个宗眼。”师云:“只如宗眼,还着得庞公么?”士云:“我在你眼里。”师云:“我眼窄,何处安身?”士云:“是眼何窄?是身何安?”师休去。士云:“更道取一句便得此话圆。”师不对。士云:“就中这一句无人道得。”

师与居士行次,见一泓水。士以手指水云:“得与么也,还辨不出?”师云:“酌然是辨不出。”士戽[1]水二掬泼师,师云:“莫与么,莫与么。”士云:“须与么,须与么。”师却戽水三掬泼士,士云:“正与么时,堪作甚么?”师云:“无外物。”士云:“得便宜者少。”师不对。士云:“谁是落便宜者?”

师访居士,门逢女子灵照提篮洗菜。师问:“居士在否?”照放下菜篮,敛手而立。师再问,照提篮便行。师遂回山。须臾居士归,照举前话。士云:“丹霞在否?”照云:“已去也。”士云:“赤土涂牛奶。”

大沩喆云:“大小丹霞,被居士女子勘破。”

师路次逢一翁与一童子。师问翁:“住在甚处?”翁云:“上是天,下是地。”师云:“忽遇天崩地陷,又作么生?”翁云:“苍天苍天。”童子嘘一声。师云:“非父不生其子。”翁与童子入山而去。

---

① 戽:音户。

潭州长髭旷禅师（凡七）

师谒石头。头云："甚处来？"师云："岭南来。"头云："大庾岭头一铺功德成就也未？"师云："成就久矣，只欠点眼在。"头云："莫要点眼么？"师云："便请。"头垂下一足，师便作礼。头云："你见个甚么道理便礼拜？"师云："如红炉上一点雪相似。"

雪窦云："无限功德有甚点处？"

南华昺[1]云："唤作一铺功德已是强名，石头垂下一足，长髭云'如洪炉上一点雪'，转见漏逗。虽然如是，剑阁路虽险，夜行人更多。"

师升座次，庞居士来。众集定，士出云："各请自检好。"师便提唱，士却于绳床右立。时有僧问："不触主人公，请师答话。"师云："还识庞公么？"云："不识。"士搊住其僧云："苦哉苦哉。"僧无语，士便托开。

师少顷问居士："适来这僧还吃拄杖么？"士云："待伊甘始得。"师云："居士只见锥头利，不见凿头方。"士云："和尚恁么说话，某甲即得。外人闻之，要且不妨。"师云："不好个甚么？"士云："阿师只见凿头方，不见锥头利。"

师廊下行，见僧问讯，师云："步步是汝证明处，还知么？"僧云："不知。"师云："汝若知，我堪作甚么？"僧作礼，

---

① 昺：音丙。同"炳"。

师云:“我不堪,汝却好。”

师一日见僧来,蓦擒住云:“狮子儿? 野犴属?”僧以手作拨眉势,师云:“虽然如此,犹欠哮吼在。”僧擒住师云:“偏要行此一机。”师与一掴,僧放手,拍三下。师云:“若见同风,汝还甘与么否?”云:“终不由别人。”师作拨眉势,僧云:“犹欠哮吼在。”师云:“料想不由别人。”

有僧来绕绳床一匝,卓然而立。师云:“若是石头法席,一点也用不着。”僧又行一匝。师云:“却是恁么时,不易道得个来处。”僧便出去,师唤云:“上座。”僧不顾,师云:“这汉犹少教诏在。”僧却回首云:“有一人不从人得,不受教诏,不落阶级,师还许么?”师云:“逢之不逢,逢必有事。”僧退身三步,师却绕绳床一匝。僧云:“不唯宗眼分明,亦乃师承有据。”师打三棒。

师问僧:“甚处来?”云:“九华控石庵。”师云:“庵主是甚么人?”云:“马祖下尊宿。”云:“名甚么。”云:“不委他名。”师云:“他不委你? 你不委他?”云:“尊宿眼在甚么处?”师云:“若是庵主亲来,也须吃棒。”云:“赖遇和尚,放某甲过。”师云:“百年后讨个师僧也难得。”

雪窦云:“是则是,二俱作家。且不解收虎尾,只解据虎头。若是德山令行,并须瓦解。”

师问:“李行婆,忆得在绛州时事么?”婆云:“非师不委。”师云:“多虚少实在。”婆云:“有甚讳处?”师云:“念汝是女人，放你拄杖。”婆云：“某甲终不见尊宿过。”师云：“老僧过在甚么处？”婆云：“和尚既无过，婆岂有过？”师云：“无过底人作么生？”婆竖起拳云：“与么不与么，总成颠倒。”师云：“实无讳处。”

潭州大川和尚（凡一）

问僧：“甚处来？”云：“江陵来。”师云：“几时发足？”僧提起坐具，师云：“谢子远来，下去。”僧绕绳床一匝便出。师云：“若不恁么，焉知眼目端的。”僧抚掌一下云：“苦杀人，洎合错判诸方。”师云：“甚得禅宗道理。”

后僧举似丹霞，霞云：“大川法道即得，我这里即不然。”云：“和尚此间作么生？”霞云：“犹较大川三步在。”僧作礼，霞云：“错判诸方者多。”

洞山云：“若不是丹霞，也难分玉石。”

潮州大颠和尚（凡五）

初谒石头，头问：“阿那个是汝心？”师云：“见言语者是。”头便喝出。经旬日，师诣方丈，请问前话云：“前者既不是，除此外，何者是心？”头云：“除却扬眉瞬目，将心来。”师云：“无心可得将来。”头云：“元来有心，何得言无？无心尽同谤。”师于言下有省。

示众云：“夫学道人，须识自家本心；将心相示，方可见道。多见时辈，只认扬眉动目，一语一默，蓦头印可，以为心要,此实未了。吾今为汝诸人分明说出,各须听受。但除却一切妄运想念见量,即汝真心。此心与尘境,及守认寂默时,全无交涉。即心是佛,不假修治。何以故?应机随照,泠泠自用;穷其用处,了不可得,唤作妙用,乃是本心。大须护持,不可容易。"

水空和尚来,师把住坐具云:"不用通时暄,亦不用通来处。"空云:"拟欲恁么,又恐人情不足。"师放手云:"还足也未?"空提起坐具云:"若通时暄,又恐迷来处。"师云:"暂时相见也无妨。"

师将痒和[①]廊下行,逢一僧问讯,师以痒和蓦口打云:"会么?"云:"不会。"师云:"大颠老野狐,不曾辜负人。"

侍郎韩愈文公问师:"春秋多少?"师提起数珠云:"会么?"愈云:"不会。"师云:"昼夜一百八。"愈罔措,归宅,怏怏不乐。夫人问:"侍郎情思不怿[②],复有何事?"愈举前话,夫人云:"何不进语云'昼夜一百八,意旨如何'?"愈明日凌晨复去,及门逢首座,座云:"侍郎入寺何早?"愈云:"特去堂头通话。"座云:"有何因缘?"愈举前话,座云:"侍郎怎生会?"愈云:"昼夜一百八,意旨如何?"座扣齿三下。复至方丈,进前语,师亦扣齿三下。愈云:"信知佛法一般。"师云:"有个甚么道理?"愈云:"适来门首问首座亦如是。"师唤首座问:"适来只对侍郎佛法是否?"座云:"是。"

① 痒和:抓痒之具。
② 怿:音译。欢喜。

师便打，即时趁出。

保宁勇颂云：“一步才行两步移，门前惊起凤凰儿。栖踪不在梧桐树，群鸟东西空绕枝。”

汾州石楼和尚（凡二）

僧问：“未识本来性，乞师方便。”师云：“石楼无耳朵。”僧云：“某甲自知非。”师云：“老僧还有过。”僧云：“和尚过在甚么处？”师云：“过在汝非处。”僧作礼，师便打。

师问僧：“近离甚处？”云：“汉国。”师云：“汉国天子还重佛法也无？”僧云：“苦哉，赖遇问着某甲，问着别人即祸生。”师云：“何也？”僧云：“人尚不见，有何佛法可重？”师云：“阇梨受戒多少时也？”僧云：“二十夏。”师云：“大好不见人。”便打。

雪窦云：“这僧棒即吃了，要且去不再来。石楼令虽行，争奈无风起浪。”

凤翔府佛陀逊禅师（凡三）

因米胡领众来相看，师便拽转绳床，面壁而坐。米于背后立少时，却回客位。师云：“是即是，若不验过，已后遭人贬剥。”却令侍者去请。米胡才上来，拽转绳床便坐。师绕绳床一匝，便归方丈。胡拽翻绳床，领众出去。

师访庞居士，士云：“忆得在母胎时有一则语，今日举似阿师,第一不得作道理主持。”师云:“犹是隔生也。”士云:“向道不得作道理主持。”师云:“惊人之句,争得不怕。”士云:“如师见解,可谓惊人。”师云:“不作道理,却成道理。”士云:“不但隔一生两生。”师云:“粥饭僧,一任检责。”

师见居士来,便闭却门,云:“多知老翁,莫与相见。”士云:“独坐独语,过在阿谁?”师便开门,被士捎住云:“是你多知?是我多知?”师云:“多知且置,闭门开门,卷之与舒,相去几何?”士云:“只此一问,气急杀人。”师不对,士云:“弄巧成拙。”

潭州招提慧朗禅师(凡二)

师谒马大师,大师问:“汝来何求?”师云:“求佛知见。”大师云:“佛无知见,知见乃魔尔。汝自何来?”云:“南岳来。”大师云:“汝从南岳来,未见曹溪心要。汝速归彼,不宜他往。”师即归石头。

问石头:“如何是佛?”头云:“汝无佛性。”师云:“蠢动含灵又作么生?”头云:“蠢动含灵却有。”师云:“某甲为甚么却无?”头云:“为汝不肯承当。”师于言下悟入,后凡有学者扣问,师皆云:“去,汝无佛性。”

丁行者(凡一)

访性空,空打一棒云:“瞎却汝本来眼也。”丁云:“非但今日,古人亦行此令。”空云:“谁向汝道古今?”丁拂袖便出,空云:“青天白日,有迷路人。”丁云:“莫要指示么?”空便打,丁云:“莫瞎却人眼好。”空云:“瞎却俗人眼有甚么过?”

青原下第四世

荆州天皇道悟禅师法嗣

澧州龙潭崇信禅师(凡三)

本渚宫卖饼家子,未详姓氏。师家日令师送十饼上天皇,皇受毕,每留一饼与之云:“我惠汝以荫子孙。”师忽自念云:“饼我持去,何返遗我?岂别有旨耶?”请问皇,皇云:“是汝持来,复汝何咎?”师言下领旨,因投出家。皇云:“汝昔崇福善,今信吾言,可名崇信。”

师问天皇:“某甲自到来,不蒙和尚指示心要。”皇云:“自汝到来,吾未尝不指示汝心要。”师云:“何处是指示某甲心要处?”皇云:“汝擎茶来,吾为汝接。汝行食来,吾为汝受。汝和南时,吾便低首。何处不指示汝心要?”师伫思,皇云:“见即直下便见,拟思即差。”师当下开悟,乃问云："如何保任？"皇云："任性逍遥，随缘放旷。但尽凡心，别无圣解。"

师问天皇："从上来，相承底事如何？"皇云："不是明汝来处不得。"师云："这个眼目几人具得？"皇云："浅草易为长芦。"

前澧州药山惟俨禅师法嗣

潭州道吾宗知禅师（凡十二）

豫章海昏张氏子。初见药山，山问："甚处来？"师云："游山来。"山云："不离此室，速道将来。"师云："山上乌儿白似雪，水里游鱼闲不彻。"

师因药山示众云："我有一句子，未曾向人说。"师云："相随来也。"僧请问药山："一句子如何说？"山云："非言说。"师云："早说了也。"

师见南泉，泉问："阇梨名甚么？"师云："宗智。"泉云："智不到处作么生宗？"师云："切忌道着。"泉云："灼然，道着即头角生。"

三日后，师与云岩在后架把针，泉见乃问："前日道'智不到处，切忌道着，道着即头角生'，合作么生行履？"师便抽身入僧堂。泉便去。

师却来坐，岩问："师弟适来何不祗对和尚？"师云：

“汝得恁么灵利。”岩罔措，却去问南泉云：“适来因缘，智头陀何不祇对和尚？”泉云：“他却是异类中行。”岩云：“如何是异类中行？”泉云：“不见道，智不到处，切忌道着，道着即头角生。直须向异类中行始得。”

师知岩不荐，默计云：“此人因缘不在这里。”却同归药山。山见二人回，乃问岩：“汝到甚么处去来？”岩云：“到南泉。”山云：“有何言句？”岩举前话，山云：“子作么生会？”岩无对，山大笑。岩问：“如何是异类中行？”山云：“我今日困，别时来。”岩云：“某甲特为此事归来。”山云：“且去。”岩便出。

师在方丈外，闻岩不荐，不觉咬得指头血出。师却下来问岩云：“师兄去问和尚那因缘作么生？”岩云：“和尚不为某甲说。”师便低头。

施主施裈，南泉提起示众云：“法身具四大，有人道得，与汝一腰裈。”师出云：“性地非空，空非性地，此是地大，三大亦然。”泉云：“与汝一腰裈。”

云岩问：“师兄家风作么生？”师云：“教汝指点着，堪作甚么？”云：“无这个来多少时也？”师云：“牙根犹带生涩在。”

云岩不安，师问：“离却壳漏子，向甚处相见？”云：“向不生不灭处相见。”师云：“何不道，非不生不灭处，亦不求相见？”

师见云岩修鞋，乃问："作甚么？"云："将败坏，补败坏。"师云："何不道，即败坏，非败坏？"

云岩问："大悲菩萨用许多手眼作甚么？"师云："如人背手摸枕子。"岩云："我会也，我会也。"师云："你作么生会？"岩云："遍身是手眼。"师云："道也太杀道，只道得八成。"岩云："师兄又作么生？"师云："通身手眼。"

石霜问："百年后有人问极则事，向他道甚么？"师唤河弥，弥应诺，师云："添净瓶水着。"师良久，却问石霜："适来问甚么？"霜拟再举，师便起去。

师指佛桑花问僧："这个何似那个？"云："直得寒毛卓竖。"师云："毕竟如何？"云："道吾门下。"师云："十里大王。"

僧问："无神通菩萨为甚么足迹难寻？"师云："同道者方知。"云："和尚还知么？"师云："不知。"云："为甚么不知？"师云："去，汝不会我语。"

僧问："万里无云，未是本来天。如何是本来天？"师云："今日好晒麦。"

潭州云岩昙晟禅师（凡十一）

钟陵海昌王氏子。师初参百丈，凡二十年无省发。后谒药山,山问:“甚处来?”师云:“百丈来。”山云:“有何言句?”师云:“有时示众云:‘我有一句子,百味具足。’”山云:“咸即咸味,淡即淡味,不咸不淡是常味,作么生是百味具足底句?”师无对,山笑云:“争奈目前生死何?”师云:“目前无生死。”山云:“二十年在百丈,俗气也不除。”

药山一日又问:“海兄更说甚么法?”师云:“有时道:‘三句外会取,六句外省去。’”山云:“且喜没交涉。”

又问:“更说甚么法?”云:“有时上堂,众才集,拈拄杖打下。复召大众,众回首,丈云:‘是甚么?’”山云:“何不早恁么道。”师于此大悟。

妙喜云:“悟去即不无,争奈未出葛藤窠。”

药山问师:“你未到百丈时,曾到甚么处?”师云:“曾到广南。”山云:“见说广南城东门外有一片石,被州主移去,是否?”师云:“非但州主,盍国人来,亦移不动。”

药山问师:“闻你解弄师子是否?”师云:“是。”山云:“弄得几出?”师云:“弄得六出。”山云:“我亦解弄。”师云:“和尚弄得几出?”山云:“弄得一出。”师云:“一即六,六即一。”

师到沩山,山问:“承闻长老在药山弄师子是否?”师云:“是。”沩云:“长弄?还有置时?”师云:“要弄即弄,要置便置。”沩云:“置时,师子在甚么处?”师云:“置也置也。”

师问一尼云:“你爷在否?”云:“在。”师云:“年多少?”云:“六十八。”师云:“你有个爷,不年六十八,汝还知否?”云:“莫便是恁么来者么?”师云:“犹是儿孙在。”

洞山云:“直是不恁么来者,亦是儿孙。”

师谓众云:“有一个人家儿子,问着无有道不得底。”洞山云:“他屋里有多少典籍?”师云:“一字也无。”道云:“争得与么多知?”师云:“日夜不曾眠。”洞云:“问一件事,还得否?”师云:“道得即不道。”

师煎茶次,道吾问:“煎与阿谁?”师云:“有一人要。”吾云:“何不教伊自煎?”师云:“幸有某甲在。”

师问石霜:“甚处来?”云:“沩山来。”师云:“在彼多少时?”云:“粗经冬夏。”师云:“与么则成山长去也。”霜云:“虽在彼中却不知。”师云:“他家亦非知非识。”

道吾闻云:“得恁么,无佛法身心。”

师扫地次,道吾云:“太区区生。”师云:“须知有不区区者。”吾云:“恁么则有第二月去也。”师竖起扫帚云:“这个是第几月?”吾休去。

玄沙云:“正是第二月。”长庆云:“被他倒转扫帚拦面摵又作么生?”沙休去。罗山云:“噫。两个汉不识好恶。云岩个汉缚手脚,死来多少时也。”

云门云:“奴见婢殷勤。”

裴大夫问僧："只如供养佛，佛还吃否？"僧云："如大夫祭家神。"大夫举似师，师代云："有几味饭食，但一时下将来。"师却问神山："一时下来后作么生？"山云："合取钵盂。"师然之。

秀州华亭船子德诚禅师（凡五）

节操高邈，度量不群。与道吾、云岩得法于药山。山顺寂后，三人同议，各卜深山隐居去。道吾须臾云："适来所议，甚惬鄙怀，莫辜负先师否？"师良久云："予率性疏野，唯好山水，乐情自遣，他无所能也。若遇灵利座主，指一个来，或堪雕琢，付受平日所得，以报先师之恩。"三人于是分袂。

师即泛小舟于华亭，时人呼为船子和尚。后道吾至京口，指夹山见师，问答，言下大悟（语载夹山章）。山礼辞，师遂覆舡而逝。

有官人问："如何是和尚日用事？"师竖起桡子云："会么？"云："不会。"师云："棹拨清波，金鳞罕遇。"因示颂云：

"三十年来坐钓台，钓头往往得黄能[1]。金鳞不遇空劳力，收取丝纶归去来。"

"千尺丝纶直下垂，一波才动万波随。夜静水寒鱼不

① 能：音 nái。三足鳖。

食，满舡空载月明归。”

雪窦云：“这汉劳而无功，忽若云门道‘一句合头语，万劫系驴橛’又作么生？免得此过。”良久云：“莫谓水寒鱼不食，如今载得月明归。”

“三十年来海上游，水清鱼现不吞钩。钓竿斫尽重栽竹，不计功程得便休。”

宣州椑树慧省禅师（凡四）

师问洞山：“你来作甚么？”山云：“亲近和尚。”师云：“若是亲近，用动两片皮作么？”山无对。

曹山闻举，乃云：“一子亲得。”

师问定山云：“不落数量，请师道。”山提起数珠云：“是落不落？”师云：“圆珠三窍人人有，请师圆前话。”山便打，师便走。山云：“三十年后椎胸大哭去在。”师后开堂，示众云：“老僧三十年前被定山热瞒一上，不同小小。”

师睡次，道吾来见，乃牵被盖之。师云：“作甚么？”吾云：“盖覆。”师云：“坐底是？卧底是？”吾云：“不在这两头。”师云：“争奈盖覆何？”吾云：“莫乱道。”

僧问：“如何是佛？”师云：“猫儿上露柱。”云：“不会。”师云：“问取露柱去。”

高沙弥(凡五)

初见药山,山问:“甚处来?”师云:“南岳来。”山云:“甚处去?”师云“江陵受戒去。”山云:“受戒图个甚么?”师云:“图免生死。”山云:“有一人不受戒,亦无生死可免,汝还知么?”师云:“恁么则佛戒何用?”山云:“这沙弥犹挂唇齿在。”师因是契自本心,更不受戒。

药山谓道吾云:“适来有个沙弥却有些子气息。”吾云:“未可全信,待与勘过始得。”至晚上堂,召云:“早来沙弥在甚么处?”师出众,山问:“我闻长安甚闹,汝还知么?”师云:“我国晏然。”山云:“汝从人得?看经得?请益得?”师云:“亦不从人得,不从看经得,不从请益得。”山云:“有人不看经,不请益,为甚么不得?”师云:“不道他不得,自是他不肯承当。”山顾道吾、云岩云:“不信道,这跛脚沙弥却有些子气息。”

药山一日自打鼓,师捧钵作舞上堂,山掷下槌云:“是第几和?”师云:“第二和。”山云:“如何是第一和?”师就桶,舀一杓饭便行。

师辞药山去住庵。山问:“生死事大,何不受戒去?”师云:“知是般事便休,唤甚么作戒?”山咄云:“这饶舌沙弥,入来近处住庵,庶几时复相见。”

师住庵后，一日雨中来。山云："你来也。"师云："是。"山云："可杀湿？"师云："不打这鼓笛。"云岩云："皮也无，打甚么鼓？"道吾云："鼓也无，打甚么皮？"山云："今日大好曲调。"

朗州刺史李翱（凡二）

一日肃庄客礼，直造药山前。山看经，略不相顾。李云："见面不如闻名。"拂袖便出，山召尚书，李应诺，山云："何得贵耳贱目？"李遂作礼，问云："如何是道？"山以手指天，复指净瓶云："会么？"李云："不会。"山云："云在青天水在瓶。"李礼谢，赠诗云："炼得身形似鹤形，千株松下两函经。我来问道无余事，云在青天水在瓶。"

李问药山："如何是戒定慧？"山云："我这里无这闲家具。"李莫测其旨，山云："太守欲保任此事，直须向高高山顶立，深深海底行。闺阁①中物舍不得，便为渗漏。"

邓州丹霞天然禅师法嗣

京兆府翠微无学禅师（凡四）

问丹霞："如何是佛？"霞云："幸自可怜生，须要执巾帚作么？"师退身三步，霞云："错。"师进前三步，霞云：

---

① 閤：音合。大门旁开小门。

“错。”师跷一足，旋身一转而出。霞云：“得即得，辜负诸佛师。”

龙牙问：“自到和尚法席，每上堂，不蒙一言示诲，意在于何？”师云：“嫌个甚么？”后问洞山，山云：“争怪得老僧。”后有僧问法眼，眼云：“祖师来也。”

雪窦云：“两个老汉被这僧穿却，唯有法眼与他同参。若是雪窦门下，吃棒了，趁出。”

师在法堂上行，投子进前作礼问：“西来密旨，和尚如何指示于人？”师顾视少顷。子云：“乞师垂示。”师云：“更要第二杓恶水那？”子作礼，师云：“莫垛却。”子云：“时至根苗自生。”

僧问：“二祖初见达磨有何所得？”师云：“汝今见吾，复何所得？”

吉州孝义性空和尚（凡二）

僧来参，师展手示之。僧近前，复退后。师云：“父母俱丧，略不惨颜。”僧呵呵大笑，师云：“与阇梨举哀。”其僧打筋斗而出，师云：“苍天苍天。”

师见僧来，乃问：“与么下去，还有佛法道理也无？”僧云：“某甲结舌有分。”师云：“老僧又作么生？”僧云：“素非好手。”师仰身合掌，僧亦合掌。师抚掌三下，僧拂袖而出。

师云："乌不前，兔不后，几人于此忙然走。只有阇梨达本源，结舌何曾着空有？"

米仓和尚（凡一）

有僧来，绕师三匝，敲绳床一下云："不见主人公，终不参众去。"师云："情识甚么处去来？"云："果然不在。"师打一拄杖云："几落情识。"僧呵呵大笑，师云："村草步头，逢着一个半个，有甚共语处？"僧云："且参堂去。"

潭州长髭旷禅师法嗣

潭州石室善道和尚（凡四）

侍石头游山次，头云："与我斫却前头树子，碍我。"师云："不将刀来。"头袖中取刀，倒度与师。师云："何不过那头来？"头云："汝用那头作么？"师于此有省。

杏山问："承闻行者游五台，还见文殊么？"师云："见。"山云："道甚么？"师云："道你生身父母在深草里。"杏无对。

师与仰山玩月次，山问："尖时，圆相向甚么处去？圆时，尖相向甚么处去？"师云："尖时圆相在，圆时尖相隐。"

师每见僧来，拈起拄杖子云："三世诸佛尽由这个。"对者皆不契。长沙闻得云:“我若见,只令放下拄杖,别通个消息来。”三圣将此语去只对,被师识破是长沙语。

杏山闻三圣失机,亲到石室,才见便问:“行者不易,贫道难消。”师云:“开心碗子盛将来,无缝盘子合将去,说甚么难消?”杏山休去。

潭州大川和尚法嗣

仙天和尚(凡六)

有新罗僧来参,才展坐具,师捉住云:“未离本国时,道取一句。”僧无语,师便推出云:“问伊一句,便道两句。”

披云和尚来,才入方丈,师便问:“未见东越老人时,如何为物?”云云:“只见云生碧嶂,焉知月落寒潭。”师云:“只与么也难得。”云云:“莫是未见东越老人时消息么?”师便喝,云展两手。师云:“错怪人底有甚么限?”云掩耳出去,师云:“死却这汉平生也。”

洛平来,师问:“甚处来?”云:“南溪。”师云:“将得南溪消息来么?”云:“消即已消,息即未息。”师云:“最苦是未息。”云:“且道未息个甚么?”师云:“一回见面,千载忘名。”平拂袖便行,师云:“弄死蛇手,有甚么限?”

有僧来,拟作礼,师云:“野狐儿见个甚么便礼拜?”僧云:“老秃奴见甚么便恁么道?”师云:“苦哉苦哉,仙天今日忘前失后。”云:“要且得时,终不补失。”师云:“争不如此?”僧云:“谁甘?”师呵呵大笑云:“远之远矣。”僧四顾而出。

有僧来,才展坐具,师云:“这里会得,早是辜负平生。”云:“不向这里会又作么生?”师云:“不向这里会,更向甚么处会?”便打出。

有僧来,才展坐具,师云:“不用通时暄,还我文彩未生时道理来。”云:“某甲有口,哑却即闲,苦死觅个腊月扇子作么?”师拈棒作打势,僧捉住云:“还我未拈棒时道理来。”师云:“随我者,随之南北。不随我者,死住东西。”云:“随与不随即且置,请和尚指出东西南北。”师便打。

联灯会要卷第二十

青原下第四世

潮州大颠和尚法嗣

漳州三平义忠禅师(凡三)

福州杨氏子。师谒大颠,问:"不用指东划西,请师直指。"颠云:"幽州江口石人蹲。"师云:"犹是指东划西。"颠云:"若是凤凰儿,不向篱边讨。"师作礼,颠云:"若不得后语,前话也难圆。"

师问侍者:"姓甚么?"者云:"与和尚同姓。"师云:"你道我姓甚么?"者云:"问头何在?"师云:"几时曾问你?"者云:"姓者谁?"师云:"念汝初机,放你三十棒。"

师升座次,有道士出,从东过西。有僧出,从西过东。师云:"道士却有见处,师僧未在。"道士作礼云:"谢师接引。"师便打。僧作礼云:"乞师指示。"师亦打。

乃谓众云:"此两件公案且作么生断?还有断得底么?"如是三问,众无对。师云:"既无人断得,老僧为断去也。"掷下拄杖,便归方丈。

大沩喆云:"若不是三平,洎乎作道理断。却不见石巩道:‘三十年,一张弓,两只箭,只射得半个圣人。’果然。”

马颊山本空和尚(凡一)

示众云:“只这施为动转,还合得本来祖翁么?若合得,十二时中无虚弃底道理。若合不得,吃茶说话往往唤作茶话去。”

僧问:“如何免得不成茶话去?”师云:“你还识得口也未?”云:“如何是口?”师云:“两片皮也不识。”云:“如何是本来祖翁?”师云:“大众前不得牵爷恃娘。”云:“大众欣然去也。”师云:“你试点大众性看。”僧作礼,师云:“汝往往道一性一切性去。”僧欲进语,师云:“辜负平生行脚眼。”

本生和尚(凡二)

拈拄杖,示众云:“我若拈起,汝便向未拈起时作道理。我若不拈起,你便向拈起时作主宰。且道,老僧为人在甚么处?”

有僧出云:“不敢妄生节目。”师云:“也知阇梨不分外。”云:“高高处,平之有余。低低处,观之不足。”师云:“节目上更生节目。”僧无语,师云:“掩鼻偷香,空招罪犯。”

雪窦云:“这僧善能切瑳,争奈弓折箭尽。虽然如是,且本生是作家宗师。拈起也,天回地转,应须拱手归降。放下也,草偃风行,必合全身远害。还见本生为人处也无?”复拈起拄杖云:“太平本是将军致,不许将军见太平。”

师问僧：“甚处来？”云：“太原来。”师云：“那边风景如何？”云：“与此间不别。”师云：“且道此间风景如何？”云：“和尚与某甲不同。”师云：“踏破施主草鞋，当为何事？”僧无对，师云：“即古即今，出个问处且难，乃至老僧亦出不得。”

侍郎文公韩愈(凡四)

公镇潮州，暇日谒大颠，问：“弟子军州事多，省要处乞师一言。”颠据坐，公罔措。时三平义忠禅师侍立，乃敲绳床三下，颠回顾云：“作么？”忠云：“先以定动，后以智拔。”公作礼云：“和尚门风高峻，弟子于侍者边得个入处。”

三平迁化，众请公作丧主。公将手巾一条盖一面砂锣，上横一口剑，直到龛前，放下云：“还有人道得么？若道得，某甲即作丧主。若道不得，某甲即不作丧主。”其时一众无对，公踢翻砂锣，哭云：“苍天苍天，先师远矣。”

罗山闲，到三平读碑，见载其事，乃云：“噫，大奇大奇。三平门下六百来人，总被个俗汉吞却也。陈老师当时若在，未放他过在。”

时有僧问：“只如侍郎与么上来，未审作么生只对？”罗山云：“我当时若在，只将七尺布巾盖却头，横亚一柄灵刃刀，以手握起孝幕，当门而坐。看韩家个汉要作丧主也未得，要不作丧主也未得。进之须有理，退之须有理。”(《统要》云:“漳守姓韩,非文公也。”)

公问僧:“承闻讲得《肇论》是否?”云:“不敢。”公云:“肇有四不迁是否?”云:“是。”公将茶盏扑破云:“这个是迁不迁?”僧无对。

汾阳昭代云:“识得侍郎。”

公因唐宪宗迎佛骨入大内供养,夜放光明,次日早朝,群臣皆贺陛下圣德圣感,唯公不贺。上宣问:“群臣皆贺,卿何独不贺?”公奏云:“臣曾看佛书,佛光非青黄赤白等相,此是神龙卫护之光。”上问:“如何是佛光?”公无对,因以罪出。

雪窦代云:“陛下高垂天鉴。”

青原下第五世

澧州龙潭崇信禅师法嗣

鼎州德山宣鉴禅师(凡十三)

剑南周氏子。师在蜀,业《金刚经》,因号周金刚。尝谓同学云:“一毛吞海,海性无亏。纤芥投锋,锋利不动。学与无学,唯我知焉。”

后闻南方禅席颇盛,师气不平,谓同列曰:“出家儿,千劫学佛威仪,万劫学佛细行,尚不得成佛。南方魔子敢言‘直指人心,见性成佛’,我当搂其窟穴,灭其种族,以报佛恩。”遂担《青龙疏抄》出蜀。及中路，遇一卖饼婆子，师放下《疏抄》问婆云：“买饼点心。”婆敛手云：“上座担者何文字？”师云：“《青龙疏抄》。”婆云：“讲何经？”师云：“《金刚经》。”婆云：“婆有一问，上座若道得，即舍饼充点心。”师云：“便请。”婆云：“经中道：‘过去心不可得，见在心不可得，未来心不可得。’上座鼎鼎是点那个心？”师无对。

径造龙潭，才相见，便问：“久响龙潭，及乎到来，潭又不见，龙又不现。”潭云：“子亲到龙潭。”师作礼而退。

雪窦云：“将错就错。”

云峰悦云：“大小德山，向齑瓮里淹杀。”

黄龙心云：“雪窦与么，不知德山将错就错。龙潭将错就错，识休咎底衲僧必知去处。未过关者，亦宜辨白。还相委悉么？纵饶栽种得，不是栋梁材。”

师因侍立龙潭。抵夜，潭云：“夜深，子何不下去？”师即珍重，揭帘而出。见外面黑，却回云：“外面黑。”潭点纸灯度与师，师拟接，潭便吹灭。师于此大悟，便作礼，潭云：“子见个甚么道理？”师云：“某甲从今日去，不疑天下老和尚舌头。”

次日龙潭升堂云：“可中有个汉，牙如剑树，口似血盆，一棒打不回头。他时异日，向孤峰顶上立吾道去在。”

师取《疏抄》于法堂前，将一炬火提起云：“穷诸玄辩，若一毫置于太虚；竭世枢机，似一滴投于巨壑。”将疏抄便烧。于是取辞。

师到沩山，挟复子于法堂，从西过东，从东过西，顾视方丈。沩山不顾，师云："无无。"便出去。（雪窦云："勘破了也。"）

师至门首，却云："也不得草草。"却具威仪，再入相见。才跨门，提起坐具，召云："和尚。"沩山拟取拂子，师便喝，拂袖而出。（雪窦云："勘破了也。"）

沩山至晚问首座："今日新到在甚么处？"座云："当时背却法堂，着草鞋出去了也。"沩云："还识此人么？"云："不识。"沩云："此子已后向孤峰顶上，盘结草庵，呵佛骂祖去在。"（雪窦云："雪上加霜。"）

五祖戒云："德山作贼人心虚，沩山贼过后张弓。"

妙喜云："二尊宿恁么相见，每人失却一只眼。"

示众云："于己无事，则勿妄求。妄求而得，亦非得也。汝但无事于心，无心于事，则虚而灵，空而妙。若毫端许，言之本末者，皆为自欺。何故？毫厘系念，三涂业因；瞥尔情生，万劫羁锁；圣名凡号，尽是虚声；殊相劣形，皆为幻色。汝欲求之，得无累乎？及其厌之，又成大患，终而无益。"

小参，示众云："今夜不答话，问话者，三十棒。"时有僧出，作礼，师便打。僧云："某甲话也未问，为甚便打？"师云："你是甚处人？"云："新罗人。"师云："未跨船舷时，好与三十棒。"

法眼云："大小德山，话作两橛。"

德山密云："大小德山，龙头蛇尾。"

雪窦云："二尊宿虽善裁长补短，舍重从轻，要见德山老汉亦未可在。何故？殊不知，德山握阃外之威权，有当断不断，不招其乱底剑子。诸人要识新罗僧么？只是撞着露柱底瞎汉。”

大沩喆云：“德山大似清平世界铠甲磨枪，这僧不惜性命，身挨白刃。”

示众云：“问则有过，不问犹乖。”时有僧出作礼，师便打。僧云：“某甲话也未问，为甚便打？”师云：“待你开口，堪作甚么？”

示众云：“诸子从朝至暮，有甚么事？莫要逞驴唇马觜，问德山老汉么？我且不怕你。未审诸子有何疑虑？近来末法时代，多有鬼神群队傍家走言：‘我是禅师。’未审学得多少禅道，说似老汉来。你诸方老秃奴，教你修行作佛，傍家行脚，成得几个佛也。你若无可学，又走作甚么？若有学者，你将取学得底来呈似老僧看。一句不相当，须吃痛棒始得。你被他诸方老秃奴魔魅着，便道：‘我是修行人。’打硬作模作样，恰似得道底人面孔。莫取次用心。万劫千生，轮回三界，皆为有心。何故？心生则种种法生。若能一念不生，则永脱生死。不被生死缠缚，要行即行，要坐即坐，更有甚么事？

“仁者，我见你诸人到处发心，向老秃奴会下学佛法，荷负不惜身命，皆被钉却诸子眼睛，断诸子命根三二百个淫女相似。道我王化建立法幢，为后人开眼目，自救得么？仁者如此说修行，岂不闻道‘老胡经三大阿僧祇劫修行，即今何在？八十年后死去，与你何别’？诸子莫狂，劝你不如休歇去，无事去。你瞥起一念，便是魔家眷属，破戒俗人。你见德山出世，十个五个拟聚头来难问，教结舌无言。你是倭儸儿，今何不出来？破布袋里盛锥子，不出头是好手。我要问你实底，莫错。

“仁者，波波地傍家走道：‘我解禅解道。’点胸点肋，称杨称郑，到这里须尽吐却始得无事。你但外不着声色，内无能所知解，体无凡圣，更学甚么？设学得百千妙义，只是个吃疮疣鬼，总是精魅。我这里虚空，道有且不是有，道无且不是无。言凡不凡，言圣不圣；一切处安着他不得，与你万法为师。这个老汉不敢谤他。所以老胡吐出许多方便涕唾，教你无事去，莫向外求。你更不肯，欲得采集殊胜言句，蕴在胸襟；巧说言辞，以舌头取办；高着布裙，贵图人知，道：‘我是禅师，要出头处。’若作如此见解，打那鬼骨臀，入拔舌地狱有日在。到处觅人，道：‘我是祖师门下客。’被他问着本分事，口似木揬[1]，便却与他说菩提涅槃，真如解脱；广引三藏言教，是禅是道，诳他闾阎，有甚么交涉？谤我先祖。

“德山老汉见处即不然。这里佛也无，祖也无。达磨是老臊胡，十地菩萨是担屎汉，等妙二觉是破戒凡夫，菩提涅槃是系驴橛，十二分教是鬼神簿，拭疮疣纸；四果三贤、初心十地是守古冢鬼，自救得也无；佛是老胡屎橛。仁者莫错，身披疮疣衣，学甚么事？饱吃了饭，说真如涅槃，皮下还有血么？须是个丈夫始得。你莫爱圣，圣是空名。向三界十方世间，若有一尘一法可得，与你执取生解，保任贵

① 揬：音突。

重者,尽落天魔外道。是有学得底,亦是依草附木,精魅野狐。

“诸子,老汉此间无一法与你诸子作解会,自己亦不会禅;老汉亦不是善知识,百无所解。只是个屙屎送尿,乞食乞衣,更有甚么事?德山老汉劝你,不如无事去,早休歇去。莫学颠狂,每人担个死尸浩浩地走,到处向老秃奴口里爱他涕唾吃,便道:‘我是入三昧,修蕴积行,长养圣胎,愿成佛果。’如斯等辈,德山老汉见,似毒箭入心,花针乱眼,辜负先圣,带累我宗。图他道‘我是出家儿’,如此消他十方施主,水也消不得。莫算道敢向他国王地上行,父母不供甘旨,岂为无罪?莫错用心,阎罗王征你草鞋钱有日在,穿你鼻孔,系着橛上,偿他宿债。莫言不道。是你诸人大似有福,遇着德山出世与你解却绳索,脱却笼头,卸却角驮,作个好人去,三界六道收摄你不得。更无别法,是个煜赫虚空,无碍自在,不是你庄严得底物。从佛从祖,皆传此法。而得出离一大藏教,只是整顿你今时人。

“诸子,莫向别处求觅。乃至达磨小碧眼胡僧到此来,也只是教你无事去,教你莫造作。着衣吃饭,屙屎送尿。更无生死可怖,亦无涅槃可得,无菩提可证。只是寻常一个无事人。第一莫拱手作禅师,觅个出头处。巧作言语,魔魅后生。欲得人唤作长老,自己分上都无交涉,徒知心识浩浩地,日夜捏怪不休,称杨称郑,‘我是江西马大师宗徒’。德山老汉且不是你群队人。我见石头和尚,不识好恶老汉,所以骂他。诸子,你莫着声色。名言句义,境致机关,道理善恶,凡圣取舍,攀缘染净,明暗有无诸念,可中与么得,方是个无事人。佛亦不如你,祖亦不如你。

“仁者,莫走蹈你脚板阔去,别无禅道可学。若有学得者,即是二头三首,外道见解。亦无神通变现可得。汝道神通是圣,诸天龙神、五通神仙、外道修罗亦有神通,应可是佛也?孤峰独宿,一食卯斋,长坐不卧,六时礼念,疑他生死。老胡有言:‘诸行无常,是生灭法。’若言入定凝神,静虑得者,尼乾子等诸外道师,亦入得八万劫大定,莫是佛否?明知邪见精魅。仁者,老胡不是圣,佛是老胡屎橛。且要仁者辨取好恶,莫着人我,免被诸圣橛、菩提橛。解脱殊胜,名言妙义,没溺系缚汝。何故?一念妄心不尽,即是生死相续。

“仁者,时不待人,莫因循过日。时光可惜,老汉不图你田厍[①]奴荷负。若肯,即信取;若不肯,每人有个屎钵担取去,老汉亦不求你。诸方大有老秃奴,取一方处所说禅说道,你急去学取、抄取。我此间,终无一法与你诸人。仁者问取、学取以为知解,老汉不能入拔舌地狱。若有一尘一法示诸人,说言有佛有法,有三界可出者,皆是野狐精魅。诸人者,欲得识么?只是个虚空,尚无纤尘可得,处处清净,光明洞达,表里莹彻;无欲无依,无栖泊处,有甚么事?老汉从生至死,只是个老比丘。虽在三界生,而无垢染。欲得出离何处去?设有去处,亦是笼槛,魔得其便。仁者,莫用身心,无可得。只要一切时中,莫用他声色,应是从前行履处,一时放却,顿脱羁锁,永离盖缠。一念不生,即前后际断,无思无念,无一法可当情。

“仁者,作么生拟下口觜?你多知解,还曾识渠面孔

① 厍:音社。村庄。

么？出家儿，乃至十地满心菩萨觅他踪迹不得。所以诸天欢喜，地神捧足，十方诸佛赞叹，魔王啼哭。何以故？缘此虚空，活鲅鲅地无根株，无住处。若到这里，眼目定动，即没交涉。仁者莫求佛，佛是大杀人贼，赚多少人入淫魔坑。莫求文殊、普贤，是田厍奴。何惜许，一个堂堂大丈夫儿吃他毒药了，便拟作禅师面孔。见神见鬼，向后狂乱。傍家走，觅师婆打瓦卜去，被无知老秃奴便即与卜道：'教你礼祖。'师鬼，佛鬼，菩提涅槃鬼。是小淫女子不会，便问：'如何是祖师西来意？'这老秃奴便打绳床，作境致，竖起拂子云：'好晴好雨好灯笼。'巧述言辞，强生节目。言：'有玄路、鸟道、展手[①]。'若取如是说，如将宝器贮于不净，如将人粪作旃檀香。

"仁者，彼既丈夫，我亦尔，怯弱于谁？竟日就他诸方老秃奴口觜接涕唾吃了，无惭无愧。苦哉苦哉。狂却子去，因果分明。水牯牛牵犁拽把，眼睛突出，气力不登，大棒打你脊。劫佛衣食，道：'我修行了也。'若不明大理，饶你去佛肚里过来，只是个能行底屎橛。不曾遇着好人，便即认得六根门头光影，向口里说取露布是隐言妙句，光彩尖新，争奈你自家无分。仁者，是别人涕唾。

"更有一辈，三三两两，聚头商量，甚么处无事好经冬过夏，快说禅道有知解，会义理。仁者，总作如此见解，觅便宜，岂有如此道理？入地狱有日在。莫道不向诸子说，

---

① 玄路、鸟道、展手：此三者，为洞山寻常开示语。后有公案云：师问僧："甚处来？"云："洞山来。"师云："有何言句？"云："寻常许人三路学：玄路、鸟道、展手。"师云："实有此语那？"云："然。"师云："轨持千里钞，林下道人悲。"（事见夹山善会禅师条。）

到处，菜不择一茎，柴不搬一束，一朝福尽，只是吃草去。虚消信施，滥称参学，更作禅师模样，无益于人。自己分上，十二时中，行履处，心常附物，见人只欲妖媚，掉尾子。指东语西，眼里口边，果然不见，只欲将相似语，勘当解处。老汉与你诸人何别？郎君子，莫取一期眼下口快，吃他毒药了，似贪淫女人，不持斋戒。瞎秃奴，群羊僧，颠却他人入地狱。仁者，莫取次看策子，寻句义，觅胜负。一递一口，何时休歇？老汉相劝不是恶事，切须自带眼目，辨取清浊，是佛语，是魔语，莫受人惑。所以殊胜名言，皆是老胡一期方便施设，切须休歇去，莫倚一物。领他言语作解会，拣择亲疏，浮虚诈伪；记他闲言长语，皆是比量。

“仁者，老汉只恐诸子堕坑落堑，作薄福业；事持唇觜，得少为足；向静处立，不肯进前；自惑诸境，乱走他又由巡万法。盖为不信虚空本来无事，增减他不得。你诸人，好似老鸱，身在虚空，心在粪堆头，只觅死物吃。诸子，莫道德山老汉不曾入丛林，商量高声，骂取无人情，不怕业。只为诸子不守分，驰骋四方，傍他门户，恰似女姑鬼。传言送语，依事作解；心迹不忘，自犹不立。常负死尸，担枷带锁，五百一千里来到德山面前，八字立地，如欠伊禅道相似。‘和尚须为我说，指示我’。老汉全体作用，大棒铠这田库奴，骂贼屎孔面，不识好恶。到我这里，恰似遇澧州人吃鱼羹，烂臛[①]一顿。且图你放下重担，去却枷锁，作个好人去。还肯么？若肯，即住；不肯，一任脱去。珍重。”

---

① 臛：音霍。肉羹。

雪峰问："古人斩蛇，意旨如何？"师便打，峰便走。师召云："布衲。"峰回首，师云："他后悟去，方知老汉彻底老婆心。"

师见僧来，闭却门。僧敲门，师问："阿谁？"云："师子儿。"师开门，僧作礼。师蓦项骑云："这畜生甚处去来？"

有僧来相看，作相扑势。师云："与么无礼，合吃山僧手中棒。"僧拂袖便行，师云："饶你如是，也只得一半。"僧转身便喝，师便打云："须是我打你始得。"僧云："诸方有明眼人在。"师云："天然有眼。"僧擘开眼云："猫。"便出。师云："黄河三千年一度清。"

僧问："路逢达道人，不将语默对，未审将甚么对？"师云："只恁么。"僧良久，师云："汝更问看。"僧拟再问，师便喝出。

妙喜云："不妨好一喝，只是下得太迟。"

僧问："如何是菩提？"师云："出去，莫向这里屙。"问："如何是佛？"师云："佛是西天老比丘。"

师因疾，僧问："还有不病者么？"师云："有。"云："如何是不病者？"师云："阿耶耶，阿耶耶。"

师临示寂时，示众云："扪空追响，劳汝精神。梦觉觉非，复有何事。"言讫端然而寂。时咸通六年乙酉十二月三日也。寿八十六,腊六十五。塔于本山。

洪州宝峰和尚(凡五)

师问岩头:“与么与么,作么生会?”头云:“不与么不与么,又作么生会?”师云:“是平实语。”头云:“腰带无钩。”师云:“作么生?”头云:“上腰不得。”师云:“是平实语。”

有僧从岩头来,师竖起拂子云:“落在此机底人,未具眼在。”僧拟进前,师云:“恰落在此机。”僧回举似岩头,头云:“我若见,夺却拂子,看他作么生。”师闻乃云:“我竖起拂子从他夺,总不将物来,你又作么生?”头闻乃云:“无星秤子,有甚么辨处。”

师见僧念经从方丈前过,师云:“满口道尽,只是不具眼。”僧以手指师云:“道道。”师掌身边沙弥云:“眼在甚么处?”僧跷一足云:“与么与么。”师云:“长江下钓,无饵也吞。”僧便喝云:“这老和尚,无故涂糊人。”师云:“咬人师子不露牙。”僧作咬势,师云:“大裁帽子别处戴。”

师问僧:“其中事即易道,不落其中事始终难道。”僧云:“某甲在路时,便知有此一问。”师云:“更二十年行脚,也不较多。”云:“莫不契和尚意么?”师云:“苦瓜那堪待客。”

师问僧："古人有一条路接初机晚进，汝还知么？"云："请师指出。"师云："恁么则阇梨知了也。"云："头上更安头。"师云："老僧不合问。"云："问又何妨？"师云："我这里。不曾容人乱道，出去。"

潭州道吾宗智禅师法嗣

潭州石霜庆诸禅师(凡十二)

庐陵陈氏子。师到沩山作米头。筛米次，山云："施主物，莫抛撒。"师云："不抛撒。"沩于地上拾得一粒米，示师云："汝道不抛撒，这个从甚么处得来？"师默然。沩云："莫轻这一粒，百千粒尽从这一粒生。"师云："未审这一粒从甚么处生？"沩山呵呵大笑，归方丈。至晚上堂云："大众，米里有虫。"

师问道吾："如何是触目菩提？"吾唤沙弥，弥应诺，吾云："添净瓶水着。"吾却问："汝适来问甚么？"师拟举，吾便起去，师于此密契。

道吾谓师云："我疾作，将欲去世，心中有物，久而为患，谁为我除？"师云："心物俱非，除之益患。"吾贤之。

示众云："一代时教，是整顿你时人手脚。凡有其由，皆落今时。直至法身非身，犹是教家极则。我辈沙门，全无肯路。若分即差，不分即坐着泥水。"

僧问："咫尺之间，为甚么不睹师颜？"师云："我道遍界不曾藏。"僧后问雪峰："遍界不曾藏，意旨如何？"峰云："甚么处不是石霜？"僧回举似师，师云："这老汉有甚么死急？"

玄沙云："山头老汉蹉过也。"

洞山云："笑杀土地。"

琅玡觉云："雪峰虽有利人之心，且无出人之眼。石霜虽有出人之眼，未知有向上一窍。"

僧问："先师一片灵骨，黄金色，击作钟声，未审甚么处去也？"师召僧，僧应诺，师云："你不会我语，去。"

有僧辞师，问："舡去？陆去？"云："遇舡即舡，遇陆即陆。"师云："我道半途稍难。"僧无对。

云门代云："三十年后此话大行。"又云："临行之句，永劫不忘。"

僧问："三千里外远闻，石霜有个不顾，是否？"师云："是。"云："且如万象历然，是顾？不顾？"师云："我道不惊众。"云："不惊众是不与万象合，如何是不顾？"师云："遍界不曾藏。"

雪窦云："谁是不顾者？"

裴相公来，师拈起裴笏问："在天子手中为圭，在官人手中为笏，在老僧手中，且道唤作甚么？"裴无对，师乃留下笏子。

雪窦代云："弄巧成拙。"

保宁勇代云："只恐和尚用不着。"

师问侍者："道吾云'莫弃这边，着那边'，你作么生会？"者云："一依和尚所会。"师云："作么生是我会处？"者从西过东而立，师云："你正是弃这边，着那边。"

僧问："如何是祖师西来意？"师扣齿示之，僧不契。师迁化后，其僧问九峰："先师扣齿，意旨如何？"峰云："宁可截舌，不犯国讳。"僧问云盖，盖云："我与先师有甚冤仇。"

僧问："一毫穿众穴时如何？"师云："直须万年去。"云："万年后如何？"师云："登科任你登科，拔萃任你拔萃。"其僧后问径山諲，諲云："光靴任你光靴，结裹任你结裹。"

潭州渐源仲兴禅师（凡六）

师为道吾作侍者。一日过茶与吾，吾接得，拈起盏子云："是斜是正？"师叉手近前视之，吾云："斜则总斜，正则总正。"师云："某甲不恁么。"吾云："子作么生？"师夺盏子，提起云："是斜是正？"吾云："汝不谬为吾侍者。"

师侍道吾到一家吊慰次，师抚棺云："生耶死耶？"吾云："生也不道，死也不道。"师云："为甚么不道？"吾云：

“不道不道。”

归至中路，师云：“和尚快与某甲道，若不道，打和尚去。”吾云：“打即任打，道即不道。”师便打。吾归寺谓师云：“汝宜离此，恐知事知，于汝不便。”

大沩秀云：“大凡言论，须有转身之谋，道吾既吃他痛棒，且渐源具甚么眼？”

师辞道吾去一村院，凡经三年。一日闻童子念经云：“应以比丘身得度者，即现比丘身。”师忽然大悟，遂焚香作礼云：“信知先师之言终不虚发，自是我不会，错怪先师也。”

师后造石霜，霜问：“向来打先师因缘还会也未？”师云：“却请和尚道。”霜云：“不见道，生也不道，死也不道。”师遂通所得，作礼而退。

云居元云：“石霜着甚死急，唤惺千个渐源有甚用处？当初待他举了，以棒打出，非唯作天下宗师，亦乃与道吾雪屈。”

师一日荷锹子于法堂上，从西过东，从东过西。霜问：“作甚么？”师云：“觅先师灵骨。”霜云：“洪波浩渺，白浪滔天，觅甚么先师灵骨？”师云：“正好着力。”霜云“这里针札不入，着甚么力？”师荷锹便出。

太原孚云：“先师灵骨犹在。”

保宁勇颂云：“终日挨门复倚楼，几回明镜照梳头。自从事却潘郎后，也会人前不识羞。”

师在纸帐中坐,有僧来拨开帐云:“不审。”师视之,良久云:“会么?”云:“不会。”师云:“七佛已前事,为甚么不会?”后僧举似石霜,霜云:“如人善射,箭不虚发。”

师一日卷帘在方丈内坐,宝盖和尚来见,乃下却帘子归客位。师令侍者传语云:“长老远来不易,犹隔津在。”盖打侍者一掌,者云:“不得打某甲,自有堂头和尚在。”盖云:“为有堂头和尚,所以打你。”者举似师,师云:“犹隔津在。”

禄青和尚(凡三) ①

僧问:“不落道吾机,请师道。”师云:“庭前红苋树,生叶不生花。”僧无语,师云:“会么?”云:“不会。”师云:“正是道吾机,为甚么不会?”僧作礼,师便打云:“须是老僧打你始得。”

有僧来,师以目视之,僧云:“是个机关,于某甲分上用不着。”师弹指三下,僧绕绳床一匝,依位而立。师云:“参堂去。”僧才出去,师便喝。僧以目视之,师云:“酌然是用不着。”

---

① 原刻作“凡三”,此处实录两则。

潭州云岩昙晟禅师法嗣

筠州洞山良价禅师(凡二十六)

会稽俞氏子。七岁依律师出家。一日律师为师授《般若心经》,至"无眼耳鼻舌身意"处,师顾律师上下,又自扪其身云:"和尚亦有眼耳鼻舌身意,某甲亦有眼耳鼻舌身意,佛何得言无?"其师惊云:"吾非汝师,汝已后当荷大乘法去。"遂亲送师入五泄山出家。

师初谒忠国师,问:"如何是古佛心?"忠云:"墙壁瓦砾是。"师云:"墙壁瓦砾岂不是无情?"忠云:"是。"师云:"无情还会说法也无?"忠云:"常说,炽然说,无间歇。"师云:"甚么人得闻?"忠云:"诸圣得闻。"师云:"师还闻否?"忠云:"我不闻。"师云:"和尚既不闻,争知无情会说法?"忠云:"赖我不闻,我若闻,即齐于诸圣,汝即不闻我说法。"师云:"恁么则众生无分也。"忠云:"我为众生说,不为诸圣说。"师云:"众生闻后如何?"忠云:"即非众生。"师云:"无情说法,该何典教?"忠云:"酌然。言不干典,非君子之所谈。岂不是《华严》云:'刹说众生说,三世一时说。'"师不契。

师后到沩山,山问:"承闻价阇梨曾问忠国师无情说法,是否?"师云:"是。"沩云:"试举看。"师举了,沩云:"我这里也有些子,只是罕遇其人。"师云:"便请。"沩以拂子点一点,师云:"请和尚为某甲说。"沩云:"父母所生口,终不为子说。”师云：“此间莫有同年慕道者么？”沩云：“此去澧陵县侧石室，有云岩道人，若能拨草瞻风，必为子之所重。”

师辞沩山，直造云岩，请益前话。岩云：“不见《弥陀经》云：‘水鸟树林，悉皆念佛念法。’”师因有省，作偈云：“也大奇，也大奇，无情说法不思议。若将耳听终难会，眼处闻声方得知。”

师问云岩：“某甲有余习未尽。”岩云：“汝曾作甚么来？”师云：“圣谛亦不为。”岩云：“还得欢喜地也未？”师云：“欢喜即不无，如粪堆头拾得一颗明珠。”

师问云岩：“百年后忽有人问，还邈得和尚真，如何只对？”岩云：“但道，只这是。”师沉吟，岩云：“价阇梨，承当个事，大须审细。”师无语，岩便打。

后因过水睹影，方得顿悟，作偈云：“切忌从他觅，迢迢与我疏。我今独自往，处处得逢渠。渠今正是我，我今不是渠。应须恁么会，方得契如如。”

师因供养云岩真，僧问：“先师道‘只这是’，莫便是么？”师云：“是。”云：“意旨如何？”师云：“当初洎错会先师意。”云：“未审先师还知有也无？”师云：“若不知有，争解恁么道；若知有，争肯恁么道。”

师辞京兆兴善平禅师，平问：“甚处去？”师云：“沿流无定止。”平云：“法身沿流？报身沿流？”师云：“总不作此解。”平乃抚掌。

示众云：“秋初夏末，东去西去，直须向万里无寸草处去始得。”又云：“只如无寸草处作么生去？”

后有僧举似石霜，霜云：“出门便是草。”师闻乃云：“大唐国里能有几人。”

大阳延云：“如今直道，不出门亦草漫漫地。且道，合向甚么处行履？”良久云：“莫守寒岩异草青，坐着白云宗不妙。”

妙喜云：“师子一滴乳，迸散十斛驴乳。”

示众云：“有一人，在千人万人中不背一人，不向一人。你道此人具何面目？”云居膺出云：“某甲参堂去。”

师垂语云：“须知有佛向上事。”时有僧出问：“如何是佛向上事？”师云：“非佛。”

云门云：“名不得，状不得，所以言非。”

师夜参不点灯，有僧问话退，师唤侍者点灯来，召其僧。僧出来，师云：“将取三两粉与这上座。”其僧拂袖而退，因而有省，乃罄衣钵设斋。得三年后辞师，师云：“善为。”

时雪峰侍立，乃问：“这僧辞去，几时却来？”师云：“他只知一去，不解再来。”其僧归衣钵下坐化，须臾报师，师云：“虽然如此，犹较老僧三生在。”

师与泰首座吃果子次。师问：“有一物，上拄天，下拄地,黑如漆,常在动用中,动用中收不得。你道过在甚么处?”泰云:“过在动用中。”师便喝,掇却果卓。

五祖戒云:“来朝更献楚王看。”

大沩喆云:“还知洞山落处么?若也不知,往往作是非得失会去。山僧道,这果子莫道泰首座不得吃,设使尽大地人来,亦不得正眼觑着。”

云盖本云:“洞山虽有打破虚空底钳锤,且无补缀底针线。待伊道‘过在动用中’,但道请首座吃果子。泰首座若是个汉,吃了也须吐出。”

开善谦云:“洞山倚势欺人,真如随风倒柂[①]。忽有人问山僧道,过在甚么处?拈果子便吃。何故?下坡不走,快便难逢。”

师在泐潭,因初首座示众云:“也大奇,也大奇,佛界道界不思议。”师出云:“佛界道界即不问,且如说佛界道界是甚么人?只请一言。”初良久,师云:“何不急道?”初云:“争即不得。”师云:“道也未曾道,说甚么争即不得。”初无语。师云:“佛之与道,只是名字,何不引教?”初云:“教道甚么?”师云:“得意忘言。”初云:“犹将教意向心头作病在。”师云:“说佛界道界病大小。”初明日忽迁寂,时号师为“问杀首座价”。

师与云居渡水次,问:“水深多少?”居云:“不湿。”师云:“粗人。”居云:“和尚作么生?”师云:“不干。”

① 柂:音义同“柁”,房梁。又音移。椴树。

有一病僧在延寿堂要见师，师遂去。僧问："和尚何不救取人家男女？"师云："汝是甚么人家男女？"云："某甲是大阐提人家男女。"师良久，僧云："四山相逼时如何？"师云："老僧亦从人屋檐下过。"云："回互不回互？"师云："不回互。"云："教某甲向甚么处去？"师云："粟畬里去。"僧嘘一声云："珍重。"便坐脱。师以拄杖敲头三下云："汝只解恁么去，不解恁么来。"

师因普请次，巡寮，见一僧，师问："你何不赴普请？"云："某甲不安。"师云："你寻常安时又何曾去？"僧无对。

师问僧："名甚么？"云："某甲。"师云："阿那个是你主人公？"云："见祗对次。"师云："苦哉苦哉。今时人例皆如此，只认得驴前马后底，将谓自己。佛法平沉，因兹是也。客中认主尚未分明，如何辨得主中主？"

僧便问："如何是主中主？"师云："阇梨自道取。"云："某甲道得，只是客中主，如何是主中主？"师云："与么道即易，相续也大难。"乃示偈云："嗟见今时学道流，千千万万认门头。还似入京朝圣主，只到潼关即便休。"

僧问："时时勤拂拭，莫遣惹尘埃，为甚么不得他衣钵？"师云："直饶道'本来无一物'，也未合得他衣钵。"云："甚么人合得？"师云："不入门者。"云："只如不入门者，还得也无？"师云："虽然如此，不得不与他。"

师复云："直道本来无一物，亦未合得他衣钵。这里合下得甚么语？"有一僧下九十六转语，不惬师意，末后一转始相契。师云:“何不早恁么道?”

有一僧密听,只不闻末后一转语,请益其僧。僧不肯说,如是三年,执侍巾瓶。一日因疾,僧云:“某甲请举前话,不蒙慈悲,善取不得,恶取去。”遂将刀向前云:“上座若不为某甲举,即杀上座去。”僧悚然云:“阇梨且待,我为汝举。”乃云:“直饶将来也无着处。”其僧忻然礼谢。

雪窦云:“他既不受是眼,将来底必应是瞎,还见祖师衣钵么?若于此入门,便乃两手分付,非但大庾岭头一人提不起,设使盍国人来,且款款将去。”

翠岩芝云:“不得他衣钵,即与古佛同参,且道参阿谁?”

师于扇上书“佛”字,云岩见,即书“不”字,又改作“非”字。雪峰见,一时除却。

师问僧:“甚处来?”云:“游山来。”师云:“还到顶么?”云:“到。”师云:“顶上有人么?”云:“无人。”师云:“你不曾到顶。”云“若不到顶,争知无人。”师云:“阇梨何不且住?”云:“某甲住即不辞,西天有人不肯。”

僧问:“三身中,阿那身说法?”师云:“吾尝于此切。”

僧后问曹山:“洞山道‘吾尝于此切’,意旨如何?”曹云:“要头便斫将去。”

又问雪峰,峰以拄杖劈口拄云:“我也曾到洞山来。”

承天宗云:“一转语海晏河清,一转语风高月冷,一转语骑贼马赶贼。试请辨看。”忽有个衲僧出来道:“总不恁么,也许他具只眼。”

僧问:“寒暑到来时,如何回避?”师云:“何不向无寒暑处去?”云:“如何是无寒暑处?”师云:“寒时寒杀阇梨,热时热杀阇梨。”

雪窦颂云:“垂手还同万仞崖,正偏何必在安排。琉璃古殿照明日,忍俊韩卢空上阶。”

师问僧:“世间甚么物最苦?”僧云:“地狱最苦。”师云:“不然,衣线下不明大事始是苦。”

有官人云:“某甲欲注三祖《信心铭》。”师云:“才有是非,纷然失心,作么生注?”官人无对。

保宁勇代云:“今日得上座证明。”

师将示寂,遣沙弥去传语云居:“他若问汝‘和尚有何言句’,但道,云居路欲绝也。汝须远立,恐他打你。”沙弥依教,语未终,被云居打一棒,沙弥无语。

师临示寂时,告众云:“吾有闲名在世,谁为我除?”有沙弥出云:“请和尚法号。”师云:“吾闲名已谢。”

师于咸通十年三月一日剃沐,端然坐逝。大众号恸移时,师忽开眼云:“夫出家之人,心不附物,是真修行。劳生息死,于悲何有?”乃令主事辨[1]愚痴斋一中,盖责其恋情

---

① 辨:《五灯会元》作“办”,当从。

也。至八日方坐逝。寿六十三,腊四十二。塔于本山。

潭州神山僧密禅师(凡五)

师与洞山行次,忽见白鹿走过,师云:“俊哉。”洞云:“作么生?”师云:“大似白衣拜相。”洞云:“老老大大作这个语话。”师云:“你又作么生?”洞云:“积代簪缨,暂时落魄。”

师与洞山过水,洞云:“莫错下脚。”师云:“若错,即过不得也。”洞云:“不错底事作么生?”师云:“共长老过水。”

师与洞山行次,洞指路傍院云:“里面有人说心说性。”师云:“是谁?”洞云:“被师伯一问,直得去死十分。”师云:“说心说性者谁?”洞云:“死中得活。”

师把针次,洞山问:“作甚么?”师云:“把针。”洞云:“把针事作么生?”师云:“针针相似。”洞云:“三十年同行,作这个语话,岂有与么工夫?”师云:“长老作么生?”洞山云:“大地火发底道理。”

师与洞山锄茶园,洞掷下锄头云:“我今日困,一点气力也无。”师云:“若无气力,争会与么道?”洞云:“你将谓有气力底是那。”师休去。

涿州杏山鉴洪禅师(凡一)

临济问:“如问[①]是露地白牛?”师云:“吽吽。”济云:“哑却杏山口。”师云:“长老作么生?”济云:“这畜生。”师便休。

幽溪和尚(凡一)

僧问:“大用现前,不存轨则时如何?”师绕绳床一匝而坐。僧拟进语,师与一踏,僧归位而立,师云:“汝恁么,我不恁么。汝不恁么,我却恁么。”僧再进语,师又与一踏云:“三十年后吾道大行。”

① 问:原刻如此。《五灯会元》作“何”,可从。

联灯会要卷第二十一

青原下第五世

秀州华亭船子德诚禅师法嗣

澧州夹山善会禅师(凡十九)

广州岘亭廖氏子。初住京中竹林寺(今鹤林是)。上堂,有僧问:"如何是法身?"师云:"法身无相。"进云:"如何是法眼?"师云:"法眼无瑕。"道吾时客座下,闻是语,不觉失笑。

师才下座,即请吾吃茶。问:"某甲适来祇对这僧话,必有不是处,致令上座失笑。望上座不吝慈悲。"吾云:"和尚一等是出世,未有师在?"师云:"某甲甚处不是,望为说破。"吾云:"某甲终不说,可参华亭船子诚和尚去。"师云:"此人如何?"吾云:"此人上无片瓦遮头,下无卓锥之地。若去宜易其服。"

师乃散众,易服,径造华亭。诚见师来,便问:"大德住甚么寺?"师云:"似则不住,住则不似。"诚云:"不似,又不似个甚么?"师云:"不是目前法。"诚云:"甚处学得来?"师云:"非耳目之所到。"诚云:"一句合头语,万劫系驴橛。"

诚又问:"垂丝千尺,意在深潭。离钩三寸,子何不道?"师拟开口,诚拈桡子劈脊打落水中。师才上船,诚急索云："道道。"师拟开口，诚又打。师豁然大悟，乃点头三下。诚云："竿头丝线从君弄，不犯清波意自殊。"

师遂问："抛纶掷钓，师意如何？"诚云："丝悬渌水浮，定有无之意。"师云："语带玄而无路，舌头谈而不谈。"诚云："钓尽江波，金鳞始遇。"师乃掩耳，诚云："如是如是。"即嘱师云："向去直须藏身处没踪迹，没踪迹处莫藏身。吾二十年在药山只明斯事，汝今既得，他后不得住城隍聚落，但向深山里镢头边，觅取一个半个接续，无令断绝。"

师即辞行，频频回顾。诚唤云："阇梨阇梨。"师回首，诚竖起桡子云："汝将谓别有那？"乃覆舡入水而逝。师后出世夹山。

示众云："不知天晓，悟不由师。龙门跃鳞，不堕渔人之手。但意不寄私缘，舌不亲玄旨，正好知音，此名俱生话。若向玄旨疑去，赚杀阇梨。困鱼止泺[1]，钝鸟栖芦。云水非阇梨，阇梨非云水。老僧于云水而得自在，阇梨又作么生？"

示众云："金乌玉兔，交互争辉。坐却日头，天地黑暗。上唇与下唇，从来不相识。明明向君道，莫令眼顾着。何也？日月未足为明，天地未足为大。空中不运斤，巧匠不遗踪。见性不留佛，悟道不存师。寻常老僧道'目睹瞿昙，犹如黄叶'，一大藏教是老僧坐具，祖师玄旨是破草鞋。阇梨，宁可赤脚不着最好。"

---

① 泺：音落。泺水，在山东境内。又音泊，同"泊"，停留。

示众云:“古人重怀中之金,千尺冰雪,遇日即消;万劫疑情,一句顿晓。不堕沙门手,不度六门事。闻中生解,意下丹青;浮云不关山,滴水锋铓,尚犯他影。饶君解唱婆娑曲,终归不晓影人踪。驷马奔腾,从阇梨立响,这里老僧没踪。”

示众云:“眼不挂户,意不停玄,直得灵草不生,犹是五天之位。珠光月魄,不是出头时。座上无老僧,目前无阇梨。”

示众云:“动则影现,离舌三寸,须有眼始得。坐却舌头,别生见解。露柱檐楹,滴滴碎珠之影。乘舟者迷,登机者失。子有跨户之谈,老僧有室中之意。明月寄空,碧潭无分。一句合头语,万劫系驴橛。或句到意不到,或意到句不到,或意句俱不到,或意句俱到。冥应万机,龙现即乖。言下无迹,句里出头。言下立人,言下无迹。阇梨玄旨是老僧舌头,老僧玄旨是阇梨舌头。坐却舌头,别生见解。他参活意,不参死意。溢目不登,扬眉自晓。”

示众云:“闻中生解,意下丹青。目下即美,久蕴成病。青山与白云,从来不相到。机梭不挂丝头事,文彩踪横意自珠[1]。嘉祥一路,智者知疏。瑞草无根,贤者不贵。”

示众云:“明不越户,穴不栖巢。目不顾他位里,脚不

① 文彩踪横意自珠:原刻如此。《五灯会元》作“文彩纵横意自殊”,可从。

踏他位里。六户不掩,四衢无踪。学不停午,意不立玄。千劫眼不惜舌头底,万劫舌头不顾眼中明。俊机不假锋铓事,到这里有个甚么事?阇梨,竿头丝线从君弄,不犯清波意自殊。"

示众云:"忽有人问,老僧报道,百草头上罢却平生事,根株亦不留。老僧当位坐,坐处不停囚。阇梨,殿上识得天子,屋里识得主人公,有甚用处?须向闹市门头识取天子,百草头上荐取老僧,方是偻儸汉。金乌不挂风云影,水鸟那能度九天?明月夜藏钩,不知落谁手。"

示众云:"老僧于古路头置个选场,若是孤进者即放过;若是其中人,即别有一路。目前无法,意在目前,不是目前法,非耳目之所到。天无因,地无果,日月只运转虚空里。假使碧潭清似镜,终教明月下来难。胡曲从君唱,秦筝夜里弹。闻清声外意,与他不相干。阇梨,龙无龙句,他不随本形;骏马不露风骨。老僧尝云,天无动照之功,地无立机之用,明月不关天地事。阇梨,错向水中求。九五从他天子贵,金乌西谢也须愁。空户不拘关锁意,风云不涉两头人。"

示众云:"我二十年住此山,未尝举着宗门中事。"一日有僧问:"承闻和尚有言'二十年住此山,未尝举着宗门中事',是否?"师云:"是。"僧掀倒禅床,师休去。

至明日,普请。掘一坑,令侍者唤昨日问话僧来。僧便出,师云:"老僧二十年只说无义语,今请上座打杀老僧,埋向坑中,便请上座。若不打杀老僧,上座自着打杀,埋此坑中始得。”其僧归堂,束装潜去。

师会下有一僧到石霜,才入门便云:“不审。”霜云:“不必。”僧云:“恁么则珍重。”又到岩头云:“不审。”头嘘两声,僧云:“恁么则珍重。”才回步,头云:“虽是后生,亦能管带。”

其僧回举似师。师次日升堂,唤云:“昨日从石霜、岩头归底阿师出来,如法举着。”僧出举前话毕,师云:“大众还会么?若无人道,老僧不惜两茎眉毛道去也。”乃云:“石霜虽有杀人刀,且无活人剑。岩头亦有杀人刀,亦有活人剑。”

妙喜云:“痴人面前,不得说梦。”

西蜀有一座主,举《华严》问白马:“一尘含法界无边时如何?”马云:“如车二轮,如鸟两翼。”主云:“将谓禅门别有奇特,元来不出教乘。”乃回本地。

后闻师盛化,遣小师持前话问师,师云:“雕沙无镂玉之谈,结草乖道人之思。”小师回举似其师,其师赞叹云:“将谓禅门与教意不殊,元来有奇特事。”

师有小师行脚,闻师道声振远,乃回省觐,云:“和尚有如此奇特事,何不向某甲说?”师云:“汝蒸饭吾着火,汝行益吾展钵,甚么处是辜负你么?”小师从此开悟。

师问僧:“甚处来?”云:“洞山来。”师云:“有何言句?”云:“寻常许人三路学:玄路、鸟道、展手。”师云:“实有此语那?”云:“然。”师云:“轨持千里钞,林下道人悲。”

师问虎头上座:“甚处来?”云:“湖南。”师云:“曾到石霜么?”云:“要路经过,争得不到。”“承闻石霜有毬子话,是否?”云:“和尚也须急着眼始得。”师云:“作么生是毬子?”云:“跳不出。”师云:“作么生是毬杖?”云:“勿手足。”师云:“老僧未曾与阇梨相识,出去。”

雪窦云:“亲见这僧从石霜来,因甚么道不相识?”

师次日升堂,召云:“昨日新到还在么?”虎头应诺,师云:“目前无法,意在目前,不是目前法,非耳目之所到。”头云:“今日虽同,要且不是。”师云:“片月虽明,非关天地。”头云:“莫㞘[①]沸。”便作掀禅床势,师云:“且缓缓,亏着上座甚么处?”头竖起拳云:“目前还着得这个么?”师云:“作家作家。”头又作掀绳床势,师云:“大众看这一员战将,若是门庭建立,山僧不如他。若据入理深谈,犹较山僧一级地。”

僧问:“如何是目前无法?”师云:“夜月流辉,澄潭无影。”僧作掀禅床势,师云:“上座又作么生?”僧云:“目前无法,了不可得。”师云:“大众看这一员战将。”

僧问:“拨尘见佛时如何?”师云:“欲知此事,直须挥剑。若不挥剑,渔父栖巢。”

---

① 㞘:音啄。臀也。

僧后问石霜，霜云："渠无国土，甚处逢渠？"

僧回举似师，师云："门庭施设，即不无夹山；入理深谈，犹较石霜百步。"

僧问："如何是相似句？"师云："荷叶团团团似镜，菱角尖尖尖似锥。"复云："还会么？"云："不会。"师云："风吹柳絮毛毬走，雨打梨花蛱蝶飞。"

僧问："如何是道？"师云："太阳溢目，万里不挂片云。"云："如何体会？"师云："清清之水，游鱼自迷。"

僧问："如何识得家中至宝？"师云："忙中争得作闲人。"

问："拟伸一问，师还许也无？"师云："四海无鱼，徒劳下钓。"

问："如何是一老一不老？"师云："青山元不动，涧水镇长流。手执夜明符，几个知天晓。"问："如何是沙门行？"师云："动则影现，觉则冰生。"

京兆府翠微无学禅师法嗣

舒州投子大同禅师（凡十五）

本州怀宁刘氏子。初参翠微，问："如何是祖师西来意？"微顾视之，师拟进语，微云："更要第二杓恶水那？"师从此识通三昧。

示众云："诸人来这里觅新鲜语句，簇锦攒花，图口里有可道。我老儿气力稍劣，口吻迟钝，亦无闲言长语到汝。汝若问我，我随汝答对，也无玄妙可及于汝，亦不教汝垛跟。终不说向上向下、有佛有法、有凡有圣，亦不存坐系缚。汝诸人变现千般，总是汝生解，自担带将来，自作自受。这里无可与汝，不敢诳呼汝，无表无里可得说似诸人，还知么？"

时有僧问："表里不收时如何？"师云："汝拟向这里倒跟那。"

示众云："你诸人口似刀子、镊子相似，有甚么当处？虽然如此，莫逞俊，道有不潦底打你在。莫言不道。"

示众云："人人总道'投子实头'，忽若下山三步外，有人问你'投子实头'事，你作么生只对？"

师一日庵前指石问雪峰云："三世诸佛，总在里许。"峰云："须知有不在里许者。"师云："不快漆桶。"

师一日同雪峰游龙眠，路有两条，峰云："那个是龙眠路？"师以拄杖指之，峰云："东去西去？"师云："不快漆桶。"

雪峰问师："此间还有人参也无？"师将镢头抛向面前。峰云："恁么则当处掘去也。"师云："不快漆桶。"

雪峰问："一锤便成时如何?"师云："不是性懆汉。"峰云："不假一锤时如何?"师云："不快漆桶。"

雪窦云："然则一期折剉雪峰，且投子是作家炉鞴。我当时若作雪峰，待投子道'不是性懆汉'，只向伊道，钳锤在我手里。诸上座合与投子着得个甚么语？若能道得，便乃性懆①平生，光扬宗眼。若也颟顸，顶上一锤。莫言不道。"

师在桐城县，因赵州问："莫是投子庵主么?"师云："茶盐钱布施我来。"州先归庵，见师自携油归，州云："久响投子，到来只见个卖油翁。"师云："你只见卖油翁，且不见投子。"州云："如何是投子。"师提起瓶云："油油。"

赵州问："死中得活时如何?"师云："不许夜行，投明须到。"州云："我早喉白，你更喉黑。"

巨荣禅客来参，师云："老僧未曾有一言半句挂诸方唇齿，何用见老僧?"荣云："到这里不施三拜，要且不甘。"师云："出家儿得与么无碑记。"荣绕绳床一匝而出，师云："有眼无耳垛，六月火边坐。"

雪窦云："也不得放过，才转便擒住。是谁不甘？若跳得出，不妨是一员禅客。"

大沩喆云："这僧虽则惯战沙场，争奈投子善能折剉。何故？真金不入炉中煅，争得光华彻底鲜。"

---

① 懆，音草。忧愁。又音骚。骚动。又音帚。贪图。

僧问:“如何是十身调御?”师下绳床立。又问:“凡圣相去多少?”师亦下绳床立。

雪窦云:“此公案诸人无不委知,若恁么举,天下衲僧尽成念话杜家。雪窦莫有长处也无?试为大众举看。‘凡圣相去多少?’投子下绳床立。‘如何是十身调御?’投子下绳床立。且道与前来举底是同是别?若道一般,许上座具一只眼。若道别有奇特,也许上座具一只眼。更开一线道。‘凡圣相去多少?’请上座下一转语。‘如何是十身调御?’请上座答一转话。非但参见投子,亦乃知雪窦长处。若总道‘下绳床立’,惜取眉毛好。”

僧问:“一切声是佛声,是否?”师云:“是。”云:“和尚莫屎沸碗鸣声。”师便打。

又问:“粗言及细语,皆归第一义,是否?”师云:“是。”云:“唤和尚作一头驴得么?”师便打。

僧问:“不断烦恼而入涅槃时如何?”师作色云:“这个师僧好发业杀人。”

西堂藏云:“家家观世音。”

国清机云:“或有问山僧‘不断烦恼而入涅槃时如何’?劈面便掌。何故?见之不取,思之千里。”

僧问:“依稀似半月,仿佛若三星。乾坤收不得,师于何处明?”师云:“道甚么?”云:“想师只有湛水之波,且无滔天之浪。”师云:“闲言语。”

雪窦云:“投子古佛不可道不知。若检点将来,直是天地悬隔。才问,和声便打。”

僧问:“诸佛出世为一大事因缘,和尚出世当为何事?”师云:“尹司空,今日为老僧开堂。”

有婆子上山云:“婆家中失却牛,请师一卜。”师召婆,婆应诺。师云:“牛在。”

问:“金鸡未鸣时如何?”师云:“无这个音响。”云:“鸣后如何?”师云:“各自知时。”

问:“月未圆时如何?”师云:“吞却三个四个。”云:“圆后如何?”师云:“吐却七个八个。”

问:“达磨未来时如何?”师云:“遍天遍地。”云:“来后如何?”师云:“盖覆不得。”

问:“如何是无情说法?”师云:“莫恶口。”

问:“师子是兽中之王,为甚么被六尘吞?”师云:“不作大,无人我。”

问“抱璞投师,请师雕琢。”师云:“不是栋梁材。”

问:“一大藏教还有奇特事也无?”师云:“演出一大藏教。”

问:“和尚住此山有何境界?”师云:“丫角女子白头丝。”

问:“和尚甲子多少?”师云:“春风了,又春风。”

湖州道场山如讷禅师(凡一)

僧问:“如何得闻性不随缘?”师云:“汝听看。”僧作礼,师云:“聋人也唱胡家曲,好恶高低自不闻。”云:“闻性宛然也。”师云:“石从空里立,火向水中焚。”

鄂州清平令遵禅师(凡三)

师问翠微:“如何是祖师西来意?”微云:“待无人处为汝说。”师良久云:“无人也,请和尚说。”微引师入竹园,师又云:“无人也,请和尚说。”微指竹云:“这一竿得与么长,那一竿得与么短?”师遂领旨。后住清平,谓众云:“先师入泥入水相为,自是我不识好恶。”

僧问:“如何是大乘?”师云:“井索。”云:“如何是小乘?”师云:“钱索。”云:“如何是有漏?”师云:“爪篱。”云:“如何是无漏?”师云:“木杓。”云:“觌面相呈时如何?”师云:“分付与典座。”

僧问:“如何是禅?”师云:“猢狲上树尾连颠。”

枣山光仁禅师(凡一)

示众云:“不辜负平生眼目,致个问来。有么?”时有僧出作礼，师云："负我且从大众，何也？"便归方丈。

后有僧请益云："和尚升座云'负我且从大众何也'，意旨如何？"师云："斋时有饭与你吃，夜间有床与你睡，一向煎迫我作甚么？"僧作礼，师云："苦苦。"云："乞师指示。"师垂下足云："舒缩一任老僧。"

建州白云约禅师（凡一）

韶国师来，师问："甚处来？"云："江北来。"师云："舡来？陆来？"云："舡来。"师云："还逢见鱼鳖么？"云："往往逢之。"师云："逢时如何？"韶咄云："缩头去。"师乃大笑。

吉州性空和尚法嗣

歙州茂源和尚（凡一）

平田来，师起身，田把住云："开口即失，闭口即丧，正恁么时，请和尚道。"师以手掩耳，田放手云："一步易，两步难。"师云："有甚么死急？"田云："若非是师，不免诸方捡点。"

青原下第六世

鼎州德山宣鉴禅师法嗣

鄂州岩头全豁禅师(凡十四)

泉州柯氏子。初谒德山,执坐具上法堂瞻视,山云:“作么?”师便喝,山云:“老僧过在甚么处?”师云:“两重公案。”便下参堂。山云:“好个阿师,稍似个行脚僧。”

师来日却上问讯,德山云:“莫是昨日新到么?”云:“是。”山云:“甚么处学得这虚头来?”师云:“某甲终不敢自瞒。”山云:“他后不得辜负老僧。”

师一日上问讯,脚才跨门,便问:“是凡是圣?”山便喝,师便作礼。洞山闻,乃云:“若不是豁公,也大难承当。”师云:“洞山老汉不识好恶,错下名言。殊不知,我当时一手抬、一手搦。”

雪窦云:“然则德山门下草偃风行,要且不能塞断天下人口。当时才礼拜,劈脊便棒。非唯剿绝洞山,亦乃把断豁老。还会么?将军自有嘉声在,不得封侯也是闲。”

教忠光云:“还知三大老落处么?德山和身放倒,洞山带水拖泥。若非岩头具通方眼,争显功高汗马,且作么生是一手抬、一手搦处?杀人刀,活人剑。”

师同雪峰、钦山辞德山。山问:“甚么处去?”师云:

“暂辞和尚下山去。”山云：“子他后作么生？”师云：“不忘和尚也。”山云：“子凭何有此语？”师云：“不见道，智与师齐，减师半德。智过于师，方堪传授。”山云：“如是如是，善自护持。”

示众云：“夫大统宗纲中事，须识句。若不识句，难作个话会。甚么是句？百不思时，唤作正句，亦云居顶，亦云得住，亦云历历，亦云惺惺，亦云的的，亦云佛未生时，亦云得地，亦云与么时。将与么时，等破一切是非。才与么，便不与么，便转辘辘地。

“若也看不过，才被人刺着。眼眙[①]瞪地，恰似杀不死底羊相似。不见古人道，沉昏不好，须转得始得。触着便转，才与么，便不与么。是句亦刬，非句亦刬，自然转辘辘地，自然目前露裸裸地。饱齁齁地不解却，不解咬，不见道，却物为上，逐物为下。瞥起微情，早落地上，若是咬猪狗眼赫赤。若有人问‘如何是禅’？向伊道‘合取屎孔着’。却有些子气息，便知深浅，硬纠纠地，汝识取这个狸奴面孔。

“与么时，不要故垛伊，不要称量伊。于中有一般汉，撞着物不解转，刺着屙辘辘地。这般底，槌杀百千万个亦无罪过。若是本色底，拨着便上，咬人火急，却似刺猬子相似。未触着时，自弄毛羽，可怜生，才有人拨着，便嗔斗诟地，有甚么近处？若也未得与么荡荡地，唤作依句修行，有则便须等破。与么时，一物不存，信知从来学得一切言句

① 眙：音气。

隘在胸中,有甚么用处?不是[1]道,辟观辟句,外不放入,内不放出,截断两头,自然光烯烯地,不与一物作对,便是无诤三昧。

“兄弟,若欲得易会,但向根本明取。欲出不出便须转。一口咬断后,不用寻伊去住底远近。但放却,自然露裸裸地,不用思搭着,昏昏地。才有所重,便成窠臼。古人唤作贴体衣病。最难治是我向前行脚时,参着一两处尊宿,只教日夜管带,坐得骨臀生胝,口里水漉漉地。初向然灯佛肚里,黑漆漆地,道我坐禅守取。与么时,犹有欲在。不见道,无依无欲,便是能仁。古人道,置毒药安乳中,乃至醍醐,亦能杀人。这个不是汝习学得底,这个不是汝去住底,不是汝色里底,莫错认门头户口,赚汝腊月三十日,赤哄哄地无益。当莫造作捏怪,但知着衣吃饭,屙屎送尿,随分遣时,莫乱统。诈称道者,有一片衣,不敢将出晒,恐人见,失却道者名。图人赞叹,作与么不中心行?

“兄弟,亦不要信他绳床上老榾檛[2],屙辘辘地,将谓好诳呼人,别作地狱着汝在。信知古风大好,不见道,有即是无,无即是有。与么送出来,便知深浅。这个是古格。于中有一般汉,信彩吐出来,有甚么碑记?但知唤作禅道,但知唤作一句子,软嫩嫩地,真是无孔铁锤,聚得一万个有甚么用处?若是有筋骨底,不用多。诸处行脚也须带眼始得,莫被人谩。不见道,依法生解,犹落魔界。

“夫唱教,须一一从自己胸襟间吐得出来,与人为榜样。今时还有与么汉么?第一切须识取左右句,这个是出

---

① 是:《御选语录》作“见”。可从。

② 榾檛:音顾抓。

头处。识取去底,识取住底,这个是两头句,亦是左右句,亦唤作是非句。才生便咬,自然无事。

“兄弟,见与么说还会么?莫终日哄哄地,亦无了期。欲得易会。但知于声色前,不被万境惑乱,自然露裸裸地,自然无事。送向声色前,荡荡地,舍似一团火相似,触着便烧,更有甚么事?不见道,非是尘不侵,自是我无心。时热,珍重。”

示众云:“吾尝究《涅槃经》七八年,于中有一两段义,颇似衲僧说话。”又云:“休休。”

时有僧出,作礼云:“请和尚为众举。”

师遂云:“吾教意如‘∴’字三点,第一向东方下一点,点开诸菩萨眼;第二向西方下一点,点诸菩萨命根;第三向上方下一点,点开诸菩萨顶门。此是经中第一段义。”

又云:“吾教意,如摩醯首罗,擘开面门,竖亚一只眼。此是第二段义。”

又云:“吾教意,如涂毒鼓,击一声远近闻者俱丧。此是第三段义。”

时有僧出问:“如何是涂毒鼓?”师以手按膝,亚身云:“韩信临朝底。”

师问僧:“甚处来?”云:“西京来。”师云:“黄巢过后,还收得剑么?”云:“收得。”师引颈近前云:“叻[①]。”僧云:“师头落也。”师呵呵大笑。

---

① 叻:音勒。

僧后到雪峰，峰问："甚处来？"云："岩头来。"峰云："有何言句？"僧举前话，峰打三十棒，趁出。

大沩喆云："这僧，黄巢过后曾收剑，却向岩头处施设，乃至雪峰面前，锋铓不露。何故？为他岩头大笑一声，直得天地陡暗，四方绝唱。若不得雪峰，几乎陆沉。不见道，杀人刀，活人剑。"

师因沙汰，遂于鄂州湖边作渡子，两岸各挂一板。有人过渡，打板一声，师云："阿谁？"或云："要过那边去。"师乃舞桌迎之。

一日，有一婆子抱一孩儿来，问师："呈桡舞桌则不问，且道婆婆手中儿甚处得来？"师便打，婆云："婆生七子，六个不遇知音，只这一个也不消得。"遂抛向水中。

德山谓师云："我这里有二僧住庵多时，汝去看他怎生？"师将一斧去，见二人在庵内坐，师提起斧云："道得也一斧，道不得也一斧。"二人殊不顾，师掷下父云："作家作家。"归举似德山，山云："你道他如何？"师云："洞山门下不道全无，德山门下未梦见在。"

师与雪峰坐次，钦山将水一碗致地云："水清月现。"峰云："水清月不现。"师踢翻水而去。

观音会下有僧来，以手左右各作一圆相，中央作一圆相。欲成未成，师以手一拨，僧无对，师便喝出，僧便出。

师却唤回问:“汝岂不是洪州观音来?”云:“是。”师云:“只如适来左边圆相作么生?”云:“是有句。”师云:“右边圆相作么生?”[①]云:“是无句。”师云:“中央圆相聻?”云:“是不有不无句。”师云:“只如吾与么又作么生?”云:“如刀划水。”师便打,即时趁出。

师见疏山来,遂洋洋而睡。山近前而立,师不顾。山拍绳床一下,师回顾云:“作甚么?”山云:“和尚且瞌睡。”便出去,师呵呵大笑云:“三十年弄马骑,今日被驴扑。”

临济有僧放大言云:“我若见,与他拔却髭。”一日到来,作礼,欲起未起,师将衲衣角。蓦面一拂,僧无语,泣泪而去。

有僧辞,师问:“甚么处去?”云:“入岭,礼拜雪峰去。”师云:“雪峰若问岩头如何,但向他道,近日在湖边住,只将三文买个捞波子,捞虾摝蚬,且恁么过时。”

僧到雪峰,峰问:“甚处来?”云:“岩头来。”峰云:“有何言句?”僧举前话,峰云:“穷鬼子,得与么快活。”

余乾道初,客建康蒋山,邂逅泉州一老僧,有《岩头录》,因阅之。见其问僧:“甚处去?”僧云:“入岭礼拜雪峰去。”岩头云:“雪峰若问你‘岩头如何’,但向他道,岩头近日在湖边住,只将三文买个捞波子,捞虾摝蚬,且恁么过时。”因问老僧:“余阅《岩头录》,他本尽作‘老婆’,此云

---

① 右边圆相作么生:原刻作:“左边圆相作么生?”。依文改。

‘捞波’,何也?”渠笑云:“老婆误也。岩头、雪峰皆乡人,吾乡以捞虾竹具,曰捞波也。乡人至今如是呼之。后人讹听,作老婆字,教人一向作禅会。”《岩头录》他本作“买个妻子”,雪峰录作“买个老婆”,后来真净举了云:“我只将一文钱娶个黑妻子。”所谓字经三写,乌焉成马。于宗门虽无利害,不可不知。雪峰空禅师颂有云:“三文捞波年代深,化成老婆黑而丑。”盖方语有所不知,不足怪也。如福州谚曰:“打野堆者,成堆打哄也。”今《明招录》中作“打野榸”。后来圆悟《碧岩集》中解云“野榸乃山上烧不过底火柴头。”可与“老婆”,一状领过也。①

问:“三界竞起时如何?”师云:“坐却着。”僧云:“未审师意如何?”师云:“移取庐山来,即向你道。”

问:“如何是佛法大意?”师云:“小鱼吞大鱼。”

问:“浩浩尘中,如何辨主?”师云:“铜砂罗里满盛油。”

问:“路逢猛虎时如何?”师云:“㨖。”

问:“无师还有出身路也无?”师云:“声前古毳烂。”

问:“利剑斩天下,谁是当头者?”师云:“暗。”僧拟进语,师云:“钝汉。”

① 此段文字原在卷尾,今移此。方言成文字,每多讹误,故辑者方有此释。

福州雪峰义存禅师(凡四十六)

泉州曾氏子。师出岭,首谒盐官。自后三到投子,九上洞山,因缘不契。

后参德山,遂问:“宗乘中事,学人还有分也无?”山和声便棒,师当下如桶底脱相似。山复语之云:“我宗无语句,亦无一法与人。”

岩头闻云:“德山一条脊梁硬以铁。虽然如是,于唱教门中,犹较些子。”

保福问招庆:“只如岩头出世,有何言句过于德山便恁么道?”庆云:“汝不见岩头道‘如人学射,久久方中’?”福云:“中后如何?”庆云:“展阇梨,莫不识痛痒好。”福云:“和尚非唯举话。”庆云:“展阇梨,是甚么心行”

明招云:“大小招庆,错下名言。”

师在洞山作饭头,淘米次,山问“淘沙去米,淘米去沙。”师云:“沙米一时去。”洞云:“大众吃个甚么?”师覆却米盆,山云:“据子,因缘合在德山。”

琅玡觉云“雪峰恁么去,大似抛却甜桃树,沿山摘醋梨。”

洞山问师:“甚处来?”师云:“天台。”洞山云:“还见智者么?”师云:“义存吃铁棒有分。”

洞山问师:“甚处来?”师云:“斫槽来。”洞山云:“几斧斫成?”师云:“一斧斫成。”洞云:“犹是这边事,那边事作么生?”师云:“直得无下手处。”洞云:“犹是这边事,那边事作么生?”师休去。

汾阳昭代云:“某甲早是困也。”

师辞洞山,山问:“子向甚么处去?”师云:“归岭去。”山云:“当时从甚路出?”师云:“飞猿岭出。”山云:“今从甚路去?”师云:“飞猿岭去。”山云:“有一人不从飞猿岭去,子还证么?”师云:“不识。”山云:“为甚么不识?”师云:“他无面目。”山云:“子既不识,争知无面目?”师无对。

琅玡觉云:“心粗者失。”

师在德山作饭头。一日饭迟,师晒饭巾次,见德山托钵至法堂前。师云:“这老汉,钟未鸣,鼓未响,托钵向甚么处去?”山便归方丈。

师举似岩头,头云:“大小德山不会末后句。”山闻,令侍者唤岩头来。山问:“汝不肯老僧那?”头密启其意,山休去。明日升堂,果与寻常不同。头至僧堂前,抚掌大笑云:“且喜得堂头老汉会末后句,他后天下人不奈伊何。虽然如是,也只得三年。”后三年果迁化。

明招代德山云:“咄咄,没处去,没处去。”

雪窦云:“曾闻说个独眼龙,元来只具一只眼。殊不知德山是个无齿大虫,若不是岩头识破,争得昨日与今日不同。诸人要会末后句么?只许老胡知,不许老胡会。”

大沩喆云:“岩头大似高崖石裂,直得百里走兽潜踪。若非德山度量深明,争得非昨日与今日不同。”

师同岩头、钦山三人辞德山，同到澧州。钦山先住。师与岩头一日到鳌山店阻雪，师一向坐禅，岩头唯打睡。师云："师兄师兄，且起来。"头云："作甚么？"师云："今生不着便，共文邃个汉行脚，到处被他带累。师兄如今又只管打睡。"头喝云："噇，眠去。每日恰似七村里土地，他时后日，魔魅人家男女去在。"师点胸云："某甲这里未稳在，不敢自瞒。"头云："我将谓你他后向孤峰顶上，盘结草庵，呵佛骂祖去在，犹作这个语话？"峰云："某甲实未稳在。"头云："若实如此，据汝见处，一一通来，是处与你证明，不是处与你划却。"师云："某甲初到盐官，闻举色空义得个入处。"头云："此去三十年，切忌举着。"师云："又因洞山过水悟道颂，有个省处。"头云："若恁么，自救也不了。"师云："某甲因问德山：'从上宗乘中事，学人还有分也无？'山打一棒云：'道甚么？'我当下如桶底脱相似。"被岩头震威一喝云："岂不闻道，从门入者，不是家珍。"师云："如何即是？"头云："他后若欲播扬大教，须一一从自己胸襟流出将来，与我盖天盖地去。"师于言下大悟，跳下床作礼云："师兄，今日始是鳌山成道。师兄，今日始是鳌山成道。"

教忠光云："只如岩头道，一一从自己胸襟流出，且道云峰前三次悟，若从自己胸襟流出，又道未稳在；若不从自己胸襟流出，又从甚么处得来？莫有断得出者么？若断得出，不唯雪峰鳌山成道，尽大地有情齐成正觉。若断不出，说甚么鳌山成道？直饶少室传心，也未梦见在。"

示众云："南山有一条鳖鼻蛇，汝等诸人切须好看。"时长庆出云："今日堂中大有人丧身失命。"云门以拄杖攛向面前，作怕势。

僧举似玄沙，沙云："须是棱兄始得。然虽如是，我即不然。"僧云："和尚作么生？"沙云："用南山作么？"

真净云："奇哉，善知出处，非父不生其子。"蓦拈拄杖召大众云："南山鳖鼻蛇，却在这里。"掷下拄杖云："拟即丧身失命。"

示众云："望州亭与汝相见了也，乌石岭与汝相见了也，僧堂前与汝相见了也。"

后保福问鹅湖："僧堂前即且致，望州亭、乌石岭甚么处相见来？"鹅湖骤步归方丈，保福便入僧堂。

雪窦云："二老是则是，只知雪峰放行，不知雪峰把定。忽有个衲僧出来，问：'未审雪窦作么生？岂不是别机宜？'识休咎底汉，还有望州亭、乌石岭底么？"良久云："担板禅和，如麻似粟。"

示众云："尽大地撮来，如粟米粒大，抛向面前。漆桶不会，打鼓普请看。"

长庆棱问云门："雪峰与么道，还有出头不得处么？"门云："有。"棱云："作么生？"门云："不可总作野狐精见解。"又云："狼籍不少。"

云峰悦云："匹上不足，我更与你葛藤。"蓦拈拄杖云："还见雪峰么？咄，王令稍严，不许搀行夺市。"

大沩喆云："我更为诸人土上加泥。"乃拈杖云："看看，雪峰老人向诸人面前放屙。咄，为甚么屎臭气也不知？"

雪窦颂云:“牛头没,马头回,曹溪镜里绝纤埃。打鼓看来君不见,百花春到为谁开?”

示众云:“我这里如一面古镜相似,胡来胡现,汉来汉现。”

时有僧出问:“忽遇明镜来时如何?”师云:“胡汉俱隐。”

玄沙云:“我即不然。”时有僧问:“忽遇明镜来时如何?”沙云:“百杂碎。”明招云:“当与么时,莫道胡汉俱隐,别作么生道”沙云:“破。”招云:“丧也。”

示众云:“尽大地是个解脱门,把手拽伊不肯入。”时有僧出云:“和尚怪某甲不得。”一僧云:“用入作么?”师便打。

雪窦云:“三个中,有一个受救在,忽若总不辨明,平地有甚数?”

示众云:“三世诸佛是草里汉,三经五论是系驴橛,八十卷《华严》是村草步头博饭吃底言语,十二分教是虾蟆口里事。还知么?所以道,如今千百人中,若有一人大肯去,我作驴驼物供养他,有甚么罪过?”

示众云:“三世诸佛向这里出头不得,一大藏教着一字不得,天下老和尚向这里百杂碎。还知么?诸人,若实明白得去,免被人惑。设有言句,亦不他疑。自己若未明白,却不得掠虚,枉度时光。莫只管向诸方老师颔腮下,记得一言半句,将谓自己胸襟。大错。兄弟,我道,只这三寸能杀人能活人。我寻常向师僧道'是甚么',他便口喃喃地。如此等辈,驴年解承当得么。且问你,诸和尚子、诸方老宿还与阇梨说事么?还曾指示阇梨么?还曾共阇梨商量么?大须体悉审,实看。"

示众,良久云:"便与么承当得去,好省心力。所以道,三世诸佛不能唱,十二分教不能诠。如今嚼涕唾儿,争能会得。我寻常向师僧道'是甚么',更近前来觅答话,驴年会得么?我事不获已,向你恁么道,已是平欺你了也。又向你道'未入门时,早共你商量了也',亦是老婆心。省力处不肯承当,但知踏步向前,觅言觅句。向你道'尽大地是个解脱门',总不肯入,只管乱走,逢人便问佛问祖,还识羞么?甘自受屈。若实未得个悟入,莫当等闲,直须悟入始得。不可虚度时光,着些精彩好。达磨西来,以心传心,不立文字,且作么生是汝诸人心?不可乱统了便休。已眼未明,何处消得许多妄想?时中无你安身处。便乃见凡是圣,有僧俗男女,高低胜劣,大地面前吵吵地铺沙相似,未曾一念暂返神光,流浪生死尽劫不息。大须惭愧,各自努力。"

示众云:"临河渴死人无数,饭箩边受饿人如恒河沙,非但一个半个。兄弟,若也根思迟回,却须勤着精彩。莫只这边经冬,那边过夏,收拾些子涕唾,便当平生事了。但拟抄取记取,尽是识学依通。这般底,我唤作虾蟆衣下客,亦唤作黑牛卧死水。汝还会么?"

示众云："若论此事，如一片田地相似，一任诸人耕种，无有不承此恩力者。"玄沙云："且作么生是一片田地？"师云："看。"沙云："是即是，某甲不恁么。"师云："你作么生？"沙云："只是人人底。"

师垂语云："此事得与么尊贵，得与么绵密？"

僧云："某甲自到山，经数载，可闻和尚与么示徒？"师云："我已前虽无，如今已有，莫有妨阂也无？"僧云："不敢，此是和尚不得已而已。"

师一日于僧堂前坐，拈起拄杖云："这个为中下根人。"

时有僧问："忽遇上上根人来时如何？"师拈起拄杖。

云门云："我不似雪峰打破狼籍。"僧便问："未审和尚如何？"师便打。

师参次，有一僧珍重便出，师云："总似这个僧，省我多少心力。"

玄沙云："和尚恁么为人，瞎却闽中一城人眼去在。"师云："你又作么生？"沙云："便好与三十棒。"师云："已后无人奈子何。"

师一日升堂，众集定，师辊出木毬[①]，玄沙遂捉来安旧处着。

白云端云："此个时节，众人皆言'子父共作一大事'，

① 毬：原刻作"毬"。依文改。

如此见解,还梦见也未?白云今日布施大众。”乃云:“浓研香墨,深蘸紫毫。”

师晚参次,却向中庭卧。太原孚上座云:“五州管内,只有这老和尚较些子。”师便起去。

师一日于僧堂内闭却门烧火,乃叫云:“救火救火。”玄沙将一片柴从窗樏内抛入,师便开门。

师领徒南游,时黄涅槃预知,搘[①]策出迎,抵苏溪邂逅。师问:“近离甚处?”云:“辟支岩。”师云:“岩中还有主么?”槃以竹杖敲师篙[②],师遂出篙相见。槃云:“曾郎万福。”师展丈夫礼,槃作女人拜。师云:“莫是女人么?”槃又设两拜,遂以竹策划地,右绕师篙三匝。师云:“某甲是三界内人,你是三界外人,宜前去,某甲后来。”槃即先回,师遂至止囊山憩数日,槃供待随行徒众,一无所阙。

师送南际长老出门,遂作女人拜。际敛手应诺,师以手斫额,便归。

师到国清,拈钵盂问座主云:“道得即与你钵盂。”主云:“此是化佛边事。”(雪窦别云:“只恐钝置和尚。”)师云:“你作座主奴也未得在。”云:“某甲不会。”师云:“你问,我与你道。”主方作礼,师一踏踏倒。

---

① 搘:音支。同“支”。
② 篙:音交。乐器,或一种家具。别本作“轿”,当从。

主举似云门云:“某甲得七年方见。”门云:“你七年方见那?”主云:“是。”门云:“更七年始得。”

雪窦云:“草贼败也。”

玄沙问:“某甲如今大用去,和尚作么生?”师将三木毬一时辊出,沙作斫牌势,师云:“你亲在灵山来方得如此。”沙云:“也即是自家底。”

有一僧在山下卓庵,多年不剃头,畜一长柄杓就溪取水。有问:“如何是祖师西来意?”僧提起杓云:“溪深杓柄长。”

师闻之云:“也甚奇怪。”一日袖剃刀,同侍者访之,才见便问:“道得即不剃汝头。”僧便洗头,跪师前,师便与剃却。

一日有两僧来,师以手托庵门,放身出云:“是甚么?”僧亦云:“是甚么?”师低头归庵。

僧后辞去,师问:“甚么处去?”云:“湖南去。”师云:“我有个同行在彼,住岩头,附汝一信去。”师致书云:“某甲信上师兄,一自鳌山成道后,迄至于今饱不休。同参某甲信上师兄。”

僧到岩头,头问:“甚处来?”云:“岭南来。”头云:“曾到雪峰么?”云:“近离彼中,雪峰有书上和尚。”头看书了,却问:“和尚有何言句?”僧举前话,头云:“他道甚么?”云:“他无语低头归庵。”头云:“噫,我当初悔不向伊道末后句。若向伊道,天下人不奈雪老何。”僧至夏末,请益前话,头云:“何不早问?”僧云:“不敢容易。”头云:“雪峰虽与我同条生,不与我同条死。要识末后句,只这是。”

大沩喆云:“大小雪峰、岩头,被这僧勘破。”

雪窦颂云:“末后句,为君说,明暗双双底时节。同条生也共相知,不同条死还殊绝,还殊绝,黄头碧眼须辨别。南北东西归去来,夜深同看千岩雪。”

师问僧:“见说大德曾为天使来,是否?”云:“不敢。”师云:“争解与么来?”云:“仰慕道德,岂惮关山?”师云:“汝犹醉在,出去。”僧便出,师却召云:“大德。”僧回首,师云:“是甚么?”僧亦云:“是甚么?”师云:“这漆桶。”僧无语。

师回顾镜清云:“好个师僧,却向漆桶里着到。”清云:“和尚岂不是据款结案?”师云:“也是我寻常用底。”

复云:“忽若唤回道‘是甚么’?被他道‘这漆桶’又作么生?”清云:“成何道理?”师云:“我与么及伊,汝又道‘据款结案’。他与么及我,汝又道‘成何道理’,一等是与么时节,其间何故有得、有不得?”清云:“不见道,醍醐上味,为世所珍。遇斯等人,翻成毒药。”

雪窦云:“看他父子相投,言气相合。若知者,谓粉骨碎身,此恩难报。不知者,谓扶高抑下,临危悚人。毒药醍醐,千载龟鉴。还会么?这漆桶。”

师因僧作礼,师打五棒。僧云:“某甲有甚么过?”师又打五棒。

雪窦云:“我不曾与人葛藤,前五棒,日照天临;后五棒,云腾致雨。你若辨得,也好与五棒。”

有僧礼辞,师问:“甚处去?”云:“礼拜径山去。”师云:“径山忽问你此间佛法如何,汝作么生只对?”云:“待问即道。”师便打,却回顾镜清云:“这僧过在甚么处便吃棒?”清云:“问得径山彻困也。”师云:“径山在浙中,因甚么问得彻困?”清云:“不见道,远问近对。”师休去。

师唤僧,僧应诺。师云:“近前来。”僧近前,师云:“去。”

云门举问僧:“你作么生道得叉手句?你若道得叉手句,即见雪峰。”

师问僧:“甚处来?”云:“浙中来。”师云:“舡来?陆来?”云:“二途俱不涉。”师云:“争得到这里?”云:“有甚么隔碍?”师打趁出。

僧过十年后再来,师问:“甚处来?”云:“湖南来。”师云:“湖南与此间相去多少?”云:“不隔。”师竖起拂子云:“还隔这个么?”“若隔即不到也。”师又打趁出。僧住后,凡见人便骂。有同行闻得,特去相访,乃问:“老兄到雪峰有何言句不是,骂之不已?”僧遂举前话,被同行诟骂,乃与说破。其僧悲泣,常夜间焚香,遥礼悔过。

师问僧:“近离甚处?”云:“覆舡。”师云:“生死海未渡,为甚么覆却舡?”僧无对。

雪窦代云:“久响雪峰,待这老汉拟议,拂袖便行。”

僧后举似覆舡，舡云：“何不道渠无生死？”僧再去，进此语，师云：“此不是你语。”云：“覆舡语。”师云：“我有二十棒寄打覆舡，二十棒老僧自吃，不干阇梨事。”

雪窦着语云：“能区能别，能杀能活。若也辨得，天下横行。”

师问僧：“甚处去？”云：“识得即知去处。”师云：“你是了事人，乱走作么？”云：“和尚莫搽污人好。”师云：“我即不搽污你，古人吹布毛作么生？与我说来看。”云：“残羹馊饭，已有人吃了。”师休去。

云门别前语云：“筑着便作屎臭气。”又代后语云：“将谓是钻天鹞子，元来是死水里虾蟆。”

雪窦出雪峰云：“一死更不再活。”

师问僧：“名甚么？”云：“玄机。”师云：“日织多少？”云：“寸丝不挂。”师云：“参堂去。”僧才行三五步，师云：“袈裟落地也。”僧回首，师便打云：“大好寸丝不挂。”

师见僧召云：“近前来。”僧近前，师云：“甚处去？”云：“普请去。”师云：“去。”

云门云：“此是随语识人。”

师问僧：“甚处来？”云：“江西。”师云：“江西与此间相去多少？”云“不遥。”师竖起拂子云：“还隔这个么？”云：“若隔即遥也。”师便打出。

师问僧:“甚处来?”云:“慧日。”师云:“来时日出也未?”云:“若日出,即融却雪峰。”师休去。

师问僧:“近离甚处?”云:“沩山。”师云:“沩山有何言句?”云:“某甲曾问‘如何是祖师西来意’,山踞坐。”师云:“汝肯他否?”云:“不肯。”师云:“沩山古佛子,速去礼拜忏悔。”

有僧举似玄沙,沙云:“山头老汉蹉过也不知。”僧云:“未审和尚尊意如何?”沙云:“大小沩山,被这僧一问,直得百杂碎。”

僧问:“声闻人见性,如夜见月;菩萨人见性,如昼见日。未审和尚见性如何?”师打三棒。其僧后问岩头,头打三掌。

雪窦云:“应病与药,且与三下。若也据令而行,合打多少?”

僧问:“古涧寒泉时如何?”师云:“瞪目不见底。”云:“饮者如何?”师云:“不从口入。”

僧后举以赵州,州云:“既不从口入,不可从鼻孔里入。”僧却理前问,州云:“苦。”僧进后语,州云:“死。”

师闻,遥望作礼云:“赵州古佛。”从此不答话。

雪窦云:“众中商量,总云雪峰不出这僧问头,所以赵州不肯。如斯话会,深屈古人。雪窦即不然,斩钉截铁,本分宗师;就下平高,难为作者。”

天衣怀云:“诸仁者作么生会不答话底道理?赞叹赵

州即不无，还知赵州片玉瑕生么？若人检点得出，相如不诳于秦主。”

僧问：“牧童能歌能舞时如何？”师下绳床作舞。玄沙云：“这老汉，脚跟未点地在。”师云：“子又作么生？”玄沙乃抚掌三下。

僧问：“乞师指示。”师云：“是甚么？”僧于言下大悟。

云门云：“雪峰向伊道甚么？”

僧与师造龛子了，白云：“和尚龛子成也。”师云：“舁将来，堂前着。”僧舁来，师才见，便问大众道：“得第一句即留取。”如是再问。有僧出云：“某甲咨和尚。”师便喝云：“莫屎沸。”便将龛子烧却。

联灯会要卷第二十二

青原下第六世

鼎州德山宣鉴禅师法嗣下

泉州瓦棺和尚(凡一)

师在德山为侍者。德山斫木欲,山将一碗水度与师。师接得吃却,山云:“会么?”师云:“不会。”山又将一碗水度与师,师接得又吃却,山云:“会么?”师云:“不会。”山云:“何不成褫[1]取那不会底?”师云:“不会又成褫个甚么?”山云:“大似个铁橛。”

师住后,雪峰相访。茶话次,峰问:“当年在德山,斫木因缘作么生?”师云:“先师当时肯我。”峰云:“和尚离先师太早。”其时面前有一碗水,峰云:“将水来。”师度与峰,峰接得便泼却。

云门云:“莫压良为贱。”

襄州高亭简禅师(凡一)

师初见德山在江岸坐,即隔江问讯。山以扇子招之,

① 褫:音耻。夺也。

师忽然契悟。横趁[1]而过，更不渡江。遂返高亭住持。

洪州大宁感潭资国和尚（凡一）

白兆来问："家内停丧，请师慰问。"师云："苦痛苍天。"兆云："死却父耶？死却母耶？"师便打出。师凡遇僧来，多以拄杖打趁。

潭州石霜庆诸禅师法嗣

筠州九峰道虔禅师（凡五）

福州刘氏子。师为石霜侍者。霜迁化，众请第一座继踵。师云："须会先师意始得。"座云："先师有甚么意？"师云："先师道'休去歇去，一念万年去，寒灰枯木去，古庙香炉去，冷湫湫地去，如一条白练去'作么生？"座云："明一色边事。"师云："元来不会先师意。"座云："你不肯我那？"装香事，座乃焚香云："我若不会先师意，香烟起处即脱去不得。"果随香烟脱去。师抚其背云："坐脱立亡，即不无首座。先师意未梦见在。"

南华昺云："透生死关，高超世表。秉杀活剑，独踞寰中。若非智眼洞明，未免扶篱摸壁。要会么？春兰与秋菊，各一时荣。"

---

① 趁：音趋。同"趋"。

僧问:“无间中人,行甚么行?”师云:“畜生行。”云:“畜生复行甚么行?”师云:“无间行。”云:“此犹是长生路上人。”师云:“须知有不共命者。”云:“不共甚么命?”师云:“长生气不常。”

师复云:“还识命么?欲知命,流泉是命,湛寂是身。千波竞起,是文殊境界。一亘晴空,是普贤床榻。其次,借一句子是指月,于中事是话月,从上宗门中事,如节度使信旗相似。且如诸方先德,未建立许多名目指陈已前。兄弟,约甚么体格商量?到这里不假三寸,试道看;不假耳根,试辨听看;不假眼根,试辨白看。所以道,声前抛不出,句后不藏形。尽乾坤都卢是汝诸人本体,向甚么处着眼耳鼻舌?若向意根下图度作解,尽未来际未有了日。所以洞山和尚道‘拟将心意学玄宗,状似西行却向东’。珍重。”

僧问:“承师有言,诸圣间出,只是传语底人,是否?”师云:“是。”云:“世尊一手指天,一手指地,云:‘天下天下,唯我独尊。’为甚么唤作传语底人?”师云:“只为他一手指天,一手指地,所以唤作传语人。”

僧问:“如何是自己?”师云:“更问阿谁?”云:“便恁么承当时如何?”师云:“须弥上不可戴须弥。”

僧问:“一笔丹青,为甚么邈志公真不得?”师云:“僧繇却许志公。”僧云:“为甚么繇却许志公?”师云:“乌龟稽首须弥柱。”

台州涌泉景欣禅师(凡四)

示众云:“若是应世傍借,尽是千差门头事。善恶二念未生时,是法身体,才生属报身。报属化,一化千化。我道尽处为身,空处为座,万行为衣,只唤作三世因圆果满,是菩提成立处。直得白衣拜相,善财龙女、屠儿广额抛刀便行,乃是一乘圆顿,犹是时人净土,亦云一生补处。直得无方绝所,物物不拘,亦是佛地愚。若是渠争肯坐着方所,我道出不随应、入不居空,内证见寂,即落守蕴;外证明空,即落明蕴。有见落常,无见落断,不有不无,即落中道。若不知有此事,尽被人天带将去。切须在意,莫作等闲。”

示众云:“我四十年[①]在这里,尚自有走作。汝等诸人莫开大口,见解人多,行解人万中无一个半个。见解言语,总要知通,若识不尽,敢道轮回去在。为何如此?盖为识漏未尽。汝但尽却今时,即得成立,亦唤作立中功。转功就他去,亦唤作就中功,亲他去。我所以道,亲人不得度,渠不度亲人。恁么譬喻,尚不会荐得浑仑底,但管取信,乱动舌头。不见洞山道‘相续也大难’,汝须知有此事。若不知有此事,啼哭有日在。”

雪峰相访,及去,师门送。峰入轿了,师云:“这个四人舁,那个几人舁?”峰涌身起云:“道甚么?”师再问,峰云:

① 四十年:《五灯会元》作“四十九年”。

“行行，他不会。”师云：“知即知，即是道不得。”

强、德二禅客路次见师骑牛，禅客云：“头角甚分明，争奈骑者不识。”师骤牛而去。二禅客憩于树下煎茶，师回来，下牛相问讯，与坐吃茶。师问：“近离甚处？”云：“那边。”师云：“那边事作么生？”僧提起茶盏，师云：“犹是这边事，那边事作么生？”二人无对，师云：“莫道骑者不识好。”

潭州云盖志元禅师（凡三）

师问云居：“某甲不奈何时如何？”居云“只为工夫不到。”师不礼拜而退。

后问石霜，霜云：“非但阇梨，老僧亦不奈何。”云：“和尚因甚么不奈何？”霜云：“我若奈何，便拈却你不奈何。”师乃作礼求入室。

师因僧问石霜：“万户俱闭即不问，百户俱开时如何？”霜云：“堂中事作么生？”僧云：“无人接得渠。”霜云：“道也太杀道，只道得八成。”师闻，乃礼请石霜为道，霜不道。师抱石霜从方丈后去，复作礼不住，云：“请和尚为某甲道。若不道，须打和尚去。”霜云：“得在。”师复设拜，霜云：“无人识得渠。”师于言下有省。

翠岩云：“先行不到，末后太过。”

妙喜云：“一对无孔铁锤，就中一个最重。”

有道正奏闻马王,乞与师论义。马王请师至,具说其事。师茶罢,就大王借一口剑,乃握剑问道正:“你本教道,‘恍恍惚惚,其中有物’,是何物?‘杳杳冥冥,其中有精’,是何精?道得即不斩,道不得即斩。”道正作礼谢过。师谓大王曰:“还识此人否?”云:“识。”师云:“是谁?”云:“道正。”师云:“不是,其道若正,合对得臣。只是个无主孤魂。”因斯,道门不复纷纭。

福州覆舡荐禅师(凡四)

道吾问:“久响和尚会禅,是否?”师云:“苍天苍天。”吾近前,掩却师口云:“低声低声。”师与一掌,吾云:“苍天苍天。”师近前把住云:“得与么无礼。”吾却与师一掌,师云:“老僧罪过。”吾拂袖便行,师呵呵大笑云:“早知如是,悔不如是。”

师见僧来,作起身势,僧便出去。师云:“阇梨,且容人事。”僧回身,作抽坐具势,师却归方丈,僧云:“苍天苍天。”师云:“龙头蛇尾。”僧叉手近前而立,师云:“败将投主,不存性命。”

僧问:“钩锥不到处,请师道。”师良久,僧云:“掣电之机,徒劳伫思。”师云:“出格一句你试道看?”僧近前三步,却退后。师云:“此是出格句,即今事作么生?”僧以衣袖一拂便出,师云:“也是天津桥上汉。”

僧问:“如何是师子子?”师云:“善能哮吼。”僧抚掌云:“好手好手。”师云:“青天白日却被鬼迷。”僧作掀绳床势,师便打,僧云:“驴事未去,马事到来。”师云:“酌然是作家。”僧拂袖而去,师云:“将瓯盛水,拟比大洋。”

潭州大光居诲禅师(凡三)

师依石霜凡十年,霜问:“国家每年放举人及第,朝门还得拜也无?”师云:“有一人不求进。”霜云:“凭何?”师云:“他不为名。”霜云:“除却今日,别更有时也无?”师云:“渠亦不道今日者是。”

示众云:“一代时教,只是整理今时人手脚。直饶剥尽到底,只成得个了事人,不可将当衲衣下事。所以四十九年明不尽、标不起,到这里合作么生?若更忉忉,恐成负累。”

僧问:“达磨还是祖否?”师云:“不是祖。”云:“不是祖,又来作个甚么?”师云:“为你不荐祖。”云:“荐后如何?”师云:“方知不是祖。”

凤翔府石柱和尚(凡一)

师谒洞山,因山垂语云:“有四种人,一人说过佛祖,一步行不得;一人行过佛祖,一句说不得;一人说得行得;一人说不得,行不得。且道那个是其人?”

师出众云："一人说过佛祖，一步行不得，只是无舌不许行；一人行过佛祖，一句说不得，只是无足不许说；一人说得行得，正是函盖相应；一人说不得，行不得者，如断命而求活，此是石女儿担枷带锁。"洞山云："阇梨自己又作么生？"师云："该通分上，卓卓宁彰。"洞山云："只如海上明公秀又作么生？"师云："幻人相逢，抚掌呵呵。"

潭州文殊禅师（凡一）

僧问："僧繇为甚么邈志公真不得？"师云："非但僧繇，志公亦邈不得。"云："志公为甚么邈不得？"师云："彩绘不将来。"云："和尚还邈得也无？"师云："我亦邈不得。"云："和尚为甚么邈不得？"师云："渠不以苟我颜色，教我作么生邈？"

秀才张公拙（凡一）

往石霜，访禅月、齐巳太布衲。石霜相接，公但略相顾而已，即与三人终日剧谈。

公忽问："三人中，何不推一人作长老？"禅月知公轻于霜，乃云："公宜谒堂头和尚，此是肉身菩萨，堂中五百学徒，胜某甲者二百五十人。"公遂钦奉，即造方丈参礼。

霜问："秀才何姓？"公云："姓张名拙。"霜云："觅巧了不可得，拙自何来？"公言下有省，乃述偈云："光明寂照遍河沙，凡圣含灵共我家。一念不生全体现，六根才动被云遮。断除烦恼重增病，趣向真如亦是邪。随顺世缘无挂碍,涅槃生死是空华。"

筠州洞山良价禅师法嗣

抚州曹山本寂禅师(凡二十三)

泉州莆田张氏子。谒洞山,山问师:"名甚么?"师云:"本寂。"云:"何不向上道?"师云:"不道。"云:"为甚么不道?"师云:"不名本寂。"洞山器之。

师辞洞山,山问:"甚处去?"师云:"不变异处去。"洞云:"不变异处,岂有去耶?"师云:"去亦不变异。"

示众云:"诸方尽把格则,何不与他道一转语,教伊不疑去?"云门便问:"密密处,为甚么不知有?"师云:"只为密密,所以不知有。"门云:"此人如何亲近?"师云:"莫向密密处亲近。"门云:"不向密密处亲近时如何?"师云:"始解亲近。"门云:"诺诺。"

妙喜云:"浊油更着湿灯心。"

示众云:"莫行心处路,不挂本来衣。何须更恁么,切忌未生时。"师闻钟声,乃云:"阿耶耶,阿耶耶。"僧云:"和尚作甚么?"师云:"打着我心。"

五祖戒云:"作贼人心虚。"

云门问:"如何是沙门行?"师云:"吃常住苗稼者是。"

门云:“便恁么去时如何?”师云:“汝还畜得么?”门云:“畜得。”师云:“汝作么生畜?”门云:“着衣吃饭有甚么难。”师云:“何不道披毛带角?”门便作礼。

镜清问:“清虚之理,毕竟无身时如何?”师云:“理即如是,事作么生?”云:“如理如事。”师云:“谩曹山一人即得,争奈诸圣眼何?”云:“若无诸圣眼,争鉴得个不恁么。”师云:“官不容针,私通车马。”

大沩喆云:“曹山虽善切瑳琢磨,其奈镜清玉本无瑕。要会么?不经敏手,终成废器。”

僧清锐问:“某甲孤贫,乞师赈济。”师召锐阇梨,锐应诺,师云:“清源白家三盏酒,吃了犹道未沾唇。”

师问强、德二上座:“菩萨在定,闻香象渡河,出甚么经?”云:“《涅槃经》。”师云:“定前闻?定后闻?”云:“和尚流也。”师云:“道也太杀道,只道得一半。”云:“和尚又作么生?”师云:“滩下接取。”

师问僧:“甚处来?”云:“扫地来。”师云:“佛前扫?佛后扫?”云:“前后一时扫。”师云:“与我过袈裟来。”

僧问:“抱璞投师,请师雕琢。”师云:“不雕琢。”云:“为甚么不雕琢?”师云:“须知曹山好手。”

僧问:“学人通身是病,请师医。”师云:“不医。”云:

“为甚么不医?”师云:“教你求生不得,求死不得。”

僧问:“子归就父,为甚么父全不顾?”师云:“理合如是。”云:“父子之恩何在?”师云:“始成父子之恩。”云:“如何是父子之恩?”师云:“刀斧斫不开。”

僧问:“世间甚么物最贵?”师云:“死猫儿最贵。”云:“为甚么死猫儿却贵?”师云:“无人着价。”

僧问:“如何是师子?”师云:“众兽近不得。”云:“如何是师子儿?”师云:“能吞父母。”云:“既是众兽近不得,为甚么却被儿吞?”师云:“若哮吼,祖父母俱尽。”云:“只如祖父母还尽也无?”师云:“尽。”云:“尽后如何?”师云:“全身归父。”云:“前来为甚么道父母俱尽?”师云:“不见道,王子能成一国事,枯木上更糁些子花。”

僧问:“乘教有言‘大海不宿死尸’,如何是海?”师云:“包含万有。”云:“为甚么不宿死尸?”师云:“绝气息者不着。”云:“既是包含万有,为甚么绝气息者不着?”师云:“万有非其功,绝气息者有其德。”云:“未审向上还有事也无?”师云:“有。”云:“如何是向上事?”师云:“道有道无即得,争奈龙王按剑何?”

僧问:“幻本何真?”师云:“幻本元真。”云:“当幻何显?”师云:“即幻即显。”云:“恁么则始终不离于幻也。”师云:“觅幻相,了不可得。”

僧问:“日未出时如何?”师云:“三十年前,曹山也曾恁么来。”云:“日出后如何?”师云:“犹较曹山半月程。”

僧问:“国内按剑者谁?”师云:“曹山。”云:“拟杀何人?”师云:“但有,一切总杀。”云:“忽遇所生父母又作么生?”师云:“拣甚么?”云:“争奈自己何?”师云:“谁人奈我何?”云:“和尚何不自杀?”师云:“无下手处。”

僧问:“如何是无刃剑?”师云:“非淬炼所成。”云:“用者如何?”师云:“逢者皆丧。”云:“不逢者如何?”师云:“亦须头落。”云:“既不逢,为甚么亦头落?”师云:“不见道,能尽一切。”云:“尽后如何?”师云:“方知有此剑。”

僧问:“古人有言,尽大地唯有此人,未审是甚么人?”师云:“不可有第二月去也。”云:“如何是第二月?”师云:“也要老兄定当。”云:“作么生是第一月?”师云:“险。”

问:“雪覆千山,为甚么孤峰不白?”师云:“须知有异中异。”云:“如何是异中异?”师云:“不堕诸山色。”

僧问“即心即佛即不问,如何是非心非佛?”师云:“兔角不用无,牛角不用有。”

僧问:“十二时中如何保任?”师云:“如经蛊毒之乡,水也不得沾他一滴。”

问:“一牛饮水,五马不嘶时如何?”师云:“曹山解忌口。”

洪州云居道膺禅师(凡二十三)

幽州玉田壬氏子。谒洞山,山问:“汝名甚么?”师云:“道膺。”洞云:“向上更道。”师云:“若向上道,即不名道膺。”洞云:“与吾在云岩时祇对无异也。”师乃服勤席下。

洞山问师:“甚处来?”师云:“踏山来。”洞云:“阿那个山堪住?”师云:“阿那个山不堪住?”洞山云:“恁么则国内总被子占却也。”师云:“不然。”洞云:“恁么则子得个入路。”师云:“无路。”洞云:“若无路,争得与老僧相见?”师云:“若有路,即与和尚隔生也。”洞云:“子已后千人万人把不住。”

师问洞山:“如何是祖师西来意?”洞云:“阇梨,他后有把茆盖头,有人问你作么生。”师云:“道膺罪过。”

师划草,偶划杀蚯蚓,洞山指问:“这个聻?”师云:“他不死。”洞云:“二祖往邺都又作么生?”师不对。

住后僧问:“和尚在洞山划蚯蚓,洞山问师岂不是无语?”师云:“当时有语,只是无人听。”

洞山问师:“吾闻思大[1]在倭国作国王,是否?”师云:

① 思大:思大禅师,讳慧思,武津李氏子。梁元帝承圣三年(554)依慧闻悟入法华三昧。他注重禅法之践行,亦注重义理之推究,时称思大和尚。

“若是恩大,佛亦不作,况国王乎?”洞然之。

洞山问:“大阐提人杀父杀母,出佛身血,破和合僧,如是种种孝养何在?”师云:“始能孝养。”自此洞山推之,为室中领袖。

示众云:“得者不轻微,明者不贱用。识者不咨嗟,解者无厌恶。从天降下则贫寒,从地涌出则富贵。门里出身易,身里出门难。动则埋身千丈,不动则当处生苗。一言迥脱,独拔当时。言语不要多,多即无用处。”

示众云:“了无所有,得无所图。言无所恃,行无所依。心无所托,即得无过。在众如无众,无众如在众。岂不是无娆?其德超于万类,脱一切羁锁,千人万人得尚道不当自己。古人云:‘体取那边事,却来这边行履。’那边有甚么事?这边又作么生行履?所以道,有也莫将来,无也莫将去。见在底是谁家事?”

示众云:“汝等直饶学得佛法边事,早是错用心了也。不见古人道,讲得天花落地,顽石点头,尚不干自己事。自余是甚么闲?拟将有限身心,向无限中用,有甚么交涉?如将方木逗圆孔,多少誵讹。若无恁么事,饶汝攒花簇锦,亦无用处。未离情识在,须向这里及尽,方得无过,方有出身路。若有一毫发去不尽,即被尘累,岂况更多?差之毫厘,过犯山岳。不见古人道,学处不玄,尽是流俗。闺閤中物舍不得,俱为渗漏;并尽一切事,始得无过。头头上了,物物上通,只唤作了事人,终不唤作尊贵。将知尊贵一路自别。所以古人道,犹如双镜,光光相对。光明相照,更无亏盈,岂不是一般犹唤作影像边事?如日出,照于世间明朗是一半,那一半唤作甚么?如今人未认得光影,门头户底粗浅底事,将作屋里事,又争得?"

示众云:"汝等发言吐气,须有来由,莫当等闲。凡问个事,也须识好恶,莫学相似语。所以寻常道,莫怪不相似,恐同学太多去。第一莫将来,将来不相似。八十翁翁入场屋,真诚不是小儿戏。一言若差,乡关万里。敲骨打髓,须有来由。言语如钳铗钩锁,相续不断始得。头头上明,物物上显,方是得妙。知有底,终是不取次。十度发言,九度休去。为甚如此?恐无利益他。得底人,如腊月扇,口生白醭去。不是强为,任运如此。要明恁么事,须是恁么人。若是恁么人,何愁恁么事。"

示众,举:"古人云:'地狱未是苦,衲衣下不明大事始是苦。'汝等既在这行流,十分去九,不较多了,更着些心力。便是上座不枉平生行脚眼,不辜负丛林。古人道:'欲得保任此事,须向高高峰顶立,深深海底行,方有些子气息。'若大事未办,且须履践玄途。"

示众云:"若有一毫许去不尽,即被尘累,岂况更多?不见寻常道,升天底事,对众掉却;十成底事,对众去却。掷地作金声,不须回头顾着。自余有甚么用处?所以道,智人不向言中取,得人不向说中求。不是异于常徒。息一切万累道,暂时不在途路。便有来由,非但恶眷属,善眷属也觅他不得。甚处去？通身去,归家去,省觐去,脱诸有门去,绝牢笼去。脱险难,异常徒。”

示众云:“老僧二十年前住三峰庵时,有魏府兴化长老来问:‘权借一问以为影草时如何?’老僧当时机思迟钝道不得,为伊致得个:‘话头奇特,不敢辜负伊。’他云:‘想和尚答这话不得,不如礼拜了退。’如今思量,当时不消道个‘何必’。后遣化主到魏府兴化,化问:‘和尚住三峰庵时,老僧问伊话对不得,如今道得也未?’主举前话,化云:‘云居二十年只道得个何必,兴化即不然,争如个道不必。’”

三圣云:“云居二十年道得底,犹较兴化半月程。”

示众云:“如人将三贯钱买得一只猎狗,只解寻得有踪迹、多气息底,忽遇羚羊挂角时,气息也无。”

僧问:“羚羊未挂角时如何?”师云:“六六三十六。”云:“挂角后如何?”师云:“六六三十六。”僧作礼,师云:“会么?”云:“不会。”师云:“岂不见道,绝踪迹。”

僧举似赵州,州云:“云居师兄犹在。”僧却问:“羚羊未挂角时如何?”州云:“九九八十一。”云:“挂角后如何?”州云:“九九八十一。”

师问雪峰:“门外雪消也未?”峰云:“一片也无,消个甚么?”师自云:“消也。”

保福展云:“要且无雪上加霜。”

有一僧在旁看经,师问:“念底是甚么经?”云:“《维摩经》。”师云:“我不问你《维摩经》,念底是甚么?”其僧言下有省。

师令侍者送裤与住庵道者,者云:“自有娘生裤。”竟不受。师又令侍者去问:“娘未生时着个甚么?”者无对。

后迁化,烧得舍利,持以似师,师云:“直饶出得八斛四斗,不如当初下取一转语好。”

保宁勇向“无语”处,代僧举脚示之。

僧问:“如何是诸佛师?”师喝云:“这田厍奴。”僧作礼,师云:“你作么生会?”僧作舞出去,师云:“沿台般乞儿。”

僧问:“山河大地从何而有?”师云:“从妄想有。”云:“与某甲想出一铤金作么?”师休去,僧不肯。

云门云:“已是葛藤,不能折合。待伊道‘与某甲想出一铤金,得么’,拈拄杖劈脊便打。”

僧问:“如何是一法?”师云:“如何是万法?”云:“未审如何领会?”师云:“一法是你本心,万法是你本性,且道心与性,是一是二?”僧作礼。师示以颂云:“一法诸法宗,万法一法通。惟心惟汝性,不说异兼同。”

僧问:“有人衣锦入来,见和尚后,为甚么寸丝不挂?”师云:“直作琉璃殿上行,扑倒也须粉碎。”

问:“香积之饭,甚么人作吃?”师云:“须知得吃之人,入口也须挑出。”

荆南节度使成尚书与大将送供入山,问:“世尊有密语,迦叶不覆藏。如何是世尊有密语?”师召尚书,书应诺,师云:“会么?”云:“不会。”师云:“汝若不会,世尊有密语。汝若会去,迦叶不覆藏。”

法灯云:“且道,唤底是密语?应底是密语?若也总是,即不密也。且道作么生是密语?”

时有僧问:“如何是世尊有密语?”灯云:“何曾得密来。”

东林总云:“怪哉弘觉,二十年羚羊挂角,绝迹亡踪,及乎被尚书一拶,直作带水拖泥,作人笑怪。法灯也是日午点金灯,夜半泼墨汀。东林即不然,‘如何是密语?’却向伊道:‘甚处不密?’且道恁么还有过也无?”良久云:“更不用别人。”

师临示寂时问侍者:“今日是几?”者云:“初三。”师云:“三十年后,但道只这是。”乃端然告寂。

潭州龙牙居遁禅师(凡九)

师问翠微:“学人自到法席,不蒙一法示诲,意在于何?”微云:“嫌甚么?”又谒德山,理前问,山亦云:“嫌甚么?”师不肯。后见洞山,理前问,洞山云:“争怪作老僧。”

师问翠微:“如何是祖师西来意?”微云:“与我过禅板

来。”师度禅板与微,微接得便打,师云:“打即任打,要且无祖师意。”

又问临济,济云:“与我过蒲团来。”师度蒲团与济,济接得便打,师云“打即任打,要且无祖师意。”

师住后,有僧问:“和尚当时问二尊宿祖师意,未审二尊宿还明也无?”师云:“明则明已,要且无祖师意。”

石门总云:“龙牙无人挨着,犹较些子。才被个布衲挨着,失却一只眼。”

雪窦云:“临济、翠微只解放、不解收,我若作龙牙,待伊索禅板、蒲团,拈得劈胸便掷。”

师问德山:“学人仗剑取师头时如何?”山近前,引颈云:“叻。”师云:“头落也。”山呵呵大笑。

师后举似洞山,山云:“德山道甚么?”师云:“他无语。”山云:“无语且致,将德山落底头来呈似老僧看。”师于是有省,遂焚香,遥礼忏谢。

后有僧举似德山,山云:“洞山老人不识好恶,这汉死来多少时了也,救得有甚用处?”

保福展云:“龙牙只知进前,不知失步。”

翠岩芝云:“龙牙当断不断,如今作么生断?”

师问洞山:“如何是祖师西来意?”山云:“待洞水逆流时,即向汝道。”师于言下契悟。

示众云:“夫参学人,须透过佛祖始得。”新丰和尚云:“佛教、祖教如生冤家,始有参学分,若透不过,即被佛祖谩。”

时有僧问：“佛祖还有谩人之心也无？”师云：“汝道，江湖还有碍人之意也无？”又云：“江湖虽无碍人之意，为时人过不得；江湖成碍人去，不得道江湖不碍人。佛祖虽无谩人之心，为时人透不得；佛祖成谩人去，不得道佛祖不谩人。若透得佛祖过，此人过却佛祖，始体得佛祖意，方与向上人同。若未透得过，但学佛求祖，万劫无有出期。”

僧问：“如何得不被佛祖谩去？”师云：“道者直须自悟始得。”

僧问：“师子返掷时如何？”师云：“返掷且止，你道还怕文殊么？”云：“非但文殊，佛亦不怕。”师云：“争奈被文殊骑何？”云：“文殊骑者，不是师子。”师云：“返掷事作么生？”僧云：“应用无亏。”师云：“正是文殊骑者，返掷事作么生？”僧无语。

僧问：“二鼠侵藤时如何？”师云：“须有隐身处始得。”云：“如何是隐身处？”师云：“还见文殊么？”

僧问：“如何是祖师西来意？”师云：“待石乌龟解语时，即向你道。”云：“石乌龟语也。”师云：“向你道甚么？”

僧问：“十二时中如何用力？”师云：“如无手人行拳。”

大沩秀云：“是即是，又教人入阴界中作活计。十二时中如何用力？如有手人行拳，又且如何？”

僧问："古人得个甚么便休去？"师云："如贼入空屋。"

问："大庾岭头提不起时如何？"师云："六祖为甚么将得去？"

襄州洞山师虔禅师（凡五）

洞山问师："近离甚处？"师云："武陵。"山云："武陵法道何似此间？"师云："胡地冬抽笋。"山云："别甑炊香饭供养此人。"师便出，山云："此子已后千人万人把不住。"

鼓山永云："恁么只对，滴水难消，因甚别甑炊香饭？"

示众云："祖师门下，鸟道玄微；功穷皆转，不究难明。汝等诸人，直须离心意识参，出圣凡路学，方可保任。若不如是，非吾子息。"

妙喜云："饶汝离心意识参得透，出圣凡路学得成，也是雪峰道底。"

师凡有新到来，须令担泥三担。[①]

有一僧不肯，乃问云："三转内即不问，三转外事如何？"师云："铁轮天子寰中来。"僧无语，师便打，趁出院。

大沩秀云："夫欲君臣道合，应须水乳和同。这僧既抗节朝堂，不觉丧身失命。当时见道'铁轮天子寰中来'，将坐具便掴，待伊拟议，劈面便摵。"

---

① 此处《五灯会元》作"般柴三转"，与后文相接有续，当从。若如此处"担泥三担"，则后文"三转"语便没了出路。

僧问:“昔年疾苦,中又毒,诸师医。”①师云:“金鎞②刮破脑,顶上灌醍醐。”云:“恁么则谢师医去也。”师便打。

僧问:“学人径往时如何?”师云:“死蛇当大路,劝子莫当头。”云:“当头者如何?”师云:“丧子命根。”云:“不当头者如何?”师云:“亦无回避处。”云:“正恁么时如何?”师云:“失却也。”云:“未审向甚么处去?”师云:“草深无觅处。”云:“和尚也须堤防始得。”师抚掌云:“一等是毒药。”

抚州疏山羌仁③禅师(凡五)

吉州新淦人。初往东林听习,叹曰:“寻行数墨,语不如默。舍己求人,假不如真。”即卷衣游方。

初谒沩山,见示众云:“行脚高士,直须向声色里睡眠,声色里坐卧。”师出问:“如何是不落声色句?”沩山竖起拂子,师云:“此犹是落声色句。”沩山便归方丈。

师不契,便辞香严,严云:“何不且住?”师云:“某甲与和尚无缘。”严云:“有何因缘不契,试举看?”师举前话,严云:“某甲有个语。”师云:“道甚么?”严云:“言发非声,色前不物。”师云:“元来此中有人。”乃嘱严云:“你向后有住处,某甲却来相见。”遂去。

沩山问香严云:“问声色话底矮阇梨在么?”严云:“已去了也。”沩云:“曾举向子么?”严云:“某甲亦曾有语对他

① 此句颇不类,依文当为“又中毒,请师医”。
② 鎞:音逼。疗眼疾的器具。音毕。篦子。音批。犁刃,或箭簇。
③ 羌仁:《五灯会元》作“匡仁”。

来。”沩云:“试举看。”严云:“言发非声,色前不物。”沩云:“他道甚么?”严云:“他深肯。”沩云:“我将谓他有长处,元来只在这里。此子向后,设有住处,近山无柴烧,近水无水吃。”

师到福州西禅,遇上堂,师出问:“法身之理,理绝玄微。不夺是非之境,犹是法身边事,如何是法身向上事?”禅举起拂子,师云:“此犹是法身边事。”禅云:“如何是法身向上事?”师进前夺拂子,折折掷向地上,便归众。禅云:“龙蛇易辨,衲子难谩。”

示众云:“老僧咸通年已前,会得法身边事;咸通年已后,会得法身向上事。”云门问:“承闻和尚咸通年已前,会得法身边事;咸通年已后,会得法身向上事,是否?”师云:“是。”门云:“如何是法身边事?”师云:“枯桩。”门云:“如何是法身向上事?”师云:“非枯桩。”门云:“还许学人说道理也无?”师云:“许。”门云:“枯桩岂不是明法身边事?”师云:“是。”门云:“非枯桩岂不是明法身向上事?”师云:“是。”门云:“法身还该一切也无?”师云:“作么生不该?”门指净瓶云:“还该这个么?”师云:“阇梨莫向净瓶边会。”问便作礼。

上方岳云:“疏山总是战争收拾得,却因歌舞破除休。云门舌上有龙泉。”

妙喜云:“云门礼拜,不是好心。”

师到夹山,问:“承闻和尚有言,目前无法,意在目前。

如何是目前法?”山云:“山月流辉,澄潭无影。”师作掀绳床势,山云:“阇梨又作么生?”师云:“目前无法,了不可得。”山云:“大众看,这一员战将。”

师因知事为造寿塔毕,来白师,师云:“将多少钱与匠人?”云:“一切在和尚。”师云:“为将三文与匠人?为将两文与匠人?为将一文与匠人?若道得,与吾亲造塔。”知事无对。罗山闲禅师时在大岭住庵,其僧到大岭,闲问:“甚处来?”云:“疏山。”闲云:“有何言句?”僧举前话,闲云:“还有人道得么?”云:“未有人道得。”闲云:“汝却归去,举似疏山道,大岭云:‘若将三文与匠人,和尚此生决定不得塔。若将两文与匠人,和尚与匠人共出一只手。若将一文与匠人,带累匠人,眉须堕落。’”

僧回举似师,师具威仪望大岭作礼,叹云:“将谓无人,大岭有古佛放光射到此间。”却语僧云:“你去向大岭道,犹如腊月莲花。”僧持此语举似闲,闲云:“早是龟毛长数丈。”

浮山远云:“疏山以锥栽地,大岭用刀剜空。虽然二老错下锥刀,今时人亦难构赴。何故?后语中有稍有杀。虽然如是,河里失钱何里摝。”

师问僧:“甚处来?”云:“雪峰来。”师云:“我已前到时,是事不足。如今足也未?”云:“如今足也。”师云:“粥足?饭足?”僧无对。

洞山代云:“粥足饭足。”

僧问:“牛头未见四祖时如何?”师云:“鱼隐深潭,必招钓客。”云:“见后如何?”师云:“瞥然浑浊水,白鹭卒难寻。”

僧问:“久负不逢时如何?”师云:“饶汝雄信解拈枪,犹较秦王一百步。”云:“正恁么时如何?”师云“将军不上便桥,金牙徒劳拈筈①。”

师尝握木蛇,僧问:“和尚手中是甚么?”师云:“曹家女。”

云:“如何是和尚家风?”师云:“尺五头巾。”云:“如何是尺五头巾?”师云:“圆中取不得。”

僧问:“如何是冬来意?”师云:“京师出大黄。”

问:“百匝千重,是何人境界?”师云:“在搓芒绳缚鬼子。”

澧州钦山文邃禅师(凡十一)

福州人也。同岩头、雪峰见德山。师问德山:“天皇也恁么道,龙潭也恁么道,未审和尚作么生道?”山云:“你试举天皇、龙潭底看。”师拟议,山便打。师下延寿堂云:“是即是,打我太杀。”岩头云:“若恁么,他后不得道见德山来。”

---

① 筈:音阔。箭尾。

雪窦云:“诸禅客,钦山致个问端甚是奇特,争奈龙头蛇尾。汝试举天皇、龙潭底看?坐具便摵。大丈夫汉,捋虎须也是本分。他既不能,德山令行一半。令若全行,雪峰、岩头总是涅槃堂里汉。”

五祖戒云:“德山只解打死钦山,不解打活钦山。”

大沩喆云:“德山门下草偃风行,待问‘未审和尚作么生道’,劈脊便棒。且道,德山是?大沩是?”

师游方时,同雪峰、岩头憩一店上吃茶。师云:“不会转身吐气者,不得茶吃。”头云:“若恁么,我今日定不得茶吃。”峰云:“某甲亦然。”师云:“这两个老汉,话头也不识。”头云:“甚么处去来?”师云:“布袋里老鸦,虽活如死。”头退后云:“看看。”师云:“豁公且致,存公作么生?”峰作一圆相,师云:“不得不问。”头笑云:“太远生。”师云:“有口不得茶吃者多。”

师与岩头、雪峰坐次,洞山行茶来,师乃闭目。洞云:“甚么处去也?”师云:“入定。”洞云:“定本无门,从何而入?”

有一老宿云:“大有人恁么会。”

雪窦代云:“当时但指岩头、雪峰云:‘与这两个瞌睡汉茶吃。’”

岩头住庵,师访之。问云:“师兄在,二时斋粥如何?”头云:“每日受张四郎宅供养,极是难消。”师云:“师兄受他供养,他时异日去他家作男作女。”头以手捏拳安头上。

师云:“恁么则向顶𩕳上生去也。”头便喝,师云:“何如生取文邃去好?”头又喝云:“我见你三二十年鼓两片皮,直至如今犹作这个去就。”便喝出。

时张四郎却同师归宅。师垂泪云:“三十年同行,有佛法不向文邃道。”至半夜又去敲门云:“师兄师兄,有佛法不向文邃道,且乞慈悲。”头遂开门,为说细大法门方得安乐,再回澧州住也。

示众,横按拄杖顾视大众云:“有么有么?如无,钦山唱菩萨蛮去也。啰啰哩哩。”便下座。

示众,伸起手云:“开即为掌,五指参差。”复握拳云:“握即为拳,必无高下。还有商量分也无?”时有僧出,竖起拳,师云:“汝只是个无开合汉。”

雪窦云:“我即不然,竖起拳云:‘握即为拳,有高有下。’复开云:‘开即成掌,无党无偏。’且道放开为人好?把定为人好?开也造车,握也合辙。若谓闭门造车,出门合辙,我也知你向鬼窟里作活计。”

良禅客问:“一镞破三阙时如何?”师云:“放出关中主看。”云:“恁么则知过必改。”师云:“更待何时?”云:“好箭放不着所在。”便出去,师云:“且来阇梨。”良回首,师把住云:“一镞破三关即且致,试与钦山发箭看。”良拟议,师打七棒云:“且听这汉疑三十年。”

同安察云:“良公虽能发箭,要且未中的。”有僧问:“未审如何得中的去?”安云:“关中主是甚么人?”僧举似钦山,山云:“良公若解与么,也免得钦山口。虽然如是,同安不是好心,亦须看始得。”

师到浴下,见僧踏水车次,放却来问讯。师云:“幸自转辘辘地,何须却恁么?”僧云:“不恁么又争得?”师云:“若恁么,钦山眼在甚么处?”云:“作么生是和尚眼?”师以手作拨眉势,僧云:“和尚又得与么?”师云:“是是,为我与么,便不得与么。”僧无对。师云:“索战无功,一场气闷。”良久云:“会么?”云:“不会。”师云:“钦山为你担一半。”

德山侍者来,才作礼,师把住云:“还甘钦山与么也无?”云:“某甲却悔久住德山,今日无言可对。”师放却云:“一任你只对。”者拨开胸云:“且听某甲通气一上。”师云:“德山门下即得,这里用不着。”云:“久响钦山不通人情。”师云:“累他德山眼目。参堂去。”

僧问:“十二时中如何接人?”师云:“我若接人即与你一般。”云:“某甲特来,和尚也须吐露。”师云:“汝若特来,我须吐露。”云:“便请。”师便打,僧无语。师云:“守株待兔,枉用心神。”

京兆府华严休静禅师(凡四)

师问洞山:“学人未见理路,未免情识。”山云:“你还见理路也未?”云:“无理路。”山云:“甚处得情识来?”云:“学人实问。”山云:“若与么,须向万里无寸草处立。”云:

“无寸草处还许立也无?”洞云“直须恁么去。”

师在洛浦作维那,普请,白槌云:“上间般柴,下间锄地。”首座云:“圣僧作甚么?”师云:“当堂不正坐,不赴两头机。”

僧问:“既是长老,为甚么却后生?”师云:“三岁国家龙凤子,百年阶下老朝臣。”

云:“王子未登九五时如何?”师云:“贪游六宅戏,不觉国内倾。”云:“正登九五时如何?”师云:“朱帘齐卷上,四相集朝仪。”云:“登九五后如何?”师云:“金箱排玉印,御辇四方归。”

僧问:“大悟底人为甚么却迷?”师云:“破镜不重照,落花难上枝。”

筠州高安白水本仁禅师(凡四)

示众云:“寻常不欲向声前句后鼓弄人家男女,何故?且声不是声,色不是色。”

时有僧问:“如何是声不是声?”师云:“唤作色得么?”云:“如何是色不是色?”师云:“唤作声得么?”僧作礼。师云:“且道为汝说,答汝话,若人辨得,有个入处。”

雪窦云:“既非声前句后,且作么生入?”

示众云:“眼里着沙不得,耳里着水不得。”

时有僧问："如何是眼里着沙不得？"师云："应真无比。"云："如何是耳里着水不得？"师云："白净无垢。"

师问镜清："时寒不易道者。"清云："不敢。"师云："还有卧单也无？"清云："设有也无展底工夫。"师云："直饶道者滴水冰生，亦不干他事。"清云："滴水冰生，事分相涉。"师云："是。"清云："此人意作么生？"师云："此人不落意。"清云："不落意此人聻？"师云："高高山顶，无可与道者啖啄。"

僧问："文殊与普贤，万法悉同源。文殊、普贤即不问，如何是同源底法？"师云："却须问取文殊、普贤。"僧云："如何是文殊、普贤？"师云："一钓便上。"

僧问："如何是不迁义？"师云："落花随流水，明月上孤峰。"

益州北院通禅师（凡四）

师辞洞山，山问："甚处去？"师云："入岭去。"山云："飞猿岭峻好看。"师沉吟。山云："通阇梨，何不入岭去？"师于此有省，更不入岭。

师在夹山，见示众云："坐断主人公，不落第二见。"师出众云："须知有一人不合伴。"山云："犹落第二见。"师便掀倒绳床，山云："老兄作么生？"师云："待某甲舌头烂，即向和尚道。"

师问夹山:"目前无法,意在目前。不是目前法,非耳目之所到,岂不是和尚语?"山云:"是。"师便掀倒绳床,叉手而立。夹山起来,打一棒,便下去。

法眼云:"是伊掀倒绳床了,何不下去?须待夹山起来,打一棒了去,意在甚么处?"

僧问:"二龙争珠,谁是得者?"师云:"得者失。"云:"不失时如何?"师云:"还我珠来。"

问:"如何是祖师西来意?"师云:"壁上画枯松,蜂来争采蕊。"

洛京白马遁儒禅师(凡一)

师问僧:"名甚么?"云:"觅个名了不可得。"师云:"自是老僧不识好恶。"云:"几人于此忘言。"师云:"酌然是作家。"云:"须是和尚眼始得。"师云:"阇梨瞫?"僧拂袖而出,师召云:"阇梨阇梨。"僧回首,师云:"苦屈之辞,不妨难吐。"

明州天童咸启禅师(凡二)

僧问:"学人卓卓上来,请师的的。"师云:"我这里一屙便了,有甚么卓卓的的?"云:"和尚与么答话,更买草鞋行脚始得。"师唤其僧近前,僧近前,师云:"只如老僧恁么只对，过在甚么处？"僧无语，师便打。

师问伏龙："甚处来？"云："伏龙来。"师云："还伏得龙么？"云："不曾伏这畜生。"师云："吃茶去。"

联灯会要卷第二十三

青原下第六世

筠州洞山良价禅师法嗣下

越州乾峰和尚(凡四)

示众云:“法身有三种病、二种光,须一一透得,始解归家稳坐。须知更有照用同时向上一窍。”

云门出众云:“庵内人为甚么不知庵外事?”师呵呵大笑,门云:“犹是学人疑处。”师云:“子是甚么心行?”门云:“也要和尚相委。”师云:“若恁么,始得稳坐。”门云:“诺诺。”

雪窦云:“若明得褒贬句,未必善因而招恶果。”

示众云:“举一不得举二,放过一着,落在第二。”

云门出众云:“昨日有人从天台来,却往径山去。”师云:“来日不得普请。”

雪窦云:“云门只解一手抬,不能一手搦。还有共相着力者么?试露牙爪看。”

大沩喆云:“乾峰善唱,云门善拍。唱拍相随,风清古格。还有知音者么?一堂风冷淡,千古意分明。”

僧问："十方薄伽梵，一路涅槃门，未审路头在甚么处？"师拈拄杖划一划云："在这里。"

僧后请益云门，门拈起扇子云："扇子踍跳上三十三天，筑着帝释鼻孔；东海鲤鱼打一棒，雨似盆倾，会么？"

黄龙南云："乾峰一期指路，曲为初机，云门乃通其变，使后人不倦。汝等须穷二老之意，莫逐二老之言。得意则返正道以归家，寻言则荡邪途而转远。"

大沩喆云："乾峰被这僧勘破。"

大沩秀云："乾峰老汉被这僧一问，直得脚忙手乱。"

教忠光云："云门跛脚阿师，泥水不辨，菽麦不分；悬羊头，卖狗肉，神出鬼没，争奈伊何。还知乾峰落处么？"掷下拄杖云："切忌向这里垛跟。"

妙喜颂云："扯破云门一柄扇，拗折乾峰一条杖。二三千处管弦楼，四五百条花柳巷。"

师问僧："甚处来？"云："天台。"师云："见说石桥成两截，是否？"云："和尚甚处得这消息来？"师云："将谓是华顶峰前客，元来只是平田村里人。"

筠州九峰普满禅师(凡十三)

示众云："常住法身，不生不灭。"

有僧问："既不生不灭，为甚么六道轮回？"师云："为有心故。"云："以何方便，当证法身？"师云："以虚空心，合虚空理。"云："证后如何？"师云："任从三界转，徒听四生奔。"复云："会么？"云："不会。"师云："礼拜着。"

师问僧："近离甚处？"云："闽中。"师云："远涉不易。"云："不难，动步便到。"师云："有不动步者么？"云："有。"师云："争得到这里？"僧无对，师云："赚杀一船人。"拈拄杖，即时趁下。

僧问："对境心不动时如何？"师云："汝无大人力。"云："如何是大人力？"师云："对境心不动。"云："适来为甚么道汝无大人力？"师云："在舍只言为客易，临渊方觉取鱼难。"

僧问："古人道'真因妄立，从妄显真'，是否？"师云："是。"云："如何是真？"师云："不杂食。"云："如何是妄？"师云："起倒攀缘。"云："去此二途，如何合得圆常？"师云："不敬功德天，谁怕黑暗女。"

僧问："如何是不迁义？"师云："东生明月，西落金乌。"云："非师不委。"师云："理当即行。"僧作礼，师便打。云："仁义道中，礼拜何咎？"师云："来处不明，须行严令。"

僧问："九峰一路，古今咸知。向上宗乘，请师提唱。"师竖起拂子，僧云："大众侧聆，愿垂方便。"师云："清波不睹鱼龙现，迅浪风高下底钩。"云："若不久参，那知今日。"师云："人生无定止，像没镜中圆。"

僧问："如何是把定乾坤眼？"师云："把定在里许。"

云:“乾坤眼何在?”师云:“正是乾坤眼。”云:“还照烛也无?”师云:“不借三光势。”云:“既不借三光势,凭何照烛唤作乾坤眼?”师云:“若不恁么,髑髅前见鬼无数。”

僧问:“人人尽言请益,师将何极济?”师云:“你道巨岳还曾乏寸土么?”云:“四海参寻当为何事?”师云:“演若迷头心自狂。”云:“还有不狂者也无?”师云:“有。”云:“如何是不狂者?”师云:“突晓途中眼不开。”

僧问:“如何是道?”师云:“见通车马。”云:“如何是道中人?”师便打,僧作礼,师便喝。

僧问:“如何是不迁义?”师云:“深夜众星皆拱北,庭前花发满阶红。”云:“如何领会?”师云:“出去。”

僧问:“如何是不坏身?”师云:“正是。”云:“学人不会,请师直指。”师云:“适来曲多少。”

僧问:“眼不到色尘时如何?”师指香台云:“面前是甚么?”云:“请师子细。”师云:“不妨遭检点。”

僧问:“如何是祖师西来意?”师云:“更问阿谁?”云:“恁么则学人全体是也。”师云:“须弥顶上戴须弥。”

蚬子和尚(凡一)

混俗闽川,居无定所,日沿江岸,采拾虾蚬充腹。夜宿东山白马庙纸钱中。华严休静禅师欲决师真伪,一夜潜入纸钱中。深夜师归,静蓦栏胸搊住云:"如何是祖师西来意?"师云:"神前酒台盘。"

台州幽栖和尚(凡三)

镜清问:"如何是少父?"师云:"无标的。"清云"无标的,以为少父耶?"师云:"有甚么过?"清云:"只如少父又作么生?"师云"道者是甚么心行?"

僧问:"如何是佛?"师云:"汝不信是众生。"云:"某甲深信。"师云:"若作圣解,即堕群邪。"

师因僧为造寿塔毕,师即领众看塔,即入塔内,端坐云:"一客不烦两主人。"便告寂。众僧竞唤云:"和尚许多年在世,不可便即恁么去。"遂舁归主事办斋了。师复上堂告众云:"不得唤作是,不得唤作非,汝唤作甚么?"时有僧出问:"承和尚有言,不得唤作是,不得唤作非,未审唤作甚么?"师便珍重告寂。

澧州夹山善会禅师法嗣

澧州洛浦元安禅师(凡二十四)

凤翔府麟游谈氏子。师在临济为侍者,济问:"从上来一人行棒,一人行喝,阿那个亲?"师云:"总不亲。"济云:"亲处作么生?"师便喝,临济便打。

一日有座主相看,临济问:"讲何经?"论主云:"某甲荒虚,粗习《百法论》。"济云:"有一人于三乘十二分教明得,有一人于三乘十二分教明不得,是同是别?"主云:"明得即同,明不得即别。"师遽云:"座主,这里是甚么所在,说同说别?"济回顾师云:"你又作么生?"师便喝。济送座主回,问师:"适来是汝喝老僧那?"师云:"是。"济便打。济每对众赏之曰:"临济门下一只圣箭,谁敢当锋?"

师辞临济,济拈拄杖画一画云:"过得这个便去。"师便喝,济便打,师作礼去。后临济上堂云:"临济门下有一赤梢鲤鱼,摇头摆尾向南方去,不知向谁家齑瓮里淹杀。"

师到澧州夹山,于案山顶上卓庵。山讶之,修书令侍者招之,师接书坐却,又展手就侍者索,者无语,师便打云:"归去分明举似和尚。"者归举似夹山,山云:"他若开书,三日后必来。若不开书,此人救不得。"山乃令人密伺其出庵,即焚之。

三日后果来,随后焚其庵。或告之曰:“庵中火发。”师不回顾,直诣夹山。不礼拜,端身而立,山云:“鸡栖凤巢,非其同类,出去。”师云:“自远趋风,乞师一接。”山云:“目前无阇梨,座上无老僧。”师便喝,山云:“住住,且莫草草匆匆。云月是同,溪山各异,坐断天下人舌头即不无,阇梨,争教无舌人解语?”师伫思,山便打。师即投诚入室。

兴化奖云:“但知作佛,愁甚么众生?”

五祖戒出洛浦语云:“更说道理看。”便出去。

雪窦云:“这汉可悲可痛,钝致他临济。他既云月是同,我即溪山各异,说甚么无舌人解语,坐具劈口便摵。夹山若是个知方汉,必然明窗下安排。”

师问夹山:“佛魔不到处如何体会?”山云:“烛明千里像,暗室老僧迷。”

又问:“朝阳已升,夜月如何不现?”山云:“龙衔宝珠,游鱼不顾。”师于言下大悟。

夹山将示寂,垂语云:“石头一枝,看看即灭矣。”师云:“不然。”山云:“何也?”师云:“自有青山在。”山云:“苟或如是,即吾道不灭矣。”

示众云:“末后一句,始到牢关。把断要津,不通凡圣。寻常向诸人道,任从天下乐欣欣,我独不肯。欲知上流之士,不将佛法见解贴在额头上。何故?如龟负图,自取丧身之兆。凤萦金网,趣云汉以何期?直须旨外明宗,莫向言中取则。是以石人机似汝,也解唱巴歌。汝若似石人,雪曲也须和。指南一路,智者知疏。”

示众云:“学道先须识得自己宗旨,方可临机免失。只如锋铓未兆已前,都无是个非个。瞥尔暂起见闻,便有张三李四。胡来汉去,四姓杂居;不亲而亲,是非互起。致使玄关固闭,识锁难开;疑网罗笼,智刀劣剪。若不当阳晓示,迷子何以知归?欲得大用现前,但可顿忘诸见。诸见若尽,昏雾不生;大智洞然,更非他物。今之学人,触途成滞,盖为听不出声,见不超色。假饶并当门头净洁,自己未得通明,还同不了。若也单明自己,法眼未明,此人只具一只眼。所以是非欣厌贯系,不得脱折自由,谓之深可愍伤。各自努力。”

示众云:“孙宾[①]收铺去也,有卜者出来。”时有僧出云:“请和尚一卜。”师云:“汝家爷死。”僧无语。

法眼代抚掌三下。

师问僧:“近离甚处?”云:“荆南。”师云:“有一人恁么去,汝还逢么?”云:“不逢。”师云:“为甚么不逢?”云:“若逢则头须粉碎。”师云:“阇梨三寸甚密。”云门在江西见其僧,问云:“还有此语否?”云:“是。”门云:“洛浦倒退三千里。”

庞居士来,设拜,起云:“孟夏毒热,孟冬薄寒。”师云:

① 宾:《五灯会元》作“膑”。当从。全书俱作“宾”,依原刻,不作改动。

“莫错。”士云:“庞公年老。”师云:“何不寒时道寒,热时道热?”士云:“患聋作么?”师云:“放你三十棒。”士云:“哑却我口,塞却你眼。”

有故人问:“倏忽数年,何处逃难?”师云:“只在阛阓中。”云:“何不向无人处去?”师云:“无人处去有何难?”云:“且如阛阓中如何逃避?”师云:“虽在阛阓中,要且无人识。”故人罔措。

复问:“西天二十八祖至此土,人传一人,且如彼此不垂曲者如何?”师云:“野老门前不话朝堂之事。”云:“合谈何事?”师云:“未逢别者,终不开拳。”云:“有人不从朝堂来,相逢时还话否?”师云:“量外之机,徒劳目击。”故人无对。

僧问:“一毫吞尽巨海,于中更复何言?”师云:“家有白泽之图,必无如是之怪。”

保福别云:“家无白泽之图,必无如是之怪。”

问:“如何是主中宾?”师云:“逢人长问路,足下镇长迷。”云:“如何是宾主双举?”师云:“枯树无横枝,鸟来无措足。”

问:“众手淘金,谁是得者?”师云:“拳中旧宝,不假披沙。”云:“恁么则展手不逢也。”师云:“莫将鹤唳,拟当莺啼。”

问:“学人拟归乡时如何?”师云:“家破人亡,子归何处?”云:“恁么则不归去也。”师云:“庭前残雪日轮消,室内红尘遣谁扫?”

问:“如何是祖师西来意?”师以拂子击绳床云:“会么?”云:“不会。”师云:“天上忽雷惊宇宙,井底虾蟆不举头。”

问:“拨乱乾坤底人来,师还接否?”师竖起拂子,僧云:“恁么则今日得遇明君去也。”师云:“依稀似曲才堪听,又被风吹别调中。”

问:“万仞崖头须进步,如何免得丧于身?”师云:“须弥系藕丝。”云:“是何境界?”师云:“刹竿头上仰莲心。”云:“澄澄湛湛去也。”师云:“须弥顶上再翻身。”云:“恁么则竞竞切切也。”师云:“空随媒鸽走,虚丧网罗身。”云:“如何得不随去?”师云:“鹦鹉瓶项小,拟透望天飞。”

问:“二王当筵,龙蛇未辨。救难之心,谁人最切?”师云:“踏开鸿门者。”云:“谁知今古,不觉虚随。”师云:“只贪香饵,身滞网罗。”云:“饶君古镜当轩,犹被野狐精魅。”师云:“山僧今日大战无功。”僧作虎声,师便打。僧随棒便倒,师云:“棒打不死汉,有甚么限?”僧拂袖出去,师云:“腊狗不向床下死。”

问:“法身无为,不堕诸数,是否?”师云:“惜取眉毛好。”

云:“如何免得斯咎?”师云:“泥龟任你千年,终不解随云鹤。”云:“任是孙宾,也遭贬剥。”师云:“无鼻孔牛,有甚御处?”僧以手托地,作牛吼。师云:“这畜生。”僧便喝,师云:“掩尾露牙,终非好手。”

问:“无问无答,请师答话。”师云:“你不是丁姚。”云:“谢师答话。”师云:“中九下七。”

问:“如何是祖师西来意?”师云:“飒飒当轩竹,经霜不自寒。”僧拟议,师云:“只闻风击响,知是几千竿。”

问:“枯尽荒田独立事如何?”师云:“鹭倚雪巢犹可辨,乌投漆立事难分。”

师临顺寂时告众云:“吾非明即后也。今有事问汝等,若道这个是,即头上安头;若道这个不是,即斩头觅活。”

第一座云:“青山不举足,日下不挑灯。”师云:“如今是甚么时节,作这个语话?”

有彦从上座出云:“离此二途,请和尚不问。”师云:“未在更道。”云:“彦从道不尽。”师云:“我不管汝尽不尽。”云:“彦从无侍者祗对和尚。”

师至深夜,令侍者唤彦从来方丈,问云:“你今日祗对老僧,甚有道理。据汝合体得先师意。先师道‘目前无法,意在目前。不是目前法,非耳目之所到’,且道那句是主?若择得出,分付钵袋子。”云:“彦从不会。”师云:“汝合会,但道看。”云:“彦从实不会。”师喝出,乃云:“苦苦。”

次日午前，有僧举前话问师，师云："慈舟不棹清波上，剑峡徒劳放木鹅。"即便告寂。

袁州盘龙可文禅师（凡一）

僧问："亡僧迁化向甚么处去？"师云："石牛沿江路，日里夜明灯。"

问："如何是佛？"师云："痴儿舍父逃。"

抚州黄山月轮禅师（凡四）

夹山问师："名甚么？"师云："月轮。"山画一圆相云："何似这个？"师云："和尚与么说话，诸方大有人不肯。"山云："子又作么生？"师云："还见月轮么？"山云："子恁么说话，大有人不肯诸方。"

夹山问师："甚处人？"师云："闽中人。"山云："还识老僧么？"师云："和尚还识某甲么？"山云："不然，子且还老僧草鞋钱，老僧然后还子庐陵米价。"师云："与么则不识和尚，未审庐陵米作么价？"山云："子善能哮吼。"

示众云："祖师西来特唱此事，自是诸人不荐，向外驰求。投赤水以寻珠，就荆山而觅玉。所以道，从门入者，不是家珍。认影迷头，岂非大错？"

僧问："如何是道？"师云："石牛频吐三春雾，木马嘶声满道途。”

问:“如何得见本来面目?”师云:“不劳悬石镜,天晓自鸡鸣。”

洛京韶山寰普禅师(凡四)

因遵布衲到山下相见,遵问:“韶山路向甚么处去?”师以手指云:“乌那青黯黯处去。”遵近前把住云:“久响韶山,莫便是否?”师云:“是即是,阇梨有甚么事?”遵云:“拟伸一问,师还答否?”师云:“想君不是金牙作,争解弯弓射尉迟。”遵云:“凤凰直入烟霄去,谁怕林间野雀儿。”师云:“当轩布鼓从君击,试展家风似老僧。”遵云:“一句迥超千圣外,松萝不与月轮齐。”师云:“饶君透出威音外,犹较韶山半月程。”遵云:“未审过在甚么处?”师云:“倜傥之词,时人知有。”遵云:“与么则真玉泥中异,不拨万机尘。”师云:“鲁般门下,徒施巧妙。”遵云:“某甲只恁么,和尚又如何?”师云:“玉女夜抛梭,织锦于西舍。”遵云:“莫便是和尚家风也无?”师云:“耕夫制玉漏,不是行家作。”遵云:“北[①]犹是文谈,作么生是和尚家风?”师云:“横身当宇宙,谁是出头人?”

复云:“阇梨有冲天之气,老僧有入地之谋;阇梨横吞巨海,老僧背负须弥;阇梨按剑上来,老僧亚枪相待。向上一路,速道速道。”遵云:“明镜当台,请师一鉴。”师云:“不鉴。”遵云:“为甚么不鉴?”师云:“浅水无鱼,徒劳下钓。”

① 北:“北”字可疑,依文当作“此”。

遵无语，师便打。

师问白头因云："莫是多口白头因么？"云："不敢。"师云："有多少口？"因云："遍身是。"师云："大小二事向甚么处屙？"云："韶山口里。"师云："有韶山口即且从，无韶山口向甚么处屙？"因无语，师便打。

云门代云："这话堕阿师，放你三十棒。"又云："将谓是师子儿。"又云："韶山今日瓦解冰消。"

雪窦别云："从来疑着韶山。"

僧问："是非不到处，还有句也无？"师云："有。"云："是甚么句？"师云："一片孤云不露丑。"

问："如何是一切相？"师云："鸟飞霄汉白，山远色深青。"云："恁么则一切相去也。"师云："情知你乱会。"

舒州投子大同禅师法嗣

福州牛头微禅师（凡二）

示众云："三世诸佛用一点伎俩不着，天下老师口似匾担，诸人作么生？大不容易，除非知有，余莫能知。"

僧问："如何是和尚家风？"师云："山畲粟米饭，野菜淡黄齑。"云："忽遇上客来时又作么生？"师云："吃则从君吃，不吃任东西。"

安州九峻[1]山和尚(凡一)

僧问:“如何是佛?”师云:“只汝是。”

问:“久响九峻山,到来只见一峻。”师云:“你只见一峻,且不见九峻。”云:“如何是九峻?”师云:“水急浪花粗。”

东京观音岩俊禅师(凡一)

师到投子,子问:“昨夜宿何处?”师云:“不动道场。”子云:“既言不动,争得到这里?”师云:“到此岂是动耶?”子奇之。

青原下第七世

鄂州岩头全豁禅师法嗣

福州罗山道闲禅师(凡十二)

本州长溪陈氏子。师谒石霜问:“起灭不停时如何?”霜云:“直须寒灰枯木去,一念万年去,函盖乾坤去,纯清绝点去。”师不契。复谒岩头,理前问,头喝云:“是谁起减?”

① 峻:音宗。

师于此大悟。

师初入院，上堂，才揽衣欲坐，即云："珍重。"便下座。良久却回云："未识底，近前来。"时有僧才出作礼，师云："也大苦。"僧拜起云："某甲咨和尚。"师便喝出。

僧问："如何是奇特一句？"师云："道甚么？"良久云："若是上士，脚才跨门，便委得。若也觌面相呈，犹是钝汉。口喃喃地，不消一镬。会么？不是禅，不是道，不是佛，不是法，是甚么？灵锋宝剑，常露现前。亦能杀人，亦能活人。若也操持，一任操持。若也出场定当，须是个汉始得。机机相副，法法无根，互为宾主。虽然如此，切忌承当。何故？你若野犴鸣，我即师子吼。我若野犴鸣，你亦师子吼。你若师子吼，我亦师子吼。'临时布取意'句有主宰。所以道，意中句，句中意。意中不停句，句中不停意。意句不同伦，合作么 生会？意能划句，句能划意。意句交驰，是为可畏。意句不明，事圣不通，只是个无孔铁锤，古人唤作流俗阿师。似这般底，如稻麻竹篿[①]，有甚么用处？比个门中，须是个汉，眼卓朔地，点着便转辘辘地，岂是你清浊可羡，凡圣能诠？有恁么汉，上士相逢，如击石火，似爆龟纹，迅速如风，捷辩如电。快着精彩，一人半人；事褫言句，动逾万亿。低头学禅，卒不可得。所以道，恁么则易，不恁么则难。亦云恁么则难，不恁么则易。诸人作么生？大须细意。

"兄弟，夫行脚也须带眼，莫被这般底罩却，教你直须

① 篿：音委。竹名。

冥然去,须得绵绵去。苦哉,被这般底无辜枷着,有甚么出期?这个如水上葫芦子,有人按得么?常露现前,滔滔地,自由自在。未尝有一法解盖得伊,未尝有一法解等得伊。拨着便露,触着便转辘辘地盖声盖色。展即周流无滞,常露现前,岂是兀兀底,出则无无不是,入则个个归源?声前迥迥地,岂堕有无?所以道,声前一句,非圣不传。未曾亲近,如隔大千。声前一思,大家具知,这个作么生会?寻常道,声前有路,从汝洞明。句后不来,犹亏一半。纤毫不尽,如隔铁围。奇特相逢,将何诘对?大凡唱教,须会目前生死,意句杀活,方可褒扬。杀人刀,活人剑,上古之机锋,亦是今时之枢要。摧魔破执不得不无,直露直诠须知已有。的能破的,大用无亏。圆通现前,魔难措手。若也未得如此,一切四威仪中合作么生明显?还见伊面孔么?这里寻常道,面前一思,常时无间。诸人还得恁么也无?若实未明,且须自立,露裸裸地,不与万法为邻,一切法盖伊不得。所以古人道,目前无法,意在目前。不是目前法,非耳目之所到。第一须得本智现前。本地风光,常露裸裸地,自由自在。出入无滞,方可违时,乃至龙神擎花无路,外道潜觑不见有踪。

"不是泯形实去,兄弟,透顶透底始得。莫只这边那边,逴得些言句,到处插语。指东划西,举古举今。这般底,槌杀一万个有甚么过?明朝后日,锢鏴[①]人家男女,打汝鬼骨臀有日在。知么?宗门深奥,酌度胸襟。粗餐易饱,细食难饥。根本差殊,良由自错。虚劳一报,空腹高

---

① 鏴:音路。黄金装饰的车子。

心。过在阿谁？食人言语，拣择是非。只占己长，终无是处。无事珍重。”

师侍岩头，游山次，忽唤云：“和尚。”头云：“作么？”师近前作礼云：“和尚岂不是三十年前在洞山又不肯洞山？”头云：“是。”师云：“和尚岂不是法嗣德山又不肯德山？”头云：“是。”师云：“不肯德山即不问，且如洞山有甚么亏阙？”头良久云：“洞山好佛，只是无光。”师便作礼。

保福会中有一僧来，作礼云：“保福传语和尚，秋间入府朝觐大王，致四十个问头问大师，忽若一句不相当，莫言不道。”师呵呵大笑云：“陈老师入福建道，洪唐桥头下一硬寨，未见一个毛头星现。汝向从展道，陈老师无许多问头，只有一口剑，剑下有分身之意，亦有出身之路。稍若不明，直须成末。但与么传语。”

僧回举似保福，福云：“我当时也只是谑伊。”

至秋朝觐，师特为辨[1]茶筵相请，福不赴，却向僧云：“我当时曾有谑语，恐大师问着。”僧回举似师，师云：“汝更去，向他道，猛虎终不食伏肉。”僧再去请，福遂来，师不言其事。

师任禾山，与清贵上座说话次，贵云：“天下无第一人，大小沩山输他道吾。”师云：“有甚么语输他？”贵云：“石霜辞沩山，作礼起，沩山云：‘有句无句，如藤倚树，子意如

① 辨：原刻如此。依文当作“办”。

何?'霜无对。却到道吾,吾问:'甚处来?'霜云:'沩山来。'吾云:'有何言句?'霜举前话,吾云:'汝为我看庵,待我与汝报仇去。'吾往沩山,值山泥壁次,忽回首见道吾在背后。山云:'智头陀因何到此?'吾云:'某甲不为别事来,闻和尚问诸道者:有句无句,如藤倚树。还是也无?'沩云:'是。'吾云:'且如树倒藤枯时如何?'沩山掷下泥盘呵呵大笑:'被吾捺向泥中,山总不管。'"

贵举了云:"这个岂不是沩山输他道吾?"师云:"三十年后,有把茆盖头,切忌举着此话。"贵不肯,却与道吾作主,被师擒下地云:"白大众,各请停喧。某甲今日与贵上座直为大沩雪屈话,且须侧聆。"贵云:"知也知也。"便作礼,师云:"何不早恁么道,你还识道吾么?只是馆驿里本色撮马粪汉。"

无轸上座问岩头道:"洞山好佛,只是无光,未审洞山有何亏阙,便道无光?"师召无轸,轸应诺。师云:"酌然好佛,只是无光。"轸云:"大师为甚么拨某甲话?"师云:"甚么处是拨你话处,快道快道。"轸无对,师打三十棒,趁出院。

轸后举似招庆,庆得一夏骂詈。夏末自来,问师此事,师即分明举似庆,庆作礼忏悔云:"洎合错怪大师。"

师发泉州化主,临岐问化主:"太傅忽问'大师十二时中将何示徒',你作么生祇对?"主无语。师云:"但道,骑虎头,取虎尾,第一句下明宗旨。"

师又问:"渠忽进语云'此犹是菩萨有言教,菩萨无言教又作么生'?"主又无语,师又代云:"敌露机锋,如同电拂。"

师住大岭,有僧辞往疏山。师云:"我有一信寄与疏山,将么?"云:"便请。"师以手挃[1]头上,却展云:"还奈何么?"僧无对。僧后到疏山,堂内举次,一僧云:"还会么?"众无对,僧云:"天下人不奈大岭何。"

师在禾山送同行矩长老出门次,师以拄杖擲向面前,矩无对。师云:"石牛栏古路,一马匆双驹。"有僧举似疏山,疏山云:"石牛栏古路,一马生三寅。"

招庆问师:"有问岩头:'尘中如何辨主?'头云:'铜沙锣里满盛油。'意作么生?"师召大师,师应诺,师云:"猕猴入道场。"僧后问明招,招云:"箭穿红日影。"

招庆问:"岩头和尚道'恁么恁么,不恁么不恁么',意作么生?"师召大师,庆应诺,师云:"双明亦双暗。"庆作礼而去。

三日后却来问:"前日蒙大师垂慈,只为看不破。"师云:"尽情向你道了也。"庆云:"大师是把火行。"师云:"若恁么,据你疑处问来。"庆云:"如何是双明复双暗?"师云:"同生亦同死。"庆乃礼谢而去。

后有僧问长庆:"同生亦同死时如何?"庆云:"彼此合

① 挃:音至。捣,撞。

取狗口。”僧云:“大师收取口吃饭。”其僧却问师:“同生不同死时如何?”师云:“如牛无角。”云:“同生亦同死时如何?”师云:“如虎带角。”

师临顺寂时,上堂,良久,展开左手,知事罔测,遂令师僧退后。师又展开右手,知事又指令西边师僧退后。师乃云:“欲报佛恩,无过守志。欲报王恩,无过流通大教去也。”呵呵大笑,奄然而逝。

台州瑞岩师彦禅师(凡四)

福州许氏子。问岩头:“如何是本常理?”头云:“动也。”师云:“动时如何?”头云:“不是本常理。”师沉思,头云:“肯则未脱根尘,不肯则永沉生死。”师于言下顿悟。

师到夹山,山问:“甚处来?”师云:“卧龙来。”山云:“来时龙起也未?”师近前,以目顾视山,山云:“灸疮瘢上更着艾燋[1]。”师云:“和尚又苦如此作么?”山休去。

大沩喆云:“瑞岩虽然威狞尼愬[2],争奈夹山水清不容。”

师问夹山:“与么即易,不与么即难。与么与么,即惺惺。不与么不与么,即居空界。与么不与么,请师速道。”山云:“老僧谩阇梨去也。”师便喝云:“这老和尚,是甚么

---

① 燋:音灼。同“灼”。烧也。

② 尼愬:音哲硕。令人恐惧貌。

时节。”便出去。后有僧举似岩头,头云:“苦哉,将我一枝佛法与么流将去。”

师寻常自唤主人公,复自应云:“诺。”复云:“惺惺着,他后莫受人谩。”后有僧举似玄沙,沙云:“一等是弄精魂,甚奇怪。”复云:“何不且住彼中?”云:“已迁化了。”沙云:“如今还唤得应么?”僧无对。

怀州玄泉彦禅师(凡一)

僧问:“如何是佛?”师云:“张家三个儿。”僧云:“不会。”师云:“孟仲季。”

福州雪峰义存禅师法嗣上

福州玄沙师备禅师(凡三十九)

本州谢氏子。初谒雪峰,后欲遍历诸方,参寻知识。携囊出岭,筑着脚指头,流血痛楚,忽然猛省曰:“是身非有,痛自何来?”即回雪峰,峰问:“那个是备头陀?”师云:“终不敢诳于人。”

峰一日召云:“备头陀,何不遍参去?”师云:“达磨不来东土,二祖不往西天。”峰然之。后阅《楞严》,发明心地,由是应机敏捷,与修多罗冥契。峰每征诘,当仁不让。峰云:“备头陀,其再来人也。”实雪峰门下角立者。

师侍雪峰行次，峰指面前地云："这一片田地好造个无缝塔。"师云："高多少？"峰上下顾视，师云："人天福报，即不无和尚。灵山受记，未梦见在。"峰云："你作么生？"师云："七尺八尺。"

琅玡觉云："国清才子贵，家富小儿娇。"

雪峰指火炉云："三世诸佛在火焰里转大法轮。"师云："近日王令稍严。"峰云："作么生？"师云："不许搀行夺市。"

云门云："火焰为三世诸佛说法，三世诸佛立地听。"

黄龙新云："雪峰、云门交互争辉，薪尽火灭向甚么处听？莫恋白云深处坐，切忌寒灰煨杀人。"

雪峰谓师云："有个南际长老，问着无有答不得者。"一日令访师，师问："古人道，此事唯我能知。长老作么生？"际云："须知有不求知者。"师云："山头老汉，吃许多辛苦作么？"

师上山问讯雪峰，时太原孚主俗①。峰云："我此间有个老鼠，今在浴下。"师云："待与和尚勘过。"师到浴下，见孚打水，师召云："新到相看。"孚云："已相见了也。"师云："甚么劫中曾相见来？"孚云："莫瞌睡。"

师上方丈谓雪峰云："已勘破了也。"峰云："子作么生勘？"师举前话，峰云："汝着贼了也。"

① 俗：依文当作"浴"。

雪窦别云:“这贼败也。”

妙喜云:“又勘破一个。”

师侍立雪峰,有二僧从阶下过。峰云:“此二人堪为种草。”师云:“某甲不与么。”峰云:“子又作么生?”师云:“便好与二十棒。”

师因雪峰云:“世界阔一丈,古镜阔一丈。世界阔一尺,古镜阔一尺。”师指火炉云:“且道火炉阔多少?”峰云:“如古镜阔。”师云:“这老汉,脚跟未点地在。”

东使问僧:“为复古镜致火炉与么阔?火炉致古镜与么大?”

云门云:“馊饭泥茶炉。”

保宁勇别雪峰云:“若不是吾,洎被子惑。”

雪峰到来谓师云:“近日有僧来礼拜我,我打伊一棒。僧回首,我向伊道‘是甚么’,渠便有个会处。”师云:“和尚莫错保持人,也须是某甲勘验始得。”

师后上雪峰,果见其僧。师问:“山中和尚见兄来,打一棒云‘是甚么’,是否?”云:“是。”师拂袖而去。

峰问师:“那僧如何?”师云:“那僧荒也。”峰云:“何处荒?”师云:“四边荒裸裸地。”

师遣僧驰书上雪峰,峰开缄,唯见三番白纸,乃呈似大众云:“会么?”良久云:“不见道,君子千里同风。”僧回举似师,师云:“山头老汉蹉过也不知。”

五祖戒云："将谓胡须赤。"

黄龙南云："雪峰不道无长处，既被玄沙识破，直至如今雪不出。"

海师信云："智与师齐，减师半德。智过于师，方堪传授。要且欠一着在。"

开善谦云："玄沙白纸，争奈文彩已彰。雪峰既曰千里同风，何故不知蹉过？不见道，养子莫教大，大了作家贼。"

雪峰迁化，师作丧主，三朝集众煎茶。师于灵前拈起一只盏云："先师在日即且从，汝道如今作么生道？若道得，即先师无过；若道不得，即过在先师。还有人道得么？"如是三问，众无对，师扑破盏子归寺。

后问中塔："作么生会？"塔云："先师有甚么过？"师便面壁，塔便出去。师召塔，塔回首，师云："你作么生会？"塔面壁。师休去。

示众云："佛道闲旷，无有程途。无门解脱之门，无意道人之意。不在三际，故不可升沉；建立乖真，非属造化。动则起生死之本，静则沉昏醉之乡。动静双泯，即落空亡；动静双收，则颟顸佛性。直须对尘对境，如枯木寒灰，但临时应用，不失其宜。镜照诸像，不乱光辉；鸟飞空中，不杂空色。所以十方无影像，三界绝行踪。不堕往来机，不住中间意。钟中无鼓响，鼓中无钟声。钟鼓不相交，句句无前后。如壮士展臂，不借他力；师子游行，不求伴侣。九霄绝翳，何在穿通？一段光明，未曾昏昧。若到这里，体寂寂，常的的，日赫焰，无边表。圆觉空中不动摇，吞烁乾坤迥然照。

“夫出世者,元无出入。名相无体,道本如如。法尔天真,不同修证。只要虚闲,不昧作用,不涉尘泥。个中纤毫道不尽,即为魔王眷属。句前句后,是学人难处。所以一句当天,八万门永绝生死。直饶得似秋潭月影,静夜钟声;随扣击以无亏,触波澜而不散,犹是生死岸头事。道人行处,如火销冰,终不却成冰。箭既离弦,无返回势。所以牢笼不肯住,呼唤不回头。古圣不安排,至今无处所。若到这里,步步登玄,不属邪正。识不能识,智不能知。动便失宗,觉即迷旨。二乘胆战,十地魂惊。语路处绝,心行处灭。直得释迦掩室于摩竭,净名杜口于毗耶;须菩提唱无说而显道,释梵绝听而雨花。若与么现前,更疑何事没栖泊处?

“离去来今,限约不得。心思路绝,不因庄严。本来真净,动用语笑。随处明了,更无欠少。

“今时人不悟个中道理,妄自涉事涉尘,处处染着,头头系绊。纵悟则尘境纷纭,名相不实。便拟凝心敛念,摄事归空。闭目藏睛,终有念起;旋旋破除,细想才生,即便遏捺。如此见解,即是落空亡底外道,魂不散底死人。溟溟漠漠,无觉无知。塞耳偷铃,徒自欺诳。这里分别则不然,也不是隈门傍户,句句现前,不得商量,不涉文墨,本绝尘境,本无位次,权名个出家儿,毕竟无踪迹。

“真如凡圣,地狱天堂,只是疗狂子之方。虚空尚无改变,大道岂有升沉?悟则纵横不离本际。若到这里,凡圣也无立处。若向句中作意,则没溺杀学人。若向外驰求,又落魔界。如如向上,没可安排。恰似焰炉,不藏蚊蚋。

此理本来平坦，何用划除？动转扬眉，是真解脱道。不强为意度，建立乖真。若到这里，纤毫不受。措意则差，便乃千圣出头来，安排一字不得。久立。”

示众云：“夫古佛真宗，常随物现。堂堂应用，处处流辉。隐显坦然，高低尽照。是以沙门上士，道眼唯先；契本明心，方为竟究。森罗万像，一体同源。廓尔无边，谁论有滞？尘劫中事，都在目前。时人旷隔年深，致乖殊体；迷心认物，久背真宗；执有滞空，不遇良朋善友，只自于私作解纵有商量，浑成意度，及至寻穷理地，不辨正邪。况平生自己，未尝捞摝。若乃先贤古德，便自知时，克己推功，庵岩石室。古德云：‘情存圣量，犹落法尘。己见未忘，还成渗漏。’不可道持斋持戒，长坐不卧；住意观空，凝神入定。便当去也，有甚么交涉？西天外道，入得八万劫大定，凝神寂静，闭目藏睛，灰心灭智，劫数满后，不免轮回。盖为道眼不明，生死根源不破。

“夫出家儿即不然，不可同他外道也。莫非真实明达，具大见知，能与诸佛同彻，寂照忘知，虚含万像。如今甚么处不是汝？甚么处不分明？甚么处不露现？何不与么会去？若无这个田地，时中争奈诸般渗漏何？总成虚妄。阿那个便是平生得力处？如实未有发明，却须在急时中，忘餐失寝，似救头燃，如丧身命，冥心自救，放舍闲缘，歇却心识，方有少分相亲。若不如是，明朝后日尽被识情带将去，有甚么自由分？如今却不如他无情之物敷唱，分明土木石头说法。

“非常真实，只是少人能听。若闻此说，始可商量。且道无情说底法作么生商量？试道看。不可道无言无说，也无视无听，也不可道无问而自说。称叹所行道，不见善财童子参五十三人善知识，末后见弥勒，弹指之顷得入门。才入门后，其门自闭。于楼阁中，睹百千诸佛过去舍身、受身所参底。五十三人善知识，化境于楼阁中一时俱现，为其证明，善财疑心顿息。大凡三条椽下，具这个真实发明即可商量，便向四生六道中同于诸佛净土，更惧何生死？且阿谁知他？一切诸法都无实体。至于灵山会上，迦叶亲闻，犹如话月。古德云：'善恶都莫思量。'还如指月，乃至三乘行位解脱，菩萨涅槃，圣德圣果，并如空花兔角。不见道：'却来观世间，犹如梦中事。'有为心法，不可相依。日久年深，全无利益。只为违真弃本，厌离凡情，折心圣道，作此见知，不出他限量，抛他五阴不去。不见道：'诸行无常，是生灭法。'你只拟向前，争能明得，可中彻去，方得知之。若未究得，当知尽是虚头。世间难信之法，具大根器方能明达。今生若彻去，万劫亦然。古德云：'直向今生须了却，谁能永劫受余殃。'珍重。"

示众云："夫为宗匠，大不容易。我恁么方便助汝，尚不能构得。若纯举宗乘，汝又向甚么处措足？所以灵山百万众，唯有迦叶亲闻。汝道迦叶亲闻底事作么生？不可道世尊不说说，迦叶不闻闻，便当得去。且如道，吾有正法眼藏，分付摩诃大迦叶，我道犹如话月。曹溪竖拂，犹如指月。所以道，大唐国里宗乘中事，未尝有一人举唱。设有一人举唱，尽大地人失却性命。如无孔铁锤，一时亡锋结舌。赖遇我不惜身命，随汝颠倒，方有个伸问处。若不恁么,汝又向甚么处相见?”

示众云:“世尊道‘吾有正法眼藏,付嘱摩诃大迦叶’,犹如话月。曹溪竖拂,犹如指月。”时鼓山出众云:“月聻?”师云:“这阿师就我觅月。”

雪窦云:“玄沙、鼓山如排百万大阵,只抛瓦砾相击。或有衲僧辨得,当知正法眼藏分付有在。”

师上堂,众集,拈拄杖打下,却回顾侍者云:“我今日作得一解,险入地狱如箭射。”者云:“喜得和尚再复人身。”

翠岩芝云:“大小玄沙,前不构村,后不至店。且作么生道得出身一路?”

示众云:“诸方尽道接物利生,忽遇三种病人来,且作么生接?患盲者,拈槌竖拂他又不见。患聋者,语言三昧他亦不知。患哑者,教伊说又说不得。且作么生接?若接不得,佛法无灵验。”时地藏出云:“某甲有眼有耳,和尚作么生接?”师云:“惭愧。”便归方丈。

后有僧请益云门,门云:“汝礼拜着。”僧拜起,门以拄杖桎之,其僧退后,门云:“汝不是患盲。”复唤僧近前来,僧近前,门云:“汝不是患聋。”又云:“会么?”云:“不会。”门云:“汝不是患哑。”其僧于此有省。

雪窦举了,便喝云:“这盲聋喑哑汉,若不是云门,驴年去。如今有底,拈锤竖拂他又不管,教伊近前他又不来,‘还会么’他又不应,诸方还奈何得么?雪窦若不奈何,你这一队驴汉又堪作甚么?”以拄杖,一时趁散。

龙门远颂云:“玄沙三种病人,有理不在高声。引得香严老子,却来树上悬身。”

示众云:“我与释迦老子同参。”时有僧出问:“未审参见甚么人?”师云:“钓鱼船上谢三郎。”

师上堂,闻燕子声,乃云:“深谈实相,善说法要。”便下座。寻有僧请益云:“某甲不会。”师云:“去,无人信汝。”

师一日云:“我寻常道,亡僧面前正是触目菩提,万里神光顶后相。若构得,不妨出得阴界。”

天龙为师侍者,随师游山,见虎,龙云:“前面是虎。”师云:“是汝虎。”至晚侍立次,龙问:“今日见虎,未审和尚尊意如何?”师云:“娑婆世界有四种重障,若人透得,许你出阴界。”

雪窦云:“要与人天为师,面前端的是虎。”

保宁勇颂云:“猛虎当途独振威,爪牙真个利如锥。可怜不觉亡身者,碎骨拾来良可悲。”

师问镜清云:“我不见一法,为大过患,汝道不见甚么法?”清指露柱云:“莫是不见这个法么?”师云:“浙中清水白米从汝吃,佛法未梦见在。”

雪窦云:“大小镜清,被玄沙热谩。我当时若见,但向道,灵山受记也未到如此。”

保宁勇代镜清,拍手呵呵大笑。

师一日云:“深山岩崖,千年万年人迹不到处,还有佛法也无?若道有,唤甚么作佛法?若道无,佛法却有不到处。”

长庆棱来,师云:“去却药忌作么生道?”棱云:“放憨作么?”师云:“雪峰山象子拾食,却来这里雀儿放粪。”

师访三斗庵主,才相见,主云:“莫怪住庵年深无坐具。”师云:“人人尽有,庵主为甚么却无?”主云:“且坐吃茶。”师云:“元来有在。”

师见鼓山来,作圆相示之,山云:“人人出这个不得。”师云:“情知你向驴胎马腹里作活计。”山云:“和尚又作么生?”师云:“人人出这个不得。”山云:“和尚与么道却得,某甲为甚么不得?”师云:“我得,汝不得。”

师与地藏说话,夜深,师云:“侍者关隔子门了,汝作么生出得?”藏云:“唤甚么作门?”

法灯别云:“和尚莫欲歇去。”

雪窦别,珍重便行。

有声明三藏到王,大王请师试验。师将铜火箸敲铁火炉问:“是甚么声?”云:“铜铁声。”师云:“大王莫受外国人谩。”

雪窦别云:“大王宜加敬信。”又别三藏云:“莫谩外国人。”

法灯代:“却是和尚谩大王。”

师入众时,光侍者云:“师叔若学得禅,某甲打铁舡下海去。”师住后,令人驰书,问光云:“打得铁船也未?”

法灯代:“请和尚下船。”

师谓大普玄通云:“汝在彼住,莫诳惑人家男女。”通云:“某甲开个供养门,争敢作与么事。”师云:“事难。”通云:“某实是难。”师云:“甚么处是难处?”云:“为伊不肯承当。”师便归方丈。

师与泉守在室中说话,有沙弥揭帘欲入,见,却退步出去。师云:“那沙弥好与三十棒。”守云:“恁么则某甲罪过。”师云:“佛法不是这个道理。”

韦监军云:“曹山和尚甚奇怪。”师乃问:“抚州取曹山多少?”韦指傍僧云:“上座曾到曹山么?”僧云:“曾到。”韦云:“抚州取曹山多少?”僧云:“一百二十里。”韦云:“与么则上座不曾到曹山。”韦却起礼拜,师云:“监军却须拜此僧,他却具惭愧。”

承天宗云:“这僧可悲可痛,直饶玄沙具金刚眼睛,蹉过韦监军了也。”

监军问:“占波国人语稍难会,何况五天梵语,还有人辨得么?”师拈起橐子云:“识得这个即辨得。”

雪窦云:“玄沙何用繁辞?”又云:“适来道甚么?”

师坐次，指面前一点白问侍僧云："还见么？"云："见。"如是三问，僧亦三应。师云："你也见，我也见，为甚么不会？"

师问僧："甚处来？"云："德山来。"师云："近日有何言句？"云："和尚一日大众集定，拈拄杖甚向面前，便归方丈，闭却门。"师云："赚举了也。"云："甚么处是赚举处？"师云："更举看。"僧又举，师云："不违种草。"

僧问："承师有言，尽十方世界是一颗明珠，学人为甚么不会？"师云："尽十方世界是一颗明珠，用会作么？"

雪窦云："诸方即得，我这里不得。"

慈云隆云："这般说话，唤作嚼饭喂婴儿，把手更与杖。若也不会，须是扣己而参，直须真实，不可信口掠虚，徒自虚生浪死。"

僧问："是甚么得恁么难见？"师云："只为太近。"

法眼云："也无可得近，直下是上座。"

师到泉州莆田县，百戏迎之。次日问小唐长老："昨日许多喧哄，向甚么处去也？"小唐提起袈裟角，师云："料掉没交涉。"

法灯别云："今日更是好笑。"

镜清问："学人乍入丛林，乞师指个入路。"师云："汝闻偃溪水声么？"云："闻。"师云："从这里入。"

一日有三人新到来,师自去打普请鼓三下,却归方丈。新到具威仪了,亦去打普请鼓三下,却入僧堂。久住僧白师云:“新到轻欺和尚。”师云:“打钟集众勘过。”大众既集,新到不来。师令侍者去唤,才至法堂,新到却拍侍者背一下云:“和尚唤你。”侍者至师傍,新到便归堂。久住僧问:“和尚何不勘他?”师云:“我与汝勘了也。”

师因误服药,遍身红烂。僧问:“如何是坚固法身?”师云:“脓滴滴地。”

天衣怀颂云:“涸滴通身是烂脓,钓鱼舡上显家风。时人只看丝纶上,不见芦花对蓼红。”

师因雪峰垂语云:“饭箩边坐饿死汉,临河渴死汉。”师云:“饭萝里坐饿死汉,水里没头浸渴死汉。”

云门云:“通身是饭,通身是水。”

妙喜举三人语了,喝云:“多嘴阿师,可杀忍俊不禁。通身是饭,通身是水,那里得这消息来?”

联灯会要卷第二十四

青原下第七世

福州雪峰义存禅师法嗣下

韶州云门文偃禅师(凡五十一)

苏州嘉兴人也。初参睦州,发明心要。后谒雪峰,值峰上堂次,师犯众出,熟视云:“项上三百斤铁枷,何不卸却?”峰云:“因甚到与么?”师以手拭目趋出。峰奇之,自是入室,益臻玄奥。

示众云:“我事不获已,向你诸人道,直下无事,早是相埋没了也。更拟踏步向前,寻言逐句,求觅解会。千差万别,广设问难。赢得一场口滑,去道转远,有甚休歇时?此事若在言句上,三乘十二分教岂是无言句?因甚么更道教外别传?若从学解机智得者,只如十地圣人说法,如云如雨,犹被呵责,见性如隔罗谷。以此故知,一切有心,天地悬隔。虽然如此,若是得底人,道火何曾口着烧,终日说事,不曾动着口唇。终日着衣,未曾挂着一缕丝。终日吃饭,未曾咬破一粒米。此犹是门庭之说,须实得恁么始得。若向衲僧门下,句里呈机,徒劳伫思。直饶一句下承当得,犹是瞌睡汉。”

示众云："学人簇簇地商量个甚么？举一句语，教汝直下承当去，早是撒屎在汝头上了。直饶捻一毫头，尽大地一时明得，已是剜肉作疮。虽然如此，也须实到这个田地始得。若未得如此，切不可掠虚，退步向自己脚跟下推寻看，是甚么道理？实无丝发与你作解会。各各当人，一段大事，一切现前，更不烦汝一毫头气力，便与祖佛无别。自是诸人起得许多头角，担钵囊子，千乡万里受屈。且你诸人有甚么不足处？大丈夫汉阿谁无分？直下承当得，已是不着便，不可受人欺谩，取人处分。才见老和尚动口，便好将特石蓦口塞，恰似屎上蝇子相似，斗咂将去，三个五个，聚头商量，苦屈兄弟。古德一期，为你诸人不奈何，所以方便垂一言半句，通汝入路，知是般事捻放一边，自家着些精彩，岂不是有相亲分？快与快与，时不待人。出息不保入息，更有甚么身心别处闲用？切须在急。"

示众云："我看诸人，二三机中尚不能构得，空披衲衣何益？你还会么？我为你注破，久后到诸方，若见老宿举一指，竖一拂子，云：'是禅是道？'拽拄杖打破头便行。若不如此，尽落天魔眷属，坏灭吾宗。汝若实不会，且向葛藤社里看。我寻常向你道，微尘刹土中，三世诸佛、西天二十八祖、唐土六祖，尽在拄杖头上说法。神通变化，声应十方，一任纵横。你还会么？若不会，且莫掠虚。虽然如此，且谛当实见也未？直饶到此田地，也未梦见衲僧沙弥在。三家村里，不逢一人。"蓦拈拄杖，划一划云："总从这里出去也。"

示众云:“你诸人无端来这里觅甚么?老僧只是吃饭屙屎,别解作甚么?你诸方行脚,参禅问道,我且问你,诸方参得底事作么生?试举看。呼你屋里老爷得么?向老汉骨臀后觅得些子啼[1]唾将以为自己,便谓我解禅解道,饶你念得一大藏教,拟作么生去?古人事不获已,见你乱走,向你道‘菩提涅槃’,是埋没你,是钉橛系却你。又见你不会,向你道‘非菩提涅槃’,知是般事,早是不着便了也,又更觅他注解。这般底灭胡种族,从上来总似你,何处有今日也?”

示众云:“从上来是甚么事如今抑不得已?且向诸人道,尽大地有甚么物与你诸人为缘为对?若有针锋许与你为隔碍,与我拈将来。唤甚么作佛?唤甚么作祖?唤甚么作山河大地、日月星辰?将甚么为四大五蕴?我与么道,唤作三家村里老婆说话,忽然遇着本色行脚汉。闻与么道,把脚拽向阶下,有甚么罪过?虽然如是,据个甚么道理,便与么莫趁口快,向这里乱道?须是个汉始得。忽然被老汉脚跟下寻着没去处,打折你脚,莫言不道。”

示众云:“诸和尚莫妄想,天是天,地是地,山是山,水是水,僧是僧,俗是俗。”良久云:“与我拈将案山来。”时有僧问:“学人见山是山,水是水时如何?”师云:“三门为甚么骑佛殿从这里过?”僧云:“与么则不妄想去也。”师云:“还我话头来。”

---

① 啼:音题。号叫,啼哭。

示众云:“你若不相当,且觅个入头处。微尘诸佛在你舌头上,三藏圣教在你脚跟底,不如无事去好。还有人悟得么?出来对众道看。”

示众,拈拄杖,指面前云:“乾坤大地,微尘诸佛,总在这里争佛法胜负,还有人谏得么?若无人谏得,待老僧与你谏看。”时有僧出云:“请和尚谏。”师云:“这野狐精。”

师拈拄杖示众云:“凡夫谓之有,二乘谓之无,缘觉谓之幻有,菩萨当体即空,衲僧家见拄杖,但唤作拄杖。行但行,坐但坐,不得动着。”

师拈拄杖示众云:“拄杖子化为龙,吞却乾坤了也。山河大地甚处得来?”

师有颂云:“不露风骨句,未语先分付。进步口喃喃,知君大罔措。”

示众云:“诸方老宿尽道‘声色外有一段事’,似这般语话,三间法堂里独自妄想,未曾梦见我本师宗旨。作么生消得他信施?腊月三十日,各偿他始得。”乃踍跳云:“你诸人各自努力。”

师垂语云:“灯笼是你自己,把钵盂噇①饭,饭不是你

① 噇:音床。吃。

自己。”时有僧问：“饭是自己时如何？”师云：“这野狐精，三家村里汉。”复云：“来来，不是你道‘饭是自己’？”云：“是。”师云：“驴年梦见，三家村里汉。”

妙喜云：“用尽自己心，笑破他人口。”

师举：三平颂云：“只此见闻非见闻。”师云：“唤甚么作见闻？”“无余声色可呈君。”师云：“有甚么口头声色？”“个中若了全无事。”师云：“有甚么事？”“体用何妨分不分。”师云：“语是体，体是语。”复拈拄杖云：“拄杖是体，灯笼是用，是分不分？不见道，一切智智清净。”

师有时云：“大用现前，不存轨则。”时有僧便问：“如何是大用现前？”师拈起拄杖，高声云：“释迦老子来也。”

师举：志公云：“如我身空法亦空，千品万类悉皆同。”师云：“你立不见立，行不见行，四大五蕴不可得，何处见有山河大地来？是汝每日把钵盂噇饭，唤甚么作饭？何处更有一粒米来？”

师有时云：“要识祖师么？”以拄杖指云：“祖师在你头上踍跳，要识祖师眼睛么？在你脚跟下。”又云：“这个是祭鬼神茶饭，然虽如此，鬼神也无厌足。”

妙喜云：“不见道留惑润生。”时有僧在傍咳嗽一声，妙喜云：“老僧恁么道，有甚么过？”僧拟议，妙喜便打。

师有时云：“若说菩提涅槃是，烧枫香供养你。若说佛祖是，烧黄熟香供养你。若说超佛越祖之谈是，烧饼香供养你。归依佛法僧，下去。”

师有时拈起拂子云：“这里得个入处捏怪也，日本国里说禅，三十三天有个人出来，唤云‘吽吽’。特舍儿，担枷过状。”

师有时云：“直得乾坤大地无纤毫过患，犹是转句。不见一法，始是半提。须知更有全提底时节。”

师云：“有三种人，一人因说得悟，一人因唤得悟，一人闻举便回去。你道，便回去意作么生？”复云：“也好与三十棒。”

师一日云：“尽十方世界，乾坤大地，天下老和尚，”以拄杖一划云，“百杂碎。”

雪窦云：“是即是，要且未有出身之路。如今拄杖在雪窦手里，”复横按云，“东西南北甚处得来？”

师一日云：“三乘十二分教，达磨西来，放过即不可；若不妨过，不消一喝。”

师一日云：“闻声悟道，见色明心，作么生是闻声悟道，见色明心？”乃云：“观世音菩萨将钱买胡饼。”放下[1]手云：

---

① 下：原刻作“不”，语意不通，依文意改。

“元来却是馒头。”

师一日云：“真空不坏有，真空不异色。”僧问：“作么生是真空?”师云：“还闻钟声么?”云：“此是钟声。”师云：“驴年梦见么?”

师有时云：“平地上死人无数，过得荆棘林者是好手。”有僧云：“与么则堂中第一座有长处也。”师云：“苏噜苏噜。”

师有时云：“光不透脱，有两般病，一切处不明，面前有物，是一。”

又：“透得一切法空，隐隐地，似有个物相似，亦是光不透脱。”

又：“法身亦有两种病，得到法身，为法执不忘，已见犹存，坐在法身边，是一。”

“直饶透得法身去，放过即不可。子细捡点来，有甚气息？亦是病。”

妙喜云：“不用作禅会，不用作道会，不用作向上商量。此是云门老汉据实而论。我恁么道有没量罪过，汝若捡点得出，许你具择法眼。若捡点不出，且向云门葛藤里参。”

师尝举：马大师云：“一切语言是提婆宗，以这个为主。”乃云：“好语，只是无人问。”时有僧问：“如何是提婆宗?”师云：“西天九十六种，汝是最下种。”

雪窦云：“赤幡被这僧夺却了也。”

师举临济三句,问塔主云:“只如塔中和尚得第几句?”主无对,师云:“你问我。”主便问,师云:“不快即道。”主云:“作么生是不快即道?”师云:“一不成,二不是。”

师问卧龙:“明己底人还见有己么?”龙云:“不见有己,始明得己。”

师又问:“长连床上学得底是第几机?”龙云:“第二机。”师云:“作么生是第一机?”龙云:“紧峭草鞋。”

妙喜云“骑贼马赶贼队,借婆帔[①]子拜婆年。”

僧举灌溪语问师:“十方无壁落,四面亦无门,净裸裸,赤洒洒没可把作么生?”师云:“与么道即易也大难出”僧云:“上座不肯他与么道那?”师云:“适来是你恁么举那?”云:“是。”师云:“驴年梦见灌溪么?”云:“某甲话在。”师云:“我问你,十方无壁落,四面亦无门,净裸裸,赤洒洒没可把,你道大梵天王与帝释商量甚么事?”云:“岂于他事?”师喝云:“逐队吃饭汉。”

师到天童,童问:“你还定当得么?”师云:“和尚道甚么?”童云:“不会即目前包裹。”师云:“会即目前包裹。”

师因鹅湖上堂有云:“莫道未了底人长时浮逼逼地,设使了得底人,明明知得有去处,尚乃浮逼逼地。”

师下堂,举问首座:“适来和尚示众意作么生?”座云:

① 帔:音佩。披肩。

“浮逼逼地。”师云:“首座久在此住,头白齿黄,作这个语话?”座云:“上座又作么生?”师云:“要道即得,见即便见,若不见,且莫乱道。”座云:“只如堂头道浮逼逼地又作么生?”师云:“头上着枷,脚下着杻。”座云:“与么则无佛法也。”师云:“此是文殊、普贤大人境界。”

大沩喆云:“大凡拨草瞻风,须是其人。云门可谓青天霹雳,旱地震雷,直得魂虑变慑。不见道,惊群须是英灵汉,敌胜还他师子儿。”

师在浙中蕴和尚会中,吃茶次,蕴垂语云:“见闻觉知是法,法离见闻觉知作么生?”时有僧云:“见定如今目前,一切见闻觉知是法,法亦不可得。”师遂拍手一下,蕴举头,师云:“犹欠一着在。”蕴云:“我到这里却不会。”

瑫长老举“菩萨手中幡”问师:“作么生?”师云:“你是无礼汉。”瑫云:“作么生无礼?”师云:“是你外道奴也作不得。”

师问首座:“你道乾坤大地与你自己,是同是别?”座云:“同。”师云:“一切物命,蛾痒蚁子,与你自己,是同是别?”座云:“同。”师云:“你为甚么干戈相待?”

师云游到江西,陈操尚书请吃饭。陈问:“三乘教典即不问,儒书更不在言,作么生是行脚事?”师云:“曾问几人来?”陈云:“即今问上座。”师云:“即今且致,作么生是教意?”陈云“黄卷赤轴。”师云:“这个是语言文字,作么生是教意?”陈云:“口欲谈而词丧,心欲缘而虑忘。”师云:“口欲谈而词丧,为对有言。心欲缘而虑忘,为对妄想。作么生是教意?”陈无对,师云:“见说尚书看《法华经》是否?”云:“是。”师云:“经中道,治世语言,资生产业,皆与实相,不相违背。且道非非想天有几人退位?”陈又无对,师云:“尚书且莫草草,十经五论,师僧抛却,入丛林十年二十年尚不奈何,尚书又争会得。”陈作礼云:“某甲罪过。”

师问直岁:“甚处来?”云:“割茆来。”师云:“割得几个祖师?”岁云:“三百个。”师云:“朝三千,暮八百,东家杓柄长,西家杓柄短,又作么生?”岁无语,师便打。

师问僧:“光明寂照遍河沙,岂不是张拙秀才语?”僧云:“是。”师云:“语堕了也。”

妙喜云:“驴拣湿处尿。”

大沩果颂云:“万丈龙门势倚空,悬崖撒手辨鱼龙。时人只看丝纶上,不见芦花对蓼红。”

师问僧:“甚处人?”云:“新罗人。”师云:“将甚么过海?”云:“草贼大败。”师云:“为甚么在我手里?”云:“恰是。”师云:“一任踍跳。”

雪窦云:“云门老汉龙头蛇尾,放过这汉。为甚么在我手里?恰是。劈脊便棒。”

师问僧:“近离甚处?”云:“西禅。”师云:“西禅有何言句?”僧展两手,师与一掌,僧云:“某甲话在。”师却展两手,僧无语,师又打。

师到库下见一僧,乃问:“作甚么?”云:“设供。”师云:“你是甚处人?”云某处人。师唤典座:“与这僧设却供。”

大沩喆云:“云门一期慈悲,却成多事。当时便回去,免见挂后人唇齿。”良久云:“若不登楼望,焉知沧海深。”

师问僧:“甚处来?”云:“江西。”师云:“江西一队老汉,寐语住也未?”僧无语。后举似法眼,眼云:“大小云门被这僧勘破。”

师问僧:“近离甚处?”云:“南岳。”师云:“我不曾与人葛藤,近前来。”僧近前,师云:“去。”

僧问:“如何是法身向上事?”师云:“向上与你道即不难,作么生是法身?”云:“请和尚鉴。”师云:“鉴即且致,作么生是法身?”云:“与么与么。”师云:“这个是长连床上学得底,我且问你,法身还吃饭么?”僧无对。

雪窦云:“将成九仞之山,不进一篑之土,过在甚么处?”

梁家庵主云:“云门直得入泥入水。”

有一僧罢经论,来参师。问云:“未到云门时,恰似初生月;及乎到来,曲弯弯地。”师云:“是你道那?”云:“是。”师云:“甚好。我问汝,作么生是初生月?”僧斫额作望月势,师云:“你如此,已后失却目去在。”

僧经旬却来，师云："你还会也未？"云："未会。"师云："你问我。"僧便问："如何是初生月？"师云："曲弯弯地。"僧罔措。后果失目。

琅玡觉云："且道佛法有灵验么？如今若有问琅玡'如何是初生月'，向道：经堂前打板声。"

白云端云："这僧失却目，云门和鼻孔不见。虽然如是，家住州西。"

师问僧："甚处来？"云："礼塔来。"师云："谑我。"云："某甲实礼塔来。"师云："五戒也不持。"

汾州云："彼此相钝置。"

僧问："十方薄伽梵即不问，如何是一路涅槃门？"师云："我道不得。"云："和尚为甚么道不得？"师云："你举话即得。"

雪窦云："浅水无鱼，徒劳下钓。"

僧问："秋初夏末，前程忽有人问，作么生祇对？"师云："大众退后。"僧云："未审过在甚么处？"师云："还我九十日饭钱来。"

大沩喆云："这僧贪程太速，致使云门随索饭钱。如今还有识云门者么？"良久云："不是弄潮人，休入洪波里。"

僧问："佛法如水中月，是否？"师云："清波无透路。"云："和尚从何而得？"师云："再问复何来？"云："便与么去时如何？"师云："重叠关山路。"

僧问："如何是云门一曲？"师云："腊月二十五。"云："唱者如何？"师云："且缓缓。"

僧问："如何是法身？"师云："六不收。"

雪窦颂云："一二三，四五六，碧眼胡僧数不足。少林谩道付神光，卷衣又说归天竺。天竺茫茫何处寻，夜来却对乳峰宿。"

问："如何是透法身句？"师云："北斗里藏身。"

白云端颂云："五陵公子游花惯，未第贫儒自古多。冷地看他人富贵，等闲不奈幞头何。"

僧问："不起一念，还有过也无？"师云："须弥山。"

保宁勇颂云："万仞峰头立大乖，须臾眨眼落悬崖。通身不损毫毛者，天上人间安敢埋？"

问："如何是道？"师云："透出一字。"云："透出后如何？"师云："千里同风。"

问："如何是清净法身？"师云："花药栏。"云："便恁么去时如何？"师云："金毛师子。"

问："如何是尘尘三昧？"师云："钵里饭，桶里水。"

问："一言道尽时如何？"师云："裂破。"

问："如何是超佛越祖之谈？"师云："胡饼。"

问："如何是佛法大意？"师云："面南看北斗。"

问:“如何是佛?”师云:“干屎橛。”

问:“一切智通无障碍时如何?”师云:“扫地泼水相公来。”

福州长庆慧棱禅师(凡十二)

杭州盐官孙氏子。初参灵云,问:“如何是佛法大意?”云云:“驴事未去,马事到来。”

师往返看二十年无省动。后谒雪峰,忽一日卷帘,豁然大悟,述偈云:“也大差,也大差,卷起帘来见天下。有人问我解何宗?拈起拂子蓦口打。”雪峰谓玄沙云:“此子彻也。”沙云:“未可,此是意识著述,待与勘过始得。”

至晚师上问讯,峰问师:“备头陀不肯你,若实有正悟,对众举来看。”师复作偈云:“万象之中独露身,唯人自肯乃方亲。昔时谬向途中觅,今日看来火里冰。”峰顾玄沙云:“不可也是意识著述。”

示众云:“净洁打叠了也,却近前问我觅我,劈脊与你一棒。有一棒到汝,汝须生惭愧。无一棒到汝,汝又向甚么处会?”

雪窦云:“我即不然,净洁打叠了也,直须近前就我觅我,劈脊与你一棒。有一棒到你,你须受屈。无一棒到你,与你平出。但恁么会。”

示众云:“撞着道伴交肩过,一生参学事毕。”

雪窦云:“是即是,针不札,风不入,有甚么用处?”

示众云:“总似今日,老胡有望。”

保福展云:“总似今日,老胡绝望。”

师拈拄杖示众云:“识得这个,一生参学事毕。”

云门云:“识得这个,为甚么不肯住?”

灵岩安云:“恁么住者,丧我儿孙。恁么去者,寒灰发焰。然虽如是,都未得剿绝在。”拈起拄杖云:“识得这个,”遂卓一下云,“敲出凤凰五色髓,击碎骊龙明月珠。”

师同保福、鼓山三人游山,福指雪峰旧院云:“教中道,妙高峰顶,莫只这里便是么?”师云:“是即是,可惜许。”鼓山云:“若不是孙公,便见髑髅遍野。”

雪窦云:“今日共这汉游山图个甚么?”

复云:“百千年后,不道全无,只是少。”

又颂云:“妙峰孤顶草离离,拈得分明付与谁?不是孙公辨端的,髑髅遍野几人知。”

师一日升堂,大众集定,师拽出一僧云:“大众礼拜这僧着。”又云:“且道,这僧有甚长处,却教大众礼拜他?”众无对。

卧龙举:僧问曹山:“维摩默然,文殊赞善,未审还称得维摩意也无?”曹云:“你还缚得虚空么?”云:“恁么则不称维摩意也。”曹云:“他又争肯。”云:“毕竟有何所归?”曹云:“若有所归,即同彼二公也。”云:“和尚作么生?”曹云:

“待汝患维摩病始得。”

卧龙举了,师云:“我虽不见曹山,敢与曹山作个话主。”龙愕然云:“这老和尚近日颠倒作么? 山头老汉以维摩默然话,休歇了多少人,他却道与曹山作个话主。”师咄云:“这尿床鬼子不会便休,乱统作么?”

僧问:“羚羊未挂角时如何?”师云:“草里汉。”云:“挂角后如何?”师云:“乱叫唤。”云:“毕竟如何?”师云:“驴事未去,马事到来。”

师问僧:“甚处来?”云:“鼓山。”师云:“鼓山有不跨石门句,有人问你,作么生道?”云:“昨夜宿报慈。”师云:“劈脊便棒,你又作么生?”云:“和尚若行此棒,不虚受人天供养。”师云:“洎乎放过。”

僧问:“众手淘金,谁是得者?”师云:“有伎俩者得。”云:“学人还得也无?”师云:“大远在。”

雪窦代这僧当时便喝。复云:“有伎俩者得,一手分付。有伎俩者不得,两手分付。学人还得也无? 苍天苍天。”

闽帅夫人练师崔氏,遣使送衣物至,云:“练师令就大师请取回信。”师云:“传语练师,领取回信。”

师次日入府,练师云:“昨日谢大师回信。”师云:“却请昨日回信看。”练师展两手,帅云:“练师与么呈信,还惬大师意么?”师云:“犹较些子。”云:“未审大师意旨如何?”

师良久,帅云:“不可思议,大师佛法深远。”

福州安国明真大师(凡二)

师问僧:“得之于心,伊兰作旃檀之树。失之于旨,甘露乃蒺藜之园。我要个语,具得失两意。”僧竖起拳云:“不可唤作拳头。”师云:“只为唤作拳头。”

雪窦云:“无绳自缚汉,拳头也不识。”

雪峰一日拦胸扭住师云:“尽大地是个解脱门,把手拽伊不肯入。”师云:“和尚怪某甲不得。”峰云:“虽然如此,争奈背后许多师僧何?”

漳州保福从展禅师(凡十二)

福州陈氏子。示众云:“此事如击石火,似闪电光。构得,构不得,未免丧身失命。”

有僧问:“未审构得底人还免丧身失命也无?”师云:“适来且致,阇梨还构得么?”僧云:“若构不得,未免大众笑怪。”师云:“作家作家。”云:“是甚么心行?”师云:“一杓屎,栏面泼,也不知臭。”

雪窦云:“保福有生擒虎兕底牙爪,这僧也不易相敌。虽然如是,且放过保福一着。只如雪窦与大众,还免诸方检责也无?若免不得,平地上死人无数,其中有得活底么?”遂拈拄杖云:“来也来也。”

师问长庆:“盘山道:‘光境俱忘,复是何物?’洞山道:‘光境未忘,复是何物?’据二老总未得剿绝在。作么生得剿绝去?”庆良久,师云:“情知你向鬼窟里作活计。”庆云:“你作么生?”师云:“两手扶犁水过膝。”

雪窦云:“俱忘未忘总由我,保福因甚道‘未得剿绝’?酌然能有几个?诸人又作么生道?免得长庆在鬼窟里。”良久云:“柳絮随风,自西自东。”

师一日云:“如今有人从佛殿后过,便知是李四张三。有人从佛殿前过,为甚么不见?且道佛法利害在甚么处?”僧云:“为伊有一分粗境,所以不见。”师便喝,复自云:“若是佛殿即不见。”云:“不是佛殿还见么?”师云:“不是佛殿,见个甚么?”

师因僧侍立,师云:“你得恁么粗心。”云:“甚处是某甲粗心处?”师拈一块土度与僧云:“抛向门前着。”僧抛了,却来云:“甚处是某甲粗心处?”师云:“我见你筑着磕着,所以道你粗心。”

雪窦云:“然则这僧被热瞒,争奈真不掩伪,曲不藏直。雪窦将今视古,于理不甘。你这一队漢忽,僧堂里来,寮舍里去,筑着磕着,你亦不知。近来粗心转盛,我若放过,便见诸方检责。”乃卓拄杖下座。

长生卓庵,师往相访。茶话次,生云:“有僧问某甲‘如何是祖师西来意’,某甲竖起拂子,不知得不得?”师云:“我争敢道得不得?有个问,有人赞笑此事,如虎带角;有人轻贱此事，分文不直。一等是与么事，为甚赞毁不同？”生云：“适来出自偶尔。”

有一老宿云：“毁又争得？”

有一老宿云：“惜取眉毛。”

太原孚云：“若无智眼，鸡辨得失。”

雪窦都别云：“若非和尚证明，拂子一生无用。”

师病中问僧：“我与你相识年深，有何名方妙药相救？”云：“药方甚有，闻和尚不解忌口。”

雪窦别云：“只恐难为和尚。”

师问饭头：“镬阔多少？”云：“和尚试量看。”师作量势，僧云：“和尚莫瞒人好。”师云：“却是你瞒我。”

师问僧：“你作甚么业，得与么长？”云：“和尚短多少？”师蹲身作短势，僧云：“和尚莫瞒人好。”师云：“却是你瞒我。”

师问僧：“你名甚么？”云：“咸泽。”师云：“忽遇枯涸时如何？”云：“谁是枯涸者？”师云：“我是。”僧云：“和尚莫瞒人好。”师云：“却是你瞒我。”

师问僧：“殿里是甚么佛？”僧云：“和尚试定当看。”师云：“释迦佛。”僧云：“和尚莫瞒人好。”师云：“却是你瞒我。”

师见一僧,拈拄杖打其头,僧作忍痛声,师云:“那个为甚么不痛?”僧无对。

玄觉代三贪行拄杖。

师因尼来参,师云:“阿谁?”侍者云:“觉师姑。”师云:“既是觉师姑,用来作么?”尼云:“仁义道中即不无。”师自别云:“和尚是甚么心行?”

师见僧数钱,乃展手云:“乞我一钱。”云:“和尚因何到恁么地?”师云:“我到恁么地。”云:“若到恁么地,将取一钱去。”师云:“汝为何到恁么地?”

师问僧:“甚处来?”云:“江西观音。”师云:“还见观音么?”云:“见。”师云:“左边见?右边见?”僧云:“见时不历左右。”

法眼别云:“如和尚见。”

师令侍者屈崇寿长老,云:“但独自来,莫带侍者来。”寿云:“不许带来,争解离得?”师云:“太煞恩爱。”寿无语。

僧问:“如来禅即不问,如何是祖师禅?”师以手拨云:“香严道底,拈向一边着。”僧无语。师却问明招云:“道者道取。”招云:“请大师举。”师便举,招云:“更有第二下铁锤来,和尚又将个甚么当抵始得?”师休去。

僧问师:“雪峰平生有何言句,得似羚羊挂角时?”师云:“我不可作雪峰弟子,不得。”

雪窦云:“一千五百个衲子,保福较些子。”

杭州龙册顺德忿禅师(镜清也,凡十八)

师问雪峰:“只如古德,岂不是以心传心?”峰云:“兼不立文字语句。”师云:“只如不立文字语句,未审如何传授?”峰良久,师便作礼。峰云:“更问我一转岂不好?”师云:“就和尚请一转问头。”峰云:“只恁么,为别有商量。”师云:“和尚恁么即得。”峰云:“汝又作么生?”师云:“辜负杀人。”

师在雪峰,普请次。峰举:“沩山云‘见色便见心’,还有过也无?”师云:“古人为甚么事?”峰云:“虽然如此,我要共你商量。”师云:“若恁么,不知某甲钁地去好。”

示众云:“有舟无楫亦不得,有楫无舟亦不得,舟揖俱备亦不得。亦不得,亦不得,诸人作么生?”

示众云:“一人到亦不得,一人不到亦不得,二人俱到亦不得。亦不得,亦不得,诸人作么生?此是妙中之妙,拂尽青霄,通霄不碍。”

师一日于僧堂前自打钟云:“玄沙道底,玄沙道底。”时有僧问:“玄沙道甚么?”师画一圆相,僧云:“若不久参,争知与么。”师云:“还我草鞋钱来。”

雪窦云:“洎被打破蔡州。”

师普请锄草次,浴头请师浴,师不顾。如是三请,师举䦆作打势,头便走。师召云:“来来。”头回[1]首,师云:“向后遇作家分明举似。”僧后见保福,举前话。未了,福以手掩僧口。僧复举似师,师云:“饶伊与么,也未作家。”

师问灵云:“行脚大事,乞师指南。”云云:“浙中米作么价?”师云:“若不是某甲,洎作米价会。”

师问风穴:“近离甚处?”云:“自离东来。”师云:“还过小江也无?”云:“大舸独飘空,小江无可济。”师云:“镜水秦山,鸟飞不渡。子莫道听遗言。”云:“沧溟尚怯艨艑[2]势,列汉飞帆渡五湖。”师竖起拄杖子云:“争奈这个何?”云:“这个是甚么?”师云:“果然不识。”云:“出没卷舒,与师同用。”师云:“杓卜听虚声,熟睡饶噡[3]语。”云:“泽广藏山,理能伏豹。”师云:“舍罪恕愆,速须出去。”云:“出去即得。”便出。

到法堂上却云:“行脚人,因缘未尽善,不可便休。”再上方丈见师,坐次,穴问讯云:“某甲适来辄呈騃见,冒渎尊颜,伏承和尚慈悲,未赐罪责。”师云:“适来言从东来,岂不是翠岩来?”云:“雪窦亲栖宝盖东。”师云:“不逐忘羊狂解息,却来这里念篇章。”云:“路逢剑客须呈剑,不是诗人不

① 回:原刻作“面”。依文改。

② 艑:音伦。船也。

③ 噡:音粘。话多。

献诗。”师云:“诗速秘却,略借剑看。”云:“枭首甑[1]人携剑去。”师云:“不独触风化,亦自显颟顸。”云:“若不触风化,争明古佛心?”师云:“何名古佛心?”云:“再许允容,师今何有?”师云:“东来衲子,菽麦不分。”云:“只闻不己而已,何得抑己而已?”师云:“巨浪涌千寻,澄波不离水。”云:“一句截流,万机寖[2]削。”便作礼,师云:“东来衲子,俊哉俊哉。”

师问僧:“近离甚处?”云:“三峰。”师云:“夏在甚处?”云:“五峰。”师云:“放你三十棒。”云:“某甲过在甚么处?”师云:“为你出一丛林,入一丛林。”

琅玡觉云:“割菜镰子。”

师问僧:“近离甚处?”云:“石桥。”师云:“本分事作么生?”云:“近离石桥。”师云:“我岂不知你近离石桥,本分事作么生?”云:“和尚何不领话?”师便打,僧云:“某甲话在。”师云:“你但吃棒,我要这话行。”

雪窦云:“然则倚势欺人,争奈事不孤起。这僧若能慎初护末,棒须是镜清自吃。”

师问僧:“门外甚么声?”云:“雨滴声。”师云:“众生颠倒,迷己逐物。”云:“和尚作么生?”师云:“洎不迷己。”云:“洎不迷己意作么生?”师云:“出身犹可易,脱体道应难。”

黄龙心云:“说易说难,转见迷己。要不迷己,如今唤

---

① 甑:音憎。蒸饭瓦器。
② 寖:音浸。同“浸”。

作甚么声?"

师问僧:"门外甚么声?"云:"蛇咬虾蟆声。"师云:"将谓众生苦,更有苦众生。"

师住庵时,有一行者徐徐近前,取拂子竖起云:"某甲决定唤这个作拂子,庵主唤作甚么?"师云:"不可更分名立字也。"者掷下拂子云:"着甚死急。"

明招代云:"敢死喘气。"

僧问:"学人未达其源,乞师方便。"师云:"是甚么源?"云:"其源。"师云:"若是其源,争受方便?"

雪窦云:"死水里浸杀有甚用处?"

侍者随后问:"适来是成褫伊那?"师云:"无。"云:"不成褫伊那?"师云:"无。"云:"和尚尊意如何?"师云:"一点水墨,两处成龙。"

雪窦云:"犹较些子。雪窦不是减镜清威光,要与这僧相见。'是甚么源?''其源。'三十年后与你三十棒。"

僧问:"学人啐,请师啄。"师云:"还得活也无?"云:"若不活,遭人怪笑。"师云:"也是草里汉。"

雪窦云:"衲僧有此奇特事,若有一人半人互相平展,古圣也不虚出来一回。"

僧问:"声前绝妙,请师指归。"师云:"许由不洗耳。"

云:"为甚么如此?"师云:"犹系脚在。"云:"某甲只如此,师意又如何?"师云:"无端夜来雁,惊起后池秋。"

僧问:"新年头还有佛法也无?"师云:"有。"云:"如何是新年头佛法?"师云:"元正启祚,万物咸新。"云:"谢师答话。"师云:"镜清今日失利。"

福州长生皎然禅师(凡五)

师因雪峰,普请次,峰自负一束藤,路逢一僧便抛下。僧拟取,被峰一踏踏倒,乃谓师云:"今日踏得这僧快生。"师云:"和尚须替这僧入涅槃堂始得。"峰休去。

雪窦云:"长生大似东家人死,西家人助哀,也好与一踏。"

白云端云:"雪峰外面赢得五百,家中失却一贯。"

有僧问雪峰:"如何是第一句?"峰良久。僧举似师,师云:"此是第二句。"峰闻令僧问[①]师:"如何是第一句。"师云:"苍天苍天。"

雪峰问师:"光境俱亡,复是何物?"师云:"放某甲过,有个商量。"峰云:"我放你过,你作么生商量?"师云:"某甲亦放和尚过。"峰深肯之。

---

① 问:原刻作"同",依文改。

玄沙问："我观如来，前际不来，后际不去，今亦无住。长老作么生？"师云："放某甲过，有个道处。"沙云："我放你过，你作么生道？"师默然，沙云："谁委？"师云："和尚不委那？"沙云："情知你向鬼窟里作活计。"

僧问："从上宗乘如何举唱？"师云："不可为阇梨，荒却长生山也。"

福州鼓山神晏禅师（凡十一）

久依雪峰，峰知其缘熟，一日蓦拦胸扭住云："是甚么？"师当下释然契悟，但举手摇拽而已。峰云："子作道理耶？"师云："何道理之有？"峰抚而印之。

示众云："诸和尚尽道向诸方参学，未审参个甚么？学个甚么？还有参得者也无？有即出来，对众验看。诸和尚，为复参禅参道，参佛参法，参毗卢师，法身主，参佛向上事，涅槃后句？若实参此，得无大妄，唤作望上。心不息，与诸和尚了无交涉。"

示众云："大事未办，宗脉不通，切忌记持言句，意识里作活计。不见道，意为贼，识为浪。尽被漂沉没溺去，无自由分。诸和尚，必若大事未办，不如休去，歇去，身心纯静去好。时中莫驻着事，却易得露，这个是事不得已。相劝之言，古人唤作死马医。若是个汉，向他与么道，如同寐语一般。且诸人分上作么生？十二分教还用得一字么？诸方老宿语还用得一句么？若十二分教是，兄弟在阿那个教里？若诸方老宿语当得，兄弟在阿那句中？所以道，十二分教唱不得，圣凡摄不得，古今流不得，言教该不得。与么说话，为刺头入在教门里，且与伊折开。若有个汉，总未通达个消息。向伊与么道，被伊蓦口掴。屎沸作么？不可怪得他也。兄弟大须甄别，莫吉凶不辨。有辨得者出来，对众验看。时寒，久立。”

示众云：“若是灵利底，撩着便休去。似这般底，千里万里去也，有甚么救处？进前退后，纳个如何？醉人相似，有甚么衲僧气息？既然如是，且宗门中事作么生？诸和尚，这里也须是个汉始得，大不容易。兄弟，鼓山不惜口业，向汝诸人道，不假记一字，亦不用一功，亦不用眨眼，亦不用呵气，大坐着便绍却去。诸和尚，且道绍甚么？为复绍佛绍祖，绍禅绍道，绍佛向上事，涅槃后句？若绍此句，得为大妄，唤作望上心不息，与诸兄弟了无交涉。于诸人分上作么生绍？普请验看是甚么。为复是凡是圣，是毗卢师，法身主？在甚么处居住？甚么年中有渠？方圆阔狭，长短大小？试道看。还有丝发大物解盖覆得么？还有丝发许间隔么？向阿那里抄？向阿那里写？诸和尚，与么显露，与么聊要，何不直下承当取？又更刺头入他言句里、意识中学，有甚么交涉？不见道，意为贼。识为浪。走作驰求，终无歇分。若自不具眼，就人拣辨，卷子里抄，策子里写，假饶百千万句、龙宫海藏一时吞纳，尽是他人，不干自己事，亦唤作识学依通。犹如水母，借虾为目，无自由分。亦如盲者辨色，依他语故，实不能辨色之正相。若是学经律论,自有人在。所以鼓山寻常道,经有经师,律有律师,论有论师,有函有号,有部有秩。白日明窗夜附灯,烛自有人传持在。禅师作么生?还有人道得么?试出来道看。"时有僧问:"如何是目前显露底机?"师云:"道甚么?"僧再问,师喝出去。

示众云:"诸和尚,大凡行脚须识辨宗风,莫只是寻言逐句,无有了期。雪峰和尚道'三世诸佛不能唱,十二分教载不起'。所以鼓山道,有一人与么来,总未曾通这个消息。向伊与么道,被伊把黄泥蓦口塞,还怪得他也无?恐人乱塞人口。所以道,鼓山有不跨石门句作么生道?这里须是其人,莫乱道。"时有僧问:"如何是不跨底事?"师拈拂子蓦口打云:"还会么?"云:"不会。"师咄云:"汝不是这手脚。"

示众云:"实不敢欺兄弟,亦不敢昧兄弟,然且没人辨得。"

有僧问:"从上宗乘如何举唱?"师便打,僧作礼,拟再问,师云:"老兄不是这手脚。"

示众云:"鼓山门下,不得咳嗽。"

时有僧咳嗽一声,师云:"作甚么?"僧云:"伤寒。"师云:"伤寒即得。"

示众云:"若论此事,如一口剑相似。"时有僧问:"和尚是死尸,学人是死尸。如何是剑师?"云:"拖出这死尸。”僧应诺,归衣钵下,束装便行。师至晚问首座:“问话僧在否?”座云:“当时便去也。”师云:“好与三十棒。”

云居齐云:“鼓山拄杖,是赏伊罚伊?具眼者试商量看。”

雪窦云:“诸方老宿总道,鼓山失却一只眼。殊不知,重赏之下,必有勇夫。然虽如是,若子细捡点来,未免一时埋却。”

师问僧:“直下犹难会,寻言转见赊。若论佛与祖,特地隔天涯。你作么生会?”僧无语。后举问侍者云:“某甲不会,请侍者代一转语。”侍者云:“和尚与么道,犹隔天涯在。”僧举似师,师唤侍者来,问:“你为新到代语,是否?”云:“是。”师便打趁出院。

有一僧制得雪峰实录云:“师因上堂,良久顾视大众云:‘是甚么?’”

师问:“雪峰只有此语,为当别更有在?”僧云:“别更有。”师云:“案圆也,下山去。”

师因困山同上雪峰,困山云:“与和尚斗行。”师云:“输也。”

明州翠岩令参禅师(凡三)

示众云:“一夏已来,为兄弟东语西话,看我眉毛在么?”

长庆云："生也。"

云门云："关。"

保福云："作贼人心虚。"

翠岩芝云："为众竭力，祸出私门。"

僧问："还丹一粒，点铁成金。至理一言，转凡成圣。学人上来，请师一点。"师云："不点。"云："为甚么不点？"师云："恐汝落在凡圣。"云："乞师至理。"师唤侍者点茶来。

僧问："古人拈槌竖拂意旨如何？"师云："邪法难扶。"

问："僧繇为甚么写志公真不得？"师云："作么生折合？"

问："险恶道中，以何事为津梁？"师云："药山再三叮嘱。"

泉州卧龙道溥禅师（凡二）

示众云："莫道空山无只待。"便归方丈。

僧问："初心后学，乍入丛林，方便门中，乞师指示。"师敲门枋[①]示之。云："向上还更有事也无？"师云："有。"云："如何是向上事？"师再敲门枋。

---

① 枋：音方。

越州越山师鼐禅师(凡三)

初谒雪峰,于道染指。后因闽主请,于清风楼上斋。坐久,举头,忽见日光,豁然大悟,作偈云:“清风楼上赴官斋,此日平生眼豁开。方信普通年远事,不从葱[1]岭带将来。”

僧问:“如何是佛身?”师云:“你问那个佛身?”云:“释迦佛身。”师云:“舌覆三千界。”

师临顺寂时,示偈云:“眼光随色尽,耳识逐声消。还源无别旨,今日与明朝。”

安州白兆山志圆禅师(凡二)

僧问:“如何是佛法大意?”师云:“苦。”云:“如何是道?”师云:“普。”

玄则问:“如何是学人自己?”师云:“丙丁童子来求火。”

---

① 葱:原刻作“忽”,依文改。

南岳金轮可观禅师(凡一)

师谒雪峰,峰召云:“近前来。”师近前,峰与一踏,师即冥契。住后,示众云:“自从一吃雪峰踏,直至如今眼不开,不知是何境界。”

漳州报恩怀岳禅师(凡二)

僧问:“十二时中如何行履?”师云:“动即死。”云:“不动时如何?”师云:“犹是守古冢鬼。”

僧问:“如何是学人出身处?”师云:“有甚么缠缚汝?”云:“争奈出不得何?”师云:“过在阿谁?”

漳州隆寿绍乡禅师(凡一)

师侍雪峰行次,见风吹芋叶动,峰指示之,师云:“某甲甚生怕怖。”峰云:“是你屋里事,怕个甚么?”师于此有省。

杭州龙华灵照禅师(凡一)

师指半月,问溥上座:“那一片甚么处去也?”溥云:“莫妄想。”师云:“失却一片了也。”溥无对。

洛京南院和尚(凡一)

有一儒士博览古今,呼为张百会。一日谒师,师问:"莫是张百会么?"云:"不敢。"师以手空中画一画云:"会么?"张云:"不会。"师云:"一尚不会,甚么处得百会来。"

太原孚上座(凡十)

初名座主,在扬州光孝讲《涅槃经》。有一禅者阻雪在寺,因往随喜。讲至三因佛性,三德法身,广谈法身妙理,禅者失笑。孚讲罢,请禅者吃茶,问:"某甲素志狭劣,依文解义,适蒙见笑,有不到处,伏望见教。"禅者云:"实笑座主不识法身。"师云:"如此解说,何处不是?"云:"请座主更说一遍。"师云:"法身之理,犹若太虚,竖穷三际,横亘十方,弥纶八极,包括二义①,随缘赴感,靡不周遍。"禅者云:"不道座主说得不是,只是说得法身量边事,实未识法身在。"师云:"既然如是,禅者当为我说。"云:"座主还信否?"师云:"焉敢不信。"云:"若如是,座主暂辍讲旬日,于室内端坐静虑,收心摄念,善恶诸缘一时放却。"师一依所教,从初夜至五更,闻鼓角声,忽然契悟,走扣禅者门,禅者问云:"谁?"师云:"某甲。"禅者咄云:"教你传持大教,代佛宣扬,夜来为甚么醉酒卧街?"师云:"禅德自来讲经,将生身父母鼻孔扭捏,从今向去更不敢如是。"禅者云:"且

① 义:《五灯会元》作"仪"。当从。

去，明日来相见。”师即罢讲，遍谒诸方。

师初到雪峰，才上法堂，顾视雪峰，便下去见知事。

雪窦云：“一千五百人善知识，被孚老一觑，便高竖降旗。”

明日却上方丈，作礼云：“昨日触忤和尚。”峰云：“知是般事便休。”

雪窦云：“果然。”

后有僧问云门：“作么生是触忤处？”门便打。

雪窦云：“打得百千万亿个，有甚么用处？直须尽大地人吃棒，方可扶竖雪峰。且道孚上座具甚么眼？”

雪峰一日指日示师，师摇手而去。峰云：“你不肯老僧那？”师云：“和尚摇头，某甲摆尾，甚么处是不肯和尚处？”峰云：“到别处也须讳却。”

雪峰问师：“见说临济有三句，是否？”师云：“是。”峰云：“如何是第一句？”师举目视之，峰云：“此是第二句，如何是第一句？”师叉手而退，峰深器之。

晏国师问：“父母未生前，鼻孔在甚么处？”师云：“老兄先道。”晏云：“如今生也，鼻孔在甚么处？”师不肯。

晏却问：“汝作么生？”师云：“将扇子来。”晏与扇，再征之，师默致，晏乃欧师一拳。

师因雪峰门送晏国师住鼓山,回至法堂,峰云:“一只圣箭,射入九重城里去也。”师云:“和尚,是伊未在。”峰云:“渠是彻底人。”师云:“若不信,待某甲去勘过。”

遂趁至中路,便问:“师兄向甚么处去?”晏云:“九重城里去。”师云:“忽遇三军围绕时如何?”晏云:“他家自有通霄路。”师云:“恁么则离宫失殿去也。”晏云:“何处不称尊?”师拂袖而归。

峰问:“如何?”师云:“好一只圣箭,折却了也。”遂举前话,峰云:“奴奴,渠语在。”师云:“这老汉毕竟有乡情在。”

大沩喆云:“此话丛林商量不少,或云‘才问甚么处去’,这里便好打,是圣箭折处;或云‘忽遇三军围绕时如何’亦好打,是圣箭折处。如斯理论,非唯瞒他,亦乃自瞒。会么?相如夺得连城壁,秦主安然致太平。”

保福签瓜次,见师,乃问:“道得即与汝瓜吃。”师云:“把将来。”福度一片与师,师接得便去。

雪窦云:“虽是死蛇,解弄也活。且道谁是好手者?试请辨看。”

师到投子,子问:“久响太原孚上座,莫便是么?”师作掌势,子云:“也是老僧招得。”师便出,子云:“且听诸方断看。”师回首,子便打。

玄沙云:“莫是投子,招得么?”

僧问:“如何是触目菩提?”师踢狗子作声走,僧罔措。

师云："小狗子，不消一踢。"

师在雪峰有大声誉，后归扬州，陈尚书留在宅供养。一日谓尚书云："来日讲一遍《大涅槃经》，报答尚书。"书次日致斋，煎茶毕，师遂升座，良久，挥尺一下云："如是我闻。"乃召尚书，书应诺，师云："一时佛在。"乃脱去。

联灯会要卷第二十五

青原下第七世

筠州九峰道虔禅师法嗣

洪州同安常察禅师(凡十二)

示众云:“洪音不剖,其理不彰。设使不言,且道是分不分?”时有僧出云:“不分。”师云:“若不是阇梨,老僧不晓。”云:“同安风采,瓦解冰消。”师云:“养由弓矢,不射田蜗。”僧作礼,师云:“将谓是便宜。”

示众云:“寅晡饮啄,无处藏身。你道有此道理么?”时有僧出云:“和尚作么生?”师打一拂子,僧云:“扑手征人,徒夸好手。”师云:“握鞭侧帽,岂是阇梨?”云:“今古之道,何处藏身?”师云:“阇梨作么生?”僧珍重便出,师云:“未在。”

示众云:“青霄鸟道,登者即迷。碧海无波,动犯风影。今时学者也似敲空觅响,击石求声,火中求水,水里觅火。山僧有一曲即不然,何也?五天唱不起,汉地和不成。欲晓其中事,铁牛水上行。幻人看音乐,石女夜鸣机。若能如是作,许君解无为。有言玄妙用,无语句中明。满目不干生死事，迥然那肯挂风云。直须头头超祖意，句句越无生，方可言了。物物不沉空，明明三界内，独脱万机前。所以道，俊鸟不栖林，活龙不滞水。孤鸾那有伴，师子不同群。凤飞无影树，象径绝狐踪。言须有骨格，句句透玄关。万象不能藏，森罗何障碍。譬如手向长空，任你开合。”

师一日云：“喜鹊鸣寒桧，心印是渠传。”时有僧云：“何别？”师云：“众中有人在。”云：“同安门下，道绝人荒。”师云：“胡人饮乳，返怪良医。”僧云：“休休。”师云：“老鹤入枯池，不见鱼踪迹。”

师玩月次，乃云：“奇哉，星明月朗，足可观瞻，不异道乎？”

僧问：“如何是道？”师云：“汝试道看。”云：“彼自无疮，勿伤之也。”师云：“负笈公文，莫闲弓矢。”

有僧来，绕绳床一匝，振锡一下云：“凡圣不到处，请师道。”师鸣指一下，僧云：“奇哉同安，吓得忘前失后。”师云：“阇梨发足甚处？”僧便珍重，师云：“五湖衲子，一锡禅人，未到同安，不妨疑着。”僧云：“近见不如远闻。”师云：“贪他一杯酒，失却满舡鱼。”

师问僧：“善恶不思，心体自现。古人还有理也无？”云：“莫便是古人深意么？”师云：“胡人饮乳，返怪良医。”僧作礼而出，师云：“若到诸方，莫道参见同安来。”

师问僧："甚处来？"云："五台。"师云："还见文殊么？"僧展两手，师云："展手颇多，文殊谁睹？"云："气急杀人。"师云："不睹云中雁，焉知沙塞寒。"云："远趁方丈，乞师一言。"师云："孙宾门下，徒话钻龟。"云："名不浪施。"师云："吃茶去。"僧珍重，师云："虽得一场荣，刖却一双足。"

师问僧："甚处来？"云："江西。"师云："江西法道与此间如何？"云："和尚赖遇问着某甲，问着别人即祸生。"师云："老僧适来造次。"云："某甲不是婴儿，徒用止啼黄叶？"师云："恕鳖伤龟，杀活由我。"

僧又问："久造玄微，如何洞晓？"师云："老僧耳背，分明问将来。"云："快鹞不打篱边之雀。"师云："暗中临镜，谁辨妍始？"云："向上机关，如何洞晓？"师云："何必。"云："休休。"师云："始解乘舟，便欲剑水。"

师问僧："近离甚处？"云："太原。"师云："太原近日法道如何？"云："只见云随日出，水逐波生，不知太原法道如何。"师云："你岂不是离太原？"云："苦苦。"师云："不睹海云色，微觉旱雷声。"云："以金易鍮，憎真爱假。"师便归方丈，僧拂袖便出，师云："横抱婴儿，拟彰皇简。"

僧问："万法归真，真归何所？"师云："龙门无宿客，龟鹤自成仙。"云："作么生是龙门无宿客底道理？"师云："烂斧只因棋少局，亡羊那得失长途。"云："久响和尚。"师云："负笈公文，不胜交战。"

僧问："学人未晓时机，乞师指示。"师云："参差松竹烟凝薄，重叠峰峦月上迟。"僧拟进语，师云："剑甲未施，贼身已露。"云："何也？"师云："精阳不剪霜前竹，水墨徒夸海上龙。"僧绕绳床一匝，大笑而出。师云："闭目食蜗牛，一场酸涩苦。"

有座主问："三乘十二分教，某甲粗知，未审和尚说何法示人？"师云："我说一乘法。"云："如何是一乘法？"师云："几般云色出峰顶，一样泉声落槛前。"云："某甲不问此事，如何是一乘法？"师云："阇梨英贤，老僧蒙昧，对众试道看。"云："某甲何咎？"师云："只见锥头利，不见凿头方。"

吉州禾山澄源无殷禅师（凡二）

垂语云："习学谓之闻，绝学谓之邻。过此二者，谓之真过。"僧问："如何是真过？"师云："解打鼓。"

云："如何是真谛？"师云："解打鼓。"

又问："即心即佛即不问，如何是非心非佛？"师云："解打鼓。"

云："如何是向上事？"师云："解打鼓。"

云："万法齐兴时如何？"师云："解打鼓。"

僧问："如何是古佛心？"师云："世界崩坏。"僧云："为甚么世界崩坏？"师云："宁无我身。"

新罗清院和尚(凡一)

僧问:“奔马争毬,谁是得者?”师云:“谁是不得者?”云:“恁么则不争去也。”师云“直得不争,犹有过在。”云:“如何免得此过?”师云:“要且不曾失。”云:“不失处如何煅炼?”师云:“两手捧不起。”

潭州云盖志安禅师法嗣

新罗卧龙和尚(凡一)

僧问:“如何是大人相?”师云:“紫罗帐里不垂手。”云:“为甚么不垂手?”师云:“不尊贵。”

问:“十二时中如何用心?”师云:“胡猕吃毛虫。”

潭州大光居诲禅师法嗣

潭州伏龙禅师(凡一)

僧问:“宾主未分时如何?”师云:“双陆盘中不喝彩。”云:“分后如何?”师云:“骰子不曾拈。”

云:“搅长河为酥酪,变大地作黄金时如何?”师云:“臂长衫袖短。”云:“随缘认得时如何?”师云:“雪里牡丹花。”

问:“如何是祖师西来意?”师云:“竺国不传无字印,支那谩说过流沙。”

台州涌泉景欣禅师法嗣

台州六通绍禅师(凡二)

涌泉问:“甚处来?”师云:“烧畲来。”泉云:“火后事作么生?”师云:“铁蛇钻不入。”僧问:“南山有一条毒蛇,如何近得?”师云:“非但阇梨,千圣亦近不得。”

问:“父母未生时,未审那人何处立?”师云:“卦兆未形,孙宾失算。”

问:“如何是大千顶?”师云:“不与众峰齐。”

潭州云盖志元禅师法嗣

潭州云盖志罕禅师(凡一)

僧问“如何是须弥顶上浪滔天?”师云:“文殊正作闹在。”问:“如何是正位中事?”师云:“不向机前展大悲。”

问:“如何是那边人?”师云:“峰前不露影,句后觅无踪。”

抚州曹山本寂禅师法嗣

抚州金峰从志禅师(凡十六)

示众云:“事存函盖合,理应箭锋拄。莫有人道得么?若有人道得,金峰分半院与他住。”时有僧出作礼,师云:“相见易得好,共住难为人。”便下座。

示众云:“我若举来,又恐遭人唇吻。若不举来,又恐遭人怪笑。于其中间,如何则是?”时有僧才出,师便归方丈。

至晚,有僧请益云:“和尚今日垂语,有僧出,为甚么不答他?”师云:“大似失钱遭罪。”

师拈枕子谓僧云:“一切人唤作枕子,金峰道不是。”云:“未审和尚唤作甚么?”师拈起枕子,僧云:“恁么则依而行之。”师云:“你唤作甚么?”云:“枕子。”师云:“落在金峰窠里。”

师因僧侍立,师云:“我有一则因缘举似你,第一不得乱会。”云:“请和尚举。”师竖起拂子,僧良久,师云:“知道阇梨乱会。”僧东西顾视,师云:“雪上更加霜。”

有僧问讯,师把住云:“我有一则因缘举似你。”僧作听势,师与一掌,僧云:“为甚么打某甲?”师云:“你但吃掌,我要这话行。”

开善谦云：“可惜许，金峰好一则因缘被这僧榻却。若要话行，这一掌须是金峰自吃始得。”

师吃胡饼次，拈起一片，从上座板头转一匝，大众见，一一合掌。师云：“假饶十分抬起手，也只得一半。”

晚间，有僧请益云：“今日和尚行胡饼，见众僧合掌，却云‘假饶十分抬起手，也只得一半’，请和尚全道。”师以手作拈饼势云：“会么？”云：“不会。”师云：“金峰也只道得一半。”

师见僧来，师云：“不用通时暄，第一句道将来。”云：“孟春犹寒，伏惟和尚，尊候万福。”师云：“犹有这个在。”云：“不可要人检点。”师云：“谁？”僧指自身，师云：“不妨遭人检点。”

师问僧：“发足何处？”云：“赵州。”师云：“赵州法嗣何人？”云：“南泉。”师云：“你何曾离赵州。”云：“未审和尚尊意如何？”师云：“赵州实嗣南泉。”

僧至晚请益云：“今日蒙和尚慈悲，某甲未会，乞和尚指示。”师云：“若到诸方，莫道后语是金峰底。”云：“为甚如此？”师云：“恐辱他赵州。”

师见僧来便起身，僧便出去。师云：“恰共昨日师僧见解一般。”僧回首云：“昨日师僧道甚么？”师云：“恰与么。”僧云：“知道金峰有眼。”师云：“金峰且致，你今日何处吃饭?”云:“道着即不中。”师云:“与么则无来处也。”云:“老婆心堪作甚么?”师云:“金峰问僧,不曾弱他,就中阇梨无话处。”云:“岂是分外?”师云:“小慈妨大慈。”

师见僧来,竖起拂子云:“此是大人分上事,你试通个消息来看。”云:“某甲不欲谩和尚。”师云:“孝养人也还希有。”云:“莫是大人分上事么?”师云:“老僧不欲谩阇梨。”云:“到这里也不易辨白。”师云:“酌然酌然。”僧作礼,师云:“发足何处?”云:“只这里。”师云:“不唯自谩,兼谩老僧。”

师问僧:“还知金峰一句子么?”云:“知来久矣。”师云:“你作么生?”僧便喝云:“金峰一句子,今日百杂碎。”师云:“稍曾问人,就中阇梨门风孤峻。”云:“不可要人捡点。”师云:“真鍮不博金。”

师问僧:“甚处来?”云:“东国来。”师云:“作么生过得金峰关?”云:“某甲行止分明。”师云:“试呈似老僧看。”僧展两手,师云:“金峰关从来无人过得。”云:“和尚过得么?”师云:“波斯吃胡椒。”

师见骈道者来,遂擎起经,作揽衣势,以目视之。骈提起坐具,以目视师。师云:“一切人道你会禅。”骈云:“和尚作么生?”师云:“草贼大败。”

僧问:“不落凡圣机,请师别道。”师云:“金峰眼不小。”云:“恁么则一拨良琴,顿清君主去也。”师云:“别道又争得。”云:“为物之言作么生?”师云:“顿清君主。”云:“不是金峰也大难。”师云:“量筹汉席,周下还轮。”云:“若不承言,恐遭惑乱。”师云:“承甚么言?”云:“何劳再举?”师云:“哑子趁舡,顽嚚[①]不少。”僧休去。

僧问:“是身无知,如土木瓦石,此意如何?”师下绳床,扭僧耳朵,僧负痛作声,师云:“今日捉着个无知汉。”僧作礼而去,师召云:“阇梨。”僧回首,师云:“若到堂中,不得举着。”云:“何故?”师云:“大有人笑金峰老婆心。”

僧问:“金杯满酌时如何?”师云:“金峰不胜酩酊。”

处州广利容禅师(凡一)

师见僧来,竖起拂子云:“贞溪老汉还具眼么?”云:“某甲不取见人过。”师云:“老僧死在阇梨手里。”僧以手指胸,便出去。师云:“阇梨参见先师来。”

至晚,请吃茶了,僧拈起盏子云:“这个是诸佛出世边事,作么生是未出世边事?”师以手拨却盏子云:“到阇梨死在老僧手里。”云:“五里牌在郭门外。”师云:“无故惑乱师僧。”僧遂起谢茶,师云:“特谢阇梨相访。”

---

① 嚚:音银。愚也。

襄州鹿门处真禅师(凡二)

师问韶国师:“近离甚处?”云:“谷隐,夜宿庞居士岩。”师云:“五眼之中,那个是正眼?”韶云:“久响鹿门。”师云:“这一片田地干甚你事?”韶云:“话头何在?”

僧问:“如何是和尚家风?”师云:“有盐无醋。”

问:“如何是道人?”师云:“口似鼻孔。”云:“客来将何只对?”师云:“柴门草户,谢汝经过。”

云:“如何是禅?”师云:“鸾凤入鸡笼。”云:“如何是道?”师云:“藕丝牵大象。”

云:“劫坏时,此个还坏也无?”师云:“临崖看浒眼,特地一场愁。”

云:“如何是和尚转身处?”师云:“昨夜三更失却枕子。”

衡州阿育王弘通禅师(凡二)

示众云:“释迦老子四十九年说不尽底句,今日不避羞耻,为诸人说却。”良久云:“珍重。”

僧问:“心法双忘时如何?”师云:“三脚虾蟆背大象。”

云:“如何是祖师西来意?”云:“壁边有鼠耳。”

抚州曹山惠霞禅师(凡二)

僧问:“佛未出世时如何?”师云:“曹山不如。”云:“出世后如何?”师云:“不如曹山。”云:“四山相逼时如何?”师云:“曹山在里许。”云:“还求出也无?”师云:“若在里许即求出。”

师问僧:“可杀热。”僧云:“未审向甚么处回避?”师云:“镬汤炉炭里回避。”云:“只如镬汤炉炭里,作么生回避?”师云:“众苦不能到。”

洪州云居道膺禅师法嗣

杭州佛日和尚(凡四)

初游天台,尝谓人曰:“有人夺得我机者,即我师也。”次谒云居,便问:“二龙争珠,谁是得者?”居云:“卸却业身来相见。”师云:“业身已卸。”膺云:“珠在甚么处?”师无对,即投诚入室。

师到夹山,见维那,那云:“此间不着后生。”师云:“暂来礼拜和尚。”维那白山,山许相见。师未升阶,山便问:“甚处来?”师云:“云居。”云:“即今在甚么处?”师云:“在夹山顶𩕳上。”山云:“老僧行年在坎,五鬼临身。”师欲上阶,山云:“三道宝阶,从何而上?”师云:“三道宝阶,曲为今时。”便上作礼,山问:“阇梨与谁同行?”师云:“木上座。”山云:“何不来见老僧?”师云:“和尚见他有分。”山云:“在甚么处?”师云:“堂中。”山同师下到堂中,山问:“在甚么处?”师取拄杖,掷于山前。山云:“莫从天台得么?”师云:“非五岳之所生。”山云:“莫从须弥得么?”师云:“月宫亦不逢。”山云:“莫从人得么?”师云:“自己尚如冤家,从人得堪作甚么?”山云:“冷灰里一粒豆爆。”乃唤维那:“明窗下安排着。”

次日夹山入堂,问:“昨日新到在甚么处?”师出应诺,山云:“子未到云居时,在甚么处?”师云:“天台国清。”山云:“我闻天台有潺潺之水,渌渌之波,谢子远来,子意如何?”师云:“久居岩谷,不挂松萝。”山云:“此犹是春意,秋意作么生?”师良久,山云:“看君只是撑舡客,终归不是弄潮人。”

一日大众普请次,维那令师送茶,师云:“某甲为佛法来,不为送茶来。”那云:“和尚教上座送。”师云:“和尚尊命即得。”乃携茶去作务处,撼盏作声。夹山回顾。师云:“酽茶三五碗,意在镢头边。”山云:“瓶有倾茶势,篮中几个瓯。”师云:“瓶有倾茶势,篮中无一瓯。”便倾茶行,时大众一时举目。师云:“大众鹤望,请师一言。”山云:“路逢死蛇莫打杀,无底篮子盛将归。”师云:“手执夜明符,几个知天晓。”山云:“大众,有人也,归去来,归去来。”

苏州永光真禅师(凡二)

示众云:“言锋若差,乡关万里。直须悬崖撒手,自肯承当。绝后再苏,欺君不得。非常之旨,人焉廋哉。”

僧问:“道无横径,立处皆危。如何得不被横径所侵?”师拈拄杖,劈口拄。

洪州同安丕禅师(凡四)

师看经次,有僧来参,师以衫袖盖却头,僧作吊慰势。师放下衫袖,提起经云:“会么?”僧却将衫袖盖却头,师云:“苍天苍天。”

师问僧:“甚处来?”云:“湖南来。”师云:“还知同安这里风云体道,花槛璇玑么?”云:“知。”师云:“非公境界。”僧便喝,师云:“短贩樵人,徒夸书剑。”僧拟进语,师云:“剑甲未施。贼身已败。”

僧问:“如何是和尚家风?”师云:“金鸡抱子归霄汉,玉兔怀胎入紫微。”僧云:“忽遇客来,将何祗待?”师云:“金果早朝猿摘去,玉花晚后凤衔来。”

僧问:“如何是同安一箭?”师云:“脑后看取。”
云:“将来不相似,不将来时如何?”师云:“向甚么处着?"

洪州云居怀岳禅师(凡一)

僧问:"明镜当台时如何?"师云:"不鉴照。"云:"为甚么不鉴照?"师云:"胡来胡现,汉来汉现。"云:"大好不鉴照。"师便打。

歙州朱溪谦禅师(凡一)

韶国师到,闻犬咬灵鼠声,遂问:"是甚么声?"师云:"犬咬灵鼠声。"韶云:"既是灵鼠,为甚么被犬咬?"师云:"咬杀也。"韶云:"好个犬。"师便打,韶云:"莫打,某甲话在。"师休去。

池州嵇山章禅师(凡一)

师在投子作柴头。投子一日送茶与师,乃云:"森罗万象总在里许。"师泼却茶云:"森罗万象在甚么处?"子云:"可惜一碗茶。"

洪州云居简禅师(凡三)

范阳人也。久依云居膺禅师,居第一座。膺将顺寂,主事问:"谁堪继嗣?"膺云:"堂中简。"主事未喻旨,谓之拣选。与众佥议,举第二座为化主,备礼先请第一座,必若谦让,即坚请第二座。

师既密承膺记,略不辞逊,自持道具入方丈。主事不惬素志,罔循规式。师察其情,弃院下山。其夜山神号泣诘旦。主事大众奔至麦庄,悔过哀请归院。众闻山神连声云:“和尚来也,和尚来也。”

问:“维摩岂不是金粟如来?”师云:“是。”云:“为甚么却预释迦会下听法?”师云:“他无人我。”

问:“如何是和尚家风?”师云:“随处得自在。”

问:“如何是朱顶王菩萨?”师云:“你问这赤头汉作甚么?”

问:“路逢猛虎时如何?”师云:“千人万人不逢,偏你便逢。”

问:“孤峰独宿时如何?”师云:“闲却七间僧堂,谁教你孤峰独宿?”

庐山归宗怀恽禅师(凡二)

僧问:“截水停轮时如何?”师云:“磨不转。”

妙喜云:“恩大难酬。”

僧问:“无佛无众生时如何?”师云:“甚么人如此?”问:“水清鱼现时如何?”师云:“把将一个来。”问:“学人未到处,请师说。”师云:“汝未到甚么处?”

筠州九峰普满禅师法嗣

洪州同安威禅师(凡四)

师问僧:“眼界无光,如何得见?”僧云:“北斗东转,南斗西移。”师云:“夫子入太庙。”云:“恁么则同安门下,道绝人荒去也。”师云:“横抱婴儿,拟彰皇简。”

僧问:“牛头未见四祖时如何?”师云:“路边神树子,见者尽擎拳。”僧云:“见后如何?”师云:“室内无灵床,浑家不着孝。”

师游山次,大众相随。师云:“阶前翠竹,砌下黄花,古人谓真如般若。同安即不然。”僧云:“古人也好和尚。”师云:“不贪香饵味,可谓碧潭龙。”云:“诸方眼目,不怪陶潜。”师云:“阇梨,闭目中秋坐,劫笑月无光。”云:“阶前翠竹,砌下黄花又作么生?”师云:“安南未伏,塞北难降。”僧作礼,师云:“名称普闻。”

僧问:“祖意教意,是同是别?”师云:“玉兔不曾知晓意,金乌那肯夜头明。”

潭州龙牙居遁禅师法嗣

潭州报慈屿禅师(凡三)

僧问:“承古有言,情生智隔,想变体殊。只如情未生时如何?”师云:“隔。”云:“情既未生,隔个甚么?”师云:“这梢郎子,未遇人在。”

琅玡觉云:“报慈不妨入泥入水,据衲僧门下,远之远矣。”

天衣怀颂云:“报慈一隔,衲僧命脉。欲识一贯,两个五百。”

师赞龙牙真云:“日出连山,月圆当户。不是无身,不欲全露。”

龙牙一日在纸帐内坐,僧问:“不是无身,不欲全露。请师全露。”龙牙拨开帐子云:“还见么?”云:“不见。”龙牙云:“不将眼来。”师闻乃云:“龙牙只道得一半。”

云门谓僧曰:“举来我与你道。”僧举了,门云:“我不妨与你道。”

僧问:“心眼相见时如何?”师云:“向你道甚么?”云:“如何是实见处?”师云:“丝发不隔。”云:“与么则见也。”师云:“南泉甚好去处。”

问:“如何是西来意?”师云:“昨夜三更送过江。”

问:“临机便用时如何?”师云:“海东有果树头心。”

问:“和尚年多少?”师云:“秋来黄叶落,春至便开花。”

襄州含珠山审哲禅师(凡四)

问僧:“有亦不是,无亦不是,不有不无亦不是。汝本来名甚么?”云:“已具名了。”师云:“具名即不无,毕竟名甚么?”僧云:“只这是。”师云:“且喜没交涉。”

僧问:“学人道不得处,请师道。”师云:“别日来与汝道。”僧云:“即今为与么不道?”师云:“觅个领话人不可得。”

师问僧:“张黄李赵不是汝本来姓,汝本来姓个甚么?”云:“与和尚同姓。”师云:“同姓即且从,汝本来姓个甚么?”云:“待汉水逆流时,即向和尚道。”师云:“只今为甚么不道?”云:“汉水逆流也未?”师休去。

师因檀越请堂中首座开堂,主事报师,师云:“是即是,欠悟在。”首座闻得,束装而去。师拈拄杖,随后打出。

襄州洞山师虔禅师法嗣(亦云青林)

襄州凤凰山石门献蕴禅师(凡六)

师问青林:“从上诸圣,学人还有分也无?”林据坐,师良久,林云:“会么?”师云:“不会。”林云:“无子用心处。”师于言下大悟。住后,凡有扣问,多云“好大哥”,然后答话,时人呼为大哥和尚。

师在青林作园头,林问:“今日作甚么?”师云:“种菜。”林云:“遍界是佛身,子向甚么处种?”师云:“金锄才动土,灵苗在处生。”

林次日入园,召:“蕴阇梨。”师应诺,林云:“剩栽无影树,留与后人看。”师云:“若是无影树,又岂受栽?”林云:“不受栽,子还见他枝叶么?”师云:“不曾见。”林云:“既不曾见,争知不受栽?”师云:“只为不见,所以道不受栽。”林云:“如是如是。”

示众云:“琉璃殿上,光辉之日日无私;七宝山中,晃耀之头头有据。泥牛运步,木马嘶鸣。野老讴歌,樵人舞袖。太阳路上,古曲玄音;林下相逢,复有何事?”

马王自青林请师过夹山,王出远迎,遂问:“如何是祖师西来意?”师云:“好大哥,御驾六龙千古秀,玉阶排仗出金门。”

僧问:“月生云际时如何?”师云:“三个孩儿抱花鼓。好大哥,莫来拦我毬门路。”

问:“如何是祖师西来意?”师云:“好大哥,玉印不离天子手,金箱岂许外人知。”

问:“如何是和尚家风?”师云:“骑骏马,骤高楼,铁鞭指出胡人路。”

问:“不落机关,请师别道。”师云:“湛月迅机无可比,君今曾问几人来?”云:“只今问和尚。”师云:“好大哥,云绽不须藏九尾,恕君残寿速归丘。”

襄州万铜山广德禅师(凡一)

僧问:“尽大地是个死尸,向甚么处葬?”师云:“北邙山下,千丘万丘。”

抚州疏山羌仁禅师法嗣

筠州黄檗慧禅师(凡一)

师谒疏山,正值坐法堂,参次,师先顾视大众,然后设问云:“刹那便去时如何?”山云:“逼塞虚空,你作么生去?”师云:“逼塞虚空,不如不去。”山休去。

师下至僧堂前,首座谓师云:“适观上座祇对和尚,语甚奇特。”师云:“此乃率尔,实自偶然。敢望慈悲,开示愚迷。”座云:“一刹那间,还有拟议也无?”师言下有省。

隋州护国净果守澄禅师(凡二)

同演化大师在湖南报慈,值慈升堂次,演化出问:“如何是真如佛性?”慈云:“谁无?”化不契。请益师,师云:“汝但问来。”化理前问,师云:“谁有?”化于言下契悟,乃云:“首座或在众,或住持,某甲誓终身相助。”后化亦继师住护国。

僧问:“诸佛不到处,是甚么人行履?”师云:“耽耳鬔头,驴面兽腮。”

问:“如何是祖师西来意?”师云:“一人传虚,万人传实。”

问:“百了千当时如何?”师云:“阶下汉。”

问:“鹤立枯松时如何?”师云:“地下底,一场懡㦬。”

问:“会昌沙汰时,护法善神向甚么处去?”师云:“三门外两个,一场懡㦬。”

问:“滴水滴冻时如何?”师云:“日出后,一场懡㦬。”

洛京长水归仁禅师(凡一)

僧问:“如何是祖师西来意?”师云:“仰面独扬眉,回头自拍手。”

云:“如何是和尚家风?”师云:“骑牛戴席帽,渡水着靴衫。”

问:“如何是灵泉活计?”师云:“东壁打西壁。”

抚州大安山省禅师(凡三)

僧问:“失路迷人,请师直指。”师云:“三门前去。”问:

“离四句,绝百非,请师道。”师云:“我王库内,无如是刀。”

问:“重重关锁,信息不通时如何?”师云:“争得到这里?”云:“到后如何?”师云:“彼中事作么生?”

问:“如何是真中真?”师云:“十字街头泥佛子。”

筠州高安白水本仁禅师法嗣

杭州瑞龙幻璋禅师(凡一)

示众云:“老僧顷年游历江外、岭南、荆湖,但有知识丛林无不参问。盖为今日与诸人聚会,要知个去处。然诸方终无异说,只教当人歇却狂心,休从他觅。但随方任真,亦无真可任;随时受用,亦无时可用。设使垂慈苦口,且不可呼昼作夜。更饶善巧多方,终不能指东为西。脱或能尔,自是神通作怪,非干我事。若是学语之流,不自省己知非,真欲向空里采花,波中捉月,还着得心力么?汝今各宜退思,忽然省去,始知瑞龙老汉事不获已,迂回太甚。还肯么?”

澧州洛浦元安禅师法嗣

凤翔府青峰传楚禅师(凡二)

师斋次,问北院云:“先师道,信手拈来草,师兄作么生?”院拈起一只箸,师云:“汝恁么,又何曾梦见先师?”院云:“汝恁么会,又何曾梦见先师?”

白水问师:“我闻洛浦有生机一路,是否?”师云:“是。”水云:“止却生机,熟路上道将一句来。”师云:“生机上死人无数,熟路上不着活汉。”水云:“此是洛浦底,上座分上又作么生?”师云:“非但洛浦,夹山亦不奈何。”水云:“夹山为甚么不奈何?”师云:“不见道,生机一路。”

蕲州乌牙彦宾禅师(凡一)

僧问:“未作人身已前,作个甚么来?”师云:“三脚石牛波上走,一枝瑞气月前分。”

问:“匹马单枪,直入时如何?”师云:“饶汝雄信解拈枪,犹较秦王一百步。”

问:“久战沙场,为甚么功名不就?”师云:“双雕随手落,李广不当名。”

问:“百步穿杨,中的者谁?”师云:“将军不上便桥,金牙徒劳拈筈。”

袁州蟠龙可文禅师法嗣

袁州木平善导禅师(凡五)

问洛浦:“如何是一沤未发已前事?”浦云:“移舟谙水势,举棹别波澜。”师不肯。复问蟠龙,龙云:“移舟不别水,举棹即迷源。”师从此悟入。

云峰悦云:“木平若于洛浦言下悟去,犹较些子。可惜许,向蟠龙死水里淹杀。”后有问:“如何是木平?”对云:“不劳斤斧。”师云:“果然,只在这里。诸禅德,大凡发足超方,也须甄别邪正,识辨真伪,带些眼筋始得。然虽如此,也是贼过后张弓。”

僧问:“如何是木平一句?”师云:“逼塞虚空。”僧云:“逼塞虚空意旨如何?”师便打。

李王问:“如何是木平?”师云:“不劳斤斧。”王云:“为甚么不劳斤斧?”师云:“向道木平。”

僧问:“亡僧迁化向甚么处去?”师云:“石牛沿古路,日里夜明灯。”

师凡有僧来参,先令担泥三担[①]。有偈云:“南山路侧东山低,新到莫辞三担泥。嗟汝在途经日久,明明不晓却成迷。”

抚州黄山月轮禅师法嗣

郢州桐泉和尚(凡一)

黄山问师:“天门一合,十方无路。若有道得,摆手出

① 担:原刻作“檐”,误。

漳江。”师云:“蛰户未开,龙无龙句。”山云:“是汝恁么道那?”师云:“是即直言是,不是即直言不是。”山云:“摆手出漳江。”

青原下第八世

福州罗山道闲禅师法嗣

婺州明招德谦禅师(凡二十三)

师自受罗山印记之后,出于流辈,机锋颖捷,无敢当者。示众云:“全锋敌胜,罕遇知音。同死同生,万中无一。寻言逐句,其数河沙。举古举今,灭胡种族。向上一路,啐啄犹乖。儒士相逢,握鞭回首。沙门所见,诚实苦哉。抛却真金,随群撮土。报诸稚子,莫谩波波。解得他玄,犹兼瓦砾。不如一掷,腾过太虚。只这灵锋,阿谁敢近?任君来箭,方称丈夫。拟欲吞声,不消一镬。”

示众云:“太处挂剑,用显吾宗。选佛场中,还有虎狼禅客么?出生入死,一任施展看。若也觑地觅针,切忌乱呈蒙袋。槌折你腰,莫言不道。”

示众云:“干剑轮顶,飞大宝光。虎眼锋前,豁开宗要。有何俊鹞,不避死生。眨上眉毛,与吾相见。”有僧才出,师便云:“可惜许。”

示众云:“半夜明星当午现,愚夫犹待晓鸡鸣。”便下座。

上堂,良久云:“这里风头稍硬,不是你诸人安身立命处,且归暖处商量。”便归方丈。大众随后上方丈,方立定,师云:“才到暖处,便乃瞌睡。”拈拄杖一时趁下。

师到福田,众请上堂,才就座,有僧出云:“某甲咨和尚。”师便喝出,却云:“莫有英灵底么?一任擎展。选佛选祖,今正是时。所以道,惊群须是英灵汉,敌胜还他师子儿。选佛若无如是眼,假饶千载又何为?”

师一日谒胜光,才跨门,光方垂足,师云:“伎俩已尽。”拂袖而出。

师到鼓山廨院吃饿,山见便问:“这浙子总不来鼓山。”师云:“某甲自从入岭便患风,不得礼觐大师。”山行数步,回顾师云:“还有风也无?”师略展两足,山云:“元来是会禅。”师云:“和尚幸是大人,不得造次。”山云:“你不肯鼓山,待上来与你三十棒。”师云:“吃棒自有人。”

清八路拈仰山插锹话问师:“古人意在插锹处?在叉手处?”师召清上座,清应诺,师云:“还梦见仰山么?”清云:“不要上座下语,只要商量。”师云:“若要商量,堂头自有五百人老师在。”

师在招庆，普请般泥，庆将拄杖当路坐，问一僧云："上窟泥？下窟泥？"云："上窟泥。"庆打一棒。又问一僧，僧云："下窟泥。"庆亦打一棒。却问师，师放下泥，叉手云："请和尚鉴。"庆休去。

妙喜云："劈脊与一棒，看他如何折合？"

师在招庆，殿上指壁画问僧："是甚么神？"云："护法善神。"师云："会昌沙汰时，甚么处去？"僧无语。师令僧问演侍者，演云："你甚么劫中遭此难来？"僧举似师，师云："直饶演上座他后有一千众，有甚么用处。"僧请师别语，师云："甚么处去也？"

师在法云插火，从食堂前过，遇数兄弟，一人云："此是众僧火，盗向甚么处去？"师转火插云："上座分上有多少在里许？"僧无语，师云："这一队汉，今夜总须冻杀。"

师在智者为首座，寻常不受净水，院主嗔云："上座不识触净，为甚么不受净水？"师跳下床，拈起净瓶云："这个是触？是净？"主无语，师扑破净瓶。

师在王太傅宅迎木佛，傅问："忽遇丹霞时作么生？"师蓦头撮起云："也要分付着人。"

双岩欲卸院与师，请师吃茶云："有一问问上座，若道得，即卸院与上座。"遂举《金刚经》云："一切诸佛，及诸佛阿耨多罗三藐三菩提，皆从此经出。且道此经是何人说？"

师云:“说与不说拈放一边,和尚决定唤甚么作此经?”岩无语。

师却举经云:“一切贤圣,皆以无为法而有差别。一切贤圣,皆以无为为极则,凭何有差别?只如差别,是过底语?不是过底语?若是过,一切贤圣皆是过;若不是过,决定唤甚么作差别?”岩又无语,师云:“噫,雪峰道底。”

师到坦长老处,坦云:“夫参学人,一人所在也须到,半人所在也须到。”师问:“一人所在即不问,如何是半人所在?”坦无对。后却令小师问师:“汝欲识半人么?只是个弄泥团汉。”

师会下有一僧去住庵,一年后却来礼拜。师云:“古人道,三日不相见,莫作旧时看。”乃拨开胸云:“你道,我这里有几茎盖胆毛?”僧无语,师云:“你甚时离庵?”云:“今早。”师云:“来时折脚铛子分付阿谁?”又无语,师遂喝出。

师访保宁,中路相逢,师云:“兄是道伴中人。”遂以手点鼻云:“这个碍塞,我不可彻,与我拈却少时得么?”宁云:“和尚有来多少时也?”师云:“噫,洎赚我踏破一双草鞋。”便回。国泰代云:“非但某甲,诸佛亦不奈何。”师云:“因甚么以己妨人?”

师问国泰:“古人道,俱胝只念三行咒,便得名超一切人,作么生与他拈却三行咒,便得名超一切人?”泰竖起一指,师云:“不因今日,争识得瓜州客。”

草堂清云："明招只识得瓜州客，且不识国泰。直饶识得国泰，也未梦见俱胝老在。"

师卧疾，国泰深和尚来相访，才入方丈，师便云："阿耶耶，阿耶耶。深师叔，救取老僧。"深云："和尚有甚救处？"师举头一觑云："咦，眼子乌啅啅[1]地，依前只是旧时深上座。"乃转身面壁，更不相见。

师疾愈，访国泰，泰领众门接，师指金刚云："这两个汉在这里作甚么？"泰作金刚势，师云："殿里黄面老子笑你在。"

僧问："师子未出窟时如何？"师云："俊鹞趁不及。"云："出窟后如何？"师云："万里正纷纷。"云："欲出未出时如何？"师云："险。"云："向去时如何？"师云："贬。"

吉州清平惟旷禅师（凡一）

示众云："不动神情，便有输赢之意。还有么？出来看。"时有僧才出，师云："不是作家，出去。"僧问："如何是第一句？"师云："要头便斫将去。"

---

①. 啅：音洛。

婺州金柱义昭禅师(凡二)

新到来,师以手揭帘,作除帽势,僧拟进前,师云:“赚杀人。”

师示众,有颂云:“虎头带角人难措,石火电光须密布。假饶烈士荐应难,懵底那能解回互?”

吉州匡山和尚(凡一)

示众云:“匡山路,匡山路,岩崖险峻人难措。游人拟议隔千山,一句分明超佛祖。”

西川慧禅师(凡三)

罗山问:“甚处来?”师云:“远离西蜀,近发开元。”却近前云:“即今事作么生?”山揖云:“且坐吃茶。”师拟议,山云:“秋气稍暖,出去。”

师下法堂,自叹云:“我在峨嵋山下,拾得一只蓬蒿箭,拟拨乱天下,今日到福建道陈老师寨里,弓折箭尽去也。休休。”

罗山次日升座,师出问:“豁开户牖,当轩者谁?”山便喝,师无语。山云:“羽毛未备,翼梢未全。且去。”

师谒胜光,光坐次,师直造身边,叉手而立。光云:“甚么处来?”师云:“犹待答话在。”便下去。光遂拈拄杖、拂子下僧堂前,见师,提起拂子问师:“你唤这个作甚么?”师云:“敢死喘气。”光便低头归方丈。

怀州玄泉彦禅师法嗣

岳州黄龙诲玑禅师(凡二)

清河张氏子。僧问:“如何是君王剑?”师云:“不伤万类。”云:“佩者如何?”师云:“血溅梵天。”云:“大好不伤万类。”师便打。

僧问:“毛吞巨海,芥纳须弥,不是学人本分事。如何是学人本分事?”师云:“封了合盘市里揭。”

问:“如何是大疑底人?”师云:“对座盘中弓落盏。”云:“如何是不疑底人?”师云:“再座盘中弓落盏。”

问:“风恬浪静时如何?”师云:“百尺竿头五两垂。”

联灯会要卷第二十六

青原下第八世

福州玄沙师备禅师法嗣

漳州罗汉桂琛禅师(凡十三)

常山李氏子。玄沙问:“三界惟心,子作么生?”师指倚子云:“和尚唤这个作甚么?”沙云:“倚子。”师云:“和尚不会三界惟心。”沙云“我唤这个作竹木,你唤作甚么?”师云:“某甲亦唤作竹木。”沙云:“尽大地觅个会佛法人,了不可得。”

师因中塔侍立玄沙次,沙打一棒云:“就名就体?”塔无对。沙问师,师云:“这汉着一棒,不知来处。”

师作玄沙忌,请报恩药石。恩见灵位无真,遂问:“还有真么?”师以手揖云:“看。”恩云:“元来无真。”师云:“大似不相识。”

师与长庆、保福入州,见牡丹障子。福云:“好一朵牡丹花。”庆云:“莫眼花。”师云:“可惜一朵花。”

玄觉云:“三尊宿语还有亲疏也无?只如罗汉与么道,

落在甚么处?”

保福有僧来,师问:“彼中如何示徒?”僧云:“和尚一日示众云:塞却你眼,教你觑不见。塞却你耳,教你听不闻。坐却你意根,教你分别不得。”师云:“我问你,我不塞你眼,你见个甚么?不塞你耳,你闻个甚么?不坐你意根。你作么生分别?”僧于言下有省。

师晚参次,忽闻鼓角声,乃云:“罗汉三日一参,王太尉二时相助。”

师问僧:“甚处来?”云:“秦州。”师云:“将得甚么物来?”云:“不将得物来。”师云:“你为甚么对众谩语?”僧无对。师却问:“秦州岂不是出鹦鹉?”云:“鹦鹉出陇西。”师云:“也不较多。”

师问招庆僧云:“你在招庆有甚么异闻底事?试举看。”云:“敢错举。”师云:“真实底事作么生?”云:“和尚因甚么如此?”师云:“你话堕也。”

师问僧:“甚处来?”云:“报恩来。”师云:“何不且在彼中?”云:“僧家不定。”师云:“既是僧家,为甚么不定?”僧无对。

玄觉代云:“谢和尚顾问。”

师问僧:“甚处来?”云:“南方。”师云:“南方知识有何言句示徒?”云:“彼中道,金屑虽贵,眼里着不得。”师云:“我道须弥在你眼里。”

翠岩芝云:“且道地藏还免得这僧么?”

师见僧来,竖起拂子,僧作礼,师云:“见个甚么便作礼?”云:“谢和尚指示。”师便打。却云:“见我竖起拂子,便道谢和尚指示,每日见我扫床扫地,为甚么不道谢指示?”

师插田次,见僧乃问:“甚处来?”云:“南方。”师云:“南方近日佛法如何?”云:“商量浩浩地。”师云:“争如我这里,种田抟饭吃。”云:“争奈三界何?”师云:“你唤甚么作三界?”僧有省。

大沩喆云:“清贫长乐,浊富多忧。”

僧问:“以字不成,八字不是,是甚么字?”师云:“汝不识此字那?”云:“不识。”师云:“看取注脚。”

僧问:“如何是和尚一句?”师云:“我若向你说,却成两句。”

福州安国惠球禅师(凡六)

泉州莆田人也。师问玄沙:“如何是第一月?”沙云:“用汝个月作么?”师言下大悟。

示众云:“我此间粥饭因缘,为兄弟提唱,终是不常。如今欲得省要,却是山河大地举明其事,却常亦能究竟。若从文殊门入者,一切草木瓦砾助汝发机。若从观音门入者,一切虾蟆蚯蚓助汝发机。若从普贤门入者,不动步而到。我以此三门方便示汝,如将一只折箸,搅彼大海,令彼鱼龙知水为命。会么? 若无智眼,审而谛之,任你百般巧妙,不为究竟。”

琅玡觉云:“虽是善因,而招恶果。”

示众云:“诸人若要商量,向髑髅后通取个消息来,共相商量,这里不曾遮障人光明。”

师问了院主:“先师道‘尽十方世界是个真实人体’,你还见僧堂么?”主云:“和尚莫眼花。”师云:“先师迁化,肉犹暖在。”

僧问:“诸佛还有师也无?”师云:“有。”云:“如何是诸佛师?”师云:“一切人识不得。”

僧问:“如何是大庾岭头事?”师云:“料汝承当不下。”云:“重多少?”师云:“这般底论劫不大奈何。”

婺州金华国泰瑫禅师(凡一)

示众云:“不离当处,咸是妙明真心。所以玄沙和尚道‘我会最后句,出世少人知’。争如国泰有末头一句。”时有僧问:“如何是末头一句?”师云:“阇梨向太迟。”便归方丈。

福州螺峰冲奥禅师(凡一)

僧问“牛头未见四祖时如何?”师云:“德重鬼神钦。”云:“见后如何?”师云:“通身圣莫测。”乃云:“人人具足,人人成见,争怪得老僧?珍重。”

泉州睡龙禅师(凡一)

拈拄杖谓众云:“三十年住山,得他气力。”僧云:“和尚得他甚么气力?”师云:“过山过岭,东拄西拄。”便拄归方丈。

天台云峰光绪禅师(凡二)

示众云:“但以众生日用而不知,譬如三千大千世界,日月星辰,江河淮海,一切含灵从一毛孔,入一毛孔。毛孔不小,世界不大,其中众生,不觉不知。若要易会,上座日用亦复不知。”

僧问:“日里僧驮像,夜里像驮僧,未审此意如何?”师云:“阇梨岂不是茶堂里来?”

天台国清师静上座(凡二)

师谒玄沙,遇上堂云:“汝诸人,但能一生如丧考妣,吾保汝究得彻去。”

师遂问:“只如教中道‘不得以所知心,测度如来无上知见’,又作么生?”沙云:“汝道,究得彻底所知心还测度得及么?”师于此信入。

有问:“弟子每当静坐,心念纷飞,未明摄伏之方,愿垂指诲。”师云:“如或安坐,心念纷飞,却将纷飞之心,以究纷飞之处。究之无处,则纷飞之念何存?反究究心,则能究之心安在。能照之智本空,所缘之境亦寂。寂而非寂者,盖无能寂之人也。照而非照者,盖无所照之境也。境智俱寂,心虑安然。外不寻枝,内不住定。二涂俱泯,一性怡然。此乃还源之要道也。”

韶州云门文偃禅师法嗣

韶州白云祥禅师(凡二)

示众云:“诸人会么?但向街头市尾、屠儿魁脍、地狱镬汤处会取。若恁么会,堪与人天为师为匠。若向衲僧门下,天地悬殊。更有一般底,只向长连床上作好人去。你道,此两般人那个有长处?无事,珍重。”

师问僧:“不坏假名而谈实相作么生?”云:“这个是倚子。”师以手拨云:“与我将鞋袋来。”僧无语,师云:“这虚头汉。”

云门闻乃云:“须是我祥兄始得。”

岳州巴陵颢鉴禅师(凡四)

云门举:雪峰云:“开却门,达磨来也,意作么生”师云:“筑着和尚鼻孔。”门云:“阿修罗王恶发,将须弥山一掴,踍跳上梵天。帝释为甚么却去日本国里藏身?”师云:“莫恁么心行好。”门云:“汝道筑着鼻孔又作么生?”师休去。

师问僧:“为佛法来?游山来?”云:“清平世界,说甚么佛法?”师云:“好个无事底禅客。”云:“早是多事也。”师云:“上座去年在此过夏了?”云:“不曾。”师云:“恁么则先来不相识,下去。”

师将拂子与僧,僧云:“本来清净,用拂子作么?”师云:“既知清净,切莫忘却。”

梁山观别云:“也须拂却。”

僧问:“祖意教意,是同是别?”师云:“鸡寒上树,鸭寒下水。”

问:“如何是提婆宗?”师云:“银碗里盛雪。”

问:“如何是道?”师云:“明眼人落井。”

问:“如何是吹毛剑?”师云:“珊瑚枝枝撑着月。”

隋州智门师宽禅师(凡五)

师游山回,首座出松门接,座云:“游山巇[1]险不易。”师拈起拄杖云:“全得这个力。”座夺拄杖,抛向一边。师放身便倒,大众进前扶起。师拈拄杖,一时趁散,却回顾首座云:“向道全得这个力。”

黄龙南云:“明教虽然会倒会起,不觉弄巧成拙。”

师访白兆,兆云:“老僧有个木鱼颂。”师云:“请举看。”兆云:“伏惟烂木一橛,佛与众生不别。若以杖子击着,直得圣凡路绝。”师云:“此颂有成褫?无成褫?”兆云:“无成褫。”师云:“佛与众生不别聻?”左右救云:“有成褫。”师云:“直得圣凡路绝聻?”当时白兆一众失色。

五祖戒和尚来参,师问:“诸方言教即不问,不涉泥水一句道将来。”戒云:“话堕也。”师云:“拖泥带水汉。”戒云:“和尚幸是大人。”师云:“黍丁子,参堂去。”

师一日举拂子云:“我这个为中下之机。”僧云:“忽遇上上人来时如何?”师云:“打鼓为三军。”

僧问:“新年头还有佛法也无?”师云:“无。”僧云:“日日是好日,年年是好年,为甚么却无?”师云:“张公吃酒李

① 巇:音西。险也。

公醉。”云:“老老大大,龙头蛇尾。”师云:“明教今日失利。”

襄州洞山守初禅师(凡九)

师谒云门,门问:“近离甚处?”师云:“查渡。”门云:“夏在甚处?”师云:“湖南报慈。”门云:“几时离彼?”师云:“八月二十五。”门云:“放子三顿棒。”

师次日上去问讯云:“昨日蒙和尚放三顿棒,未审某甲过在甚么处?”门云:“饭袋子,江西湖南便恁么商量。”师于言下大悟,遂云:“某甲他时异日向无人烟处卓个庵子,不畜一粒米,不种一茎菜;接待十方往来,尽与他出却钉,拔却楔;拈却炙脂帽,脱却鹘臭衫;教伊洒洒落落地作个衲僧去,岂不快哉?”云门云:“你身如椰子大,开得许大口。”

雪窦云:“云门气宇如王,拶着便冰消瓦解。当时若据令而行,儿孙也未到断绝。”

白云端云:“大小云门,被洞山一问,直得额头汗出,口里胶生。”

示众生:“楚山北畔,汉水南,击法鼓而会禅徒,举宗风而明祖意。若以扬眉瞬目,举指竖拂,謦欬咳嗽,是厨中拭钵帛。道甚么?会也无?是衲僧破草鞋。这瞎汉,这漆桶,是个弄精魂鬼。总与么,总不与么,是东司头厕筹子。以此称提从上来事,尽是邪魔所作。谤大乘,灭胡种,与你天地悬殊。且道衲僧据个甚么道理?出来对众道看。折脚铛子各出一只手,贵要宗乘不断,亦表丛林有人。有么?

若无，洞山不惜眉毛，打葛藤去也。葛藤之事，只在目前。万象森罗，乾坤大地；百千诸佛，日月星辰；地狱三涂，起心动念；每日经历，皆是诸德自己，何不向这里体当寻觅看？蓦然觑得，倜傥分明，不虚行脚，也自得个安乐田地。洞山此语且作死马医。若据明眼衲僧，将草鞋蓦口掔。还怪得他也无？怪即不怪，你道凭个甚么？捉得将来，脚跟下推寻，毫末参差，槌折你腰。莫粗心好。”

示众云：“明机自昧，息虑迷源。万法同尘，语默难显。不是情中法，莫生种种心。离此章句，别有商量。且道离却作么生商量？还有委悉者么？明明地拣破，明明地显示，明明地举唱，明明地歌咏，更无囊藏被盖，纯说干爆爆地禅。若是灵利汉，才闻举着，便合眼卓朔地知个落处，岂不是自家具眼？其奈罕遇其人。盖缘洞山这里言无味，食无味，法无味。无味之句，塞断人口。兄弟，到这里难为凑泊。若向这里觑得分明，天下尊宿到与不到，彻与不彻，总被你验破。何故？智有邪正，道有真伪。多只是心机意识，认得个门头屋后底，学得路布葛藤，一堆一担，蕴在胸襟。道我会禅会道，还梦见禅道也未？唤作打底不遇作家，到老只成骨董。待到明朝后日，蓦札地踏着正脉，省前所行履处，方始羞见本命元辰。”

示众云：“举唱宗乘，阐扬大教，须得法眼精明，方能鉴辨缁素切缘。真妄一源，水乳同器，到此难分。洞山寻常以心中眼观身外相，观之又观，乃辨真伪。若不如是，何名善知识？

“夫善知识者，驱耕夫之牛，夺饥人之食，方名善知识。即今天下，那个是真善知识？诸人参得几个善知识来，也不是等闲，直须是参教彻，觑教透，千圣莫能证明，方显丈夫儿。不见释迦老子，明星现时，豁然大悟，与大地众生同时成佛，无前后际，岂不畅哉。虽然如是，若遇明眼衲僧，也好劈脊棒。”

示众云：“言无展事，语不投机。承言者丧，滞句者迷。还得么？你衲僧分上事，到这里须具择法眼始得。只如洞山恁么道，也有一场过。且道过在甚么处？”

示众云：“语中有语，名为死句。语中无语，名为活句。诸禅德，作么生是活句？到这里，实难得人。若也不动一尘，不拨一境；见事便道答话，长老下口不得；东西南北，莫知多少。要得去离泥水，活人眼目；举唱宗风，激扬大事；不道全无，其奈还少。即缘未达其源，落在第八魔界中。识得个不名不物，无是无非，头头物物，无不具足，道我得安乐田地，更不求余。凡有扣击问难，便敲床竖拂，更不惜便施便设，便行便用，向恶水坑里，头出头没，弄个无尾猢狲。腊月三十日，鼓也打破了，猢狲又走却了。手忙脚乱，一无所成，悔将何及？你若是个衲僧，乍可冻杀饿杀，终不着他鹘臭布衫。”

示众云：“洞山这里，寻常方丈内，不似诸方。一个上来，一个下去，啾啾唧唧地，衷私说底佛法禅道，尽是向你兄弟面前满口道，满口说，满口拈提，满口栾拣；无你左遮右掩处,一时和底翻出。诸德作么生委悉?试对众道看。譬如太末虫,处处泊得,不能泊于火焰之上,被他诸方老秃奴,甜唇美舌说作配当,道:这个是禅,这个是道,这个是菩提涅槃,这个是真如解脱。被丈二钉、八尺梮梮在眼里,不知不觉。乍到洞山这里,不知是何说话?会得么?直饶会得真如涅槃,菩提解脱,毫末无差,被他条绳子于脚跟下系却,不得出离。若是灵利衲僧,一咬咬断,作个脱洒衲僧,岂不快哉?若三咬两咬不断,准前打入骨董社里,有甚么出头时?洞山不获已,傍地为你着力。珍重。”

师问僧:“甚处来?”云:“汝州。”师云:“此去多少?”云:“八百里。”师云:“踏破几緉[1]草鞋?”云:“三緉。”师云:“甚处得钱买?”云:“打笠子。”师云:“参堂去。”僧应诺去。

问:“赤水求珠,犹是人间之宝;和云唱出,固非格外之谈。未审今日将何示人?”师云:“夜闻祭鬼鼓,朝听上滩歌。”

问:“言超象表青霄外,出语幽玄事若何?”师云:“岸上行人声有韵,舡中渔父和不齐。”云:“幽玄事若何?”师云:“钩长线短。”

问:“如何是佛?”师云:“麻三斤。”

问:“才生便死时如何?”师云:“钟馗解舞十八拍。”

问:“如何是古佛心?”师云:“巢知风,穴知雨。”

---

① 緉:音两。相当于“双”。

问："莲华未出水时如何？"师云："汉水正东流。"云："出后如何？"师云："楚山头倒卓。"

问："如何是衲僧本分事？"师云："云裹楚山头，决定多风雨。"

问："衲僧得一时如何？"师云："五九四十五，太阳来入户。"

问："佛法禅道，是同是别？"师云："头不梳，面不洗。"

问："德山入门便棒，临济入门便喝，未审和尚意旨如何？"师云："尖斗量不尽。"

韶州双峰竞钦禅师（凡二）

益州人也。示众云："进一步则迷理，退一步即失事。饶汝一向兀然去，又同无情。"

时有僧问："如何得不同无情去？"师云："动转施为。"云："如何得不迷理失事去？"师云："进一步，退一步。"僧作礼，师云："向来有人恁么会，老僧不肯伊。"云："请和尚直指。"师便打出。

僧问："如何是法王剑？"师云："铅刀徒逞，不若龙泉。"云："用者如何？"师云："藏锋犹不许，露刃更何堪。"

蕲州北禅寂禅师（凡二）

师拈拄杖示众云："过去未来现在，三世诸佛，微尘菩萨,一时在拄杖头上转大法轮,尽向诸人鼻孔里过。还见么?若见,与我拈将来。若不见,大似立地死汉。”良久云:“风恬浪静,不如归堂。”

师问僧:“甚处来?”云:“黄州。”师云:“在甚么寺?”云:“资福。”师云:“福将何资?”僧云:“两重公案。”师云:“争奈在北禅手里。”云:“在手里即收取。”师便打,僧不甘,师随后趁出。

雪窦云:“奇怪,宛有超师之作,还知这僧么?只解瞻前,不能顾后。若在雪窦手里,棒折也未放在。”

朗州德山圆明密禅师(凡八)

示众云:“灵山会上,付嘱相传;十方诸佛,出现于世,唤作建立道场,转大法轮。如斯之法,只在如今。若于祖宗门下,天地悬殊。上上之流,何不启问?”

时有僧出,师便云:“去去,西天路,迢迢十万余。”

问:“灵山一会意旨如何?”师云:“当时妄想,直至如今。”

云:“如何是最初一句?”师云:“三生六十劫。”

云:“大悟底人还有过也无?”师云:“铁山横在路。”

师乃云:“坐断日头,天地黯黑;茫茫者,匝地普天。当此之时,佛祖出头来,也好与三十棒。虽然如是,官不容针,私通车马。”

示众云:“十方诸佛出世,了无一法与人,只是治病解缚。但有来者,尽是依草附木,竹木精灵。所以从头地棒待有个独脱底出来,别有商量。众中还有么?”时有僧出作礼,师便下座。

示众云:“一人在须弥顶上,一人在千尺井中,又无绳索,亦无梯登,日月照不到。要与此人相见,且作么生得相见?若相见了,朝打三千,暮打八百。”良久云:“直饶恁么会得,埋没宗乘。不恁么会得,辜负平生。据汝诸人,论甚么劫数?”

示众云:“与么来者,现成公案。不与么来者,垛生招箭。总不与么来者,徐六担板。迅速锋铓,犹是钝汉。万里无云,青天犹在。”

示众,举:临济示众云:“恁么来者,恰似失却。不恁么来者,无绳自缚。十二时中,莫乱斟主。会与不会,都卢是错。分明与么道,一任天下人贬剥。”师云:“古镜阔一丈,屋梁长三尺,是汝钵盂饙[①]子阔多少?”

示众云:“但参活句,莫参死句。活句下荐得,永劫无滞。一尘一佛国,一叶一释迦是死句;扬眉瞬目,举指竖拂是死句;山河大地,更无誵讹是死句。”时有僧问:“如何是活句?”师云:“波斯仰面看。”云:“恁么则不谬去也。”师便打。

---

① 饙:音分。蒸饭。

示众云:“俱胝和尚,凡有扣问,只竖一指。寒则普天普地寒(雪窦云:‘甚么处见俱胝老?’),热则普天普地热(雪窦云:‘且莫错认定盘星。’)。”

雪窦复云:“森罗万象,彻下孤危;大地山河,通上险绝,甚么处得一指头禅来?”

僧问:“牛头未见四祖时如何?”师云:“秋来黄叶落。”云:“见后如何?”师云:“春来草自青。”

问:“达磨未来时如何?”师云:“千年松倒挂。”云:“来后如何?”师云:“金刚努起拳。”

问:“羚羊未挂角时如何?”师云:“猎屎狗。”云:“挂角后如何?”师云:“猎屎狗。”

问:“明星现时,便成正觉时如何?”师云:“曲为今时。”

云:“倜傥无差时如何?”师云:“系驴橛。”云:“过在甚么处?”师云:“自屎不觉臭。”云:“和尚与么道即得?”师云:“蜣螂推粪毬。”

问:“一物不将来时如何?”师云:“猢狲系露拄。”

问:“无踪无迹,是甚么人行履处?”师云:“偷牛贼。”

隋州双泉郁禅师(凡二)

僧问:“如何是第一句?”师云:“回头终不顾。”云:“如何是第二句?”师云:“未语先分付。”云:“如何是第三句?”师云:“连根犹带苦。”

示众云:“初祖不虚传,二祖不虚受,彼彼大丈夫,因甚么到恁么地?”便下座。

郢州林溪敬脱禅师(凡四)

僧问:“如何是法身?”师云:“四海五湖宾。”

问:“如何是本来人?”师云:“风吹满面尘。”

问:“牛头未见四祖时如何?”师云:“富贵多宾客。”云:“见后如何?”师云:“贫穷绝往还。”

问:“如何是佛?”师云:“十字街头。”云:“如何是法?”师云:“三家村里。”云:“佛之与法,是一是二?”师云:“露柱渡三江,犹怀感恨长。”

潞府妙胜臻禅师(凡一)

僧问:“金粟如来,为甚么却降释迦会里?”师云:“香山南,雪山北。”云:“南瞻部洲事又作么生?”师云:“黄河水急浪花粗。”云:“如何是向上一路?”师云:“一条济水贯新罗。”

益州香林澄远禅师(凡四)

汉州绵竹上官氏子。示众云:“诸上座,本来只是个无事人,不造作,不攀缘,无所得。一念相应,不受后有。不见病恼逼迫,四大本空,五阴虚假,起心动念,有少疑虑,尽属魔民，皆落妄想。若得实地，逆须皆通。实际理地，无法当情。凡有施设，不滞前尘。物物当体，都无所得。本来解脱，不假功成。故云，一切法常住，且无你加减处。尽十方法界，一尘一刹，头头并是一真实人体，皆是受用门庭。若离此外，别有何见？并是捏目生花，三头二首，外道邪魔，鬼神群队。且不编入本姓，与你自己了无交涉？"

师在众时，普请锄茶次，一僧唤云："看，俗家火发。"师云："那里失火？"僧云："你不见那？"师云："不见。"僧云："这瞎汉。"是时一众皆谓远上座败阙。后智门宽和尚闻云："须是我远兄始得。"

僧问："北斗里藏身意旨如何？"师云："月似弯弓，少雨多风。"

问："如何是室内一碗灯？"师云："三人证龟成鳖。"

问："如何是衲衣下事？"师云："腊月火烧山。"

问："鱼游陆地时如何？"师云："发言必有后救。"云："却下碧潭时如何？"师云："头重尾轻。"

问："但有言句尽是宾，如何是主？"师云："长安城里。"云："如何领会？"师云："千家万家。"

师临示寂时，示众云："老僧四十年来不能打得成一片。"言讫告寂。

韶州云门法球禅师(凡一)

示众云:“一法如是,诸法亦然。万别千差,不离方寸。诸禅德,若能如是,尽十方世界一时拈来,向诸人眼睫上,百千诸佛向眼睫上,转大法轮,各各涌身向虚空现十八变,为三世诸佛说法,诸人还见么?若道不见,可惜父母祈生眼。若道见,且作甚么面目?试对众道看。”良久云:“买卖不当价。”拊掌一下。

潭州南台道遵禅师(凡二)

示众云:“从上宗乘,合作么生提纲?合作么生言论?将佛法两字当得么?虽然如是,细不通风,大通车马。若约理化门中,一言启口,振动乾坤。山河大地,海晏河清。三世诸佛,说法现前。若也分明,古佛殿前,同登彼岸。”

僧问:“牛头未见四祖时如何?”师云:“着衣吃饭。”云:“见后如何?”师云:“钵盂挂壁上。”

南岳般若启柔禅师(凡二)

上堂闻板声,乃云:“善哉三下板,知识尽来参。既善知时节,吾今不再三。”

僧问:“西天以蜡人为验,此土以何为验?”师云:“新罗人草鞋。”

信州鹅湖云震禅师(凡一)

僧问:“如何是佛?”师云:“阇梨不是。”

云:“如何是鹅湖家风?”师云:“客是主人相师。”云:“恁么则谢师周旋去也。”师云:“难下陈蕃之榻。”

庐州天王徽禅师(凡二)

僧问:“如何是一大藏教?”师云:“高座不曾登。”云:“登后如何?”师云:“三段不同。今当第一,向下文长,付在来日。东家篱,西家壁,自己分上合作么生?”僧无对,师便打。

僧问:“如何是从天降下?”师云:“风雨顺时。”云:“如何是从地涌出?”师云:“稻麻竹箪。”

深明二上座(凡二)

因闻僧问法眼:“如何是色?”法眼竖起拂子。或云:“鸡冠花。”或云:“贴肉汗衫。”二师特特远访,遂问:“承闻和尚有三种色语,是否?”眼云:“是。”深云:“鹞子过新罗。”便归众。

时李后主在座下不肯,乃白法眼:“寡人来日为致茶筵,请此二人重新问话。”明日茶筵罢,备彩一箱,剑一口,谓二师曰:“上座问话,若问得是,奉赏杂彩。若问不是,只赐一剑。”法眼既升座,深复出问:“今日奉来问话,师还许也无?”眼云:“许。”深云:“鹞子过新罗。”捧彩便行。

大众一时散去,时法灯作维那,乃鸣钟集众,僧堂前勘二师。众既集,法灯问:“承闻二上座久在云门,有甚奇特因缘,举一两则来商量看?”深云:“古人道,白鹭下田千点雪,黄莺上树一枝花。维那作么生商量?”灯拟议,深打一坐具便归众。

二上座到淮河,见人牵网,有鱼从网透出。深云:“明兄,俊哉,一似个衲僧。”明云:“虽然如此,争如当初不撞入网罗好。”深云:“明兄,你欠悟在。”明至中夜方省。

饶州荐福古禅师(凡三)

师望云门百余岁,因阅其录,发明己见,即为之嗣。示众云:“三世诸佛仰望不及,天下祖师结舌有分。知有者,善自保任。未知有者,不休何待?”

示众云:“剑去远矣,尔方刻舟。”便下座。

示众,举:百丈恒和尚有时上堂,众才集,便云:“吃茶去。”

有时众才集,便云:“珍重。”

有时众才集,便云:“歇。”便下座。往往多用此时节因缘。

后自作一颂，颂此三转因缘云："百丈有三诀，吃茶珍重歇。直下便承当，敢保君未彻。""大众，只如恒和尚作此一颂，且道见处如何？还知得失么？据他三度上堂时，恰似个好人。后来作此一颂，恰似面上雕两行字。若是通人达士，举起便知。后学初机，难为拣辨。老僧与你从头注出，百丈有三诀，贼身已露；吃茶珍重歇，赃物出来；直下便承当，敢保君未彻，大似抱赃判事。虽然如此，诸仁者，若具择法眼，方能证明。如或邪正未分，可谓颟顸佛性。更须博问贤良，可惜虚生浪死。"

福州长庆慧棱禅师法嗣

泉州招庆道匡禅师（凡四）

潮州人也。示众云："声前荐得，辜负平生。句后投机，殊乖道体。且道从来合作么生？"

示众云："招庆今日与诸人一时道却，还知落处么？"

有僧出云："大众一时散去，还称师意也无？"师云："好与三十拄杖。"僧作礼，师云："虽有盲龟之意，且无晓月之程。"

时有僧问："如何是晓月之程？"师云："此是盲龟之意。"

云："如何是沙门行？"师云："非行不行。"

云："如何是祖师西来意？"师云："蚊子上铁牛。"

师在长庆作桶头，常与众僧语话。一日长庆入寮见，乃问："你终日口唠唠地作甚么？"师云："一日不作，一日不食。"庆云："与么则磨弓错箭去也。"师云："专待尉迟来。"庆云："尉迟来时如何？"师云："教伊筋骨遍地，眼睛突出。"庆便出去。

僧问："如何是佛法大意？"师云："七颠八倒。"

问："如何是招庆家风？"师云："清贫长乐，浊富多忧。"

福州报慈光云禅师（凡三）

闽王问："报慈与神泉，相去远近？"师云："若说远近，不如亲到。"

师问："大王日应千差，是甚么心？"王云："甚么处得心来？"师云："岂有无心者？"王云："那边事作么生？"师云："请向那边问。"王云："大师谩别人即得。"师休去。

示众云："瘥病之药，不假驴驮。若据如今，各自归堂好。"

师问僧："甚处来？"云："卧龙。"师云："在彼多少时？"云："经冬过夏。"师云："龙门无宿客，因甚么在彼许多时？"云："师子窟中无异兽。"师云："汝试作师子吼看。"云："若作师子吼，即无和尚去。"师云："念汝新到，放汝三十棒。”

雪窦云:“奇怪,诸禅德,若平展,则两不相伤。若据令,则彼此俱险。还检点得出么?”

婺州报恩宝资禅师(凡二)

僧问:“波腾鼎沸,起必全真。未审古人意旨如何?”师叱之,僧云:“恁么则造次也。”师云:“你话堕也。”又云:“我话亦堕,汝作么生?”僧无对。

师令侍者取西桥水,灌东边莲盆。侍者灌了,师云:“灌何处?”者云:“东边莲盆。”师顾旁僧云:“是真实?是妄语?”

襄州鹫岭明远禅师(凡三)

长庆问师:“汝名甚么?”师云:“明远。”庆云:“那边事作么生?”师云:“明远退两步。”庆云:“你无端退两步作么?”师无语。庆代云:“若不退两步,争知明远?”师于是喻旨。

僧问:“无一法当前,应用无差时如何?”师以手卓火,其僧有省。

福州石佛静禅师(凡一)

示众云:“素面相呈,犹兼脂粉。纵离忝过,犹有负愆。诸人作么生体悉?”

福州仙天守玭禅师(凡一)

僧问:“十二时中常在底人,还消得人天供养也无?”师云:“消不得。”云:“为甚么消不得?”师云:“为伊常在。”云:“只如不常在底人还消得么?”师云:“驴年。”

杭州倾心法瑫禅师(凡二)

示众,良久云:“大众不待一句语,便归堂去。还有绍继宗风分也无?若有人酬得,这里与诸人为怪笑。若无人酬得,诸人与这里为怪笑。”

僧问:“承古有言,不断烦恼而入涅槃,此意如何?”师云:“又是发人业。”云:“如何得不发人业去?”师云:“汝话堕也。”

新罗龟山和尚(凡一)

师举:裴相国问僧:“看甚么经?”云:“《无言童子

经》。”裴云：“有几卷？”云：“两卷。”裴云：“既是无言，为甚有经两卷？”僧无对。师代云：“若论无言，非唯两卷。”

大传王公延彬（凡三）

因入佛殿，指钵盂问殿主：“这个是甚么钵？”主云：“药师钵。”公云：“只闻有降龙钵。”主云：“待有龙即降。”公云：“忽遇拏云护雾来时又作么生？”云：“他亦不顾。”公云：“话堕也。”

玄沙云：“尽你神力走，向甚么处去？”

保福展云：“皈依佛法僧。”

云门云：“他日生天，莫辜负老僧。”

王与长庆语话次，庆举：雪峰见僧来，竖起拂子，僧便出去。庆云：“若据此僧，合唤回与一顿棒。”公云：“和尚是甚么心行？”庆云：“洎合放过。”

公到招庆，煎茶次。时朗上座与明招把铫，忽翻却茶铫。公见乃问：“茶炉下是甚么？”朗云：“捧炉神。”公云：“既是捧炉神，为甚么翻却茶铫？”朗云：“事官千日，失在一朝。”公拂袖而出。招云：“朗上座，吃却招庆饭了，却向江外打野榸。”朗云：“你又作么生？”招云：“非人得其便。”

雪窦云：“当时但踏倒茶炉。”

大沩喆云：“王太傅大似相如夺壁，怒发冲冠。明招也是忍俊不禁，难逢快便。大沩若作朗上座，当时见问，但呵呵大笑。何故？见之不取，千载难忘。”

漳州保福从展禅师法嗣

泉州招庆省僜禅师(凡一)

同保福入佛殿,睹佛像。福举手问师:“佛与么意作么生?”师云:“和尚也是横身。”福云:“一橛我自取。”师云:“和尚不唯横身。”福然之。

漳州报恩熙禅师(凡一)

为保福往王太傅宅下书。王问:“漳南和尚近日还为人么?”师云:“若道为人,即屈着和尚。若道不为人,又屈着太傅。”王云:“何不道取一句,待铁牛能啮草,木马解含烟。”师云:“某甲惜口吃饭。”王良久。又问:“驴来马来?”师云:“驴马不同途。”王云:“争得到这里。”师云:“谢太尉领话。”

福州鼓山神晏国师法嗣

金陵净德慧悟禅师(凡一)

福州人也。僧问:“如何是大道?”师云:“我无小径。”云:“如何是小径?”师云:“我不知有大道。”

福州鼓山智岳禅师(凡一)

本州人也。初游方,至鄂州黄龙,遂问:"久响黄龙,到来只见赤斑蛇。"龙云:"汝只见赤斑蛇,且不识黄龙。"师云:"如何是黄龙?"龙云:"滔滔地。"师云:"忽遇金翅鸟来又作么生?"龙云:"性命难存。"师云:"恁么则被他吞却也。"龙云:"谢子供养。"师不契,寻回受业,礼觐国师,发明奥旨。

建州白云智作禅师(凡三)

因鼓山上堂,召大众,众皆回眸。山披襟示之,师忽有省。

鼓山一日问:"南泉唤院主意作么生?"师叉手端容而立,山莞然奇之。

示众云:"还有人向宗乘中致得 问来么?待山僧向宗乘中答。"时有僧出作礼,师便归方丈。

明州翠岩令参禅师法嗣

杭州龙册子兴禅师(凡二)

僧问:"正位中,还有成佛否?"师云:"谁是众生?"云:

“恁么则成佛去也。”师云:“还我正位来。”云:“如何是正位?”师云:“汝是众生。”

僧问:“如何是无价珍?”师云:“卞和空抱璞。”云:“忽遇楚王,还进也无?”师云:“刖足始知非。”

泉州卧龙道溥禅师法嗣

漳州保福清豁禅师(凡二)

福州永泰人也。卧龙问师:“豁阇梨,见何尊宿来?”师云:“某甲谒大章,得个信入处。”龙遂升座,众集。龙召:“豁阇梨,出来烧香,对众说悟处,老僧为汝证明。”师出烧香云:“香已烧了,悟卧不悟。”龙深肯之。

僧问:“家贫遭劫时如何?”师云:“不能尽底去。”云:“为甚么不能尽底去?”师云:“贼是家亲。”云:“既是家亲,为甚么翻成家贼?”师云:“内既无应,外亦不能为。”云:“忽然捉败,功归何处?”师云:“赏亦未曾闻。”云:“恁么则劳而无功去也。”师云:“功则不无,成而不处。”云:“为甚么不处?”师云:“不见道,太平本是将军致,不许将军见太平。”

妙喜云:“丝来线去,弄精魂。”

洪州云居怀岳禅师法嗣

扬州风化令崇禅师(凡一)

僧问:“如何是敌国一局棋?”师云:“下将来。”

问:“一棒打破虚空时如何?”师云:“把将一片来。”

安州白兆志圆禅师法嗣

朗州大龙智洪禅师(凡一)

僧问:“如何是佛?”师云:“即汝是。”云:“如何领会?”师云:“更嫌钵盂无柄那。”

襄州白马行霭禅师(凡一)

僧问:“如何是清净法身?”师云:“井底虾蟆吞却月。”

云:“如何是白马正眼?”师云:“面南看北斗。”

晋州兴化师普禅师(凡二)

僧问:“盈龙宫溢海藏真诠即不问,如何是教外别传底事?”师云:“眼里,耳里,鼻里。”云:“莫只这便是么?”师云:“是甚么?”僧便喝,师便打。

师问僧:“近离甚处?”云:“下寨。”师云:“还逢着贼也无?”云:“今日捉下。”师云:“放你三十棒。”

洪州同安丕禅师法嗣

洪州同安志禅师(凡一)

僧问:“一机不到,如何举唱?”师云:“遍处不逢,玄中不失。”

问:“凡有言句,尽落今时。学人上来,请师直指。”师云:“目前不现,句后不迷。”云:“向上事如何?”师云:“迥然不换,标的即乖。”

青原下第九世

婺州明招德谦禅师法嗣

处州报恩契从禅师(凡一)

示众云:“烈士锋前,还有俊鹰俊鹞么?放一个出来看。”

时有僧出,师云:“着精彩。”僧拟议,师云:“甚么处去也?”

问:“师子未出窟时如何?”师云:“锋铓难击。”云:“出窟后如何?”师云:“藏身无路。”云:“欲出未出时如何?”师云："命若悬丝。"云："向去事如何？"师云："拶。"

鄂州黄龙诲玑禅师法嗣

枣树和尚（凡四）

僧问讯次，师问："你见阿谁了便不审？"云："见师不问讯，礼式不全。"师云："却是辜负老僧。"

僧举似首座，座云："和尚近日可谓为人切。"师闻乃打首座七棒，座云："某甲恁么道，未有过在，乱打作么？"师云："吃了我多少盐醋。"又打七棒。

有僧辞，师问："若到诸方，有人问你老僧法道，作么生对他？"云："待他问即道。"师云："何处有无口底佛？"云："只这也还难。"师竖起拂子云："还见么？"僧云："何处有无眼底佛？"师云："只这也还难。"僧绕绳床一匝而出，师云："善能祗对。"僧便喝，师云："老僧不识子。"云："用识作么？"师敲绳床三下。

师问僧："发足甚处？"云："闽中。"师云："俊哉。"云："谢师指示。"师云："屈哉。"僧作礼，师云："我与么道，落在甚么处？"僧无对，师云："彼自无疮，勿伤之也。"

师问僧："未到这里时，在甚么处安身立命？"僧叉手近前，师亦近前，相并而立。僧云："某甲未到此时，和尚与谁并立？"师指背后云："莫是伊么？"僧无语。师云："不独自谩,兼谩老僧。”僧作礼,师云:“正是自谩。”

嘉州黑水和尚(凡一)

问黄龙:“雪覆芦花时如何?”龙云:“猛烈。”师云:“不猛烈。”龙又云:“猛烈。”师又云:“不猛烈。”龙便打,师因而有省。

漳州罗汉桂琛禅师法嗣

金陵清凉法眼文益禅师(凡十三)

余杭鲁氏子。参长庆,不大发明。后同景修、法琎[1]三人欲出岭,经过地藏,阻雪少憩,藏即琛禅师也。琛问:“此行何之?”师云:“行脚去。”琛云:“作么生是行脚事?”师云:“不知。”藏云:“不知最亲切。”

又同三人举《肇论》,至“天地与我同根处”,琛云:“山河大地与你自己,是同是别?”师云:“同。”琛竖起两指,熟视之云:“两个。”即便起去。

师须臾启行,琛门送之,问云:“上座寻常说,三界惟心,万法惟识,”乃指庭下片石云,“且道此石在心内?在心外?”师云:“在心内。”琛云:“行脚人,着甚来由安片石在心头耶?”师窘,无以对。即放包,依席下,求决择。近一月余,日呈见解,说道理,藏语之曰:“佛法不恁么。”师云:

① 琎:音金。

“某甲词穷理绝也。”藏云:“若论佛法,一切见成。”师于言下大悟。后出世抚州崇寿。

长庆会下有子昭首座,平昔与师商确古今,心中愤愤。一日,领众远诣抚州责问于师,师举众出迎,特加礼待。主宾位上,各挂拂子。茶罢,昭忽变色问云:“长老开堂,的嗣何人?”师云:“地藏。”昭云:“何太辜长庆先师?某甲同在座下,商确古今,曾无间隔,因何却嗣地藏?”师云:“某甲不会长庆一则因缘。”昭云:“何不问来?”师云:“长庆道‘万象之中独露身’作么生?”昭竖起拂子,师叱云:“首座,此是当年学得底,别作么生?”昭无对。师云:“只如万象之中独露身,是拨万象?不拨万象?”昭云:“不拨。”师云:“两个。”参随连声救云:“拨万象。”师云:“万象之中独露身聻?”昭等懡㦬而退,师指住云:“首座,杀父杀母,犹通忏悔。谤大般若,诚难忏悔。”昭竟不能对。于是参师,发明己见,更不开堂。

示众云:“出家儿,但随时及节便得。寒即寒,热即热。欲识佛性义,当观时节因缘。古今方便不少,石头初看《肇论》,至‘会万物为己者,其惟圣人乎’,则曰:‘圣人无己,靡所不己。’乃作《参同契》,首言:‘竺土大仙心。’无过此语也。中间亦是寻常说话。夫欲会万物,为自己去,盖尽大地无有一法可见。已而又嘱云:‘光阴莫虚度。’所以告汝辈,但随时及节便得。若也移时失候,却虚度光阴,于非色中作色解,即是移时失候。且道色作非色解还当得么?若恁么会,便是没交涉,正是痴狂两头走,有甚用处?但守分过时好。”

示众云:“古人道,我立地待你构去。山僧如今坐地待你构去,还有道理也无?那个亲,那个疏?试断看。”

示众云:“尽十方世界,皎皎地,无一丝头。若有一丝头,即是一丝头。”

法灯云:“若有一丝头,不是一丝头。”

师指橙子云:“识得橙子,周匝有余。”

云门云:“识得橙子,天地悬殊。”

天衣怀云:“识得橙子,梌[1]楠木做。”

圆通秀云:“识得橙子,四脚着地。其间一出一没,半合半开,有得有失,有亲有疏。具眼禅人,一任检点。”

妙喜云:“识得橙子,好剃头洗脚。”

师问修山主:“毫厘有差,天地悬隔,兄作么生?”修云:“毫厘有差,天地悬隔。”师云:“恁么会又争得?”修云:“某甲只恁么,和尚作么生?”师云:“毫厘有差,天地悬隔。”修作礼。

保宁代修山主云:“恁么会,又争得?”又颂云:“石城亲切问同参,不话东西便指南。明暗两条来去路,依稀屈曲在烟岚。”

---

① 梌:音图。楸树。

师拈香匙问悟空云:“兄不得唤作香匙,毕竟唤作甚么?”空云:“香匙。”师不肯,悟空后二十余日方省。

师问僧:“甚处来?”云:“泗州礼拜大圣来。”师云:“大圣今年出塔否?”云:“出。”师却问傍僧:“你道这僧曾到泗洲么?”

一日有二僧来参,师以手指帘,二僧齐去卷,师云:“一得一失。”

师开井,泉眼不通,问僧:“泉眼不通,被沙塞。道眼不通,被甚么碍?”僧无对,师代云:“被眼碍。”

子方上座自长庆来,师问:“长庆道,万象之中独露身,作么生?”方举起拂子,师云:“恁么会又争得?”云:“师意如何?”师云:“你唤甚么作万象?”云:“古人不拨万象。”师云:“万象之中独露身,说甚么拨与不拨。”方豁然有省。

师指竹问僧:“还见么?”云:“见。”师云:“竹来眼里,眼到竹边。”云:“总不恁么。”师休去。

师问百法座主云:“百法是体用双陈,明门是能所兼举。座主是能,法座是所,作么生说个兼举底道理?”主无对。

雪窦别云:“和尚分半院与某甲始得。”

僧问:“如何是尘劫来事?”师云:“尽在于今。”

杨次公颂云:“尘劫来事,尽在于今。祖师不会,面壁沉吟。”

襄州青溪洪琎禅师(凡三)

师在地藏居第一座,因二僧礼拜地藏和尚,藏云:“俱错。”僧无对。下堂请益修山主,修云:“你自巍巍堂堂,却礼拜,拟问别人,岂不是错耶?”师闻之不肯,修乃问:“未审上座作么生?”师云:“汝自迷暗,焉可为人?”修愤然,上方丈请益地藏,藏指库下云:“典座入库头去也。”修乃有省。

师问修山主:“明知生是不生之理,为甚么为生死之所流?”修云:“笋毕竟成竹去,如今作篾使得么?”师云:“汝向后自悟去在。”修云:“某甲所见只如此,上座作么生?”师云:“这个是监院房,那个是典座房。”修乃作礼。

僧问:“众盲摸象,各说异端,忽遇明眼人又作么生?”师云:“汝但举似诸方。”

抚州龙济绍修山主(凡七)

师同法眼、悟空三人到地藏,阻雪。附炉次,藏问:“山河大地与上座自己,是同是别?”眼云:“别。”藏竖起两指。师云:“同。”藏亦竖起两指,便起去。师罔措,遂投诚入室。

师问地藏:“古人道,万象之中独露身,意旨如何?”藏云:“汝道拨万象,不拨万象?”师云:“不拨。”藏云:“两个。”师骇然沉思,却问:“未审古人拨万象,不拨万象?”藏云:“你唤甚么作万象?”师于言下领旨。

示众云:“具足凡夫法,凡夫不知。具足圣人法,圣人不会。圣人若会,即是凡夫。凡夫若知,即是圣人。此语具一理二义。若人辨得,不妨于佛法中有个入路。若辨不得,莫道不疑。”

示众云:“声色不到处,病在见闻。言诠不及处,过在唇舌。”僧云:“离却声色,请和尚道。”师云:“声色里问将来。”

师问僧:“甚处来?”云:“翠岩。”师云:“有何言句?”云:“寻常道,出门逢弥勒,入门见释迦。”师云:“恁么道又争得?”云:“和尚作么生?”师云:“出门逢阿谁?入门见甚么?”僧言下有省。

天衣怀云:“虽得一场荣,刖却一双足。且道落在宾家分上?主家分上?若定当得出,忧则共戚,乐则同劝。山僧即不然,出门则吴山楚水,入门则佛殿行廊。或有个衲僧出来问‘师意如何’,也许伊具一只眼。”

僧问:“师子返掷时如何?”师云:“你还怕文殊么?”云:“非但文殊,佛来亦不顾。”师云:“争奈披文殊骑何?”云:“文殊骑者,不是师子。”师云:“返掷事作么生?”云:

“应用无亏。”师云：“正是文殊骑师子。”

僧问：“劫火洞然，大千俱坏，未审这个坏不坏？”师云：“不坏。”云：“为甚么不坏？”师云：“为同大千。”

问：“毫厘不隔，为甚么觑之不见？”师云：“作家弄影汉。”

问：“古镜未磨时如何？”师云：“照天照地。”云：“磨后如何？”师云：“黑似漆。”

师有颂云：“欲识解脱道，诸法不相到。眼耳绝见闻，声色闹浩浩。”

又云：“诸佛不出世，四十九年说。祖师不西来，少林有妙诀。”

又云：“万法是心光，诸缘唯性晓。本无迷悟人，只要今日了。”

金陵清凉休复悟空禅师（凡三）

师凡三度入岭，偶值地藏不安，师一日侍立床前，乃启地藏云：“某甲与和尚因缘背，此来又值和尚不安。”地藏起身，拈拄杖卓向面前云：“这个也不背。”师于此有省。

示众云：“古圣才生下，便周行七步，目顾四方云：‘天上天下，唯我独尊。’便有这个方便奇特。只如诸上座，生下时有个甚么奇特？试举看。若道无，是对面讳却。若道有,作么生通得个消息来？还会么？诸上座,幸自有奇特事,因甚么不知去?”

问:“如何是佛?”师云:“汝是众生。”

问:“如何是髑目菩提?”师云:“问取髑髅后人。”

问:“如何是诸佛本源?”师云:“你唤甚么作诸佛?”

南岳南台守安禅师(凡一)

僧问:“寂寂无依时如何?”师云:“寂寂底聻?”

师有偈云:“南台静坐一炉香,终日凝然万虑忘。不是息心除妄想,都缘无事好思量。”

资寿尼妙总云:“可惜南台,向死水里浸杀。当初若见,与他一捞,令渠别有生涯。”

联灯会要卷第二十七

青原下第九世

潭州延寿惠轮禅师法嗣

庐山归宗道诠禅师(凡二)

僧问:"承闻和尚亲见延寿来,是否?"师云:"山前麦熟也未?"

僧问:"九峰山中还有佛法也无?"师云:"有。""如何是九峰山中佛法?"师云:"石头大底大,小底小。"

韶州白云祥禅师法嗣

连州保峰和尚(凡四)

示众云:"看天看地,新罗国里和南不审,日销万两黄金。虽然如是,犹欠少在。"

示众云:"尽十方世界是个木罗汉,幡竿头上道将一句来。"

师问僧:“甚处来?”僧云:“大容来。”师云:“大容近日作么生?”僧云:“合得一瓮酱。”师唤沙弥:“将一碗水来,与这僧照影。”

师见僧从法堂阶下过,师敲绳床作声。僧云:“若是这个,不消拈出。”师喜,近前诘之,僧无说,师便打。

韶州月华和尚(凡一)

有一老宿上法堂,东西顾视云:“好个法堂,要且无主。”师召云:“且坐吃茶。”老宿问:“玄中最的犹是龟毛兔角,不向二谛中修,如何密用?”师云:“侧。”老宿云:“与么则拗折拄杖,割断草鞋去也。”师云:“细而详之。”

吉州巴陵颢鉴禅师法嗣

泐潭灵澄散圣(凡二)

知门宽问师:“甚处来?”师云:“水清月现。”宽云:“好好借问。”师云:“褊衫不染皂。”宽云:“吃茶去。”

宽一日又问:“到来数日,且喜安乐。”师云:“菠蓤好煮羹。”宽云:“你作这个去就那?”师云:“王字不着点。”宽拊掌大笑。

隋州智门师宽禅师法嗣

江陵福昌惟善禅师(凡十一)

示众,拈拄杖一划云:“尽乾坤大地,微尘诸佛,总在福昌这里说佛说法。诸禅德,若也会得,出来与汝证据。若也不会,花须连夜发,莫待晓风吹。”

师问僧:“近离甚处?”云:“大别。”师云:“在彼多少时?”云:“三年。”师云:“水牯牛便甚么人作对?”云:“不曾触他一粒米。”师云:“二时吃个甚么?”僧无语,师便打。

有僧来画一圆相,师便喝云:“野狐精。”僧作掷势,以脚拶之者三。师云:“蒿箭子。”僧作礼,师便打。

师问僧:“近离甚处?”云:“安州。”师云:“甚么物恁么来?”云:“请师辨看。”师云:“驴前马后汉。”僧便喝,师云:“驴前马后汉又恶发作么?”僧又喝,师便打。僧无语,师喝云:“这瞎驴,打杀一万个有甚么罪过,参堂去。”

有僧自号映达磨,才入方丈门,提起坐具云:“展则遍周沙界,不展则宾主不分。展即是?不展即是?”师云:“平地吃交了也。”映云:“明眼宗师,果然有在。”师便打,映云:“夺拄杖打和尚去,莫言不道。”师云:“棺木里撑眼,且坐吃茶。”茶罢,映前白云:“适来容易,触忤和尚。”师云:

“两重公案,罪不重科。”便喝出。

师问僧:“近离甚处?”云:“承天。”师云:“不涉程途,道将一句来。”僧便喝,师便打,僧拈坐具作摵势,师笑云:“丧车后抛药袋。”

师问僧:“近离甚处?”云:“远离两浙,近发鼎州。”师云:“夏在甚处?”云:“德山。”师云:“武陵溪上,道将一句来。”僧无语,师自代云:“水到渠成。”

师问僧:“甚处来?”云:“复州。”师云:“甚么物恁么来?”云:“请和尚辨看。”师云:“礼拜着。”僧云:“诺。”师云:“自领去三门外,与你三十棒。”

师问超山主:“名甚么?”云:“与和尚同名。”师云:“回互不回互?”云:“不回互。”师便打。

师问俗士:“年多少?”云:“四十四。”师云:“减一添一是多少?”士无对,师便打,又自代云:“适来犹记得。”

僧问:“祖意教意,是同是别?”师云:“巢知风,穴知雨。”

问:“如何是佛法大意?”师云:“东方甲乙木。”

蕲州五祖师戒禅师(凡七)

智门问师:“暑往寒来即不问,林下相逢事若何?”师云:“五凤楼前听玉漏。”云:“争奈主山高,按山低。”师云:“须弥顶上击金钟。”

示众云:“大迦叶击金钟于须弥顶上,普震大千。阿难陀集总持于毕钵岩前,曲垂奥旨。今则大教东流,法传西祖。观机应响,接物随缘。有解问者,一任施呈。”时有僧出作礼,师云:“切忌龙门点破额。”

示众云:“涅槃含四德,唯我契真常。”拈拄杖云:“岂不是四德?作么生是真常?诸人还会么?你若不会,祖峰布施你诸人。”乃云:“拄杖子穿过真常,真常穿过四德。会么?祖峰解开布袋,一时倾出了也。你诸人有会底也无?出来说看,祖峰与你证明。若说不得,敲落你鼻孔,拽脱你眉毛。”以拄杖击香台,下座。

示众,拈拄杖云:“弥勒先锋,释迦殿后,总在祖峰拄杖头上。你诸人还见么?”

又道:“我观法王法,法王法如是。会么?会即出来道看,若也不会,伏惟尚飨。”以拄杖击香台。

师问僧:“近离甚处?”云:“东京。”师云:“还见天子也无?”云:“常年一度出金明池。”师云:“有礼可恕,无礼难容,出去。”

僧问:“截铁镆鎁犹是钝,啮镞当锋事若何?”师云:“你试用看。”云:“恁么则献上汉高王也。”师云:“你见个甚么道理?”云:“苦痛深。”师云:“头在我手里,一任踍跳。”

僧问:“如何是佛?”师云:“鼻孔长三尺。”云:“不会。”师云:“真不掩伪,曲不藏直。”

问:“如何是道?”师云:“点。”云:“点后如何?”师云:“荆三下四。”

蕲州四祖諲禅师(凡二)

示众云:“尽乾坤大地,三世诸佛,天下老和尚,今日被山僧坐断,无你出头处。设有出头得,也只是个竹木精灵。虽然如是,未免担枷判事。”

僧问:“如何是祖师西来意?”师云:“一人传虚,万人传实。”

蕲州广教怀志禅师(凡二)

示众云:“举令提纲,群魔屏迹。全提祖印,坐断十方。正恁么时,老胡出来也须乞命。众中若是作家,略希英鉴。”

僧问："如何是佛法大意？"师云："你记来多少时？"云："学人不会。"师云："言犹在耳。"

舒州龙门永禅师（凡三）

示众云："诸佛言诠，止啼为义。祖师心印，莫可论之。向上一路，谁敢措足？直下会得，已是不着便。"

僧问："祖祖相传，未审传个甚么？"师云："德山拄杖。"僧云："恁么则师得其妙也。"师便打。

僧问："如何是龙门路？"师云："险。"云："为甚么如此？"师云："点额却回来。"

唐州天目契满禅师（凡一）

示众云："迦叶亲传如来密印，达磨西来多虚少实。若论此事，权且认奴作郎。说佛说祖，剜肉作疮。直下单明，未是衲僧活计。作么生是衲僧活计？何不出来，对众证据？"

时有僧出作礼，师云："若是仙陀客，更不待扬眉。"僧应诺，师云："金刚路两两三三。"

鄂州建福智通禅师(凡二)

示众云:“直饶一句下,倜傥分明去。早是不着便,遭他点污了也。衲僧家合作么生?”便下座。

僧问:“如何是透法身句?”师云:“鹦鹉恋西秦。”

襄州洞山守初禅师法嗣

岳州乾明睦禅师(凡二)

师问洞山:“停机罢赏时如何?”山云:“水底弄傀儡。”师云:“谁是看玩者?”山云:“停机罢赏者。”师云:“恁么则知音不和也。”山云:“知音底事作么生?”师云:“大尽三十日。”山云:“未在更道。”师云:“某甲合吃和尚手中痛棒。”山休去。

僧问:“昔日灵山记,今朝嗣阿谁?”师云:“楚山突屼,汉水东流。”云:“恁么则洞山的嗣也。”师云:“听事不真,唤钟作瓮。”

邓州广济通禅师(凡一)

僧问:“如何是佛法大意?”师云:“黑漆昆仑牵白象。”

云:“和尚莫谩后学好。”师云:“好心不得好报。”

荆南府开福德贤禅师(凡一)

示众云:“不用思而知,不用虑而解。知解俱泯,合谈何事?”良久云:“一叶落天下秋。”

僧问:“如何是衲僧活计?”师云:“耳里种田。”

朗州德山密禅师法嗣

南岳南台勤禅师(凡二)

示众云:“南岳山里寒,不似别处寒。寒则树结银条,草铺碎玉。江河冻定,四海成冰。虚空结合,鸟道不通。云布长郊,龙鱼锁户。当恁么时,命若悬丝作么生道?若道得,即红日连天;若道不得,冥冥长夜。”

僧问:“如何是祖师西来意?”师云:“一寸龟毛重七斤。”

鼎州文殊应真禅师(凡二)

示众云:“直钩钓骊龙,曲钩钓虾蟆蚯蚓。还有龙么?”良久云:“劳而无功。”

僧问："宝剑未出匣时如何？"师云："在甚么处？"云："出匣后如何？"师云："臂长衫袖短。"

鼎州德山绍晏禅师（凡二）

示众云："一尘才起，大地全收。一毛头上，师子全身。一尘才起，大地全收，须弥山重多少斤两？一毛头上，师子全身，大海水有几许滴沥？有人道得，与汝拄杖子天下横行。若道不得，须弥山盖却你头，大海水溺却汝身。"

僧问："如何是祖师西来意？"师云："桃源水绕白云亭。"

鼎州文殊宽禅师（凡三）

示众云："直教你闻一句，一时决了，已是不着便，遭他点污，合作么生？"

僧问："如何是文殊为人一句？"师云："粗识好恶。"云："古人卷席意旨如何？"师云："汝自不知时。"

僧问："如何是云门透法身句？"师云："惜取眉毛。"云："为甚么如此？"师云："非汝境界。"

隋州双泉郁禅师法嗣

鼎州德山慧远禅师(凡二)

开堂示众云:“无量法门悉已具足,然虽如此,且须委悉始得。其余方便,昔时圣人互出,乃曰传灯。尔后贤者差肩,故云继祖。是以心心相传,法法相印。且作么生传?作么生印?”举起拂子云:“此乃人天同证。若如是,也递相证明。其或未晓之徒,请垂下问。”

僧问:“如何是祖师西来意?”师云:“铁门路险。”

示众云:“夫出家之人,生死事大,直须究取生灭之法。既于刹那,刹那之际,犹如电转;电转之法,无有所寄,诸法生灭灭已。会么?会即便会,不会即生死根本。”

江陵府奉先深禅师法嗣

天台莲华峰祥公庵主(凡二)

师拈拄杖示众云:“古人到这里,为甚么不肯住?”众无对,师自云:“为他途路不得力。”复云:“毕竟如何?”又自云:“楖栗横担不顾人,直入千峰万峰去。”

示众云:“若论此事,最是急切,切须明取始得。若也明得,时中免被拘系,便能随处安闲,亦不要将心捺伏,自然合他古辙去。若学处分剂,便须路布个道理,以为佛法,几时得休歇去?上座,却请与么相委好。”

郢州林溪敬脱禅师法嗣

西剑州凤凰山智广禅师(凡二)

示众云:“朝朝相似,日日一般,更有新奇,也拈不出。以至诸圣出来,且不敢诳于上座。因甚如此?盖为上座是行脚人。如今与上座在这里,聚集少时,早是欺屈诸人了也。更若停腾,是非锋起,不如且歇。”

僧问:“如何是和尚此间佛法?”师云:“东壁打西壁。”

潞府妙胜臻禅师法嗣

潭州大沩承禅师(凡一)

僧问:“梁皇为甚么不识达磨?”师云:“彼此丈夫。”

问:“九年面壁,意旨如何?”师云:“一人传虚,万人传实。”

益州香林澄远禅师法嗣

隋州智门光祚禅师(凡十二)

示众云:“汝等诸人,横担拄杖,出一丛林,入一丛林。你道丛林有几种?或有旃檀丛林,旃檀围绕。或有荆棘丛林,荆棘围绕。或有荆棘丛林,旃檀围绕。或有旃檀丛林,荆棘围绕。只如四种丛林,是汝诸人在阿那个丛林里安身立命?若无安身立命处,虚踏破草鞋,阎罗王征你草鞋钱有日在。”

示众云:“三两日来好雨,可谓滂沱。凡夫见水是水,天人见水是琉璃,龙鱼见水是窟宅,饿鬼见水是火,你衲僧家唤作甚么?你若唤作水,又同凡夫见;若唤作琉璃,又同诸天见;若唤作窟宅,又同龙鱼见;若唤作火,又同饿鬼见。是你寻常还作么生?所以道,若是得底人,道火不烧口,道水不溺身。你每日吃饭,还少得一粒么?古人云:‘终日着衣吃饭,未曾咬着一粒米,未曾挂着一缕丝。’虽然如此,又须实到这里始得。若未到这田地,且莫掠虚。”

示众云:“雪峰辊毬,罗汉书字,归安斩蛇,大隋烧畬,且道明甚么边事?还有人明得么?试道看。若明不得,所以道,斩蛇须是斩蛇手,烧畬须是烧畬人。瞥起情尘生妄见,眼底无筋一世贫。”

示众云："数日来好雨，且道从甚么处来？若道从天降，且阿那个是天？若道从地出，唤甚么作地？若更不会，所以道，天地之前径，时人莫强移。个中生解会，眼上更安锥。"

示众云："赫日里我人，云雾里慈悲，霜雪里假褐，雹子里藏身。还藏身得么？若藏不得，却被雹子打破髑髅。"

示众云："南泉道：'自小养一头水牯牛，拟向溪东放，不免食他国王水草；拟向溪西放，不免食他国王水草；不免随分纳些些，他总不见得。'所以云门大师道：'平地上死人无数，过得荆棘林者是好手。'直饶你截断凡圣，及尽有无，也只是老鼠入饭瓮，未知有向上一窍在。"

时有僧问："如何是向上一窍？"师便打云："我早是将一块屎蓦口抹了，你更来洨[①]我手作么？"

僧问："莲华未出水时如何？"师云："莲华。"云："出水后如何？"师云："荷叶。"

雪窦颂云："莲华荷叶报君知，出水何如未出时。江北江南问王老，一狐疑了一狐疑。"

问："如何是般若体？"师云："蚌含明月。"云："如何是般若用？"师云："兔子怀胎。"

雪窦云："非唯把定世界，亦乃安贴邦家。若也善能参详，便请丹霄独步。"

---

① 洨：音 xiáo。当是"咬"。

又颂云:“一片虚凝绝谓情,人天从此见空生。蚌含玄兔深深意,曾与丛林作战争。”

僧问:“如何是佛?”师云:“踏破草鞋赤脚走。”云:“如何是佛向上事?”师云:“拄杖头上挑日月。”

雪窦云:“千兵易得,一将难求。”

僧问:“金刚眼中着得个甚么?”师云:“一把沙。”云:“为甚么如此?”师云:“非公境界。”

僧问:“国师三唤侍者,意旨如何?”师云:“怜儿不觉丑。”云:“国师辜负侍者,意旨如何?”师云:“美食不中饱人餐。”“侍者辜负国师,意旨如何?”师云:“粉骨碎身未足报。”

僧问:“如何是透法身句?”师云:“胡狲系露柱。”

问:“曹溪路上,还有俗谈也无?”师云:“六祖是卢行者。”

问:“一切智智清净,还有地狱也无?”师云:“阎罗王是鬼做。”

洪州同安志禅师法嗣

鼎州梁山缘观禅师(凡六)

示众云:“垂丝千尺,意在深潭。一句横空,白云自异。

孤舟独掉,不犯清波。海上横行,不逢明鉴。”

示众云:“停机罢赏,匿迹潜踪。竹户茆堂,眠云卧月。青松碧涧,枕石漱流。道不属修,无心自悟。谈玄唱道,莫非云水高人。鸟道无踪,乃是道人行履。谈玄则不挂唇吻,履践则鬼神难觅。悟之则刹那成佛,迷之则永劫生死。有疑即决,不可守株待兔。抱拙守愚,潦倒无成,空延岁月。”

师与端长老坐,话次,有僧问:“二尊不并化,因甚么两人居方丈?”师云:“一亦非。”

僧问:“家贼难防时如何?”师云:“识得后不为冤。”云:“识得后时如何?”师云:“贬向无生国里。”云:“莫是他安身立命处也无?”师云:“死水不藏龙。”云:“如何是活水龙?”师云:“兴云不吐雾。”云:“忽遇兴云致雨时如何?”师下绳床,把住云:“莫教湿却老僧袈裟角。”

僧问:“如何是从上来传底事?”师云:“渡水胡僧无膝裤,背驼梵夹不持经。”

问:“如何是西来意?”师云:“葱岭不传唐土信,胡人谩说太平歌。”

师示众,有偈云:“赫日犹亏半,乌沉未得圆。若会个中意,牛头尾上安。”

韶州舜峰韶禅师法嗣

磁州桃园曦朗禅师(凡一)

示众云:“若是唱道门风,权且强名。若论祖宗提纲,难为开口。所以先圣道,向上一路,千圣不传。学者劳形,如猿捉影。诸禅德,且作么生商量得与先圣齐去?众中莫有作家底么?便请离却前非,单刀直入。”时有僧出作礼,师云:“真师子儿。”

问:“灵山一会,何异今日?”师云:“当时妄想,此日犹存。”

青原下第十世

金陵清凉法眼禅师法嗣

天台德韶国师(凡九)

师处州龙泉县陈氏子。问龙牙云:“天不能盖,地不能载时如何?”牙云:“道者合如是。”凡经十七次问,牙云:“若为汝说,汝已后骂我去。”

师后住天台通玄峰,因澡浴,忽省前话,遂具威仪,焚香遥礼龙牙云:“当时若为我说,今日决定骂他。”

妙喜云:“只今也不少。”

师问疏山:“百匝千重,是何人境界?”山云:“左搓芒绳缚鬼子。”师云:“不落古今,请师说。”山云:“不说。”师云:“为甚么不说?”山云:“个中不辨有无。”师云:“师今善说。”山骇之。

师参五十三员善知识,后谒法眼,但随众而已。一日有僧问法眼:“如何是曹源一滴水?”眼云:“是曹源一滴水。”僧罔措,师在座侧,豁然开悟,凝滞冰释。

示众云:“真空不二,万德无言。正当明时,如王宝剑。所以如来于一切处成等正觉,于刀山剑树上成等正觉,于镬汤炉炭里成等正觉,于棒下成等正觉。所以一动一静,一去一来,一生一灭,未曾有纤毫异相,未曾有纤毫别相,更无毫厘丝发许作见闻心识解会。何故?诸仁者,诚谓是非路绝,妙性天机。所以道,汝生我亦生,汝杀我亦杀。生杀轮王机,交驰如电掣。”

示众云:“古圣方便,犹如何沙。祖师道‘非风幡动,仁者心动’,斯乃无上心印法门。我辈是祖师门下客,合作么生?莫是风幡不动,汝心妄动么?莫是不拨风幡,就风幡道取么?莫是动处是甚么么?有云附物明心,有云色即是空,有云非风幡动,应须妙会。如此解会,与祖师有何交涉?既不许如是会,诸上座便合知悉。这里悟去,何法而不明?百千诸佛方便,一时洞了。若不如此,设经尘劫,只自劳神,无有是处。”

示众云:“佛法现成,一切具足。圆同太虚,无欠无余。

若能如是,且谁欠谁剩?谁是谁非?谁会谁不会?所以道,东去也是上座,西去也是上座,南去也是上座,北去也是上座。上座因甚么得成东西南北去?若会得,自然见闻觉知路绝,一切诸法现前。何故如此?为法身无相。触物皆形。般若无知,对缘而照。一时彻底会去好。"

师住通玄峰,有偈云:"通玄峰顶,不是人间。心外无法,满目青山。"

法眼闻得,乃云:"只此一偈,可以起吾宗。"

妙喜云:"灭却法眼一宗,只缘此一偈。"

僧问:"名假法假,人空法空。向去诸缘,请师直指。"师云:"谢此一问。"云:"不睹王居壮,焉知天子尊。"师云:"贪观天上月,失却手中桡。"

僧问:"敲打虚空鸣鼟鼟①,石人木人齐应诺。六月降雪落纷纷,此是如来大圆觉。如何是敲打虚空底?"师云:"昆仑儿着铁裤,打一棒行一步。"僧云:"恁么则石人木人齐应诺也。"师云:"你还闻么?"

僧问:"诸法寂灭相,不可以言宣。和尚如何为人?"师云:"若到诸方,更举一遍。"云:"恁么则绝于言句去也。"师云:"梦里惺惺。"

问:"如何是古佛心?"师云:"此问不弱。"

---

① 鼟:音胡。

云:“如何是绝渗漏底句?”师云:“口似鼻孔。”

问:“三世诸佛为甚么不知有?”师云:“却是你知有。”云:“狸奴、白牯为甚么却知有?”师云:“你甚么处见三世诸佛?”

问:“净慧宝印,和尚亲传,未审今日一会,分付何人?”师云:“冬冬鼓,一头打,两头鸣。”

金陵清凉泰钦禅师(凡四)

开堂日,示众云:“某甲本欲居山藏拙,养病过时,奈缘先师有未了底公案,出来与他了却。”

时有僧出问:“如何是先师未了底公案?”师便打云:“祖祢不了,殃及儿孙。”僧云:“过在甚么处?”师云:“过在我,殃及你。”

翠岩芝云:“为众竭力,祸出私门。”

云峰悦云:“这老汉,一斯与夺,也似绝后光前。及乎拶着,又却龙头蛇尾。如今莫有为清凉作主底么?”

李国主问:“先师有甚未了底公案?”师云:“见分析次。”

师问僧:“近离甚处?”云:“庐山。”师拈起香匝云:“庐山还有这个么?”僧无对。

僧问:“百骸俱溃散,一物镇长灵。未审百骸一物相去多少?”师云:“百骸一物,一物百骸。”

雪窦别云:“吾不如汝。”

金陵报恩玄则禅师(凡四)

法眼问师:“曾见甚么人来?”师云:“曾见青峰和尚来。”眼云:“有何言句?”师云:“某甲曾问,如何是学人自己?”峰云:“丙丁童子来求火。”眼云:“好语,只恐你错会,你试说来看。”师云:“丙丁属火,将火求火,如将自己而求自己。”眼云:“与么会,又争得。”师云:“某甲只恁么,和尚尊意如何?”眼云:“你问来,待我与你道。”师理前问,眼云:“丙子童子来求火。”师言下大悟。

师开堂日,李王与法眼在会。有僧问:“龙吟雾起,虎啸风生,学人知是出世边事,到这里,为甚么不会?”师云:“会取好。”僧举头看师,又看法眼,便抽身入众。眼与李王失色。眼归方丈,令侍者唤其僧至,眼问:“上座适来问底语,许你具眼。人天众前,何不礼拜盖覆却?”便摵一坐具,其僧三日后,吐光而终。

僧问:“宗门中玄要,乞师一言。”师云:“汝行脚来多少时也?”僧云:“不曾逢伴侣。”师云:“少瞌睡。”

问:“如何是不迁义?”师云:“江河竞注,日月旋流。”

金陵报恩玄觉禅师(凡一)

闻鸠子鸣,问僧:“是甚么声?”云:“鹁鸠声。”师云:

“欲得不招无间业，莫谤如来正法轮。”

杭州报恩慧明禅师（凡二）

问僧：“近离甚处？”云：“都城。”师云：“上座离却都城到此山，都城少上座，此山剩上座。剩则心外有法，少则心法不周。说得道理则住，不会则去。”僧无对。

师举雪峰塔铭问僧：“从缘有者，始终而成坏。非从缘有者，历劫而长坚。坚之与坏即且置，雪峰只今在甚么处？”僧无对。

法眼代云：“只今是成是坏？”

漳州罗汉守仁禅师（凡四）

示众云：“报恩这里不曾与人拣话，今日与上座拣一两则，还愿乐么？诸上座，鹤胫自长，凫胫自短。甘草甜，黄连苦。恁么拣辨，还惬雅意么？诸上座，莫道血脉不通，泥水有隔好。且莫错会，珍重。”

师问僧：“甚处来？”云：“福州。”师云：“跋涉如许多山岭，那个是上座自己？”云：“某甲亲离福州。”师云：“只恁么，别更有商量。”云：“更作么生商量？”师云：“汝话堕也。”

僧问：“如何是祖师西来意？”师云：“唤甚么作祖师西

来意?”云:“恁么则无西来意也。”师云:“由你口头道。”

金陵钟山义章禅师(凡二)

示众云:“道远乎哉,触事而真。圣远乎哉,体之则神。我寻常示汝,何不向衣钵下坐地,直下参取。须要上来,讨个甚么?欲得省要么?但向僧堂里,三门下,寮舍里参取好。还有会处也未?若有会处,试说看。”

僧问:“如何是祖师西来意?”师云:“不东不西。”

金陵报恩文遂禅师(凡一)

师问僧:“甚处来?”云:“曹山。”师云:“几程到此?”云:“七程到。”师云:“行许多山林溪涧,何者是汝自己?”云:“总是。”师云:“众生颠倒,认物为己。”云:“如何是学人自己?”师云:“总是。”

杭州永明道潜禅师(凡五)

法眼问:“律中道,隔壁闻钗钏声,即名破戒。见观金银合杂,朱紫骈阗,是破戒?是不破戒?”师云:“好个入路。”

示众云:“佛法显然,因甚么不会去?欲会佛法,问取张三李四。欲会世法,参取古佛丛林。珍重。"

僧问:"牛头未见四祖时如何?"师云:"看东看西。"云:"见后如何?"师云:"南看看北。"

问:"如何是慧日祥光?"师云:"此去报恩不远。"云:"恁么则亲蒙照烛去也。"师云:"且喜没交涉。"

僧问:"至理无言,假言诠而显道。如何是显道底言?"师云:"切忌拣择。"云:"如何是不拣择?"师云:"元帅大王,太保令公。"

佛鉴勤云:"大好不拣择。"

僧问:"祖师西来,未审传个甚么?"师云:"传个策子。"云:"恁么则心外有法去也。"师云:"心内无法。"

庐山归宗慧超禅师(凡二)

师问法眼:"如何是佛眼?"云:"汝是慧超。"师于言下大悟。

雪窦颂云:"江国春风吹不起,鹧鸪啼在深花里。三级浪高鱼化龙,痴人犹戽夜塘水。"

僧问:"如何是佛?"师云:"我向汝道即别有也。"

庐山栖贤慧圆禅师(凡一)

示众云:“出得僧堂门,见五老峰,一生参学事毕,何用更到这里?虽然如此,也劳上座一转。”

洪州百丈恒禅师(凡六)

师问法眼:“外道问佛,不问有言,不问无言,叙语未终。”眼云:“住住,你拟向世尊良久处会那?”师于此大悟。

示众云:“诸上座,适来从僧堂里出来,脚未跨门限,便回去,已是重说偈言了也。更来这里,不可重重下切脚也。古人云,参他不如自参。所以道,森罗万象,是善财之宗师;业惑尘劳,乃普贤之境界。若恁么参得,即与善财同参。若不肯与么参,却归堂向火,参胜热婆罗门。珍重。”

师或时上堂,众才集,师便云:“吃茶去。”

或时众才集,便云:“珍重。”

或时众才集,便云:“歇。”后有颂云:“百丈有三诀,吃茶珍重歇。直下便承当,敢保君未彻。”

僧问:“承古有言,于无异法中而说诸法,如何是无异底法?”师云:“鹤胫长,凫胫短。”云:“如何体会?”师云:“有甚么可体会?”

僧问:“祖师西来,直指人心,见性成佛,未审此理如何?”师云:“不用更如何?”云:“学人不会,乞师慈悲。”师云:“灵利人难得。”

僧问:“学人乍入丛林,诸事不会时如何?”师云:“吾助汝喜。”

问:“一物不将来时如何?”师云:“却请将取去。”

问:“学人欲作佛时如何?”师云:“汝许多时作甚么来?”

杭州灵隐清耸禅师(凡一)

示众云:“十方诸佛,常在汝前,还见么?若言见,将心见?将眼见?所以道,一切法不生,一切法不灭。若能如是解,诸佛常现前。”

又曰:“见色便见心,且唤甚么作心?山河大地,万象森罗,青黄赤白,男女等相,是心?不是心?若是心,为甚么却成物象去?若不是心,又道‘见色便见心’?还会么?只为迷此,而成颠倒。种种不同,于无同异中,强生同异。若能直下承当,顿豁本心,皎然无一物,可作见闻。若离心,别求解脱者,古人唤作迷波讨源,卒难晓悟。”

襄州清溪洪进禅师法嗣

襄州天平从漪禅师(凡一)

师到西院,居常自言:“莫道会佛法,今时觅个举话人也无。”

西院闻之，一日遥见师，遂召云：“从漪。”师举头，院云：“错。”师行三两步，院又云：“错。”师近前，院云：“适来这两错，是西院错？上座错？”师云：“是从漪错。”院又云：“错错。”师无语，院云：“且在这里过夏，待共上座商量这两错。”师当下便行。

住后告众云：“我当初行脚时，被业风吹。到汝州思明长老处，被他连下两错，更留我过夏，待共我商量这两错，我不道那时错。发足南方去时，早知道错了也。”

首山云：“据天平作与么解会，也未梦见西院在。何故？话在。”

蕲州五祖师戒禅师法嗣

洪州泐潭怀澄禅师（凡一）

僧问：“如何是佛？”师云：“文不加点。”

问：“不与万法为侣者是甚么人？”师云：“观世音菩萨。”

问：“如何是佛法大意？”师云：“文殊自文殊，解脱自解脱。”

筠州洞山自宝禅师（凡二）

示众云：“总恁么，风恬浪静，那里得来？忽遇洪波浩渺，白浪滔天，当恁么时，觅个水手也难得。众中莫有把柂者也无?”众无对,师云:“赚杀一舡人。”

问:“如何是佛?”师云:“腰长脚短。”

复州北塔思广禅师(凡二)

问:“如何是衲僧变通事?”师云:“东涌西没。”云:“通变后如何?”师云:“地肥茄子嫩。”

问:“如何是和尚家风?”师云:“左手书右字。”云:“学人不会。”师云:“欧头柳脚。”

潭州福严良雅禅师法嗣

潭州北禅智贤禅师(凡二)

岁夜小参,示众云:“年穷岁尽,无可与诸人分岁,且烹个露地白牛,炊黍米饭,向骨拙火,唱村田乐。何故?免见倚他门户傍他墙,刚被时人唤作郎。”便下座。

至深夜,维那来问讯云:“县里有公人到,勾和尚。”师云:“作甚么?”那云:“道,和尚宰牛,不纳皮角。”师捋头帽掷地云:“这个不是?”那就地拾得便行,师跳下绳床,拦胸挡住,叫云:“贼贼。”那将帽子覆师顶云:“天寒,且还和尚帽子。”

时法昌为侍者,师顾法昌云:“这个公案作么生?”昌云:“潭州纸贵,一状领过。”

僧问“如何是佛?”师云:“匙挑不上。”

鼎州文殊应真禅师法嗣

筠州洞山晓聪禅师(凡六)

韶州曲江林氏子。示众云:“相见不扬眉,君东我亦西。红霞穿碧落,白日绕须弥。”

示众云:“井底生红尘,高峰起白浪。石女生石儿,龟毛寸寸长。若欲学菩提,但看此模样。”

送化主,示众云:“住持之事,劳他十方高人。且实际理地,不受一尘。佛事门中,不舍一法。盖为清众之故,所以忘劳。尽大地作个胡饼,天下人尽得吃,唯有深沙神不得吃,怒发将蒺藜棒打一棒,瓦解冰消。”

僧问:“德山入门便棒,犹是起模画样。临济入门便喝,未免捏目生花。离此二途,未审洞山如何为人?”师云:“天晴久无雨,近日有云腾。”云:“他日若有人问洞山宗旨,教学人如何举似?”师云:“园蔬枯槁甚,担水泼菠菱。”

云:“师唱谁家曲,宗风嗣阿谁?”师云:“竹锡挑擎千界月,钵盂盛贮五天云。”

云:“古圣说不到处,请师举?”师云:“寒星明月夜,寂寂万家门。”

僧问:“无根树子向甚么处栽?”师云:“千年常住一朝僧。”

云:“如何是离声色句?”师云:“南瞻部洲,北郁单越。”云:“恁么则学人知恩不昧去也。”师云:“四海水深多少?”

僧问:“如何是佛?”师云:“理长即就。”

问:“祖师西来,当为何事?”师云:“几人被渠谩。”

问:“国师三唤侍者,意旨如何?”师云:“年老心孤。”

云:“既是泗洲大圣,为甚么在扬州出现?”师云:“君子爱财,取之有道。”

朗州德山慧远师云法嗣

庐山归宗善暹禅师(凡二)

临江军人也。示众云:“一若是,二即非,东西南北少人知。休话指天并指地,青天白云徒尔为。”以拄杖系绳床,下座。

僧问:“达磨未来时如何?”师云:“清贫长乐。”云:“来后如何?”师云:“浊富多忧。”

问:“年穷岁尽时如何?”师云:“依旧孟春犹寒。”

云:“更深夜静时如何?”师云:“老鼠入灯笼。”

隋州智门光祚禅师法嗣

明州雪窦重显禅师(凡二十四)

遂州李氏子。问智门:“不起一念,云何有过?”门召师近前,师才近前,门以拂子蓦口打。师拟开口,门又打。师豁然开悟。

师开堂日,普观大众云:“人天普集,合发明个甚么事?焉可互分宾主,驰骋问答,便当宗乘去。广大门风,威德自在。辉腾今古,把定乾坤。千圣只言自知,五乘莫能建立。所以声前悟旨,犹迷顾鉴之端。言下知宗,尚昧识情之表。诸人要知真实相为,但以上无攀仰,下绝己躬,自然常光现前,个个壁立千仞。还辨明得也无?未辨辨取,未明明取。既辨明得,能截生死流,同居佛祖位。妙圆超悟,正在此时。堪报不报之恩,以助无为之化。”

示众云:“形兴未质,名起未名。形名既兆,游气乱清。”拈起拄杖云:“大众,拄杖子是形名双举,还有过也无?有即水底月,无即形名兆。若也究得,实谓恩大难酬。”

示众云:“一问一答,总未有事在。直饶乾坤大地、草木丛林尽为衲僧,异口同音,各置百千问难,不消长老弹指一下,并乃高低普应,前后无差。旷佛祖之妙灵,廓人天之幽迹。如是则何假觉城东际,五众咸居古佛庙前。此时参毕。”

示众云：“田地稳密底，佛祖不敢近，为甚么抬脚不起？神通游戏底，鬼神不能测，为甚么下脚不得？直饶十字纵横，朝打三千，暮打八百。”

示众云：“春山叠乱青，春水漾虚碧。寥寥天地间。独立望何极。”便下座。却顾侍者云：“适来有人看方丈么？”者云：“有。”师云：“作贼人心虚。”

示众云：“国无定乱之剑，四海晏清，也不是分外，还有梯山入贡者么？”

示众云：“十方无碧落，四面亦无门。古人向甚么处见客？或若道得接手句，许你天上天下。”

示众云：“上士相见，一言半句。如击石火，瞥尔便过。应非即言定旨，滞句迷源。从上宗乘，合作么生议论？直得三世诸佛不能自宣，六代祖师全提不起，一大藏教诠注不及。所以棒头取证，喝下承当。意句交驰，还同流浪。其有通方作者，共相证明。”

示众云：“立宾立主，剜肉作疮。举古举今，抛沙撒土。直下无事，正是无孔铁锤，别有机关，合入无间地狱。明眼衲子，应须自看。”

师问大龙:“语底默底不是,非语非默底更非,总是总不是拈却。大用现前,时人知有,大龙如何?”龙云:“子有如是见解那?”师云:“这老汉,今日瓦解冰消。”

至晚,龙问师:“那里是老僧瓦解冰消处?”师云:“转见不堪。”拂袖便出,龙云:“叵耐叵耐。”师不顾。后举似福严雅,雅云:“何不与他本分草料?”师云:“和尚更买草鞋行脚始得。”

一日五人新到相看,师云:“洞庭绝顶无行路,不假梯航试道看。”云:“特来礼拜和尚。”师云:“湛水停舟,徒劳运济。”僧无语,师云:“过这边来。”其僧齐过,师云:“将头不猛,带累三军。参堂去。”

师问僧:“名甚么?”云:“宗雅。”师云:“雅即不问,如何是宗。”僧无对。

师云:“且限三日。”其僧频来下语,师不诺,僧云:“和尚作么生?”师云:“你何不问?”僧拟问,师连打数棒。

一日六人新到相看,师问参头:“夫为上将,须是七事随身,两刃交锋作么生?”云:“久响和尚,有此一着。”师云:“一着放过,还我草鞋钱来。”僧便喝,师便打。僧约住棒,与师一掌。师云:“未到翠峰时,与你三十棒了也。”僧无语,师云:“且过一边着。”

却问第二僧:“副将作么生?”僧茫然,师云:“一状领过,吃茶了。”

师把住参头云:“适来公案,这里只恁么,堂中作么生举?”僧拟议,师打一坐具,便推出。

一日六人新到相见,师问:“还有作家禅客么?”参头云:“和尚道甚么?”师云:“点即不到。”僧拟议,师便喝,僧无语。师云:“龙头蛇尾汉。”

复问第二僧,僧指参头云:“和尚问你,何不只对?”师与一掌,僧无语。

复指第三僧,其僧茫然。师云:“一状领过。”

师问僧:“甚处人?”僧提起坐具,师云:“虾跳不出斗。”僧云:“踍跳。”师便打,僧云:“更踍跳。”师又打,僧便走。师唤回,僧作礼云:“触忤和尚。”师云:“我要这话行,你又走作么?”僧云:“已遍天下了也。”师又打五棒,僧云:“有诸方在。”师云:“你只管吃棒。”

师又唤第二人近前,僧近前,师云:“你是甚处人?”云:“鼎州。”师云:“败也。”云:“青天白日。”师云:“两重公案。”云:“恰是。”师以拄杖指云:“你拟踍跳那?”僧议拟,师亦打五棒。

参头云:“这僧与某甲吃棒不同。”师云:“一时近前来。”僧珍重便走,师随后与一拄杖。

师问僧:“近离甚处?”云:“和尚道甚么?”师云:“我问你近离甚处?”僧退身而立,师云:“克由叵耐,不言来处。”将拄杖来,僧云:“某甲近离奉川。”师云:“打野榸汉,何不早恁么道。”

复问第二人云:“你也一处来?”云:“某甲近离大梅。”

师云:“两段不同,好与三十棒,且放过。”

师问聪道者云:“久参事作么生?”聪云:“青天白日。”师云:“乱走作甚么?”聪便喝,师云:“吃棒得也。”聪拟举手,师打一坐具云:“你看这瞎汉乱做。”

师问僧:“近离甚处?”云:“天台。”师云:“还见智者么?”云:“见。”师云:“为甚么在我脚底?”僧无语,师云:“脱空妄语汉。”

师问僧:“近离甚处?”云:“温州。”师云:“还识永嘉大师么?”云:“是乡人。”师云:“与你隔海在。”云:“酌然。”师云:“面赤不如语直。”僧无语,师嘘一声。

师在大沩为知客。李殿院来,问云:“知客是长老乡人那?”师云:“不敢。”李云:“且在这里,不得乱走。”师云:“本为行脚。”李云:“行脚当为何事?”师云:“看乱走底。”李大笑。

僧问:“只在目前,为甚么再三不睹?”师云:“截耳卧街。”

云:“黑豆未生芽时如何?”师云:“喂驴喂马。”云:“生芽后如何?”师云:“透水透沙。”

僧问:“牛头未见四祖时如何?”师云:“恰恁么。”云:“见后如何?”师云:“三生六十劫。”

僧问:“如何是雪窦境?”师云:“天无四壁。”云:“如何是境中人?”师云:“月在中峰。”

鼎州彰法灯泗禅师(凡一)

僧问:“如何是佛法大意?”师云:“多少人摸索不着。”云:“忽然摸着时如何?”师云:“堪作甚么?”

潭州云盖继鹏禅师(凡三)

初谒双泉雅禅师,雅令充侍者,示以芭蕉拄杖话,经久无省发。一日雅向火次,师侍立。雅忽问:“拄杖子话试举来,与子商量。”师拟举,雅拈火箸便摵,师豁然大悟。

白云端颂云:“与夺双行验正邪,才争拄杖便亡家。蓦然铁棒如风至,失却从前眼里花。”

示众云:“高不在绝顶,富不在福严。乐不在天宫,苦不在地狱。”良久云:“相识满天下,知心能几人。”

僧问:“如何是佛法大意?”师云:“舌头无骨。”

鼎州梁山缘观禅师法嗣

郢州太阳明安警延禅师(凡十一)

师问梁山:“如何是无相道场?”梁指观音云:“此是吴

处士画。"师拟进语,梁急索云:"这个是有相底,那个是无相底?"师于言下大悟,作礼,叉手而立。梁云:"何不道取一句?"师云:"道即不辞,恐上纸墨。"梁山呵呵大笑云:"此语已后,上碑去在。"

示众云:"诸禅德,须明平常无生句,妙玄无私句,体明无尽句。第一句通一路,第二句无宾主,第三句兼带去。一句道得,师子嚬呻。二句道得,师子返掷。三句道得,师子踞地。纵也周遍十方,擒也一时坐断。正恁么时,作么生通得个消息?大众证明。若通不得,来朝更献楚王看。"

时有僧出问:"如何是平常无生句?"师云:"白云覆青山,青山顶不露。"云:"如何是妙玄无私句?"师云:"宝殿无人不侍立,不种梧桐免凤来。"云:"如何是体明无尽句?"师云:"手指空时天地转,回途石马出纱笼。"

问:"如何是师子嚬呻?"师云:"终无回顾意,争肯落平常?"云:"如何是师子返掷?"师云:"周旋往返全归父,繁兴大用体无亏。"云:"如何是师子踞地?"师云:"迴绝去来机,古今无变异。"

示众云:"莫行心处路,莫坐无处功。有无二俱离,廓然天地空。所以南泉道:'大家在这里吃茎菜,若更觅一茎菜,入地狱如箭射。'且道,是甚么语话?"

示众云:"文殊隐显于人间,普贤出没于众中。你若一念通明,向文殊门里发机。你若通前叶后,超方不弱,向普贤门里出身。如今上来下去,头上脚下,是个甚么?上来也我辨你,下去也你辨我。句里明宗即易,宗中辨的则难。句里明宗,为你恁么来。宗中辨的,你诸人试通个消息看?大家证明。有么?”乃云:“老僧今日一场醉酒。”

示众云:“一句子,拈起也满目生光,放下也寒云收谷。且道,不拈不放,唤作甚么?洪波浩渺,白浪滔天。杲日当空,森罗俱显。若向言中取则,句里明机,也似迷头认影。若也宗乘举唱,石人拊掌。且道,石人明甚么边事?”乃云:“露柱怀胎犹未可,铁牛生处不难通。”

示众云:“放一线道,纵横可否?不放一线道,大难大难。所以睦州和尚道:‘放一线道,也由睦州;不放一线道,也由睦州。’僧问:‘如何是放一线道?’州云:‘量才补职。’‘如何是不放一线道?’州云:‘万里崖州。’虽然如是,各在门底施设。建立宗乘,大开径路。大阳寻常道:‘握拳展手,为访知音。展则当处出生,握则随处灭尽。’恁么告报,犹尚不会,岂况言中宛转,句里藏锋?觌面无私,徒伸意款。一句当轩,三门头合掌,两廊下行道,中庭里作舞,后门底摇头。更有针锋上师子作么生道?你若委悉去,放一线道。若也宗乘举唱,老僧口门窄。”

示众云:“廓然去,肯重去,无所得心去,平等心去,离彼我心去,然后方可稳坐。所以古德道:‘牵牛向水东去,也不免官家徭税。牵牛向水西去,也不免官家徭税。不如随分纳些些,免被他家捞扰。’作么生是随分纳些些底道理?但截断两头,圣凡情尽,体露真常,事理不二,即如如佛。若能如是,法法无依。平等大道,万有不系。随处碌碌地更有何事?"

师问聪上座(即石门慈照也。):"近离甚处?"聪云:"襄州。"师云:"作么生是不隔底句?"聪云:"和尚住持不易。"师云:"且坐吃茶。"聪便参堂去。

侍者遂问:"暂到只对住持不易,和尚为甚么教且坐吃茶?"师云:"我献他新罗附子,他酬我舶上茴香。你去问,他有语在。"

侍者问聪:"适来只对和尚,住持不易,意旨如何?"聪云:"真鍮不博金。"

师问僧:"甚处来?"云:"洪山。"师云:"先师在么?"云:"在。"师云:"在即不无,请渠出来,我要相见。"僧云:"聻。"师云:"这个犹是侍者。"僧无对,师云:"吃茶去。"

师问侍者:"有一人遍身红烂,在荆棘林中,周匝火围,如何近附救得此人?"者云:"六根不具,七识不全。"师云:"教伊出来,我要与伊相见。"者云:"只今别无左右只对。"师云:"官不容针。"

僧问:"云门透法身句,意旨如何?"师云:"你记来多少时?"云:"深承和尚指示。"师云:"更不再拨。"

联灯会要卷第二十八

青原下第十一世

天台德韶禅师法嗣

杭州永明延寿智觉禅师(凡四)

初住雪窦。示众云:“雪窦这里迅瀑千寻,不停纤粟;奇岩万仞,无立足处。汝等诸人向甚么处进步?”

师问僧:“曾到此间么?”云:“曾到。”又问一僧,僧云:“不曾到。”师云:“一得一失。”

少顷侍者问:“未审那个得,那个失?”师云:“你曾识这僧么?”云:“不曾识。”师云:“同坑无异土。”

僧问:“久在永明,为甚么不会永明家风?”师云:“向不会处会取。”云:“不会处又如何会?”师云:“牛胎生象子,碧海起红尘。”问:“如何是大圆镜?”师云:“砂盆。”

僧问:“如何是永明旨?”师云:“更添香着。”僧云:“谢师指示。”师云:“且喜没交涉。”僧作礼。师云:“听取一偈,欲识永明旨,门前一池水。日照光明生,风来波浪起。”

温州仙岩安禅师(凡二)

师因破句读《楞严经》云:“知见立,知即无明本。知见无,见斯即涅槃。”于此悟入,即印心于韶国师。后毕生如是读。或告之曰:“和尚破句读了也。”师云:“此是我悟处。”

姚夔通判问:“镜清问玄沙:‘学人乍入丛林,乞师指个入路。’沙云:‘还闻偃溪水声么?’清云:‘闻。’沙云:‘从这里入。’忽若当时道个‘不闻’又作么生?”师召云:“学士。”姚应诺,师云:“从这里入。”姚亦有省。

杭州五云志逢禅师(凡二)

示众云:“舍一知识,参一知识,尽学南游之式样也。且问上座,只如善财礼拜文殊,拟登妙峰山;礼德云比丘,及到彼所,德云何得于别峰相见?教意祖意同一方便,终无别理。彼若明得,此亦照然。诸上座,只今簇着老僧,是相见,是不相见?此处是别峰,不是别峰?脱或从此省去,可谓不辜负老僧,亦见德云未尝刹那相舍。还信得及么?”

示众云:“古德为法行脚,不惮勤劳。如雪峰和尚,三度到投子,九度上洞山。盘桓往返,尚求个入处不得。看汝诸人,才跨门来,便要老僧接引指示,说禅说道。且汝欲造玄极之道,岂是等闲?而况此事,亦自有时节,躁求焉得?汝等要知悟时么?各自下去,堂中静坐,直待仰家峰点头时,老僧为汝说破。”

时有僧出云:“仰家峰点头也,请和尚说。”师召大众云:“且道这僧会不会?”僧作礼,师云:“今日偶然失鉴。”

广州光圣师护禅师(凡一)

僧问:“学人乍入丛林,乞师指示。”师云:“汝未入众时,我已指示汝了也。”云:“如何领会?”师云:“不用领会。”

杭州龙华慧居禅师(凡一)

示众云:“从上宗乘,到此如何举唱?只如释迦老子,说一代时教,如瓶注水。古德尚云,犹如梦事寐语一般。且道古德据个甚么道理便恁么道?还会么?大施门开,何曾壅塞?生凡育圣,不隔丝毫。言凡则全凡,举圣则全圣。凡圣不相待,个个独称尊。所以道,山河大地,长时说法,长时放光。地水火风,一一如是。”时有僧出作礼,师云:“好个问头,如法问着。”僧方进前,师云:“又没交涉了也。”

温州瑞鹿本先禅师(凡五)

示众云:“吾初见天台,言下便荐。然千日之内,四威仪中,似物碍膺,如仇同处。一日忽然猛省,譬如洗面,模着鼻孔。”

示众云:“大凡参学,未必学问话是参学,未必学拣话是参学,未必学代语是参学,未必学别语是参学;未必学捻破经论中,奇特言语是参学;未必学捻破诸祖师语言是参学。若也如是参学,任你七通八达,于佛法中,傥无真实见处,唤作乾慧之徒。岂不闻,古德道,聪明不敌生死,乾慧未免苦轮。诸人,若也参学,应须真实参学始得。真实参学者,行时行时参取,立时立时参取,坐时坐时参取,眠时眠时参取,语时语时参取,默时默时参取,一切作务时作务时参取。既向如是等时参,且道参个甚么人?参个甚么说?到这里,自有个明白处始得。若无明白处,唤作造次参学,则无究了。”

示众云:“天台教中说,文殊、观音、普贤三门,文殊门者一切色,观音门者一切声,普贤门者不动步而到。我道,文殊门者不是一切色,观音门者不是一切声,普贤门者是个甚么?莫道别却天台教说话。无事,且退。”

示众云:“幽林鸟叫,碧涧鱼跳。云片展张,瀑声呜咽。你等还知许多境象示汝人处么?若也知得,不妨参取好。”

师有颂云:“旷大劫来只如是,如是同天亦同地。同地同天作么形,作么形兮无不是。”

温州雁荡愿齐禅师(凡一)

僧问:“夜月舒光,为甚么碧潭无影?”师云:“作家弄影汉。”僧从西过东立,师云:“不惟弄影,无乃怖头。”

杭州兴教洪寿禅师(凡一)

示众云:“扑落非他物,纵横不是尘。山河及大地,全现王身。”

金陵清凉泰钦禅师法嗣

洪州云居齐禅师(凡四)

师在法灯座下充藏主,灯一日谓师云:“今日有僧问‘如何是祖师西来意’,老僧对他道‘不东不西’。藏主作么生?”师云:“不东不西。”灯云:“恁么又争得?”师罔措。

至晚,上方丈请益,灯云:“他家自有儿孙在。”师于言下顿明厥旨。有颂云:“接物利生绝妙,外生终是不肖。他家自有儿孙,将来用得恰好。”

师问僧:“甚处来?”云:“堂中来。”师云:“何得谩语?”慈受深云:“这僧是小谩语,云居是大谩语。”

僧问："如何是佛？"师云："汝是阿谁？"

师临示寂时，示众云："今日老僧风火相逼，特与诸人相见，且向甚么处相见？向四大五蕴处见耶？向六入十二处见耶？既是种种处不可见，则如今相问者是谁？若也见得，可谓后学有赖。"

洪州百丈恒禅师法嗣

庐山栖贤澄諟禅师（凡二）

示众云："佛法无事，大家共行，大家共止。满眼是色，满耳是声。诸佛妙义，于此明得千里万里。"

僧问："如何是佛？"师云："张三李四。"

洪州云居清锡禅师法嗣

天台山从进禅师（凡一）

僧问："古涧寒泉时如何？"师云："切忌饮着。"云："饮者如何？"师云："丧却汝性命。"

庐山归宗义柔禅师法嗣

明州天童新禅师(凡一)

僧问:"如何是密用?"师云:"何曾得密?"

问:"心径未通时如何?"师云:"甚么物碍汝?"问:"求之不得时如何?"师云:"用求作么?"云:"如何即是?"师云:"何曾失却?"

庐山长安延规禅师法嗣

潭州云盖用清禅师(凡一)

僧问:"有一人在万丈井中如何出得?"师云:"且喜相见。"僧云:"恁么则穿云透日去也。"师云:"三十三天事作么生?"僧无对,师云:"脱空谩语汉。"

洪州泐潭澄禅师法嗣

明州阿育王大觉怀琏禅师(凡二)

示众云:"若论佛法两字,是加增之辞,廉纤之说。诸人向这里承当得,尽是二头三首。譬如金屑虽贵,眼里着不得。若是本分衲僧,才闻举着,一摆摆断。不受纤尘,独脱自在,最为亲的。然后便能在天同天,在人同人,在僧同僧,在俗同俗,在凡同凡,在圣同圣。一切处出没自在,拘捡他不得,名邈他不得。何也?谓渠能建立一切法,要且不是渠。渠既无背面,第一不用妄与安排。但知十二时中,平常饮啄,快乐无忧。只此相期,更无别事。所以古人道,放旷长如痴元人,他家自有通人爱。"

师举拳示众云:"握拳则五岳倒卓,展手则五指参差。有时把定佛祖关,有时托开千圣宅。今日这里相呈,且道作何使用?"拍绳床云:"向下文长,付在来日。"

婺州承天惟兰禅师(凡一)

示众云:"一刀两段,埋没宗风。师子翻身,拖泥带水。直饶坐断十方,不通凡圣,脚跟下好与三十。"

复州北塔思广禅师法嗣

荆门军玉泉承浩禅师(凡四)

示众云:"山僧在谷隐十年,不曾饮谷隐一滴水,不曾嚼谷隐一粒米。汝若不会来,大阳与你说。"拈拄杖下座。

示众云:"粥稀后坐,床窄先卧。耳聩爱高声,眼昏宜字大。珍重。"

师因僧入室,有狗在室中,师叱一声,狗便出去。师云:“狗却会,你却不会。”

僧问:“如何是佛?”师云:“截却脚跟。”云:“如何是法?”师云:“掀却脑盖。”

潭州北禅智贤禅师法嗣

洪州法昌倚遇禅师(凡十五)

北禅问师:“近离甚处?”师云:“福严。”贤云:“思大鼻孔长多少?”师云:“与和尚当时见底一般。”贤云:“汝道我见时长多少?”师云:“和尚大似不曾到福严。”贤云:“学语之流。”

又问:“来时,马大师安乐否?”师云:“安乐。”贤云:“向汝道甚么?”师云:“教和尚莫乱统。”贤云:“念汝新到,不能打得你。”师云:“某甲亦放和尚过。”

茶罢,贤问:“乡里甚处?”师云:“漳州。”贤云:“三平在彼作甚么?”师云:“说禅说道。”贤云:“年多少?”师云:“与露柱齐年。”贤云:“有露柱即且从,无露柱年多少?”师云:“无露柱一年也不少。”贤云:“夜半放乌鸡。”

示众云:“毗耶杜口,仿效宗乘。鹫岭拈花,翻成毒药。九年面壁,钝置先宗。半夜传衣,欺他后学。马祖即心是佛,大似待兔守株。盘山非心非佛,可谓和泥合水。如斯之见,尽是败祖宗风,灭胡种族。承虚接响,罔圣欺贤。后学无辜，遭他指注。若论此事，诸佛不曾出世，亦无一法与人。达磨不西来，二祖不得髓。直得皇风荡荡，野老讴歌；心无所恃，行无所依。闻禅与道，似见冤家。说色与心，如逢猛虎。法昌然后与你挑野菜，舂黍米，作和罗饭，煮骨董羹。饥即食，困即眠。不由诸位自崇高，莫学三乘立功课。”

示众云：“闻声悟道，何异缘木求鱼？见色明心，大似迷头认影。诸仁者，不用续凫截鹤，移岳盈壑；南辰北斗，躔度分明；日晦月明，升沉自异。但请休征罢战，端拱无为，自然安贴邦家，差肩佛祖。更若言中辨的，句里明机。清风月下守株人，凉兔渐遥春草绿。”

示众云：“祖师西来，特唱此事。只要时人知有，如贫子衣珠，不从人得。千世诸佛，只是弄珠底人；十地菩萨，只是求珠底人。汝等正是伶俜乞丐，怀宝迷邦。灵利汉，才闻举着，贬上眉毛，便知落处。若更踏步向前，不如策杖归山去，长啸一声烟雾深。”

示众云：“汝若退身千尺，我便当处生芽。汝若觌面相呈，我便藏身露影。汝若舂池拾砾，我便撒下明珠。直得水洒不着，风吹不入，如个无孔铁锤相似。且道法昌还有为人处也无？”良久云：“利刀割肉疮犹合，恶语伤人恨不消。”

师垂语云：“我要一个不会禅底作国师。”

妙喜云:“且道是醍醐句?是毒药句?”

师与南禅师举程大卿看生缘话,师云:“何不直下与伊剿绝却?”南云:“也曾为蛇画足来,是伊自不瞥地。”师云:“和尚如何为他?”南云:“咬尽生姜呷尽醋。”师云:“流俗阿师又恁么去。”南云:“和尚作么生?”师拈拂子便打,南云:“这老汉也是无人情。”

师与南禅师举:“昔曾问兴化:‘知有底人向甚么处去?’化云:‘善财拄杖子。’我云:‘我不问善财拄杖子,知有底人向甚么处去?’化云:‘或则登山,或则渡水。’我云:‘和尚只解步步登高,不解从空放下。’化云:‘老僧虽则年迈,要且不负来机。’”

南云:“和尚作么生?”师云:“我当时错怪兴化。”南云:“如今知也,且道向甚么处去?”师云:“你问阿谁?”南云:“佯聋诈哑作甚么?”师云:“虽然如是,要且不负来机。”

师在双岭受请,与英、胜二首座相别,云:“三年聚首,无事不知。检点将来,不无渗漏。”以拄杖画一画云:“这个即且止,宗门事作么生?”英云:“须弥安鼻孔。”师云:“恁么则临崖看浒眼,特地一场愁。”英云:“深沙努眼睛。”师云:“争奈圣凡无异路,方便有多门。”英云:“钱蛇钻不入。”师云:“这般汉有甚共语处?”英云:“自缘根力浅,莫怨大阳春。”却画一画云:“宗门事且止,这个事作么生?”师便掌,英云:“这漳州子,莫无去就。”师云:“你这般见解,不打更待何时?”又打,英云:“也是老僧招得。”

英、胜二首座到山相访,英云:“和尚寻常爱捡点诸方,今日因甚么却来古庙里作活计?”师云:“打草只要蛇惊。”英云:“莫涂糊人好。”师云:“你又刺头入胶盆作甚么?”英云:“古人道‘我见两个泥牛斗入海,所以住此山’,未审和尚见个甚么?”师云:“你他时异日有把茆盖头,人或问你,作么生只对?”英云:“山头不如岭尾。”师云:“你且道,还当得住山事也无?”英云:“使镤不及拖犁。”师云:“还曾梦见古人么?”英云:“和尚作么生?”师展两手,英云:“虾跳不出斗。”师云:“休将三寸烛,拟比大阳晖。”英云:“争奈公案现在。”师云:“乱统禅和,如麻似粟。”

师将起法堂,问英、胜二首座云:“我欲来这里起法堂,且道作得个甚么向当?”英云:“贼是小人。”师云:“邵武子动着便作屎臭气。”英云:“曾经霜雪苦。”师云:“明珠自有千金价,谁肯林间打雀儿。”英云:“大似持钵不得,诈道不饥。”

师却指胜云:“你且道作得个甚么向当?”胜云:“本来无位次,不用强安排。”师云:“你这驴汉向甚么处着?”胜云:“一任钻龟打瓦。”师云:“也只是个杜撰巡官。”英云:“若是千金宝,何须打雀儿?”师云:“东家人死,西家人助哀。”英云:“路见不平。”

冬夜,与感首座吃果子。师拈起橘子云:“这个滋味何似黄龙?”感云:“须待尝过始得。”师云:“验人端的处,开口便知音。”云：“末法禅师，多虚少实。”师拈起橐子云：“这个又作么生？”云：“须是和尚始得。”师云：“一个橐子早是不奈何。”感云：“饶人不是弱汉。”

喆首座来，师问：“山深路僻，何烦访及？”喆云：“仁义道中，不为分外。”师云：“将得甚么来？”喆叉手近前，师云：“只这个，为当别有。”喆展两手，师云：“前头较些子，后头打不着。”喆云：“且容某甲人事。”

人事罢，师复问：“近离甚处？”喆云：“云居。”师云：“峰头事作么生？”喆云：“多少人疑着。”师卓拄杖云：“弘觉鼻孔何似这个？”喆云：“草贼大败。”师云：“这僧话头也不识。”喆云：“和尚问甚么？”师云：“我问你弘觉鼻孔。”喆云：“又道不识话头？”师云：“不谬为翠岩弟子。”

师问僧：“一切声是佛声，是否？”云：“是。”师云：“为甚么鸦作鸦鸣，鹊作鹊噪？”云：“和尚自生分别。”师便打。

又问一僧：“一切声是佛声，是否？”云：“不是。”师云：“为甚么不是？”云：“鸦作鸦鸣，鹊作鹊噪。”师亦打。

后有僧问：“前头一僧是且从，后头一僧不是，因甚也打？”师打云：“且听明眼人断看。”

筠州洞山晓聪禅师法嗣

南康军云居晓舜禅师（凡十）

自洞山如武昌，行乞，首谒刘公居士家。居士高行，为时所敬,意所与夺,莫不从之。师时年少,不知其饱参,颇易之。居士云:“老汉有一问,上人语相契,即开疏。如不契,即请却还。”遂问:“古镜未磨时如何?”师云:“黑似漆。”士云:“磨后如何?”师云:“照天照地。”居士长揖云:“若恁么,上人且请还洞山。”拂袖入宅。

师懞㦬即还洞山,山问其故,师具言其事,山云:“你问来,我与你道。”师理前问,山云:“此去汉阳不远。”师进后语,山云:“黄鹤楼前鹦鹉洲。”师于言下大悟,机锋不可触。

师开堂日,示众云:“如来至理,实难剖露。心印玄机,那从意解?众生无始时来,背心取法,执事迷流,遂有诸佛出兴于世,随机设教,唤作方便门庭。若据衲僧门下,一言相契,迢迢十万。众中莫有通商量底么?出来对众,吐露谈消息看。”

僧问:“承和尚有言,不谈玄,不说妙,去此二途,如何指示?”师云:“虾蟆赶鹞子。”云:“全因此问也。”师云:“老鼠弄猢狲。”

师乃云:“问话且止。古人道,多言复多语,由来返相误。山僧今日无端向诸人前败阙一场。若是明眼人见,笑破他口。何谓?彼自无疮,勿伤之也。虽然如是,又须实到这个田地始得。”

示众云:“德山道:‘与你脱却笼头,卸却角驮,教你作个好人去,三界不收,六道不摄。’你诸方学得底,岂不是笼头角驮?德山棒,临济喝,岂不是笼头角驮?你诸人被诸方老骨檛教坏了也,学得一堆骨董,蕴在胸襟,便道‘我会禅’,你皮下还有血么?被他热瞒了也。大愚今日与么道,也是为他闲事长无明。”

示众云:“古人道,不见一法即如来,方得名为观自在。且问你诸人,作么生说个不见一法底道理?莫是本来无一法么?莫是本来清净么?若恁么会,未曾梦见在。三家村里老婆,亦不作如是见解。大愚会下,莫有说得道理底么?试出来对众说看,大愚与你证明。有么?一言已出,驷马难追。”

示众云:“闻说佛法两字,早是汗我耳目。诸人未跨大愚门,脚跟下好与三十棒。虽然如是,今日也是为众竭力。”

示众云:“横飞雪刃,寸草不存。大地黯然,乾坤失色。正当与么时,佛祖出头来,也须入地三尺。虽然如是,大愚今日向诸人前败阙一场。且道甚么处败阙?还有人捡点得出么?若捡点得出,行脚事毕;若捡点不得,且作纳饭阿师。”

示众云:“拈起要妙,露柱皱眉。出格之谈,乌龟向火。平实无事,嚼饭小儿。褒贬古今,岂能自救?诸禅德,离此之外作么生商量?莫是三年逢一闰,九月是重阳么?莫是大尽三十日,小尽二十九么?莫是春来草自青么?若作如斯见解,大愚门下唤作驴前马后汉。”

示众,举:“夹山道:‘闹市门头,识取天子;百草头上,荐取老僧。’三峡即不然,妇摇机轧轧,儿弄口喎喎。”

示众云:“诸方便有弄蛇头,拨龟尾,跳大海,剑刃里藏身。三峡这里,寒天热水洗脚,夜间脱袜打睡。早朝旋系行缠,风吹篱倒,唤人夫劈篾缚起。”

僧问:“言无展事,语不投机,未是衲僧见处。学人上来,师意如何?”师云:“水长舡高。”云:“如何是衲僧见处?”师云:“人无远虑,必有近忧。”

问:“如何是本来心?”师云:“拆东篱补西壁。”

庐山归宗善暹禅师法嗣

洪州云居佛印元禅师(凡二)

饶州浮梁林氏子。师谓众曰:“云门说法,如云如雨,绝不许人记录其语,见则诟曰:‘汝口不用,返记吾语。他日异时,裨贩我去在。’今《室中对机录》皆香林以纸为衣,随所闻即书之,后世渔猎语言,正如吹网欲满,非愚即狂也。”

师一日为学徒入室,适东坡居士忽到面前,师遽云:“此间无坐榻,居士来此作甚么?”坡云:“暂借佛印四大为坐榻。”师云:“山僧有一问,居士若道得,即请坐。若道不得,即输腰下玉带子。”坡欣然云:“便请。”师云:“居士适来道，暂借山僧四大为坐榻，只如山僧四大本空，五阴非有，居士向甚么处坐?”坡不能加答，遂留下玉带，师却赠以衲衣。坡有偈云：“百千灯作一灯光，尽是恒沙妙法王。是故东坡不敢惜，借君四大作绳床。”又曰：“病骨难堪玉带围，钝根犹落箭锋机。会当乞食歌姬院，夺得云山旧衲衣。”又曰：“此带阅人如传舍，流传到我亦悠哉。锦袍错落犹相衬，乞与佯狂老万回。”

明州雪窦重显禅师法嗣

越州天衣义怀禅师(凡十二)

温州乐清陈氏子。示众云：“未离兜率，已降王宫。未出母胎，度人已毕。直饶恁么，犹落建化门中。诸人者，若论此事，举目则千山万水，思量则天地悬殊。直得六根杜绝，一念相应，正是无孔铁锤。恁么说话，埋没宗风，耻他先作。初机后学，不可徒然。先圣幸有第二义门，留与后人。诸仁者，若论第二义门，足可话会。山僧今日不避讥嫌，分明说破。大道无偏，复谁迷悟?诸仁者，迷则迷于悟，悟则悟于迷。迷时力士失额上之珠，悟则贫子获衣中之宝。谁人不有?故圣人云：‘如我观身实相，观佛亦然。’前际不来，后际不去。今则无住，无住之本，流出万端。森罗眩目，全彰古佛家风；音声聒耳，尽是普贤境界。虽然如是，笑杀衲僧。”以拄杖击绳床。

师受天衣请，辞众，示众云：“今日一筵，便是祖送将军出塞，坐莲华帐，劝上马杯。”乃横按拄杖云：“虽无七事随身，且有折弓钝剑。虽不能刜[①]钟截铁，争奈古格犹存，对诸作者面前，焉敢拈出？念是旧时光彩。”乃目顾大众云：“七星璀璨，光透九霄。膝上磨砻[②]，乾坤肃静。若也交锋两刀，自取其伤。若也扫荡烟尘，赤眉转盛。直得心无异缘，口无异说，目无异顾，不施寸刃，建立太平。检点将来，羁乎化迹。何也？将军犹在。若是明眼衲僧，一任贬剥。”

示众云：“玄黄不真，黑白何咎？六祖大师道：‘叶落归根，来时无口。’若会此个说话，直入维摩丈室，住金色光中。见十方世界，四圣六凡，如观掌中庵摩勒果。又见一类众生，寝生死长夜，惛惛睡眠，不觉不知。作金鸡报晓一声，令伊惺悟，岂不快哉。若能如是，方可将此深心奉尘刹，是则名为报佛恩。虽然如是，古人道，笑我者多，哂我者少。”

示众云：“山河无隔碍，光明处处透，作么生是处处透底光？若也不会，山僧为你注脚。透你眼处，十方诸佛国土只在香烟上。透你耳处，观音菩萨在钟声里礼拜。透你鼻处，香积世界熏天炙地。透你舌处，醍醐上味，翻成毒药。透你身处，一棒一条痕。透你意处，业识茫茫，颠倒妄想。如是会得，四大五蕴瓦解冰消，作么生是父母未生前面目？”良久云：“三十年后，鼻孔撩天，一任骂取。”

---

① 刜：音福。砍。
② 砻：音龙。磨刀。

示众云:“雁过长空,影沉寒水。雁无遗踪之意,水无沉影之心。若能如是,方解向异类中行,不用续凫截鹤,夷岳盈壑。放行也百丑千拙,收来也挛挛拳拳。用之则敢与君王斗富,不用都来不直半分钱。参。”

示众云:“青萝夤缘,直上寒松之顶;白云淡泞,出没太虚之中。何似南山起云,北山下雨。若也会得,甜瓜彻蒂甜,苦瓠连根苦。”

示众云:“五蕴山头一段空,同门出入不相逢。无量劫来赁屋住,到头不识主人公。”

有老宿拈云:“既不识,当初问甚么人赁?”师云:“恁么拈,也大远在。何故?须知死人路上,有活人出身处;活人路上,死人无数。那个是活人路上死人无数?那个是死人路上活人出身处?若也检点得分明,拈却炙脂帽子,脱却鹘臭布衫。”

示众云:“日月沉辉,乾坤黯黑。赤肉团上,壁立千仞。孙宾门下,徒话钻龟。朕兆已萌,何劳拟议。向威音王佛已前道得,犹在金峰窠里。若是具眼衲僧,到这里合作么生道?”

示众云:“无边刹境,自他不隔于毫端。且道妙喜世界不动如来说甚么法?十世古今,始终不离于当念。只如威音王佛,最初一会度多少人?若是通方作者,试为道看。”良久云:“行路难,行路难,万仞峰前着眼看。”

示众云:“善能分别诸法相,于第一义而不动,作么生说个分别底道理?老僧试为分别看。四面是山,中间是僧堂佛殿,厨库三门,这里是法堂;上是天,下是地;僧是僧,俗是俗,作么生说个第一义?若向这里明得去,穿取维摩老子鼻孔。若也不会,且待阿逸多出世。”

师作色、空二偈。一云:“色空空色色空空,碍却潼关路不通。劫火洞然毫末尽,青山依旧白云中。”

其二云:“东西南北,十万八千。空生罔措,火里生莲。”

泉州承天传宗禅师(凡二十)

示众云:“灵山正眼,千圣不知。少室锋机,三乘莫演。正当今日,委在山僧。放开也,风行草偃;捏聚也,地转天回。你等诸人,尽是久经阵敌惯战作家,幸对人天,出来证据。”

示众云:“始自迦叶垂旨,海印分权;断臂少林,吾宗失旨。岂况列位三乘,分宗五教,则此道滥觞也。若论衲僧门下,直须千圣情尽,万缘不滞始得。设使机轮转处,又涉多途。直饶千眼顿开,白云万里。”

示众云:“大凡举唱宗乘,须会目前生杀,纵夺临时。杀人刀,活人剑,此是上古之机锋,亦是今时之枢要。到这里,也须是个汉始得。点着使转,拨着便露。拟议之间,丧身失命。”以拄杖击绳床。

示众云：“锋前一句，切忌承当。师子翻身，急须着眼。一刀两段，少分相应。同死同生，万中无一。你诸衲子，尽是寻言泥句，入海算沙；习学多闻，驴年会去。若更放过，转见不堪。”拈拄杖，一时趁下。

示众云：“汝等诸人尽是老弱残兵，只是守营把寨底手脚。若是上将军，便能埋兵布阵，把定边疆，不顾信旗，单刀直入。说甚么孟尝门下宾客三千，点着不来，还归死海。”

僧问：“如何是诸佛本源？”师云：“千江流白月。”进云：“如何领会？”师云：“三十年后。”师乃云：“人天围绕，宾主交驰。问者，若一花一叶以开敷；答者，似一雨一云而动作。如斯相见，未称衲僧。若论宗乘一札，海辩难宣。把定乾坤，要津无路；既通一线，千圣出兴。所以大觉世尊于师子床回紫金山，普告大众：‘吾今为汝建大法幢，为出世因，作将来眼。’诸人还辨得也无？忽若于此辨得，当知正法眼藏，委在此时。便能作大觉王，独步三界，堪报我佛之恩，用助尧天之化。”

示众云：“诸人者，直饶问得知过鹙子，辩若满慈，也只是口传心授底葛藤。且道从上宗乘合作么生议论？若也锋铓未兆之前，大朴未分之际荐得，犹落化门。若向意根下寻思，卒摸索不着。”

僧问：“如何是般若体？”师云：“云笼碧峤。”云：“如何是般若用?"师云:"月在清池。"师乃云:"若是上士,脚才跨门,便知般若之体。便乃觌露锋机,如同电拂;论禅与道,未免轮回;举意明宗,犹遭曲辙。通人分上,私限不拘。后进初机,快须荐取。于斯明得,许你把定乾坤,手擎日月。若也未然,山僧今日劳而无功。"

示众云:"宗门深奥,合作么生话会?若教山僧祖令当行,直须倒插乾坤,翻腾日月,人天泯迹,佛祖潜踪,一切魔王宫殿振裂。虽然如此,犹涉化门。若是作者相见,闪电犹迟。拟拄言诠,宛然流浪。"

示众云:"千峰影里,双涧声中,忽然风雷一击,千尺鲸喷。祖佛家风,急须着眼。雄兵百万,要定边疆;剑客三千,到则不点。东来衲子,吴楚作家,点着不来,一时擒下。"

示众云:"闻声悟道,犹是听响之流;见色明心,何异眼中着屑。真如佛性,要且未出苦源;行布圆融,大似无绳自缚。若是衲僧家,喝散白云,冲开碧落,横身三界,独步大方。若不如是,徒为大夫。"喝一喝。

示众云:"衲僧门下,不在多端。达士相逢,非存目击。始知拈槌竖拂,眼里撒沙;瞬目扬眉,犹是钝汉。假饶直下明得,正是无孔铁锤。拟欲寻思,千里万里。"卓拄杖一下。

师行脚时,为泉州栖隐和尚驰书,到京师李驸马宅相看。尉问:"因甚么到京?"师云:"专为院门驰书。"尉云:"适来悔伸一问。"师云:"驸马惯得其便。"尉便喝,师云:"放过一着。"尉云:"再犯不容。"师云:"三十年后,有人举在。"

师到风穴,穴问:"近离甚处?"师云:"东家。"穴云:"且喜没交涉。"师便喝,穴云:"作家。"师打一坐具,拂袖而出。穴云:"未到风穴,与你三十棒了也。"

瑞光专使驰书上师,接书了,拈拄杖问参头:"西祖不传东土信,少林谩道付神光。书且拈却,作么生是瑞光家风?"使云:"师叔在上。"师指云:"将头不猛,带累三军。"使云:"和尚幸是大人。"师云:"两重公案,且放过一着。"

复问第二僧:"你在瑞光多少时?"云:"和尚着忙作么?"师云:"师子窟中无异兽。"僧无语,师打一棒。

又问第三僧:"你为甚么失却本道公验?"云:"和尚惯得其便。"师云:"一状领过,且坐吃茶。"

僧问:"如何是祖师西来意?"师云:"白云抱幽石。"僧云:"乞师再垂方便。"师云:"千里未是远。"

问:"如何是道?"师云:"蛇无头不行。"云:"如何是道中人?"师云:"行到水穷处,坐看云起时。"

问:"孟常门下,剑客三千。凤凰门下,又且如何?"师云:"不许夜行。"云:"恁么则学人退身三步。"师云:"不是剑客,请莫相过。"

问:"如何是道?"师云:"且莫诈明头。"云:"如何是道中人?”师云:“堕坑落堑。”

问:“祖意教意,是同是别?”师云:“胡马嘶北风。”

舒州投子法宗道者(凡一)

僧问:“如何是道者家风?”师云:“袈裟裹草鞋。”云:“意旨如何?”师云:“赤脚下桐城。”

越州天衣在禅师(凡二)

示众云:“摩竭掩室,钝鸟栖芦。毗耶杜词,困鱼止泺。少林面壁,待兔守株。天衣恁么道,还有分付处也无?”良久云:“他时豹变,后五日看。”

僧问:“祖祖相传传祖印,师今得法,嗣何人?”师云:“人将语试,水将杖试。”

郢州大阳警延禅师法嗣

郢州兴阳剖禅师(凡四)

师在大阳作园头种瓜。延问:“甜瓜何时熟?”师云:“即今熟烂了也。”延云:“拣甜底摘来。”师云:“与甚么人吃?”延云:“不入园者。”师云:“未审不入园者还吃也无?”延云:“汝还识伊么?”师云:“虽然不识,不得不与。”延笑云:“去。”

师卧疾次,延问:“是身如泡幻,泡幻中成辨。若无个泡幻,大事无由辨。若要大事辨,识取个泡幻,作么生?”师云:“犹是这边事。”延云:“那边事作么生?”师云:“匝地红轮秀,海底不栽花。”延笑云:“乃尔惺惺耶。”师喝云:“将谓我忘却。”

示众云:“西来大道,理绝百非。句里投机,全乖妙旨。不已而已,有屈祖宗。岂况忉忉,有何所益?虽然如是,事无一向,且于唱教门中通一线道,大家商量。”

僧问:“娑竭出海龙宫震,觌面相呈事若何?”师云:“金翅鸟王当宇宙,个中谁是出头人?”云:“忽遇出头时,又作么生?”师云:“似鹘提鸠君不信,髑髅前验始知真。”云:“恁么则叉手当胸,退身有分去也。”师云:“须弥脚下乌龟子,莫待重遭点额回。”

舒州投子义青禅师(凡六)

青社李氏子。谒浮山远禅师,经三载。远一日问云:“外道问佛,不问有言,不问无言,世尊默然,如何?”青拟开口,远遽以手掩师口,师于此大悟,遂作礼。远云:“汝妙悟玄机那?”师云:“设有妙悟,也须吐却。”

时孜侍者在旁云:“青华岩今日如病得汗。”师回顾孜云:“合取狗口,汝更忉忉,我即便驱。”远后以大阳直裰皮履付师,嘱云:“代吾续洞上宗风。”

示众云:“若论此事,如鸾凤冲霄,不留其迹;羚羊挂角,那觅其踪?金龙不守于寒潭,玉兔岂栖于丹影?其或主宾若立,须威音路外摇头;问答言陈,仍玄路傍提为唱。若能如是,犹在半途。更乃凝眸,不劳相见。”

示众云:“默沉阴界,语落深坑。拟着则天地悬殊,弃之则千生万劫。洪波浩渺,白浪滔天。镇海明珠,在谁收掌?”良久,卓拄杖云:“百杂碎。”

示众云:“孤村陋店,莫挂瓶盂。祖佛玄关,横身直过。早是苏秦触塞,求路难回。项主临江,何逃困命?禅德,到这里,进则落于天魔,退则沉于鬼趣;不进不退,正在死水中。诸仁者,作么生得平稳去?”良久云:“任从三尺雪,难压寸灵松。”

示众云:“诸佛出世,应病施方。祖师西来,守株待兔。直饶全提举唱,犹如凿壁偷光。设使尽令施行,大似空中掷剑。何故?不见古人道,不用求真,唯须息见。诸仁者,且道息个甚么见?”良久云:“灵云不悟桃花旨,空使玄沙暗皱眉。”

示众云:“若论此事,如鱼遁深渊,必招钓客。玉埋荆谷,何逆求人?所以刖足楚城,烟波渭水。盖谓不守平常,致见如是。此日白云满谷,渌水浮烟;瑞鸟惊晨,山光眩日。触事无私,有何不可?虽然如是,更须无手能遮目,钓鱼不犯竿。”

慧州罗浮如禅师(凡一)

大阳问师:“你甚处人?”师云:“益州。”阳云:“此去多少?”师云:“五千里。”延云:“你与么来,还曾踏着么?”师云:“不曾踏着。”阳云:“汝解腾空那?”师云:“不解腾空。”阳云:“争得到这里?”师云:“步步不迷方,随身无辨处。”阳云:“汝得超方三昧耶?”师云:“圣心不可得,三昧岂彰名?”阳云:“如是如是。汝应信,此即本体全彰,理事不二,善自护持。”

西川云顶鹏禅师(凡二)

僧问:“如何是大疑底人?”师云:“毕钵岩中,面面相觑。”云:“如何是不疑底人?”师云:“如是我闻,须弥粉碎。”

僧问:“祖意教意,是同是别?”师云:“达磨逢梁武,摩腾遇汉明。”

青原下第十二世

庐州栖贤澄諟禅师法嗣

湖州西余体柔禅师(凡一)

示众云:“一人把火,自焫其身。一人抱冰,横死于路。进前即触途成滞,退后即噎气填胸。直得上天无路,入地无门,如今已不奈何也。”良久云:“待得雪消去,自然春到来。”

洪州云居晓舜禅师法嗣

建康府蒋山法泉禅师(凡二)

隋州时氏子。上堂,僧问:“达磨未来时如何?”师云:“月明东岭上。”云:“来后如何?”师云:“黄河彻底清。”

云:“祖师面壁,意旨如何?”师云:“撑天拄地。”云:“便恁么去时如何?”师云:“落七落八。”师乃云:“诸仁者,问话得也未?相挨相拶,进前退后,口里喃喃地图个甚么?将谓宗门合有恁么说话。诸人败阙,终可带累山僧,亦无分雪处。何故?诸人未发问时,犹较些子。才出头来,便没交涉。不见摩竭国内土旷人稀,少室岩前风高月冷。到这里,岂假三寸,方解辨明?所以道,诸佛不出世,祖师不西来;马鸣、龙树不敢商量;海藏龙宫,不能诠注。虽然如是,若是明眼汉,一点也瞒他不得。后学初机,卒难摸索。今日判府侍郎为佛法主,山僧得与诸人相见。大众。如今忽有人问‘如何是相见底事’,向他道甚么?莫有道得底么?出来露个消息看,山僧为汝证明。若也未知,今日已是隐藏不得,为诸人一时说破。”乃擘开胸云:“一时记取。”

示众云:“要去不得去,要住不得住。打破大散关,脱却娘生裤。诸仁者,到腊月三十日,且道用个甚么?”良久云:“柳絮随风,自西自东。”

处州慈云修慧禅师(凡四)

示众云:“若论此事,唯佛与佛,乃能知之。诸人还知么?慈云今日开大智门,入总持藏,示汝诸人。无价珍去,诸人还识么?”拈起拄杖云:“这个岂不是无价珍?一人有一个,自是诸人不肯承当。若承当去,头头应用,取舍自由。十二时中,受用不尽。若用不得,一任怀宝迷邦,向外驰求。踏破草鞋,虚生浪死。”卓拄杖一下。

示众云“大众会么?五月十五即不问,且道葫芦里走马一句作么生道?直饶道得,也是渴鹿趁阳焰。”

示众云:“菩提达磨,口能招祸。圣谛义中,梁王勘破。归到少林,九年壁坐。退己让人,万无一个。”

僧问："牛头未见四祖时如何？"师云："青山藏不得。"云："见后如何？"师云："明月却相容。"

越州天衣义怀禅师法嗣

东京法云圆通法秀禅师（凡七）

秦州陇城辛氏子也。通诸经论，久习《华严》。一日叹曰："吾观善财，始见文殊，复过百一十城，事五十三知识。又闻达磨西来，老卢南去，教外别传，无上心印。吾岂止方隅，滞性相之宗耶？"因弃所业，束装南游，径往天衣，谒怀禅师。怀问曰："座主讲甚么经？"师云："粗习《华严》。"怀云："《华严》以何为宗？"师云："以法界为宗。"怀云："法界以何为宗？"师云："以心为宗。"怀云："心以何为宗？"师不能加答，怀云："毫厘有差，天地悬隔。汝当自看，会有省发耳。"

后十七日，闻僧举：白兆问报慈云："情生智隔，想变体殊。情未生时如何？"慈云："隔。"师于此大悟，直诣方丈陈所证，怀喜云："前后座主，唯汝一人，真大法器，吾宗异日在汝行矣。"师遂服勤八年余，天衣推为导首。后出世舒之四面，最后住本山而终老焉。

示众，举：古云："见一则瞎汝眼，知一则翳汝眼。翳生则天上人间，瞎却则三头六臂。"师云："既是翳生，为甚么天上人间？既是瞎却，为甚么三头六臂？山僧即不然，翳生则长连床上伸脚打睡，都莫以道为怀；瞎却则朝打三千，暮打八百。且道还有得失也无?”良久云:“可知礼也。”

示众云:“单传心印,过犯弥天。祖师玄言,如何宣说?打鼓上来,成得什么?”良久云:“直饶动地雨花,争如归堂向火。参。”

示众云:“多能多虑,转不相应。绝言绝虑,无处不通。”拈起拄杖云:“直饶向这里见得祖师,正好吃山僧拄杖。若也棒头取证,犹在半途,作么生是究竟一句?”良久云:“常忆江南三月里,鹧鸪啼处百花香。”

示众云:“道士倒骑驴,猢狲系露柱。虾蟆跳上天,乌龟缩头去。栖贤也欲放过,又恐不分缁素,却被诸方检点。”蓦拈拄杖云:“非但诸方,便是栖贤拄杖也自不甘。”击绳床一下。

示众云:“少林九年冷坐,却被神光觑破。如今玉石难分,只得麻缠纸里。还会么?笑我者多,哂我者少。”

示众云:“看风使帆,正是随波逐波;截断众流,未免依前渗漏。量才补职,宁越短长;买帽相头,难为恰好。直饶上不见天,下不见地,东西不辨,南北不分,有甚么用处?任是纯钢打就,生铁铸成,也须额头汗出。总不恁么,又且如何商量?”良久云:“赤心片片,谁知得笑杀黄梅石女儿。”

示众云："衲僧家，高揖释迦，不拜弥勒，未为分外。只如半偈亡躯，一句投火，又图个甚么？"良久云："彼彼住山人，何须更说破。"

杭州佛日智才禅师（凡一）

示众云："风雨萧骚，塞汝耳根。落叶交加，塞汝眼根。香臭丛杂，塞汝鼻根。冷热甘甜，塞汝舌根。衣绵温冷，塞汝身根。颠倒妄想，塞汝意根。诸禅德，直饶你翻得转，也是平地骨堆。"

东京慧林宗本禅师（凡一）

僧问："如何是露地白牛？"师云："放出无寻处。"

台州瑞岩子鸿禅师（凡二）

示众云："法尔不尔，建立乖真。堂堂现成，雕琢成伪。妙圆超悟，头上安头。顿获法身，枷上着杻。设若不尔，则灵山画饼，曹溪指梅，过犯弥天。放过即不可，更有一个谁检点得出？"蓦拈拄杖云："今日不着便。"

示众云："一不守，二不向，上下四维无等量。大洋海里泛铁舡，弥须顶上翻鲸浪。临济缩却舌头，德山阁却拄杖。千古万古独巍巍，留与人间作榜样。"

真州长芦体明禅师(凡二)

示众,顾视左边云:“师子之状,岂免嚬呻?”复顾视右边云:“象王之仪,宁忘回顾。取此逃彼,上士奚堪?识变知机,野狐恋窟。到这里,须知有凡圣不历处,古今不到处。且道是甚处人行履?”良久云:“丈夫自有冲天气,不向如来行处行。”

示众云:“上士相逢,休存目击。祖师门下,如何受用?古往今来,新新无间。虽然如是,犹在荆棘林中。衲僧家,须向镬汤炉炭上成等正觉,刀山剑树上说法度人,方有少分相应。”良久云:“茯苓只在松根下,用意追寻事转遥。”

苏州净慧可证禅师(凡二)

示众云:“龙宫海藏,尽属葛藤。教外别传,起摸画样。当人分上,平地风波。到这里,如何出得?”良久云:“毗婆尸佛早留心,直至如今不得妙。”

僧问:“达磨未来时如何?”师云:“天涯地角。”云:“来后如何?”师云:“四海五湖。”

舒州投子义青禅师法嗣

东京净因道楷禅师(凡十)

师问投子:“佛祖意句,如家常茶饭。离此之余,还别有为人言句也无?”子云:“汝道,寰中天子来,还假禹汤尧舜也无?”师拟开口,子拈拂子蓦口打云:“你发意来时,早有二十棒分。”师于此契悟,作礼便行。子云:“且来阇梨。”师竟不回首,子云:“子到不疑之地耶?”师掩耳而去。

师作典座,子问:“厨务勾当不易。”师云:“不敢。”子云:“煮粥耶?蒸饭耶?”师云:“人工淘米着火,行者煮粥蒸饭。”子云:“子作个甚么?”师云:“和尚慈悲,放他闲去。”

师侍投子游菜园,子度拄杖与师,师接得随行。子云:“理合恁么。”师云:“与和尚提鞋挈杖,也不为分外。”子云:“有同行在。”师云:“那一人不受教。”子休去。

至晚,问师:“早来与子说话未尽。”师云:“请和尚举。”子云:“卯生日,戌生月。”师即点灯来,子云:“子上来下去,总不空然。”师云:“在和尚左右,理合如此。”子云:“奴儿婢子,谁家屋里无?”师云:“和尚年尊,关他不可。”子云:“得恁么殷勤。”师云:“报恩有分。”

示众云:“威音已前,不落诸位。然灯之后,以心传心。

诸祖递相继袭，掩室摩竭，似是而非。更于鹿野苑中，三转十二行法轮，自后声教既传，四十九年指喻不下，子孙几乎断绝。黄面老人，末后着忙，将青莲目顾视迦叶，迦叶微笑，便云：‘吾有正法眼藏，付嘱于汝。’金色头陀大似不丈夫，取人处分。自后西天此土，指鹿为马；少室黄梅，将日作月。祖师已是错传，山僧已是错说。今日不免将错就错，曲为今时。从来向君道，直须旨外明宗。莫向言中取则，石人机似汝，也解唱巴歌。汝若似石人，雪曲也须和。直饶唱得韵出青霄，和得宫商不犯，正是出世边事。落在今时，且道未出世边事作么生？”良久云：“眹兆未生前荐取，春风飘摆绿杨垂。”

示众云：“威音路外，千圣不游。问答言陈，乡关万里。设使总不恁么，坐在无事界中。更若碍眸，不劳相见。”

示众云：“才升此座，已涉尘劳。更乃凝眸，自彰瑕玷。别传一句，勾贼破家。不失本宗，狐狸恋窟。所以真如凡圣皆是梦言，佛及众生并为增语。到这里，回光返照，撒手承当，未免寒蝉抱枯木，泣尽不回头。”

示众云：“威音那畔，水泄不通，便是释迦亲来，也分疏不下。少室九年，伸吐无门。若据令而行，三界诸佛应须侧立，六代祖师只可傍观。如今放一线道，许你诸人通个消息，许你同身共命，一气连枝。若通不得，只知荆玉异，那辨楚王心。”

示众，拈起拄杖云："这里荐得，尽是诸佛建立边事。直饶你东涌西没，卷舒自在，也未梦见七佛已前消息。须知有一人，不从人得，不受教诏，不落阶级。若识此人，一生参学事毕。"蓦召大众云："更若凝眸，不劳相见。"

示众云："道本明直，不劳修证。直饶一句下会得，君臣父子，五位具足。临济三玄三要，四句料简；云门函盖乾坤，截断众流，随波逐浪，会得，通同古今，倜傥分明。尽是古人方便建立。落在今时，不见黄面老人自解知非，掩室摩竭，净名杜口。有一般汉，将为极则。黄面老人早是犯锋伤手，幸然无事。更将腻脂帽子，拓向头上。自后黄梅聚徒八百，选佛场开。末后散席，自云'心空及第'，便有老卢出云'未来无一物'，便乃密传衣法。半夜渡江，负重至大庾岭头。明上座趁及，自云：'为法而来。'便云：'不思善，不思恶，正恁么时，还我明上座本来面目。'这一场狼藉，不同小小，便是德山、临济手脚，也打叠不尽。更有一般底，递相传授。举觉商量，将为奇特。烂嚼细咽，垢污心田。且诸祖未建立已前，将甚体格今时？只如老汉，不会禅，不会道，百无长处，是个三家村里汉。自小出家，寺院剃头，后乃经游天台庐阜。如今年老，头白齿黄，只是旧时三家村里汉，与诸人何异？地上行，床上卧，钵盂里吃饭，后架里盥漱。若作佛法商量，眉须堕落。诸人还会么？直饶会得玄玄，争似饥餐困歇。"

杨次公问师："相别得几年？"师云："七年。"公云："七年参禅来？学道来？"师云："不打这鼓笛。"公云："恁么则空游山水,百无所能去也。”师云:“相别未久,善能高鉴。”公呵呵大笑。

韩相公来,师出接。公云:“禁足不出,为甚么却出?”师云:“官不容针,私通车马。”

西京少林恩禅师(凡四)

示众云:“若向这里说即心是佛,大似头上安头。若说非心非佛,何异迷头认影。赏个名,安个是,立个非,向甚么处见达磨祖师?虽然如此,放一线道,别有商量。诸仁者,是复谁是?非复谁非?是非杳绝,分明万机。于斯明得,昼见日夜见星。于斯不明,有寒暑兮促君寿,有鬼神兮妒君福。”

示众云:“如斯说话,谁是知音?直饶句一向下,千眼顿开。端的有几个是迷锋达磨?诸人要识达磨祖师么?”举手捏空云:“达磨祖师鼻孔,在少林手里。若放开去,从他此土西天,说黄道黑。若不放过,不消一捏。莫有为祖师作主者么?出来与少林相见。有么?”良久云:“果然。”

示众云:“便恁么休去,已落二三。更若切切,终成异见。既到这里,又不可弓折箭尽去也。且衲僧家远则能照,近则能名。”拈拄杖云:“穿却德山鼻孔,换却临济眼睛。掀翻大海,拨转虚空。且道三千里外谁是知音?于斯明得,大似杲日照天。苟或未明,不免云腾致雨。”卓拄杖一下。

僧问:“久飘客路,罕遇知音。今日上来,请师一接。”师云:“有眼无耳朵,六月火边坐。”云:“顶门不具金刚眼,几逐流莺过短篱。”师云:“白云千里万里。”

联灯会要卷第二十九

青原下第十三世

东京法云法秀禅师法嗣

澧州香积用旻禅师(凡一)

示众云:“夫为宗匠,随众提纲。应机问答,杀活临时。心眼精明,那容妖怪。若也棒头取证,喝下承当,埋没宗风,耻他先作。转身一路,不在迟疑。一息不来,还同死汉。大众,直饶到这个田地,犹是语句埋藏,未有透脱一路。且作么生是透脱一路?还有人道得么?若无,山僧不免为诸人说破。”良久云:“玉离荆岫寒光动,剑出丰城紫气横。”

东京慧林宗本禅师法嗣

杭州净慈善本禅师(凡二)

本州余氏子。示众云:“上士听法以神,中士听法以心,下士听法以耳。且道,更有一人来将甚么听?”卓拄杖云:“高也着,低也着,落落圆音遍寥廓。十方内外更无他,不用无绳而自缚。”

示众云："会么？祖师妙旨，只在目前。惠日峰前，云生足下。湖湘浪阔，迥接遥天。晚唱渔舟，夜泛蒹葭之月；欢游画舫，时闻丝竹之音。更说闻声悟道，见色明心，大似抛却甜桃树，沿山摘醋梨。"

福州太平恩禅师（凡二）

示众，竖起拳云："或时为拳，"复开云，"或时为掌。若遇衲僧，有功者赏。"遂放下云："直是土旷人稀，相逢者少。"

示众云："衲僧现前三昧，释迦老子不会。住世四十九年，说得天花乱坠，争似渴饮饥餐，展脚堂中打睡。"

秀州本觉法真禅师（凡二）

示众云："本分相见，不在如何。撩起便行，犹为钝汉。若也分宾列主，俱为念话杜家。更乃说妙谈玄，不是宗门苗裔。山僧恁么道，已是雪上加霜，汝等诸人更拟觅甚么？"以拄杖，一时趁下。

示众云："拆半裂三，人人道得。去一拈七，亦要商量。正当今日，云门道底不要，别作么生？露得个消息。"良久云："日月易流。"

北京天钵重元禅师法嗣

西京圣善真悟禅师(凡一)

示众云:“扬声止响,不知声是响根。弄影逃形,不知形为影本。以法问法,不知法本非法。以心传心,不知心本无心。心本无心,知心如幻。了法非法,知法如梦。心法不实,莫谩追求。梦幻空花,何劳把捉。到这里,三世诸佛,一大藏教,祖师言句,天下老和尚,路布葛藤,尽使不着。何故?太平本是将军致,不许将军见太平。”

东京净因楷禅师法嗣

东京净因法成禅师(凡四)

示众云:“知有佛祖向上人,方有说话分。诸禅德,且道,那个是佛祖向上事?有个人家儿子,六根不具,七识不全,是大阐提。无佛种性,逢佛杀佛,逢祖杀祖,天堂收不得,地狱摄无门,大众还识此人么?”良久云:“对面不仙陀,睡多饶寐语。”

示众云:“只这个负累杀人。认作空劫时自己,分明头上安头,更言落在今时,何异霜加雪上。直得纯清绝点,犹有流注真常。纵然转位回机,大似日中逃影。所以道,二由一有,一亦莫守。一心不生,万法无咎。”喝一喝云:“是甚热碗鸣声？岂不见道，文殊起佛见法见，贬向二铁围山。衲僧起佛见法见，列在三条椽下。”乃举起拂子云：“拂子夜来起佛见法见，且道今朝如何批判？”系绳床云：“分付德山、临济。”

示众云：“灵机独耀，智鉴洞然。瞬目扬眉，已彰痕迹。拈槌竖拂，岂免阶梯？悟之者，心超数量，语默皆如，左放右收，都无依赖。迷之者，头头作解，取舍有心。纵饶尽得那边，未免这边碍着。所以道，衲僧家说个解粘去缚、拔楔抽钉，已是犯锋伤手。更言体之与用，正之与偏，恰似三家村里教书郎，未念得一本太公家教，便道文章赛过李白、杜甫。诸禅德，伊家自有同风，不要展他书卷。”

师问僧：“甚处人？”云：“西川。”师云：“几时离乡？”云：“前年二月。”师云：“未离本国一句作么生道？”云：“通身是口，难为祇对。”师云：“犹是离家失业句。”僧无语，师打一拂云：“枉踏草鞋。”

青原下第十四世

杭州净慈善本禅师法嗣

福州雪峰思慧禅师（凡四）

杭州余氏子。示众云：“若论此事，最尊最胜，难解难知，是第一义谛，是无分别法，是智不到处，是大总持王，是如来顶,是祖师印,是金刚王宝剑,是踞地师子,是铁牛机,是猛火聚。拟向即乖,措意即失。而我云何能说能示?诸人云何能信能解?自非上根大器,向光未发已前,蓦提得去,其孰能与于此哉。众中必有饱参禅客在,行间立地,鼻孔里冷笑,肚皮里自语云:'这话堕阿师,大好不说。'咦!师子咬人,狂狗趁块,却被山僧拄杖子检责云:'克由叵耐,妄意卜庆。随语生解,放过即不可。'若也放过,曹溪路上生荆棘,迦叶门风被陆沉。"以拄杖击绳床,下座。

示众云:"一法有形,翳汝眼睛。眼睛不明,世界峥嵘。纵使通身眼绽,烁破大千,十方圆明,纯一无杂,犹未得剿绝在。何故?金屑虽贵,落眼成翳。翳若不消,空花仍在,直须瞎却诸人眼,始解剪除病根。从教摸地捞天,免人弄光认影。过此已还,吾不知也。"

示众云:"诸佛说法,常依真俗二谛。唯有祖师门下,一无所依。不依内,不依外,不依中间,乃至一切诸佛都无依倚。或问或答,尽在临时。句后声前,不留影迹。不是禅,不是道,不是玄,不是妙,不是真,不是俗,且道是个什么?"良久云:"毗婆尸佛早留心,直至如今不得妙。"

示众云:"当场问答,只在临时。不用寻思,拈来便用。诸禅德,不是情中法,莫生取舍心。而况法无异法,句无别句。拈起一毫,尽大地一时明得,一切言句,无不该通,犹未是衲僧分上事。岂不见道,击石火,闪电光,荐得荐不得,未免丧身失命。且如诸人,还免得也无?"良久云:"临崖看浒眼，特地一场愁。”

邓州丹霞淳禅师法嗣

明州天童正觉禅师（凡五）

示众云：“佛法也无许多般，只要诸人一切时中放教身心，空索索地条丝不挂，廓落无依；本地灵明，毫发不昧。若恁么履践，得到自然一切时合，一切时应，了无纤毫许，作你障碍处，便能转十圣向自己背后，方唤作衲僧。若也倚他门户，取他处分，受他茶糊，岂不是瞎驴趁大队？既然如是，毕竟如何？自是不归归便得，五湖烟景有谁争。”

示众云：“诸禅德，吞尽三世佛底人，为甚么开口不得？照破四天下底人，为甚么合眼不得？许多病痛，与你一时拈却了也，且作么生得十成通畅去？还会么？擘开华岳连天秀，放出黄河到海清。”

示众云：“以本际光，洗长夜暗。以法界智，破尘劫疑。生灭纷纷，而不至真净之家；夤缘扰扰，而不到圆明之境。任他外变，独我中虚。步入道寰，体亡幻事。所以古人道，有物先天地，无形本寂寥。能为万象主，不逐四时凋。且道是甚么？”良久云：“鲸吞海水尽，露出珊瑚枝。”

示众云：“真空不空，妙有不有，是万化生成之根，即二仪造化之母。方隅不可定其居，劫数不可穷其寿。门庭廓净也，风色如秋；田地虚明也，月华如昼。达一念之未萌，在大功而莫守。五路头，木马嘶鸣；四衢内，石牛奔走。到处相逢到处渠，通身是眼通身手。”

示众云：“一切色不为眼碍，文殊门中发机。一切声不为耳魔，观音门中透彻。一切用不为身拘，一切应不为事背，便是普贤门中出入。夺境也，如驴觑井；夺人也，如井觑驴。三千世界百亿身，不用安排只这是。”

青原下第十五世

福州雪峰思慧禅师法嗣

临安府净慈道昌禅师（凡三）

湖州人也。示众云：“了得目前，不了生死，此人病在生死。了得生死，不了目前，此人病在目前。且道目前生死一时了得底人，病在甚么处？”良久云：“鸳鸯绣出从君看，莫把金针度与人。”

示众云：“只这里荡荡地，幸自可怜生，因甚么特地碍却？只为你行时，有个行见；坐时，有个坐见。隐隐犹怀旧日嫌。若是觑得透，见得彻，拨正路头，直饶随风倒柂，要且遍界不藏。且道不受移易一句又作么生？无底篮中提得起，莫窑村里不须寻。”

示众云："灵山会上，特地颟顸；少室峰前，依前懡㦬；何山门下，睹明不睹暗，未免从头算；两个五百文，元来是一贯。恁么说话，且道于衲僧门下，成得甚么边事？须知穿耳客，不是刻舟人。"

明州天童正觉禅师法嗣

临安府净慈慧晖禅师(凡四)

明州人也。示众云："真机独立，卓尔不群。觌面无私，对扬有准。不堕诸缘之后，妙超造化之先。众生背之而逐浪迷源，诸佛证之而截流到岸。设使波澄大海，风清而未许停舟；云散长空，月朗而岂容披照？当阳显赫，大地该通。一句全提，十方普应。黄花翠竹，咸彰妙德家风；松韵泉声，尽证圆通境界。直得恁么，犹是门庭施设，止宿草庵。入理深谈，犹隔生在。所以道，任汝头头上了，物物上明，只唤作了事底人，须知有尊贵边事。直饶如两镜相照，光影互融，亦只唤作光影边事，更须知有到家时节。合作么生？人归大国方成器，水到沧溟始是波。"

示众云："巢知风，穴知雨，甘草甜，黄连苦，不须计较作商量。五五从来二十五，万般施设只如常。此是丛林饱参句，诸人还委悉么？野老不知尧舜力，冬冬擂鼓祭江神。"

示众云："悬崖撒手，自肯承当。绝后再苏，欺君不得。

若向这里见得，便能全人即境，全境即人。人境一如，十方通彻。在一尘而见性，即一性以全真。有时闹市横身，有时寒岩宴坐，有时宾中辨主，有时主中辨宾，有时宾主交参，有时主宾互用。诸人还相委悉么？我是法中王，于法得自在。”

示众云：“二千年前，吾佛世尊拈花示众，唯有金色头陀破颜微笑。世尊云：‘吾以正法眼藏，涅槃妙心，分付摩诃大迦叶。’自后递代，以心传心，直指人心，见性成佛。譬如金翅鸟扇开大海，直取龙吞。拟议不来，白云万里。唯在一念自肯，不落意思，不堕情识。德山棒，临济喝，竹韵松声，驴鸣犬吠，莫不尽是发扬此事。自是诸人开眼尿床，对面蹉过。且道，誵讹有甚么处？”掷下拄杖云：“三十年后，不得错举。”

应化贤圣

佛陀波利尊者

游五台，到忻州，见一老人，问师：“甚么处去？”师云：“台山礼文殊去。”老人云：“大德见文殊，还识么？”尊者无对。

汾阳云：“今日庆幸。”

尊者到山下，又见一老人，问：“尊者何来？”云：“西天来。”老人云：“还将得《佛顶尊胜经》来么？”者云：“不将得来。”老人云:“空来何益?”尊者遂回。

明安云:“当初下得甚么语,得见文殊,不回西天?”乃云:“但展两手似伊。”

耶舍尊者

访远法师,远问:“如何是道?”师云:“无人能会。”云:“此间有五百听徒,其中硕学高流,岂无一人会?”师微笑。

远复问:“如何是道?”师举如意示之,云:“见么?”远云:“见。”师云:“见个甚么?”远云:“见尊者手中如意。”师将如意掷于地云:“还见么?”远云:“见。”师云:“见个甚么?”远云:“见尊者手中如意堕地。”师收起如意云:“见即不见,还见么?”远罔措,师斥云:“观公见解,未出常流,何得名喧宇宙?”乃拂衣上紫霄峰。

波罗提尊者

西天异见王问:“何者是佛?”师云:“见性是佛。”王云:“师见性否?”师云:“我见佛性。”王云:“性在何所?”师云:“性在作用。”王云:“是何作用? 我今不见。”师云:“今现作用,王自不见。”王云:“于我有否?”师云:“王若作用,无有不是。王若不用,体亦难见。”王云:“若当用时,几处出现?”师云:“若出现时,当有其八。”王云:“其八出现,当为我说。”师说偈云:“在胎曰身,处世名人,在眼曰见,在耳曰闻,在鼻嗅香,在舌谈论,在手执捉,在足运奔。遍现俱该沙界,收摄在一微尘。识者知是佛性,不识者唤作精魂。"王闻,心悟,作礼而谢。

秦跋陀禅师

问生法师:"讲何经论?"生云:"《大般若经》。"师云:"作么生说色空义?"云:"众微聚曰色,众微无自性曰空。"师云:"众微未聚唤作甚么?"生罔措。

师又问:"别讲何经论?"云:"《大涅槃经》。"师云:"如何说涅槃之义?"云:"涅而不生,槃而不灭,不生不灭,故曰涅槃。"师云:"这个是如来涅槃,那个是法师涅槃?"云:"涅槃之义,岂有二耶? 某甲只如此,未审禅师如何说涅槃?"师拈起如意云:"还见么?"云:"见。"师云:"见个甚么?"云:"见禅师手中如意。"师将如意掷于地云:"见么?"云:"见。"师云:"见个甚么?"云:"见禅师手中如意堕地。"师斥云:"观公见解,未出常流,何得名喧宇宙?"拂衣而去。

其徒怀疑不已,乃追师扣问:"我师说色空涅槃不契,未审禅师如何说色空义?"师云:"不道汝师说得不是,汝师只说得果上色空,不会说得因中色空。"其徒云:"如何是因中色空?"师云:"一微空故众微空,众微空故一微空。一微空中无众微,众微空中无一微。"

汾阳代云:"休葛藤。"

南岳慧思禅师

因志公令人传语云:"何不下山教化众生,目视云汉作甚么?"师云:"三世诸佛被我一口吞尽,何处更有众生可化?”

五祖戒云:“更说道理看。”

天台智𫖮[1]禅师

在南岳诵《法华经》,至药王品云:“是真精进,是名真法供养如来。”于是悟法华三昧,获旋陀罗尼,见灵山一会,俨然未散。

妙喜云:“如今未获旋陀罗尼者,还见灵山一会否?若见,以何为证?若不见,是真精进,是名真法供养如来。只恁么念过,却成剩法矣。”

天台丰干禅师

因寒山问:“古镜未磨时,如何照烛?”师云:“冰壶无影像,猿猴探水月。”云:“此是不照烛也,更请道看。”师云:“万德不将来,教我道甚么?”寒山、拾得二俱作体而退。

师欲游五台,问寒山、拾得云:“汝共我去游五台,便是我同流。若不共我去游五台,不是我同流。”山云:“你去游五台作甚么?”师云:“礼文殊。”山云:“你不是我同流。”

大沩祐禅师

作沙弥时,往国清受戒。寒山预知,同拾得往松门接。

---

① 𫖮:音倚。

祐才到，二人从路傍跳出，作大虫吼三声，祐无对。山云：“自从灵山一别，迄至于今，还记得么？”祐亦无对，拈得拄杖云：“你唤这个作甚么？”祐又无对，寒山云：“休休，不用问他。自别后，已三生作国王来，总忘却了也。”

先净照禅师

问楞严大师：“经中道，若能转物，即同如来。若被物转，即名凡夫。只如升元阁作么生转？”

汾阳代云：“彼此老大。”

金陵志公和尚

问一梵僧：“承闻尊者唤我作屠儿，曾见我杀生么？”云：“见。”师云：“有见见，无见见，不有不无见。若有见见，是凡夫见。无见见，是声闻见。不有不无见，是外道见。未审尊者如何见？”梵僧云：“你有此等见耶。”

汾阳云：“不枉西来。”

师垂语云：“终日拈香择火，不知身是道场。”

玄沙云：“终日拈香择火，不知真个道场。”

雪窦云：“一对无孔铁锤。”

昭觉勤云：“终日拈香择火，不知拈香择火。”

明州布袋和尚

尝立通衢，有僧问："在这里作甚么？"师云："等个人来。"或云："来也来也。"遂怀内取一橘子度与僧，僧拟接，师缩手云："汝不是这个人。"

僧问："如何是祖师西来意？"师放下布袋，叉手而立。僧云："只这个，别更有在？"师拈布袋，上肩便行。

师一日见僧在前行，师蓦抚其背，僧回首，师云："把将一钱来。"

师或将布袋并破席一领，于通衢往来。布袋盛钵盂木履，鱼肉菜饭，瓦石土木，诸般总有。或于稠人中打开布袋，撒下物云："看看。"又一一拈起，问人云："这个唤作甚么？"

婺州善慧大士

梁武帝请讲《金刚经》，士才升座，以尺挥桉一下，便下座，帝愕然。志公云："陛下还会么？"帝云："不会。"志公云："大士讲经竟。"

白云端云："大士与志公，被梁皇一状领过。"

雪窦颂云："不向双林寄此身，却于梁土惹埃尘。当时不得志公老，也是恓恓去国人。"

大士一日披衲、顶冠、靸[1]履朝见。帝问:“是僧耶?”士以手指冠,帝云:“是道耶?”士以手指靸履,帝云:“是俗耶?”士以手指衲衣。

汾阳代云:“大士多能。”

大士有偈云:“夜夜抱佛眠,朝朝还共起。起坐镇相随,语默同居止。纤毫不相离,如身影相似。欲识佛去处(雪窦云:‘三生六十劫。’),只这语声是。”

玄沙云:“大小傅大士,只认得个昭昭灵灵。”

雪窦云:“天下衲僧跳不出,直饶口挂壁上汉。别有一窍,勘过了打。”又云:“玄沙打草惊蛇。”

泗州大圣

或问:“师何姓?”师云:“姓何。”或云:“何国人?”师云:“何国人。”

无著和尚

往台山,文殊相迎次,问:“大德何方而来?”师云:“南方。”云:“南方佛法如何住持?”师云:“末法比丘,少奉戒律。”云:“多少众?”师云:“或三百,或五百。”

师却问:“和尚此间佛法如何住持?”殊云:“凡圣同

① 靸:音洒。穿。

居,龙蛇混杂。”师云:“多少众?”殊云:“前三三,后三三。”

汾阳代云:“识得你。”

雪窦颂云:“千峰盘屈色如蓝,谁谓文殊是对谈。堪笑清凉多少众,前三三与后三三。”

文殊与师吃茶次,拈起玻璃盏问:“南方还有这个么?”师云:“无。”殊云:“寻常将甚么吃茶?”师无对。

长庆棱云:“若恁么,痴客劝主人。”

师睹日色稍晚,遂问文殊:“拟投一宿,得否?”殊云:“汝有执心在,不得宿。”师云:“某甲无执心。”殊云:“汝曾受戒否?”师云:“受戒久矣。”殊云:“你若无执心,何用受戒?”

师辞退,均提童子送师出门。师问童子:“和尚适来道,前三三后三三,是多少?”童子召大德,师回首,童子云:“是多少?”

洞山云:“欲观前人,先观所使。”

师见寺无额,问童子:“此寺名甚么?”童子以手指金刚背后云:“看。”师回首,化寺乃隐。

师游五台,逢一老人。师问:“莫是文殊么?”云:“岂有二文殊?”师才作礼,老人忽然不见。

赵州代云:“文殊文殊。”

天衣怀云:“无著只有先锋,且无殿后。老人若不隐去,有甚面目见无著?"

公期和尚

因往罗汉,路逢一骑牛公子。师问:"罗汉路向甚么处去?"公拍牛云:"道道。"师喝云:"这畜生。"公云:"罗汉路向甚么处去?"师却拍牛云:"道道。"公云:"直饶恁么,犹少蹄角在。"师便打,公子拍牛便走。

纸衣道者

曹山问师:"莫是纸衣道者么?"师云:"不敢。"山云:"如何是纸衣下事?"师云:"一裘才挂体,万法悉皆如。"山云:"如何是纸衣下用?"师近前应诺,便立脱去。山云:"汝只解恁么去,且不解恁么来。"师忽开眼,问:"一灵真性,不假胞胎时如何?"山云:"未是妙。"师云:"如何是妙?"山云:"不借借。"师便珍重,却坐脱。

山乃有颂云:"觉性圆明无相身,莫于知见强疏亲。念异便于玄体昧,心差不与道相邻。情分万法沉前境,识鉴多端丧本真。如是句中全晓会,了然无事旧时人。"

寒山

因众僧炙茄次,将串茄向一僧背上打一下,僧回首,山呈起茄串云:"是甚么?"僧云:"这风颠汉。"山向傍僧云:

"你道这僧费却我多少盐醋?"

寒山因赵州游天台,路次相逢。山见牛迹,问州云:"上座还识牛么?"州云:"不识。"山指牛迹云:"此是五百罗汉游山。"州云:"既是罗汉,为甚么却作牛去?"山云:"苍天苍天。"州呵呵大笑,山云:"作甚么?"州云:"苍天苍天。"山云:"这厮儿,宛有大人之作。"

拾得

一日扫地,寺主问:"汝名拾得,因丰干拾得汝归,汝毕竟名甚么,姓甚么?"拾得放下扫帚,叉手而立。主再问,拾得拈扫帚,扫地而去。寒山捶胸云:"苍天苍天。"拾得云:"作甚么?"山云:"不见道,东家人死,西家人助哀。"二人作舞,笑哭而去。

拾得见国清半月念戒,众集,拾得拍手云:"聚头作想那事如何?"维那叱之,得云:"大德且住,无嗔即是戒,心净即出家。我即与你合,一切法无差。"

钱塘将使

在界上为镇使,每问僧:"若相契,即留止宿。"一日有二僧来,使问:"甚处来?"云:"江西马大师处来。"使问:"有何言句?"云:"即心是佛。"使便揖出。又问次僧,僧云:"非心非佛。"使亦揖出。

洪州许式郎中

与上蓝溥、沩潭澄二师话次。澄云:“承闻郎中有云‘夜坐连云石,春栽带雨松’,当时答洞山甚么话?”许云:“今日放衙。”澄云:“闻说是答泗州大圣,在扬州出现底话,是否?”许云:“别点茶来。”澄云:“名不虚得,元来是作得主。”许云:“和尚早晚回山。”澄云:“今日被上蓝觑破。”蓝便喝,澄云:“须是你始得。”许云:“无奈舡何,打破戽斗。”

郎中入上蓝,问首座:“年多少?”座云:“六十八。”许云:“僧腊多少?”座云:“四十七夏。”许云:“圣僧得几夏?”座云:“与虚空同受戒。”许拍板头云:“下官吃饭,不似首座吃盐多。”

大宋太宗皇帝

问僧:“看甚么经?”云:“《仁王经》。”帝云:“既是寡人经,因甚么在卿手里?”僧无对。

雪窦代云:“皇天无亲,惟德是辅。”

帝幸开宝塔,问僧:“卿是何人?”云:“塔主。”帝云:“寡人塔,为甚么卿作主?”僧无对。

雪窦代云:“盍国咸知。”

帝因僧朝见，乃问："卿是甚处僧？"僧云："庐山卧云庵。"帝云："卧云深处不朝天，为甚到此。"僧无对。

雪窦代云："难逃至化。"

帝梦神人报云："请陛下发菩提心。"帝早朝，宣问左右街云："菩提心作么生发？"俱无对。

雪窦代云："实谓今古罕闻。"

有僧朝见云："陛下还记得臣僧么？"帝云："甚处相见来？"云："灵山一别，直至于今。"帝云："卿以何为验？"僧无对。

雪窦代云："贫道得得而来。"

帝因僧奏："烧却藏经，欲乞宣赐。"帝问："昔日摩腾不烧，如今为甚么却烧？"僧无对。

雪窦代云："陛下不忘付嘱。"

亡名尊宿

昔有一老宿，一夏不为师僧说话，有僧叹云："我只恁么，空过一夏。不敢望和尚说佛法，得闻正因两字也得。"老宿闻乃云："阇梨莫嘶速。若论正因，一字也无。"道了叩齿云："适来无端，不合与么道。"邻壁有不老宿，闻云："好一釜羹，被一颗鼠粪污却。"

雪窦代云："谁家釜里无一两颗？"

昔有一老宿住庵,于门上书"心"字,于窗上书"心"字,于壁上书"心"字。

法眼云:"门上但书'门'字,窗上但书'窗'字,壁上但书'壁'字。"

玄觉云:"门上不要书'门'字,窗上不要书'窗'字,壁上不要书'壁'字。"

昔有二庵主住庵,旬日不相见。忽相会,上庵主问下庵主:"多时不相见,在甚么处去?"下庵主云:"在庵中造个无缝塔。"上庵主云:"某甲也要造一个,就兄借取塔样子。"下庵主云:"何不早说,恰被人借去了也。"

法眼云:"且道是借他样,不借他样?"

昔有老宿云:"祖师九年面壁,为访知音,若恁么会得,吃铁棒有日在。"

又一老宿云:"祖师九年面壁,何不惭惶?若恁么会得,更买草鞋行脚三十年。"

琅玡觉云:"既不然,且道祖师面壁意作么生?"良久云:"欲得不招无间业,莫谤如来正法轮。"

昔有老宿畜一童子,并不知轨则。有一行脚僧到,乃教童子礼仪。晚间见老宿外归,遂去问讯,老宿怪讶,遂问童子云:"何谁教你?"童子云:"堂中某上座。"老宿唤其僧来问:"上座傍家行脚是甚么心行?这童子养来二三年了,幸自可怜生,谁教上座教坏伊?快束装起去。"黄昏雨淋淋地被趁出。

法眼云:“古人恁么显露些子,家风甚怪。且道意在于何?”

昔有一行者随法师入佛殿,行者向佛吐唾,法师云:“行者少去就,何以唾佛?”者云:“将无佛处来,与某甲唾。”法师无对。

仰山代法师但唾行者,待他有语,却向他道:“还我无行者处来。”

昔有僧到曹溪,时守衣钵僧提起衣云:“此是大庾岭头提不起底。”僧云:“为甚么在上座手里?”僧无对。

云门云:“彼此不了。”又云:“将谓是师子儿。”

昔有一僧去覆舡,路逢一卖盐翁,僧问:“覆舡路向甚么处去?”翁良久,僧再问,翁云:“你患聋那?”僧云:“你向我道甚么?”翁云:“向你道覆舡路。”僧云:“翁莫会禅么?”翁云:“莫道会禅,佛法也会尽。”僧云:“你试说看。”翁挑起盐篮,僧云:“难。”翁云:“你唤这个作甚么?”僧云:“盐。”翁云:“有甚么交涉?”僧云:“你唤作甚么?”翁云:“不可更向你道是盐。”

昔有婆子供养一庵主经二十年,常令一二八女子送饭给侍。一日令女子抱定云:“正恁么时如何?”主云:“枯木倚寒岩,三冬无暖气。”女子举似婆,婆云:“我二十年,只供养得个俗汉。”遂遣出,烧却庵。

昔有一僧参米胡，路逢一婆住庵，僧问："婆有眷属否?"云："有。"僧云："在甚么处?"云："山河大地，若草若木，皆是我眷属。"僧云："婆莫作师姑来否?"云："汝见我是甚么?"僧云："俗人。"婆云："汝不可是僧。"僧云："婆莫混滥佛法好。"婆云："我不混滥佛法。"僧云："汝恁么，岂不是混滥佛法?"婆云："你是男子，我是女人，岂曾混滥?"

昔南泉典座辨两分食诣园。管待园头，食时展钵次，忽有念佛鸟鸣，园头乃敲枕头一下，鸟又鸣，头又敲一下，鸣既住。园头云："会么?"座云："不会。"头又敲一下。

盐官会下有一主事僧，见一鬼使来追，僧云："某甲身充主事，未暇修行，乞容七日，得否?"使云："待我白王，若许，七日后来。不然，须臾便至。"言讫不见，七日后来，觅其僧了不可得。后有僧问一僧云："忽然觅着时，如何抵拟他?"僧无对。

洞山云："被他觅得也。"

昔沩山有一僧，下山觅住处。偶宿一行者家，者问："上座何处去?"云："觅个住处。"者书"佛"字问："这个是甚么字?"云："'佛'字。"者却唤妻子问："是甚么字?"妻云："'佛'字。"者云："上座与拙室见解一般，争解住得?"其僧却回沩山。

昔有一僧到翠岩相看，值岩不在，遂下看主事。事云："见和尚也未?"云："未。"主事指狗子云："上座要见和尚，但礼拜这狗子。”僧无语。后翠岩归,闻乃云:“作么生免得与么无语?”

云门云:“欲观其师,先观弟子。”

妙喜云:“当时若作这僧,便礼狗子一拜。”

昔有一婆入赵州僧堂云:“这一堂师僧,总是婆生,只有大底孩儿五逆不孝。”州才顾视,婆便出去。

昔有一道士背佛而坐,僧问:“道流莫背佛。”道云:“大德,本教道,佛身充满于法界,教我向甚处坐即得?”其僧无对。

昔有一僧还魂云:“冥中见地藏,问你平生修何行业?”云:“念《法华经》。”藏云:“止止不须说,我法妙难思。”僧无对。

昔有一僧问一老宿云:“师子捉象全其力,捉兔亦全其力,未审全个甚么力?”老宿云:“不欺之力。”

昔有施主入寺,行众僧随年钱,知事云:“圣僧前着一分。”施主云:“圣僧年多少?”僧无对。

法眼代云:“心期满处即知。”

昔有一老宿不赴堂,侍者来请赴堂,宿云:“我今日在庄,吃油糍饱。”者云:“和尚不曾出入。”宿云:“你但去,问取庄主。”者方出门,忽见庄主归,谢和尚到庄吃油糍。

妙喜颂云："和尚不赴堂，庄主谢临屈。一字入公门，九牛车不出。"

昔广南有一僧住庵，偶大王出猎，吏人报云："庵主，大王来，请起身。"主云："非但大王来，佛来亦不起。"王问："佛岂不是卿师？"主云："是。"王云："见师为甚么不起？"僧无对。

法眼代云："未足酬恩。"

昔有一官人作《无鬼论》，中夜挥毫，忽见一鬼，出云："汝道无，我聻？"官无语。

五祖演代，但以手作鹁鸠觜云："谷谷孤。"

昔有老宿问一座主："疏钞解义，广略如何？"主云："钞解疏，疏解经。"宿云："经解甚么？"主无对。

昔有僧路行见鱼死水中，乃问："鱼以水为命，为甚么却向水中死？"竟无对者。

昔高丽国来钱塘刻观音像，升上舡，竟不能动，遂请入明州开元寺供养。后有僧问："无刹不现身，因甚么不去高丽国？"

长庆棱云："现身虽普，睹相生偏。"

昔有座主常念弥陀号，有小师唤云："和尚。"主回首，小师不顾，如是数四，主叱之，小师云："和尚几年唤他即得，某甲才唤便恶发？"

联灯会要卷第三十

傅大士《心王铭》

观心空王，微妙难恻。无形无相，有大神力。
能灭千灾，成就万德。体性虽空，能施法则。
观之无形，呼之有声。为大法将，心戒传经。
水中盐味，色里胶青。决定是有，不见其形。
心王亦尔，身内居停。面门出入，应物随情。
自在无碍，所作皆成。了本识心，识心见佛。
是心是佛，是佛是心。念念佛心，佛心念佛。
欲得早成，戒心自律。净律净心，心即是佛。
除此心王，更无别佛。欲求成佛，莫染一物。
心性虽空，贪嗔体实。入此法门，端坐成佛。
到彼岸已，得波罗蜜。慕道真士，自观自心。
知佛在内，不向外寻。即心即佛，即佛即心。
心明识佛，晓了识心。离心非佛，离佛非心。
非佛莫测，无所堪任。执空滞寂，了此漂沉。
诸佛菩萨，非此安心。明心大士，悟此玄音。
身心性妙，用无更改。是故智者，放心自在。
莫言心王，空无体性。能使色身，作邪作正。
非有非无，隐显不定。心性离空，能凡能圣。
是故相劝，好自防慎。刹那造作，还复漂沉。

清净心智，如世黄金。般若法藏，并在身心。

无为法宝，非浅非深。诸佛菩萨，了此本心。

有缘遇者，非去来今。

志公和尚《十二时歌》

平旦寅

狂机内有道人身，勤苦已经无量劫，不信常擎如意珍。若捉物，入迷津，但有纤毫即是尘。不住旧时无相貌，外来知识也非真。

日出卯

用处不须生善巧，纵使神光照有无，起意便遭魔境挠。若施功，终不了，日夜被他人我拗。不用安排只么从，何曾心地生烦恼。

食时辰

无明本是释迦身，坐卧不知元是道，只么忙忙受苦辛。认声色，觅疏亲，只是他家染污人。若拟将心求佛道，问取虚空始出尘。

禺中巳

未了之人教不至，假饶通达祖师言，莫向心头安了义。只守玄，没文字，认着依前还不是。暂时自肯不追寻，旷劫不遭魔境使。

日南午

四大身中无价宝,阳焰空花不肯抛,作意修行转辛苦。不曾迷,莫求悟,任你朝阳几回暮。有相身中无相身,无明路上无生路。

日昳未

心地何曾安了义,他家文字没疏亲,莫起工夫求的意。任纵横,绝忌讳,长在人间不居止。运用不离声色中,历劫何曾暂抛弃。

晡时申

学道先须不厌贫,有相本来权积聚,无形何用要安真。作净洁,却劳神,莫认愚痴作近邻。言下不求无处所,暂时唤作出家人。

日入酉

虚幻声音终不久,禅悦珍羞尚不餐,谁能更饮无明酒。没可抛,无物守,荡荡逍遥不曾有。纵你多闻达古今,也是痴狂外边走。

黄昏戌

狂子施功投暗室,假使心通无量时,历劫何曾异今日。拟商量,却啾唧,转使心头黑似漆。昼夜舒光照有无,痴人唤作波罗蜜。

人定亥

勇猛精进成懈怠，不起纤毫修学心，无相光中常自在。超释迦，越祖代，心有微尘还窒碍。放荡长如痴兀人，他家自有通人爱。

夜半子

心住无生即生死，生死何曾属有无，用时便用无文字。祖师言，外边事，识取起时还不是。作意搜求实没踪，生死魔来任相试。

鸡鸣丑

一颗圆光明已久，内外推寻觅总无，境上施为浑大有。不见头，亦无手，世界坏时渠不朽。未了之人听一言，只这如今谁动口。

志公和尚《十四科》

菩提烦恼不二

众生不解修道，便欲断除烦恼。烦恼本来空寂，将道更欲觅道。

一念之心即是，何须别处寻讨。大道晓在目前，迷倒愚人不了。

佛性天真自然，亦无因缘修造。不识三毒虚假，妄执浮沉生老。昔时迷日为晚，今日始觉非早。

持犯不二

丈夫运用无碍,不为戒律所制。持犯本自无生,愚人被他禁系。

智者造作皆空,声闻触途成滞。大士肉眼圆通,二乘天眼有翳。

空中妄执有无,不达色心无碍。菩萨与俗同居,清净曾无染世。

愚人贪着涅槃,智者生死实际。法性空无言说,缘起略为兹偈。百岁无智小儿,小儿有智百岁。

佛与众生不二

众生与佛无殊,大智不异于愚。何须向外求宝,身田自有明珠。

正道邪道不二,了知凡圣同途。迷悟本无差别,涅槃生死一如。

究竟诸缘空寂,惟求意想清虚。无有一法可得,翛然自入无余。

理事不二

心王自在翛然,法性本无十缠。一切无非佛事,何须摄念坐禅。

妄想本来空寂,不用断除攀缘。智者无心可得,自然无争无喧。

不识无为大道,何时得证幽玄。佛与众生一种,众生即是世尊。

凡夫妄生分别，无中执有迷奔。了达贪嗔空寂，何处不是真门。

静乱不二

声闻厌喧求静，犹如弃面求饼。饼即从来是面，造作随人百变。

烦恼即是菩提，无心即是无境。生死不异涅槃，贪嗔如焰如影。

智者无心求佛，愚人执邪执正。徒劳空过一生，不见如来妙顶。了达淫欲性空，镬汤炉炭自冷。

善恶不二

我自身心快乐，翛然无善无恶。法身自在无方，触目无非正觉。

六尘本来空寂，凡夫妄生执着。涅槃生死空平，四海阿谁厚薄。

无为大道自然，不用将心画度。菩萨散诞灵通，所作常含妙觉。

声闻执法坐禅，如蚕吐丝自缚。法性本来圆明，病愈何须执药。了知诸法平等，翛然清虚快乐。

色空不二

法性本无青黄，众生谩造文章。吾我说他止观，自意扰扰颠狂。

不识圆通妙理，何时得会真常。自疾不能治疗，却教他人药方。

外看将谓是善，心内犹若豺狼。愚人畏其地狱，智者不异天堂。

对境心常不起，举足皆是道场。佛与众生不二，众生自作分张。

若欲除却三毒，迢迢不离灾殃。智者知心是佛，愚人乐往西方。

生死不二

世间诸法如幻，生死犹如雷电。法身自在圆通，出入山河无间。

颠倒妄想本空，般若无迷无乱。三毒本自解脱，何须摄念禅观。

只为愚人不了，从他戒律决断。不识寂灭真如，何时得登彼岸。

智者无恶可断，运用随心合散。法性本来空寂，不为生死所绊。

若欲断除烦恼，此是无明痴汉。烦恼即是菩提，何用别求禅观。实际无佛无魔，心体无形无段。

断除不二

丈夫运用堂堂，逍遥自在无妨。一切不能为害，坚固犹如金刚。

不着二边中道，翛然非断非常。五欲贪嗔是佛，地狱不异天堂。

愚人妄生分别，流浪生死猖狂。智者达色无碍，声闻无不恛惶。

法性本无瑕翳，众生妄执青黄。如来引接迷愚，或说地狱天堂。

弥勒身中自有，何须别处思量。弃却真如佛像，此人即是颠狂。

声闻心中不了，唯只听逐言章。言章本非真道，转加斗争刚强。

心里蚖[1]蛇蝮蝎，螫[2]着便即遭伤。不解文中取义，何时得会真常。死入无间地狱，神识枉受灾殃。

真俗不二

法师说法极好，心中不离烦恼。口谈文字化他，转更增他生老。

真妄本来不二，凡夫弃妄觅道。四众云集听讲，高座谈议浩浩。

南座北座相争，四众为言为好。虽然口谈甘露，心里寻常枯燥。

自已元无一钱，日夜数他珍宝。恰似无智愚人，弃却真金担草。心中三毒不舍，未审何时得道。

解缚不二

律师持律自缚，自缚亦能缚他。外作威仪恬静，心内恰似洪波。

不驾生死舡筏，如何渡得爱河。不解真宗正理，邪见言辞繁多。

---

① 蚖：音玩。毒蛇。
② 螫：音遨。

有二比丘犯律，便却往问优波。优波依律说罪，转增比丘网罗。

方丈室中居士，维摩便即来呵。优波默然无对，净名说法无过。

而彼戒性如虚，不在内外娑婆。劝除生灭不肯，忽悟还同释迦。

境照不二

禅师体离无明，烦恼从何处生。地狱天堂一相，涅槃生死空名。

亦无贪嗔可断，亦无佛道可成。众生与佛平等，自然智者惺惺。

不为六尘所染，句句独契无生。正觉一念玄解，三世坦然皆平。

非法非律自制，翛然直入圆成。绝此四句百非，如空无作无依。

运用无碍

我今滔滔自在，不羡王公卿宰。四时犹若金刚，昔乐心常不改。

法宝喻于须弥，智慧广于江海。不为八风所牵，亦无精进懈怠。

任性浮沉若颠，散诞纵横自在。遮莫刀剑临头，我自安然不辨。

迷悟不二

迷时以空为色，悟即以色为空。迷悟本无差别，色空究竟还同。

愚人唤南作北，智者达无西东。欲觅如来妙理，常在一念之中。

阳焰本非其水，渴鹿狂趁匆匆。自身虚假不实，将空更欲觅空。世人迷倒至甚，如犬吠雷叿叿①。

三祖璨大师《信心铭》

至道无难，唯嫌拣择。但莫憎爱，洞然明白。
毫厘有差，天地悬隔。欲得现前，莫存顺逆。
违顺相争，是为心病。不识玄旨，徒劳念静。
圆同太虚，无欠无余。良由取舍，所以不如。
莫逐有缘，勿住空忍。一种平怀，泯然自尽。
止动归止，止更弥动。唯滞两边，宁知一种。
一种不通，两处失功。遣有没有，从空背空。
多言多虑，转不相应。绝言绝虑，无处不通。
归根得旨，随照失宗。须臾返然，胜却前空。
前空转变，皆由妄见。不用求真，唯须息见。
二见不住，慎莫追寻。才有是非，纷然失心。
二由一有，一亦莫守。一心不生，万法无咎。
无咎无法，不生不心。能由境灭，境逐能沉。
境由能境，能由境能。欲知两段，元是一空。
一空同两，齐含万象。不见精粗，宁有偏党。
大道体宽，无易无难。小见狐疑，转急转迟。

---

① 叿：音烘。声嘈杂。

执之失度，必入邪路。放之自然，体无去住。
任性合道，逍遥绝恼。系念乖真，昏沉不好。
不好劳神，何用疏亲。欲取一乘，勿恶六尘。
六尘不恶，还同正觉。智者无为，愚人自缚。
法无异法，妄生爱着。将心用心，岂非大错。
迷生寂乱，悟无好恶。一切二边，良由斟酌。
梦幻空花，何劳把捉。得失是非，一时放却。
眼若不睡，诸梦自除。心若不异，万法一如。
一如体玄，兀尔忘缘。万法齐观，归复自然。
泯其所以，不可方比。止动无动，动止无止。
两既不成，一何有尔。究竟穷极，不存轨则。
契心平等，所作俱息。狐疑尽净，正信调直。
一切不留，无可记忆。虚明自照，不劳心力。
非思量处，识情难测。真如法界，无他无自。
要急相应，唯言不二。不二皆同，无不包容。
十方智者，皆入此宗。宗非促延，一念万年。
无在不在，十方目前。极小同大，忘绝境界。
极大同小，不见边表。有即是无，无即是有。
若不如是，必不须守。一即一切，一切即一。
但能如是，何虑不毕。信心不二，不二信心。
言语道断，非去来今。

永嘉真觉大师《证道歌》

君不见，绝学无为闲道人，不除妄想不求真。无明实性即佛性，幻化空身即法身。

法身觉了无一物，本源自性天真佛。五阴浮云空去来，三毒水泡虚出没。

证实相，无人法，刹那灭却阿鼻业。若将妄语诳众生，自招拔舌尘沙劫。

顿觉了，如来禅，六度万行体中圆。梦里明明有六趣，觉后空空无大千。

无罪福，无损益，寂灭性中莫问觅。比来尘镜未曾磨，今日分明须剖析。

谁无念，谁无生，若实无生无不生。唤取机阙木人问，求佛施功早晚成。

放四大，莫把捉，寂灭性中随饮啄。诸行无常一切空，即是如来大圆觉。

决定说，表真乘，有人不肯任情征。直截根源佛所印，摘叶寻枝我不能。

摩尼珠，人不识，如来藏里亲收得。六般神用空不空，一颗圆光色非色。

净五眼，得五力，唯证乃知难可测。镜里看形见不难，水中捉月争拈得。

常独行，常独步，达者同游涅槃路。调古神清风自高，貌悴骨刚人不顾。

穷释子，口称贫，实是身贫道不贫。贫则身常披缕褐，道则心藏无价珍。

无价珍，用无尽，利物应时终不吝。三身四智体中圆，八解六通心地印。

上士一决一切了，中下多闻多不信。但自怀中解垢衣，谁能向外夸精进。

从他谤，任他非，把火烧天徒自疲。我闻恰似饮甘露，销融顿入不思议。

观恶言，是功德，此则成吾善知识。不因讪谤起冤亲，何表无生慈忍力。

宗亦通，说亦通，定慧圆明不滞空。非但我今独达了，恒沙诸佛体皆同。

师子吼，无畏说，百兽闻之皆脑裂。香象奔波失却威，天龙寂听生欣悦。

游江海，涉山州，寻师访道为参禅。自从认得曹溪路，了知生死不相干。

行亦禅，坐亦禅，语默动静体安然。纵遇锋刀常坦坦，假饶毒药也闲闲。

我师得见然灯佛，多劫曾为忍辱仙。

几回生，几回死，生死悠悠无定止。自从顿悟了无生，于诸荣辱何忧喜。

入深山，住兰若，岑崟[1]幽邃长松下。优游静坐野僧家，阒寂安居实潇洒。

觉即了，不施功，一切有为法不同。住相布施生天福，犹如仰箭射虚空。

势力尽，箭还坠，招得来生不如意。争似无为实相门，一超直入如来地。

---

① 崟：音银。高耸。

但得本，莫愁末，如净琉璃含宝月。既能解此如意珠，自利利他终不竭。

江月照，松风吹，永夜清霄何所为。佛性戒珠心地印，雾露云霞体上衣。

降龙钵，解虎锡，两钴金镮鸣历历。不是标形虚事持，如来宝杖亲纵迹。

不求真，不断妄，了知二法空无相。无相无空无不空，即是如来真实相。

心镜明，鉴无碍，廓然莹彻周沙界。万象森罗影现中，一颗圆光非内外。

豁达空，拨因果，漭漭[1]荡荡招殃祸。弃有着空病亦然，还如避溺而投火。

舍妄心，取真理，取舍之心成巧伪。学人不了用修行，真成认贼将为子。

损法财，灭功德，莫不由斯心意识。是以禅门了却心，顿入无生知见力。

大丈夫，秉慧剑，般若锋兮金刚焰。非但能摧外道心，早曾落却天魔胆。

震法雷，击法鼓，布慈云兮洒甘露。龙象蹴踏润无边，三乘五性皆惺悟。

雪山肥腻更无杂，纯出醍醐我常纳。一性圆通一切性，一法遍含一切法。

一月普现一切水，一切水月一月摄。诸佛法身入我

---

① 漭：音莽。广阔无边。

性，我性同共如来合。

一地具足一切地，非色非心非行业。弹指圆成八万门，刹那灭却三祇劫。

一切数句非数句，与吾灵觉何交涉。

不可毁，不可赞，体若虚空没涯岸。不离当处常湛然，觅即知君不可见。

取不得，舍不得，不可得中只么得。默时说，说时默，大施门开无壅塞。

有人问我解何宗？报道摩诃般若力。或是或非人不识，逆行顺行天莫测。

吾早曾经多劫修，不是等闲相诳惑。

建法幢，立宗旨，明明佛来曹溪是。第一迦叶首传灯，二十八代西天记。

法东流，入此土，菩提达磨为初祖。六代传衣天下闻，后人得道何穷数。

真不立，妄本空，有无俱遣不空空。二十空门元不着，一性如来体自同。

心是根，法是尘，两种犹如镜上痕。痕垢尽除光始现，心法双亡性即真。

嗟末法，恶时世，众生薄福难调制。去圣远兮邪见深，魔强法弱多冤害。

闻说如来顿教门，恨不灭除令瓦碎。作在心，殃在身，不须冤诉更尤人。

欲得不招无间业，莫谤如来正法轮。旃檀林，无杂树，郁密深沉师子住。

境静林闲独自游，走兽飞禽皆远去。

师子儿，众随后，三岁便能大哮吼。若是野犴逐法王，百年妖怪虚开口。

圆顿教，没人情，有疑不决直须争。不是山僧逞人我，修行恐落断常坑。

非不非，是不是，差之毫厘失千里。是即龙女顿成佛，非即善星生陷坠。

吾早年来积学问，亦曾讨疏寻经论。

分别名相不知休，入海算沙徒自困。却被如来苦呵责，数他珍宝有何益。

从来蹭蹬觉虚行，多年枉作风尘客。

种性邪，错知解，不达如来圆顿制。二乘精进没道心，外道聪明无智慧。

亦愚痴，亦小騃[①]，空拳指上生实解。执指为月枉施功，根境法中虚捏怪。

不见一法即如来，方得名为观自在。了即业障本来空，未了还须偿宿债。

饥逢王膳不能餐，病遇医王争得瘥。在欲行禅知见力，火中生莲终不坏。

勇施犯重悟无生，早时成佛于今在。

师子吼，无畏说，深嗟懵懂顽皮靼[②]。只知犯重障菩

① 騃：音驷。快跑状。
② 靼：音祖。马笼头。

提,不见如来开秘诀。

有二比丘犯淫杀,波离萤光增罪结。维摩大士顿除疑,犹如赫日销霜雪。

不思议,解脱力,妙用恒沙也无极。四事供养敢辞劳,万两黄金亦销得。

粉骨碎身未足酬,一句了然超百亿。

法中王,最高胜,恒沙如来同共证。我今解此如意珠,信受之者皆相应。

了了见,无一物。亦无人,亦无佛。大千沙界海中沤,一切圣贤如电拂。

假使铁轮顶上旋,定慧圆明终不失。

日可冷,月可热,众魔不能坏真说。象驾峥嵘谩进途,谁见螳螂能拒辙。

大象不游于兔径,大悟不拘于小节。莫将管见谤苍苍,未了吾今为君决。

石头和尚《参同契》

竺土大仙心,东西密相付。人根有利钝,道无南北祖。
灵源明皎洁,枝派暗流注。执事元是迷,契理亦非悟。
门门一切境,回互不回互。回而更相涉,不尔依位住。
色本殊质像,声元异乐苦。暗合上中言,明明清浊句。
四大性自复,如子得其母。火热风动摇,水湿地坚固。
眼色耳音声,鼻香舌咸醋。然于一一法,依根叶分布。
本末须归宗,尊卑用其语。当明中有暗,勿以暗相遇。

当暗中有明，勿以明相睹。明暗各相对，比如前后步。
万物自有功，当言用及处。事存函盖合，理应箭锋拄。
承言须会宗，勿自立规矩。触目不会道，运足焉知路。
进步非远近，迷隔山河固。谨白参玄人，光阴莫虚度。

石头和尚《草庵歌》

吾结草庵无宝贝，饭了从容图睡快。
成时初见茅草新，破后还将茅草盖。
住庵人，镇长在，不属中间与内外。
世人住处我不住，世人爱处我不爱。
庵虽小，含法界，方丈老人相体解。
上乘菩萨信无疑，中下闻之必生怪。
问此庵，坏不坏？坏与不坏主元在。
不居南北与东西，基上坚牢以为最。
青松下，明窗内，玉殿朱楼未为对。
衲帔蒙头万事休，此时山僧都不会。
住此庵，休作解，谁夸铺席图人买。
回光返照便归来，廓达灵根非向背。
遇祖师，亲训诲，结草为庵莫生退。
百年抛却任纵横，摆手便行且无罪。
千种言，万般解，只要教君长不昧。
欲识庵中不死人，岂离如今遮布袋。

僧亡名《息心铭》

(隋右拾遗,弃官为僧,名曰亡名。)

法界有如意宝人焉,久缄其身,铭其膺曰:
古之摄心人也,戒之哉,戒之哉。无多知,无多虑。
多知多事,不如息意。多虑多失,不如守一。
虑多志散,知多心乱。心乱生恼,志散妨道。
勿谓何伤,其苦悠长。勿言何畏,其祸鼎沸。
滴水不停,四海将盈。纤尘不拂,五岳将成。
防末在本,虽小不轻。关汝七窍,闭尔六情。
莫视于色,莫听于声。闻声者聋,见色者盲。
一文一艺,空中蚊蚋。一伎一能,日下孤灯。
英贤才艺,是为愚蔽。舍弃淳朴,耽溺淫丽。
识马易奔,心猿难制。神既劳役,形必损毙。
邪行终迷,修途永泥。莫贵才能,日益昏瞢。
夸拙羡巧,其德不弘。名厚行薄,其高速崩。
内怀憍[①]伐,外致怨憎。或谈于口,或书于手。
邀人令誉,亦孔之丑。凡谓之吉,圣谓之咎。
赏玩暂时,悲哀长久。畏影畏迹,逾远逾极。
端坐树阴,迹灭影沉。厌生患老,随思随造。
心想若灭,生死长绝。不死不生,无相无名。
一道虚寂,万物齐平。何贵何贱,何辱何荣。
何胜何劣,何重何轻。澄天愧净,皎日惭明。

① 憍:音骄。同“骄”。

安夫岱岭，同彼金城。敬贻贤哲，斯道利贞。

赵州和尚《十二时歌》

鸡鸣丑

愁见起来成漏逗，裙子褊衫个也无，袈裟形相些些有。裈无腰，裤无口，头上青灰三五斗。比望修行利济人，谁知变作不唧嬗。

平旦寅

荒村破院实难论，解斋粥米全无粒，空对闲窗与隙尘。唯雀噪，勿人亲，独坐时闻落叶频。谁道出家憎爱断，思量不觉泪沾巾。

日出卯

清净却翻为烦恼，有为功德被尘漫，无限田地未曾扫。攒眉多，称心少，叵耐东村黑王老。供利不曾将得来，放驴吃我堂前草。

食时辰

烟火徒劳望四邻，馒头䭔子前年别，今日思量空咽津。持念少，嗟叹频，一百家中无善人。来者只道觅茶吃，不得茶噇去又嗔。

禺中巳

削发那知到如此，无端被请作村僧，屈辱饥凄受欲死。

胡张三，黑李四，恭敬不曾生些子。适来忽尔到门头，唯道借茶兼借纸。

日南午

茶饭轮环无定度，行却南家到北家，果至北家不推注。苦沙盐，大麦醋，蜀黍米饭齑莴苣。唯称供养不等闲，和尚道心须坚固。

日昳未

这回不践光阴地，曾闻一饱忘百饥，今日老僧身便是。不习禅，不论义，铺个破席日里睡。想料上方兜率天，也无如此日炙背。

晡时申

也有烧香礼拜人，五个老婆三个瘿，一双面子黑皴皴。油麻茶，实是珍，金刚不用苦张筋。愿我来年蚕麦熟，罗睺罗儿与一文。

日入酉

除却荒凉更何守，云水高流定委无，历寺沙弥镇长有。出格言，不到口，枉续牟尼子孙后。一条拄杖粗㯓[①]梨，不但登山兼打狗。

黄昏戌

独坐一间空暗室，阳焰灯光永不逢，眼前纯是金州漆。

---

① 㯓：音辣。

钟不闻，虚度日，唯闻老鼠闹啾唧。凭何更得有心情，思量念个波罗蜜。

人定亥

门前明月谁人爱，向里惟愁卧去时，勿个衣裳着甚盖。刘维那，赵五戒，口头说善甚奇怪。任你山僧囊罄空，问着都缘总不会。

半夜子

心境何曾得暂止，思量天下出家人，似我住持能有几。土榻床，破芦篰[①]，老榆木枕全无被。尊像不烧安息香，灰里唯闻牛粪气。

罗汉琛禅师《明道颂》

至道渊旷，勿以言宣。言宣非旨，孰云有是。
触处皆渠，岂喻真虚。真虚设辨，如镜中现。
有无虽彰，在处无伤。无伤无在，何拘何阂。
不假功成，将何法尔。法尔不尔，俱为唇齿。
若以斯陈，理没宗旨。宗非意陈，无以见闻。
见闻不脱，如水中月。于此不明，翻为剩法。
一法有形，翳汝眼睛。眼睛不明，世界峥嵘。
我宗奇特，当阳显赫。佛及众生，皆承恩力。
不在低头，思量难得。拶破面门，覆盖乾坤。

---

① 篰：音废。毛竹条。

快须荐取，脱却根尘。其如不晓，漫说如今。

同安察禅师《十玄谈》

心印

问君心印作何颜？心印何人敢授传？
历劫坦然无异色，呼为心印早虚言。
须知体自虚空性，将喻红炉火里莲。
勿谓无心云是道，无心犹隔一重关。

祖意

祖意如空不是空，灵机争堕有无功。
三贤尚不明斯旨，十圣那能达此宗。
透网金鳞犹滞水，回途石马出纱笼。
殷勤为说西来意，莫问西来及与东。

玄机

迢迢空劫勿能收，岂与尘机作系留。
妙体本来无处所，通身何更有踪由。
灵然一句超群众，迥出三乘不假修。
撒手那边千圣外，回程堪作火中牛。

尘异

浊者自浊清者清，菩提烦恼等空平。
谁言卞壁无人鉴，我道骊珠到处晶。

万法泯时全体现，三乘分别强安名。
丈夫自有冲天志，莫向如来行处行。

演教

三乘次第演金言，三世如来亦共宣。
初说有空人尽执，后非空有众皆捐。
龙宫满藏医方义，鹤树终谈理未玄。
真净界中才一念，阎浮早已八千年。

达本

勿于中路事空王，策杖还须达本乡。
云水隔时君莫住，雪山深处我非忘。
堪嗟去日颜如玉，却叹回时鬓似霜。
撒手到家人不识，更为一物献尊堂。

还源

返本还源事已差，本来无住不名家。
万年松径雪深覆，一带峰峦云更遮。
宾主穆时全是妄，君臣合处正中邪。
还乡曲调如何唱，明月堂前枯树花。

回机

涅槃城里尚犹危，陌路相逢勿定期。
权挂垢衣云是佛，却装珍御复名谁。
木人夜半穿靴去，石女天明戴帽归。
万古碧潭空界月，再三捞摝始应知。

转位

披毛带角入廛来，优钵罗华火里开。
烦恼海中为雨露，无明山上作云雷。
镬汤炉炭吹教灭，剑树刀山喝使摧。
金锁玄关留不住，行于异类且轮回。

一色

枯木岩前差路多，行人到此尽蹉跎。
鹭鸶立雪非同色，明月芦华不似他。
了了了时无可了，玄玄玄处亦须呵。
殷勤为唱玄中曲，空里蟾光撮得么。

法眼禅师《三界惟心颂》

三界惟心，万法惟识。唯识惟心，眼声耳色。
色不到耳，声何触眼。眼色耳声，万法成辨。
万法匪缘，岂观如幻。大地山河，谁坚谁变。

澄观国师《答皇太子心要》

至道本乎其心，心法本乎无住。无住心体，灵知不昧。性相寂然，包含德用。该摄内外，能深能广。非有非空，不生不灭，无始无终。求之而不得，弃之而不离。迷现量则惑苦纷纭，悟真性则空明廓彻。虽即心即佛，唯证者方知。然有证有知，则慧日沉没于有地。若无照无悟，则昏云掩蔽于空门。若一念不生,则前后际断。照体独立,物我皆如。直造心源,无智无得。不取不舍,无对无修。然迷悟更依,真妄相待。若求真去妄,犹弃影劳形,若体妄即真,似处阴影灭。若无心忘照,则万虑都捐。若任运寂知,则众行爰起。放旷任其去住,静鉴觉其源流。语默不失玄微,动静未离法界。言止则双忘知寂,论观则双照寂知。语证即不可示人,说理则非证不了。是以悟寂无寂,真知无知。以知寂不二之一心,契空有双融之中道。无住无著,莫摄莫收。是非两忘,能所双绝。斯绝亦寂,则般若现前。般若非心外新生,智性乃本来具足。然本寂不能自现,实由般若之功。般若之与智性,翻覆相成。本智之与始修,实无两体。双忘正入,则妙觉圆明。始末该融,则因果交彻。心心作佛,无一心而非佛心。处处成道,无一尘而非佛国。故真妄物我,举一全收。心佛众生,浑然齐致。是知迷则人随于法,法法万差而人不同。悟则法随于人,人人一智而融万境。言穷虑绝,何果何因。体本寂寥,孰同孰异。唯忘怀虚朗,消息冲融。其犹透水月华,虚而可见。无心鉴像,照而常空矣。

鼎州普安道和尚颂

函盖乾坤句

乾坤并万象,地狱及天堂。物物皆真见,头头用不伤。

截断众流句

堆山积岳来,一一尽尘埃。更拟论玄妙,冰消瓦解摧。

随波逐浪句

辩口利舌问,高低总不亏。还如应病药,诊候在临时。

三句外

当人如举唱,三句岂能该。有问如何事,南岳与天台。

通褒贬

金屑眼中翳,衣珠法上尘。己灵犹不重,佛祖为何人。

辨亲疏

黑豆未生前,商量已成颠。更寻言句会,特地隔西天。

辨邪正

罔象谈真旨,都缘未辨明。守他山鬼窟,不免是精灵。

通宾主

自远趋风问,分明向道休。再三如未晓,消得更摇头。

抬荐商量

相见不扬眉,君东我亦西。红霞穿碧落,白日绕须弥。

提纲商量

若欲正提纲,直须大地荒。拟来冲雪刀,不免碎锋铓。

据实商量

睡来合眼饭来餐,起坐终诸没两般。同道已知言不惑,十方世界目前看。

委曲商量

得用由来处处通,应机施设任家风。扬眉瞬目开只手,竖拂拈槌为举扬。

《联灯会要》全三十卷　终